Bibliotheek
van de
Abdij
vanPark
1

ISBN 978-90-429-3167-1
D/2014/0602/75

© 2014, Peeters, Bondgenotenlaan 153, 3000 Leuven, Belgium

No part of this book may be reproduced in any form or by any electronic
or mechanical means, including information storage or retrieval devices
or systems, without prior written permission from the publisher, except
the quotation of brief passages for review purposes.

Bibliotheek van de Abdij van Park 1

PEETERS

2014

Dit boekwerk kwam er op initiatief van de Vrienden van de Abdij van Park met de steun van de provincie Vlaams-Brabant en de Antwerpse Stichting Belpaire vzw.

Met dank aan de Stad Leuven, de KU Leuven en haar Centrale Bibliotheek, het Kadoc, de Abdij van Park vzw, de Abdij van Averbode vzw, het Museum Abdij van Park vzw en het Centrum voor Religieuze Kunst en Cultuur vzw

Met dank aan alle auteurs die vrijwillig en op begeesterd verzoek van wijlen mevrouw Van Bragt hun bijdragen leverden: prof. dr. Marnix Beyen, prof. dr. Chris Coppens, prof. dr. Pierre Delsaerdt, dr. Marcus De Schepper, prof. dr. Jan Roegiers (†) prof. dr. Tom Verschaffel , dr. Ellen Storms, Roger Tavernier en Stefan Van Lani.

Met dank, voor de restauratie van de bibliotheekruimte, aan het bouw- en architectenteam onder leiding van de dienst data- en facilitair beheer van de Stad Leuven (Katrien Deckers) en Studio Roma bvba (Sofie Beyen en Piet Stevens).

Met dank aan de vele vrijwillige handen die meewerkten en meedachten aan de realisatie van dit project Krista Caïmo, Marc Derez, Leo Janssen, Staf Kamers, Kristiaan Magnus, Marieke Peremans (voor de restauratie van vele boekbanden), Marthe Fransen, fotograaf Bruno Vandermeulen, fotograaf Pol Leemans.

1

28	Prémontré's Ordestatuten 1505, 1509 gedrukt	*Chris Coppens*
50	Parks Bijbel van 1263 (Parkabdij, Hs 3): géén retourtje naar Trente	*Chris Coppens*
62	Een spinrokken als nieuwjaarsgeschenk voor de augustinessen van Mariëndaal, Diest (NK 1070)	*Chris Coppens*
72	*Tasa*, censuur en monarchomachie: Mariana's *de rebus Hispaniae libri XX[V]*, Toledo, 1592	*Chris Coppens*
84	Chronicon Abbatis Urspergensis: Samsons leeuw en De Hondts hand	*Chris Coppens*
102	Boudewijn van Avesnes' *Chronicon* (1693) van Antwerpen naar Brussel	*Chris Coppens*
103	Jean-Baptiste L'Ecuy	*Roger Tavernier*
120	Cuoio Bulgaro, Russian calf, cuir de Russie en rusleer: waar juchtleer vandaan komt	*Chris Coppens*
122	De kosten van een veiling Leuven anno 1829: Baumans' rekening aan de Parkabdij	*Chris Coppens*
169	Algemene index	*Roger Tavernier*
199	Boekentafel 1	*Roger Tavernier*
202	Onderwerpscatalogus	*Roger Tavernier*
219	Boekentafel 2	*Roger Tavernier*
222	Anonieme werken	*Roger Tavernier*
235	Boekentafel 3	*Roger Tavernier*
238	Uitgevers, drukkers en boekhandelaren	*Roger Tavernier*
255	Boekentafel 4	*Roger Tavernier*
258	Herkomsten	*Roger Tavernier*
271	Boekentafel 5	*Roger Tavernier*
274	Boekentafel 6	*Roger Tavernier*
276	Chronologische lijst	
327	Colofon	

I. Voorwoord
P.11

II. Verantwoording
Zeef van Bragt en Marnix Beyen
P.12

III. Over het belang van abdijbibliotheken
Pierre Delsaerdt
P.17

IV. De abdij van Park en haar historische bibliotheek
Stefan Van Lani
P.32

V. Een moderne restauratie: de (weder)samenstelling van de Parkbibliotheek sinds 1836
Zeef Van Bragt (†) en Marnix Beyen
P.54

VI. Het theologisch fonds van de Parkbibliotheek
Jan Roegiers (†)
P.64

VII. De seculiere en historische collectie van de Parkbibliotheek
Tom Verschaffel en Marnix Beyen
P.74

VIII. Edendi atque bibendi voluptas: Park's Pius II incunabel, naar Trente en terug
Chris Coppens
P.86

IX. 'Tertium praemium in minori Figurâ': Prijsboeken 1615-1838 in de Parkabdij
Ellen Storms & Marcus de Schepper
P.104

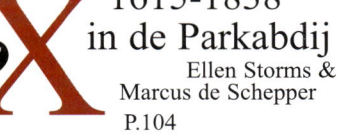

X. Joseph Lefèvre (1815-1886), stamvader van een Leuvense boekbindersdynastie
Chris Coppens
P.124

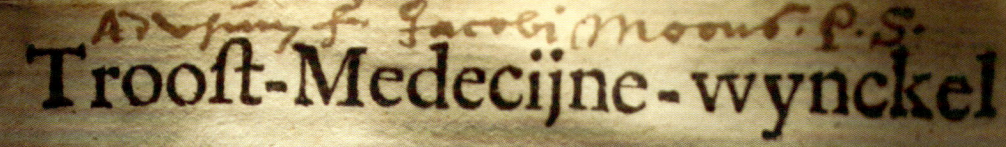

Troost-Medecijne-wynckel
DER ZEDIGHE
WYSHEYT,

Voormaels in den kercker beschreven in 't latijne/ tot versoetinghe sijns lijdens/

Door

SEVERINVS MANLIVS TORQVATVS
BOETIVS,
ROOMSCHEN BORGHEMEESTER:

Nu vertaelt/ tot ygehelijcks Troost ende Leeringhe/ door

F. D. ADRIANVS DE BVCK

Canonick Norbertijn der vermaerde Abdye van Sint' Niclays binnen Veurne, Pastor van Zoutenay eñ Egghewaerscappel.

SCANDE VBI DVRA.

TE BRVGGHE,

By Lucas vanden Kerchove, ghesworen Boeck-drucker woonende in de Breydel-straet' in S. Anthuenis.

1653.

Patientia Victrix.

Voorwoord

Frans Swarte o.praem.
prior Abdij van 't Park

De bibliotheek van de abdij van Park bevat een unieke collectie boeken, hoofdzakelijk daterend uit het Ancien Régime, bewaard in een uitzonderlijk fraaie bibliotheekruimte uit de 17de eeuw.
De tweedelige uitgave die thans voor u ligt, beste lezer, is het resultaat van bijna twintig jaar noeste arbeid.

Op aanraden van professor Jan Roegiers (†), toen hoofdbibliothecaris van de KU Leuven, begonnen de Vrienden van de Abdij in 1989 het definitieve catalogiseringswerk. Het werd het opus magnum van Zeef van Bragt, penningmeester en enthousiaste vriend van de abdij. De uitdaging om dit omvangrijke project uit te werken, heeft mevrouw Van Bragt met bezieling aangenomen. Het is haast onmogelijk de dagen en uren te tellen die zij er aan besteedde en dit tot kort vóór haar overlijden op 4 juni 2011. Unaniem nam het bestuur van de Vrienden onmiddellijk het besluit om het werk van mevrouw Van Bragt te voltooien. Het is een grote eer om thans haar werk te mogen voorstellen.

Mevrouw van Bragt liet zich bij het monnikenwerk bijstaan door de professoren Jan Roegiers (†) en Chris Coppens van de KU Leuven en door medewerkers van de Centrale Bibliotheek van de KU Leuven. Zij kwamen bovendien overeen de catalogus op te nemen in het Libisprogramma van de Leuvense universiteitsbibliotheek.

In haar kennissenkring vond Zeef Van Bragt medewerkers, al was het maar om een handje toe te steken bij het manuele werk. Om door de tijd gehavende boekbanden te laten opknappen, zocht ze mecenassen. Zelf wijdde zij zich aan de eigenlijke catalogisering en nam tegelijk nota van interessante gegevens over de herkomst van de boeken, gebruikers etc.

Nog zelf nam mevrouw Van Bragt het initiatief om enkele specialisten op het vlak van het boek- en bibliotheekwezen aan te spreken met de vraag een verhelderend artikel te schrijven uit hoofde van hun vakgebied maar wel gebaseerd op de rijke inhoud van de abdijbibliotheek.

Dankzij deze auteurs werd de catalogus van de bibliotheek van de abdij van Park een lijvig boekwerk bestaande uit twee delen. Zij kaderen de boekencollectie in haar brede context en schetsen daarbij een globaal beeld of concentreren zich eerder op een specifiek onderdeel en geven daarvan de details prijs. Daarbij geeft de ene een objectieve lezing van de feiten, terwijl de andere het relaas doet vanuit zijn eigen ongezouten mening. Maar allen zijn ze gedreven in het documenteren van hun stellingen, waardoor hun bijdragen u heel wat bijleren over de achtergrond van de boekencollectie van de abdij van Park.

De catalogus bevat een boekencollectie van meer dan 4.000 titels die een periode van vijf eeuwen bestrijkt die begint in 1470 en eindigt in 1830, bewaard in een schitterende barokke bibliotheekruimte uit 1672.

De abdij van Park kent een lange geschiedenis vanaf 1129 en een heden en een toekomst die hoopvol en enthousiast de 21ste eeuw in kijken. De recente restauratiecampagne onder leiding van de stad Leuven met belangrijke steun van de Vlaamse overheid vormt één van de hoekpijlers van dit toekomstproject.

Dankzij deze restauratiecampagne krijgt de bibliotheekruimte, waarvan de restauratie bij het ter perse gaan van dit boekwerk bijna voltooid is, haar in de zuidelijke Nederlanden ongeëvenaarde barokke glans terug. Daarom vinden wij de tijd gekomen om deze publicatie te lanceren en u, waarde lezer, een zicht te geven op de rijke boekencollectie van de abdij.

Ongetwijfeld zal de Bibliotheca Maior opnieuw een trekpleister worden voor boekenliefhebbers, voor studenten en vorsers en voor cultuurtoeristen zoals dit de afgelopen decennia het geval was.

Dat werk van mevrouw Zeef Van Bragt hiertoe een fundamentele bijdrage mag leveren, is de wens van

Frans Swarte,
o.praem., Ere-prelaat Prior van de Abdij van Park
Heverlee 1 juni 2014

Verantwoording

Zeef Van Bragt en Marnix Beyen[1]

De vlak bij Leuven gelegen norbertijnenabdij van Park is niet alleen op architectuurraal vlak een uitzonderlijke historische site, zij bezit ook een rijke bibliotheek. Voor het overgrote gedeelte bestaat de collectie uit boeken die voor 1830 werden gedrukt. Dit boek bevat de volledige catalogus van deze oude drukken. De vraag waarom een dergelijke catalogus anno 2014 verschijnt, is legitiem. Zij kan op twee verschillende manieren worden geïnterpreteerd: 'waarom *pas* nu?' en 'waarom nu *nog*?' Het kan inderdaad verwonderlijk heten dat een collectie waarvan iedereen de rijkdom erkent, pas ruim anderhalve eeuw na haar ontstaan op een behoorlijke wijze wordt ontsloten. Maar evenzeer zullen sommigen zich afvragen waarom in dit digitale tijdperk nog voor een catalogus in boekvorm is gekozen. Vooraleer de collectie zelf wordt gepresenteerd, proberen we een antwoord op beide vragen te formuleren.

Waarom pas nu?
Om deze vraag afdoende te beantwoorden, is het eerst en vooral noodzakelijk te beseffen dat de beschreven collectie aanzienlijk jonger is dan haar samenstellende bestanddelen, de individuele boeken, zouden doen vermoeden. De meeste boeken stammen weliswaar uit het Ancien Régime, maar de collectie zelf is pas tot stand gekomen na de heroprichting van de Parkabdij in 1836. De oude collectie raakte immers onherroepelijk verloren tijdens een woelig tijdvak dat veertig jaar duurde. Waarom dat zo is en hoe dat proces is verlopen, wordt in de volgende bijdrage, 'Een moderne restauratie', beschreven. In elk geval is deze collectie niet het resultaat van een organisch groeiproces van enkele eeuwen, maar van een tegelijk intense en chaotische poging om de weelde van de achttiende-eeuwse Parkabdij in snel tempo te herstellen of zelfs te overtreffen.
Het resultaat was al bij al verbluffend. Na de heroprichting van de abdij in 1836 hadden de Parkheren al relatief snel de 8.000 banden verzameld die zich nu in drie verschillende locaties van de abdij bevinden. Bijna 5.000 daarvan staan in de prestigieuze *Bibliotheca maior*, met het merkwaardige stucwerkplafond. Ongeveer 1.200 kunnen worden teruggevonden in de prelatuur en zowat 2.000 in de archiefruimte.

Door deze acquisitiekoorts werd veel minder aandacht besteed aan de zorgvuldige ordening en ontsluiting van de bibliotheek. Dat werk zou pas worden aangevat in het begin van de twintigste eeuw, toen de collectie nog slechts geringe uitbreiding kende. Vooral twee bibliothecarissen toonden zich actief op dit vlak. De eerste, kanunnik Raphaël van Waefelghem (1878-1939), deed zijn plechtige geloften in de abdij van Park in 1898 en fungeerde als archivaris-bibliothecaris van 1902 tot 1921. Hij ontpopte zich tot een erudiete historicus, biblio- en biograaf en publiceerde verschillende bronnenedities, een necrologie en een aantal historische werken in verband met de middeleeuwse geschiedenis van de norbertijnen en meer bepaald van de Parkabdij. Hij vond ook nog de tijd om te werken aan de inventarisatie en catalogisering van het archief- en boekenfonds. In de *Bibliotheca maior* bevindt zich een mooi houten steekkaartenkastje met 24 laden. Veertien ervan zijn gevuld met fiches, de meeste geschreven in zijn zeer verzorgde en regelmatige handschrift. Met deze fiches ontsloot Van Waefelghem het toenmalige boekenbezit van de *Bibliotheca maior* volledig op auteur. Bovendien wijdde hij afzonderlijke steekkaartencatalogi aan het bezit van de prelatuur en van de *Bibliotheca minor*, de intussen ontmantelde bibliotheek voor studenten die was gevestigd in een momenteel afgesloten dwarsbeuk van de kerk.

Wanneer hij dit werk precies heeft aangevat, is moeilijk uit de bronnen af te leiden. Waarschijnlijk aan de hand van deze steekkaarten begon Van Waefelghem in 1930 – dus toen hij officieel geen bibliothecaris meer was – aan het noteren in één groot deel van alle boeken in de verschillende bibliotheken van de abdij. Hij beperkte zich dus niet tot de collecties van de *Bibliotheca maior* en de *Bibliotheca minor*, maar inventariseerde ook de boeken uit de privévertrekken van enkele paters, meer bepaald die van hemzelf, van Albertus Vloeberghs (1880-1954) en van Arnold van Landschoot (1889-1969). Ook het boekenbezit in de kamers waar de historicus en gewezen rector van de Leuvense universiteit Alexandre Namèche (1881-1893) verbleef, nadat hij in 1881 ontslag had genomen, bracht hij op deze manier in kaart. Van Waefelghem vatte zijn werk thematisch op en slaagde erin volgende hoofdstukken volledig uit te werken: *Ecriture Sainte* (p. 5 tot 38), *Conciles et Liturgie* (p. 39 tot 61), *Patrologie* (p. 62 tot 76), *Théologie dogmatique* (p. 77 tot 120) en *Theologia moralis* (p. 121 tot 150). Bij het volgende hoofdstuk, gewijd aan *Theologia ascetica, catechistica, mystica, polemica, et sermones; sicus et prætermissa* (p. 151 tot 165), raakte hij niet verder dan de letter C (*Catechismus ofte Christelijcke leeringe* van 1680). De hoofdstukken gewijd aan de kerkgeschiedenis, het kerkelijk recht en de profane werken heeft hij niet eens aangevat, wellicht doordat hij in 1935 werd aangesteld als aalmoezenier in het klooster van La Praille in de Naamse gemeente Tamines, waar hij enige jaren later overleed.

Na Van Waefelghems vertrek lag het inventariseringswerk een tijdlang stil en lijkt de bibliotheek weinig aandacht te hebben gekregen. Kanunnik Adriaan Joannes Versteylen (1896-1962), die in 1937 tot abt werd verkozen en dat bleef tot zijn dood, was nochtans niet ongevoelig voor het belang van het erfgoed van de abdij. Hij had tussen 1921 en 1937 het ambt van archivaris bekleed en zich als historicus ook met de bibliotheek beziggehouden. Maar tijdens zijn lange ambtsperiode als abt had hij vermoedelijk weinig tijd om zich op deze materie toe te leggen. Erger nog, er diende zich ook niemand aan om het te doen. Tussen 1937 en 1950 bleef het ambt van archivaris-bibliothecaris vacant en pater Joseph Lenaerts (1880-1954) die het van 1950 tot 1967 bekleedde, legde klaarblijkelijk geen grote activiteit aan de dag. In elk geval kloeg abt Versteylen in 1957 over het feit 'dat onze bibliotheek schromelijk in de war is.'[2]

Deze toestand veranderde toen op 1 september 1967 kanunnik Felix Siardus Maes (1901-1983) de taak van archivaris-bibliothecaris toegewezen kreeg. Net als Van Waefelghem was Maes, al in 1921 ingetreden in de abdij van Park, een echte vorser. Al tijdens de jaren 1940 schreef hij over de geschiedenis van zijn geboortedorp Bree en als archivaris-bibliothecaris legde hij zich toe op de studie van onder meer de glasramen en de oude pachthoven van de Parkabdij.[3] Een groot deel van zijn tijd besteedde Maes echter aan het ontsluiten, inventariseren en catalogiseren. Van de jarenlange strijd die hij voerde om orde aan te brengen in de bibliotheek en het archief zijn nog verschillende sporen terug te vinden. Deze sporen zijn niet altijd gelukkig. Dat geldt onder meer voor de nota's en eigendomsmerken die hij met blauwe balpen of met stempelinkt op kostbare manuscripten en mooie titelpagina's heeft nagelaten. Andere ingrepen waren minder schadelijk, maar het nut ervan is toch vaak betwijfelbaar. Aan de bibliotheekgebruiker bewees hij zeker belangrijke diensten door Van Waefelghems steekkaartensysteem aan te vullen. Zijn toevoegingen zijn gemakkelijk herkenbaar, omdat zij op geelachtige fiches zijn aangebracht. Enerzijds gaf hij later verworven boeken een plaats in Van Waefelghems auteurscatalogus, anderzijds verrijkte hij het steekkaartensysteem met een plaatsingscatalogus. In een lezing aan het einde van de jaren 1970 voor de Vrienden van de Abdij van 't Park benadrukte Maes alvast de gebruiksvriendelijkheid van dit systeem.[4]

Op basis van deze steekkaarten trachtte Maes, zoals Van Waefelghem, het bezit van de bibliotheek in één inventaris samen te brengen. Opmerkelijk genoeg hanteerde hij daarbij niet de indeling van zijn voorganger. In plaats van zijn inventariseringswerk toe te spitsen op de categorieën die niet door Van Waefelghem waren behandeld, begon Maes met een nieuw klassement. In een grijs linnen cahier van 136 bladzijden, dat het jaartal 1972 draagt, heeft hij alle zestiende- en zeventiende-eeuwse boeken van de abdij geïnventariseerd. De belangrijke collectie achttiende- en vroeg-negentiende-eeuwse boeken liet hij, voorlopig, dus buiten beschouwing. De basisindeling van deze inventaris

Rafaël Van Waefelghem
(°1879-†1944)

was chronologisch, met afzonderlijke categorieën gewijd aan respectievelijk de zestiende en de zeventiende eeuw. Binnen elk van deze categorieën deelde Maes de boeken in volgens de materiële plaatsen waar zij zich bevonden. Zodoende kwam hij uit bij zes onderverdelingen, waarbinnen de boeken telkens alfabetisch waren gerangschikt: 1500-1600: *Bibliotheca maior* (p. 4-28); 1500-1600: Archiefzaal (p. 29-42); 1500-1600: Prelatuur (p.43-50); 1601-1700: *Bibliotheca maior* (p. 53-102); 1601-1700: Archiefzaal (p. 103-116), 1601-1700: Prelatuur (p.117-134). Deze complexe indeling is niet erg handig voor opzoekingswerk. Waar moet je beginnen om bijvoorbeeld de *Sermones pulcherrimi* van Augustinus de Leonissa te bemachtigen? Maar ook voor bibliografen is het nut van deze inventaris gering, gezien de erg summiere beschrijvingen. Ze bevatten meestal geen drukkersgegevens of pagineringen, en van de voornamen is vaak enkel een initiaal opgenomen. Tegenover de steekkaarten levert dit cahier met andere woorden nauwelijks een meerwaarde op.

Nadien ging Maes verder aan de slag met de gegevens die hij in dit cahier had samengebracht. Hij stelde een auteurslijst samen van de boeken uit de *Bibliotheca maior*, een zaakregister, een register van de drukkers op plaatsnaam en een lijst met 'wederwaardigheden' in verband met bijzondere boeken uit de bibliotheek. In 1975 brachten De Vrienden van de Abdij van 't Park het resultaat van al dit titanenwerk, samen met een deels getypte en deels gekopieerde versie van de inventaris uit het grijze cahier, in drie grote boeken samen. Helaas wordt ook dit werk ontsierd door zoveel onvolkomenheden dat de bruikbaarheid bijzonder gering is. In de alfabetische auteurslijst bijvoorbeeld, verleent Maes het etiket 'anoniem' aan verschillende boeken waarvan de auteur relatief gemakkelijk kon worden geïdentificeerd. Het drukkersregister beperkt zich dan weer tot de *Belgische* drukkers en het zaakregister is volledig gebaseerd op de indeling van de rekken. De poging om deze rekken thematisch in te delen, was maar heel gedeeltelijk geslaagd. De bruikbaarheid van Maes' werk werd later nog verder verkleind door de verschillende reorganisaties die de archiefruimte in de jaren 1990 en 2005 doormaakte. Niet alleen werden alle oude drukken nu systematisch bij elkaar geplaatst, bovendien werd een aantal oude drukken teruggevonden op de zolders waar de kanunniken in de loop der jaren hun overbodige of te oude boeken hadden gedeponeerd. Zij werden dan ook in deze nieuwe schikking ingewerkt.

Er hangt een zekere tragiek over de ordenings- en inventariseringspogingen van Van Waefelghem en Maes. Ze werden in beide gevallen gedragen door de goodwill van bijzonder gedreven personen die niet echt voor dit werk waren geschoold en bovendien geen enkele institutionele of technische ondersteuning kregen. Dat verklaart niet alleen een aantal ongelukkige keuzes, maar vooral een schrijnend gebrek aan continuïteit.
Wat na het vertrek van Van Waefelghem in 1937 was gebeurd, deed zich opnieuw voor bij de dood van pater Maes in 1983: er werd geen nieuwe bibliothecaris-archivaris gevonden binnen de snel slinkende abdijgemeenschap. Ook van De Vrienden van de Abdij van 't Park kon op dat ogenblik geen impuls uitgaan, want deze organisatie leidde een eerder sluimerend bestaan. Het inventariseringswerk bleef dan ook steken in de half-afgewerkte toestand waarin Maes het had gelaten.

Op het einde van de jaren 1980 namen de zaken echter een nieuwe wending dankzij de frisse wind die door de Vrienden van de Abdij van 't Park woei. Op aanraden van de toenmalige hoofdbibliothecaris van de KU Leuven, professor Jan Roegiers (†), besliste deze vereniging al snel om het catalogiseringswerk te hervatten. Ook in het verdere verloop van het project bleef de ondersteuning van de universiteit van cruciaal belang. Zij zorgde er immers voor dat ditmaal wel volgens academisch aanvaarde standaarden en met behulp van geavanceerde technische hulpmiddelen kon worden gewerkt. Op het vlak van catalogisering en inventarisering had zich sinds het werk van Maes overigens een ware technische revolutie voorgedaan. Maes was, net zoals zijn voorganger Van Waefelghem, volledig aangewezen geweest op pen en papier, nu gebeurde het nieuwe inventariseringsproject vanaf het begin in een digitale omgeving. Meer bepaald werd de volledige collectie van de Parkbibliotheek geïntegreerd in Libis, het toenmalige catalografische systeem van de Leuvense universiteit. Hoewel de universiteit intussen is overgeschakeld op een ander systeem, Aleph, zijn de functionaliteiten van deze inventaris ongewijzigd gebleven.

Die mogelijkheden zijn zodanig toegenomen dat men gerust kan spreken van een totale omwenteling ten opzichte van de dappere ordeningspogingen van Van Waefelghem en Maes. Ten eerste is deze nieuwe inventarisering, anders dan die van de voorgangers, volledig: *alle* boeken van de drie locaties van de Parkabdij zijn erin opgenomen. Ten tweede is de ontsluiting transparant en veelzijdig. Men kan de collectie immers via verschillende ingangen benaderen. Of je nu zoekt op auteursnaam, op naam van de uitgever, op titel of op titelwoord – telkens kom je terecht bij het gezochte boek, met een volledige beschrijving van het titelblad. Via de optie 'geavanceerd zoeken' kan je de zoektocht zelfs chronologisch inperken. Zo kan je bijvoorbeeld zoeken naar alle pre-tridentijnse sermoenenboeken in de bibliotheek. Toch zijn de voordelen van deze elektronische vorm van catalogisering daarmee nog niet uitgeput. Ten derde is deze ontsluiting immers wereldwijd openbaar. Mits over een computer en een internetverbinding te beschikken, kan je waar ook ter wereld manuscripten of oude drukken van de Parkbibliotheek opzoeken. Wie de boeken ook effectief wil consulteren, moet, en mag, zich uiteraard nog steeds in de gewijde stilte van de achttiende-eeuwse abdij begeven.

Deze enorme sprong voorwaarts maakte de tragiek van Van Waefelghem en Maes alleen maar groter: het nieuwe inventariseringswerk vertrok niet van de resultaten van hun arbeid, maar begon weer van nul. Het vele werk dat de ijverige paters hadden verricht, werd bovendien door de nieuwe situatie overbodig gemaakt.

De recente inventarisering deelde één kenmerk met die van de voorgangers: alle professionele en technische omkadering ten spijt werd ze gedragen door de passie van de amateur, 'liefhebber' in de oorspronkelijke betekenis. Het concrete werk werd immers niet uitgevoerd door een professionele bibliograaf, maar door iemand met een geschiedenisdiploma op zak die zich vrijwillig ten dienste stelde van de bewaring van het historisch erfgoed.

Geen pater ditmaal, wel een vrouw van de wereld met een lange staat van dienst als enthousiaste geschiedenisleerkracht. De liefde die zij al veel langer koesterde voor het unieke patrimonium van de Parkabdij zette Zeef Van Bragt (1935-2011) vanaf het einde van de jaren 1980 om in een heel concreet engagement voor de Vrienden. Officieel fungeerde zij gedurende meer dan twintig jaar als penningmeesteres, in de praktijk ging haar engagement veel verder. Met jeugdig enthousiasme ontwikkelde en volgde zij allerhande nieuwe initiatieven om de abdij onder de aandacht te brengen. Onder haar impuls werd onder meer een glasraam dat in de Verenigde Staten was verzeild, aangekocht en teruggehaald naar de abdij. Daarnaast zette zij haar schouders ook onder de restauratie van delen van het roerend en onroerend goed van de abdij, onder de organisatie van de erfgoeddagen, en zoveel meer.

Toen zij in 1991 gebruik kon maken van de mogelijkheid om op de leeftijd van 55-jaar ter beschikking te worden gesteld, greep ze deze mogelijkheid aan om de catalogisering van de Parkbibliotheek in handen te nemen. Snel maakte ze zich de regels van de bibliografie en de catalografie eigen. Ze kreeg een vaste werkplek in het Tabularium van de Centrale Universiteitsbibliotheek. In porties van telkens acht dozen werden de oude drukken van de Parkabdij naar die stimulerende intellectuele omgeving gebracht. Ze werden er in de reserves veilig achter slot en grendel geplaatst om na catalogisering weer naar hun mooie plaats in de abdij terug te keren. Van de gelegenheid werd gebruik gemaakt om in de Parkabdij de zolders op te ruimen en in het archief de oude drukken te verzamelen. Voor het plan van die gedrukte catalogus vonden de Vrienden in Zeef Van Bragt een enthousiaste en intelligente uitvoerder. De laatste tien jaar van haar leven wijdde zij grotendeels aan de samenstelling van dit boek, dat de collectie oude drukken van de Parkabdij op veelzijdige wijze moest ontsluiten, zonder ooit de blik op het geheel te verliezen.

De boeken leefden nu als het ware twee keer: één keer materieel, op de geborgen plaats waar de meesten van hen sinds de negentiende eeuw hun onderkomen hadden gevonden, en één keer virtueel, op het wereldwijde web dat hen toegankelijk maakt voor iedereen die er belangstelling voor heeft.

Waarom nu nog?

Nu de boeken dankzij het internet ontsloten zijn, kan terecht de vraag worden gesteld welke betekenis een 'ouderwetse' gedrukte catalogus nog kan hebben. Een eerste antwoord op die vraag is heel eenvoudig: zo'n boek wil niet alleen een praktisch nut hebben, maar ook een eerbetoon zijn aan een unieke collectie. En hoe kan beter hulde worden gebracht aan boeken dan door een mooi uitgegeven boek? Die hulde drukt meteen ook het vaste geloof uit dat zelfs in een grotendeels gedigitaliseerde wereld het gedrukte woord nog een rol zal hebben te vervullen. Dat belet overigens niet dat we het alleen maar zouden toejuichen als dit boek over enkele jaren ook als e-boek kon worden geraadpleegd op laptops, iphones of andere elektronische hardware.

Toch is de keuze voor een gedrukte catalogus niet enkel ingegeven door deze sentimentele overwegingen. Belangrijker nog is de overtuiging dat een dergelijke catalogus ook een cultuurhistorische meerwaarde kan bieden. Onze kennis van de individuele boeken uit de Parkbibliotheek of van hun diverse inhouden zal door deze catalogus niet worden verhoogd. De meerwaarde ervan situeert zich dan ook minder op het vlak van de boekgeschiedenis dan wel op dat van de bibliotheekgeschiedenis. Een bibliotheekcollectie, zo is ons uitgangspunt, is veel meer dan de som van haar delen. Eerder dan een willekeurige verzameling boeken, is een collectie het resultaat van historische processen, waarin menselijke ambities en maatschappelijke contextfactoren samenvloeien. Omgekeerd kunnen collecties in het leven van mensen en gemeenschappen ook een eigen, belangrijke rol vervullen. De bibliotheekcollectie die in dit boek beschreven staat, illustreert deze dubbele werking treffend. Na een haast clandestien bestaan van veertig jaar diende de abdijgemeenschap van Park zichzelf vanaf 1836 opnieuw uit te vinden, zoals blijkt uit de bijdrage van Stefan van Lani. De bibliotheekcollectie zoals wij ze vandaag aantreffen in de drie eerder beschreven locaties van de abdij is een product van dat streven. Zoals uit de bijdrage over de wedersamenstelling van de oude bibliotheek duidelijk is, waren slechts enkele individuen daarmee actief bezig. Als historisch product kon deze collectie echter het dagelijkse leven van de hele abdijgemeenschap diepgaand beïnvloeden. Niet alleen hielp zij de intellectuele honger van de nieuwe Parkheren te stillen, zij versterkte bij hen ongetwijfeld ook de indruk van continuïteit met de prerevolutionaire abdijgemeenschap. En in de bestaande concurrentie tussen de verschillende norbertijnenabdijen vormde zij een belangrijk prestige-object.

Deze meervoudige culturele betekenissen van bibliotheekcollecties kunnen onmogelijk worden afgeleid uit elektronische bibliotheekcatalogi die het bezit van diverse collecties op een geïntegreerde wijze aanbieden. Daarom besloten de Vrienden de inventarisering niet te laten ophouden bij de elektronische catalogus, maar ook een gedrukte catalogus samen te stellen.

De ontsluiting gebeurt allereerst in het eigenlijke catalogusgedeelte, de *plat de résistance* van dit boek. Daarin staan alle boeken in alfabetische orde, met een volledige bibliografische beschrijving en vermelding van de vindplaats. Daarnaast echter biedt dit boek zes registers die het mogelijk maken de collectie via verschillende ingangen binnen te treden. Sommige van die ingangen kunnen voor specifieke zoektochten ook worden gekozen binnen het Aleph-systeem. Zo kan je via dat systeem zoeken naar alle boeken uit de Parkbibliotheek die in een bepaald jaar zijn gepubliceerd. Met het chronologische register bij dit boek kan dat ook, maar het register biedt tevens de mogelijkheid chronologische zwaartepunten, hiaten en evoluties in de collectie te ontwaren. Iets soortgelijks kan over het uitgeversregister worden gezegd: via Aleph kan je perfect op zoek gaan naar boeken uit de Parkabdij die bij bepaalde uitgevers zijn verschenen, maar via het uitgeversregister krijgt men in één oogopslag een beeld van de rijke verscheidenheid aan uitgevers die in de bibliotheek vertegenwoordigd zijn. Daarmee kan dit register een opstap zijn naar studies over het drukkers- en uitgeverswezen van het Ancien Régime en de vroege negentiende eeuw.

De andere registers bieden zelfs voor specifieke zoektochten mogelijkheden die de digitale catalogus niet aanreikt. Dat geldt met name voor de algemene persoonsindex, waarin niet alleen alle auteurs zijn opgenomen, maar ook alle personen die op de titelpagina vermeld staan of het hoofdonderwerp vormen van een boek, voor de thema-index samengesteld door Roger Tavernier, voor de lijst met anoniemen en voor de lijst met herkomsten. Dit laatste register, overwegend gebaseerd op de ex librissen, supralibros en andere merktekens in de boeken, leert ons niet alleen veel over de samenstelling van de collectie, maar biedt ook een bron van onschatbare waarde aan al wie geïnteresseerd is in boekenbezit en –circulatie tijdens het Ancien Régime en de negentiende eeuw.

Het belang van de bibliotheekcollectie als cultuurproduct wordt verder onderstreept door de begeleidende artikelen bij deze catalogus. Ook zij vormen vanzelfsprekend een meerwaarde ten opzichte van de digitale catalogus. Pierre Delsaerdt verruimt het perspectief door het fenomeen van de abdijbibliotheek cultuurhistorisch te duiden. Stefan Van Lani vertelt de ruimere geschiedenis van de gemeenschap waarbinnen deze collectie is tot stand is gekomen: de Parkabdij. Zeef van Bragt en Marnix Beyen gaan concreet na hoe de huidige collectie van de Parkbibliotheek is gerealiseerd en hoe deze collectie zich verhoudt tot het boekenbezit van de achttiende-eeuwse abdij. Andere artikels richten de aandacht weer concreet op de Parkbibliotheek zelf. Jan Roegiers (†) staat stil bij de inhoud en het belang van de religieuze werken uit de collectie, Tom Verschaffel bij de veel kleinere collectie profane werken. Chris Coppens bekijkt een klein maar verrassend incunabeltje en opent een boekje over de binder die tijdens de negentiende eeuw voor de Parkabdij werkte. Ellen Storms en Marcus de Schepper onderzoeken 48 prijsboeken uit de collectie, uitgereikt tussen 1615-1838.

Wie door al deze argumenten nog niet overtuigd zou zijn van het nut van deze gedrukte catalogus, kan nog worden gewezen op de vele illustraties die dit boek rijk is. Zij herinneren de lezer eraan dat bibliotheekcollecties niet louter spirituele of intellectuele fenomenen zijn, maar zich ook in materiële ruimtes bevinden en uit materiële objecten bestaan. Ook dat is een belangrijk aspect om de cultuurhistorische waarde van deze abdijbibliotheek goed in ogenschouw te nemen.

---

[1] De basis van deze tekst werd gelegd door Zeef Van Bragt, die ook archiefonderzoek verrichtte in verband met de eerdere pogingen tot inventarisering. Toen zij terminaal ziek werd, nam Marnix Beyen de redactie van de tekst over. Kort voor haar dood gaf Van Bragt nog haar goedkeuring aan een quasi-definitieve versie van deze tekst.
AAP = Archief van de Abdij van Park.
[2] Handgeschreven notitie door abt Versteylen op brief van 16 december 1957 naar hem gezonden door kanunnik Caeyers van Averbode (AAP HD 62/2).
[3] Gustavus Swarte, Siardus Maes. Bibliothecaris en archivaris van de abdij van 't Park (1901-1983), *Analecta Praemonstratensia,* 59 (1983) 3-4, 322-323. Met lijst van negentien publicaties, waaronder *De geschiedenis van Bree*, 1946, 1952; *Inventaris van het Oud Archief der Abdij van 't Park Heverlee*, 1972; *De oude glasramen van de abdij van 't Park te Heverlee*, 1972; *De oude pachthoven van de Abdij van Park in Vlaams-Brabant*, 1973.
[4] Getypte tekst van de lezing in AAP HD 72. Een tiental A4-tjes waarvan de helft is gewijd aan de vijf bibliotheken die er toen waren, de andere helft aan oorkonden, charterboeken, kronieken en varia.

Over het belang van abdijbibliotheken
Pierre Delsaerdt

Het is als tuinieren in november. De aandrang is groot om al wat uitgebloeid en verdord is te verwijderen, de aarde volledig vrij te maken en na de winter nieuwe gewassen aan te planten. Maar de ervaren tuinier weet dat de afgewaaide bladeren en het snoeihout het best blijven liggen. Ze bieden een welkome bescherming voor de dagen van sneeuw en vorst en worden omgezet in een humuslaag waarop in de lente nieuw leven zal groeien. Misschien hebben Parkheren ooit, tijdens een herfstwandeling op het abdijdomein, aan deze analogie tussen de natuur en hun bibliotheek gedacht. Zoals de meeste kloosters en abdijen bouwde de Parkabdij haar bibliotheek in lagen op, cumulerend, zonder af te voeren wat zijn rechtstreeks nut verloren had. Aan de basis lag de overtuiging dat 'traditie' – in de letterlijke zin van het woord: als het doorgeven van ideeën, geloof en kennis aan volgende generaties – ook vertaald moest worden in de bewaring van de objecten waarin dat geloof en die kennis opgeslagen lagen. Oudere boeken maakten het mogelijk om naar de bronnen terug te keren en boden inspiratie voor nieuwe inzichten.

Continuïteit en veelzijdigheid

Historisch gezien waren klooster- en abdijbibliotheken in West-Europa de eerste voorbeelden van institutionele bibliotheken: bibliotheken die deel uitmaakten van een groter geheel en daardoor niet zomaar te ontbinden waren. Met privébibliotheken liep het meestal heel anders. Collecties die door een privépersoon werden opgebouwd, bleven na het overlijden van hun eigenaar zelden in het bezit van diens nakomelingen. Veel couranter was het gebruik om nagelaten boekenpartijen opnieuw in circulatie te brengen via het bloeiende tweedehandscircuit. Boekverkopers namen 'gebruikte' boeken op in hun winkelassortiment of brachten ze samen in boekenveilingen, die grote groepen kopers konden aantrekken. Boeken raakten zo weer verspreid en gingen deel uitmaken van andere bibliotheken. Het systeem werd gestimuleerd door de lange omlooptijd van het boek in het 'typografischte Ancien Régime': in een tijd zonder veel stroomversnellingen behielden werken met een religieuze, wetenschappelijke of literaire inhoud lang hun gebruikswaarde. Vanaf de late achttiende eeuw kwam de smaak voor oude en zeldzame boeken dit systeem van postume verspreiding van collecties nog versterken. Van zulke periodieke ontbindingen kon bij klooster- en abdijbibliotheken echter geen sprake zijn. Deze instellingen beschouwden hun boekenbezit als een onmisbare steun voor hun werking. 'Monasterium sine armario quasi castrum sine armamentario', klonk het – een klooster zonder bibliotheek is als een fort zonder wapenkamer.

Een constante vraag naar boeken kenmerkte de gemeenschappen van premonstratenzers. Hun statuten bevatten een apart hoofdstuk over de zogenaamde *lectio divina*: het lezen van bijbelteksten en geschriften van de kerkvaders als bron van gebed en bezinning.[1] Deze individuele lectuur gebeurde in een gemeenschappelijke zaal en tijdens twee tijdsblokken die hiervoor in de dagorde werden vrijgehouden. Daarnaast werden teksten voorgelezen tijdens de gezamenlijke maaltijden, en ook de liturgische diensten vergden de aanwezigheid van koorboeken, antifonaria en missalen. De inhoudelijke reikwijdte van de lectuur nam toe naarmate de *lectio divina* evolueerde tot een vorm van lezend studeren, die onder meer bij de novicen sterk werd aangemoedigd. Premonstratenzers namen bovendien pastorale taken op zich, zowel in de onmiddellijke omgeving van de abdij als in verder gelegen landelijke parochies die aan hun zorgen werden toevertrouwd. Ook voor de vorming van deze zielzorgers waren boeken onontbeerlijk.

In zo'n context was de verantwoordelijkheid van de *armarius* of bibliothecaris niet te onderschatten. Hij moest de teksten beschikbaar stellen aan zijn medebroeders en erop toezien dat er geen codices verloren gingen. Daarnaast was het van het grootste belang om de collecties in goede staat te bewaren en ze uit te breiden. In de middeleeuwen hadden vele abdijen – ook die van Park – hun eigen *scriptorium*, dat voor een continue aanvoer van nieuwe teksten zorgde. Vaak was dit schrijfatelier ondergebracht in de ruimte waar ook de *lectio divina* plaatsvond: een ruimtelijke vertolking van de organische verbondenheid tussen schrijven en lezen. Later deden de abdijen ook een beroep op kopiisten die niet tot de eigen gemeenschap behoorden, en kochten ze handschriften op de markt. Maar bovenal werden de collecties gevoed door schenkingen, een verschijnsel dat in de vroegmoderne periode alleen maar in belang zou toenemen. Nu eens werden individuele titels geschonken in ruil voor gebeden, dan weer werden hele privébibliotheken aan een abdij gelegateerd.

De groeiende omvang van de collecties bracht met zich mee dat vele abdijen aan het eind van de vijftiende en in de eerste helft van de zestiende eeuw een aparte bibliotheekruimte inrichtten. In de Parkabdij gebeurde dit onder prelaat Dirk van Tulden (1462–1494), in Tongerlo onder abt

Antonius Tsgrooten (1504–1530), in Grimbergen onder abt Frans de Blioul (1540–1542), in Averbode tijdens het abbatiaat van Mattheus 's Volders (1546–1565).

Het weinige dat we van die oude collecties weten, is dat ze de nadruk – vanzelfsprekend – legden op gewijde teksten: bijbels, afzonderlijke bijbelteksten en de werken van de kerkvaders, telkens met hun voornaamste commentatoren, teksten die zich met andere woorden bij uitstek leenden tot *lectio divina;* daarnaast scholastieke theologie, pastorale handboeken, traktaten over de sacramenten en opmerkelijk veel prekenbundels, die in de praktijk van de buitenparochies nuttige diensten konden bewijzen. Maar reeds in de middeleeuwen bevatten abdijbibliotheken een palet aan boeken dat veelzijdiger was dan men zou vermoeden. Kerkelijk en burgerlijk recht, encyclopedische naslagwerken, kerkelijke en wereldlijke geschiedenis, literatuur, klassieke talen en natuurwetenschappen eisten er ruimschoots hun plaats op. Een mooi voorbeeld van die veelzijdigheid biedt de handgeschreven catalogus van de abdijbibliotheek van Tongerlo die een ijverige norbertijn samenstelde in de zomermaanden van 1543, en waarin de theologische werken geflankeerd werden door even omvangrijke deelcollecties met juridische, historische, medische en taal- en letterkundige titels.[2] De auteur van de catalogus stelde de lijst samen 'in gratiam omnium studiosorum', ten dienste van allen die studeren.

Behalve als oorden van gebed en zielzorg profileerden abdijen zich in de nieuwe tijd duidelijk ook als centra van studie en wetenschap. In zo'n context was een bibliotheek onmisbaar. Ze kon haar doelstellingen slechts dienen als haar collectie-opbouw continu en breed verliep, zonder oudere werken te verwijderen.

Breuklijnen
Toch mag niet de indruk ontstaan dat die verzamel- en bewaaractiviteit zich zonder onderbrekingen kon ontplooien. Integendeel, abdijbibliotheken hebben de grote breuklijnen van de geschiedenis aan den lijve ondervonden. In de Zuidelijke Nederlanden hebben met name de zestiende-eeuwse Opstand en vooral de Franse Revolutie een niet te onderschatten impact gehad op de geduldig opgebouwde boekencollecties.

De Beeldenstorm van 1566 en de religieuze beroeringen die erop volgden, tastten weliswaar niet elke abdij aan, maar toch verloren sommige van de belangrijkste instellingen toen hun boeken. De bibliotheek van de Antwerpse Sint-Michielsabdij bijvoorbeeld – waarvoor een afzonderlijke ruimte was ingericht onder abt Fierkens (1453-1476) –, raakte volledig verspreid in de jaren van de calvinistische republiek.[3] Ook de abdijbibliotheek van Heilissem, bij Tienen, ging in 1568 in de vlammen op.[4]

Tijdens de laatste jaren van de achttiende eeuw waren de problemen fundamenteler en meer veralgemeend. In de Oostenrijkse periode waren de abdijen gespaard gebleven van ingrepen door de overheid – anders dan de colleges en het professenhuis van de jezuïeten, die onder Maria-Theresia waren opgeheven en waarvan de bibliotheken verkocht werden tijdens grootscheepse veilingen, anders ook dan de contemplatieve kloosters, die keizer Jozef II in 1783 als nutteloze instellingen had opgeheven. Maar toen de Zuidelijke Nederlanden eenmaal waren aangehecht bij de Franse Republiek, in 1795, ontsnapten ook de abdijen niet aan de antiklerikale politiek van de Parijse overheid. Op 1 september 1796 werden de abdijgemeenschappen ontbonden en hun gebouwen verkocht. De bibliotheekcollecties werden verbeurd verklaard; na een gedwongen quarantaine in onaangepaste depots werden ze toegewezen aan nieuwe, door de staat georganiseerde instellingen voor middelbaar onderwijs, de zogenaamde centrale scholen die in de hoofdsteden van de 'Verenigde Departementen' opdoken.[5] Toen deze revolutionaire onderwijsstructuur enkele jaren later weer verlaten werd, kwamen de collecties toe aan de *municipalités* van de departementshoofdsteden, die er eigen stadsbibliotheken mee stoffeerden. Door deze lotgevallen ging de organisch gegroeide cohesie van de boekenverzamelingen definitief verloren; in de nieuwe stedelijke bibliotheken verliep de collectie-opbouw voortaan volgens heel andere patronen.

De verkoop van de bibliotheek van de Parkabdij is van deze ontwikkelingen een late echo, die in zekere zin atypisch is.[6] In 1796 werd de abdij opgeheven en in 1797 moesten haar kanunniken de gebouwen verlaten. De bibliotheekcollectie kwam niet ongeschonden uit deze verwikkelingen: zeldzame incunabelen werden op transport naar Parijs gezet, waar ze vandaag nog steeds berusten.[7] Maar het boekenbezit kon grotendeels *in situ* blijven, waardoor de Parkheren ze opnieuw ter beschikking kregen toen ze in 1801 naar hun abdij terugkeerden. De verkoop van de boeken- en handschriftencollectie vond slechts plaats in 1829, op initiatief van de gemeenschap zelf, die er maar niet in slaagde het oude élan terug te vinden en zich om financiële redenen ontdeed van haar patrimonium aan boeken en handschriften.[8]

De filosofiezaal van de bibliotheek van het premonstratenzenklooster in Strahov bij Praag werd gebouwd in 1783-1790. Ze werd ontworpen door architect Ignaz Palliardi (1737-1821). Het stucwerk van het plafond is van beeldhouwer Ignaz Michael Platzer (1757-1826), de fresco's van Anton Franz Maulbertsch (1724-1796). Johann Berka (1758-1815) graveerde de prent. (cat. M140)

De Sint-Michielsabdij in Antwerpen lag ten zuiden van de stad. De bibliotheek bevindt zich onder nr. 12. Op de linkeroever is het versterkte Vlaams Hoofd te zien.
In de editie 1726-1727 werd een cartouche toegevoegd met het buitenhuis Beerschot op het Kiel en het wapen van Joannes Chrysostomus Teniers, abt van 1709 tot 1716, een beer en drie eikels.
Antonius Sanderus, *Chorographiæ sacræ Brabantiæ* […], Den Haag 1726-1727 (cat. S50)

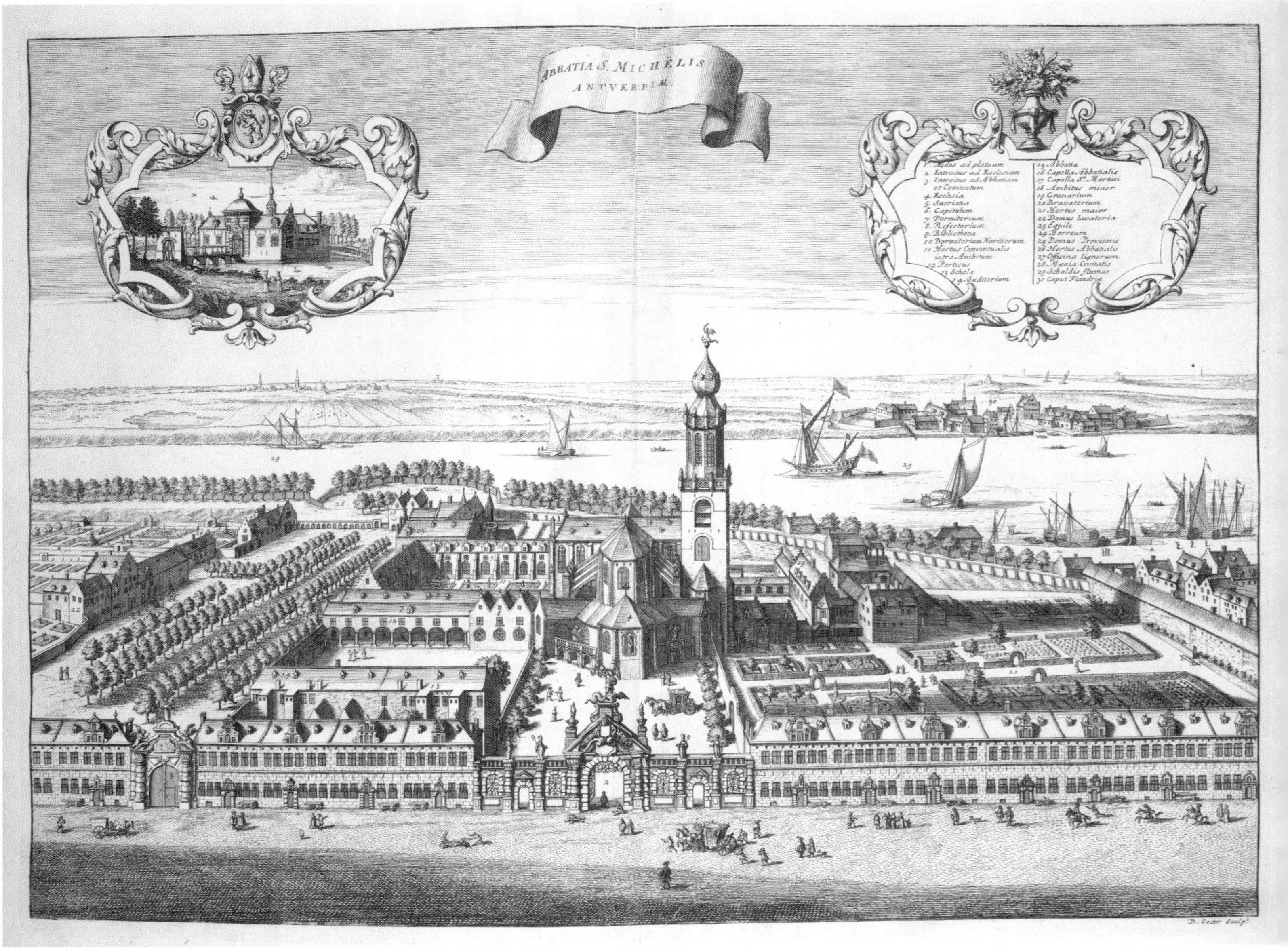

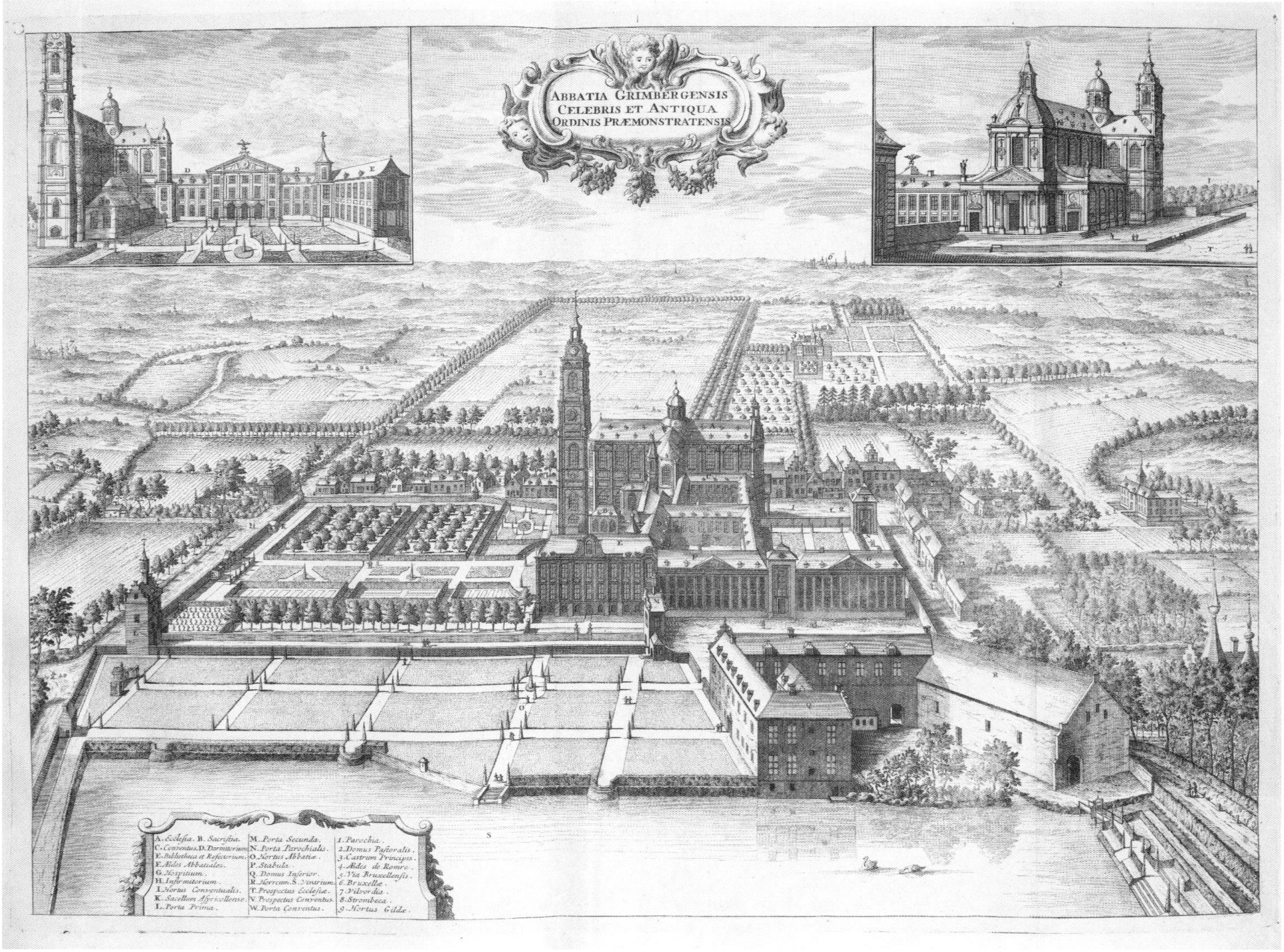

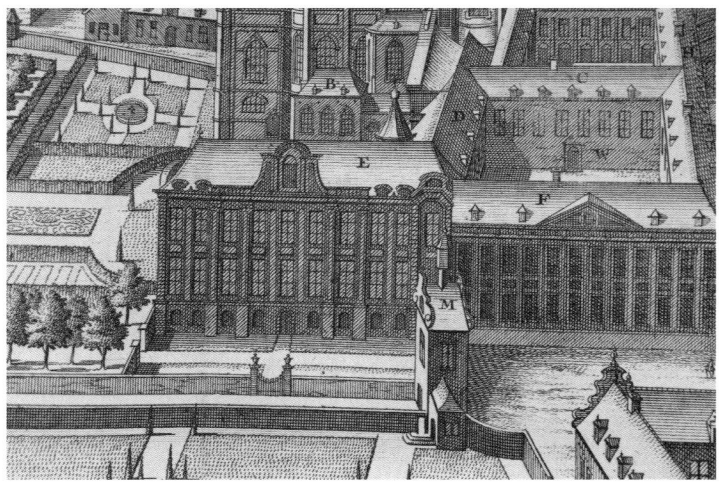

Abdij Grimbergen.
Letter E geeft de
bibliotheek aan.
Antonius Sanderus,
*Chorographiæ sacræ
Brabantiæ* […], Den Haag
1726-1727 (cat. S50)

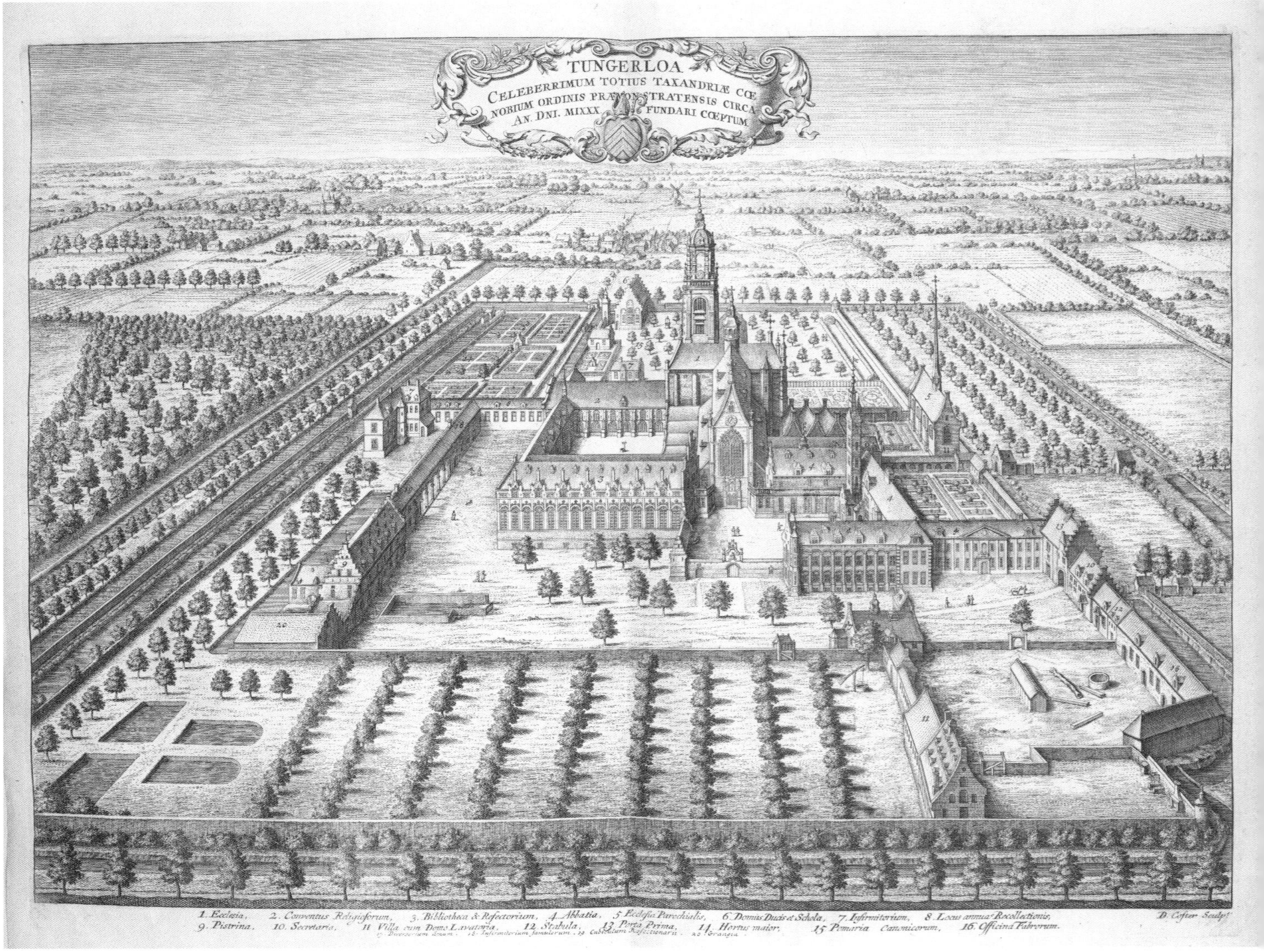

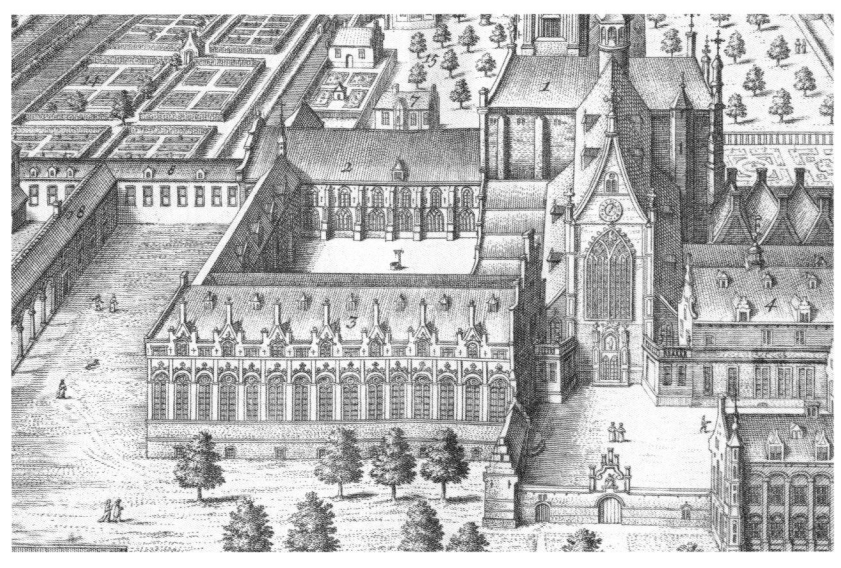

Abdij Tongerlo.
Het cijfer 3 geeft de bibliotheek aan.
Het wapen is van Gregorius Piera,
abt van 1695 tot 1723.
Antonius Sanderus, *Chorographiæ sacræ Brabantiæ* […], Den Haag 1726-1727 (cat. S50)

Restauraties

Op de jaren van vernieling en beschadiging volgden echter telkens periodes van herstel. In de Zuidelijke Nederlanden bracht de katholieke Reformatie een uitgesproken ambitie tot restauratie van de abdijen en hun oude boekenrijkdom met zich mee. Uit de eerste helft van de zeventiende eeuw zijn daarvan verschillende sporen bewaard. De Antwerpse Sint-Michielsabdij – de oudste abdij van premonstratenzers in het hertogdom Brabant – hield een register bij met een oplijsting van de boeken die aan de bibliotheek werden geschonken vanaf de jaren 1590, na de plundering en verspreiding van enkele jaren voordien dus.[9] Het gaat in meerderheid om schenkingen van individuele titels door kanunniken van de abdij zelf, van wie sommigen als buitenheer pastorale taken in landelijke parochies opnamen. Maar af en toe gingen ook hele privébibliotheken van overleden kanunniken in de abdijbibliotheek op, en in 1657 zorgde abt Norbertus van Couwerven voor een stunt: hij liet zijn hele privécollectie van 2.661 boeken overbrengen naar de *primaria bibliotheca* van de abdij, waardoor deze welgeteld 5.845 boeken ging bevatten. (Jammer genoeg zegt de inventaris niet of het hier om titels, dan wel om banden ging). Daarnaast was er recenter en onder impuls van dezelfde abt nog een 'bibliotheca secundaria' ingericht, die rond dezelfde tijd 2.727 boeken telde. Hetzelfde schenkingenregister laat zien dat ook buitenstaanders de heropbouw van de collectie van Sint-Michiels ondersteunden. Onder de schenkers duiken de abten van andere norbertijnenabdijen op (Grimbergen, Tongerlo en Berne, bij het Nederlandse Heeswijk), naast drukkers-uitgevers zoals Joannes Moretus en Gerardus van Wolschaten en vooraanstaande *litterati* zoals de Antwerpse kanunniken Aubertus Miraeus en Laurens Beyerlinck of de Leuvense hoogleraar Libertus Fromondus. Een andere aanwijzing dat met name de norbertijnen in die periode vastberaden werkten aan het herstel van hun bibliotheekcollecties, is te vinden in de boekhouding van de Leuvense boekverkoper Georgius Lipsius (1608–1682). In de zeventiende eeuw organiseerde die talrijke boekenveilingen, waarvan het verloop en de resultaten gereconstrueerd kunnen worden dankzij de bewaarde veilingadministratie. Daaruit blijkt dat verschillende abdijen er zich van tweedehandse boeken kwamen bevoorraden. Op de veiling van de privébibliotheek van de reeds vermelde theoloog Libertus Fromondus, van 2 tot 4 december 1653, boden verschillende delegaties met succes voor de Sint-Michielsabdij, voor Averbode, Grimbergen en… de Parkabdij, die 12 titels buitmaakte, waaronder een niet nader omschreven *Atlas maior* voor niet minder dan 77 gulden. De ijverigste kopers waren echter de norbertijnen van Ninove: ze kochten 55 boeken, die aantonen hoe veelzijdig het collectieprofiel van hun bibliotheek wel was, want behalve exegetische en patristische werken brachten ze het hoogste bod uit voor een *Astronomia* van Copernicus, een *Bibliotheca universalis* van Conrad Gessner, een *Chronologia* van Mercator en een Nederlandse vertaling van de *Livres de chirurgie* van Ambroise Paré.[10]

Ook op de opheffing van de kloosters en abdijen aan het eind van de achttiende eeuw volgde enkele decennia later vaak een heropbouw van de instellingen én van hun bibliotheken. Anders dan in de jaren van de Contrareformatie moesten de boekencollecties nu helemaal opnieuw worden opgebouwd, want zeldzaam waren de abdijen die er zoals de Parkabdij in geslaagd waren hun collectie grotendeels *in situ* te bewaren. Vanzelfsprekend kwam de nadruk in het acquisitiebeleid toen te liggen op teksten die in het teken stonden van gebed, bezinning, studie en pastoraal. Maar in vele nieuwe bibliotheken oversteeg de collectieopbouw deze directe bekommernissen en kwamen er net als vroeger ook heel wat andere, oudere boeken op de rekken te staan. De instellingen die opnieuw tot leven kwamen na de revolutionaire jaren ijverden voor de teruggave van de boeken die verdwenen waren. Ze zagen boekenpartijen terugkeren die door sympathisanten verborgen waren om ze tijdens de 'beloken tijd' te onttrekken aan de republikeinse verbeurdverklaringen. Niet overal lukte dat over de hele lijn: toen in 1819 bleek dat een uitgebreide partij boeken van Averbode jarenlang verborgen was geweest in de pastorie van het Limburgse Opitter, slaagde de abdij er toch niet in om deze boeken te recupereren. Ze werden door de staat opgeëist en kwamen terecht in de bibliotheek van de Luikse rijksuniversiteit, waar ze nog steeds berusten. Overigens ontstonden in de negentiende eeuw ook volledig nieuwe instellingen, en die waren soms bereid om boekencollecties van oude kloosters die niet heropgericht werden in hun bibliotheek op te nemen. Dat verklaart bijvoorbeeld waarom de bibliotheek van de trappistenabdij van Westmalle – een stichting van 1836, voortbouwend op een priorij die in 1794 was gesticht – een aanzienlijke hoeveelheid boeken bewaard die ooit eigendom waren van de Gentse abdij van Baudeloo, die na de Franse overheersing nooit werd heropgericht.[11]

Sommige abten van de negentiende-eeuwse abdijen traden bovendien als ware bibliofiele collectioneurs op, en besteedden veel zorg aan de uitbouw van een bibliotheek die niet alleen op rechtstreeks nut voor de abdijgemeenschap was gericht, maar ook iets moest weerspiegelen van de luister van weleer. Ze lieten zich daarbij leiden door de bibliofiele canon van hun tijd en richtten hun aandacht nu eens op de beginjaren van de boekdrukkunst, dan weer op het rijkelijk geïllustreerde boek of op andere categorieën van boeken die door hun zeldzaamheid of luxueuze uitvoering erg in trek waren op de antiquarische markt.

Net zoals in het Ancien Régime bleven schenkingen een belangrijke rol spelen bij de groei en ontwikkeling van de collecties. Voor de bibliotheek van de Parkabdij blijkt dat

Abdij Park, Heverlee
De zuidvleugel met de buitengevel van de bibliotheek. In de cartouche het wapen van abt De Waerseggere. Uitvergroot detail van het gebouw bij letter C op de overzichtstekening
Antonius Sanderus, *Chorographiæ sacræ Brabantiæ* […], Den Haag 1726-1727 (cat. S50)

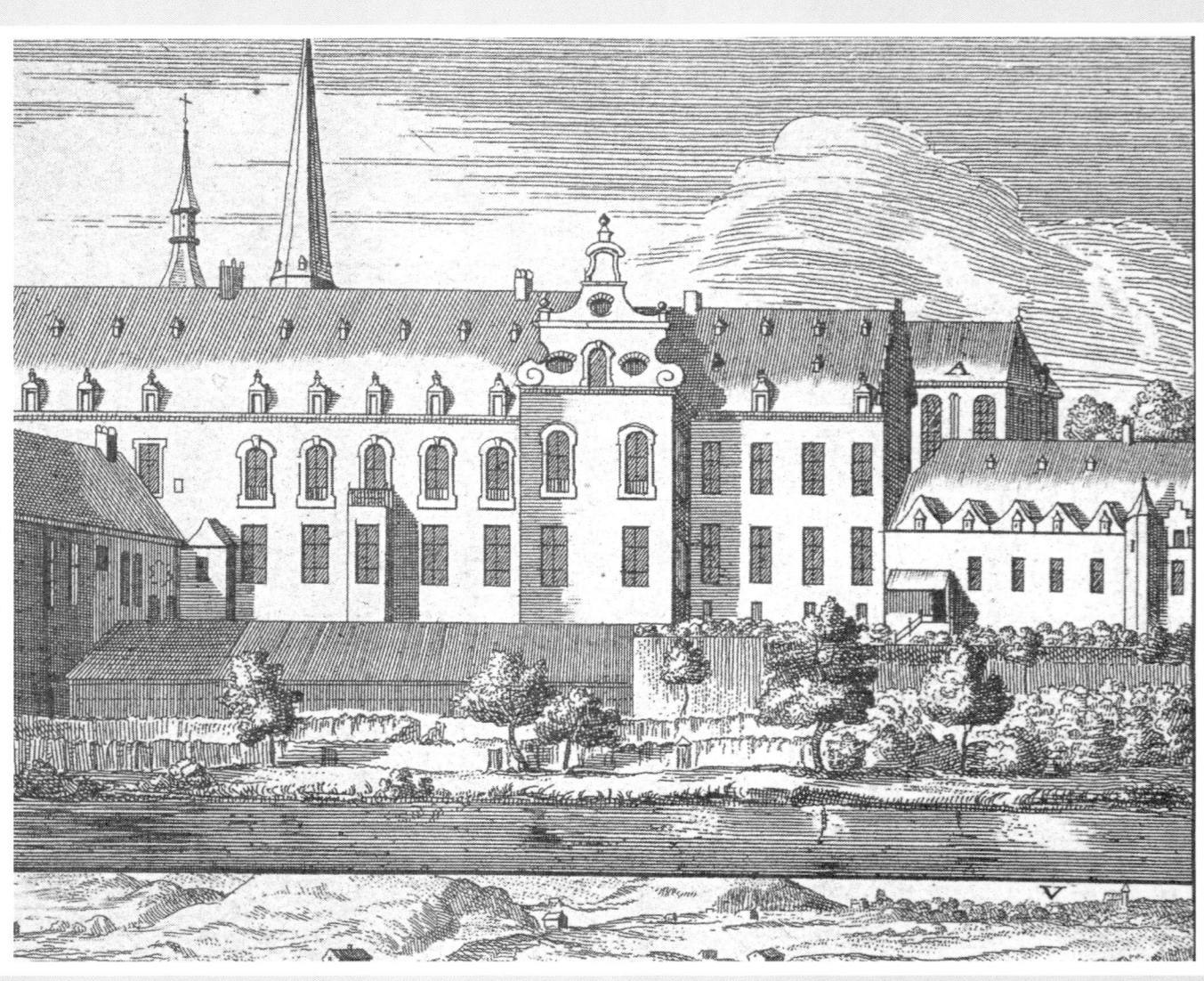

uitvoerig uit de talrijke, uiteenlopende herkomstvermeldingen die in de boeken werden teruggevonden. De verschillende vormen van acquisitie in de negentiende en twintigste eeuw verklaren hoe het komt dat de bibliotheken van kloosters en abdijen vandaag zo rijk en divers zijn, en – net als vroeger – veel méér zijn dan magazijnen van theologische kennis. Hun potentieel overschrijdt de grenzen van de religiewetenschappen ruimschoots, en mede daarom verdienen ze de blijvende aandacht van al wie een rol te spelen heeft in de bewaring van ons geschreven patrimonium. Dat is, in deze tijden waarin het kloosterleven aan aantrekkingskracht heeft ingeboet, meer dan een goedkope slogan. Abdijgemeenschappen worden kleiner en hebben zelden de middelen om aansluiting te vinden of te houden bij de technieken en praktijken van het hedendaagse bibliotheekbeheer, met al wat dit onder meer inhoudt aan ontsluitings- en digitaliseringstechnieken, aan geschikte infrastructuur voor preservering en conservering en aan culturele ontsluiting ten dienste van onderzoekers en het bredere publiek.[12]

In België, dat wordt wel eens vergeten, zijn ons niet veel bibliotheken overgeleverd die een geschiedenis van verschillende eeuwen omspannen. Dat heeft te maken met de specifieke bibliotheekgeschiedenis van dit land en met de overtuigingskracht die telkens weer nodig is om duidelijk te maken dat oude boeken, ook wanneer ze geen financiële waarde vertegenwoordigen, het verdienen om bewaard te worden, als een waardevolle humuslaag voor huidige en toekomstige generaties. Instellingen die het belang hiervan steeds zijn blijven inzien, zijn zeldzaam. De meeste abdijgemeenschappen zijn die overtuiging trouw gebleven, vóór en na de cesuur van de Franse Revolutie. Ze brachten een gelaagd patrimonium aan teksten bij elkaar. Dat deze kerkelijke bibliotheken eeuwenlang hoofdzakelijk de eigen abdijgemeenschap dienden en slechts bij uitzondering voor externe bezoekers werden opengesteld, doet hier niets aan af.

De verantwoordelijkheid van de onderzoeksgemeenschap ten aanzien van onze abdijbibliotheken is daarom dubbel. Zij moet in detail – diepgaander dan in de bovenstaande paragrafen het geval is – reconstrueren hoe de abdijcollecties tot stand kwamen, welke principes daarbij een rol speelden en welke breuklijnen en versnellingen de cumulerende collectieopbouw hebben bepaald. Alleen dan kan de veelzijdige rijkdom van de bibliotheekcollecties worden geduid en in een context geplaatst, als een noodzakelijke voorwaarde voor een correcte historisch-kritische interpretatie ervan. En diezelfde onderzoeksgemeenschap moet zowel de abdijen zelf als de overheid ervan overtuigen dat de collecties van abdijbibliotheken niet een derde keer verspreid mogen worden nu ze de middelen van hun eigenaars dreigen te overstijgen. Beide partijen moeten beseffen dat deze privéverzamelingen inmiddels zijn uitgegroeid tot een gemeenschappelijk cultureel erfgoed, dat het verdient om in de best mogelijke omstandigheden te worden bewaard en kenbaar gemaakt. Met haar geduldig en deskundig catalogiseringswerk heeft Jozefa Van Bragt daarvoor ten gunste van de abdijbibliotheek van Park een essentieel instrument samengesteld.

---

[1] Voor de betekenis van boeken, bibliotheken en lectuur in de middeleeuwse norbertijnenabdijen cf. Trudo Gerits, Boekenbezit en boekengebruik in de middeleeuwse premonstratenzerabdijen van de Nederlanden, *Archief- en Bibliotheekwezen in België*, extra-nummer 11 (1974), 79–157; Koen de Vlieger-de Wilde, Het boek als fundament van het kloosterleven, en Geert Souvereyns, Functies en culturele betekenis van abdijbibliotheken, in: Pierre Delsaerdt, Koen de Vlieger-de Wilde en Geert Souvereyns, eds, *Een zee van toegelaten lust. Hoogtepunten uit abdijbibliotheken in de provincie Antwerpen,* Antwerpen 2004, 20–37 resp. 38–63.

[2] Brussel, Koninklijke Bibliotheek van België, Handschrift nr. 8243-43.

[3] Jos van den Nieuwenhuizen, Abbaye de Saint-Michel à Anvers, in: Ursmer Berlière, e.a., eds, *Monasticon belge,* 8: *Province d'Anvers,* 1 (Luik 1992), 195–261.

[4] Gerits, Boekenbezit en boekengebruik, 110.

[5] Jerome Machiels, *Van religieuze naar openbare bibliotheek,* Brussel 2000; Jeroen Janssens, Van boekendepot tot openbare bibliotheek. De bibliotheken van de Écoles centrales, in: Pierre Delsaerdt & Evelien Kayaert, eds, *Abdijbibliotheken. Heden, verleden, toekomst,* Antwerpen 2005, 77–97.

[6] Quirin Gilles Nols, *Notes historiques sur l'abbaye du Parc, ou cinquante ans de tourmente 1786–1836,* Brussel 1911, 179–181.

[7] Christian Coppens, The incunabula of Parc Abbey (Heverlee, Leuven), *De Gulden Passer,* 88 (2010), 2, 23–70.

[8] Over de handschriften van de Parkabdij en hun verspreiding, cf. Émile van Balberghe, *Les manuscrits médiévaux de l'abbaye de Parc. Recueil d'articles,* Brussel 1992. Zie ook de bijdragen van Stefan Van Lani en Chris Coppens

[9] Brussel, Koninklijke Bibliotheek van België, Handschrift nr. 111: *'Catalogus benefactorum bibliothecae ecclesiae Sancti Michaelis Antverpiensis ordinis Praemonstratensis.'* Cf. [anon.], Catalogue des bienfaiteurs de la bibliothèque de l'abbaye de Saint-Michel à Anvers, *Bulletin du bibliophile belge,* 2de reeks, 1 (Brussel 1854), 275–290.

[10] Leuven, Rijksarchief, *Oude Universiteit Leuven,* 271, fol. [12]r.–[21]v.; Pierre Delsaerdt, *Suam quisque bibliothecam. Boekhandel en particulier boekenbezit aan de oude Leuvense universiteit 16de–18de eeuw,* Leuven 2001, 655–770.

[11] Geert Souvereyns, Abdijbibliotheken in de provincie Antwerpen: onderzoeksperspectieven, in: Delsaerdt & Kayaert, *Abdijbibliotheken,* 63–75.

[12] Jeroen Walterus, Over de lieve centen en de liefde voor het boek. Verslag van een panelgesprek over erfgoedbeleid en abdijbibliotheken, in: Delsaerdt & Kayaert, *Abdijbibliotheken, 55-60*

Prémontré's Ordestatuten 1505, 1509 gedrukt

Chris Coppens

In 1289 werden de eerste ordestatuten van de premonstratenzers vastgelegd en die bleven nagenoeg onveranderd tot midden vijftiende eeuw een roep tot hervorming klonk. Waren het niet de Brabantse abten die als eersten iets lieten horen, met abt Dirk van Tulden (1419-1494), procurator van de orde, namen zij toch het voortouw. Van Tulden kende de paus, Pius II, van toen hij nog Eneo Silvio Piccolomini was en wist hem te bewegen tot een bul, een dure onderneming, gedateerd 26 juni 1462, waarin een hervorming van de ordestatuten voorop werd gezet.

Voorspel
Tres doctores maximi, de drie dekens van respectievelijk Parijs, Cambrai en Saint-Quentin moesten er werk van maken, Thomas de Courcelles (1400-1469), de inquisiteur die Jeanne d'Arc op de brandstapel bracht, Gilles C(h)arlier, alias Aegidius Carlerius (ca 1390-1472), diplomaat en bij gelegenheid muziektheoreticus, in Cambrai overste van de Brabantse muziektheoreticus en componist Joannes Tinctoris (ca. 1435-1511), en de verder onbekende Jean Molet. Veel werd er door hen evenwel aan die statuten niet gedaan. Vòòr zijn dood liet Pius een nieuwe bul opstellen en deze keer gaf hij de opdracht dat de premonstratenzers het dan best zelf zouden doen, wat ze zelf konden doen, zou niemand beter kunnen.

Het was opnieuw van Tulden die naar voor trad, maar de abt-generaal, Simon de Péronne (1458-1470), gebruikte al zijn zwaartekracht om elke verzuchting tot hervorming te verstikken. Daarin werd hij bijgetreden door heel wat andere abten, die veel liever hun libertijnse levensstijl verderzetten dan dat ze voor de gemeenschap rekenschap van hun doen en laten moesten afleggen. Péronne werd tot ontslag gedwongen, maar dat zette niet meteen zoveel in beweging. Van Tulden zette er alsnog zijn schouders onder, begaf zich naar Rome en kreeg, tegen de nodige betaling, van paus Sixtus IV (1414-1484) een nieuwe bul om hervormingen voor te bereiden, maar hij zou die niet meer beleven.

Vanaf 1498 werden de jaarlijkse generale kapittels aan de voorbereiding van nieuwe statuten gewijd. De abt van Park, Arnoldus Wyten (†1515), van Tuldens neef, speelde daarin vanaf 1500 een grote rol. Om de versies van de voorlopige statuten te verspreiden, werden kopiisten ingezet, zodat elke abt de tekst voor zich kon hebben. Het generaal kapittel kwam evenwel in financiële moeilijkheden en de abt-generaal moest zelf in zijn zakken tasten, waarop het kapittel hem een extra belastingheffing tijdens zijn visitatiereizen toeschoof, door meer taks te eisen van de pastoors in de premonstratenzenparochies, die het op zich al niet breed hadden.

Ondertussen werd door de Brabantse abten in Rome aan lobbying gedaan om de zaak van Prémontré ter harte, of, beter, ter hand te nemen; dat betaalde zich cash, veel hart kwam er niet bij te pas. Het kapittel van 1502 nam onder andere het initiatief een centrale norbertijnengevangenis te bouwen in Laon. Het

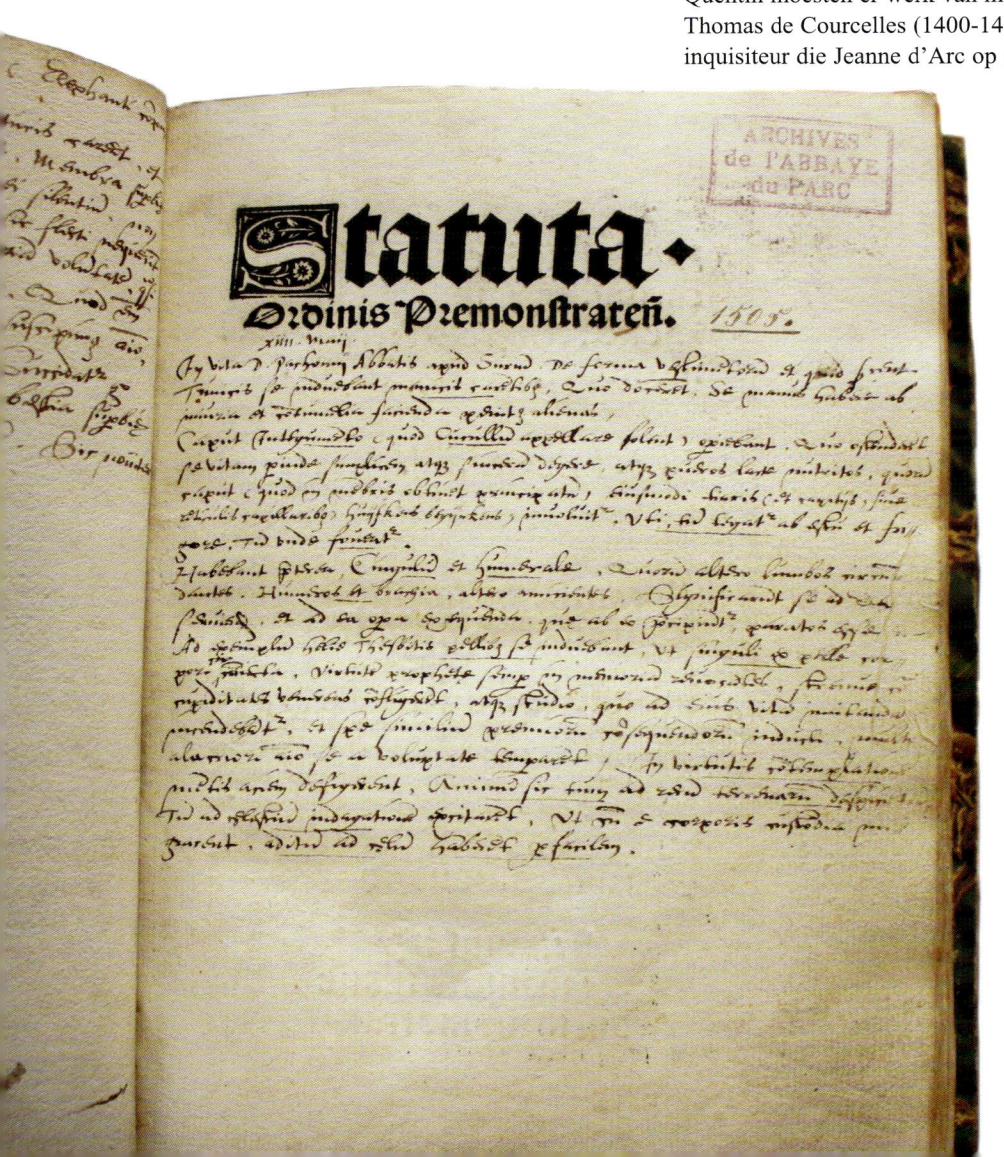

werd de pastoors ook verboden in hun huis vrouwen te nemen en zich in bordelen te begeven of mee te doen aan wedstrijden om het meest de arm te heffen en er dan nog prat op te gaan dat ze de hoofdprijs wegkaapten.

Om de investeringen in de bullen van de respectieve pausen Pius II en Sixtus IV te laten renderen, wisten de lobbyisten van hun opvolger Alexander VI (1431-1503), nog net voor zijn verscheiden, er toe te bewegen de privileges van zijn voorgangers te ratificeren en een vrijgeleide voor de hervormingen uit te schrijven. Het generaal kapittel werd in Saint-Quentin gehouden onder leiding van de abt-generaal, Jean de l'Escluse (1497-1512), die meteen op een nieuwe bul aanstuurde. De lobbyist van dienst was Willem van Enckevoirt (1464-1534), die tot de naaste omgeving van Alexander VI door was gedrongen, een heleboel winstgevende prebenden en andere posten cumuleerde, in 1500 notaris van de Rota werd en in 1503 tot secretaris werd benoemd. Hij had een diploma in beide rechten van de Sapienza, maar zijn naam werd in de Vaticaanse documenten obligaat als 'Wilhelmus de Culrondroit' gespeld, al dan niet *tongue in cheek*. Directe relaties met de Nederlanden en omgeving hield hij niet zozeer als kanunnik van de Onze-Lieve-Vrouwekerk van Antwerpen, en nog een serie andere, maar vanaf 1507 ook als pauselijke belastingontvanger voor de bisdommen Cambrai, Luik en Utrecht.

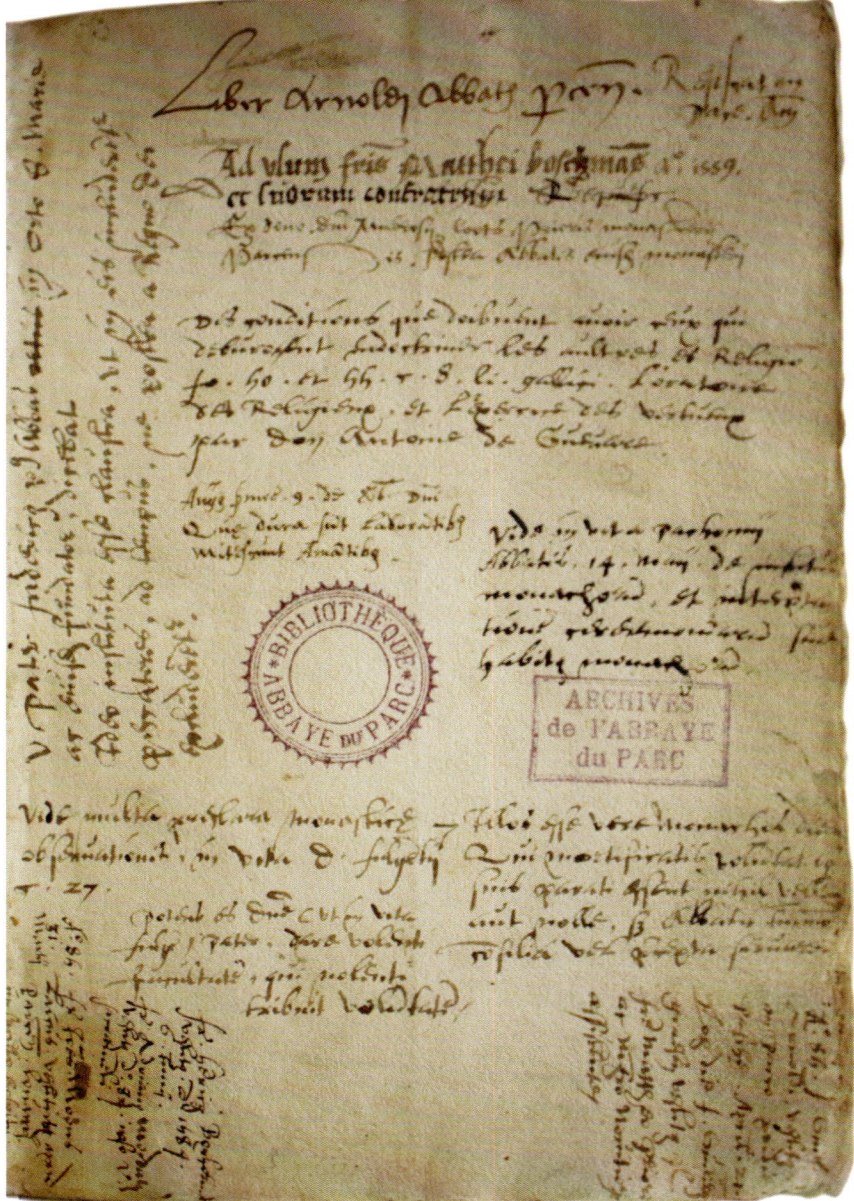

De bul
Alexander overleed voor de bul was verleden, en alles was 'dus' te herbeginnen met zijn opvolger, paus Julius II (1443-1513), *il Papa Terribile*, neef van Sixtus IV. Enckevoirt 'behartigde' evenwel de zaak van Prémontré en alles kwam in de spreekwoordelijke pauselijke kannen en kruiken. De bul liet toch nog op zich wachten. Het duurde wel even voor het document tussen de Scylla en Charybdis van de pauselijke bureaucratie was geloodst, zodat het generaal kapittel van 1504, met zevenendertig prelaten aanwezig, het zonder moest stellen. Grote ingrepen waren er financieel, waarbij elke abdij en elke kanunnik in het bijzonder, meer belastingen moesten betalen, maar dat waren lopende zaken.
De Romeinse onderneming had handen vol geld gekost en er moesten extra inkomsten worden opgehoest. De abten van Park en Sint-Michiel namen de visitaties waar in Brabant, Friesland, Westfalen en de circarie van Floreffe.

Op 20 april en de volgende dagen van 1505 kwam het generaal kapittel samen in Saint-Quentin, met vierenveertig abten, of hun afgevaardigden, aanwezig, maar ook met heel wat prelaten die blonken door afwezigheid en, bij verstek, op de geringde vinger werden getikt. De bul, met de goedkeuring van de statuten, was wel aanwezig en daar ging het tenslotte om. De notarissen Jean Ray en Matthieu Larcher met hun getuigen waren present, lazen de tekst officieel voor en notuleerden alles in een notariële akte, die kon worden betekend. Kopiisten zetten zich aan het werk en de notarissen onderschreven elk exemplaar voor waar, met de geëigende formule en hun notarissignet.

Het kapittel decreteerde brieven van erkentelijkheid aan Enckevoirt te sturen en ook aan die andere goede roomse relatie, Adriaan van Utrecht, theoloog aan de universiteit en deken van de Sint-Pieterskerk te Leuven, de latere paus Adrianus VI (1459-1523). Zonder lobbyisten bij het Vaticaan zou dat niet, of zeker niet 'zo snel' zijn gegaan. De nieuwe visitaties konden, met de nieuwe statuten onder de arm, uit worden gevoerd.

Het kapittel van 1509 werd eveneens te Saint-Quentin gehouden, op 6 mei en volgende, met achtendertig prelaten aanwezig. De abten van Zwaben en Beieren beklaagden er zich over dat er niet voldoende exemplaren van de nieuwe statuten voorhanden waren om iedereen te kunnen bevredigen. Het kapittel ordineerde dat de statuten moesten worden gedrukt en dat er voldoende exemplaren dienden worden verspreid waar dat ook nodig was. Dit produceerde een boekje dat zeker op heel beperkte oplage werd gedrukt en waarvan nu nog slechts zeer weinig exemplaren zijn geregistreerd. Er is één exemplaar bekend in Duitsland en het is daar digitaal beschikbaar. Park heeft twee exemplaren, en die zijn bijzonder leerrijk. In andere premonstratenzerabdijen in Europa moeten vast nog exemplaren terug te vinden zijn.

Gedrukt

De boeken zijn fraai gedrukt op papier van zeer goede kwaliteit, met een houtsnede-initiaal op het titelblad, maar zien er voor de tijd best oudmodisch uit. Typografie en opmaak verschilden regionaal en bepaalde streken volgden trager het voorbeeld van vernieuwing dat op de eerste plaats door Venetië werd gegeven. Er is geen naam van een drukker of plaats vermeld, zodat de identificatie hachelijk is. Er hoefde zich ook geen drukker te identificeren of die mocht dat wellicht niet. Het drukwerk werd gemaakt in opdracht van en betaald door de premonstratenzers, er was verder niemand die in de zaak een aandeel had. Een drukker en zijn materiaal werden contractueel ingehuurd, hij en zijn gezellen deden hun werk, het werk werd opgeleverd, betaald, en dat was het. Er kon niemand aanspraak maken dit werk als het zijne te verklaren. De distributie gebeurde ook intern, er hoefde geen boekhandelaar tussenbeide te komen, er had niemand in geïnvesteerd.

De blinddruk op het blanco gedeelte van het titelblad kan gedeeltelijk worden gelezen, maar die is voorlopig nog geen hulp voor een verdere identificatie. Het kon binnen dit kader niet worden bevestigd, maar het lijkt plausibel te veronderstellen dat de Witheren van Maagdenburg de productie van de druk op zich namen, zij waren immers vragende partij. In 1504 drukte Moritz Brandis voor hen of mogelijk zelfs bij hen een *Breviarium Praemonstratense*. De datum van de druk van de *Statuta* kan alvast worden bijgesteld. Omdat het de statuten van 1505 betreft, wordt de datum bibliografisch daarop vastgelegd, maar op basis van het gepubliceerde materiaal van de kapittels is nu duidelijk dat er pas in 1509 beslist werd om tot drukken over te gaan, terwijl daar vóór handgeschreven exemplaren door kopiisten werden vermenigvuldigd.

Exemplaren

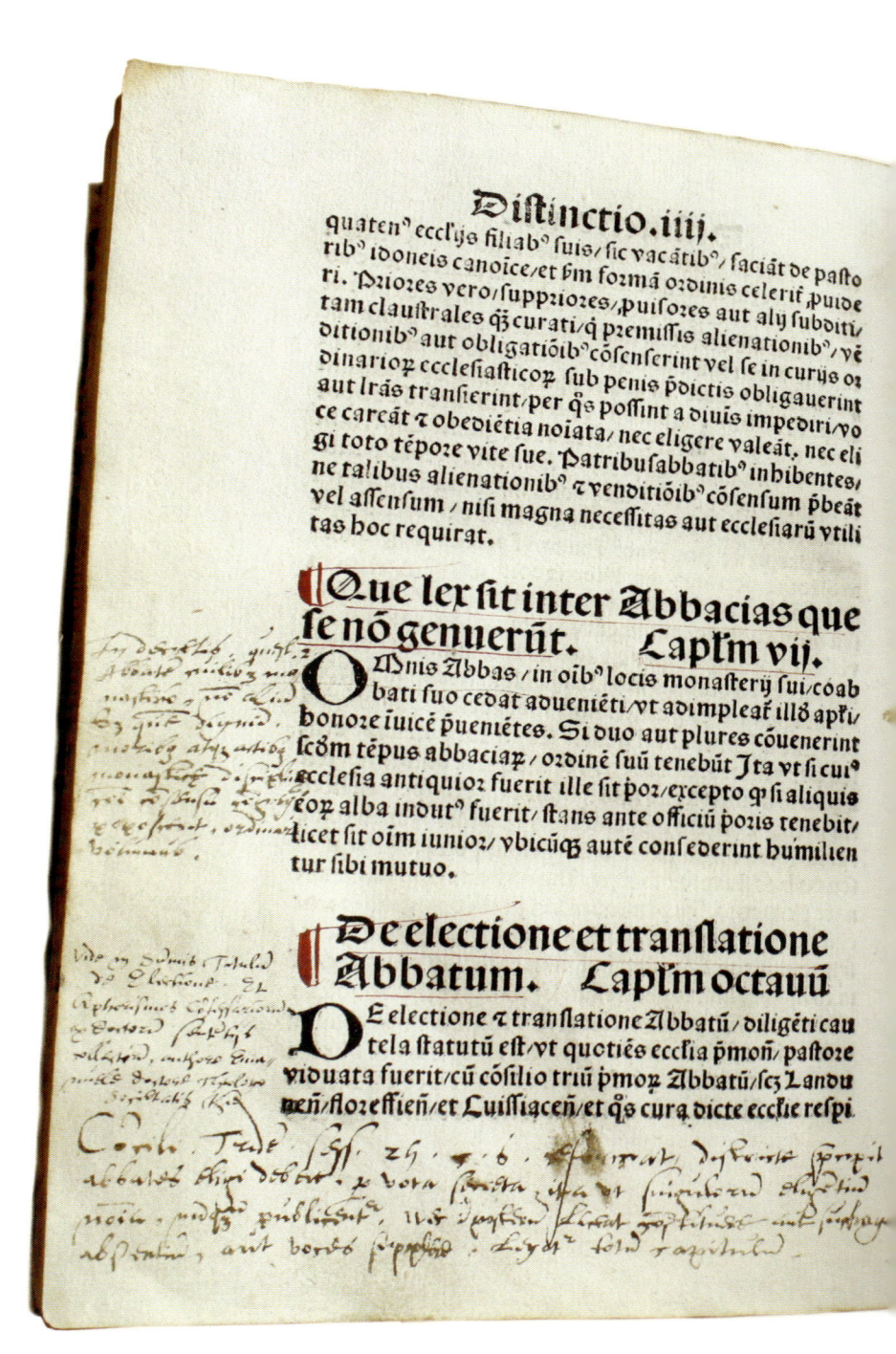

Beide exemplaren die nu nog in Park zijn bewaard, hebben daar vanaf het moment van productie en distributie gelegen. Een exemplaar is wel heel bijzonder, het is gerubriceerd, werd door notaris Jean Ray betekend en het behoorde toe aan abt Arnoldus Wijten, die bij verschillende generale kapittels aanwezig was en er zijn naam met nog vele aantekeningen in schreef. Heel merkwaardig is wel dat het daarna duidelijk in de abtsvertrekken open is blijven liggen, jawel, op de statuten over de verkiezing van de abt, beduimeld en rijkelijk van marginalia voorzien. Er is wel een bijzondere getuige die aantoont dat het boek precies daar open bleef liggen. Een worm boorde een gaatje van de achterkant naar voren en dat gaatje stopt aan de rechterkant precies bij die opening, daar is hij of zij boven gekomen, terwijl de abt een eindje verder zat. Het gaatje is evenwel ook niet verder te dateren, hoewel, het heeft zich ook doorheen het bijgebonden boek geboord, en dat is in 1543 gedrukt.

De worm kwam dus later binnen.

Het exemplaar behoorde later toe aan abt Ambrosius Loots (1523-1583), die de abdij doorheen de godsdiensttroebelen loodste. Die had het blijkbaar bij leven al aan zijn medebroeder Matthaeus Boschmans († 1612) gegeven, in 1559, het jaar dat Loots tot prior werd benoemd. Boschmans was gedurende negenendertig jaar prior, terwijl hij ook pastoor was in Lubbeek en Korbeek-Lo. Het bijgebonden boekje is een uiteenzetting van Hugo van Sint-Victor (ca. 1096-1141) over de regel van Augustinus, gedrukt te Leuven door Servatius van Sassen in 1543 (BT 1539).

Voorin, dus niet wormstekig, zit een kopie van de aanstellingsoorkonde van abt Franciscus Van Vlierden (1546-1601) als visitator door de abt-generaal, Jean Despruets (abt 1573-1596), in april 1584, betekend door een notaris Bachusius. In een periode van godsdienstproblemen en disciplinaire moeilijkheden wachtte hem geen makkelijke taak. Opmerkelijk zijn een paar katernen voor en achter, die in het midden een lichte vouw hebben, die het blad in het midden verdeelt, met bovenaan elke 'kolom' een letter van het alfabet. Hoewel deze bladen niet voor dat doel zijn gebruikt en alleen hier en daar wat nota's bevatten, blijken ze gemaakt om een persoonlijke onderwerpsindex op de statuten te maken, een soort lijst van topics. De laatste gedateerde aantekening is van 1605, 6 november, over de inkleding van Jan Boels, overleden aan de pest in 1627, en Jan Pottens (?).

Het tweede exemplaar is niet gerubriceerd maar er is wel degelijk mee gewerkt; hoewel minder dan in het andere, staan er toch heel wat marginalia in. Heel wat bladen zijn aan de kop beschadigd en werden later hersteld. Provisor-bibliothecaris Dillen maakte er ook enkele aantekeningen in, ondertekende en dateerde die in 1862. Rond die tijd moeten de twee boeken in een kartonnen band met een zwarte linnen rug zijn herbonden.

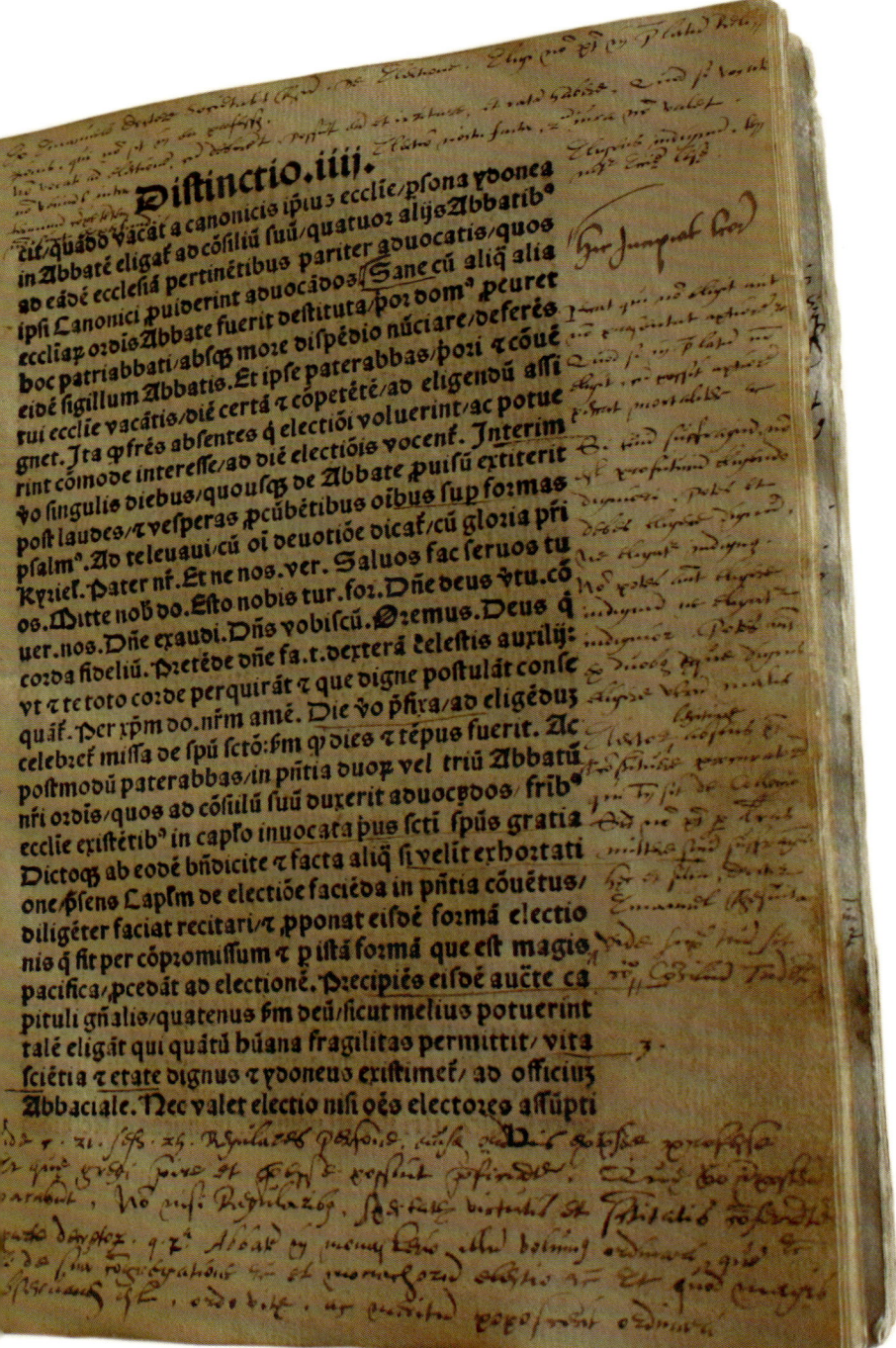

Lit.: Émile Valvekens, Le Chapitre Général de Prémontré et les nouveaux statuts de 1505, *Analecta praemonstratensia*, 14, 1938, 53-94; Albert d'Haenens, Abbaye de Parc, à Heverlee, in: *Monasticon belge, 4. Province de Brabant*, 3, Luik 1969, 773-827; J.B. Valvekens (ed.), Acta et decreta capitulorum generalium ordinis praemonstratensium. II. 1501 – 1530, *Analecta praemonstratensia*, 45-48, 1969-1972, 1-402; BT = *Belgica typographica*; Falk Eisermann, A Golden Age? Monastic Printing Houses in the Fifteenth Century, in: Benito Rial Costas (ed.), *Print Culture and Peripheries in Early Modern Europe: A contribution to the history of printing and the book trade in small European and Spanish cities,* Leiden – Boston 2013, 62 (met dank aan Dr. Falk Eisermann).

De abdij van Park en haar historische bibliotheek IV

Stefan Van Lani

De Leuvense humanist en hoogleraar Justus Lipsius (1547-1606) schreef in 1605 over de abdij van Park:[1]

"Dat gebeurde in het jaar 1129, ongeveer vijf jaar voor de dood van Norbertus, de aartsbisschop van Maagdenburg, die deze premonstratenzerorde is begonnen en heeft gesticht. De eerste abt was een zekere Simon en na hem kwamen er nog drieëntwintig anderen tot Dirk van Tulden van de paus het recht verkreeg om de mijter te dragen. Men leest dat deze man niet alleen vroom, maar ook wijs is geweest en dat hij veel heeft gedaan om de plaats uit te breiden.

Bovendien was hij een dierbare vriend van Karel en weldra ook van Maximiliaan van Oostenrijk onze heersers en, werd hij in hun bestuur als raadgever betrokken. Zo'n dertig anderen volgden hem tot vandaag de dag op en de meesten waren lovenswaardige lieden, als was Gods welwillende hand in het spel, vasthoudend aan voorschriften en onderwijs, en zelfs goede financiële bestuurders. Nu is Joannes Drusius abt. Hij verdient dezelfde maar ook andere lofprijzingen. Deze plaats is aangenaam en door haar bossen, haar visvijvers, haar beekjes en weiden heerlijk om toeven. Ook studiosi komen er vaak."

De eerste eeuwen na de stichting

Toen Godfried I met de Baard, graaf van Leuven en hertog van Brabant, in 1129 zijn even ten zuidoosten van Leuven gelegen jachtpark wegschonk aan de norbertijnen van de Noord-Franse Sint-Martinusabdij van Laon, kon geen enkele tijdgenoot van de landsheer vermoeden dat deze prille stichting zich zou ontplooien tot een succesrijk huis dat de volgende negenhonderd jaar de stormen van de tijd zou overleven.

De eerste abt, Simon van Saint-Maurice (†1142), en zijn discipelen verrichtten in die beginjaren goed werk. Zij genoten de steun van de hertogen van Brabant en in 1154 bezat de jonge gemeenschap reeds meer dan 350 ha bos, landerijen en weiden in meer dan een dozijn dorpen.

De kern van dit domein bevond zich in de omgeving van Park-Heverlee, waar het abdijbezit zich uitstrekte over de gehuchten Vinkenbos, Langendaal, Ten Broeke en Voorde: een omvangrijk, aaneengesloten complex dat in het noorden tot aan Leuvense stadsmuren reikte. In het zuidwesten ging de abdij de concurrentie aan met de heren van Heverlee, tijdgenoten van graaf Godfried die in de veertiende en vijftiende eeuw andere families moesten laten voorgaan.

Ordestichter Norbertus van Gennep (1080-1134) wees op het evenwicht tussen studie en gebed enerzijds en actieve pastoraal anderzijds.[2] De norbertijnen waren en zijn daarom een orde van reguliere priester-kanunniken. Sommige van de kanunniken kozen voor een carrière binnen de kloostermuren, anderen kwamen als pastoor in de parochies van de abdij terecht.[3]

In elk geval was er in het dagdagelijkse leven van de kanunniken, zoals in dat van hun collega's in andere religieuze ordes, plaats voor studie en lectuur. Zo hechtten de vroegste statuten van de orde veel belang aan de aanwezigheid van het geschreven boek en ook de functie van bibliothecaris kreeg de nodige aandacht.[4]

Al in 1154 spande abt Philippus (1142-1165) zich in *"om de hem toevertrouwde broeders ook inwendig te beschermen en hen in alle soorten deugden en gewijde kennis te onderrichten. Met dat doel spaarde hij kosten noch moeite om boeken op perkament te doen schrijven. Daarvan zouden sommige dienen voor de voorlezing aan de gemeenschap in de refter, andere voor de broeders die in gemeenschap wensten te studeren, in wat we nu de bibliotheek noemen"*[5]

Dit is meteen de vroegste vermelding van een bibliotheekruimte voor de abdij van Park.

De dertiende-eeuwse statuten van de orde van de norbertijnen benadrukken het beoefenen van studie en handenarbeid, zowel tijdens de winter- als tijdens de zomermaanden.[6] De namiddag en de vroege vooravond boden tijd voor lectuur en studie, de zogenaamde *lectio divina*. Op de feestdagen mocht er ook gelezen worden in de voormiddag.

De norbertijnen staan niet bekend als een onderwijsorde. Dit wil niet zeggen dat er voor de opleiding en de studie van de novicen geen aandacht was, integendeel. Een stevig studieprogramma bereidde de novicen voor op hun latere leven als priester-kanunnik. In Park was dit niet anders. De novicenmeester begeleidde het noviciaat. Leermeesters zowel van binnen als van buiten de abdij verzorgden de lessen. De hoogst begaafden vervolmaakten hun studies buiten de abdijmuren aan universiteiten, eerst in Parijs en vanaf 1425 in Leuven. Maar dat is een ander verhaal.

De student-novicen maakten gebruik van het in de abdij aanwezige studiemateriaal. Waar zich in deze vroege periode de bibliotheek en het scriptorium in de abdij van Park bevonden, is niet bekend, evenmin als de inplanting van de studieruimtes.

Het oude plan van Sankt Gallen, het prototype van de kloosterplattegrond uit de negende eeuw, dat nog steeds wordt bewaard in het Zwitserse Sankt Gallen in de gebouwen van de voormalige gelijknamige benedictijnenabdij, kan hier hulp bieden. Op dit plan staan de studie- en de bewaarruimtes voor boeken bestemd voor studie en gebed ingetekend in het zuidertransept van de abdijkerk dichtbij het koor. Is dit plan eveneens van toepassing op de abdij van Park? Meer dan waarschijnlijk wel.

Boeken werden in de middeleeuwen met de hand geschreven. De abdij van Park kocht boeken aan bij derden of produceerde ze in beperkte mate zelf in het eigen scriptorium. De bewijzen hiervan staan in de gedetailleerde rekeningen van de abdij in het abdijarchief. Kopiisten of schrijvers, kalligrafen en miniaturisten worden er inderdaad af en toe vermeld.

In 1462 wordt de Noord-Brabander Diederik van Tulden abt van Park. Van Tulden, geboren op een grote hoeve in Hilvarenbeek en als norbertijn afkomstig van de abdij van Tongerlo, was bij zijn aanstelling jong en vooral beloftevol.[7] Hij had in Rome gestudeerd en vervulde er gedurende verscheidene jaren de rol van procurator of zaakwaarnemer

In 1129 schonk Godfried I met de Baard (1063-1139), graaf van Leuven en hertog van Neder-Lotharingen, zijn jachtpark in Heverlee-Leuven aan de norbertijnen van de Sint-Martinusabdij in Laon (Noord-Frankrijk). Vrijwel onmiddellijk stuurde de abt van Laon een kleine groep van kanunniken naar Heverlee. De stichting van de Abdij van Park was een feit.
Deze prent, getekend door Hendrik Van Wel (actief 1690-1730) en geëtst door Jan Baptist Berterham (actief in de periode 1696-1721) verwijst naar de stichting door hertog Godfried onder een toeziende Maria met kind (Maria is de patrones van de abdij), geflankeerd door Johannes de Evangelist, patroon van de abdijkerk, en de ordestichter Norbertus. Links en rechts staan de wapenschilden afgebeeld van de abdij en van abt Hieronymus de Waerseggere.
(cat. W2)

van de norbertijnenorde. Walter van Beringen, abt van de Parkabdij van 1434 tot 1462, op zoek naar geestelijke vernieuwing voor zijn abdij, introduceerde hem in Park als zijn coadjutor met recht van opvolging. Op dat moment beleefde de abdij moeilijke tijden. De kloostertucht was er doorheen de jaren wat verslapt en nu dreigde ook nog de hinderlijke commende: de toewijzing van de abtstitel door de overheid, louter voor de inkomsten of het vruchtgebruik, aan onbevoegden. Het was aan van Tulden om het schip weer op de juiste koers te brengen. De abt slaagde in zijn opdracht. Park zou nooit een commende-abt krijgen.

Van Tuldens prestige steeg en hij drong door tot de entourage van hertog Maximiliaan van Oostenrijk. Mede dankzij zijn connecties in Rome verkreeg hij voor zichzelf en zijn opvolgers het recht om mijter en staf te dragen. De prelaat stierf op 9 oktober 1494 na een abbatiaat van 32 jaar. Zijn lichaam werd bijgezet in de Onze-Lieve-Vrouwkapel in de abdijkerk. De abdijkroniek vermeldde over de figuur van van Tulden het volgende:

"Theodericus volbracht tot nut van zijn abdij veel nuttige dingen. Maar hij was niet alleen begaan met het nuttige, maar ook met het eervolle. Hij verwierf voor de broeders die wilden studeren zeer vele boeken en codices, en hij gaf de bibliotheek een mooi aanschijn."[8]

Jan Maes/Joannes Masius werd in Leuven geboren in 1592. Hij werd abt in 1636 en is in 1647 in Brussel gestorven.
Op het schilderij is hij drieënvijftig jaar. Hij is zittend voorgesteld, ten halve lijve, driekwart naar links. De kleine oogjes kijken met scherpe blik naar de toeschouwer; het vers geknipte korte, donker bijgekleurde haar met tonsuur en de ringbaard met snor profileren het gezicht. Hij is gekleed in wit habijt met schapulier, de *mozette* (met knopen) over de schouders; zijn linkerhand met pastorale ring raakt een boek, de snede naar voren, dat op de tafel naast hem ligt. Zijn linkerarm rust op de leuning van de houten zetel met fluwelen bekleding. Hij houdt een paternoster in amethist of amber, een luxeproduct, vast. De linkerbovenhoek is opengebroken met een raam dat een weg doorheen een bos met een grote boom rechts laat zien; links staat de kapel van Jezus-Eik, opgericht in 1644. Rijke pelgrims, vader en moeder met twee kinderen, zijn net met de koets aangekomen. De madonna van Jezus-Eik staat op de tafel aan Masius' rechterkant. De boeken verwijzen naar zijn bijdrage tot de redactie van de ordestatuten en zijn kroniek van de Parkabdij. Bovenop de boeken troont zijn hoge bonnet met vier vleugels, een eer die doctores in de theologie of het canoniek recht toekwam, hoewel hij licentiaat was. Boven zijn linkeroor zweeft zijn wapen met devies *Ne quid nimis*, mate in alles en links het opschrift *AE. 53. Reg. Decimo, A° 1644. 24 maij*. Het wapen heeft twee kwartieren met zilveren dwarsbalk op groen en twee kwartieren met zilveren sint-andrieskruis op zwart.

Olieverf op doek, afmetingen dagkant 120 x 105 cm
Lit.: J.E. Jansen, *La peinture à l'abbaye du Parc et catalogue historique et descriptif des tableaux*, Leuven 1913, 74-75 nr. 147.

Zoals in het begin van de zevende eeuw paus Bonifatius IV van het Pantheon in Rome een christelijke kerk maakte, zo namen de norbertijnen een heidens bos in bezit. Het citaat uit een 17de eeuws toneelstuk over de heilige Norbertus verwijst zowel naar de eerste abdij van de norbertijnen in de bossen van het Noord-Franse Prémontré als naar het hertogelijke jachtpark in Heverlee, waar de Abdij van Park werd gesticht.
(cat. H137)

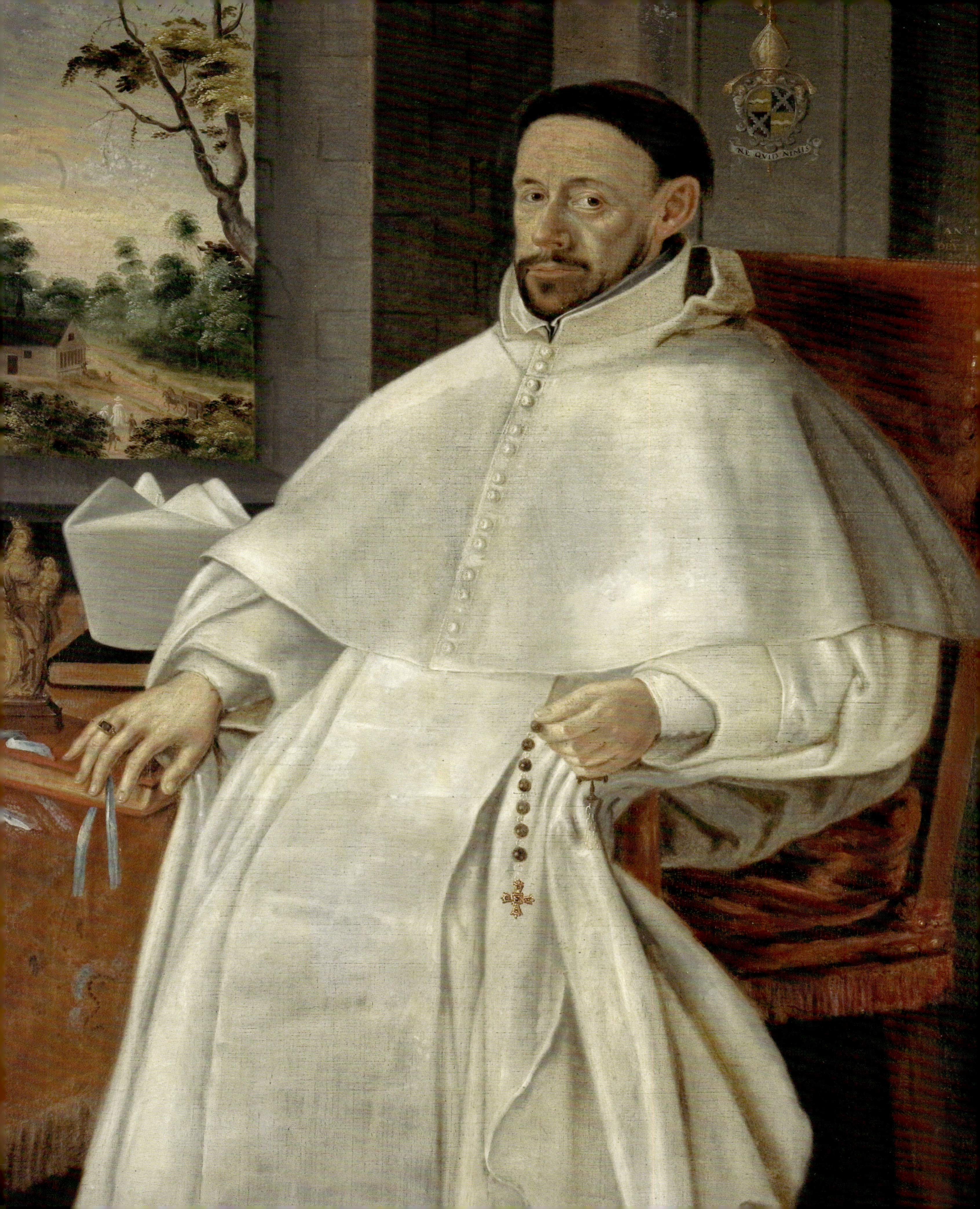
NE QVID NIMIS

Dit is meteen de tweede archiefvermelding van de bibliotheek van de abdij.

De abdijrekeningen vermeldden tijdens het abbatiaat van Diederik van Tuldel inderdaad geregeld aankopen van boeken, perkament, enzovoort. Op zich is dit niets uitzonderlijks. Helaas besteedden de bronnen alweer geen aandacht aan de toenmalige inplanting van de bibliotheekruimte annex studieruimte of *studium*.

De *armarius* of bibliothecaris droeg de verantwoordelijkheid over de boekencollectie van de abdij. Hij had de sleutel van de bibliotheek en van de boekenkasten. Met toestemming van de abt kon hij boeken lenen aan medebroeders.

Niet alle boeken stonden in de bibliotheek. Antifonaria, gradualen, missalen en andere boeken gebruikt tijdens de liturgie werden dichtbij het koor van de abdijkerk bewaard of in de sacristie. De boeken bestemd voor de kerkdiensten waren de verantwoordelijkheid van de cantor of voorzanger. De prelaat of abt had zijn eigen *studium* met de nodige boeken in het abtskwartier of de prelatuur. De huidige prelatuur, met een inrichting uit de tweede helft van de achttiende eeuw, levert hiervan nog steeds het bewijs.

Middeleeuwse boekenlijsten of catalogi van deze bibliotheek werden nog niet teruggevonden. Het gedetailleerde en goed bewaarde abdijarchief bevat daarentegen wel rekeningen met de vermelding van de aankoop van boeken, betalingen aan miniaturisten en kopiisten, de aankoop van perkament en inkt, boedelinventarissen van de kloostercellen van de kanunniken en van pastorieën bewoond door Parkheren.

Boeken waren erg kostbaar, dat is algemeen bekend. De abdij doorstond de perikelen van de tijden en zelfs de plundering door de troepen van een woeste hertog van Brabant in 1334. In tijden van acuut gevaar bood het refugehuis in de Leuvense Minderbroedersstraat een veilig onderkomen. Archieven en boeken werden daar meer dan waarschijnlijk in veiligheid gebracht.

Sterke abten verzetten zich tijdens het bestuur van keizer Karel V (1516-1558) tegen de vorstelijke goedkeuring voor belangrijke kerkelijke ambten en behoedden Park net als hun voorgangers voor de hinderlijke commende. De prelaten van Park genoten in die dagen groot aanzien, als aartskapelanen van de hertogen van Brabant sinds 1416, maar vooral als vertegenwoordigers van de geestelijke stand in de Staten van Brabant en in de Staten-Generaal. In deze statenvergaderingen beslisten ze mee over 's lands budget. Door hun invloed en dankzij het grote abdijdomein waren de abten te duchten spelers op het politiek-economische schaakbord.

Crisis en heropbloei:
de bouw van de huidige bibliotheekruimte in 1672
Toen op het einde van de jaren zestig van de zestiende eeuw de Beeldenstorm het begin van de slopende Tachtigjarige Oorlog inluidde, koos toenmalig prelaat Karel vander Linden (1558-1576) niet onvoorwaardelijk voor het Spaanse kamp. Integendeel, samen met zijn broer, de abt van de Leuvense Sint-Geertruiabdij, stelde de prelaat zich vragen omtrent de stugge opstelling van koning Filips II, zoon en opvolger van Karel V.

Uiteindelijk slaagde niets of niemand er in om het verwoestende conflict tussen Noord en Zuid te bezweren en bracht de aanslepende en steeds opflakkerende burgeroorlog de Zuidelijke Nederlanden aan de rand van de afgrond. De abdij van Park leed erg onder het geweld. Haar landbouwdomein bleek zeer kwetsbaar voor de grillen van de krijgslui.

In 1569 was de situatie zo onveilig geworden dat de kanunniken niet anders konden dan hun vertrouwde abdij te verlaten en te kiezen voor een verblijf in de refuge in Leuven. De provisor schreef in zijn rekening dat door deze vlucht de bibliotheek zwaar werd beschadigd. De sloten en de kettingen die de boeken verankerden aan de lessenaars waren gebroken en verdwenen. Aan de "riemslager" werd gevraagd om nieuwe bevestigingsriemen te maken. Alle schade werd dra hersteld.[9]

Herhaaldelijk flirtte Park in deze onzekere tijden met het bankroet, maar abt Franciscus van Vlierden (1585-1601) slaagde er in zijn medebroeders door het oog van de storm te loodsen. Koppig bleef hij de abdijhoeven verhuren, meteen een manier om de abdij in een tijd van nefaste muntontwaarding van de nodige inkomsten in natura te voorzien.[10] Een verlamming aan zijn rechterhand en arm, die hem verhinderde documenten te ondertekenen, weerhield Van Vlierden er niet van om tot zijn dood, op 3 mei 1601, aan het Parkse roer te blijven.

Van Vlierden werd opgevolgd door Jan Druys (1601-1634). Druys of Drusius, zoon uit een Leuvens patriciërsgeslacht, zette de zoektocht naar stabiliteit onverdroten voort. Handig gebruik makend van de vredeswil van de landvoogden Albrecht en Isabella (Twaalfjarig Bestand in 1609) slaagde abt Drusius er zelfs in om voor het eerst

---

Hieronymus de Waerseggere, geboren in Leuven in 1668, in 1719 abt en gestorven in 1730, is zittend voorgesteld, ten halve lijve, driekwart naar links. Zijn gezicht is opgemaakt, de lippen wat gefronst naar voren; zijn omwalde ogen kijken de toeschouwer recht in de ogen; de modieuze wollige, witte, vers gepoederde en gefriseerde staartpruik, kromt zich als een aureool om zijn hoofd; hij is gekleed in wit habijt, de *mozette* (met knopen) over de schouders; de mouwen zijn met rijkelijk borduurwerk afgezet; zijn kruis hangt aan een koord met drie knopen; rechterduim en -wijsvinger krommen zich naar de voet ervan, de ringvinger draagt de pastorale ring; de linkerhand, met uitgestoken wijsvinger, rust op zijn linkerdij; ter hoogte van zijn rechterschouder is zijn wapen geschilderd, twee rozen van keel op gouden veld met links boven drie palen van lazuur op goud, met schildhoofd van keel
Zijn devies: *Deux verax*, God spreekt de waarheid.
Lit.: J.E. Jansen, *La peinture à l'abbaye du Parc et catalogue historique et descriptif des tableaux*, Leuven 1913, 61-62 nr. 147.

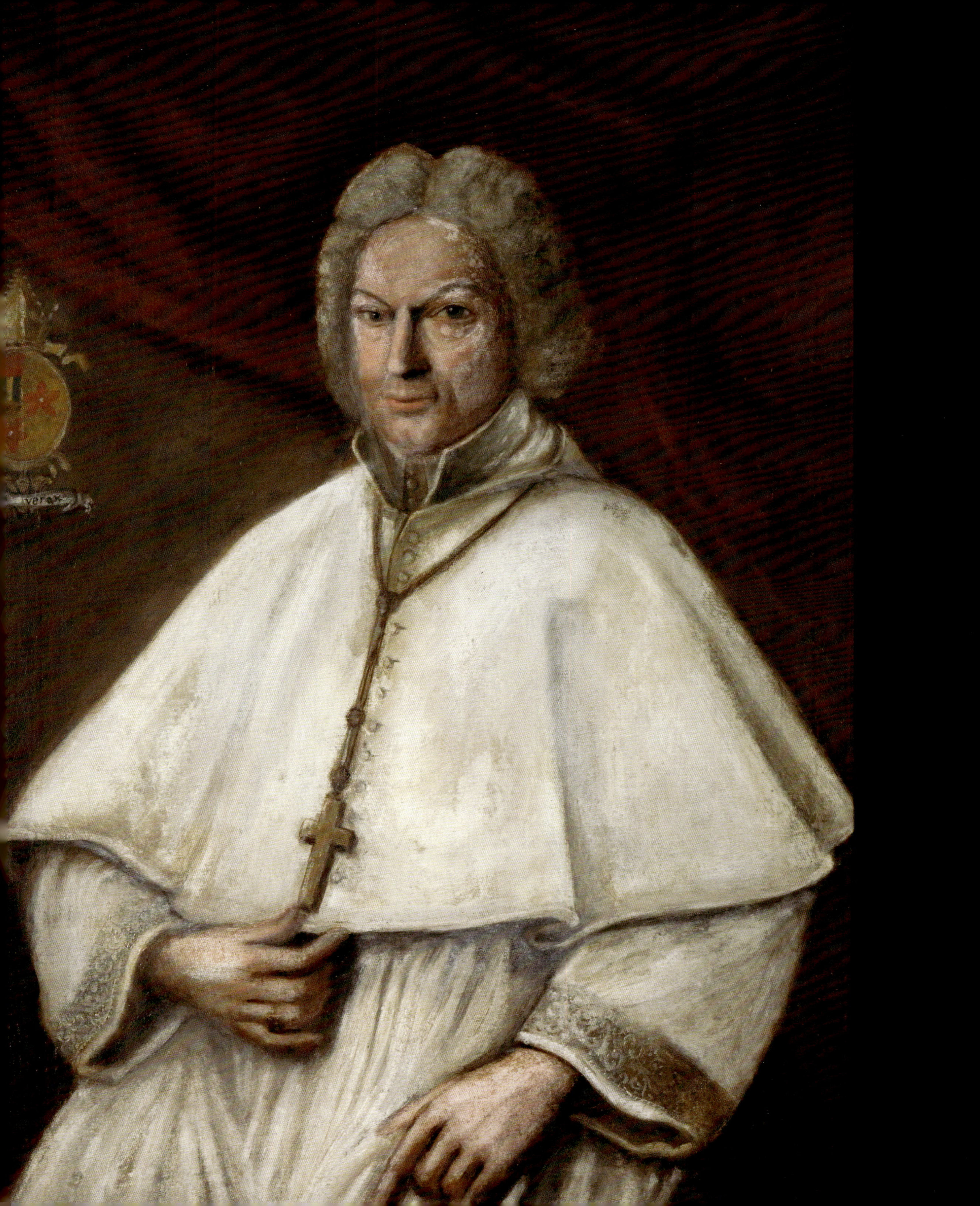
verax

sinds bijna een eeuw het abdijdomein aanzienlijk uit te breiden. Als visitator van de universiteit tekende Drusius in 1617 de krijtlijnen van het nieuwe organiek reglement van de Leuvense Alma Mater, gepubliceerd in 1627. Een belangrijk beleidsdocument, waarmee de prelaten van Park heraanknoopten met hun vroegere maatschappelijke voortrekkersrol.[11]

Prelaat Drusius genoot aanzien binnen de orde van de norbertijnen en werkte verder aan de hervorming van de ordestatuten waar een van zijn voorgangers, Diederik van Tulden, zich ook al voor had ingezet. Deze statuten werden eindelijk afgerond en gepubliceerd in 1630.

Johannes Drusius werd opgevolgd door abt Johannes Masius ofte Jan Maes. Masius, telg uit een Leuvense drukkersfamilie, zette het werk van zijn voorganger verder. Masius studeerde in 1619 af als licentiaat in de theologie. Hij was ondermeer prior aan het college van Prémontré in Leuven en werd later pastoor van Lubbeek. In 1634 werd hij door zijn medebroeders als abt gekozen.

Het volgende jaar werden de Zuidelijke Nederlanden zwaar getroffen door de Frans-Hollandse oorlog. Een coalitie van Fransen en Hollanders bestreed de hegemonie van de Spaanse Habsburgers in de Zuidelijke Nederlanden. Nadat Frans-Hollandse troepen Tienen plunderden en in brand staken, begaven ze zich richting Leuven. Uit angst voor de naderende soldaten werd het platteland rond Leuven ontruimd. De kanunniken van de Parkabdij vluchtten met hun voornaamste kostbaarheden naar het refugehuis in Leuven. Ze zouden er blijven tot 10 juli 1635. Gelukkig bleven de abdijgebouwen gespaard. Na de aftocht van de vijand brak in Leuven de pest uit. Deze verschrikkelijke ziekte kende geen erbarmen, ook niet voor de abdijgemeenschap van Park. Dat jaar 1635 verloor abt Jan Maes elf van zijn 46 kanunniken. Tijdens 'normale' jaren waren er slechts twee of drie sterfgevallen.

Abt Masius had veel interesse voor geschiedenis. Hij begon zelf met een handgeschreven kroniek van de abdij jaar per jaar tot in 1636. Deze kroniek wordt nog steeds bewaard in het abdijarchief.[12]

In 1636, amper een jaar na de Frans-Hollandse bezetting, begon abt Masius met de werken voor de inrichting van een nieuwe bibliotheekruimte. Tegelijk gaf hij opdracht aan Jan de Caumont voor het kloosterpand een glasramencyclus te maken, gebaseerd op het leven van de heilige Norbertus.

Maar belangrijker is te weten waar deze nieuwe bibliotheek zich bevond: *"Langs de oostzijde van het kloostercomplex op een voortreffelijke plaats voor de bewaring van boeken en ze is eivol (refertissima) met manuscripten en oude codices."*(sic)[13]

In 1635-1636 stelde abt Masius zelf de catalogus van deze collectie manuscripten samen, op dat moment meer dan 400 stuks tellende. Antonius Sanderus publiceerde dit werkstuk in 1641 in zijn reeks *Bibliotheca Belgica manuscripta, sive, Elenchus universalis codicum mss. In celebrioribus Belgii coenobis, ecclesiis, urbium, ac privatorum hominum bibliothecis adhuc latentium.*

Alexander Slootmans, geboren in Wilrijk in 1680, werd in 1730 abt. Hij stierf in 1756.

Hij is zittend voorgesteld, ten halve lijve, driekwart naar links. De donkere ogen in het vlezige gezicht met de forse neus kijken enigszins arrogant de toeschouwer in de ogen; zijn groeiende voorhoofd wordt begrensd door zijn kastanjekleurige haar, dat tot in zijn hals is gekapt en zijn zware gezicht 'friseert'. Hij is gekleed in wit habijt met schapulier, de *mozette* (met knopen) over de schouders; zijn kruis hangt aan een koord met drie knopen; zijn rechterhand, met de pastorale ring rond de ringvinger, rust op de leuning van de grote, uitgesneden houten zetel met lederbekleding. Zijn linkerarm steunt op de leuning; hij houdt tussen wijs- en middenvinger de drievleugelige bonnet met toef bij een vleugel vast. De achtergrond is links tweederde met een zwaar gordijn bekleed, rechts is de lambrisering zichtbaar.

Aan zijn rechterkant staat een tafel met een boek er op. Onder de rand van de tafel is zijn wapen geschilderd, twee naar elkaar toegewende vogels van sabel boven een keper van keel, met onderaan een roos van keel. In de *Armorial belge du bibliophile* (1930) zijn die vogels eenden, een ander ziet er merels in, maar het zouden wel eens duiven kunnen zijn. Het devies komt uit psalm 147, 13: *"Confortavit seras portarum, hij heeft de grendels van uw poorten versterkt."*

Het wapenschild werd aangebracht boven de deur van de pastorie van Korbeek-Lo.

Olieverf op doek, afmetingen dagkant 133 x 104 cm

Lit.: J.E. Jansen, *La peinture à l'abbaye du Parc et catalogue historique et descriptif des tableaux*, Leuven 1913, 60-61 nr. 97.

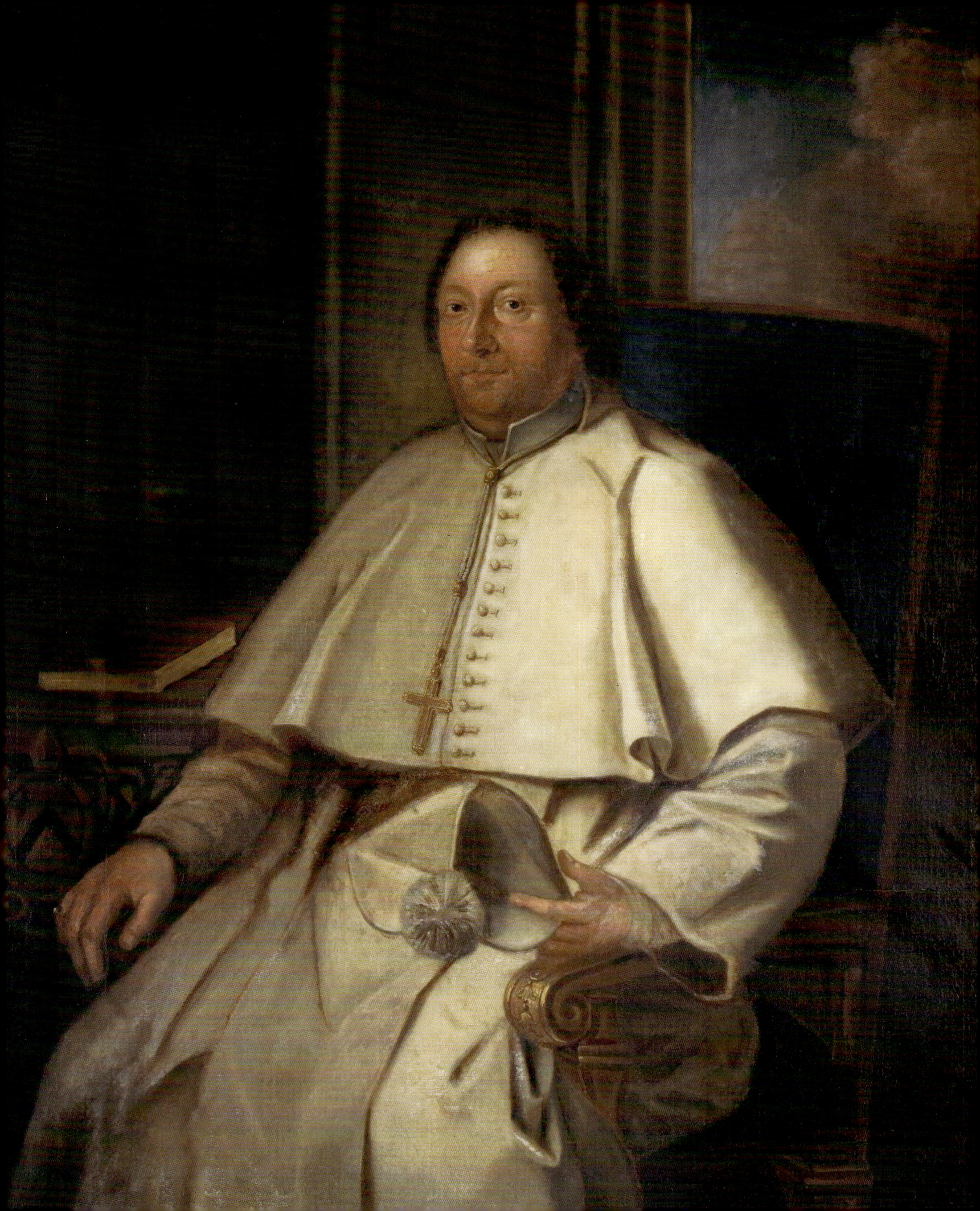

Tijdens het abbatiaat van Ambrosius van Engelen, abt van 1515 tot 1543, koos de abdij als wapen voor de Parkbloempjes. Centraal in het schildmidden werden op een veld van goud meiklokjes afgebeeld. Deze lentebloemen groeiden destijds talrijk in de vochtige en schaduwrijke omgeving van de abdijvijvers. Soms worden deze meiklokjes wel eens verward met knikkende vogelmelk, die andere lentebloeier. Het wapen werd getopt met mijter en staf, de waardigheidstekens van de abdij van Park
(in *Kaartboek TB*. Heverlee, Archief Abdij van Park)

Wapen van abt Libertus de Pape (abt van 1648 tot 1682).
In *Kaartboek TB*, 1665. Heverlee, Archief Abdij van Park.
Op het wapen een gouden sint-andrieskruis op een veld van keel met devies: *Per crucem libertus*, Door het kruis bevrijd.
De Leuvenaar Libertus de Pape (1618-1682) was een van de succesrijkste abten van de abdij van Park. Hij werd op 25 maart 1648 tot abt gewijd. Onder zijn langdurig bestuur van 1648 tot aan zijn onverwachte dood op 7 juli 1682 beleefde de Parkabdij een hoogconjunctuur. Binnen de orde van norbertijnen bracht de Pape het tot vicaris van de circarie (groepering van norbertijnenabdijen) van Brabant en Friesland. In 1665 volgde een benoeming tot synodaal rechter van het aartsbisdom Mechelen. De Pape zetelde jarenlang als afgevaardigde van de geestelijke stand in de Staten van Brabant en in de Staten-Generaal. Tweemaal werd hij genoemd als kandidaatbisschop. Tweemaal na elkaar weigerde hij dit hoge ambt.

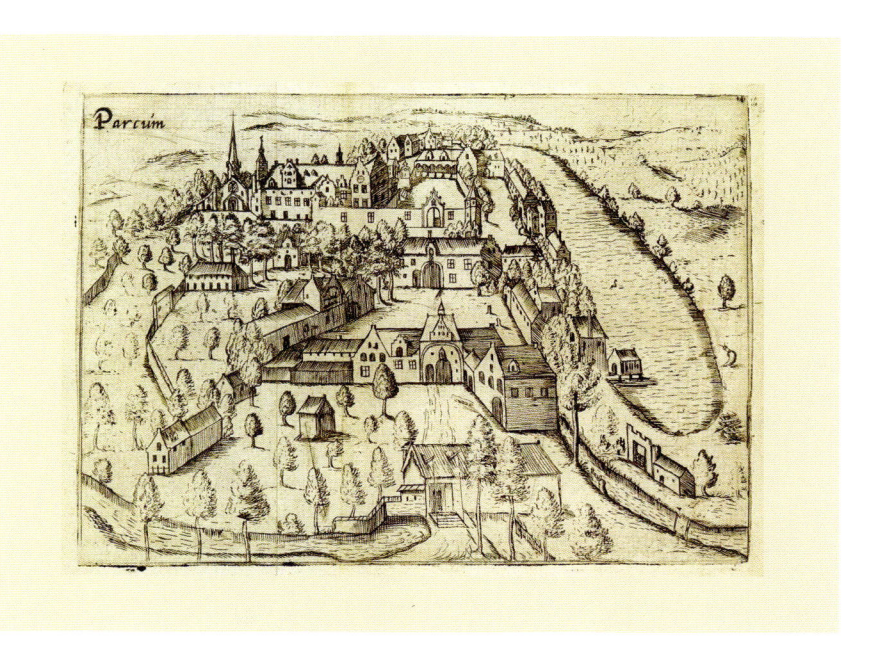

De abdij van Park in 1610.
In Joannes Baptista Gramaye, *Antiquitates illustrissimi ducatus Brabantiae,* Brussel, J. Mommaerts, 1610, f° 108.
Dit is de oudst bekende voorstelling van de abdij van Park. De plattegrond is die van het complex uit de beginperiode van de twaalfde eeuw. Beneden domineert de Sint-Janspoort het neerhof. De Mariapoort, genoemd naar de patrones van de abdij, heeft een erg gesloten uitzicht met ophaalbrug. Het water voor het poortgebouw werd geleverd door een aftakking van de Molenbeek. Aan de linkerkant sloot de ommuring van de abdijtuinen aan bij de Mariapoort.

Wapen van Simon Wouters, abt van 1778 tot 1792. Op een veld van azuur een hartschild van zilver met vijf lelies van keel en drie zespuntige sterren van goud en het devies: *Luce et candore*, *Verlicht en schittert*. Het wapen werd gegraveerd door C.J. Bisschop. Hij tekende ook een schild voor Nicolaus Maras (1733-1794), die in 1778 abt van Grimbergen werd.
Op 12 september 1778 overleed in het refugehuis van de abdij van Park in Brussel abt Frans Generé. Nog de 26ste van dezelfde maand kozen de kanunniken van de abdij van Park met een grote meerderheid Simon Wouters als hun nieuwe abt en leidsman. Simon was de pachterszoon van de hoeve van Veldonk, een van de grote landbouwbedrijven van de norbertijnen van Park op het grondgebied van het huidige Tremelo. De hoeve bestaat trouwens nog altijd. De latere abt Wouters zag er het levenslicht op 9 maart 1734. In 1778, het jaar van zijn abtsverkiezing, was Simon 45 jaar en reeds 22 jaar geprofest. Tijdens zijn abbatiaat onderging het maatschappelijk bestel belangrijke en radicale veranderingen. In 1789 schafte keizer Jozef II de abdij van Park af. Nadien volgde de Brabantse Revolutie en het Oostenrijkse herstel. In 1790 kon abt Wouters nog trots de heroprichting van zijn abdij meemaken. De prelaat overleed op 24 november 1792 in het refugehuis van de abdij in Brussel. De gevolgen van de Franse Revolutie bleven hem gespaard. (cat. R56)

Het genie van Jan Christiaan Hansche

Onder abt Libertus de Pape (1648-1682), nog een Leuvenaar en opvolger van Johannes Masius, bereikte de abdij van Park het toppunt van haar mogelijkheden. De eindeloze peripetieën van de Tachtigjarige Oorlog waren voorgoed achter de rug en de Kerk en de kloosters floreerden onder het gunstig gesternte van de Contrareformatie. Op het platteland verzekerde de teruggekeerde rust opnieuw goede oogsten. Voor grootgrondbezitter Park was dit een niet onbelangrijk gegeven. De meer dan 3.300 ha vruchtbare gronden, achttien grote en middelgrote hoeves, zestien parochies, verschillende refuges en huizen in Leuven, Brussel, Mechelen, Tienen en Nijvel maakten van de abdij omstreeks het midden van de zeventiende eeuw een welvarende instelling[14].

Onder het lange abbatiaat van de Pape aarzelden de kanunniken geenszins om de meeropbrengsten van het domein te investeren in de verfraaiing van het eigen huis.

De Pape was een uitstekende beheerder. Zo liet hij de uitgestrekte domeinen met kadastrale nauwgezetheid in kaart brengen. Bovendien was hij net als zijn voorgangers sterk geïnteresseerd in het verleden van het huis, in cultuur en schone kunsten. Hij liet het oude abdij-archief ordenen.

Zelf beschreef hij in 1662 de toenmalige bibliotheekzaal als een functionele ruimte die uitermate geschikt was voor het bewaren van boeken. Van schittering of plechtstatigheid was op dat moment geen sprake.[15]

Om dit te verhelpen gaf de prelaat in 1671 de opdracht voor de bouw van de huidige bibliotheekzaal.[16] Aan decoratieve praal zou het deze keer niet ontbreken. Bovendien koos de abt voor een nieuwe locatie en verhuisde de bibliotheek van de oostvleugel naar de zuidvleugel van de abdij boven de refter, in de gang van het dormitorium. Een in 1668 uitgetekend project werd niet weerhouden.[17]

De nieuwe bibliotheekruimte werd ruim (10 m x 27 m) en deed ook dienst als studielokaal, bemeubeld met tafels versierd met inlegwerk van noten- en ebbenhout. Grote zuidwaarts georiënteerde ramen zorgden voor de nodige lichtinval. Het metselwerk werd uitgevoerd door meester-metselaar Christiaan Baudewijns, een oude bekende van de abdij die ook elders werkte in opdracht van abt De Pape. De buitengevel kreeg zes ramen met in het midden een dubbel raam annex balkon, uitgevoerd in sierlijke blauwe steen geleverd door meester-steenhouwer Derideau.

Vanaf nu bewaarden de kanunniken hun schat aan boeken onder een magistraal uitgevoerd tongewelf versierd met een verbluffend barok stucwerkplafond uitgevoerd in drie dimensies.

De realisatie van dit chef d'oeuvre besteedde de abt uit aan meester-stucwerker Jan Christiaan Hansche. Hansche was afkomstig uit de noordelijke Nederlanden. Hij gold als een autoriteit in zijn vakgebied en werkte hier in het Zuiden geregeld voor adel en kerk. De kunstenaar–ambachtsman voltooide zijn werkstuk in 1672. De abdijrekening van dat jaar vermeldt op 6 december *"betaelt ten volle der calcksnijeder 384 gulden en 10 stuivers."*[18]

In overleg met zijn opdrachtgevers koos Hansche voor de uitbeelding van de vier kerkvaders en de vier evangelisten, allen telkens afgebeeld met hun gebruikelijke attributen. De twee boogvelden en het midden van het plafond werden gevuld met taferelen uit het leven van ordestichter Norbertus.

Een van de hoeken reserveerde de stucwerker voor zichzelf: vanuit de top van een winkelhaak houdt een hand een schietlood vast, vergezeld van de leuze *Ex his immobilis veritas* / Uit dit stucwerk komt de onwrikbare waarheid te voorschijn. Toegepast op de activiteiten van de stucwerkerkunstenaar onderstreept dit devies de didactische waarde van de stucwerkvoorstellingen verwijzend naar de *vita Sancti Norberti*. Glaskunstenaar Jan de Caumont had zijn inspiratie voor de glasramencyclus die hij tussen 1636 en 1644 in opdracht van abt Jan Masius had gemaakt hier eveneens gehaald. Hoogtepunt in beide uitvoeringen is de bekering van Norbertus, inclusief blikseminslag en vallend paard.

Aan de overkant op het andere boogveld voorzag Hansche de hoeken van het jaartal 1672 en de Parkbloempjes, het wapen van de abdij van Park, zijn opdrachtgever.

De volgende jaren werd de bibliotheekruimte verder afgewerkt. De abdijrekeningen zijn hier duidelijk over. Meester-timmerman Hendrik Lanckman leverde de boekenkasten. In 1675 kreeg hij daarvoor 200 gulden uitbetaald. Het *screynbet en schreynhaut* hiervoor werd door broeder Vincent, in opdracht van de abdij, aangekocht in Mechelen en per schip aangevoerd naar Leuven.

In 1678 was meester Lanckman nog steeds aan de slag. Waren de boekenrekken en planken het werk van schrijnwerker Lanckman, de versiering ervan werd geleverd door beeldsnijder Anthoon Steynen. Nog in 1679 werkte Steynen aan het bibliotheekinterieur. In totaal kreeg hij voor zijn werk 449 gulden uitbetaald.

Tafereel uit het stucwerkplafond dat Jan Christiaan Hansche in 1672 aanbracht op het tongewelf van de nieuwe bibliotheekruimte van de abdij van Park. De meester-kalksnijder typeerde hier de figuur van de kerkvader Hieronymus (340-420). Hieronymus was een kluizenaar en een exegeet die zich na heel wat omzwervingen in Bethlehem vestigde waar hij een klooster met bijhorende school oprichtte. Zijn Latijnse Vulgaatvertaling van de Griekse Bijbeltekst werd gedurende eeuwen de basis van talrijke Bijbeluitgaven. Hansche beeldde de heilige af als kardinaal en vergezeld van een leeuw. Het thema van de leeuw is ontleend aan een oude legende. Eens zou een hinkende leeuw het klooster van Bethlehem zijn binnengevlucht. Het dier toonde zijn door doornen verwonde voorpoot aan Hieronymus. De heilige verzorgde de leeuw, die nadien als een trouw huisdier in het klooster bleef wonen.

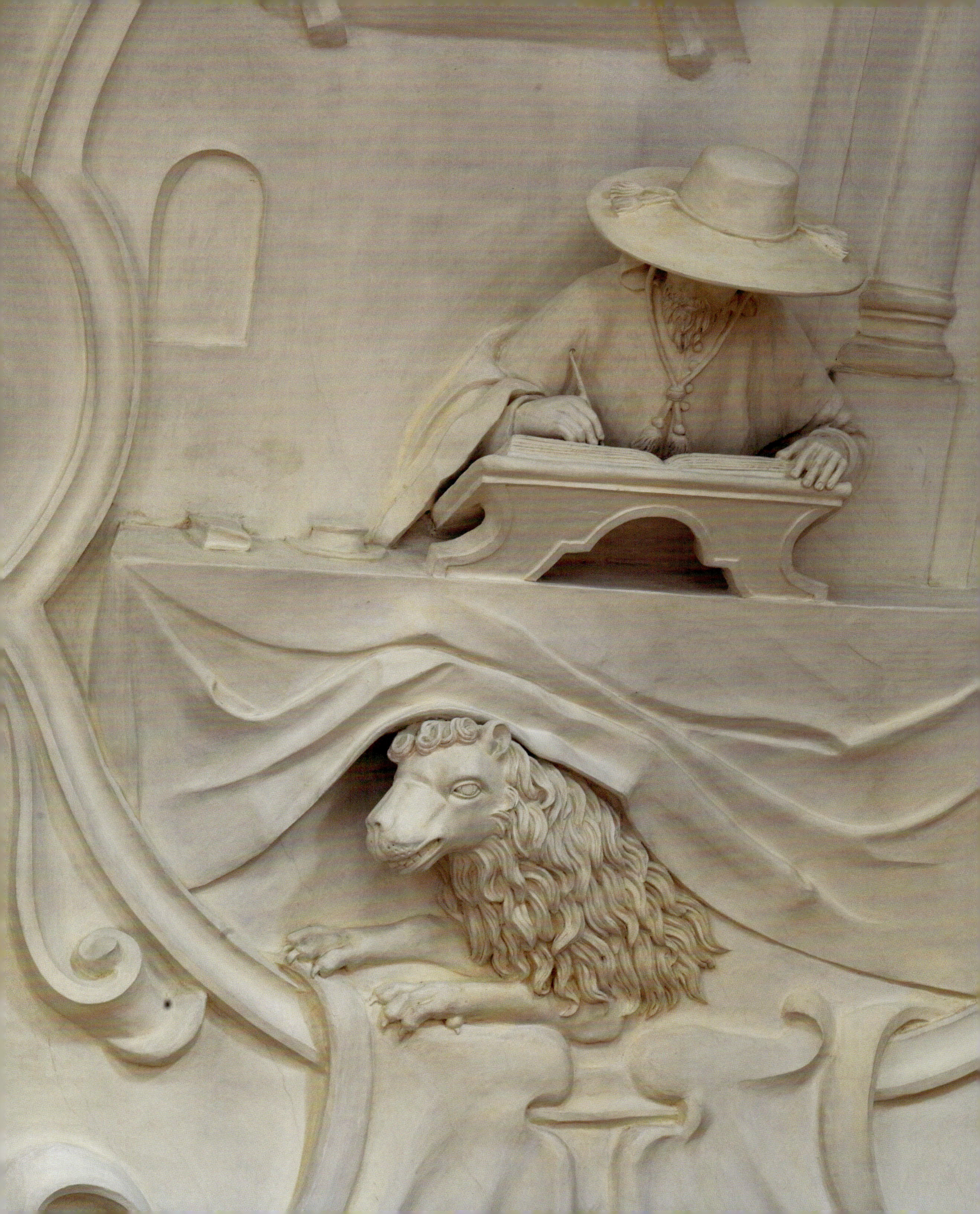

In dat zelfde jaar 1679 gaf prelaat Libertus de Pape de opdracht voor de herinrichting van de refter, net onder de vernieuwde bibliotheekruimte. Meer dan waarschijnlijk ten gevolge van dit nieuwe project moest Jan de Wandelaer twee balken opnieuw leggen in de bibliotheekvloer. Weer koos de prelaat voor een impressionant barok stucwerkplafond.

Op 17 juni 1680 wordt er nog glas aangekocht voor de bibliotheek. Nadien zijn er lange tijd geen rekeningen over de bibliotheek bewaard.

Jan Christiaan Hansche, meester-stucwerker, werkte niet als enige aan een project van dergelijke omvang. Hij had de kennis en het metier. Helpers deden het voorbereidende werk. Schrijnwerkers en andere bouwvakkers versterkten het team. Recent bouwhistorisch onderzoek legde de techniek van de meester-stucwerker bloot.[19]

Op een wapening van rinkellatten werd een eerste ruwe kalklaag uitgesmeerd. Een voortekening in houtskool of potlood, aangebracht op deze onderlaag, schetste het ontwerp.

Het lijstwerk werd ter plekke rechtstreeks op het bepleisterd gewelf aangebracht met behulp van een houten mal, die op een slede werd bevestigd en werd getrokken langs geleiders. Houten latten, rechtstreeks op de drager gespijkerd, dienden ter ondersteuning van zwaardere lijsten en om krimp van de mortel tegen te gaan.

Decoratieve partijen en figuratieve taferelen werden eveneens ter plekke gemodelleerd. Naargelang de hoogte en de uitkraging van het te realiseren stucwerk werd een kluwen van smeedijzeren nagels en/of een ondersteuning van houten latten op de draagstructuur en het lattenweefsel gespijkerd. Dit verklaart de afmeting en de dikte van de rinkellatten.

Figuren of personages die zich tot hoogreliëf ontwikkelden, werden geheel in de traditie van het modelleren met klei in de beeldhouwkunst, ondersteund door een skelet van smeedijzeren stangen en spillen en in het verlengde hiervan van extra vastgeknoopte houten latten. Hoogreliëfs werden met houten latten of smeedijzeren stangen opgehangen aan de draagstructuur. Ook werden losstaande attributen voorzien van een armatuur uit hout of ijzer.

De ornamenten en figuren werden eveneens in één laag of in één en dezelfde massa gerealiseerd. Het recept van de kalkpleister was samengesteld uit (lucht)kalk, fijn zand en water mogelijk aangevuld met calciumcarbonaat. Dierlijke vezels, zoals varkens- en runderhaar, dienden als wapening.

Als laatste werd de toplaag op het vlak van het gewelf aangebracht en de geprofileerde lijsten, ornamenten, figuren en personages werden door deze laag onderling met elkaar verbonden. Na voldoende uitharding en carbonatie van het stucwerk volgde de eindafwerking van het volledige plafond monochroom in een ivoorkleurige tint.

De Papes opvolgers zouden in de achttiende eeuw hoofdzakelijk het status quo nastreven. Het grote domein, waaraan trouwens niets meer werd toegevoegd, verzekerde tijdens het Oostenrijkse bewind van keizer Karel VI (1714-1740) en diens dochter Maria-Theresia (1740-1780) goede jaaropbrengsten. Aan roepingen was er geen gebrek. In 1723 telde de abdij 48 kanunniken. Dit aantal nam op het einde van de achttiende eeuw nog met enkele eenheden toe. Trouw aan de norbertijnentraditie werden vanuit de abdij zestien parochies bediend. Het hart van dit netwerk bevond zich in Vlaams-Brabant met als kerngebied het Hageland en zijn uitlopers, waar verschillende typische grote pastorieën herinneringen oproepen aan de eeuwenlange aanwezigheid van de premonstratenzers.[20]

De abdij in de 18de eeuw: het einde van een tijdperk

Ondertussen achtte in de abdij prelaat Hieronymus de Waerseggere (1719-1730) de tijd rijp voor grootse verbouwingen. De Waerseggere gaf onder andere de oude abdijkerk een nieuw kleedje in een combinatie van classicisme en barok en legde zelf, een jaar voor zijn overlijden, in 1729 de eerste steen van de abdijtoren die, eens afgewerkt, een Van den Gheynbeiaard kreeg.

De gravure die Christiaan Van Lom in 1726 publiceerde in de heruitgave van de *Chorographiae sacrae Brabantiae sive celebrium aliquot in ea provinciae* van Antonius Sanderus geeft een perfect beeld van de prachtige abdij van Park in de achttiende eeuw.[21] De legende van deze gravure vermeldt duidelijk de bibliotheek langs de zuidzijde. De abt beschikte toen al over zijn eigen *studium* met privékapel.

Met het aantreden van keizer Jozef II (1780-1790), een verlicht despoot met een ambitieus maatschappelijk project in het achterhoofd, was voor de Kerk en de religieuzen de tijd van de vanzelfsprekendheid voorgoed voorbij. De keizer wenste de invloed van de Kerk in het maatschappelijk gebeuren drastisch terug te schroeven en leek meer dan bereid om daar ver voor te gaan. Hij schafte onder meer de volgens hem nutteloze contemplatieve kloosters af en besloot om de priesteropleiding in Leuven te centraliseren in een Seminarie-Generaal, opgericht in 1786.

Vooral deze laatste maatregel raakte de norbertijnen, feitelijk samenlevende priester-kanunniken, in het hart van hun zijn. Ondanks herhaald aandringen van abt Simon Wouters (1779-1792) weigerden in Park de religieuzen elke samenwerking met het nieuwe seminarie, meteen een reden voor de Oostenrijkse administratie om de abdij op te heffen en haar uitgebreide bezit in beslag te nemen.

Op 31 maart 1789 was het zover. De kanunniken werden gesommeerd hun abdij te verlaten. Waardevolle voorwerpen, boeken en archieven hadden ze voordien nog geëvacueerd. Voor wat nog ter plekke was, was het te laat.

Het leesvertrek van de prelatuur

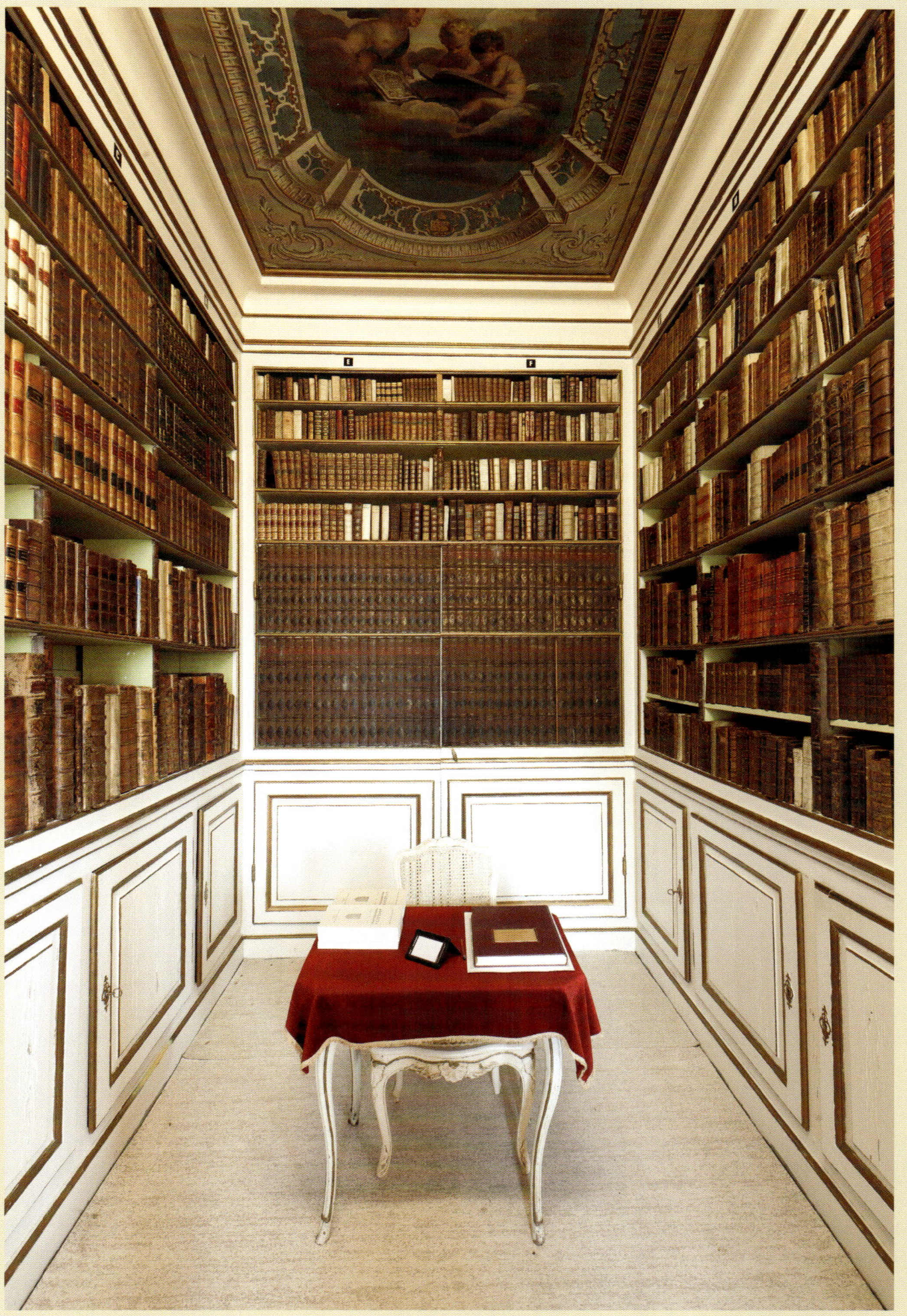

Het huis van de provisor, de sacristie, het abtskwartier en de bibliotheek werden verzegeld en alles werd in gereedheid gebracht voor de verkoop.

De geschiedenis besliste er evenwel anders over. De Brabantse Revolutie triomfeerde over de Oostenrijkse hegemonie van de Zuidelijke Nederlanden en het Habsburgse regime ruimde snel plaats voor de Verenigde Nederlandse Staten, de Etats Belgiques Unis.

Op 16 februari 1790 keerden de Parkheren opgelucht terug naar hun abdij. Ze troffen haar leeg aan. De 700 soldaten die er sinds het vertrek van de kanunniken logeerden, hadden er heel wat schade aangebracht. Veel waardevols was tijdig weggehaald of verstopt bij vertrouwelingen, maar bijna alle liturgisch vaatwerk en dergelijke was uit de abdijkerk verdwenen. Om hun leven in de abdij opnieuw te kunnen beginnen, moesten de kanunniken noodgedwongen bij notaris Wouters in Leuven 20.000 florijnen lenen.[22]

De gebeurtenissen volgden elkaar echter snel op en het herstel bleek louter tijdelijk. De keizerlijke legers keerden terug en versloegen op 22 september 1790 voorgoed de troepen van de Verenigde Nederlandse Staten. Nog op 1 december namen ze opnieuw hun intrek in de abdij. Ten einde raad trokken de kanunniken zich terug in hun refugehuis in Leuven.

Ondanks de Oostenrijkse restauratie mochten de kanunniken op 17 januari 1791 officieel terug naar hun abdij. Jozef II was inmiddels overleden en zijn opvolger Leopold II herriep de vele edicten van zijn broer en voorganger. Voor de abdij leken er opnieuw betere tijden aan te vangen. Abt Simon Wouters overleed op 24 november 1792 in de overtuiging dat zijn abdij gered was voor de toekomst. Maar de hoop was helaas opnieuw van korte duur.

Na de revolutionaire hervormingsdrift van Jozef II was het nu de beurt aan de Franse republikeinen.

In de abdij van Park was de nieuwe abt Melchior Nijsmans (1793-1810) nog maar net geïnstalleerd wanneer de oorlog losbarstte. In Frankrijk streefde het nieuwe regime naar militaire en politieke macht buiten de eigen grenzen. Na de overwinning van de Franse legers onder leiding van generaal Dumouriez bij Fleurus op 1 februari 1794 stortte het oude Habsburgse regime voorgoed in elkaar. De Oostenrijkse legers vluchtten naar hun thuisland. In de Zuidelijke Nederlanden stond niets of niemand de radicale veranderingsdrift van de nieuwe machthebbers nog in de weg.

Parijs wenste een definitieve breuk met het verleden. Het Ancien Régime diende ongenadig gesloopt. Samen met dat Ancien Régime werd ook de Kerk zwaar getroffen. Elke publieke geloofsuiting werd bestraft, priesters en kloosterlingen werd het leven zuur gemaakt. Ongemeen zware oorlogsbelastingen dwongen de abdij van Park tot de verkoop van onroerend goed. Abt Melchior Nijsmans vluchtte met de zilverschat van de abdij over de Rijn en keerde pas in 1799 terug.

Het bestuur dreef het nog verder. Na de annexatie van de Zuidelijke Nederlanden bij Frankrijk in oktober 1795 volgde in september 1796 de opheffing van alle kloosters en abdijen, een algemeen geldende maatregel die de Parkheren begin 1797 verdreef uit hun vertrouwde huis, dat plotseling samen met al hun ander bezit zowel roerend als onroerend staatseigendom werd. Vurige protestbrieven ondertekend door alle Parkheren konden niet baten!

Op 1 februari 1797 bracht een commissaris van de prefect van het Dijledepartement, waarvan Leuven de hoofdplaats was, het uitdrijvingsbevel naar de abdij. Het werd voorgelezen in de refter aan de verzamelde kanunniken. Zij kregen het bevel hun habijt af te leggen en bij valavond de abdij te verlaten. Schadebons moesten voor compensatie zorgen.

Opnieuw – net zoals bij de afschaffing onder Jozef II – werden de abdijgebouwen, inclusief de bibliotheek, verzegeld.[23] Gelukkig hadden de kanunniken – ervaringsdeskundigen terzake - voordien hun archief en andere waardevolle zaken in veiligheid kunnen brengen. Dit gold eveneens voor de honderden middeleeuwse manuscripten maar helaas niet voor de boekencollectie. Deze werd vakkundig nagetrokken door de Franse citoyen abbé Leblond (1738 – 1809), die de belangrijkste werken naar Parijs deed afvoeren. De boeken die de abdij eerder bij de Leuvense boekhandelaar Michel in bewaring had gegeven, ontsnapten evenmin aan de verzameldrift van de abbé.[24]

Voor de kanunniken braken er nog barre tijden aan. Op één uitzondering na weigerden ze de eed van trouw af te leggen aan de republiek en leefden ze ondergedoken. Hun abdij werd gebruikt als logement voor de troepen van de Franse bezetter. De volledige inboedel van de abdij, zaken die de kanunniken voordien niet in veiligheid hadden kunnen brengen, werd openbaar verkocht.

De Leuvenaar Jan Baptist Hous schreef hierover het volgende in zijn dagboek: *op 16 maart 1797 is het coopdagh geweest in de abdye van Parck, de heeren hadden der soo veel gelaten dat op een uer tydts den heelen coopdagh gedaen was, gelyck zij gelyck hadde, het was het hun. Sy hebben het langh genoegh geweten hun suppressie, ick wil seggen hun verjagingh.*[25]

De abdijgebouwen en de uitgestrekte domeinen werden in loten verdeeld. Dankzij een stroman, Everard Tops, kon een fractie van het vroegere patrimonium worden teruggekocht, zijnde het huidige abdijdomein met de belendende gronden. De rest werd in de veilingzalen van de nieuw ingevoerde arrondissementen verkocht aan de hoogst biedende.

Met de machtsgreep van generaal Napoleon Bonaparte kwam de Franse Revolutie in rustiger vaarwater terecht. Napoleon versoepelde de eerder tegen de Kerk en de religieuzen afgekondigde maatregelen. De eredienst werd opnieuw toegelaten en de kerken heropend. Het concordaat dat Bonaparte in 1801 afsloot met de paus bevestigde deze nieuwe koers.

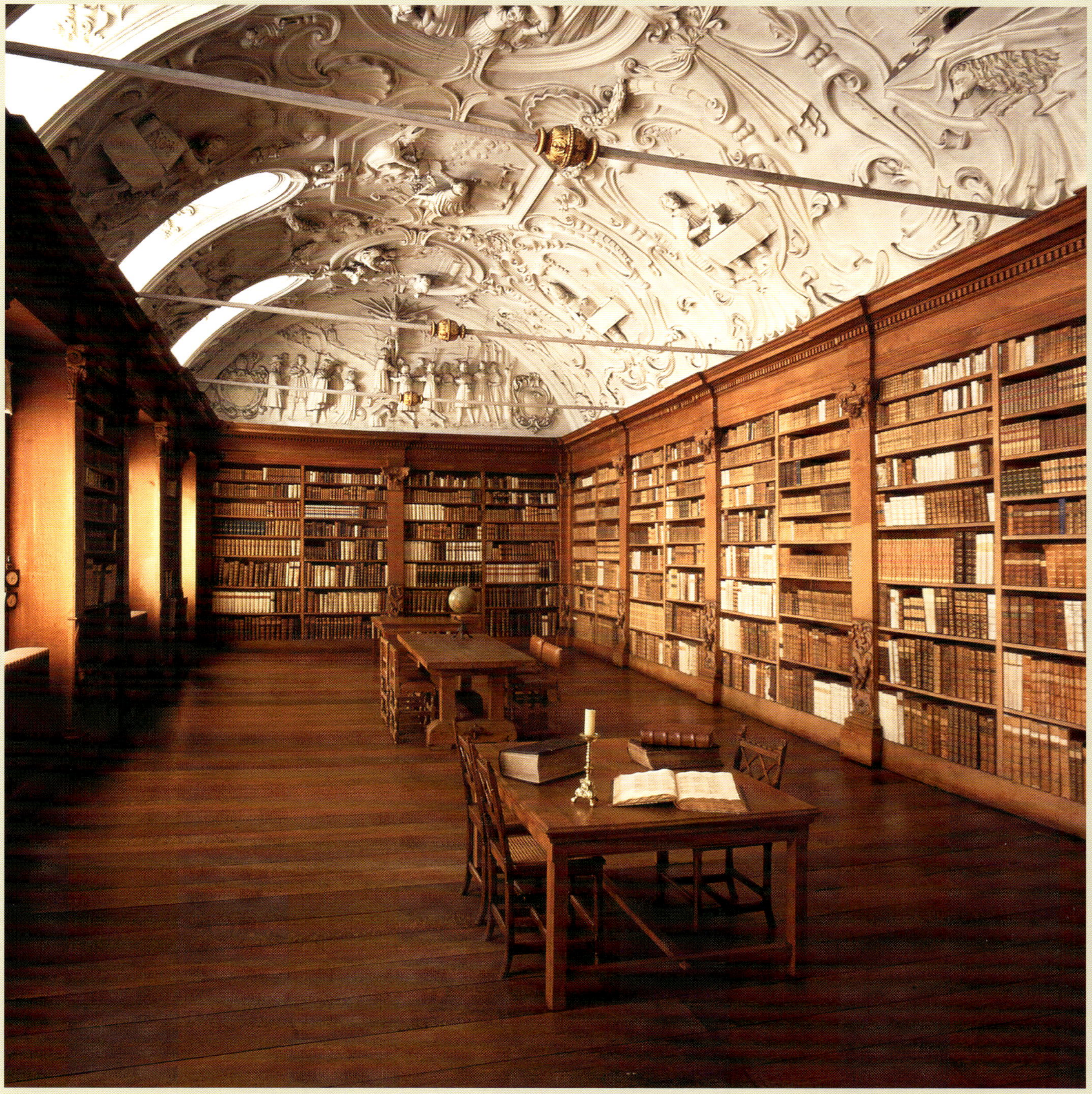

In 1803 kreeg de abdijkerk van Park het statuut van parochiekerk. Dat was meteen het teken voor enkele kanunniken om naar hun abdij terug te keren. Verschillende Parkheren werden opnieuw officieel als parochiepriester op hun pastorieën in Lubbeek, Tervuren, Wakkerzeel, enzovoort geïnstalleerd. Een officiële heroprichting van de abdij van Park, net zomin als van alle andere abdijen en kloosters, bleef echter uitgesloten. Nieuwe novicen bleven verboden.

De opname van de Zuidelijke Nederlanden in het nieuwe Verenigd Koninkrijk der Nederlanden, een na de nederlaag van Napoleon in 1815 door de grote mogendheden opgezette constructie, bracht niet onmiddellijk verandering in deze situatie voor de religieuzen in het algemeen, en ook niet voor de overblijvende Parkheren.

Voor de 'overlevers' van vóór de Franse Revolutie dreigde inmiddels geldgebrek. Binnen de groep van overblijvende Parkkanunniken lieten de voorstanders van de verkoop van de resterende abdijgoederen, inclusief de bibliotheek, steeds luider hun stem horen. Gezamenlijk waren de kanunniken, dankzij Everard Tops, nu wel opnieuw eigenaar van hun abdijgebouwen, maar deze situatie bood weinig perspectief aangezien het verbod op heroprichting ook door koning Willem I bleef gehandhaafd.

De verkoop van de boekencollectie in onzekere tijden

Provisor Simon Buron (1758-1833), een vurig voorstander van verkoop, behaalde in 1829 in deze discussie een belangrijke overwinning. Buron slaagde erin om zijn confraters te overtuigen om de glasramencyclus van Jan de Caumont en de bibliotheekcollectie, boeken en manuscripten, van de hand te doen.

De Leuvense boekhandelaar Baumans kreeg de opdracht de verkoop van de handschriften en boeken te regelen. Ter voorbereiding van de nakende veiling maakten Baumans en zijn knechten een veilingcatalogus met de titels van de te koop aangeboden werken.[26] In een brief gedateerd 19 januari 1830 aan kanunnik Quirinus Aertgeerts meldde Baumans dat de verkoop uiteindelijk 2.057 gulden bedroeg. Zelf rekende de boekhandelaar 545 gulden aan kosten aan.[27]

Veel van de boeken en manuscripten kwamen terecht in de handen van privéverzamelaars of werden opgekocht door binnen- en buitenlandse gespecialiseerde bibliotheken (zie bijdrage Chris Coppens, *Edendi atque bibendi voluptas*: Park's Pius II incunabel, naar Trente en terug). Een groot aantal manuscripten werd gekocht door de Katholieke Universiteit van Leuven en zou in 1914 in de bekende tragische omstandigheden van de brand van Leuven worden vernietigd.

De rijkelijk met houtsnijwerk uit de zeventiende eeuw versierde bibliotheekkasten werden eigendom van de vermogende Brusselse reder Dansaert. Hij en zijn familie verwierven in die zelfde periode de zeventiende-eeuwse glasramencyclus van de Caumont uit de pandgangen en nog tal van andere kunstvoorwerpen, schilderijen, kasten, enzovoort.[28]

Nauwelijks enkele weken of maanden nadat boekverkoper Baumans zijn eindafrekening naar de kanunniken van de voormalige abdij van Park stuurde, ontstond er sterke politieke onrust in het Verenigd Koninkrijk der Nederlanden. Uit het revolutiejaar 1830 werd het nieuwe koninkrijk België geboren.

Hadden de kanunniken dit een jaar eerder geweten, dan hadden ze meer dan waarschijnlijk niet beslist tot de verkoop. Maar nu bood het kersverse België met zijn liberale grondwet, waarin vrijheid van godsdienst en vrijheid van vereniging duidelijk waren vastgelegd, eindelijk de kans tot het definitieve herstel van de abdij van Park.

De tweede stichting van de abdij van Park in 1836

De Brugse vicaris-generaal Frans Thomas Corselis (1767-1853) werd op 27 juli 1834 apostolisch visitator van de reguliere orden in België, belast met de reorganisatie en het herstel van de opgeheven kloosters. Hij hechtte zijn goedkeuring aan de heroprichting van Park die op 11 juli 1836 plechtig startte. Het gemeenschapsleven kwam toch maar moeizaam op gang. De witheren wensten hun parochies te behouden en aartsbisschop Sterckx zag zijn verdienstelijke regulieren niet graag gaan. Pierre Ottoy, overste van 1836 tot aan zijn dood in 1840, woonde in Lubbeek waar hij pastoor was. Hij nam daar uiteindelijk ontslag, maar bleef tot in 1839 deken van Diest. De rekrutering moest versterking krijgen uit Averbode. Na Ottoy zou Filips van Eekelen, overste van 1841 tot 1862, de abdij in goede richting tot ontwikkeling brengen. In 1870 tenslotte verkreeg Aloysius Franck, abt van 1868 tot 1887, de pontificale waardigheid van abten, de bisschoppelijke prerogatieven.[29]

Bibliothecaris Augustinus Dillen begon met de wederopbouw van de bibliotheekcollectie. Als vanouds werden de boeken gebruikt voor het studium van novicen en kanunniken. De ijverige Dillen kocht boeken waar hij kon, in binnen- en buitenland. Precies door de maatregelen van de Fransen op het einde van de achttiende eeuw waren er nog altijd veel boeken uit voormalige kloosterbibliotheken op de markt. De bibliothecaris rook zijn kans en bleef tot het einde van zijn leven erg actief.

Niet alleen de collectie kreeg een tweede kans, ook de bibliotheekruimte werd aangepakt. Gelukkig had het stucwerkplafond van Jan Christiaan Hansche het turbulente einde van de achttiende eeuw en het begin van de negentiende eeuw goed doorstaan. Daarom was het vanzelfsprekend om de collectie opnieuw onder te brengen in de bibliotheek van abt Libert de Pape.

Houtsnijder Smeester uit Leuven kreeg op 25 september 1856 de opdracht om nieuwe boekenrekken voor de bibliotheek te maken. Deze rekken in kwaliteitsvol eikenhout werden door kanunnik Dillen met boeken gevuld. Ze zijn nu nog altijd in gebruik.[30]

Abt Libertus de Pape, van wie wordt gezegd dat zijn beeltenis samen met die van "calcksnijeder" Jan Christiaan Hansche op het westelijke boogveld van het stucwerkplafond is afgebeeld, kan hier alleen maar tevreden mee zijn!

[1] Jan Papy, *Justus Lipsius. Leuven: beschrijving van de stad en haar universiteit*, Leuven, 2000, 267.

[2] In verband met de figuur van Norbertus verwijzen we onder andere naar Louis van de Meerendonk, O.Praem. en Theo van de Vossenberg, O.Praem., *De Geest die ons beweegt. Over Norbert en de Norbertijnen*, Kampen 2007, 248; Peter Nissen, *Norbertus van Gennep. Godzoeker in tijden van verandering*, Berne-Heeswijk 2009, 127.

[3] In 1897 vestigde de abdij een missiepost in Montes Claros, in de Braziliaanse staat Minas Gerais. In 1962 keerde Achilles Stanislaus Roggen (1920-2004), naar Brazilië vertrokken in 1952, terug naar de abdij van Park. Hij werd door zijn medebroeders verkozen als opvolger van de overleden abt Adrianus Joannes Evangelist Versteylen. Roggen was de laatste missionaris van de abdij van Park. Hij bleef abt tot in 1991. Het missiearchief van de abdij van Park wordt bewaard in het abdijarchief onder het nummer HD 659. Zie ook Stefan van Lani en Kristiaan Magnus, *Parkse witheren in Brazilië. Honderd jaar missiewerk door de Abdij van Park. Met inventaris van het missiearchief van de norbertijnenabdij van Park*, Heverlee 2003.

[4] *Les statuts de Prémontré réformés sur les ordres de Grégoire IX et d'Innocent IV au XIIIe siècle*, 14-15.

[5] Libertus de Pape, *Summaria cronologia insignis ecclesiae Parchensis ordinis Præmonstratensis sitae prope muros oppidi Lovaniensis*, Leuven 1662, 42-43.

[6] *Les statuts de Prémontré*, 12.

[7] Over de figuur van Diederik van Tulden zie Janick Appelmans, *Mijter en hof. Een biografie van Diederik van Tulden (1419-1494) abt van Park: spiegel voor het monastieke leven. Onuitgegeven licentiaatsverhandeling*, Leuven 1995; L'art de choisir ses objectifs: la stratégie politique de Thierry de Tulden, abbé de Parc (1462-1494), Dominique-Marie Dauzet & Partine Plouvier, eds., *Abbatiat et abbés dans l'ordre de Prémontré*, Turnhout 2005, 274-293 (Bibliotheca Victorina 17).

[8] De Pape, *Summaria cronologia*, 295.

[9] AAP. R20 X nr. 120. f°79

[10] Stefan van Lani, *Abdij van 't Park: pachthoeven en landbouwdomein*, Heverlee 1999, 9.

[11] In 1606 werden abt Johannes Drusius en rechtsgeleerde Steven van Craesbeke, lid van de raad van Brabant, door de aartshertogen aangesteld als visitatoren om de misbruiken aan de Leuvense universiteit te onderzoeken en voorstellen te formuleren. In 1617 bekrachtigden de aartshertogen de voorstellen van Drusius en Van Craesbeke. Het latere zogenaamde Organiek Reglement bleef van kracht tot aan de afschaffing van de oude universiteit op het einde van de achttiende eeuw. Drusius werd als inspecteur aangesteld om over de naleving van de voorschriften te waken. In 1673 werd ook Libert de Pape met een inspectieopdracht belast.

[12] AAP. R VII, 3

[13] De Pape, *Summaria cronologia*, 463.

[14] Eduard van Ermen, Luc van Hove & Stefan van Lani, *Het kaartboek van de abdij van Park 1665*, Brussel 2000, 10

[15] De Pape, *Summaria cronologia*, 463.

[16] AAP. R XI nr. 231, f°36 v°

[17] AAP. Zonder nummer

[18] AAP. RVIII nr. 58. In dit rekeningregister bieden de rekeningen van 1670 tot 1672, van 1673 tot 1676 en van 1677 tot 1680 boeiende informatie aangaande de bouw van de huidige bibliotheek.

[19] Bernard Delmotte bvba in opdracht van A.M. Consult bvba, *Abdij van Park. Bouwhistorisch, materiaal-technisch en diagnostisch onderzoek zuidvleugel bibliotheek / refectorium. Vooronderzoek stucplafonds Jan Christiaan Hansche. Eindrapport*. Antwerpen, 2005; zie ook Marc Van Vaeck, Beelden van omhoog: Hansches 17de eeuwse plafonddecoraties in stucwerk in de kastelen van Horst, Modave en Beaulieu en in het Gentse brouwershuis, *Monumenten en Landschappen*, 1997, 21-55.

[20] In verband met het netwerk van pastorieën en parochies van de abdij van Park verwijzen we naar Jean Bastiaensen, Krista Caimo, Brenda Cijffers-Rovers, Joss Hopstaken en Stefan van Lani, *Monumenten van zielzorg. Norbertijnen en hun pastorieën in Brabant van 1600 tot 1850*, Leuven 2010, 240.

[21] Stefan van Lani en Claire Baisier, *Met zicht op de abdij: de iconografie van de abdij van Park*, Leuven 2003, 32

[22] Quirin Gilles Nols, *Notes historiques sur l'Abbaye du Parc ou cinquante ans de tourmente 1786-1836*, Brussel 1911, 81.

[23] Alphonse Jacobs, *Le prélat Simon Wouters et la première suppression de l'abbaye du Parc sous Joseph II*, Leuven 1887, 12.

[24] Nols, *Notes historiques*, 130.

[25] Jan Baptist Hous, J. de Kempeneer ed., *Leuvense kroniek (1780-1829)*, Heverlee 1964, 38.

[26] *Catalogue d'une tres-riche, superbe et nombreuse collection de livres et manuscrits en tous genres de sciences; entre lesquels se trouvent plusieurs ouvrages capitaux, précieux, estimés, recherchés et rares. Dont la Vente publique aura lieu en florins des Pays-Bas, et au comptant, avec augmentation de dix au cent, jeudi 22 octobre 1829 et jours suivans, respectivement à quatre heures de relevée tres-précises, au domicile et sous la direction de Henri Baumans, imprimeur-libraire, rue de Diest, N°31, à Louvain*. Bibliotheekcollectie abdij van Park nr; AG VII/15.

[27] AAP. Hedendaags archief. Map 1, zonder nummer.

[28] AAP. Hedendaags archief 87, nr. 7

[29] Paul Frederix, *Frans Thomas Corselis. Apostolisch visitator van de regulieren in België(1834-1850)*, licentiaatsverhandeling, Leuven 1968. A. de Cock, Mgr. Franciscus Thomas Corselis en de Apostolische Visitatie der Belgische Regulieren (1834-1850), *Handelingen van het Genootschap voor Geschiedenis gesticht onder de benaming Société d'Emulation te Brugge*, 107 (1972), 1-2, 39-60; F. Simon, Corselis, Frans Thomas, vikaris-generaal en visitator, *Nationaal biografisch woordenboek*, 5, 1972, 234-239.

[30] AAP. Hedendaags archief nr. 316.

Parks Bijbel van 1263 (Parkabdij, Hs 3): géén retourtje naar Trente

Chris Coppens

1263
Het oudste handschrift uit de middeleeuwse bibliotheek te Heverlee dat nu nog in de Parkabdij wordt bewaard, is de gedateerde Bijbel van 1263. Hij werd gekopieerd in opdracht van prior Symon (†1271) ten dienste van de studerende medebroeders. Niets zegt evenwel dat dit in de abdij zelf is gebeurd, ook al mag dat op het eerste gezicht waarschijnlijk lijken. Er staat evenmin dat het voor de jonge kanunniken in spe is geschreven, wit- en andere heren studeerden heel hun leven en wat anders dan de Bijbel, in tekst en commentaar.

Het colofon vermeldt:
Istam bibliam fecit fierj frater sy // mon de louanio p*r*ior ad honorem dej// et beate uirginis matris eius et ad // utilitatem fr*atru*m studentium in p*ar*cho// anno domini M.cc.lx.t*er*cio Siquis // abstulerit anathema sit AMEN. //

Deze Bijbel deed maken broeder Simon van Leuven prior voor de ere Gods en van de zalige Maagd zijne moeder en voor het nut van de studerende broeders in Park in 't jaar ons Heren Duizend tweehonderd drie en zestig. Als iemand hem weg zal nemen vervloekt zij hem. Het zij zo.

In tegenstelling tot de rijkelijk verluchte bijbel van 1148 in drie zware delen (nu Londen, British Library, Add. MS. 14788-90), kon deze bijbel in één band makkelijker worden gehanteerd, ook al bleef hij zwaar, en voor studie ook makkelijker naar de individuele cel mee worden genomen. Druppels van de wassen kaarsen zijn de getuigen van avondlijke lectuur, individueel bij de maaltijd.

Het handschrift is een interessant abdijproduct, in de betekenis van een handschrift dat voor een abdijbibliotheek werd gemaakt. Het eerste stuk toont een uniform beeld, zeer fijn kalfsperkament en dezelfde, zeer regelmatige hand. Iets voorbij het midden van het boekblok. dat 468 folios, bladen, telt, is er duidelijk een en ander in de organisatie van het scriptorium, van het kopiëren, veranderd, of tenminste toch met betrekking tot dit handschrift. Het handschrift verandert van kopiist, enkelen (twee dus) nemen de taak over. De katernen worden verder in Romeinse cijfers aan het einde van de katern genummerd, maar door een andere hand en minder fraai. Na een paar katernen worden er naast de katernnummering ook reclamen ingevoerd.

Het perkament is van mindere kwaliteit, de afschrijving, de lijntjes die op het blad worden aangebracht voor het kopiëren, die in het eerste stuk nagenoeg onzichtbaar zijn, dringen zich heel fel op. Deze harde lijnen verdwijnen na een paar katernen, hoewel ze toch nog goed zichtbaar blijven, maar enkele (twee?) verschillende handen, kopiisten, volgen elkaar op of wisselen elkaar af, maar de eerste daagt niet meer op. De inkt is van een veel hardere samenstelling en er is een paar keer een blad uitgesneden en vervangen door een ander, dat dan op het overblijvende oortje is gekleefd.

Bij het structureren van de Bijbelboeken bij de overgang van Oud naar Nieuw Testament is er blijkbaar een misverstand ontstaan tussen wat lapidair de meester-kopiist zou kunnen worden genoemd en de kopiist of het team dat het handschrift uitvoerde. Bij de aanvang van het boek der Makkabeeën, het laatste boek van het Oude Testament, gaat de rubricator tekeer alsof het de aanvang van het Nieuwe Testament betreft, terwijl het gewoon een ander boek van het Oude is. Wanneer Matheus begint, lijkt het alsof dit het zoveelste boek van het Oude Testament is en niet het begin van het Nieuwe. Dit zou er misschien op kunnen wijzen dat de uitvoerders van het tweede stuk niet echt wisten waar het over ging en 'blind' een tekst behandelden zonder enig inzicht of zelfs misschien zonder Latijn te verstaan. Dit zou ook kunnen sporen met de herhaald over het hoofd geziene fragmenten en de talloze, haastig uitgevoerde, correcties. Dit zou er mogelijk op kunnen duiden dat tenminste dat tweede stuk niet in het scriptorium van de abdij, maar in een lekenatelier werd uitgevoerd, waar de kennis van het Latijn niet meteen dagelijks werd gepraktiseerd.

De kopiist die de penwerkinitialen maakt, blijft over heel het handschrift dezelfde en laat niet af de krullen in de wat grotere initialen met a'tjes (en ook g'tjes?) te sieren. Misschien is dit wel een handtekeningetje, zoals kopiisten wel vaker deden. In het blauw van een initiaal zet hij een reeksje kapitalen in verticale richting, dat een monogram met een aanroeping of, minder waarschijnlijk, gezien te lang, zijn initialen moeten zijn. Die correcties zijn in het eerste stuk heel knap uitgevoerd en blijven keurig tussen de lijntjes. In het tweede stuk is er meermaals een stuk tekst vergeten, dat dan in de marge moet worden aangevuld, en de correcties in de tekst zijn veel harder.

Er zijn over de 468 folio's, recto verso, geen marginalia aangebracht, geen stip, geen N(otandum), geen *maniculus*, het verwijzende handje in de marge, niets. De paar *maniculi* die er toch verschijnen, zijn van de hand van de corrector of van de rubricator na hem, om te wijzen op die aanvullingen die in de marge werden genoteerd. Er is dus geen enkel spoor van lectuur, van gebruik, behalve enkele wasdruppels die van boven naar onder af zijn gedropen. Net ook in die 'problematische' middensectie is er een opening die op een of andere manier 'geleden' heeft, enigszins bezoedeld is, zonder dat daar meteen iets kan worden uit afgeleid. Er zijn verder nog enkele kleinere accidenten, zoals uitgewreven inkt en heel wat slordig wegraderen.

Een imaginaire interpretatie zou kunnen zijn dat het werk te lang duurde, zodoende door de kwaliteit van het perkament en de duur van het werk te duur werd, dat de kopiist van het handschrift werd weggehaald, of het handschrift van bij de kopiist, dat het 'in andere handen' terechtkwam, zeg in een ander atelier, waar met minder kwalitatief perkament werd gewerkt en met minder vaardige kopiisten, die alles veel sneller moesten afwerken. De betrokkenen kunnen evenwel niet meer getuigen.[1]

1635
Abt Johannes Masius (1592-1647), alias Jan Maes, lid van een Leuvense drukkerfamilie, trad in in 1611, begon het jaar daarop aan de universiteit te studeren, en werd in 1616 priester gewijd. Hij ving zijn priesterlijke loopbaan aan als novicemeester en behaalde in 1617 zijn bac-

calaureaat. Vice-prior in 1621, gaf hij lessen theologie en moraaltheologie aan de verse kloosterlingen, en werd hij licentiaat in de theologie in 1627. In april 1635 abt verkozen, werd hij precies een jaar later benoemd en einde van de maand plechtig geïnstalleerd. Hij had nauwelijks de kans om van deze nieuwe, hoge waardigheid te genieten, of hij moest met zijn heren op de vlucht voor het Frans-Hollandse leger naar het Leuvense refugehuis.[2]

Het was precies in die periode dat hij een catalogus van de handschriften maakte, zij het zeer, zo niet verward, dan toch best verwarrend. Dit kan misschien ook aan de 'systematiek' van de tijd hebben gelegen, eveneens bij andere abdijen is de catalogus die voor Sanderus werd opgemaakt, niet meteen een makkie. Sanderus weigerde zelfs bepaalde catalogi op te nemen wegens hun slechte kwaliteit.[3] Masius' gewrocht, gedateerd 1635 bij het begin, 1636 aan het einde, verscheen dan toch in de *Bibliotheca Belgica manuscripta, sive, Elenchus universalis codicum mss. in celebrioribus Belgii Coenobijs, Ecclesijs, Urbium, ac Privatorum Hominum Bibliothecis adhuc latentium*, in twee delen uitgegeven door de ijverige Ieperse kanunnik Antonius Sanderus (1586-1664), en gedrukt te Rijsel door Toussaint Le Clerq (159?-1665), respectievelijk in 1641 en 1644.[4] In het tweede deel, op pagina 164 staat:

Biblia in Magna admodum Formâ à Fratribus Conscripta Anno Do- // mini M.CC.LXIII.
Hoc Exemplari sunt usi Deputati Concilij Tridentini. Saepius etiam in diuersis Libris exstant Biblia MSS. In Pergameno.

Een Bijbel in groot formaat door de broeders geschreven in het jaar ons Heren 1263.
Dit exemplaar is gebruikt door de afgevaardigden van het Concilie van Trente. Dikwijls ook bestaan handgeschreven Bijbels uit verschillende delen. In perkament.

Zat en zit Masius' kroniek verborgen in het archief van de abdij, met de publicatie in Sanderus' naslagwerk kreeg de legende meteen een ruime verspreiding. Sanderus wordt vandaag nog gebruikt en met een reprint in de jaren 1970 is hij overal aanwezig. De toevoeging dat er ook meerdelige Bijbels bestaan is overbodig; hij wou er blijkbaar de nadruk op leggen dat het handschrift van 1263 toch wel een erg compacte versie is. In diezelfde jaren redigeerde abt Masius inderdaad zijn *Chronicon Ecclesie Parcensis ab A° ii29 - fundationis Monasterij vs*que *A^m j635 -.*[5]

Hoewel hij zich op documenten in de abdij kon baseren en vooral oudere kronieken onder de arm nam, moet de historiografie in de zeventiende eeuw en alle andere eeuwen, niet op de eerste plaats als exacte weergave van de werkelijkheid worden gezien, zelfs niet als een poging daartoe, maar als de historische retoriek tot meerdere eer en glorie van de instelling en de personen die er het onderwerp van waren. De hagiografie was daar het spreekwoordelijke uiterste van. Heel zeker heeft Masius' kroniek verdiensten, al was het maar door alles op een rijtje te zetten, maar, er nog van afgezien dat de abt een gelegenheidshistoricus was, alles moet met een zeer kritisch oog worden bekeken en getoetst. *Cum grano salis*, zoals het in deze context past.

Colofon van de Bijbel uit 1263 (Parkabdij, hs. 3, f. 467vo)

De aantekening over de Bijbel van 1263 opgesteld door Masius in 1635/36 in zijn *Chronicon Ecclesie Parcensis* (Parkabdij, R VII 3)

In deze kroniek wordt de bijbel van 1263 vermeld.

> Eodem Anno Fr Symon de Louanio Prior Parcensis scribi //
> curauit in pergameno Biblia in vno volumine in vsum //
> Studentium, quibus vsi sunt PP. Concilÿ Tridentini. //

In hetzelfde jaar [i.e. 1263] liet broeder Symon van Leuven, prior van de Parkabdij, een bijbel op perkament in één band schrijven ten behoeve van de studerenden, die is gebruikt door de Tridentijnse Concilievaders.

Waar het colofon van 1263 het heeft over de studerende broeders, lijkt Masius dit te verengen tot de jonge studerende broeders; 'studenten' lijkt in 1263 te Leuven, terwijl de universiteiten in Europa zich stilaan aan het vormen waren en hertog Jan, die een Brabantse universiteit in Leuven wel een goede opportuniteit vond, nog ruim anderhalve eeuw moest wachten om geboren te worden, nog wat anachronistisch.

Opmerkelijk is ook dat er bij dit lemma, in tegenstelling tot de meeste andere nota's van de vroege periode in de kroniek, in de marge geen bron wordt opgegeven. Voor 1563 staat niets genoteerd in verband met Trente, en evenmin voor 1553, wanneer de eerste delegatie van Leuven over de Alpen trok.

1563

Masius is de bron voor latere historici dat dit handschrift naar Trente zou zijn gegaan. De bron van Masius zelf is onbekend, niets geschreven in elk geval. Zelf schreef hij dit neer meer dan een halve eeuw na het concilie. Er zullen geruchten zijn geweest in de abdij; er was een boek helemaal tot in Trente geweest, dat stond vast. Was het die Bijbel om daar op het grote concilie door de eerbiedwaardige vaders, afgevaardigden, *deputati*, te worden bestudeerd in een tekstvergelijkend onderzoek naar de juistheid van de Vulgaat? Gebruikt als een zeldzaam vroege tekst die onbekend was en als basis zou dienen voor de ware tekst die door het concilie zou worden bekrachtigd voor een nieuwe Bijbeleditie? Nee toch!

Een Bijbel die lokaal werd afgeschreven voor eigen gebruik binnen een abdij, wat zou die in 's hemelsnaam, *et c'est le cas de le dire*, over de Alpen gaan doen? Trente ligt wel tegen de Alpen aan, maar de Madruzzo-familie, een prinsbisschoppelijke dynastie, heerste met krachtige hand over haar stadstaatje, bezat een goed gevulde bibliotheek en had een net-

---

De aantekening over de Bijbel van 1263 opgesteld door abt Masius in 1635/36, in Sanderus' *Bibliotheca Belgica manuscripta*, Rijsel 1644. (cat.S47)

werk aan contacten. Het zat de Tridentijnse prinsbisschoppen in het bloed. Voorganger Bernardo Clesio, alias Bernhard Cles (1485-1539), had niet alleen het statige *Magno Palazzo* op laten trekken als een monument dat hem ook tastbaar zijn eeuwigheid moest verzekeren en daarnaast ook de gemeenschap, of toch een heel klein deeltje daarvan, ten dienste kon staan, hij was een renaissancevorst, die zich graag omgaf met geleerde boeken.

Overigens is dit handschrift, dat jammer genoeg in 'recente tijd' (in de jaren 1950, of was het rond 1968 toen de reproducties voor de *Manuscrits datés* zijn gemaakt?) slecht is herbonden, wel degelijk heel zwaar; dat vroeg om een afzonderlijk transport. Zo een zwaar en moeilijk hanteerbaar ding ging niet in een zadeltas, daar was een lastdier voor nodig, of een kar voor alles, boek en drager inbegrepen, maar dat was, alleen al gezien de kosten, helemaal over de Brenner, voor vervoer en gewapende escorte, nagenoeg onmogelijk. Er is geen redelijke uitleg voor dat deze Bijbel naar Trente zou hebben moeten gaan. Er wás vast het verhaal dat een boek uit de abdij *de facto* naar Trente was gestuurd, maar hoe dat verhaal aan Masius werd verteld, is maar de vraag.

Masius en/of zijn bron waren in de war want het is het kleine, onooglijk uitziende incunabeltje met de tekst van Pius II (Parkabdij, Inc. P1) dat in 1563 inderdaad per koerier naar Trente vlood. Men kan zich voorstellen dat een zeventiende-eeuwse abt, het meer zag in de oudste bijbel-in-een-deel die 'hij bezat', 1263, – de rijkelijk verluchte bijbel-in-drie-delen van 1148 kwam al helemaal niet in aanmerking – dan in een onooglijk vijftiende-eeuws drukwerkje, dat ondertussen als exemplaar om de tekst te raadplegen, door een Leuvense editie van 1563 overbodig was gemaakt. Het moest kennelijk tot de achttiende eeuw wachten tot het in de handen van een anonieme witheer kwam die er de betekenis van onderkende. Daar begint het geschiedverhaal, en eindigt de legende.

Dit bijna vier eeuwen oude historische dwaalspoortje, dat een dertiende-eeuwse bijbel in de zestiende eeuw over de Brenner voerde, is hiermee, voor de eeuwigheid, rechtgezet.

[1] Het handschrift is zeer kort beschreven en is met zeven afbeeldingen opgenomen in François Masai & Martin Wittek (eds), *Manuscrits datés conservés en Belgique, I. 819-1400*, Brussel-Gent 1968, 22 nr 12 & pl. 45-48, maar de beschrijving doet zeker geen recht aan het handschrift en al evenmin de grijzige afbeeldingen. In 2002 werd een heel artikel aan dit handschrift gewijd, dat ons pas in handen kwam na het afwerken van deze tekst (dank aan de heer Leo Janssen, archiefmedewerker, voor het bezorgen van een kopie); zie Judith H. Oliver, Chaos in the Scriptorium: the Parc Bible of 1263, in: Bert Cardon e.a. (eds.), *"Als ich can": Liber amicorum in memory of Professor Dr. Maurits Smeyers*, (Corpus van verluchte handschriften, 11-12), Leuven 2002, 1059-1078. Het is duidelijk dat de auteur dagenlang op het handschrift heeft gewerkt. Ze heeft drie handen geïdentificeerd, 1 + 2, zoals hier bij het snel doorbladeren van het handschrift ook kon worden vastgesteld, hoewel hier voorzichtigheidshalve 'enkele' staat, omdat in dat tweede deel de handen wisselen. Het eerste deel zou dan best door broeder Henricus de Libbeka kunnen zijn geschreven, zoals de auteur met de hulp van de tentoonstellingscatalogus *De glans van Prémontré* (1973) afleidt. Het is evenwel zeer te verwonderen dat het de auteur blijkbaar is ontgaan dat er twee soorten perkament zijn gebruikt en dat dit samenhangt met het wisselen van de kopiisten, wat een heel belangrijk punt is om het ontstaan van het handschrift te proberen begrijpen. Ze heeft het blijkbaar als een verwaarloosbaar detail gezien dat er een Romeinse nummering van de katernen is, in het eerste deel heel keurig, in het tweede best onhandig, en dat er vanaf een bepaald moment reclamen verschijnen, hoewel ze anders wel graag naar de *bas de page* (sic) verwijst. Ook heeft ze blijkbaar niet opgemerkt dat de scharnier van dit Bijbelhandschrift bij de Makkabeeën is gelegd, terwijl dat bij Mattheus had moeten liggen, toch wel cruciaal. Haar conclusies dat het tweede deel van dit handschrift door jonge, onervaren, studerende(!) kloosterlingen zou zijn geschreven, is wel helemaal moeilijk te verteren, en het wordt nog erger wanneer ze die 'studenten' meteen ook in Parijs ziet studeren. Dit concludeert ze op basis van die 'studerenden' van het colofon en de gelijkenis van de Bijbeltekst met Parijse Bijbels, hoewel ze dan weer moet erkennen dat er ook grote verschillen zijn. Dat wil ze dan verklaren door verschillende *exemplars*, leggers, de handschriften waarvan wordt afgeschreven, die in het scriptorium zouden zijn gebruikt. Wat haar verdere redenering is, kan beter niet in deze onschuldige voetnoot worden gestopt, maar haar 'analyse' versterkt alleen het rijzen van de vraag of dit handschrift inderdaad wel (helemaal) (of helemaal niet) in het scriptorium van de Parkabdij is geschreven. Het is toch wel erg treffend dat tot geleerdheid (en gebed, weliswaar) voorbereide mannen zich zo vaak van Bijbelparagraaf vergissen, en problemen hebben om O.T. van N.T. uit elkaar te houden, alsof ze het moeilijk hebben om de MAkabbeeën van MAttheus te onderscheiden. Misschien was dit wel de reden waarom prior Symon het nodig vond een 'werkexemplaar' voor handen te hebben, zij het niet met verzekerd succes.

[2] Albert D'haenens, Abbaye de Parc, à Heverlee, in: *Monasticon Belge*, 4. *Province de Brabant*, 3, Liège 1969, 816-818.

[3] Christian Coppens, Le catalogue des manuscrits de l'Abbaye d'Hautmont par Philippe Bosquier (1622), in: Anny Raman & Eugène Manning (eds), *Miscellanea Martin Wittek. Album de codicologie et de paléographie offert à Martin Wittek*, Leuven-Parijs 1993, 65-86.

[4] Deel II, 162-173; Émile Van Balberghe, Le catalogue des manuscrits de Parc dans la *Bibliotheca Belgica manuscripta* d'Antoine Sanderus, *Quaerendo*, 3, 1973, 322-328.

[5] Parkabdij Hs. R VII 3.

Een moderne restauratie de (weder)samenstelling van de Parkbibliotheek sinds 1836

Zeef van Bragt (†) en Marnix Beyen

Wie de Abdij van Park betreedt, lijkt een ongerept stukje Ancien Régime binnen te stappen[1]. Die historische sensatie overvalt misschien wel vooral wie weet door te dringen tot de indrukwekkende *Bibliotheca maior*, of tot de twee andere locaties voor de bibliotheekcollecties van de abdij, de privébibliotheek van de abt en de archiefruimte. Hier kan je zich niet alleen in de materiële omgeving van de achttiende-eeuwse Parkheren wanen, maar lijkt men zelfs een rechtstreekse toegang te krijgen tot hun mentale leefwereld. Het overgrote deel van deze boeken stamt uit de zeventiende en vooral achttiende eeuw, en een klein deel van de collectie gaat zelfs verder terug in de tijd. De meeste werken zijn vanzelfsprekend religieus, maar toch zou men uit deze collectie ook kunnen afleiden dat de Parkheren allesbehalve wereldvreemd waren. De profane interesses van de achttiende-eeuwse wetenschap en geschiedschrijving zijn vertegenwoordigd in de collectie, en met enkele werken van onder meer Montesquieu en Voltaire kwam ook de Franse Verlichting een beetje binnen. Zelfs het ideeëngoed van de Brits-Amerikaanse democraat Thomas Paine kon, weliswaar via een Franse vertaling, worden gevolgd. Men is geneigd zich een tegelijk schampere en gefascineerde blik voor te stellen van de Parkheer die deze werken in de abdijbibliotheek opensloeg.

Maar zoals vaker het geval is met historische sensaties is ook deze zeer verraderlijk. Dat geldt eerst en vooral voor de materiële ruimte van de *Bibliotheca maior*. Het indrukwekkende stucwerk tegen de zoldering is wel authentiek zeventiende-eeuws, maar het meubilair stamt grotendeels uit de negentiende eeuw. Bovendien werden de meeste boeken vooral in de loop van de negentiende eeuw verworven. Maar dit lijkt niets af te doen aan de authenticiteit van de mentale en intellectuele leefwereld die de bibliotheek huisvest. De boeken stammen immers in de meeste gevallen écht uit de achttiende, zeventiende, zestiende en in sommige gevallen zelfs vijftiende eeuw. De achttiende-eeuwse Parkheren kunnen ze effectief hebben geconsulteerd.

Toch is de kans klein dat ze dat ook hebben gedaan. Van de ruim vierduizend oude drukken – of ongeveer achtduizend banden – die de bibliotheek vandaag bevat, zijn er slechts 69 titels – of 112 banden – waarvan we met zekerheid kunnen zeggen dat ze al tijdens het Ancien Régime deel uitmaakten van de bibliotheek van de Parkabdij. We herkennen ze aan het al dan niet geradeerde supralibros, aan de vermelding in het oude geschrift *Bibliothecae Parchensis*, of aan het plaatsingsnummer *Theca* met verschillende varianten. Alle andere boeken vertonen de meest verscheiden herkomsten. In de meeste gevallen is niet geweten wanneer zij precies in de Parkbibliotheek zijn terechtgekomen.

Eén ding is duidelijk: de boekencollectie zoals die zich nu in de bibliotheek bevindt, is geen achttiende-eeuws erfgoed, maar het resultaat van een overwegend negentiende-eeuwse (weder)samenstelling. Zelfs in deze oase van rust blijkt het revolutionaire tijdvak onherroepelijk een nieuwe tijd te hebben gecreëerd – een tijd waarvan de gelijkenissen met 'de oude tijd' hoogstens oppervlakkig konden zijn. Die breuk kwam niet abrupt tot stand, door de roofzucht van een kleine groep revolutionaire heethoofden, maar tijdens een proces dat begon tijdens het bewind van Jozef II, vrijwel veertig jaar duurde en elders in dit boek nauwgezetter wordt beschreven. Het proces werd afgerond in oktober 1829, toen het autocratische bewind van de protestantse vorst Willem I al op zijn laatste benen hinkte. De religieuzen die zich min of meer clandestien in hun opgeheven abdij hadden kunnen vestigen, zagen zich uit geldnood genoodzaakt de overblijvende handschriften en gedrukte werken van de oude bibliotheek te verkopen.

De verkoop werd georganiseerd door boekhandelaar Henri Baumans, gevestigd in de Diestsestraat in Leuven.[2] Blijkens de catalogus die hij bij deze gelegenheid opstelde, ging het om 374 manuscripten en 1.066 gedrukte werken.[3] Van die laatste categorie hadden er echter slechts 929 tot de Parkbibliotheek behoord, want Baumans had van de gelegenheid gebruik gemaakt om zich te bevrijden van een deel van zijn voorraad. Dit was een zeer gangbare, maar in wezen ongeoorloofde praktijk. Misschien was het om deze fraude te vermijden dat hij een van zijn medewerkers het supralibros en de handgeschreven herkomstgegevens van de oude Parkboeken liet raderen? Die verklaring lijkt alvast aannemelijker dan de gebruikelijke interpretatie dat de Parkheren de merktekens lieten verwijderen uit schaamte over de verkoop van hun collectie.[4]

Hoe het aantal te koop aangeboden boeken zich verhield tot het achttiende-eeuwse bezit van de Parkbibliotheek, is niet helemaal duidelijk. Opmerkelijk genoeg schijnt de handschriftenverzameling in 1829 nog vrijwel intact te zijn geweest.[5] In verband met de collectie gedrukte werken daarentegen, schreef de eerste superior van het heropgerichte convent, Pierre Ottoy (1764-1840), dat het ging om 'la tierce partie de ce qu'il y avait avant la spoliation'.[6] Tijdens de veiling zelf bleek de interesse van de kopers groter voor de handschriften dan voor de gedrukte werken. Van de manuscripten kreeg Baumans er maar negen niet verkocht, van de gedrukte boeken bleven er 112 over.[7] Alles bij elkaar had de verkoop minder geld opgebracht dan Baumans en de Parkheren hadden gehoopt. Maar hun mooie oude bibliotheekcollectie waren zij niettemin kwijt. Dit was des te meer wraakroepend omdat nog geen jaar later de Belgische Revolutie een klimaat schiep waarin het katholieke erfgoed veel beter kon gedijen.

Dat enkele decennia later diezelfde abdij opnieuw duizenden oude drukken, vermoedelijk heel wat meer dan voor de revolutietijd, in haar bezit had, mag dan ook een klein wonder heten. In deze bijdrage zullen we trachten te achterhalen hoe dit wonder tot stand kwam. Bovendien zullen we de vraag proberen te beantwoorden in welke mate het hier een getrouwe wedersamenstelling van de oude Parkbibliotheek betrof. Een afdoend antwoord zullen we niet kunnen bieden, aangezien het bronnenmateriaal slechts fragmentarisch is bewaard. Toch bevat dat materiaal wel enkele pistes in de richting van zo'n antwoord. Die pistes zullen wij in deze bijdrage zo ver volgen als het bronnenmateriaal dit mogelijk maakt. Zij bieden ons meteen ook een interessante, haast intieme inkijk in een reeks intellectuele en commerciële praktijken die binnen en buiten de abdijmuren werden verricht om de bibliotheek in haar oude luister te herstellen.

Eerste piste: de onverkochte boeken
De eerste piste laten we vertrekken in 1829, bij de al vermelde bibliotheekverkoop door boekhandel Baumans, toen negen manuscripten en 112 gedrukte boeken niet verkocht raakten. Het is meer dan aannemelijk dat die boeken terugkeerden naar de abdijbibliotheek. Helaas vermeldt Baumans niet *welke* boeken hij niet had kunnen slijten. In de verkoopcatalogus die bij deze gelegenheid verscheen, vinden we wel 30 van de 69 hoger vermelde boeken terug die zeker al voor de revolutionaire periode tot de collectie van de Parkbibliotheek hadden behoord. Het is goed mogelijk dat die boeken niet verkocht raakten door Baumans, maar zekerheid hebben we daarover niet. Misschien werden zij wel verkocht, maar konden zij nadien terug worden verworven door de abdij. Dat de 39 andere boeken van de Ancien Régime-collectie niet op de verkoopcatalogus werden aangeboden, roept ook vragen op. Zijn die boeken op een of andere manier aan de verkoop ontsnapt, of werden zij al voor 1829 door de Franse revolutionairen geroofd, en zijn zij nadien opnieuw verworven?

Over een aantal kopers die tijdens de veiling opdaagden, zijn we vrij goed ingelicht. Enkele gerenommeerde bibliofielen en antiquaren waren uit verschillende Europese steden naar Leuven afgereisd om een graantje van deze rijke collectie mee te kunnen pikken. Zij bleken echter vooral geïnteresseerd in één absoluut topstuk, meer bepaald een driedelige bijbel uit 1148, (nu British Library, Add. MS. 14788-90) die uiteindelijk voor 510 gulden werd gekocht door de Britse boekhandelaar John Thomas Payne. Rijke bibliofiele kopers maakten van de gelegenheid gebruik om ook enkele andere manuscripten, incunabelen en oude drukken tegen spotprijzen aan te kopen, maar ongetwijfeld lieten zij ook nog heel wat over voor minder gespecialiseerde en minder gegoede kopers. Dienden zich daartussen ook vrome lieden aan die het katholieke erfgoed veilig wilden door het op te kopen en te schenken aan de kerkgemeenschap? Deze praktijk werd vaak toegepast voor genationaliseerd kerkbezit, maar het is weinig waarschijnlijk dat zij zich bij de verkoop van de Parkbibliotheek op grote schaal heeft voorgedaan. In dat geval zou het aantal boeken met een geradeerd supralibros of sporen van verwijderde merktekens van de oude bibliotheek ongetwijfeld veel hoger hebben gelegen. Het lijkt meer dan waarschijnlijk dat het bezit van de oude bibliotheek na 1829 vrijwel integraal verspreid raakte over diverse privébibliotheken in binnen- en buitenland. Deze piste leidt ons dan ook niet tot een verklaring voor het wonder. We moeten elders op zoek.

Aantekening van de prijs van de band en de datum door Augustinus Dillen op verso van het schutblad van Jean-Baptiste Bullet, *Réponses critiques [...] sur divers endroits des Livres Saints,* Parijs 1826 (cat. B509)

Tabula Legendarum.

Incipit tabula super legendas sctōr scdm ordinē alphabeti collecta. et primo premittitur p̄logus qui ostēdit modū reperiendi materias contentas in diuersis locis huius voluminis.

Prologus.

Q̄oniam sicut dicit ysidor9 in libro ð sūmo bono ad p̄uersatōem ⁊ correctionē mortaliū. multū p̄sunt exempla sctōr. idcirco cogitaui ordinare ad vtilitatē pctōr. ⁊ cōsolatōem p̄dicator. vnā tabulā p ordinem alphabeti sup legēdas sctōr ⸺pilatas p frēm iacobū de voragine ianuēsez. ordis fratruū p̄dicator. ad h̄ q̄ p̄dicatores in suis p̄dicationib9 exempla magis p̄uenientia citi9 ⁊ leui9 inueniāt. Nā multe pulcre legende sunt in eis legendis. q̄ nūq̄ vel raro legūt. ⁊ tn̄ sūt valde bone ⁊ inductiue ad penitentiam. ¶ Ordinaui aūt eam sic. Quoniā in ea ponūt oia notabilia q̄ de legendis collegi sm ordine alphabeti. Et post quodlibet notabile ponūt numer9 q̄ demōstrat legendam de qua sumptū est illud notabile. ⁊ post numerum ponit lr̄a que demonstrat capitulum legende illi9 de q̄ sumptū est notabile quod queris. Deinde ponit. si opus sit in q̄ particula illi9 capituli ponit illud notabile. puta vel in p̄ncipio. medio. vel in fine. vel circa. et plerū q̄ nōtat pagraph9. Verbi grā. Accipe p̄imū notabile quod dicit Abscōdita diuinit9 manifestant. qd signat lxxxij. B. Deinde quere q̄ legenda B numero designatur ⁊ inuenies q̄ est legēda sctōr ioh̄is et pauli. Postea quere in corpore dicte legende lr̄am B. q̄ significat secūdū capitulum. qd incipit sic. Post hoc filius terentiani. Et sic reperies legendam et partem seu capitulū legēde de qua sumptum sit notabile videlicet. Ab

scondita diuinit9 manifestant. Exemplum aliud. Absolutio ab excōicatōe defūctis facta valet. qd signat. xlvj. K. Quere legendaz B numero designatā ⁊ inuenies q̄ est sancti gregorij. Postea in corpore dicte legende q̄ re hanc litteram. K. vt in B registro designatur que signat capitulū ex quo sumptuz sit illud notabile. Deinde quere pagraphum. Legit quoq̄. et repies qd queris. Et sic cōseq̄nter faciendū est cū cū alijs. ¶ Nota q̄ aliq̄n post notabile sequūt plures nūeri ⁊ B est. q̄ illud notabile in pluribus legendis reperitur. q̄ in tot legendis. quot sunt numeri. Ite aliq̄n plures littere diuerse sequūtur numer9. et hoc est. q̄ illud notabile pluries in vna et eadē legenda inuenit̄. sed in capitulis diuersis.

Abscondita diuinit9 manifestāt. legēda octuagesima scda. capitulo. B. In principio.

Absolutio ab excōicatōe defunctis scā val. xlvj. K. §. Legit quoq̄.

Abstinētia sctōr dura fuit. lv. cvuj. B. clxij. C. H. cxlj. B

Abstinentia l3 maria libidinē non extinguit penit9. cxlj. B

Abstinētia penitētiū d3 esse mag. crv. clxiij. B. C. H. E

Abstinētia impetrat optata. clxiij. E

Accedentes ad altare sex debent habere. clxxvj. E

Accusatores pctōr tres. j. K

Addiscēda sunt tria. v. E Circa finē. lvj. B

Aduentus xp̄i est q̄drupler. j. A

Aduentus christi oportun9 fuit tripliciter. j. B

Aduent9 xp̄i vtilitas multiplex. j. C

Aduersitatē iniuste patienter portare magni meriti est. cxlvj. In medio.

Afflictio corpis ꝯtinēda est. clxij. B

Agyos q̄ redicit̄. lj. B Post medium.

Alie quattuor habende. lix. A

j

Tweede piste: de gemeenschap van goederen
Een vertrekpunt voor de tweede piste leveren de ongeveer 200 inscripties van zeventiende- en achttiende-eeuwse Parkkanunniken die te vinden zijn in boeken van de huidige bibliotheek. In de meeste gevallen ging het om zogenaamde 'buitenheren', dat wil zeggen kanunniken die pastoor waren in een van de vele parochies die het Park toebehoorden. Een kleiner aantal inscripties maakt duidelijk dat ook kanunniken binnen de abdij – de zogenaamde 'binnenheren' – boeken in hun persoonlijk bezit konden hebben. Sommige boeken blijken achtereenvolgens in het bezit van twee of meerdere kanunniken te zijn geweest, vaak zelfs als ze in verschillende parochies hadden gediend.[8] Kanunniken konden voor zichzelf boeken aankopen; na hun overlijden kwamen die doorgaans in de bibliotheek terecht. Er blijkt dus een circuit te hebben bestaan van boeken die persoonlijk door kanunniken werden verworven, maar niettemin deel uitmaakten van het collectieve patrimonium van de Parkabdij. Aangezien de buitenparochies en de privévertrekken van de binnenheren grotendeels gespaard bleven van de revolutionaire perikelen lijkt ook dit circuit grotendeels intact te zijn gebleven. Aangenomen kan worden dat na de heroprichting van de Parkabdij in 1836 de oude bibliotheek werd gestoffeerd met werken uit dat privébezit.

Dit gebeurde waarschijnlijk niet zozeer als gevolg van een systematische 'opeising' door de abdij. Het sproot logisch voort uit een van de voornaamste uitgangspunten van het norbertijnerleven. Zoals andere geestelijken die zich aan de regel van Augustinus hielden, leefden ook premonstratenzers in gemeenschap van goederen. De boeken en andere goederen die zij voor hun intrede in de abdij bezaten of tijdens hun priesterschap verwierven, behoorden in principe de abdijgemeenschap toe. Die regel werd nog eens in herinnering gebracht door de oversten van Brabantse norbertijnerabdijen, toen zij op 8 december 1851 bijeenkwamen om de problemen van hun recentelijk heropgerichte abdijen te bespreken: 'Boeken', zo decreteerden zij, 'zullen worden gedeponeerd in een gemeenschappelijke bibliotheek en daaruit zal worden voorzien in particuliere noden volgens een regeling die door de overste moet worden uitgevaardigd'.[9] Als gevolg van dit besluit schonk alvast één Parkheer meer dan 200 banden aan de bibliotheek, al komt slechts een klein aantal van de door hem overgedragen boeken ook effectief voor in de huidige bibliotheek.[10]

Over het algemeen lijkt de gemeenschap van goederen echter flexibeler gehanteerd te zijn. Vermoedelijk legden de binnenheren slechts in beperkte mate persoonlijke boekencollecties aan, daar zij de abdijbibliotheek bij de hand hadden. Toch waren er ook bibliofiele kanunniken, die in hun eigen kamers mooie verzamelingen oude drukken bijeenbrachten. Een van hen was Pierre Ottoy, de eerste overste van de herstelde abdij. Bij zijn dood in 1840 belandde zijn boekencollectie automatisch in de Parkbibliotheek.[11] Zo verging het waarschijnlijk ook de collecties van andere boekminnende binnenheren.

Buitenheren lijken het ideaal van de gemeenschap van goederen vaak nog ruimer te hebben geïnterpreteerd. In hun pastorieën op het platteland waren zij ver verwijderd van het intellectuele centrum dat de abdijbibliotheek was en als dorpsnotabelen straalden sommigen van hen ongetwijfeld ook graag enige welvaart uit. In die context ontpopte een aantal onder hen zich tot ware bibliofiele verzamelaars. Of hun rijke collecties na hun termijn als dorpspastoor bij het bezit van de Parkbibliotheek werden gevoegd, hing af van veel factoren. Kanunniken die naar de Parkabdij terugkeerden, namen vaak ongetwijfeld hun collectie mee. Verhuisde een buitenheer naar een andere pastorie, dan kon zijn boekenverzameling met hem meereizen, maar hij kon de gelegenheid ook aangrijpen om ze aan de Parkabdij te schenken, zeker als hij naar een kleinere pastorie verhuisde. Het overlijden van een buitenheer kon een andere aanleiding zijn voor een overdracht aan de abdijbibliotheek, maar ook hier waren andere scenario's mogelijk. Zo konden zijn erfgenamen het boekenbezit opeisen, of kon de kanunnik het zelf bij testament aan zijn familie overlaten. In al die gevallen was waarschijnlijk ook veel afhankelijk van de opvolger van de buitenheer als dorpspastoor: vertoonde die ook bibliofiele neigingen, dan was de kans groot dat de collectie in de pastorie bleef, had hij een hekel aan oude boeken, dan zal hij de abdijbibliotheek maar al te graag hebben verrijkt.

Deze praktijken zijn nauwelijks gedocumenteerd, maar alles wijst erop dat zij zich gedurende een groot deel van de negentiende en zelfs nog bij het begin van de twintigste eeuw bleven voordoen. Verschillende kanunniken, zowel binnen- als buitenheren, legden rijke collecties oude drukken aan die uiteindelijk in de Parkbibliotheek terechtkwamen. De grootste werd samengebracht door Basilius van Beygaerden (1862-1917), in het begin van de twintigste eeuw pastoor van de Brabantse parochie Landen. Maar liefst 29 oude drukken in de Parkbibliotheek dragen zijn inscriptie. Nauwelijks kleiner was de collectie van binnenheer Bernard van Hoecke (1841-1914), die aan het einde van de negentiende en het begin van de twintigste eeuw lector in de Heilige Schrift en moraaltheologie was. Zijn inscriptie komt voor op 27 boeken.

Derde piste: het aankoopbeleid
Indien we alle boeken met een inscriptie van een of meerdere kanunniken samentellen, komen we op een totaal van iets meer dan 300. Dat aantal is aanzienlijk, maar helpt ons niettemin slechts een klein stukje op weg om de aanwezigheid van 4.000 boeken in de huidige bibliotheek te verklaren. De inscripties in de boeken wijzen daarnaast op een

Incipit van Jacobus de Voragine, *Legenda aurea*, Straatsburg 1486, 2°. Bovenaan is "parchensis" uitgewist. (cat. P4)

aantal negentiende-eeuwse giften door andere religieuzen, veelal norbertijnen, of door notabelen uit de buurt van Leuven. Grootschalige giften laten zich op die manier echter niet traceren. Om de bibliotheek tot haar huidige omvang te laten uitgroeien volstond het de abdij dus niet vrijwillige schenkingen in ontvangst te nemen: zij moest actief boeken aankopen. De eerste superiors van het nieuwe opgerichte convent van Park investeerden begrijpelijkerwijs veel in de materiële wederopbouw van hun bezittingen, die gedurende meer dan veertig jaar aan plundering en verwaarlozing hadden blootgestaan. Zij hadden ook de financiële armslag om dat te doen. Hoewel de abdij haar uitgestrekte landerijen was verloren, zorgden enkele gelukkige beleggingen ervoor dat zij elk trimester een vrij aanzienlijk bedrag uitgekeerd kreeg. Wederkerende giften verhoogden het kapitaal nog aanzienlijk.

De financiële ruimte die op deze manier ontstond, werd voor een niet onbelangrijk gedeelte gebruikt voor de aankoop van boeken. Het feit dat enkele van de eerste abdijoversten bibliofiele interesses hadden, was daar zeker niet vreemd aan. De eerder vermelde Pierre Ottoy besteedde volgens Maurits Smeyers speciale aandacht aan de uitbouw van de bibliotheek, al zijn daar in de archieven weinig sporen van terug te vinden.[12] Beter gedocumenteerd zijn de aankopen voor de bibliotheek tijdens de ambtstermijn van de derde superior, Philippus van Eekelen (1841-1862).

In de rekeningen van de abdij, die vanaf 1854 bewaard zijn, vormen uitgaven voor boeken tijdens de jaren 1850 en 1860 inderdaad een aanzienlijke post, al verbleekten zij bij de bedragen die door de kloostergemeenschap werden neergeteld voor wijn, bier en boter. Dat geldt in het bijzonder voor 1855, toen zowat 10 % van de totale uitgaven van Park (1.981,02 francs op een totaal van 20.028) werd besteed aan de aanschaf van boeken. In 1856 werden aanzienlijke bedragen uitgetrokken voor de materiële renovatie van de bibliotheek. Zo ontving de Leuvense beeldhouwer Joseph Smeesters, die het bibliotheekmeubilair vernieuwde, niet minder dan 1.600 francs. Vanwege deze infrastructuurwerken viel het budget voor boekenaankopen tijdelijk terug.[13] In de daaropvolgende jaren steeg het echter opnieuw en bleef het gedurende een vijftal jaren gemiddeld om en bij de 1.000 francs per jaar liggen.

Na het ontslag van Van Eekelen daalden de voor de bibliotheek uitgekeerde bedragen gevoelig, en vanaf de jaren 1870 werden zij marginaal. Dit had zeker iets te maken met de minder rooskleurige financiële toestand van de abdij. Terwijl vóór 1860 jaarlijkse overschotten werden geboekt van meer dan 10.000 francs, bedroegen zij nadien meestal slechts 2.000 à 3.000 francs. Echte tekorten laten de jaarboeken echter pas optekenen vanaf 1868. Het is dan ook duidelijk dat de plotselinge vermindering van het boekenbudget vanaf 1862 minstens deels te wijten was aan de geringere bibliofiele interesse van Van Eekelens opvolgers. Dit valt ook af te leiden uit een brief van de bibliothecaris van de abdij in 1865 aan de Brusselse boekhandelaar Devaux. Het feit dat hij slechts één boek kocht, zo legde hij uit, betekende niet dat de andere boeken in de catalogus hem niet interesseerden. Maar, zo voegde hij eraan toe, 'la somme d'argent qu'on accorde annuellement à notre bibliothèque, est depuis trois ans trop modique pour que je pense aux autres numéros de votre liste.'[14]

Ook tijdens de daaropvolgende jaren klaagde de bibliothecaris er geregeld over dat financiële beperkingen hem verhinderden een dynamisch aankoopbeleid te voeren. Het grote geluk van de Parkbibliotheek lijkt te zijn geweest dat de abdij tijdens jaren van economische voorspoed niet alleen beschikte over bibliofiele superiors, maar ook over een dynamische bibliothecaris. Joannes Mauritius Dillen (1817-1875), die de kloosternaam Augustinus aannam, was ingetreden op 7 maart 1837, toen de abdij pas was heropgericht. Hij was afkomstig uit Balen bij Mechelen en toen nog geen 20 jaar. Een jaar later, op 15 november 1838, legde hij zijn kloostergeloften af en op 19 december 1840 werd hij in Mechelen tot priester gewijd. Kort na zijn intreding werd hij archivaris en bibliothecaris van de abdij Intussen was hij in oktober begonnen met theologische studies aan de universiteit van Leuven. Hij onderbrak zijn studies in december 1839, nam ze weer op in juni 1841, en verliet de universiteit in 1842.[15] In de loop van zijn carrière werd hij twee keer aangesteld tot *lector S. Theologiæ* van de Parkabdij.[16] Zijn interesse reikte verder dan de theologie. Zo blijkt uit correspondentie met de Brusselse firma Vandermaelen zijn interesse in astronomie.[17]

In 1842 werd hij van zijn taak als bibliothecaris ontheven. Het is niet duidelijk of dit iets te maken had met het feit dat hij nog in hetzelfde jaar zijn examen deed om de jurisdictie als pastoor te krijgen. Op 25-jarige leeftijd (!) werd hij benoemd tot prior. Op 11 september 1843 werd hij aangesteld tot onderpastoor van Nieuwrode (*ecclesiæ succursalis S. Lamberti*), een parochie van de Parkabdij in Brabant. Hij nam er zijn intrek bij de pastoor in de pastorie die door de Parkheren in 1706-1710 was gebouwd. Het leven dat hij daar leidde, lijkt genoeglijk te zijn geweest. Onder de uitgaven die hij nauwgezet in een schriftje bijhield, hoorden onder meer 11 francs 83 'aen Mr Pastoor voor 10 flesschen rooden wyn', 5 francs 81 'aen eenen beddentroon met toebehoorten' en nog eens 2,64 francs 'aen het maken van 4 gordijntjes, en behangsels voor mijn bed'.[18]

Toch betekende Dillens terugtrekking in een kleine plattelandsgemeente niet het einde van zijn intellectuele leergierigheid, misschien wel integendeel. Hij betaalde de pastoor, blijkbaar eenmalig, een bijdrage 'voor het lezen van de gazet' en kreeg bovendien de mogelijkheid in de pastorie een persoonlijke bibliotheek in te richten. Veel van de uitgaven die hij neerschreef in zijn schriftje betreffen dan ook boeken, doorgaans eigentijdse uitgaven van religieuze werken. Maar hij kocht ook historische werken en een *Précis de physiologie humaine*.[19]

Hoewel Dillen ten laatste in 1848 opnieuw naar Park verhuisde, kwam de in Nieuwrode opgebouwde boekencollectie slechts gedeeltelijk in de abdijbibliotheek terecht. Van de titels die hij in zijn schriftjes vermeldde, kunnen er alvast heel weinig worden teruggevonden in de huidige

Brief van Henri Baumans gericht aan pâstoor Quirinus Aertgeerts, januari 1830.

catalogus. De zeven boeken in de huidige bibliotheek die zijn ex libris bevatten, lijkt hij bovendien niet in Nieuwrode te hebben verworven. Maar de ijver waarmee Dillen als onderpastoor zijn eigen bibliotheek had aangelegd, spreidde hij na zijn terugkeer ook tentoon voor de bibliotheek van de abdij. Het is goed mogelijk dat hij al onmiddellijk opnieuw tot bibliothecaris werd aangesteld, maar voor de periode 1846-1853 beschikken we nauwelijks over bronnenmateriaal. Zeker weten we dat hij in 1854 een getranscribeerde toespraak ondertekende met 'F. M. Dillen Bibliothecæ et Archivi Parcens. custor' en dat hij zichzelf een jaar later in een brief bestempelde als 'bibliothécaire et Profes. des dogmes de l'abbaye du Parc'.[20] Na zijn overlijden op 20 maart 1875 werd hij in het jaarboek nog altijd vermeld als 'bibliothécaire de notre abbaye'.[21]

Dillen is dus minstens twintig jaar bibliothecaris van de Parkabdij geweest. Zijn meest dynamische periode op dat vlak is ongetwijfeld tussen 1855 en 1865. Dat hij nadien minder activiteit ontplooide, had niet alleen te maken met de eerder vermelde financiële moeilijkheden van de abdij, maar ook met ontwikkelingen in Dillens eigen carrière. In 1866 werd hij aangesteld tot provisor van de abdij, ambt dat hij zou blijven bekleden tot april 1871. Dit hield in dat hij zich diende te ontfermen over alle materiële beslommeringen van de abdijgemeenschap, en die waren talrijk. Er moest worden voorzien in de dagelijkse bevoorrading en tijdens zijn provisoraat werden ook enkele belangrijke infrastructuurwerken ondernomen, zoals de plaatsing van nieuwe toiletten en de aanplanting van 210 canada-populieren. Het gehucht Park werd ook getroffen door een cholera-epidemie. Dat Dillen in deze context minder tijd vond om zich op de bibliotheek toe te leggen, is begrijpelijk. Toch lijkt er in deze periode geen nieuwe bibliothecaris te zijn aangesteld.

In de jaarboeken uit Dillens ijverigste periode vallen niet alleen het hoge aantal boekenaankopen op en de grote bedragen die daarmee gemoeid waren. Ook het internationale karakter van zijn aankoopgedrag is opmerkelijk. Behalve bij boekhandelaar Charles Peeters in Leuven, Joseph Kockx in Antwerpen, Charles Muquardt en Victor Devaux et Cie in Brussel, plaatste Dillen ook bestellingen bij gereputeerde antiquaren over heel Europa. Daartoe behoorden onder meer Louis Vivès in Parijs en Scheuring et Cie in Lyon. Tijdens en na het revolutionaire tijdvak hadden deze grote hoeveelheden boeken uit kloosterbibliotheken verworven, die zij nu tegen relatief lage prijzen verkochten. Dillen toonde zich een veeleisende koper, die alle leveringen grondig nakeek en niet aarzelde de boekhandelaren bij tekortkomingen terecht te wijzen. De boekhandelaren behandelden Dillen als een gewaardeerde en belangrijke klant. Op basis van de rekeningen en correspondentie die Dillen bewaarde, kunnen we vaststellen dat meer dan 400 boeken uit de huidige bibliotheek bij antiquaren werden aangekocht.[22] Aangezien deze bewaarde rekeningen ongetwijfeld slechts een deel laten zien van Dillens transacties, mogen we deze ijverige pater-bibliothecaris zonder meer de voornaamste architect noemen van de collectie oude drukken zoals ze vandaag te bewonderen valt.

In elk geval kunnen voor de periode na Dillens overlijden veel minder sporen worden gevonden van de aankoop van oude boeken. Weliswaar kwamen er nog wat moderne aanvullingen – zo werden de nieuwe delen van de *Acta Sanctorum* systematisch aangekocht – maar in de jaarboeken en rekeningen na 1875 is nog maar één expliciete verwijzing te vinden naar de aankoop van een boek uit het Ancien Régime.[23] Daaruit mogen we zeker niet meteen concluderen dat nadien geen oude boeken meer werden verworven. De catalogus die Raphaël van Waefelghem in de jaren 1930 heeft opgesteld bevat bijvoorbeeld niet alle oude drukken van de huidige bibliotheek. Verrassend is dat niet, aangezien Van Waefelghem zijn werk nooit heeft kunnen afronden[24]. Maar zelfs in de categorieën die hij wel heeft afgewerkt blijkt zijn catalogus onvolledig te zijn. Een opmerkelijke vaststelling is dat op minstens 233 van de boeken die niet door Van Waefelghem werden geïnventariseerd uitsluitend een vierkante stempel staat. De conclusie ligt voor de hand dat minstens deze werken pas na 1930 in de bibliotheek zijn aangekomen. Dat deze boeken nergens in de rekeningen of de jaarboeken zijn vermeld, doet bovendien vermoeden dat het hier om het resultaat van schenkingen of erfenissen gaat. Zoals zoveel in de geschiedenis van deze bijzondere collectievorming, moet ook dit - voorlopig?- een gissing blijven.

Conclusie

De huidige collectie oude drukken van de bibliotheek lijkt overwegend tot stand te zijn gekomen tussen 1840 en 1870, een periode waarin de abdij niet alleen een relatieve welvaart kende, maar ook werd bestuurd door bibliofiele oversten. Vooral echter stemt deze periode min of meer overeen met het priesterleven van de erudiete norbertijn-bibliothecaris Augustinus Dillen. Zonder zijn gedrevenheid zouden we ongetwijfeld nooit hebben beschikt over deze prachtige boekencollectie. Om te achterhalen welk doel deze man precies voor ogen had, is het bronnenmateriaal helaas te schaars. Het is echter weinig waarschijnlijk dat hij een exacte wedersamenstelling van de achttiende-eeuwse Parkbibliotheek heeft nagestreefd. Hoe zouden we in dat geval immers kunnen verklaren dat hij een bibliotheek achterliet die aanzienlijk groter was dan haar voorganger uit het Ancien Régime? En zelfs als hij het had gewild, is het maar de vraag of Dillen wel over voldoende informatie beschikte voor een getrouwe reconstructie. Hij kon zich weliswaar beroepen op de verkoopcatalogus van 1829, maar een echte achttiende-eeuwse inventaris lijkt niet te hebben bestaan.

Aannemelijker lijkt het dat Dillen, met de financiële steun van zijn oversten, heeft getracht alles samen te brengen wat een eerbiedwaardige abdijbibliotheek in zijn tijd diende te bevatten, en daarbij alle kansen benutte die zich voordeden. Het succes van die onderneming is niet alleen aan Dillens gedrevenheid of aan de materiële welvaart van de negentiende-eeuwse Parkabdij te danken. Minstens zo belangrijk was de economische en intellectuele context waarin Dillen zijn activiteiten kon ontplooien. We hebben immers laten zien dat hij zeer levendige internationale contacten onderhield met een commerciële bedrijfstak die sinds de late achttiende eeuw in heel Europa tot volle ontwikkeling was gekomen: het antiquariaat.[25] Hoewel het verzamelen van 'oudheden' al sinds de achttiende eeuw een geliefkoosde bezigheid van bepaalde elites was, ontwikkelde zich pas sinds de Restauratie een groep ondernemers die niet alleen oude boeken, maar ook materiële objecten uit een ver verleden tot koopwaar maakten.

Deze ontwikkeling wordt doorgaans verbonden met de nooit geziene koopkracht van een opkomende kapitalistische burgerij in de grote Europese steden.[26] Het voorbeeld van Dillen maakt duidelijk dat zij ook impulsen kon krijgen vanuit rurale of kleinstedelijke abdijgemeenschappen, die doorgaans worden gezien als restanten uit het Ancien Régime. De twee werelden lijken nauwelijks iets met elkaar te maken te hebben, en toch zijn er belangrijke raakpunten tussen de vrome bibliothecaris-norbertijn en het burgerlijke cliënteel van de antiquariaten. Hun aankoopgedrag leek in beide gevallen aangedreven te worden door een combinatie van authentieke oudheidkundige interesse en hang naar prestige. Weliswaar was het Dillen vermoedelijk niet zozeer om zijn individuele status te doen, als wel om die van de Parkabdij. Door de bibliotheek in haar oude glorie te herstellen hoopten de negentiende-eeuwse Parkheren ongetwijfeld de status van hun abdij als *primus inter pares* van de Belgische norbertijnerabdijen te benadrukken. Maar dit sloot geenszins een intrinsieke interesse in het historische erfgoed uit.

Historische objecten waren voor deze negentiende-eeuwers dus zowel een bron van intellectueel genot als van sociale promotie. Maar op een nog fundamenteler niveau dienden zij een doel dat ideologisch zou kunnen worden genoemd. Door oudheden te verzamelen, te bewaren, te reconstrueren en te verhandelen trachtten mensen met de meest verscheiden partijpolitieke achtergronden aan zichzelf en anderen te bewijzen dat de politieke nieuwlichters van de late achttiende en vroege negentiende eeuw er niet in waren geslaagd het verleden definitief naar de prullenmand te verwijzen. Om het trauma van de revolutieperiode te overwinnen, probeerden zij niet zozeer het verleden exact te reconstrueren als wel met behulp van authentieke of nagemaakte historische objecten een dam op te werpen tegen een blind vooruitgangsgeloof.[27] Ook lang na het einde van de politieke Restauratie gaven zij op deze manier vorm aan een bloeiende restauratiecultuur. Kan de voedingsbodem van deze cultuur 'conservatief' of 'antirevolutionair' worden genoemd, dan is dat etiket zeker niet van toepassing op de moderne praktijken die erdoor in het leven werden geroepen. Net zoals de neogotische culturele artefacten die gedeeltelijk in dezelfde periode tot stand kwamen, is de collectie van de huidige Parkbibliotheek dus tegelijk het product van een 'reactionaire' bekommernis en van moderne negentiende-eeuwse praktijken. De illusie dat de collectie een authentiek overblijfsel van de achttiende eeuw vormt, moeten we daarmee definitief verlaten. Maar juist als product van de negentiende-eeuwse restauratiecultuur krijgt zij een nieuwe, unieke betekenis.

[1] Het vooronderzoek voor deze tekst werd gedaan door Zeef van Bragt, die ook de algemene structuur van het argument uitwerkte. Marnix Beyen deed bijkomend onderzoek en werkte het materiaal om tot een tekst. Kort voor haar overlijden las Zeef van Bragt nog een eerste versie van de tekst. Met dank aan Ilja van Damme, Dries Lyna, Tom Verschaffel en Herman Janssens voor de waardevolle commentaren. AAP = Archief van de Abdij van Park.
[2] Concreet over die verkoop, zie onder meer: Christian Coppens, The Incunabula of Parc Abbey (Heverlee, Leuven), *De Gulden Passer*, 88:2, 2010, 23-71. Zie ook de bijdrage van Chris Coppens.
[3] *Catalogue d'une très-riche, superbe et nombreuse collection de livres et manuscrits [...]*, Louvain, Henri Baumans, 1829. Geannoteerde uitgave in het Archief van de Abdij van Park; zie cat. 86 in band 2. Maurits Smeyers, *De Abdij van Park. 850 jaar Premonstratenzerverleden*, s.l., 1979, 38, komt uit op 1.068 werken. In een lezing die hij, vermoedelijk in 1979, voor de Vrienden van de Abdij van 't Park hield, kwam kanunnik Maes uit op het onverklaarbaar hoge cijfer van 4.056 banden (AAP, HD 272).
[4] Zie onder meer Emile van Balberghe, Les avatars des manuscrits médiévaux de l'abbaye du Parc, *De Gulden Passer*, 88:2, 2010, 7-22, meer bepaald 18-19.
[5] Zie daarover Van Balberghe, 10.
[6] *Cahiers Ottoy*, folio 303.
[7] Zie brief van Henri Baumans aan pastoor Quirinus Aertgeerts, geb. Petrus (1767-1837), s.d.(AAP, HD 132 zie afb. p.59). Gepubliceerd in: Coppens (noot 2).
[8] Een mooi voorbeeld hiervan biedt het werk van Ægidius de Coninck, *Commentariorum ac disputationum in universam doctrinam D. Thomæ de sacramentis et censuris tomi duo*. (cat. nr. C240). Hierin vinden we genoteerd 'Ad usum fratris Conrardi Schrevens [†1636]; Ad usum f. Adriani Ghouset ; Ad usum fratris Fulgentii Schenaerts [Park 1670]; Postmodum fris Hilarij Jordens (†1681)'. Schrevens/Sgrevens was pastoor in Lubbeek vanaf 1635 en stierf er aan de pest in 1636. Adrianus Ghouset of Gouset stierf als pastoor van Celles (Pont-à-Celles) in 1661. Fulgentius Schenaerts stierf en werd begraven in Park in 1675. En Hilarius Jordens tenslotte stierf in 1681 na vicaris te zijn geweest in Sint-Pieters-Rode en in Gempe.
[9] Zie de besluiten van deze bijeenkomst in AAP, HD 35.
[10] Zie document getiteld 'vi conferentiae superiorum Acti 1851 die 29ᵃ decembris publicati, tradidi bibliothecae libris qui sequuntur' (AAP, HD 261).
[11] Jan Roegiers, Een nieuw leven voor de bibliotheek van de Parkabdij, *Museumstrip. Driemaandelijks Tijdschrift van de v.z.w. Vrienden Museum Leuven*, 18, 1991, 7-8. Of het echt om een grote collectie ging, is niet duidelijk: in de huidige Parkbibliotheek bevatten slechts elf boeken een ex libris van Ottoy.
[12] Smeyers, *De Abdij van Park*, 40.
[13] Joannes Mauritius Dillen aan Charles Muquardt, 10 oktober 1856 (AAP, HD 261).
[14] Dillen aan Devaux, 15 juli 1865 (AAP, HD 261).
[15] In de *Annuaire de l'Université catholique de Louvain* van die jaren wordt hij niet vermeld.
[16] *Cathalogus* (sic) *Fratrum Ecclesiae Parchensis Ordinis Professionis Ab anno 1746* (AAP RVIII 2a, folio 95).
[17] Brief van 12 mei 1858 aan het Etablissement géographique van Philippe Vandermaelen, met gedetailleerde kritiek op de hemelglobe die hij daar had gekocht (AAP, HD 103.1).
[18] AAP, HD 381.
[19] Pierre Jean Corneille Debreyne, *Précis de physiologie humaine, pour servir d'introduction aux études de la philosophie et de la théologie morale, suivi d'un code abrégé d'hygiène pratique; ouvrage spécialement destiné au clergé et aux séminaires*. Edities Parijs 1844, 1854, 1863; Brussel 1844, 1845, 1848. De auteur was docteur en médecine de la faculté de Paris, professeur particulier de médecine pratique, prêtre et religieux de la Grande-Trappe (Orne).
[20] AAP, HD 103.1
[21] AAP, HD 365.
[22] AAP, HD 261 en 276.
[23] Meer bepaald vinden we op 5 februari 1955 een rekening aan abt Versteylen van antiquariaat Ludwig Rosenthal voor een vertaling van René Aubert de Vertot, *Ursprung der weltlichen Macht der Päbste* (cat. V66).
[24] Zie de bijdrage 'Verantwoording'.
[25] P.J. Buijnsters, *Geschiedenis van het Nederlandse antiquariaat*, Nijmegen 2007, 478.
[26] Mark Westgarth, *The Emergence of the Antique and Curiosity Dealer 1815-1850: the commodification of historical objects*, Ashgate 2011.
[27] In zijn preken kon Dillen alvast hevig te keer gaan tegen de gevaren van de moderne tijd, zie onder meer zijn preek van 28 maart 1841 (AAP, HD 103.)

Een spinrokken als nieuwjaarsgeschenk voor de augustinessen van Mariëndaal, Diest (NK 1070)

Chris Coppens

De catalogus van de bibliotheek van de Parkabdij reveleert een uniek volledig exemplaar van een postincunabeltje – een onvolledig exemplaar is in de KB Den Haag – met een tot nog onbekend NK'tje, helemaal uniek dus. Beide zijn in de negentiende eeuw samengebonden en zijn ook altijd samen geweest. Het zijn twee devotiewerkjes, die alleen genaaid in omloop zijn gebracht, en zodoende, bepoteld en stuk gewriemeld, de handen van de nonnen niet lang hebben overleefd. Overigens ziet het er naar uit dat het om een kleine oplage ging, die door (het klooster van) de auteur werd bekostigd. Dat het 'goedkoop' werk was, daar mogen de slechte opmaak en de vele drukfouten op wijzen, waar hij zichzelf overigens over beklaagt; beter kon hij bij de drukker voor de prijs die hij geven wou, wellicht niet bedingen.

Beide werkjes zijn van dezelfde auteur en zijn te Leiden gedrukt door Jan Seversz, die in Leiden actief was van zowat 1501 tot 1523 en van 1527 tot 1529 in Antwerpen commerciële belangen had. Zijn productie bestaat hoofdzakelijk uit devotieliteratuur en schoolboekjes. Een paar uitzonderingen bevestigen de regel. Seversz drukte nog een paar andere boekjes van de auteur, maar hij was ook een van de eersten om Luther in Nederlandse vertaling te drukken. Geld maalt niet om religieuze of welke neigingen dan ook. De auteur is Lucas van der Heij, een Hollandse *minoer* [pron.: minoor], ofte *minste der minrebroederen*, zoals hij zichzelf met de nodige pose ook wel noemt. In 1515 verblijft hij in het minderbroedersklooster in Diest en houdt er sermoenen voor de augustinessen van Mariëndaal. In 1518 preekt hij al weer voor augustinessen, ditmaal in het klooster Calvariënberg bij Emmerik.

Het eerste boekje, *Den spinrocken* (cat. H125), bevat twee sermoenen. Het eerste, over een *ghemoraliseert ende geestelic wtgeleyt* spinrokken, het tweede over een *naycorf*, een naaikorf zoals die bij het spinrokken staat, maar gemaakt met tenen en gevuld met goede(!) vijgen, een beeld van de *moeder ons heren*. Het eerste sermoen is gehouden op nieuwjaarsdag 1515, het tweede op Lichtmis, 2 februari daarop.

De predikant heeft een driepuntenmanie. Hij deelt alles wat hij zegt op in drie punten, vast verwijzend naar de Drievuldigheid maar ongetwijfeld ook inspelend op de *ars memorandi*, om het die *deuote ioncfrouwen ende maechden*, 'zijn dochters en zijn kinderen', in het geheugen te laten prenten. Hij legt zijn toehoorders ook vermeende vragen in de mond, waarop broeder Lucas dan vrijelijk antwoord geeft.

Het spinrokken wordt een kruis, gemaakt uit vier delen, elk uit een andere houtsoort, palm, ceder, cypres en olijf. Rond het rokken wordt geslagen, geschraapt en gehekeld vlas gedraaid, zinnebeeld van de 6.666 wonden van *dye sone gods*. Het vlas wordt vastgebonden met een strookje *parkement of francijn*, waarop, hoe kan het anders, de vier kruiswoorden staan. Van de gesponnen draad wordt in driemaal drie en meer punten laken geweven, dat dan gezoden, geweven en *gebleyct* tevoorschijn komt. Het kan bezwaarlijk gezegd dat zijn inspiratie onuitputtelijk is.

De naaikorf is niet toevallig uit tenen gemaakt; zij hebben ook drie eigenschappen, die op *de moeder ons heren* toe worden gepast. In de korf zitten geen *quaede*, maar goede vijgen, en ook die worden tot voorbij de laatste druppel uitgeperst. Tegenover de *seven gauen* van Maria stelt broeder Lucas de *seven quaeden* van de mens. Het zevende is *sotte sekerheyt ende dit quaed is den mensche alder periculooste want die wijse man seyt in dat xxuiij. ca. van Proverbia aldus. Dye daer betrout in sijn herte die is sot. Maria gebenedijt* daarentegen had *kintlike vrees.* Een paar opmerkelijke trekken komen uit de sermoenen naar voor. Antisemitisme, wordt hier wel sterk benadrukt. Einde veertiende begin vijftiende eeuw laaide het antisemitisme hevig op, er werden pogroms gehouden en brandstapels opgericht. De tanden van de joden zijn de hekel waar het vlas - vlees van Christus - door wordt gehaald. Met de typische roomse arrogantie wordt *die wreedheit der ioden* en *die onwetenheit der heydenen* aan de kaak gesteld, terwijl de kerk zelf *auto da fe*'s uitvoert, heksen verbrandt, wie ze ook maar verdenkt of wie door een buur wordt aangeven, voor de inquisitie sleept en foltert, en in haar kortzichtigheid de aarde stil wil doen staan.

Misogynie is een ander kenmerk. De vrouw is voor de kerk een kwaadaardig schepsel, dat er nu eenmaal is, nodig is voor de procreatie en als zodanig moet worden geduld, maar te mijden is in al haar *sinlicheit ende dat vleysch*. Het is natuurlijk Salomon, die van wanten wist, die wordt opgevoerd in een waarschuwing tegen de vrouw. *Salomon die wise man siende ende wetende dat een vrou cranck ende onstantachich is van natueren*, zegt veel meer over de lust die de predikanten in hun eigen lijf voelden branden, dan over de vrouw.

Binnen die afkeer van *sekerheyt* van de mens en de arrogantie waarmee de kerk zich de overheersing van de wereld toe-eigende, het hele private en publieke leven tiranizeerde, helemaal in de zin zoals nu over de sharia wordt gesproken, past het beklemtonen van onderdanigheid, het benadrukken van de *coninc der coningen*, en nog eens onderdanigheid. Voor de *ioncfrouwen* was dat nog meer zo, spreekrecht hadden ze niet, recht van spreken eisten de kerkelijke regelgevers zo wel op.

Een colofon sluit het boekje godvruchtig en gedetailleerd af: C| Gheprent tot Leyden Bi mi Jan // Seuersoen. Boeckeprinter Wonen- // de op dye Hoygraft Int Jaer o*n*s he- // ren M.CCCCC.Ende Xuij. Opten // Drientwintichsten dach in April. // Lof God Van Al. //
Het tweede drukje, *Die Palmsondach* (cat.: P16), gaat eigenlijk helemaal niet over Palmzondag, maar over de drie dagen erna, maandag, dinsdag, woensdag, zo onderverdeeld. Het is een compleet fictieve tekst, met Maria als hoofdpersonage, haar kind als tegenspeler, en Maria Magdalena, als aangeefster.

Vloeiden er al heel wat tranen in het dal van spinrokken en naaikorf, hier wordt het wel helemaal een zondvloed, met drie appelflauwtes, een per dag, van de moeder er bovenop. Het lijkt er op dat dit sermoen in het rijtje van de twee vorige past, maar het publiek wordt ditmaal niet aangegeven. De meerderheid van vrouwelijke spelers in dit soortement *Eindspel*, en een koor van vrouwen op de achtergrond mogen er wellicht op wijzen dat het voor augustinessen of andere kanunnikessen zal zijn bedoeld.

Het zijn slechts twee katerntjes van elk acht blaadjes, en de lectuur duurt nu nog eindeloos. De joden worden weer over de hekel gehaald, maar de beloning voor den geduldigen lezer zit alvast in de laatste bladzijde. Daar staat een niet te lang gebed aan de *meest heilige maget Maria moeder goeds. Coninginne des hemels poerte des paradijs. Schone vrouwe des werlts*, en zo verder enzovoort, goed elf regeltjes maar, amen inbegrepen. Die goed elf regeltjes, gelezen voor de afbeelding *van onser lyeuer vrouwen in die sonne*, geven recht, op een aflaat van *ellefdusent* jaar, dat heeft *die paeus sixtus die vierde* zo bepaald. Maar Paus Julius II (1443-1513), neef van de vorige, vond dat nog niet genoeg, en heeft die meteen verdubbeld.

Het colofon is kort, om de beproeving niet meer te rekken:

Gheprent tot leyden bi mi Jan seuers // zoen // Lof god van al. // Punt, aan de lijn, met de palmezel die de stad intrekt op een versleten houtsnedetje.

Lit.: Benjamin de Troeyer, Hey (Heyde), Lucas van der, in: *Nationaal biografisch woordenboek*, 1, Brussel 1964, kol. 608-609; Id., *Bio-bibliographia Franciscana Neerlandica saeculi XVI, I. Pars biographica: De auteurs van de uitgegeven werken*, Nieuwkoop 1969, 25-26; *II. Pars bibliographica: De edities*, Nieuwkoop 1970, 121-122, nr 199 (*Spinrocken*).

NK=Nijhoff– Kronenberg: Wouter Nijhoff & M.E. Kronenberg, Nederlandsche bibliographie van 1500 tot 1540, 3 dln in 8 bdn, Den Haag 1923-1971.

Het theologisch fonds van de Parkbibliotheek

Jan Roegiers †

VI

De huidige rijke collectie oude drukken in de bibliotheek van de Parkabdij is niet het resultaat van een eeuwenlange groei, maar is het gevolg van verzamelactiviteit vooral gedurende de negentiende eeuw, voortgezet tot na de Tweede Wereldoorlog.[1] Dat betekent geenszins dat ze louter het gevolg is van toeval of enkel de persoonlijke belangstelling van een aantal collectioneurs weerspiegelt, dat ze ons niets kan leren over het boekwezen in een meer algemene zin. Wanneer men die verzamelactiviteit plaatst binnen de specifieke context van de betrokken periode en van de wederopbouw van een abdijgemeenschap na de bewogen jaren van de Franse tijd en het Koninkrijk der Nederlanden, dan vertoont ook deze collectie een reeks zeer typische kenmerken. Daarvoor oog hebben, kan de onderzoeker of boekenliefhebber van groot nut zijn bij het exploreren van deze waardevolle collectie.

Driekwart theologie

Het eerste wat opvalt bij een kennismaking met de collectie en haar catalogus is de overweldigende meerderheid van theologische werken of, meer algemeen, van publicaties die betrekking hebben op kerk en religie. Het gaat om ruim driekwart van de aanwezige titels.[2] Op zich lijkt dat voor een abdijbibliotheek niet verwonderlijk, maar het is wel een groter aandeel dan in vele andere, op het eerste zicht vergelijkbare bibliotheken. Het is op de eerste plaats het resultaat van de specifieke activiteiten waarop de norbertijnen zich toelegden, het religieuze gemeenschapsleven en de zielzorg. De norbertijnen, of alvast die van de Parkabdij, bestuurden geen abdijschool waar allerlei 'wereldse' vakken moesten onderwezen worden waarin de leraars zelf moesten thuis zijn. Veel minder dan bijvoorbeeld de benedictijnen of andere reguliere kanunniken beschouwden de norbertijnen intellectuele activiteiten als een eigen opdracht. Weinig premonstratenzers hebben zich laten opmerken als historicus met een andere belangstelling dan de geschiedenis van de eigen orde of abdij. Een figuur als de patroloog en oriëntalist Arnold van Lantschoot (1889-1969), die het bracht tot vice-prefect van de Vaticaanse bibliotheek, is een unicum onder de Parkheren; het was pas denkbaar in de twintigste eeuw. Wanneer negentiende-eeuwse norbertijnen van Park universitaire studies ondernamen was het uitsluitend aan de theologische faculteit en hoofdzakelijk in het perspectief van de vorming van jonge leden van de abdijgemeenschap.

De oude Parkbibliotheek omvatte blijkbaar relatief meer juridische en historische werken dan de huidige.[3] Dat kan gemakkelijk verklaard worden door het feit dat de abten van het Ancien Régime belangrijke politieke taken vervulden als lid van de Staten van Brabant. Niet enkel bestond deze opdracht niet meer in de negentiende eeuw, de oude juridische literatuur had in de nieuwe civiele context alle nut verloren. Oudere theologische literatuur behield veel gemakkelijker zin en nut.

Er is echter nog een andere factor dan de specifieke interesses van negentiende-eeuwse norbertijnen die het theologische overwicht in de Parkbibliotheek kan verklaren. Die ligt niet aan de zijde van de vraag, maar van het aanbod. Tot het einde van de achttiende eeuw telde de stad Leuven meer dan veertig bibliotheken in kloosters en universiteitscolleges waarin theologische en religieuze literatuur de hoofdmoot van de collectie vormden. Al deze instellingen en bibliotheken werden in 1796-1797 opgeheven en hun bezittingen geconfisqueerd. Uit de bibliotheken werden de kostbaar of nuttig geachte werken overgebracht naar Brussel; de rest werd in de daarop volgende jaren ter plaatse verkocht, vaak als oud papier. Eerder al hadden de bibliotheken van de jezuïeten, opgeheven in 1773, en van de contemplatieve kloosters (Kartuis, Sint-Maartensdal, Betlehem) hetzelfde lot ondergaan. Bij de werken die naar Brussel verhuisden, was slechts zeer weinig theologisch materiaal. Een mooi voorbeeld is dat van de bibliotheek van de Ierse franciscanen. In de Koninklijke Bibliotheek te Brussel treft men tientallen banden aan die door Franse commissarissen werden meegenomen. Het gaat om handschriften en gedrukte werken. Deze laatste betreffen uitsluitend 'seculiere' domeinen zoals natuurwetenschappen, wiskunde, recht, geschiedenis… De theologische collectie, waarvoor de republikeinse ambtenaren geen interesse toonden, is tot 1822 ter plaatse gebleven, bij de paters die hun klooster hadden teruggekocht. Nadien werden de boeken overgebracht naar Ierland waar ze nu nog worden bewaard.[4]

We mogen er dus van uitgaan dat in de eerste decennia van de negentiende eeuw te Leuven, zoals op zovele plaatsen in het land, een heel groot aanbod van oudere theologische literatuur aanwezig was en dat de samenstellers van een nieuwe bibliotheek voor Park op de eerste plaats aan voordelige voorwaarden daaruit konden putten. Meteen mogen we veronderstellen dat sommige typische kenmerken van de huidige collectie oude drukken ook typisch waren voor het Leuvense aanbod van toen.

Opdeling volgens onderwerp
Splitsen we de theologische collectie op volgens het gedetailleerde onderwerpsregister, dan ziet het geheel eruit als volgt:

Bijbel	590	titels of	13,57 %
Dogmatiek	512		11,78
Kerkgeschiedenis	419		9,64
Sermoenen	419		9,64
Jansenisme	344		7,91
Liturgie, gebed	319		7,34
Vroomheid, ascese	312		7,18
Orden	294		6,57
Sacramenten	285		6,55
Moraaltheologie	261		6,00
Kerkelijk recht	256		5,89
Heterodoxie	128		2,94
Heiligenlevens	95		2,18
Catechese	81		1,86
Mystiek	21		
Missie	9		

Het totale aantal hier getelde titels (4.345) is groter dan het aantal dat in werkelijkheid aanwezig is, omdat heel wat werken onder meer dan één hoofding vermeld worden. Omdat vaak niet duidelijk is wat op de eerste plaats de bibliothecaris of zijn publiek interesseerde, is deze vorm van overschatting geen bezwaar wanneer men speurt naar de zwaartepunten in de collectie.

Het eerste wat opvalt, is de vooraanstaande plaats die Bijbel en Bijbelwetenschap in de collectie bekleden. Omdat het heel vaak, meer dan in andere categorieën, gaat om grote formaten, valt bij een bibliotheekbezoek hun belang des te meer op. Naast een flink aantal edities en vertalingen blijken zowat alle klassiekers uit de katholieke exegese aanwezig, tenminste voor zover ze als orthodox werden beschouwd. De veroordeelde *Histoire critique du Vieux Testament* en *Histoire critique du Nouveau Testament* van Richard Simon (1638-1712) ontbreken, net als protestantse werken. Dat onder de commentaren op afzonderlijke Bijbelboeken de psalmen meer aandacht krijgen dan alle andere boeken mag verwacht worden: dagelijks maakten die voor de Parkheren het grootste deel van het koorgebed uit, zoals voor alle geestelijken die het brevier baden.

De vijf convoluten bevatten pamfletten met resp. 24, 10 en 12 titels voor, 5 en 8 tegen de encycliek *Unigenitus* (Jansenisme in de onderwerpscatalogus p. 208). De bulle van Clemens XI werd op 8 september 1713 uitgevaardigd tegen "extreem augustinisme inzake genade en voorbestemming". (Y III/33-37)

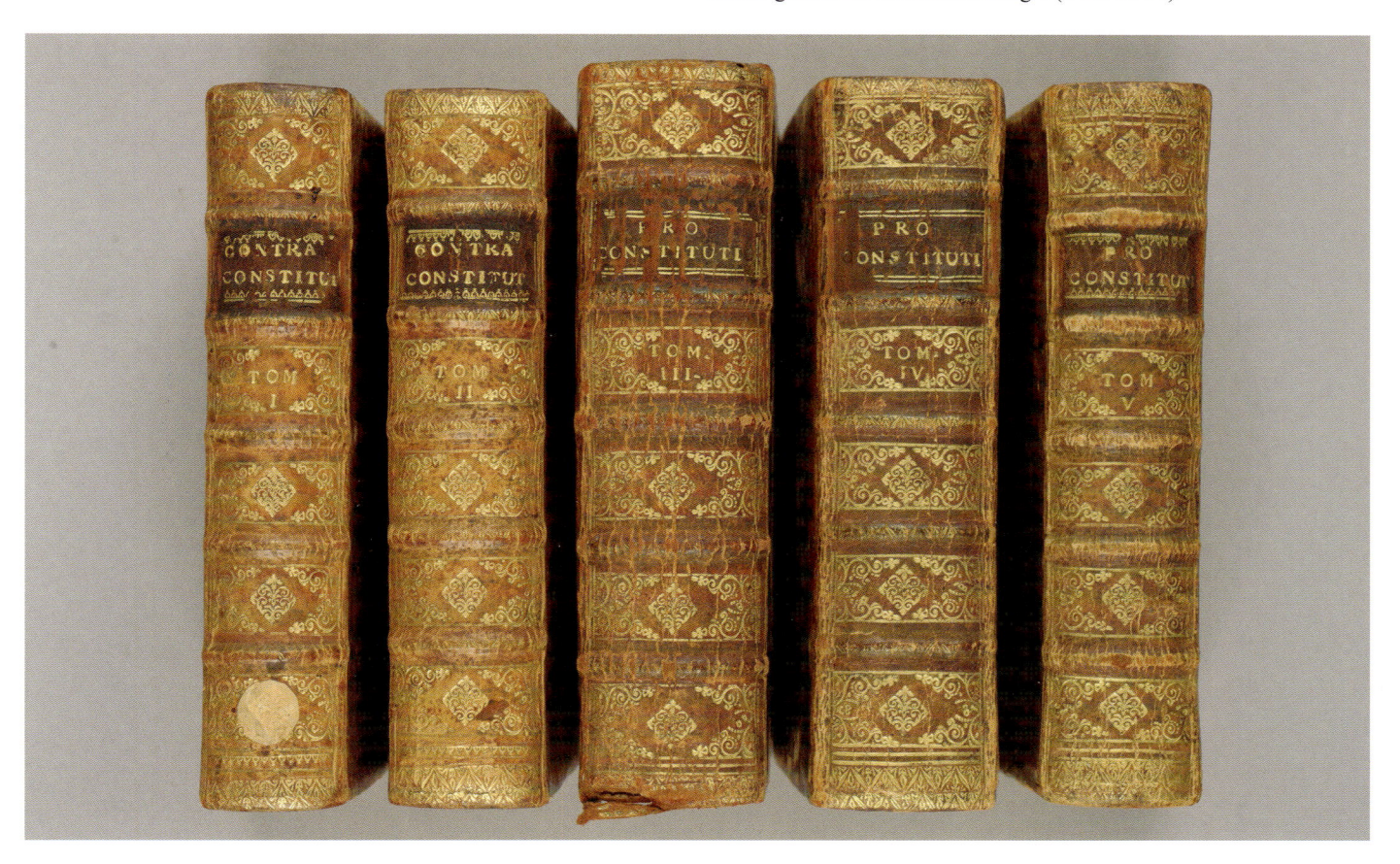

In een bundel met Duitse geschiedbronnen van Johann Heineccius en Johann Leuckfeld van 1707 is een document opgenomen over de "Concordienformel", de *Acta formulæ concordiæ*, […] *anno 1577*.

In 1577 moest de overeenkomst een einde stellen aan lutherse twisten. De zes geleerden die samenkwamen zijn van links naar rechts: Nicolaus Selnecker (1532-1592), theoloog, musicus en hymnenschrijver; Christoph Körner (1518-1594), theoloog; Andreas Musculus (1514-1584), theoloog; Martin Chemnitzer (1522-1586), theoloog en na Luther beschouwd als de "tweede Martin" van de Duitse Hervorming; David Chytræus (1530-1600), theoloog, historicus en professor in Rostock; Jacob Andreæ (1528-1590), theoloog.

Het gezelschap vergaderde in "den keyserlichen freyen Stiffts zum Berge für Magdeburg", het benedictijnse Sankt Johannes der Täufer in Buckau, vlak bij de Elbe, thans stadsdeel van Maagdenburg. Het klooster werd in 1565 luthers en had zwaar te lijden tijdens de Dertigjarige Oorlog. In 1813 werd het afgebroken om plaats te maken voor vestingwerken. (cat. H66)

Dezelfde interesse voor de psalmen treffen we aan in zowat alle bibliotheken van kerkelijke instellingen en individuele geestelijken.

Het grote gewicht van Bijbelwetenschap treffen we aan in de Leuvense collegebibliotheken van de achttiende eeuw.[5] De theologische faculteit van de oude universiteit ging er prat op dat Bijbelstudie in haar studieprogramma, in tegenstelling tot wat in de instellingen van de jezuïeten gebeurde, als de belangrijkste discipline werd beschouwd. De noodzaak van een grondige Bijbelkennis om protestantse kritieken te weerleggen was daarvoor een van de belangrijkste drijfveren. De aanwezigheid van elf integrale Bijbelvertalingen in het Nederlands, naast evenveel edities van het Nieuwe Testament in die taal, en van een aantal Franse bijbels, bewijst dat de katholieken van de zestiende tot de achttiende eeuw helemaal niet afkerig stonden van Bijbellezing in de volkstaal.

De tweede plaats in de ordening wordt ingenomen door de dogmatiek met meer dan vijfhonderd titels. Misschien mogen we daarbinnen het honderdtal edities van werken van de kerkvaders, Griekse zowel als Latijnse, als een afzonderlijke categorie vermelden. Het wijst, samen met het belang van de Bijbelse sectie, op het belang dat in Park werd gehecht aan 'positieve' theologie, naast de speculatieve benadering. Ook die laatste is ruim vertegenwoordigd, op de eerste plaats met commentaren op de *Summa theologica* van Thomas van Aquino en met ander werk van thomistische theologen. Veel minder omvangrijk dan in een jezuïetenbibliotheek is de afdeling apologeten en controversentheologie (64 titels).[6] Opvallend is verder de uitgesproken interesse voor mariologie (99 titels).

De derde plaats wordt ex aequo gedeeld door twee erg verschillende categorieën: preekboeken en werken over kerkgeschiedenis, elk met 419 titels. Dat preekboeken als nuttig werden beschouwd in een abdij waarvan vele leden actief waren in de zielzorg, mag worden verwacht. De lijst van titels kan men lezen als een bibliografie. Ongeveer alle titels die tijdens de zeventiende en achttiende eeuw in onze gewesten werden gedrukt, zijn aanwezig,[7] naast nog meer dan honderd uit andere landen die blijkbaar ook hier gebruikt werden.

De collectie kerkgeschiedenis bevat een grote groep algemene werken (64), pausengeschiedenissen (51) en concilieliteratuur (46). Daarnaast is zowat alle belangrijks dat werd gepubliceerd over de geschiedenis van de (katholieke) Kerk in de Zuidelijke en Noordelijke Nederlanden aanwezig (178 titels). Zeldzaam in onze gewesten, maar hier wel aanwezig, zijn werken over Duitse kerkgeschiedenis (34). Eigenlijk zouden we ook een groot deel van wat in het onderwerpsregister onder 'Orden en congregaties' werd beschreven hier kunnen onderbrengen, bijvoorbeeld de vele klooster- en abdijgeschiedenissen, op de eerste plaats die van norbertijnerabdijen.

Een aparte en omvangrijke categorie (344 titels) werd in het onderwerpsregister voorzien voor 'Jansenisme'. We treffen er evengoed de *Augustinus* (1640) van Cornelius Jansenius (1585-1638) aan als de polemische literatuur die

---

Ex libris van Ludovicus Bosch met tekst *In tali numquam lassat venatio sylva*, In zo'n bos verveelt de jacht nooit, geëtst door Ludovicus Joseph Fruytiers. De oratoriaan Ludovicus Bosch († 28 augustus 1764) was pastoor in Temse waar van 1652 tot 1764 oratorianen waren gevestigd.

Zijn grote bibliotheek werd in 1765 op 5 december en volgende dagen door Martinus en Joannes Franciscus van Overbeke in Leuven geveild. In de *Catalogus librorum in omni facultate et scientiarum genere* [...] is een aparte lijst van 350 nummers met verboden boeken opgenomen. Op het bijgeplakte etiket staat er een vermelding van de verkoopscatalogi van Kerpen en Van Heurck. (cat. D50 & G131)

ertegen werd geschreven. Jansenius zelf, zijn opvolger Libertus Fromondus (1587-1653) en andere notoire jansenisten worden hier ook vermeld met hun werken die niet echt als jansenistisch kunnen worden bestempeld, bijvoorbeeld exegetische publicaties. Sommige drukken zijn eerder pamfletten, andere lijvige traktaten op het gebied van de dogmatiek (genadeleer) of moraal (rigorisme versus laxisme). Vele van de hier ondergebrachte publicaties zijn behoorlijk zeldzaam, andere treft men aan in elke bibliotheek met ouder theologisch materiaal. Heel wat materiaal is Leuvens, maar er zijn ook Franse en Italiaanse publicaties bij. Het kan een onsamenhangende categorie lijken, maar toch is dit bonte karakter verantwoord: het toont aan hoezeer de jansenistisch-antijansenistische tegenstellingen een eeuw lang op vele manieren het kerkelijk leven in onze gewesten en ver erbuiten hebben getekend, hoe de tijdgenoten alles wat gebeurde en werd geschreven, bekeken vanuit het perspectief van deze controverse. Het herinnert ons er meteen aan dat de abt van Park en zijn gemeenschap in de eerste decennia van de controverse aan de jansenistische kant stonden. Het is interessant te zien dat vele van de hier beschreven publicaties in Rome op de Index waren geplaatst, maar dat toch geen bezwaar bleek te bestaan tegen hun opname in de Parkbibliotheek.

Portret van kerkhistoricus en rechtsgeleerde Johann Nicolaus von Hontheim (1701-1790), naar een schilderij van Ludwig Felix Rhenastein, geëtst door de Zwitser Johann Rudolph Störcklin, (1723-1756).
Hontheim, pseudoniem Febronius, was hulpbisschop van Trier en titelvoerend bisschop van Myriophytos in het aartsbisdom Thracië, thans Europees Turkije. Hij schreef over de geschiedenis van de stad en het bisdom Trier en is vooral bekend met zijn stellingen over kerkelijk en pauselijk gezag, het zogenaamde febronianisme. Hij overleed op zijn nu verdwenen kasteel in Montquintin, gelegen tussen Virton en Torgny.
Op de cartouche is een hond afgebeeld, net zoals op het wapenschild van het dorp Hontheim in de zuidelijke Eifel, niet ver van de Moezel.
(cat. H178)

Gebed en pastoraal
De zes volgende categorieën liggen in omvang dicht bij elkaar. Een totaal van 319 titels onder de hoofding "Liturgie" is niet verwonderlijk. De Parkheren brachten immers een flink deel van de dag door in de abdijkerk. Interessant en vaak zeldzaam materiaal zijn de 143 liturgische boeken waarvan 53 expliciet voor de premonstratenzerliturgie waren bedoeld. Daarnaast werden in deze categorie ook algemene werken over liturgie en liturgiegeschiedenis, over de mis en het kerkelijk jaar ondergebracht. Verder zijn er werken over paraliturgische gebruiken, devoties, bedevaartsoorden en tenslotte een aantal gebedenboeken, bijna alle in de volkstaal.

Hierbij sluiten de 312 titels over vroomheid en ascese naadloos aan. Heel wat van deze drukken waren oorspronkelijk persoonlijk bezit van Parkheren, in het bijzonder buitenheren. De werken behoren tot allerlei scholen, maar begrijpelijkerwijze domineert de augustinaanse richting. Ignatius van Loyola (1491-1556) daarentegen komt niet voor in de catalogus, wel andere jezuïeten. Meer dan in de eerder genoemde categorieën (buiten de preekboeken) treffen we ook hier werken aan in de volkstaal, op de eerste plaats Nederlands, maar ook heel wat Frans.

Sommige van de 294 titels onder de rubriek 'Orden en congregaties' sluiten aan bij de vroomheidsliteratuur, bijvoorbeeld commentaren op de ordesregels of werken over het kloosterleven in het algemeen. Andere behoren eerder tot de kerkgeschiedenis. Vanzelfsprekend is meer dan een derde van deze rubriek voorbehouden voor publicaties over de norbertijnen, hun stichter, regel, heiligen, geschiedenis van de orde en van de afzonderlijke abdijen, in het bijzonder die in de Nederlanden, maar ook in Frankrijk, Duitsland en Bohemen.

Bijna even groot is de rubriek 'Sacramenten' (285 titels). De hoofdmoot daarvan bestaat uit werken over de biecht of ermee verband houdend, samen meer dan honderd publicaties. Dat is typisch voor de Tridentijnse pastoraal, maar zeker niet minder voor die van de negentiende eeuw. Deze rubriek loopt trouwens over in die van de moraaltheologie (261 titels), waarin de opinies van de verschillende scholen hun weerslag hadden op de biechtpraktijk. De titels in deze categorie overlappen vaak met die in de dogmatiek; Thomascommentaren en andere klassieke scholastieke werken behandelen meestal beide disciplines.

Restcategorieën
Vrij beperkt is de rubriek 'Kerkelijk recht' (256 titels) waarin voor deze telling ook de rubriek 'Kerk en Staat' werd geïncorporeerd aangezien de werken daaronder bijna uitsluitend werden geredigeerd door geestelijken die de zaak vanuit het canoniek recht bekeken. In de negentiende eeuw had het canoniek recht zijn publiekrechtelijk statuut verloren en de oudere publicaties erover hadden nog weinig belang. In de praktijk werd een nieuw intern kerkelijk recht opgebouwd dat echter pas met de Codex van 1917 een duidelijk statuut zou krijgen. Ook de discussies Kerk-Staat speelden zich voortaan in een totaal nieuwe context af.

Net zoals in de rubriek 'Jansenisme' komen hier vele publicaties voor die op de Romeinse Index prijkten: de publicaties van Zeger Bernard van Espen (1646-1728), Febronius' *De statu Ecclesiae* 1763), gallicaanse werken. Maar natuurlijk zijn de anti-gallicaanse werken in de meerderheid.

Precies half zoveel titels als de rubriek "Kerkelijk Recht" telt die welke heterodoxe stromingen betreft (128 titels). Deze werken over ketterijen uit de Oudheid en de Middeleeuwen en vooral over de protestantse reformatie zijn alle apologetisch of polemisch getint. Vele van de antiprotestantse titels zijn in de volkstaal en waren voor een breed publiek bedoeld. Alles samen is deze rubriek vrij beperkt, wat ongetwijfeld vooral aantoont dat de Parkheren de protestanten als verre vijanden beschouwden.

Heiligenlevens (95 titels, onder de rubriek "Biografie") leunen soms aan bij kerkgeschiedenis, maar nog vaker bij vroomheidsliteratuur. Het ziet er niet naar uit dat dit tot de geliefkoosde literatuur van de negentiende-eeuwse norbertijnen behoorde. Ook de rubriek "Catechese" is beperkt in omvang (81 titels). Dat kan verbazen aangezien catechismusonderricht een belangrijke plaats innam in de opdracht van een parochiepriester. Ongetwijfeld werd dit soort oudere publicaties in de negentiende eeuw beschouwd als oninteressant. Catechismussen waren verslijtliteratuur voor populair gebruik, niet datgene waarmee een ernstige theologische vakbibliotheek werd gevuld.

De geringe omvang van de rubriek 'Mystiek' (21 titels) lijkt typisch voor deze bibliotheek, zeker indien men ziet dat een paar titels eronder publicaties zijn van de verlichte Duitse theoloog Eusebius Amort (1692-1775) die de mystica Maria de Agreda aanviel. De aufgeklärte afkeer voor mystiek heeft tot diep in de negentiende eeuw doorgewerkt. Dat tenslotte 'Missie' het met slechts 9 titels moet stellen, lijkt tekenend voor de vroege negentiende eeuw. De katholieke missiebeweging, zo belangrijk in de zestiende-zeventiende eeuw, is in de loop van de achttiende eeuw nagenoeg stilgevallen en is pas in de tweede helft van de negentiende eeuw weer op gang gekomen, meestal als een gevolg van de Europese kolonisatie.

Een Leuvense bibliotheek met Europese accenten
Wanneer we de hoofdkenmerken van dit bibliotheekfonds vergelijken met wat bekend is over de bibliotheken van Leuvense universiteitscolleges, blijkt een grote gelijkenis. De sterke belangstelling voor positieve theologie (Bijbel, kerkvaders, kerkgeschiedenis) is zeer typisch. We treffen in de collectie ongeveer alle Leuvense theologische publicaties van enig belang aan die verschenen in de loop van de zeventiende en achttiende eeuw. Opvallend echter is de zeldzaamheid van publicaties uit de zestiende eeuw. Ook de grote namen, zoals die van Adriaan van Utrecht (1459-1523), Jacobus Latomus (1475-1544), Johannes Driedo (1480-1535), Ruard Tapper (1487-1559) zijn met geen enkel werk vertegenwoordigd. Van Michael Baius (1513-1589) is enkel een polemiserend antiprotestants werkje aanwezig. Pas met de generatie die na het Concilie van Trente (1545-1563) op de voorgrond treedt, wordt de Park-

DEN ZEGEPRAEL

VAN HET

KRUYS

VAN

JESUS-CHRISTUS,

Gepredikt in de Metropolitaene Kerk van den
H. RUMOLDUS

DOOR DEN ZEER EERW. HEER

F. G. Verheylewegen,

Vicaris-Generael van het Aertsbisdom van Mechelen,

Den IV. der Lentemaend M. D. CCC. XXI

(Zynde den Zondag van Quinquagesima.)

*En gedoemd te Roomen den 12 December 1821.
Zie achter dit stuk.*

TE MECHELEN,
By P. J. HANICQ, *drukker van Zyne Hoogheyd den Prins-Aertsbisschop.*

1821.

Damnatio

Operis, *Cui titulus Belgicè*
den Zegenprael van het Kruys
van *Jesus-Crhistus*, etc.

...... *et facta est lux,*

Decretum.

Feria IV die 12 Decembris 1821

In generali Congregatione Sanctæ Romanæ et universalis Inquisitionis, habita in Conventu Sanctæ Mariæ supra Minervam coram Eminentissimis et Reverendissimis DD. Sanctæ Romanæ ecclesiæ Cardinalibus in totâ christianâ Republicâ contra hæreticam pravitatem generalibus inquisitoribus à Sanctâ sede Apostolicâ specialiter deputatis.

Proposito examine Operis cui titulus Belgicè: *Den Zegenprael van het Kruys van J. C.*, etc. seu triumphus Crucis Jesu Christi, prædicatus in Ecclesiâ Metropolitanâ S. Rumoldi ab Rev. *J. G. Verheylewegen,* Vicario generali Archiepiscopi Mechliniæ Die 4 Martii 1821 Dominicâ Quinquagesima; Mechliniæ per *P. F. Hanicq,* impressorem suæ Celsitudinis Principis Archiepiscopi 1821; relata simul auctoris, typis etiam edita et publici juris facta, declaratione,

---

Verzamelbundel met het geruchtmakend sermoen van vicaris-generaal François Verheylewegen (1761-1851) en tegen hem gerichte pamfletten van de traditionalistische priesters Jan-Baptist Buelens (1788-1868) en Leo de Foere (1787-1851), samen met drie anonieme teksten en enkele kleine geschriftjes die niet in de catalogus zijn opgenomen, waaronder een los blaadje met de *Damnatio*, de veroordeling door Rome op 12 december 1812. Bibliothecaris Augustinus Dillen noteerde op het titelblad van het sermoen: "*En gedoemd te Roomen den 12 December 1821. Zie achter dit stuk*".

Buelens, een der tegenstrevers, polemiseerde over taal met Jan Frans Willems, schreef *Over het eerloos tooneelberoep* (1826) en een *Brief waerin vertoond word dat het zonde is de hedendaegsche tooneelspelen by te woonen* (1827).

De Foere had zijn tribune in de *Spectateur belge.*

Verheylewegen kreeg van aartsbisschop Franciscus Antonius de Méan preekverbod en verloor in 1831 zijn functie.

(cat. V38 &. A159, B349, B497, B498, F72b, T100)

bibliotheek representatief voor het Leuvense theologische bedrijf en voor wat elders werd gepubliceerd. Zestiende-eeuwse drukken waren natuurlijk reeds in de negentiende eeuw relatief zeldzaam en duur, maar dat is vermoedelijk niet de enige verklaring voor hun afwezigheid. Wellicht werden ze door negentiende-eeuwse bibliothecarissen beschouwd als niet meer actueel, dit in tegenstelling tot hun laatscholastieke opvolgers, zoals Jan Wiggers (1571-1638) en Johannes Malderus (1563-1633), of tot de werken uit de Leuvense augustiniaanse school die door de antijansenisten werd aangevallen. Anderzijds zijn ook jezuïetenauteurs met meer dan driehonderd namen zeer sterk vertegenwoordigd.

Het valt op dat in de tweede helft van de achttiende eeuw solide theologische werken zeldzaam worden. Dat was niet enkel zo in de bibliotheek van Park, de theologische productie daalde in bijna heel Europa zowel in kwantiteit als in kwaliteit. Het grootste deel van de religieuze publicaties is historisch of vertoont een utilitair karakter: preekboeken, gebedenboeken, meditatiehandboeken, moraaltheologisch werk voor de biechtpraktijk. Heel weinig werken hebben betrekking op de bestrijding van de antireligieuze aspecten van de Verlichting. Al even zeldzaam zijn de vertegenwoordigers van een vorm van katholieke Verlichting, op enkele titels na, zoals een late herdruk van *De ingeniorum moderatione in religionis negotio* van Ludovico Antonio Muratori (1672-1750) of de Oud-Testamentstudie van Joseph Julianus Monsperger (1724-1788) die te Leuven werd herdrukt voor het onderwijs in het Seminarie-Generaal. Tijdens de revolutiejaren valt de theologische productie bijna volledig stil en ook in de eerste decennia van de negentiende eeuw werd weinig van blijvende waarde geproduceerd. Het gaat om tijdsgebonden werk, om herdrukken van oudere succespublicaties en utilitaire werken.

De Parkbibliotheek verschilt echter op een aantal punten grondig van andere Leuvense of zelfs Belgische collecties. Vrij vanzelfsprekend is de grote belangstelling voor de eigen orde en haar geschiedenis. Die nadruk binnen de collectie heeft Park gemeen met de andere norbertijner bibliotheken, zoals Averbode en Tongerlo. Het gaat niet enkel om werken over de orde zelf, maar ook om publicaties in zowat alle categorieën, - ook buiten het theologische domein, - die door norbertijnen werden samengesteld en om werken afkomstig uit de bibliotheek van opgeheven abdijen zoals Bonne Espérance, Dielegem, Drongen, Heilissem, Ninove en Veurne. Verwonderlijker is de grote hoeveelheid drukken van buiten de Nederlanden. Dat zoveel van het materiaal in Frankrijk werd gedrukt, bovenal te Parijs en Lyon, is in onze gewesten niet echt uitzonderlijk. Wel apart is de grote hoeveelheid Duitse drukken, bovenal uit Augsburg, Frankfurt en Keulen, maar daarnaast ook uit meer dan zestig andere plaatsen in het Duitstalige gebied. De eveneens ongewoon stevige vertegenwoordiging van Praag, dertig drukkers voor zestig werken, is wellicht te verklaren door de aanwezigheid daar van de abdij van Strahov waar de relieken van Norbertus berusten en waar een bloeiend intellectueel leven bestond. Die zeer internationale herkomsten en bovenal het grote Duitse aandeel is ongetwijfeld vooral te verklaren door de aankoop-politiek van bibliothecaris Augustinus Dillen, bijna ononderbroken verantwoordelijk voor de bibliotheek van 1840 tot 1875, die systematisch aankocht bij antiquaren in Frankrijk en in Duitsland. Is het aantal Franstalige werken in de bibliotheek aanzienlijk, dan geldt dit veel minder voor de Duitstalige. Het overgrote deel van de drukken uit Duitsland is in het Latijn opgesteld.

Het zijn bovenal deze eigen kenmerken die de huidige collectie oude drukken in de bibliotheek van Park boeiend maken voor boekhistorisch onderzoek, naast de individuele geschiedenis van de duizenden boeken die erin berusten. *In tali numquam lassat venatio sylva*, zo luidde het devies dat de oratoriaan Louis Bosch, overleden als pastoor te Temse in 1764, met een knipoog naar zijn familienaam die hij op zijn ex libris liet aanbrengen. 'In zo'n bos verveelt de jacht nooit'. Het ex libris toont een trotse en tevreden pastoor zittend tussen rijkgevulde boekenkasten.[8] Dat is wellicht wat vele Parkheren in de loop der eeuwen over hun bibliotheek hebben gedacht en dat is ook de gedachte die elke boekenkenner of -liefhebber overvalt bij het betreden van deze schatkamer.

[1] Zie de bijdrage van Zeef van Bragt en Marnix Beyen, 'Een moderne restauratie', in deze bundel.

[2] De cijfers die in deze bijdrage worden genoemd, steunen ongeveer allemaal op het onderwerpsregister van de bibliotheek dat werd opgemaakt door Roger Tavernier en dat aan deze catalogus werd toegevoegd. Er kan altijd gediscuteerd worden over de classificatie van individuele titels en sommige werken horen onvermijdelijk in meer dan één categorie thuis, maar het is duidelijk dat de orde van grootte die erdoor wordt weergegeven betrouwbaar is.

[3] Zie de veilingcatalogus van 1829, *Catalogue d'une très-riche, superbe et nombreuse collection de livres, et manuscrits ...*, [4] + 64. Een reden voor de geringere vertegenwoordiging van theologische literatuur in deze catalogus kan natuurlijk ook zijn dat deze werken commercieel minder interessant waren.

[4] Mededelingen van dr. Bart Op de Beeck (Koninklijke Bibliotheek) en eigen onderzoek bij de organisatie van de tentoonstelling *Lóbhain 1607-2007. Ieren in Leuven*, Leuven, Universiteitsbibliotheek, 2007. De boeken stonden tot voor enkele jaren in het franciscanenklooster te Killiney en worden thans bewaard in University College Dublin.

[5] Annika Wauters, *Bibliotheken van de colleges en de pedagogieën aan de oude universiteit Leuven (vijftiende-achttiende eeuw)*, onuitg. licentiaatsverhandeling, 1989.

[6] Vergelijk met de analyses in het proefschrift van Bart Op de Beeck, *Jezuïetenbibliotheken in de Zuidelijke Nederlanden: de liquidatie 1773-1828*, onuitg. proefschrift, Leuven, 2008.

[7] Zie Hans Storme en Nicole Bostyn, *Repertorium en inleidende studie van uitgegeven predikatieboeken uit de 17de en de 18de eeuw (bisdommen Antwerpen, Brugge, Gent, Ieper en Mechelen)*, onuitg. licentiaatsverhandeling, Leuven, 1982. Daarin worden 295 edities gerepertorieerd. De auteurs maakten geen gebruik van de bibliotheek van Park.

[8] Benjamin Linnig, *Bibliothèques & ex-libris d'amateurs belges aux XVIIe, XVIIIe et XIXe siècles*, Parijs 1906, 159-160.

Tasa, censuur en monarchomachie: Mariana's *de rebus Hispaniae libri XX*[V], Toledo, 1592

Chris Coppens

In het impressum op het titelblad van de *Historiae de rebus Hispaniae libri XX* (Cat. M85) figureert Pedro Rodríguez 'alleen' als drukker, hij werd betaald om het boek te drukken, hij stond niet in voor de kosten van de productie, dan zou er *impensis*, op de kosten van, bij hebben gestaan. Hij was in Toledo actief tenminste van 1583 tot 1599. De uitgever identificeert zich met het merk dat het wapen van Filips II draagt, of houdt er zich achter schuil, wat er dus op zou wijzen dat de productie op een of andere manier (mee) door de koning werd gefinancierd. Het privilege werd, op aanvraag en tegen betaling, door de vorst van het rechtsgebied verleend, *in casu* de Spaanse koning, normaal voor een duur van vijf jaar, maar ook wel voor tien, zoals hier, en was slechts binnen dat rechtsgebied geldig. Het privilege beschermde het boek tegen piraatdrukken en illegale handel binnen dat gebied, maar had geen effect daarbuiten. Het privilege was, zoals het woord zelf het zegt, een gunst, en geen recht, het was geen copyright.

Toledo verkeerde op het einde van de zestiende eeuw in een economische crisis. Het hof was naar Madrid getrokken en de aartsbisschop resideerde van dan af ook hoofdzakelijk daar. Daarnaast was er in heel het land een economische achteruitgang, omdat, schrijft Pastor, het goud en zilver dat van 'Amerika' was gekomen, het gevoel creëerde dat er niet meer hoefde te worden gewerkt. Het waren de buitenlanders die er met hun invoer via Sevilla van profiteerden om de opgeslagen schatten voornamelijk naar Frankrijk, Italië en de Zuidelijke Nederlanden uit Spanje weg te halen.

De *tassa* of *tasa* werd door de overheid vastgelegd en bepaalde de minimumkleinhandelsprijs van elk boek, gebaseerd op een waardebepaling per gedrukt vel. Hier was dat vier *maravedis*. De *maravedi* was een Castiliaanse munt, geïnspireerd op de gouden *marabotino*, een munt die vanaf 1087 onder de Almoraviden werd geslagen. De koefische tekens op de *maravedi* verwijzen naar de Arabische oorsprong. Bij de Spaanse munthervorming op het einde van de vijftiende en het begin van de zestiende eeuw werd de *maravedi* (*mr*) een koperen rekenmunt, geslagen tot na de invoering van het decimaal systeem in 1840, maar werd dan toch afgevoerd in 1854, na een volgende monetaire hervorming. 34 *mrs* = 1 *real de plata*, een zilvermunt; 375 *mrs* = 1 gouden *ducado*; 1 gouden *peso* (in de Nederlanden *Pilaer* genoemd, naar het Habsburgse wapen met de zuilen van Hercules) = 450 *mrs*., maar de legering varieerde en daarmee de waarde.

De vastgestelde minimumprijs, die al eerder van kracht was, daarentegen zelden werd toegepast, maar in 1558 met ijzeren hand werd opgelegd, was de strop om de hals van de Spaanse boekhandel. De concurrentie werd gewurgd, wat leidde tot de slechte kwaliteit van papier en druk, om de winstmarge leefbaar te maken. Tussen 1511 en 1540 blijkt ondanks de inflatie de *tasa* in Sevilla vastgelegd te zijn op 2 *mrs*, wat tegen het midden van de eeuw een bodemprijs was om een zaak leefbaar te houden. Op het einde van de eeuw moet 4 *mrs* evenmin veel ruimte hebben geboden.

Elk handschrift moest voor het mocht worden gedrukt door de handen van de censor passeren. Daar werd elke bladzijde geparafeerd en finaal gesigneerd. Van de druk moesten tenminste twee exemplaren mét het handschrift terug naar de censor om te worden vergeleken en om de *tasa* te bepalen. Werd een passage gecensureerd, *castrados* in Pastors – *nomen est omen*, hij wás pastoor – Spaans, dan moest het hele blad (*sheet*, dus de uiteindelijke katern, of deel ervan) – met wat geluk kon dat beperkt worden tot een dubbel blad – worden herzet en opnieuw gedrukt. Het is niet te verwonderen dat boekhandelaren hiertegen protesteerden, maar de Inquisitie was krachtig in Spanje.

Niet alleen bewerkstelligde deze procedure een enorme vertraging, waardoor de boekhandel niet op de markt kon inspelen, maar bracht het de producent tot grote kosten, eerst voor de plichtexemplaren, die soms het tweetal sterk overschreden, en dan nog meer wanneer delen moesten worden herzet. Pas dan kon het boek op de markt worden gebracht. De *tasa* is hier gesigneerd door Pedro Zapata de Mármol, een privésecretaris van de koning, die veel macht in handen had. Hij werd door de kroniekschrijver Luis del Mármol Carvajal (1520 - 1600) *mi hermano*, mijn broer, genoemd. Het merkwaardige aan deze editie is dat er in hetzelfde jaar twee 'versies' verschenen. Dit is een exemplaar van de eerste en onvoorzien ingekorte versie. Op het titelblad volgt op de XX van het aantal 'boeken' meteen een fleuron, een alde. Dit is niet gebruikelijk, en dat is het evenmin hier, tenzij het is om iets te verbergen. Onder het sierstukje zit inderdaad de V, van XXV. Er hadden dus vijfentwintig 'boeken' gedrukt moeten zijn, terwijl er maar twintig op de markt kwamen/mochten komen; op het einde van boek XX staat een reclamen waarop de lege verso van het laatste blad volgt. De tweede versie is wel volledig en heeft dus die alde niet nodig.

Op de verso van het titelblad staat:

> "Librarius Lectori. E Libris viginti quinque, quibus hoc opus includitur, viginti modo damus. Re necessaria compulsi cessamus. Reliquos libros auctor, cum erit commodum, et cum vacabit, adjiciet. Interim oblatis fruere, libens gratusque; si quid erratum est, humanitatis non immemor." (overgenomen uit De Backer-Sommervogel)

(De boekhandelaar tot de lezer. Van de vijfentwintig boeken van dit werk, geven we er hier slechts twintig. We stopten hier, gedwongen door iets essentieels. De auteur zal, wanneer het hem past en hij de tijd heeft, de resterende boeken toevoegen. Geniet ondertussen van wat voorligt, vrij en met dank. Is er ergens een vergissing, denk er aan dat we menselijk zijn.)

De persoon achter deze nota gebruikt wel heel erg *la langue de bois*, jezuïetentaal misschien wel. Er was duidelijk wat te verbergen achter dat '*re necessaria*', dat noodzakelijke. Hoewel hiermee alles in het vage blijft, lijkt er toch één verklaring te kunnen zijn die niet onwaarschijnlijk lijkt. Het past helemaal binnen het kader dat er *de facto* door de censor werd ingegrepen en de laatste vijf 'boeken' werden gecensureerd. De producenten, niet onwaarschijnlijk de jezuïeten - de auteur, een jezuïet, droeg het boek aan koning Filips II op -, door hem gedekt of niet, kunnen mogelijk niet op het herdrukken van de vijf resterende boeken hebben gewacht en toch de eerste twintig op de markt hebben gebracht, ongetwijfeld een deel van de gehele oplage. Na de herdruk van de tekst kon dan ook meteen ongestraft het volledige boek verschijnen. De tweede versie bevat onder andere als extra, buiten de laatste vijf boeken, errata voor de eerste twintig boeken voorin, en voor de laatste vijf achteraan.

Dat er inderdaad in een werk van de Toledaanse jezuïet Juan de Mariana (1536-1624) in zou zijn gegrepen, mag geen verwondering wekken. Hij studeerde in Alcalá de Henares en doceerde er Bijbelse talen. Daarna gaf hij exegese en theologie in het college van de orde te Rome, te Messina en in het *Collège de Clermont* te Parijs. In 1573 trok hij zich terug in het college van zijn vaderstad om er zich helemaal aan zijn historisch werk te wijden. Zijn *Historiae de rebus Hispaniae libri XX[V]* was het eerste resultaat. Er kwam kritiek op zijn werk, maar die verhinderde helemaal niet het succes van de volledige publicatie, die zelfs tot XXX 'boeken' werd aangedikt. Het succes kwam er pas goed nadat de auteur het zelf in 1601 in het Castiliaans had herwerkt. Er volgden vertalingen in het Engels en het Frans. Mariana's geschiedenis van Spanje werd uitgegeven tot in de negentiende eeuw. Het was ook in die eeuw dat hij in zijn geboorteplaats Talavera een standbeeld kreeg.

Mariana's historiografie stond model voor heel wat geschiedschrijvers na hem. Hij gebruikte een kritisch-analytische methode waarmee hij de kroniekschrijvers voor hem doorlichtte en hij gaf kritisch de gebeurtenissen van de eigen tijd weer; vorsten werden met hetzelfde scalpel gedissecteerd. Geïnspireerd door onder anderen Thomas van Aquino (1225-1274) expliciteerde hij als jezuïet een liberale visie op de markteconomie, wat heel wat kerkelijke instanties, tegen de haren in wreef. Hij pleitte niet alleen voor een economisch liberalisme, maar was evenzeer een vrij denker op sociaal-ethisch vlak.

Hij, of tenminste zijn werk, kwam in Frankrijk letterlijk op de brandstapel terecht, met de publicatie van zijn vorstenspiegel *De rege et regis institutione libri III* van 1599, opgedragen aan koning Filips III (1578-1621). De verdediging van de tirannenmoord, ook weer geïnspireerd door Thomas, die zich op zijn beurt op Aristoteles (*Politica*, V10-11) baseert, trof de Fransen recht in het nationalistisch-monarchistische hart. "*The appointment of a king is the resource of the better classes against the people, and he is elected by them out of their own number, because either he himself or his family excel in excellence and excellent actions*" scripsit Aristoteles. Dit was en is de ethische basis voor verzet en, als nodig, de monarchomachie.

Dat de moord op hun koning Hendrik III (1551-1589), gepleegd door de calvinistische monarchomachen, door een katholiek, een jezuïet, werd verantwoord, dat ging de grenzen van het incasseringsvermogen van het Franse katholieke bewind te buiten. Het boek werd veroordeeld en naar de brandstapel verwezen. De moord op hun volgende koning, Hendrik IV (1553-1610), op het ogenblik dat hij een oorlog tegen Spanje voorbereidde, werd door de Fransen vanzelfsprekend vanuit de directe invloed van Mariana geïnterpreteerd, maar de moordenaar had het boek van de Toledaan niet gelezen. Boeken veranderen de wereld niet.

Lit.: Cristobal Pérez Pastor, *La imprenta en Toledo 1483-1886.* […], Madrid 1887 (repr. Amsterdam 1971), 159-160 nr. 402-403; Augustin & Aloys de Backer, *Bibliothèque de la Compagnie de Jésus*, nieuwe ed. door Carlos Sommervogel, 5, Brussel – Parijs 1894, kol. 547-567; Aristoteles, *The Complete Works of Aristotle. The revised Oxford translation*, ed. Jonathan Barnes, 2 dln., Princeton, NJ, 1984; Fernando Domínguez, Mariana, Juan de, in: *Lexikon für Theologie und Kirche*, 6, Freiburg i. B. 1997, kol. 1356-1357; Paolo Zanotto, Liberalismo e tradizione cattolica. Osservazione critiche su Juan de Mariana, *Etica & Politica / Ethics & Politics*, 2003,2 (online); Fermín de los Reyes Gómez, La tasa en el libro español antiguo, *Pliegos de bibliofilia*, 4, 1998, 35-52 ; Clive Griffin, *The Crombergers of Seville. The history of a printing and merchant dynasty*, Oxford 1988; Id., *Journeymen-Printers, Heresy, and Inquisition in Sixteenth-Century Spain*, Oxford 2005; I want to express my thanks to Dr Clive H Griffin, Trinity College, Oxford, for his help and suggestions. I want to thank Dr Elisabeth Leedham-Green for help with the translation of the bookseller's note

VII. De seculiere en historische collectie van de Parkbibliotheek

Tom Verschaffel en Marnix Beyen

Uit de voorgaande bijdragen is duidelijk geworden dat de Parkabdij in de loop van de negentiende eeuw niet werd uitgebouwd tot een centrum van hedendaagse wetenschappelijke kennis en dat zij dus ook niet naar die maatstaven mag worden beoordeeld. Maar zelfs indien we haar beschouwen als een poging om een achttiende-eeuwse abdijbibliotheek te reconstrueren, valt het geringe aantal niet-religieuze werken op. Was de seculiere wetenschap vermoedelijk al in de achttiende eeuw ondervertegenwoordigd, dan werd deze discrepantie nog verder uitvergroot tijdens het reconstructieproces (cfr. de bijdrage van Jan Roegiers). Behalve het overvloedige aanbod van religieuze boeken op de vroeg negentiende-eeuwse boekenmarkt biedt vermoedelijk de veranderende positie van de abdij een deel van de verklaring. Waar zij in de achttiende eeuw volop aan het politieke en maatschappelijke leven had deelgenomen, werd zij door de revolutionaire en postrevolutionaire gebeurtenissen gedwongen tot een relatief geïsoleerd bestaan in de schaduw van een provinciestadje.

De beperkte collectie natuurwetenschappelijke en medische boeken die de Parkbibliotheek bevat, moet waarschijnlijk dan ook vooral op het conto worden geschreven van de individuele interesse van de negentiende-eeuwse archivaris-bibliothecaris Augustinus Dillen. Zoals eerder al werd aangegeven, vertoonde deze pater een uitgesproken honger naar wereldse kennis.[1] Vooral natuurwetenschappelijke kennis in verband met dieren, planten en sterren nam hij gretig in zich op. Dat verklaart vermoedelijk waarom in de bibliotheek een (helaas onvolledige) editie uit 1828-1833 aanwezig is van de twintigdelige *Oeuvres complètes* van de achttiende-eeuwse encyclopedische bioloog Georges-Louis Buffon. Het beroemde tiendelige fysiognomische handboek van de Zwitserse predikant en dichter Johann Kaspar Lavater is aanwezig in een Franse vertaling uit dezelfde periode. Ook meer populariserende natuurhistorische overzichten uit de achttiende eeuw, zoals die van Noël-Antoine Pluche en Jacques-Christophe Valmont de Bomare zijn vertegenwoordigd, in het geval van Valmont de Bomare zelfs met twee edities. Deze werken waren ongetwijfeld voor een 'geïnteresseerde leek' tijdens de eerste helft van de negentiende eeuw nog steeds nuttig. De kleine collectie meer gespecialiseerde natuurwetenschappelijke en medische werken uit de zeventiende en de achttiende eeuw vertoont daarentegen een veeleer heterogeen en daardoor 'toevallig' karakter. Een doorgedreven wetenschappelijke interesse van de Parkheren van het Ancien Régime kunnen we er alvast niet uit afleiden, en al evenmin een verlangen bij hun negentiende-eeuwse opvolgers om retrospectief een 'historische' wetenschappelijke bibliotheek samen te stellen als onderdeel van het norbertijnerpatrimonium. De cultuurhistorische waarde van dit deel van de bibliotheek moet waarschijnlijk dan ook worden gesitueerd in de inzichten die het ons kan leveren met betrekking tot het type kanunnik-intellectueel waarvan Augustinus Dillen er een was, maar waartoe vermoedelijk ook overste Petrus Ottoy behoorde. Hoe geïsoleerd zij daarmee stonden binnen hun abdij, binnen de negentiende-eeuwse norbertijnenorde of zelfs binnen het kloosterleven van hun tijd is een vraag die slechts door veel bijkomend onderzoek kan worden beantwoord. Het is onderzoek waartoe deze catalogus alvast een mooie aanzet kan bieden.

Een heel ander beeld krijgen we als we ons concentreren op de historische werken die zowel in de religieuze als in de seculiere collecties thuishoren. Een poging om het aandeel geschiedschrijving in de Parkbibliotheek te overschouwen, stuit op het feit dat het moeilijk is dit deel van het geheel van de collectie af te zonderen. Zoals 'geschiedenis' tot de achttiende eeuw geen afzonderlijke plaats in het onderwijsprogramma innam, zo vormde het ook (meestal) geen afzonderlijke categorie in bibliotheken. Historische publicaties waren over de verschillende onderdelen van de bibliotheek verspreid. Dat betekent echter niet dat zij niet eerbiedwaardig of weinig talrijk zouden zijn geweest. Het onderzoek naar achttiende-eeuwse instellings- en privébibliotheken dat de voorbije decennia op vrij grote schaal is gebeurd, heeft aangetoond dat het aandeel van historische werken in de regel vrij groot was – niet zelden namen zij de tweede plaats in, na het eigen vakgebied van de eigenaar (rechten in het geval van een jurist bijvoorbeeld) of de core business van de betreffende instelling (godsdienstige werken in het geval van een religieuze instelling).[2]

Ook in de bibliotheek van de Parkabdij is het aandeel van de historische werken groot. En ook hiervoor geldt, zoals voor het geheel van deze bibliotheek, dat het niet gaat om een langzaam gegroeide verzameling, maar (grotendeels) om een midden-negentiende-eeuwse (re)constructie. Dat die met kennis van zaken en zorgvuldigheid is gebeurd, blijkt uit de hoge kwaliteit van de verzameling. We kunnen die afleiden uit een vergelijking van dit geheel aan geschiedschrijving met de 'ideale' historische bibliotheek van de Zuid-Nederlandse historisch geïnteresseerde, zoals we die kennen uit de (onuitgegeven) *Bibliothèque choisie d'un gentilhomme, ou instruction d'un père à son fils pour lui ouvrir le chemin aux belles lettres, aux arts, et aux sciences* van de Brugse edelman Charles François Custis, en uit de (uitgegeven en onuitgegeven) 'histoires littéraires' en historische bibliografieën van onder meer Jean Noël Paquot, Jan Frans Foppens, Gaspard Joseph de Servais en opnieuw Custis.[3] Op basis daarvan kunnen we vaststellen dat de historische collectie van de Parkabdij breed is en dat zij de meeste onderdelen van de geschiedenis en van het historisch onderzoek op een behoorlijke manier 'afdekt'. Deze omvattendheid wordt echter – het is vanzelfsprekend – gecombineerd met een aantal accenten waarin de specifieke situatie van de bibliotheek en de eigenheid van de Parkabdij tot uiting komen.

Vooreerst kunnen we vaststellen dat de bibliotheek een aantal (historische) encyclopedieën bevat, namelijk het *Neu vermehrtes historisch* (sic) *und geographisches allgemeines Lexicon* van de Zwitserse theoloog Jakob Christoff Iselin (in een uitgave uit 1747), eigenlijk een bewerking van het *Allgemeines historisches Lexicon* van Johann Franz Buddeus, en twee verschillende achttiende-eeuwse edities van de beroemde zeventiende-eeuwse *Grand dictionnaire historique* van Louis Moreri. Ook een aantal klassieke werkinstrumenten is aanwezig, waaronder *De Re diplomatica* van Jean Mabillon (in een editie uit 1789), en een werk van de Nederlandse autoriteit op het vlak van de penningkunde, Frans van Mieris. Op het vlak van de tijdrekenkunde zijn de discussies van de vroege zeventiende eeuw vertegenwoordigd, met werken van zowel de protestantse humanist Josephus Justus Scaliger als van zijn bestrijder, de jezuïet Denis Petau. De evenzeer bekende Yves Pezron ontbreekt in de collectie, maar dat is wellicht niet zo verwonderlijk, aangezien in de Zuidelijke Nederlanden Petau sowieso meer *believers* had dan Pezron. Ook *L'art de vérifier les dates* van de mauristen siert de rekken van de bibliotheek, evenals *Generalis temporum notio* van Pierre Louis Danes, een chronologisch handboek voor het universitair onderwijs.

Opvallend is de uitgebreide collectie bronnenedities. Dat befaamde Zuid-Nederlandse collecties, zoals de *Athenæ Belgicæ* en de *Rerum Belgicarum annales chronici et historici de bellis, urbibus, situ & moribus gentis antiqui recentioresque scriptores* van Franciscus Sweertius, en de Franse verzamelingen van de mauristen Luc d'Achery, Edmond Martène en Ursin Durand, in de bibliotheek zijn opgenomen, is niet verwonderlijk. Minder voor de hand liggend is

Bronnenverzameling over de Duitse geschiedenis van de filosoof en veelzijdige geleerde Gottfried Wilhelm Leibniz (1646-1716), in Hannover in dienst van de hertog van Brunswijk-Lüneburg. De in 1685 gekregen opdracht een geschiedenis van de Welfen te schrijven, kon hij niet voltooien.
(cat. L140)

Portret van William Dugdale (1605-1686) in *The History of St Paul's Cathedral in London*, een werk van 1658, hier in de editie 1716. Wenzel Hollar (Praag 1607-Londen 1677) etste de vele illustraties naar tekeningen van William Sedgwick. Het boek wordt beschouwd als een memoriaal van de gotische kerk vóór the great fire van 1666. Dugdale was een befaamd heraldicus; in 1677 werd hij Garter king of arms. Op het portret enkele van Dugdales publicaties: het eerste deel van *Monasticon anglicanum*, uitgegeven samen met Roger Dodsworth (cat. D134-D136) en *The antiquities of Warwickshire*. De tekst is uit de *Epistolae ex Ponto*, I, 3, 35: aan de Zwarte Zee schrijft de door heimwee verteerde Ovidius over zijn geboorteland dat hij niet zal vergeten. (cat. D189)

het groot aantal Duitse bronnenuitgaven, met niet alleen de *Accessiones historicæ quibus potissimum continentur scriptores rerum Germanicarum, & aliorum* van Gottfried Wilhelm Leibniz, maar daarnaast ook nog talrijke 'Rerum Germanicarum scriptores' van Duitse erudieten van de zeventiende en de vroege achttiende eeuw, als Johannes Pistorius, Erpold Lindenbrog, Heinrich Meibom, Simon Schard, Johann Burckhardt Mencke, en Johann Heineccius en Johann Leuckfeld.

Dat de christelijke en kerkelijke geschiedenis een centrale plaats in de collectie inneemt, kan evenmin verwondering wekken. Een aantal auteurs uit de christelijke Oudheid zijn in de bibliotheek terug te vinden. Dat geldt zowel voor de christelijke geschiedfilosofie van Augustinus en zijn *De Civitate Dei* (in een Leidse editie uit 1570), als een aantal van de eerste kerkhistorici, zoals Eusebius van Caesarea en Salminius Sozomenus. Ook de bekende, min of meer polemische kerkgeschiedenissen uit de vroegmoderne tijd ontbraken niet: Caesar Baronius was er met verschillende werken in verschillende edities (waaronder een aantal van Plantijn en Moretus), en Louis-Sébastien Le Nain de Tillemont, Claude Fleury en de jezuïeten Cornelius Hazart en Antoine Henri de Bérault de Bercastel. De geschiedenis van de pausen was vooral te vinden in het werk van de Italiaanse auteurs als Giovanni Palazzi en Antonio Sandini en de Spanjaard Alphonsus Ciacconius (alle in het Latijn), en van de Franse historicus en premonstratenzer René-Aubert Vertot, *Origine de la grandeur de la cour de Rome, et de la nomination aux évêchés et aux abbaïes de France*, ook aanwezig in de aangevulde Duitse vertaling, *Ursprung der weltlichen Macht der Päbste*[4]. Vanzelfsprekend is ook de nationale kerkgeschiedenis in de bibliotheek goed vertegenwoordigd. Enerzijds zijn er oudere klassieke werken als de *Histoire ecclésiastique du Pays-Bas* van Guillaume Gazet terug te vinden, anderzijds talrijke publicaties van de zestiende- en zeventiende-eeuwse erudieten Johannes Molanus en Aubertus Miraeus. Wie de overzichten zoekt die in de achttiende eeuw op dit vlak zijn verschenen, kan evenzeer terecht in de Parkbibliotheek. Het gaat met name over de bisdomsgeschiedenissen van Foppens (over Antwerpen en 's-Hertogenbosch) en Cornelius van Gestel (aartsbisdom Mechelen), de *Sacra Belgii chronologia* van Joannes Baptista Ludovicus de Castillion, en *Antverpia Christo nascens et crescens* van Jan Karel Diercxens. De *Acta sanctorum Belgii selecta*, die onder leiding van Joseph Hippolyte Ghesquière tot stand zijn gekomen, ontbreken evenmin.

Uiteraard neemt ook de monastieke geschiedenis een aanzienlijke plaats in het geheel van de collectie in. Vooreerst is er een aantal algemene overzichten, al dan niet nationaal, waaronder de *Histoire des ordres monastiques, religieux et militaires et des congrégations séculieres* (1721) van Pierre Hélyot, en het *Monasticon Anglicanum* (1655) van Roger Dodsworth en William Dugdale. Talrijker zijn echter de publicaties, geschiedenissen en overzichten met betrekking tot afzonderlijke ordes en congregaties: de benedictijnen met talrijke werken van Mabillon en de

Abrégé de l'histoire de l'ordre de S. Benoist van Louis Bulteau, de dominicanen met het *Belgium dominicanum* van Bernardus de Jonghe, de augustijnen met Giovanni Antonio Zunggo en het Zuid-Nederlandse overzicht van Nicolaus de Tombeur, de kartuizers met laat-zeventiende-eeuwse *Annales Ordinis Cartusiensis,* en de jezuïeten met de *Historia ordinis Iesuitici* van Elias Hasenmüller (1594), de *Af-beeldinghe van d'eerste eeuwe der Societeyt Iesu* van Johannes Bollandus (1640) en uitgesproken polemisch werk als *Apologie de l'institut des jésuites* van Joseph Antoine Joachim Cerutti (1763). Van de vele apologetische geschriften die ook tijdens de Restauratie over de jezuïetenorde verschenen, kwamen alvast ook de *Documens historiques, critiques, apologétiques, concernant la Compagnie de Jésus* van Jacques Bins de Saint-Victor (1827) in de bibliotheek terecht.

Het meest uitgebreide segment binnen de monastieke geschiedenis is dat – ook dit kan geen verwondering wekken – gewijd aan de geschiedenis van de eigen orde. Daarin vallen, naast de *Legende der levens, ende ghedenck-weerdighe daeden van de voor-naemste heylighe, salighe ende lof-weerdighe persoonen soo mans als vrouwen, die in de witte ordre vanden H. Norbertus* van Joannes Ludolphus van Craywinckel, vooral de talrijke levensbeschrijvingen van de stichter van de orde op, uit de zeventiende eeuw van Dionysius Mudzaert, Johannes Chrysostomus vander Sterre, Nicolas Gourneau, Cornelis Hertoghe en Bernard Sutor, en uit de achttiende eeuw van Charles-Louis Hugo en Daniel Schindler, allen norbertijnen maar ook van Joannes Baptista Schellenberg, jezuïet, en Jan Antoon Frans Pauwels, leek. Daarnaast zijn een hele reeks geschiedenissen in de bibliotheek aanwezig, gewijd aan afzonderlijke instellingen van de orde, zowel in België als in het buitenland, en uiteraard ook aan de Parkabdij zelf, met onder meer de *Summaria cronologia insignis ecclesiæ Parchensis ordinis Præmonstratensis sitæ prope muros oppidi Lovaniensis* van Libertus de Pape (1662) en de *Chronicon contractum insignis ecclesiæ Parchensis ordinis Præmonstratensis juxta muros Lovanienses* van Hieronymus de Waerseggere (1726).

Wat de profane geschiedenis betreft, is de collectie evenzeer rijk en uitgebreid. De Romeinse oudheid is aanwezig, met een relatief canonieke verzameling van zowel antieke historici als de latere, secundaire geschiedschrijving. De nadruk ligt daarbij vooral bij Rome. De Griekse oudheid is veel minder vertegenwoordigd, al is Herodotus ('Herodoot') aanwezig, in de vorm van een Nederlandse vertaling van zijn *Historiën,* van Olfert Dapper, in Amsterdam uitgegeven in 1665. De Romeinse geschiedschrijvers zijn talrijker, en zij zijn aanwezig zowel met Latijnse edities van hun werk (en Latijnse vertalingen van Griekse originelen), als met Nederlandse en Franse vertalingen. Onder hen Pompeius Trogus, Velleius Paterculus, Appianus, Titus Livius en Tacitus. Van deze laatste zijn verschillende edities en vertalingen in de bibliotheek aanwezig, waaronder een vroeg-achttiende-eeuwse editie van *Alle de werken van C. Corn. Tacitus,* de vertaling van P.C.

De zevenendertigjarige Emanuel Sueyro (1587-1629), geportretteerd door de Antwerpenaar Petrus de Jode (1570-1634), in *Anales de Flandes* van 1624. Sueyro, een in de Spaanse Nederlanden levende Portugees, heer van Voorde, was geheim agent voor Spanje. Hij schreef in het Spaans en vertaalde Sallustius, Tacitus en Paterculus. Hij was lid van de Portugese Orde van Christus ('caballero del hábito de Christo'), vandaar het blazoen, een rood kruis waarin een wit kruis op witte achtergrond. Twee jaar eerder, in 1622 publiceerde Sueyro al een *Description breve del Pays-Baxo* dat in 1666 werd gevoegd bij *Los dichos y hechos del rey Phelipe II* van Baltazar Porreño, bij Foppens in Brussel verschenen. (cat. S295)

Hooft. Van de geschiedschrijving over de Oudheid zijn onder meer de *Histoire romaine* en diverse andere werken van Charles Rollin aanwezig, de bekende verlichte geschiedenissen van Montesquieu en Edward Gibbon (in een Franse vertaling), en werk van de zeventiende-eeuws fantast Athanasius Kircher.

Er is ook antiquarisch werk vertegenwoordigd, met onder meer een hele reeks studies van Justus Lipsius. De nationale oudheden, met de geschiedenis van de oude Belgen en Germanen, kunnen in de bibliotheek worden aangetroffen in het recente werk van Charles Wastelain over de Belgen (*Description de la Gaule-Belgique*), de zeventiende-eeuwse Philippus Cluverius en de achttiende-eeuwse Johann Georg von Eckhart over het oude Germanië, Etienne Baluze over de Franken, en de *Histoire de la décadence de l'Empire après Charlemagne* van de Franse jezuïet Louis Maimbourg. Met betrekking tot de vroeg-middeleeuwse geschiedenis zijn een aantal bekende bronnen voorhanden, zoals de geschiedenis van de Goten van Jordanes (in een Franse vertaling) en het (volledige) werk van Gregorius van Tours (in een Latijnse uitgave van 1699).

In de bibliotheekcollectie van de Parkabdij ligt een accent op de geschiedenis van de Zuidelijke Nederlanden. Die wordt behandeld in zestiende- en zeventiende-eeuws werk van Marcus van Vaernewyck, Pontus Heuterus en Nicolaus Burgundius, maar ook recentere overzichten, waarin, vanaf de jaren 1770, de 'nationalisering' van de Zuidelijke Nederlanden historisch vorm kreeg[5], zijn in de bibliotheek aanwezig: de *Mémoires historiques et politiques sur les Pays-Bas autrichiens* van Patrice François de Néry (uitgave van 1786) en de *Epitome historiæ Belgicæ libri septem in usum scholarum Belgicae* en de *Histoire ancienne des Pays-Bas autrichiens* van Jean Des Roches. Van het vroeg-negentiende-eeuwse werk van Louis Dewez is wel de *Histoire particulière des Provinces Belgiques sous le gouvernement des Ducs et des Comtes; pour servir de complément à l'Histoire générale* in de collectie opgenomen, maar blijkbaar niet zijn *Histoire de Belgique*.

Binnen de Zuidelijke Nederlanden ligt het accent dan weer onmiskenbaar op Brabant. Op dat punt is de collectie erg groot en zelfs min of meer 'volledig'. Met betrekking tot het hertogdom is de beschikbare historische literatuur ook uitgebreid, meer dan in het geval van de andere vorstendommen – mogelijk op Vlaanderen na. Met name de zeventiende-eeuwse publicaties (ook van oudere teksten) zijn er allemaal: de *Rerum Brabanticarum libri XIX* van Petrus Divæus (in de editie van Miræus, 1610), de *Annales ducum seu principum Brabantiæ totiusq. Belgii* van Franciscus Haraeus, het *Kort begriip, en bericht, van de historie van Brabant* van Adriaan Havermans, de verzamelde geschriften van Adrianus Barlandus, het *Traité de l'origine des ducs et du duché de Brabant* (in de laat-achttiende-eeuwse uitgave van Paquot) en de verzameling *Anonymi, sed veteris et fidi chronicon ducum Brabantiæ,* in het begin van de achttiende eeuw uitgegeven door Antonius Matthæus. Daarbij is het dan opvallend dat op het vlak van de landsbeschrijvingen toch een paar hiaten bestaan. Er zijn wel een aantal zeventiende-eeuwse beschrijvingen aanwezig, zoals de *Antiquitates illustrissimi ducatus Brabantiæ* van Joannes Baptista Gramaye, de *Chorographia sacra Brabantiæ* van Antonius Sanderus en de *Trophées tant sacrés que profanes du duché de Brabant* van Christophorus Butkens (in de Haagse editie van 1724-1726), maar meer recente werken als het *Grand théatre profane du duché de Brabant*, een postuum verschenen

---

Jan Lambrecht (1626-1698), afkomstig uit Pollinkhove (het West-Vlaamse of het Frans-Vlaamse?) was in zijn tijd een befaamd dichter.

In het supplement van *Vlaemsche vrede-vreucht* het gedicht *Vorstelijke minnelusten*, een acrostichon of naamvers om het komende huwelijk in 1660 van Lodewijk XIV met Maria Theresia van Spanje te vieren. De Vrede van de Pyreneeën van 7 november 1659 stemde de dichter tot "vrede-vreucht". (cat. L39)

VORSTELYCKE

Coelt eens myn vierigh minnen,
Hebt medoog' met myn pijn,
Rust myn verliefde sinnen.
En loont geen min met quaet,
Soeckt Peys en soete Vrede,
Tracht naer den Echten staet,
Ick wensch dat leven mede.
Elck prijst u schoonigheyt.
Naer u dan dit geklaegh gaet,
Recht als die sicecklijck leyt,
Om hulp wacht naer den daghraet,
Yverigh wensch ick u,
Die speelt in myn gedachten,
Eyndight myn clagen nu,
Fortuyn van myn verwachten,
Roos, Lely, Tullepaen,
Ach of ick u mocht plucken!
Neemt my voor minnaer aen,
Cieraet van myn gelucken,
Eel Blomtje, soete Maeght,
Een Roosje nieu ontlocken,
Tot wien myn hert soo jaeght,
Dat het schier wert gebroocken.
Eer van u hoogh geslacht,
Niemant gaet u te boven,
Aenhoort dees minne-klacht,
Voortaen sal ick u loven.
Aenveert dit minne-pandt,
Roem, Glans, en Eer der Vrouwen,
Roept my van uyt den brant,
En laet ons t'samen trouwen.

Remarques de Monsieur WYNANTS sur Le Grand aux Coutumes de Troye

Titre premier

L'art: j glos: 2 n: 8

Les lettres de legitimation en Brabant doivent se depecher au Conseil de cette province, a moins de quoi, elles n'ont effet ni sur les biens y situés, ni pour office ou emploi, & jamais si ce n'est du consentement des Etats, autrement on pouroit les priver indirectement du droit leur acquis par l'art: 19 & autres de la joyeuse entrée voié les Edits du 11 Juillet 1558

werk van Jacques Le Roy (1730) en de *Délices du Brabant* (1757) van Philippe de Cantillon zijn in de collectie niet terug te vinden. Ook de geschiedenis van Leuven is in de bibliotheek goed vertegenwoordigd, met werk van de al genoemde Lipsius en Divæus en *Louvain très anciene et capitalle ville du Brabant* van Jean Nicolas de Parival, Andreas Valerius over de universiteit, en de eigentijdse werken van Erycius Puteanus en Nicolaus Vernulaeus over het beleg van Leuven van 1635. Ook hier gaat het dus vooral om werk van de zeventiende eeuw of ouder. Met betrekking tot Brussel zijn wel een aantal recentere werken voorhanden en in de bibliotheek aanwezig, met de geschiedenissen van Josse-Ange Rombaut (1777-1779) en Théodore Augustin Mann (1785).

De andere oude gewesten nemen een bescheidenere plaats in de bibliotheek in, maar ook op dat vlak zijn heel wat belangrijke teksten aanwezig: die van Boudewijn van Avesnes (in de uitgave van Le Roy van 1693, zie p. 102-103) en van Gislebertus van Mons (in de editie van Du Chasteler van 1784) over Henegouwen; Joannes Mantelius over Loon; Jacobus Meyerus, Olivier de Wree (Vredius), Georges Galopin (in de editie van Paquot) en de achttiende-eeuwse 'Chronyke' van Andreas Wydts over Vlaanderen. Ook hier valt op dat de bibliotheek vooral rijk is aan zeventiende-eeuwse publicaties (al dan niet van oudere teksten), maar achttiende-eeuwse overzichten ontbreken niet zelden: de Luxemburgse geschiedenis van Jean Bertholet, de Henegouwse geschiedenissen van Michel Delewarde en van Philippe Hossart, de Naamse geschiedenissen van Jean Baptiste de Marne en van François Joseph Galliot, de Doornikse geschiedenis van Joseph Alexis Poutrain – geen van alle zijn ze in de abdijbibliotheek terug te vinden. De Luikse geschiedenis is dan weer beter vertegenwoordigd, niet alleen met ouder werk van Bartholomæus Fisen en Jean-Erard Foullon, maar ook met recenter werk (uit het begin van de negentiende eeuw) van Simon Pierre Ernst en Hilarion Noël Villenfagne d'Ingihoul over Luik. Toch ontbreekt ook hier het meest typische overzicht uit de achttiende eeuw, de *Histoire de la ville et pays de Liège* (1725-1732) van Theodose Bouille.

De buitenlandse geschiedenis in de bibliotheek heeft vooral betrekking op de (zowel geografisch als cultureel) meest nabije buitenlanden: Nederland, Frankrijk, Engeland, Duitsland, Spanje en Italië. Op dit punt is natuurlijk geen volledigheid mogelijk, maar wel is het werk van een aantal grote en cruciale historici aanwezig, onder wie Hugo de Groot en P.C. Hooft over de Verenigde Provinciën, de *Histoire de France* van Gabriel Daniel (in een achttiende-eeuwse editie), de Spaanse geschiedenissen van Joannes Mariana (zie p. 84-85) en Luis de Molina, en de Italiaanse geschiedenis van Francesco Guicciardini. Dat de bibliotheek over een Italiaanse editie (in het Italiaans) van dat laatste werk beschikt, is vrij uitzonderlijk. Tot het einde van het Ancien Régime waren het Frans, het Latijn en het Nederlands de cultuurtalen die in het Zuidelijke Nederlanden gangbaar waren, en dus ook de talen die in privé- en instellingsbibliotheken overheersten. Het buitenland was er dan ook vooral in die talen (al dan niet in vertaling) aanwezig. Dat geldt ook voor de bibliotheek van de Parkabdij, zoals eerder al uit Jan Roegiers' bijdrage over de theologische collectie bleek. Voor de Nederlandse en de Franse

Portret van Goswin, graaf de Wynants, door Jean-Pierre Sauvage (1699-1780) naar een borstbeeld van Pieter-Denijs Plumier (1668-1721) en geëtst door Frans Pilsen (1700-1784) in *Supremæ curiæ Brabantiæ decisiones recentiores*. De rechtsgeleerde Goswin Wynants (1661-1732) was raadsheer in de Raad van Brabant en in de Hoge Raad der Nederlanden in Wenen. (cat. W121)
Het handschrift bevat zijn bemerkingen bij *Les Coustumes générales du baillage de Troyes en Champagne* dat Louis Le Grand in 1661 publiceerde. Het werk van Wynants verscheen in 1777. De *Préface de l'éditeur* en de *Table* 411-453 zijn in het handschrift niet opgenomen. (Maior S VI/19)

geschiedenis stellen zich in dit opzicht geen problemen, maar de Duitse, Engelse, Spaanse en Italiaanse geschiedenis komen dus grotendeels in Frans werk of in vertaling voor, zoals de *Histoire générale d'Allemagne* van Joseph Barre, de *Histoire des Provinces-Unies des Pays Bas* van Jean Le Clerc (zowel in het Franse origineel als in een Nederlandse vertaling), en de *Histoire des révolutions d'Angleterre* en de *Histoire des révolutions d'Espagne*, beide van de Franse jezuïet Pierre Joseph d'Orléans. Overigens is het aandeel van jezuïeten in dit aanbod van algemene geschiedenissen aanzienlijk, met naast d'Orléans ook de al genoemde Daniel, Mariana en Molina.

Aan verlichte geschiedenissen ontbreekt het grotendeels, zij het niet volledig. Zoals gezegd, zijn de studies over het oude Rome van Gibbon en Montesquieu in de bibliotheek weerhouden, alsook de *Histoire de l'Empire de Russie sous Pierre le Grand* van Voltaire, maar dat is dan ook meteen zijn enige werk hier. Geen *Charles XII,* geen *Siècle de Louis XIV* – ook al wordt aan de interesse voor de Zonnekoning ruimschoots tegemoet gekomen met de *Histoire du règne de Louis XIV* van Henri-Philippe de Limiers en de *Mémoires pour servir à l'histoire de Louis XIV* van François-Timoléon de Choisy (beide in Amsterdamse edities van het begin van de achttiende eeuw), en de *Histoire du règne de Louis XIV* van Simon Reboulet. En verder geen Robertson of Hume, laat staan Raynal, Turgot of Condorcet.

Wat de specifieke periodes betreft, is in de bibliotheek een behoorlijke reeks werken aanwezig met betrekking tot de Nederlandse Opstand van de zestiende eeuw, tegen de katholieke Spaanse koning Filips II. Daaronder is ook werk van auteurs die uitdrukkelijk de verdediging van de opstand op zich namen, zoals, naast de al genoemde Hooft en Grotius, Everard van Reyd, Emanuel van Meteren en Pieter Bor. Maar uiteraard was ook de katholieke versie van deze geschiedenis ruimschoots voorhanden, met name ook in het werk van Italiaanse historici, als de jezuïeten Famiano Strada en Angelo Gallucci (beide in het Latijn) en kardinaal Guido Bentivoglio (in Franse vertaling). De *Anales de Flandes* van Manuel Sueyro zijn in het Spaans in de bibliotheek aanwezig.

Meer recente revoluties hebben hun sporen nagelaten in de collectie. De aandacht voor de Brabantse Omwenteling is mogelijk gevoed door de betrokkenheid van premonstratenzers van Tongerlo en de rol die zij er hebben gespeeld, zoals blijkt uit de aanwezigheid van *Godefridus door Godts genaede Abt van Tongerloo, en Geestelyke Oversten van de Belgike-Krygs-Troupen &c. &c. Aen alle zyne onderhoorige Veld-Capellaenen, Officieren, Onder-Officieren, &c.*, van Godefridus Hermans. Ook de *Mémoire sur les droits du peuple Brabançon et les atteintes y portées, au nom de S. M. l'Empereur et Roi* van Hendrik van der Noot is in de collectie aanwezig, naast talrijke andere pamfletten en gelegenheidspublicaties. Vele daarvan zijn verzameld in de *Recueil des représentations, protestations et réclamations faites à S. M. I. par les Représentans & Etats des dix Provinces des Pays-Bas Autrichiens assemblés*, één van de vele werken in de collectie van de ex-jezuïet François-Xavier de Feller, de meest notoire bestrijder van Verlichting en Revolutie in de Zuidelijke Nederlanden. Ook met betrekking tot de Franse Revolutie zijn teksten in de bibliotheek terechtgekomen, niet in het minst van tegenstanders, zoals de jezuïeten Jean-François Georgel (*Mémoires pour servir à l'histoire des événemens de la fin du dix-huitième siècle*) en Augustin Barruel (*Mémoires pour servir à l'histoire du Jacobinisme*) en de koningsgezinde Bertrand de Molleville (*Histoire de la révolution de France, pendant les dernières années du règne de Louis XVI*), en *S. Cyprien consolant les fidèles persécutés de l'église de France* van Louis-Gillès de La Hogue.

De relatief grote aandacht voor de Nederlandse Opstand en de Brabantse Omwenteling wijst er misschien op dat de negentiende-eeuwse Parkgemeenschap waarin de collectievorming tot stand kwam, minder geïsoleerd stond van de haar omringende maatschappij – en dus van de eigentijdse geschiedenis – dan bij het begin van deze bijdrage werd gesuggereerd. Die indruk wordt nog versterkt als we kijken naar de kleine verzameling politiek-filosofische werken die de Parkbibliotheek bevat. Daarin valt meteen het (al dan niet volledige) werk op van enkele auteurs die een onmiskenbare invloed hebben uitgeoefend op de Franse Revolutie. Het verzamelde werk van Gabriel Bonnot de Mably, de geseculariseerde priester die onder meer met zijn pleidooien voor de afschaffing van het privébezit wel eens een voorloper van het communisme wordt genoemd, werd zelfs aangeschaft in een editie uit het Jaar III (1794), en dus uit de meest radicale fase van de revolutie.[6] Een jaar later ('l'an quatrième de la liberté') verscheen de Franse vertaling van *The Rights of Man*, het geschrift waarin de Amerikaanse radicale democraat Thomas Paine de verdediging opnam van de Franse Revolutie (waarbij hij ook actief betrokken was). Ook dat werk heeft zijn weg naar de rekken van de Parkbibliotheek gevonden. De meer bekende *maître à penser* van het democratische republicanisme, Jean-Jacques Rousseau, is eveneens met zijn verzameld werk vertegenwoordigd, maar dan wel met een editie uit 1827-1839.

Het is weinig waarschijnlijk dat dergelijke werken uitsluitend werden aangekocht vanuit de behoefte de achttiende-eeuwse bibliotheek in haar oude glorie te herstellen. Hier lijken we paters uit de 'clandestiene' abdij aan het werk te zien die trachtten te begrijpen wat hen was overkomen en nog steeds overkwam. Misschien moeten we ook vanuit dat perspectief begrijpen dat zich in de bibliotheek een (Italiaanse) versie uit 1813 bevindt van Niccolò Machiavelli's *Il principe*? Maar indien (een deel van) de paters al probeerden binnen te dringen in het voor hen bedreigende ideeëngoed, dan toonden zij niet minder interesse voor de intellectuelen die hun zaak verdedigden in tijden van Verlichting en Revolutie. Eerder werd al gewezen op François-Xavier de Feller, van wie behalve historisch werk ook de *Catéchisme philosophique, ou Recueil d'observations propres a défendre la religion chrétienne contre ses ennemis* (1787) in de bibliotheek voorhanden is. Maar dat ook het liberaal katholicisme van de jaren 1820 minstens op de interesse van de norbertijnengemeenschap kon rekenen, wordt gesuggereerd door de talrijke werken in de bibliotheek van de meest prominente vertegenwoordiger van die stroming, Félicité Robert de Lamennais.

Meer in het algemeen valt in de bibliotheekcollectie de vrij sterke aanwezigheid op van enkele toonaangevende figuren uit het Franse intellectuele en politieke leven en de Restauratieperiode: zo vinden we er een eerste editie terug van de *Histoire de la Révolution française* (1828-1829) van de grote pleitbezorger van de constitutionele monarchie Adolphe Thiers, alsook het volledige werk (1824-1830) van een andere gematigde monarchist, Louis-Philippe de Ségur, en een exemplaar van de *Histoire générale, physique et civile de l'Europe depuis les dernières années du cinquième siècle jusque vers le milieu du dix-huitième* (1826) van de conservatieve politicus, bioloog en historicus Bernard Lacépède. Ondanks hun onderlinge verschillen streefden al deze auteurs naar een verzoening tussen het Ancien Régime en de postrevolutionaire wereld.

Niet alleen op een politiektheoretisch niveau lijkt in de Parkgemeenschap een sterke bekommernis te hebben bestaan over de dramatisch veranderende verhouding tussen Kerk en Staat. Dat kan de bezoeker van de bibliotheek althans afleiden uit enkele werken over concrete twistappels in de relatie tussen Willem I en de Belgische katholieke wereld. Tot die categorie behoren alvast de *Représentations respectueuses* die de bisschoppen van Namen, Doornik en Gent en de vicarissen-generaal van Mechelen en Luik in 1817 tot de vorst richtten in verband met de oprichting van de rijksuniversiteiten in België. Over de oprichting van het Filosofisch College, dat een doorslaggevende rol speelde in het verzet van de katholieke Kerk tegen Willem I, bevat de bibliotheek twee pamfletten. De neutraal klinkende vraag die als titel op een van die pamfletten staat, *Qu'est-ce que le collège Philosophique?* (1825) verhult ternauwernood de katholieke propaganda. De anonieme auteurs van het andere pamflet deden veel minder moeite om hun positie in het politieke landschap van hun tijd te verbergen: *Lettre de remerciement à Messieurs les membres de la deuxième chambre des Etats-Généraux, qui se sont prononcés contre le Collège Philosophique, par quelques pères de famille, professant la religion catholique* (1826).

In 1830, het jaar dat in deze catalogus wordt gehanteerd als einddatum van de 'oude' Parkbibliotheek, verscheen een populair, maar relatief kritisch overzicht van de Europese monarchieën onder de titel *Les souverains de l'Europe en 1830, et leurs héritiers présomptifs*. In het hoofdstuk over de Nederlanden riep de anonieme auteur de Belgische opstandelingen op hun grieven in het juiste perspectief te plaatsen. In tegenstelling tot zijn Franse collega had Willem I immers de oude constitutie niet fundamenteel gewijzigd en kon men gemakkelijk in onderlinge verstandhouding terugkeren 'à son principe et à son esprit'. 'Ou notre illusion est grande', zo eindigde de auteur het hoofdstuk 'ou cet heureux jour, dont tout le monde sent le besoin, ne doit pas tarder à luire sur le Royaume des Pays-Bas'. (p 161-162). Enkele maanden later bleek de illusie inderdaad groot geweest te zijn, maar vermoedelijk was het niet dezelfde illusie die werd gekoesterd door de Parkheren die het geschrift een plaats gaven in hun bibliotheek.

Welke ambities zij dan wel hadden in verband met het heden en de toekomst kunnen we niet rechtstreeks uit de bibliotheekcollectie afleiden, net zomin als hun beelden in verband met het verleden. Daarvoor dient veel bijkomend onderzoek te worden gedaan in verband met de verwerving, het gebruik en de circulatie van de werken die in dit hoofdstuk staan beschreven. Vast staat in elk geval dat ook in de negentiende eeuw de maatschappelijke en politieke evoluties nog duidelijk binnendrongen in dit soms 'ongerept' gewaande stukje prerevolutionair patrimonium.

[1] Voor de figuur van Dillen, zie de bijdrage van Zeef van Bragt en Marnix Beyen, 'Een moderne restauratie'.

[2] Zie onder meer Daniel Droixhe, Etude quantitative et analyse interne de quelques bibliothèques liégeoises au XVIIIe siècle, *Etudes sur le XVIIIe siècle,* 8 (1981), 151-176; Claude Sorgeloos, La bibliothèque de Charles de Lorraine, gouverneur-général des Pays-Bas autrichiens, *Belgisch Tijdschrift voor Filologie en Geschiedenis,* 60 (1982), 809-838; Claude Sorgeloos, Les bibliothèques de Patrick Mac Neny et de Patrice-François de Neny, *Etudes sur le XVIIIe siècle,* 12 (1985), 96-105; Bernard Desmaele, Coup d'oeil sur quelques bibliothèques privées bruxelloises du XVIIIe siècle, *Etudes sur le XVIIIe siècle,* 14 (1987), 101-124; Pierre Delsaerdt, *Suam quisque bibliothecam: boekhandel en particulier boekenbezit aan de oude Leuvense universiteit, 16de-18de eeuw*, Leuven 2001.

[3] Tom Verschaffel, Un guide de lecture historique au dix-huitième siècle. Charles-François Custis (1704-1752) et sa bibliothèque idéale, *Lias,* 17 (1990), 109-119, en Idem, *De hoed en de hond. Geschiedschrijving in de Zuidelijke Nederlanden, 1715-1794*, Hilversum 1998, 116-124.

[4] Vertaler Dominicus von Brentano (1740-1797) voegde een eigen tekst toe, *Von den Rechten der deutschen Kaiser auf das päbstliche Gebiet* (127-204). Over hem: *Biographisch-Bibliographisch Kirchenlexikon, XXVIII, Ergänzungen XV*, 2007, 241-252.

[5] Verschaffel, *De hoed en de hond*, 61-98.

[6] Over de invloed van Mably op de Franse Revolutie, zie onder meer K.M. Baker, A script for a French Revolution. The political consciousness of the abbé Mably, *Inventing the French Revolution*, Cambridge 1990, 86-107.

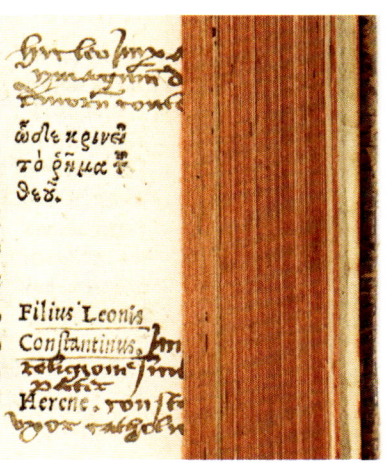

Chronicon Abbatis Urspergensis: Samsons leeuw en De Hondts hand

Chris Coppens

De premonstratenzer kanunnik Burchard von Ursberg (vóór 1177-1231 of later) was prior in het klooster Ursberg (Beieren, Landkreis Günzberg). Daar schreef hij rond 1229/30 een wereldkroniek, beginnend bij Assyrië en eindigend in zijn eigen tijd. Berust het verhaal over het verleden op fantasie, wat hij schrijft over zijn eigen tijd is nu nog een waardevolle historische bron, ook al was historiografie er niet om de feiten exact weer te geven, maar stond die in dienst van de heersende macht. De premonstratenzer was Staufergezind en nam te recht scherp stelling tegen de pauselijke inmenging in de rijksaangelegenheden.
Het is dan ook niet te verwonderen dat deze tekst in 1540 door Crato Mylius, alias Kraft Müller (1489/90-1547 bij de slag bij Mühlberg) werd uitgegeven en door niemand minder dan Philip Melanchthon (1497-1560) met een opdracht aan prinsbisschop Philipp von der Pfalz (1480-1541) werd voorzien. Mylius was in Wittenberg student van Melanchthon en stond in contact met andere vooraanstaande reformatoren.

Mylius' uitgeversmerk stelt een leeuw voor met een kolom op zijn linker schouder zijn rechterpoot steunend op een schild met de ezelskaakbeenzwaaiende Samson. De grote versie van het merk op het einde van deel twee heeft een gedrukt motto onderaan: *Hostibus haud tergo, sed forti pectore notus*, de vijanden kennen niet zijn rug, maar wel zijn moedige borst. Hij wijkt niet voor de vijand, maar weerstaat hem, met andere woorden. Het is een vers van Catullus (LXIV, 339) en het verwijst naar Achilles. Samson is een spiegelbeeld van de Griekse held Herakles, door de Romeinen als Hercules 'vertaald', die zelf 'afstamt' van de oud-mesopotamische epische figuur Enkidu. Allen hadden ze ook iets met een leeuw, en de zuilen van Hercules stonden in het wapen van Keizer Karel. Binnen de reformatorische context mag dit mogelijk wel verwijzen naar de weerstand van de verdedigers van het ware geloof tegen de aanvallen van de Filistijnen van Rome. Onder de hoofdtitel staat de titel van de andere historische tekst, een kroniek van 1230 tot 1537, die door de Straatsburgse historiograaf en theoloog, Caspar Hedio (1494-1552), is uitgegeven en die daarvoor uit heel wat bronnen putte. De titel is *Paralipomena rerum memorabilium, a Frederico II. usque ad Carolum quintum Augustum, hoc est, ab anno Domini M. CC. XXX. usque ad annum M. D. XXXVIII. ex probatioribus qui habentur Scriptoribus, in arctum coacta, & historiae Abbatis Urspergensis per quendam STUDIOSUM annexa*. Dit vormt meteen het tweede deel van deze hele editie en werd door Mylius aan Melanchthon opgedragen. Het boek verscheen met de datum 1540 op het titelblad van het eerste deel, maar met de datum 1538 in het colofon van het tweede. Dat tweede deel is niet in Park; het eerste deel is als enige deel gepresenteerd. Er is nog een exemplaar van dat eerste deel, en dat is niet geëxpurgeerd, maar het tweede deel is er hoe dan ook niet meer bij.
Voor de roomse censuur was dit een te expurgeren, te 'zuiveren', boek, en meer dan dat. Van bij de eerste edities van de Index verscheen Mylius als uitgever van ketterse werken; alles waar zijn naam op stond was meteen veroordeeld, moest worden verbrand, en wie er in het bezit van werd bevonden, werd zelf op de brandstapel gebracht. Alle namen van reformatoren en hun eigen teksten moesten wordt uitgewist. Het tweede deel, over de eigen tijd, bezorgd door een 'apostaat' en uitgegeven bij een 'ketterse' uitgever, werd helemaal verboden. De zuivering van het eerste deel is hier dan ook professioneel gedaan. Het tweede deel van de titel werd zorgvuldig letter na letter onleesbaar gemaakt en daarover werd dan een strookje papier geplakt. Het eerste blad van de opdracht werd uitgeknipt, de rest van de dedicatie van Melanchthon werd regel na regel onleesbaar gemaakt en is dan nog eens met diagonaallijnen doorstreept. De sterke galinkt beschadigde het papier. De eerste twee bladen die zo waren ontstaan, werden helemaal aan elkaar gekleefd. Er zijn duidelijk pogingen gedaan om de twee bladen van elkaar te krijgen, maar de censorenlijm kleeft onverbiddelijk.

Binnenin werden twee gedrukte marginalia het expurgeren waard bevonden, eentje dat zegt dat een tekst van Eusebius verkeerd is, *corrupta scriptura Eusebii*, eentje dat nog eens in de verf zet hoe verkeerd de Kerk toen, in de zestiende eeuw, wel was, in het bijzonder met haar inmenging in wereldlijke zaken. Een tekst van de tekstbezorger onder AD LECTOREM gaat daar nog eens uitvoerig op in, en die is alweer kundig met sterke galinkt onleesbaar gemaakt;
"[…] *quod nec Imperator iura Pontificatus, nec Pontifex iura Imperij sibi usurpare debeat. Et quod Imperator non habet Imperium à Papa, sed à Deo.*" Tijdens de achttiende eeuw werd het boek in een school als prijs gegeven. Prijsboeken in de Zuidelijke Nederlanden waren vaak oud recuperatiemateriaal en werden dan snel opnieuw ingebonden in goedkoop schapenleer. De gegevens over de prijs, die ongetwijfeld op het losse schutblad stonden, werden met dat blad verwijderd. De school waar het boek als prijs werd gegeven, is niet meer te achterhalen, maar het wapen van keizerin Maria Theresia (1717-1780) kan een benaderende datering geven tussen 1740 en 1780, en eigenlijk na 1765 wanneer ze weduwe werd en alleen regeerde, waarbij een spontane datering de datum van de band eerder naar de jaren zeventig zou plaatsen (zie illustratie p. 272). Ongetwijfeld past deze prijsuitreiking in de onderwijspolitiek van de keizerin, zonder dat daar meteen veel uit kan worden afgeleid. Het is evenwel duidelijk dat de school blijkbaar de opdracht had prijzen uit te reiken, maar daar van over-

heidswege wel een stempel voor kreeg, maar nagenoeg geen subsidies om in boeken te voorzien.

Bij de herbinding werden de kanten afgesneden zodat de talrijke marginalia deels verwijderd zijn. Toch is nog meteen de hand te herkennen van Jan de Hondt, alias Joannes Canis (1486-1571). Deze Kortrijkse kanunnik liet een interessante bibliotheek na, die hij bij testament diverse bestemmingen gaf. Een twintigtal boeken legateerde hij aan zijn kapittelkerk, de minderbroeders kregen er zeven, een collega kreeg 'al zijn rechtsboeken', een aantal boeken legateerde hij aan verschillende collega's, en 'al de resterende' aan zijn neef en eveneens kanunnik, Adriaan van Landeghem, die, zoals zijn oom, ook van het Waasland afkomstig was.

Ook dit boek is zoals de bekende exemplaren van zijn bibliotheek die de eeuwen hebben overleefd, met de pen in de hand gelezen, druk- en spellingfouten, foute data en namen corrigerend. Geschiedenis en mythologie interesseerden hem blijkbaar heel erg. Dat de amazones geen borsten hebben, 'zoals wordt gezegd', verdiende te worden onderstreept. Zoals uit de andere marginalia al bleek, moet hij een bijzondere interesse voor incest hebben gehad, en voor de 'onverzadigbare lust van vrouwen', een gevreesd 'verschijnsel' bij theologen. Zo duidt hij aan dat de Vestaalse maagd Sextilia van incest werd beschuldigd en levend werd begraven, evenals die andere vestaalse, Pompilia, die voor 'ontucht' hetzelfde moest ondergaan. Boeiend vond hij blijkbaar ook de *lupanaria*, waar elke *meretrix* haar kamertje had. Dat dit nu niet meteen de literatuur was die aan een jongen van de Latijnse school moest worden gegeven, was dus duidelijk geen argument. Het kwam er ook niet op aan, het werd niet en zou toch niet meer gelezen worden. Het boek was er als object, als een symbolisch object in een op te voeren ritueel, dat er niet voor de jongetjes was, maar voor de school, of zo niet voor de school, dan voor het schoolbestuur, of voor de goegemeente, of voor het stadsbestuur, of voor welke extrascolaire belangen ook. De weg van dit boek is niet meer precies te volgen nadat De Hondt het aan Van Landeghem legateerde, van wie het wellicht bij zijn familie terecht is gekomen. In de achttiende eeuw kon er zich alvast iemand een mecenas mee tonen, die tijdens de plechtigheid met dank zou worden overladen. Dat er slechts één deel was van twee, het maakte niet uit, dat werd toch immers niet opgemerkt. Het schaap was nieuw en glansde, het wapen was nog van blinkend goud, de oogverblinding kon niet op, die jongen stond daar verguld in zijn pakje met dat grote geleerde boek onder zijn armpje, zijn toekomst leek wel gemaakt. Mogelijk hebben nakomelingen van dat jongetje zich weer mecenas kunnen tonen door het aan de abdij te schenken, of een van die nakomelingen trad in en bracht zijn vergulde boekje mee, één deel van twee.

Lit.: Chris Coppens, A Canon's Library: Jan de Hondt, Courtrai (1571), in: Id. (ed.), *Printers and Readers in the Sixteenth Century, including the proceedings from the colloquium organized by the Centre for European Culture, 9 June 2000*, Turnhout 2005, 61-320. (cat. B513)

Edendi atque bibendi voluptas: Park's Pius II incunabel, VIII naar Trente en terug

Chris Coppens

De uitvinding van de boekdrukkunst wordt al te makkelijk een revolutie genoemd. Ze was ongetwijfeld cruciaal voor de productie en de distributie van boeken, maar ze kwam tegemoet aan een behoefte die aanwezig was, en kon worden uitgebouwd door de aanwezigheid en de mobiliteit van kapitaal, stedelijke concentraties en goede verbindingswegen. Het gedrukte boek was een nieuw product dat door marketing op de markt werd gebracht. Het gedrukte boek was op de eerste plaats koopwaar, dan een product waar investeerders geld in belegden, daarna kwam de 'cultuur', de inhoud, die in functie stond van het product. Een paar honderd exemplaren moesten snel genoeg worden verkocht om de investeerders hun return te geven. Sommige kooplui investeerden in een productie, zoals ze dat in linnen en kruiden deden, en zorgden voor de financiële backing, en investeerden een volgende keer helemaal niet meer in een boek. Vele kleine, heel verschillende investeringen konden veel opbrengen.

De uniforme vermenigvuldiging van een tekst werd het eerst benut door de Kerk, die daarin de mogelijkheid zag om identieke liturgische boeken te verspreiden, er het gebruik van te verplichten, en zodoende de controle over de orthodoxie te versterken. Abdijen waren eeuwenlang de belangrijkste bewaarders en producenten van boeken. Het gedrukte boek betekende voor hen geen breuk, zoals dat voor niemand was, het was alleen een andere drager, een andere verpakking, waarbij de handgeschreven boeken niet alleen niet weg werden gegooid, maar in allerlei vormen verder bleven bestaan. Vele oude handschriften zouden nooit worden gedrukt en de tekst bleef de tekst, een stukje van de puzzel van dé tekst.

Niet toevallig waren enkele van de eerste drukkers clerici, en installeerden abdijen ook drukpersen binnen hun gebouwen. Zo werden Arnold Pannartz en Konrad Sweynheym, zelf clerici, door de benedictijnenabdij van Subiaco uitgenodigd en ze produceerden er in 1465 het eerste gedrukte boek van enige omvang in Italië, een klein formaatje was hen voorgegaan. Vanzelfsprekend kochten de meeste kloostergemeenschappen hun boeken aan bij de boekhandel of ze kregen die wel vaker ten geschenke. De Parkabdij was daarop geen uitzondering.

Graaiende handen & hongerige kopers
De belangrijkste bron voor de kennis van het vijftiende-eeuwse boekenbezit in de Parkabdij is de veilingcatalogus van 1829. Met de Franse Revolutie was de abdij afgeschaft, maar via een stroman toch in handen van enkele (ex-)premonstratenzers gebleven. De financiële toestand was evenwel erg precair en alles wat ook maar enigszins los zat of los kon worden gemaakt, werd verkocht: zilver, meubelen, glasramen, muurbekleding. De bibliotheek moet symbolisch erg gevoelig hebben gelegen, maar die moest er tenslotte ook aan geloven.

De boeken werden naar een pand in de Diestsestraat in het centrum van Leuven gebracht, in het huis waar Henri Baumans zijn zaak had. De hulpjes van de boekhandelaar schuurden er met puimsteen en ander ruws de vergulde wapenstempels af, maar de veilinghouder zorgde er wel voor dat de Belgische – *avant la lettre* – en Nederlandse, die toen net nog in het Koninkrijk der Nederlanden onder Willem I (1772-1843) waren verenigd, en vooral de Engelse boekhandelaren en bibliofielen op de hoogte waren.[1] Een recentelijk opgedoken brief van Baumans aan de verraste pastoor van Park laat ondubbelzinnig blijken dat er aan de kant van Park de kosten van het laten veilen van hun boeken zeer slecht waren ingeschat.[2]

Het is nu erg moeilijk, zelfs onmogelijk geworden, om het precieze aantal boeken, in fysieke banden, dat in de oude Parkabdij was, te bepalen, maar op basis van de veilingcatalogus kunnen alvast enkele getallen voorop worden gesteld. In de veilingcatalogus zijn er 597 kavels met gedrukte boeken, elke kavel bevat slechts één editie op een paar incunabelen na; sommige titels zijn in meer dan één editie aanwezig, van sommige edities is er meer dan één exemplaar. Veel edities zijn meerdelig, twee, vier, zes, acht tot vijftien of meer banden per kavel.

Bij die 597 moet zowat een honderdtal incunabelen worden geteld die vóór de veiling Park verlieten, en een helemaal onbekend aantal na 1500 gedrukte boeken in een helemaal onbekend aantal delen. Uit onderzoek in Parijse

---

Naar Trente en terug. '... het reizen is zwaar en gevaarlijk, over twijfelachtige bruggetjes boven diepe waters ...'
De Teufelsbrücke over de Reuss, tussen Göschen en Andermatt uit de *Tableau de la Suisse* van Jean-Benjamin Laborde en Beatus F. Zurlauben. Gravure van Louis Joseph Masquelier (1741-1811), naar een tekening van Parijse kunstenaar Claude-Louis Châtelet (1749-1795). (cat. L7)

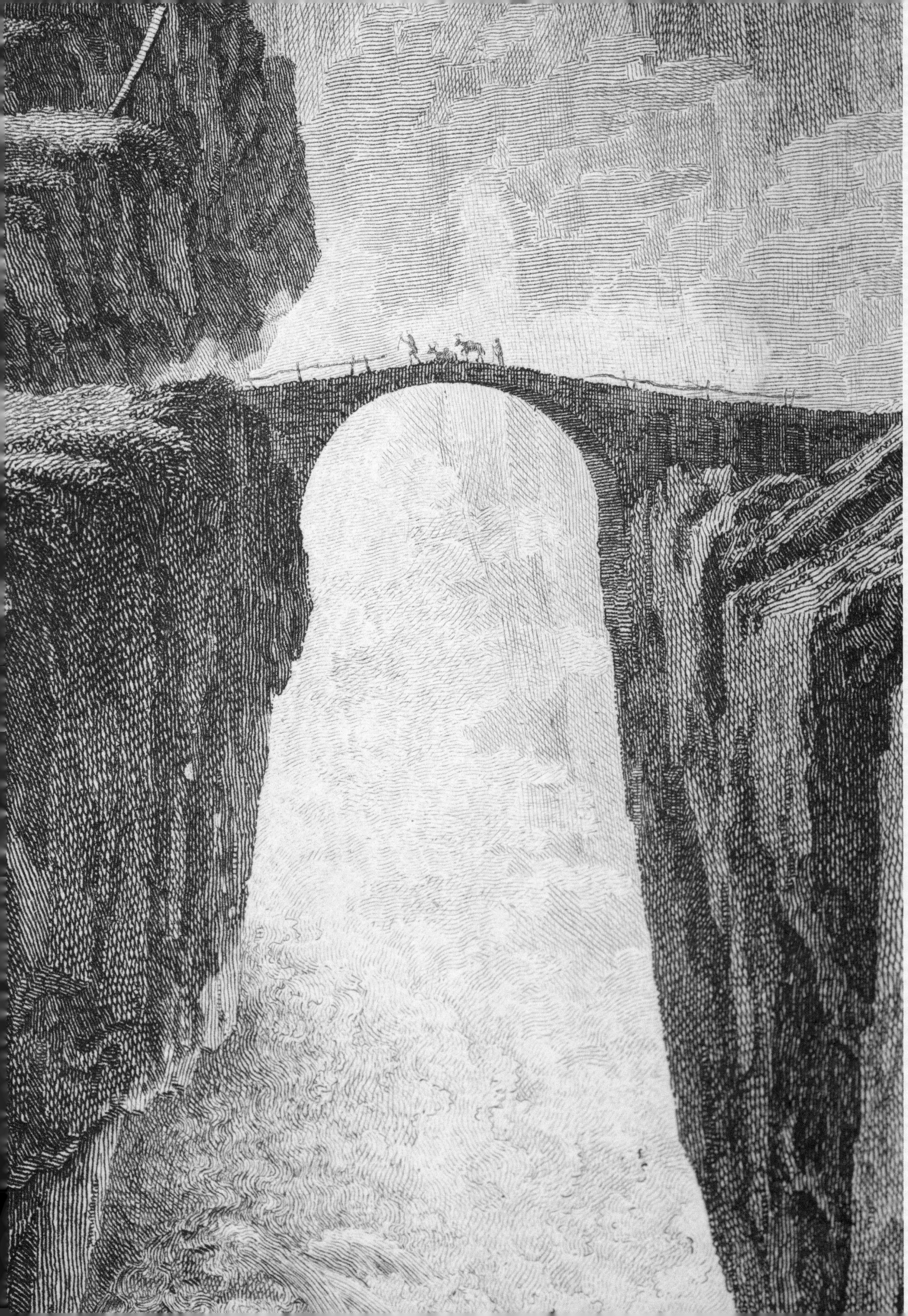

bibliotheken blijkt immers dat ook zeventiende- (en achttiende-?) eeuwse drukken daar verspreid zitten. Bovendien moet er rekening mee worden gehouden dat heel wat van wat met de rooftochten naar Parijs ging, daarna naar provinciale bibliotheken werd verdeeld. Voor de 89 tot nog bekende incunabelen zijn er een 103 banden, maar de verhouding voor de overige boeken ligt veel hoger.

Daarnaast staan er 290 kavels met handschriften genoteerd, samen goed voor 373 fysieke banden; er zijn blijkbaar tenminste elf handschriften die niet in de catalogus staan en ook niet zijn 'geschoond', maar toch zijn verhandeld.[3] Samen maakt dat zowat een duizend codicologische en bibliografische eenheden, waarbij een onbekend aantal moet worden toegevoegd dat niet te ramen en niet meer te achterhalen is.

De veilingcatalogus bevat alles samen 2.377 fysieke banden. Daarvan zijn er 946 in folio, 336 in kwarto, 728 in octavo en kleinere formaten, voor de gedrukte werken. Bij een grote kwarto en een kleine folio geeft Baumans niet noodzakelijk het correcte bibliografische formaat, maar het gaat hier om een beeld van de omvang. Dat betekent 2.010 gedrukte boeken, waarvan 1.282 banden met een formaat gaande van een grote folio, stel ruw weg een A3, tot een A4tje, zo ongeveer. In de catalogus staan 208 fysieke banden perkamenten handschriften, en 159 papieren handschriften. De drie banden van de twaalfde-eeuwse bijbel op perkament zijn monumentaal, en zo zijn veel van de incunabelen die naar Parijs werden ontvoerd.[4]

Na de veiling kwamen '121 werken' onverkocht terug, kavels dus. Dat waren drie perkamenten en zes papieren handschriften, 69 gedrukte boeken in folio, elf in kwarto, 32 in octavo of kleiner, dus 112 gedrukte werken. Zoals uit de Pius II-incunabel blijkt, zijn niet echt álle boeken onder de hamer door gegaan, maar Pius was, op liturgische boeken na, vast een grote uitzondering. In de catalogus van gedrukte boeken tot 1830 van de huidige bibliotheek zijn 77 edities opgenomen met een herkomst van de oude bibliotheek in de abdij; daarin zijn boeken van individuele binnen- of buitenheren niet inbegrepen.

Van de 26 kavels en de 312 als 'appendix' aangeduide kavels gedrukte boeken die na de handschriften komen, lijkt het zeer twijfelachtig dat die tot de bibliotheek van de Parkabdij behoorden. Alles wijst er daarentegen op dat dit niet het geval is. De zesentwintig kavels, die zoals de andere boeken in drie formaten zijn onderverdeeld, folio, kwarto en octavo met de kleinere formaten, beginnen met de gemonteerde en geannoteerde veilingcatalogi van de Leuvense boekhandelaar Jan-Frans van Overbeke (1727-1810), dertien folianten, gaande van 1757 tot 1796.[5] Tenminste tien kavels dateren van na 1800, de meeste daarvan van tussen 1818 en 1823; de acht delen van de *Annales Academiae Lovaniensis* van de toenmalige rijksuniversiteit werden zelfs van 1821 tot 1827 te Brussel uitgegeven. Die zitten samen in een kavel van 47 banden met de *annales* van de universiteiten van Gent en Luik, beide in 1817 opgericht, en Leiden, Groningen en Utrecht. Dat waren net jaren wanneer de abdij als zodanig niet meer bestond en de resterende bewoners nauwelijks het huis konden onderhouden en alles moesten verkopen.

De appendix, die voor het grootste deel kleine formaten bevat, en waarvan de rangorde per formaat een paar keren opnieuw begint, bevat voor het grootste deel theologische werken en veel sermoenen, meditaties, devotieliteratuur en catechismussen in het Nederlands, en, opvallend, een reeks klassieken voor de Latijnse school. Die lijn wordt bevestigd door een paar verzamelingen jezuïetentoneel, zoals bijvoorbeeld kavel 269, *Selectae Soc. Jesu tragaediae Antv. 1634 2 vol*, verkocht voor 60 stuivers, en nog veel meer door kavel 285, *Quarante volumes manuscrits: themata: en latin et flamand, pour la rhetorique, poesie, syntaxe, grammaire, les deux figures etc. etc. collection qui pourra servir les professeurs, pour vingt ans d'enseignement*, verkocht voor 2,5 gulden. De allerlaatste kavel is ook een handschrift, *Manuscrit: sermones ad diversos, Vitae sanctorum, etc.*, verkocht voor 30 stuivers.

Het zijn duidelijk twee collecties die er post factum bij kwamen. Baumans wou er wellicht de spanning in houden door de veiling af te sluiten met de handschriften en had mogelijk de catalogus al gemaakt. Er staat onder de laatste kavel van de handschriften, onderaan het blad, ook een dikke typografische lijn, die ondubbelzinnig op het einde van dat deel wijst. Vanaf hier duidt hij ook niet meer aan wat van hem komt; of alles was van hem, of niets. In elk geval rekent hij deze twee collecties kavels ook niet af met Park, maar heeft er zelf wel deeltjes van ingekocht. Alles lijkt er op te wijzen dat het collecties of delen van verzamelingen zijn, die bij de anonieme veiling van de bibliotheek van de Parkabdij nog anoniemer werden toegevoegd.

De verkoop van een abdijbibliotheek van zeven eeuwen, dat sprak tot de verbeelding. De Bourgondische bibliotheek te Brussel, de Leuvense universiteitsbibliotheek en een paar Belgische bibliofielen waren hongerige kopers, maar een groot deel verdween over het Kanaal. Het veruit duurste stuk van de verkoop, de twaalfde-eeuwse bijbel in drie monumentale delen, ging naar de Londense antiquaar, John Thomas Payne, zoon en opvolger van Thomas Payne (1752-1831), die in 1813 in associatie met zijn leerjongen, Henry Foss, Payne & Foss – Pain & Fuss, voor Charles Lamb (1775-1834) – oprichtte, die tot 1850 bleef bestaan. Payne was de grote leverancier van Georg John Spencer, 2nd Earl Spencer, Viscount Althorp (1758-1834) voor zijn *Bibliotheca Spenceriana*, alias de *Althorp Library*, die in incunabelen en andere vroege drukken specialiseerde. De hele bibliotheek van 40.000 banden werd in 1892 geveild en *en bloc* aangekocht door Enriqueta Augustina Rylands, geboren Tennant (1843-1908), die ter nagedachtenis van haar man te Manchester de John Rylands Library oprichtte, waar het bedrijf van Rylands was gevestigd. Daar kunnen wel incunabelen en andere boeken van Park terecht zijn gekomen, maar zelfs de incunabelen zijn nog niet op herkomst ontsloten.

Door zijn oom en de stichter van de zaak, Thomas Payne sr. (1719-1799), één van Thomas Jeffersons (1743-1826) grote leveranciers, had John Thomas ook *American con-

nections. Na de Bijbel een paar keer in zijn catalogi te hebben aangeboden, wist hij hem in 1843 te slijten aan het British Museum, toen de flamboyante Sir Anthony, alias de garibaldist Antonio Genesio Maria Panizzi (1797-1879), vader van veel bibliothecarissen, er *Keeper of Printed Books* was en er later aan het hoofd van zou komen, en de bibliotheek vormde tot wat ze nu (bijna) nog is.[6] De majestueuze Bijbel is nu een van de vele pronkstukken van de British Library. De eerste grote, systematische verzamelaars van incunabelen waren een aantal Britse aristocraten, die een belangrijk stuk cultureel erfgoed van het vasteland naar Albion verscheepten.[7] Nadat de Leuvense universiteitsbibliotheek in 1914 werd verwoest, is de Koninklijke Bibliotheek te Brussel de belangrijkste collectie voor de kennis van de handschriften en de vijftiende-eeuwse gedrukte boeken die door de veiling werden verspreid.

Er is inderdaad een tweede belangrijke bron voor een reconstructie van het boekenbezit in de Parkabdij. Nadat de Franse Revolutie religieuze en andere instellingen had afgeschaft, kwamen experts uit Parijs om in de veroverde gebieden waardevolle stukken, van kunst tot wetenschap, als oorlogsbuit uit te kiezen en ze naar Frankrijk te voeren, *la République française* en vooral Napoleon ter ere. Voor het afromen van bibliotheken was *citoyen* abbé Leblond (1738-1809) meegekomen. Hij had zich aan het hoofd van de latere Bibliothèque Mazarine gewerkt en was een expert in de wereld van het boek. Hij beet zich verwoed in zijn 'opdracht' vast en ergerde zich aan het ongeduld van zijn reisgenoten om naar Parijs terug te keren voor hij zijn werk ten gronde had verricht. Met deze ijver bezield, deed hij ook de Parkabdij aan. Dat de handschriften op de veiling zijn gekomen, is er het duidelijkste bewijs van dat ze toen verborgen waren en niet werden ontdekt. Met een neus voor kwaliteit op het boekenvlak, wist hij de belangrijkste incunabelen te selecteren en met een aantal andere boeken gevankelijk naar Parijs te laten brengen.

In Parijs zelf kon Leblond zijn buit niet echt verzilveren zoals hij dat had gewild, en hij was dan ook niet bepaald verguld met deze gotspe. Zijn concurrent stond aan het hoofd van de *Réserve Précieuse* van de *Bibliothèque Nationale* en was niet minder ambitieus dan de *abbé*, integendeel, en hij had het voor het zeggen. Joseph Van Praet junior (1754-1837) was een Bruggeling uit een welgestelde koopmans- en boekhandelaarsfamilie. Zijn moeder was een Franse en hij werd naar een Franse school gestuurd, zoals dat overigens bij zijn klasse paste. Brugge was voor hem meteen te klein en in Parijs maakte hij het al snel. Hij bouwde de *Réserve* uit, als een gedreven conservator, met nauwe relaties met de handel en zonder veel schroom voor de historische integriteit van het boek. Hij stelde zo nodig de exemplaren samen zoals hij die wou. Met de massale vangst uit de veroverde gebieden die in Parijs lag opgestapeld, was het een feest voor een Van Praet. Hij selecteerde wat hij voor 'zijn' bibliotheek nuttig vond, een deel ging naar de *Bibliothèque de l'Arsenal*, een privécollectie die met de Revolutie was genaast, en een openbare bibliotheek werd, en een deeltje mocht naar Leblonds revier.

Al deze exemplaren zijn getuige van Leblonds expertise. In de korte tijd die hij in Heverlee kon spenderen, slaagde hij er in de kern van de vijftiende-eeuwse boeken uit de rekken te halen. Mogelijk was dat niet zo moeilijk, omdat de meeste wegens hun grote formaat wellicht samen stonden, of als zodanig verborgen waren en werden ontdekt. Zij tonen het echte gezicht van het gedrukte boek tijdens

Het colofon van Pius II, *Bulla retractationum,* Keulen, Ulrich Zell, ca. 1470 met de handgeschreven approbatie van Cunerus Petri voor de editie door Bogardus te Leuven, 1563, en de zin waarin Petri de drukker van de incunabel looft.

Pÿ ṗpe secūdi. Bulla retractationū oīm dudū
p eum in minoribus adhuc agētem pro Con
cilio Basilieñ. a cotñ Eugenium summū põtifi
cem scriptorum Incipit feliciter.

PIus Episcopus Seruus seruorū dei. di
lectis filijs. Rectori et vniuersitati sco
le Colomieñ. Salutem et aplicam bene
dictionem. In minoribus agentes nō
dum sacris ordinibus iniciati cum Basilee inter
eos versaremur qui se generali Concilium face
et vniuersalem ecclesiam representare aiebant
dyalogoꝝ quendam libellum ad vos scripsimꝰ
i quo de auctoritate Concilij gñalis. ac de gestis
Basiliensium et Eugenij ipe contradictione. Ea
ꝑbauimus vel dampnauimus. q̄ ꝑbanda vel
dampnanda censuimꝰ. Quantū capiebamus
tm̄ defendimus. aut oppugnauimꝰ. Nihil mentiti
sumus. nihil ad graciam. nihil ad odium retuliꝰ
Existimauimus bene agere. et recta incedere via
Nec mentis nostre aliud erat obiectum qm̄ publi
ca vtilitas ⁊ amor veri. Sed quis non errat mor
talis. Sapientem incoueniunt philosophi nunqm̄
errae Verum est. At quis sapiens nisi bonus ⁊
quis bonus nisi solus deus. Omnes declinaueṙt
simul inutiles facti sunt. non est qui faciat bonū
non est vsqzad vnum. inquit propheta regius

(marginalia:)
pr̃ hac epla scrip
serūt ex concilio
Tridentino. M. N.
louanieñ. Aº 1545
Addito Titulo par
chisis monasterij
vbi reperta est
vclo dextrā g[...]
Fuit aūt p‾qg
grata patribus
concilij.

inquint

de vijftiende eeuw in de Parkabdij. In de *Bibliothèque nationale de France* zijn er zeventien titels, soms in meer delen, groot, zwaar, zoals de encyclopedische werken van Vincentius van Beauvais. In de *Bibliothèque Mazarine* zijn er elf. In beide bibliotheken zijn de incunabelen verwerkt en is de herkomst geregistreerd. In de *Arsenal* is de herkomst niet systematisch terug te vinden. Er is een steekkaartencatalogus met eerder willekeurig genoteerde herkomsten van alle boeken, niet alleen van incunabelen. Momenteel is traag maar zeker de grondige catalogisering van de incunabelen bezig en komen meer exemplaren van Park aan het licht. Tot nog toe konden vijf exemplaren worden gevonden en kunnen er nu meteen al vijf worden toegevoegd.[8]

Tijdens de tweede helft van de vijftiende eeuw was Dirk van Tulden (1419-1494), er abt. Hij kwam van de abdij van Tongerlo, waar er een sterke boekcultuur heerste, had in Leuven en Parijs gestudeerd, en had diplomatieke missies bij het Concilie van Basel (1431-1437/1449) en in Rome vervuld. Hij was het die naast de handschriften systematisch via Leuvense boekhandelaren een bibliotheek met gedrukte boeken opbouwde. Die kern is nu in Parijs. In tegenstelling tot het beeld dat bijvoorbeeld de exemplaren in de Koninklijke Bibliotheek in Brussel geven, vrij disparaat en soms pas later via legaten en schenkingen naar de abdij gekomen, reveleren die exemplaren een doordachte aankooppolitiek en een grote uniformiteit in de afwerking. Jammer genoeg zijn de oorspronkelijke banden later in de abdij allemaal vervangen; gezien de herstellingen aan sommige exemplaren, lijkt het niet onwaarschijnlijk dat tenminste sommige boeken in soepel perkament waren gebonden. Omslagen van soepel perkament waren géén voorlopige ingreep, zoiets als tijdelijke boekbanden bestond niet, daar was geen plaats of tijd of geld voor, niet in het productie- en niet in het handelsproces.

De grote middeleeuwse encyclopedische werken, op de eerste plaats de al geciteerde Vincentius van Beauvais, maar ook Rainerius de Pisis of Alexander de Ales, theologische traktaten en boeken over moraal, edities over kerkelijk recht, heiligenlevens en sermoenen, het rijk geïllustreerde *Rudimentum novitiorum*, een 'rudimentaire inleiding voor beginnelingen', een snelcursus wereldgeschiedenis, voor jonge monniken en soortgenoten op de eerste plaats, het *Catholicon* van Johannes Balbus, een Latijns woordenboek, Alexander de Villa Dei's *Doctrinale*, een Latijnse spraakkunst, zij waren het referentiekader voor Bijbellectuur, voor sermoenen, voor pastoraal werk, voor juridische regels en discussies, leerstof voor de novicen, stof voor bezinning, voor de *lectio divina*.

De eerste bedrukte bladzijde van Pius II,
Bulla retractationum. De miseria curialum,
[Keulen 1470?] met de correctie uit Brescia en het
contemporaine marginalium met de vermelding
dat het exemplaar op het Concilie was.

Er waren twee exemplaren van een foliant van Thomas van Aquino, in 1470 door Pannartz en Sweynheym in Rome gedrukt. Mogelijk was er één oorspronkelijk door de abdij aangekocht, maar dat is niet zeker; de versiering van beide is Italiaans, zoals die door de Italiaanse producent op de markt werden gebracht. Er is nog een andere Romeinse editie van dezelfde tijd, eveneens met Italiaanse decoratie, maar het lijkt alweer erg onzeker of dit boek rechtstreeks via de boekhandel werd aangekocht of dat het een latere schenking was. Petrus de Crescentiis' *Ruralia commoda*, in 1474 te Leuven bij Jan van Westfalen gedrukt, was vast een nuttig boek bij het onderhoud van neerhof en boerderij. Het was ook bij Westfalen, de enige Leuvense drukker en boekhandelaar die voor zijn investeringen in het boek een weidser horizont dan de Brabantse heuvels had, dat Van Tuldel heel wat boeken kocht. De *De re aedificatoria* van Leon Battista Alberti (1404-1472), in een Florentijnse druk van 1485, springt helemaal uit de band binnen de logica van de collectie van de premonstratenzers, maar het boek behoorde tijdens de zeventiende eeuw dan ook toe aan de Antwerpse kanunnik Willem van Hamme (1602-1668) en kwam pas na zijn overlijden naar Heverlee. Het boek bleek uiteraard wel aantrekkelijk voor Leblond.

Er is een incunabel die onder de veilinghamer passeerde en nu weer in de abdijbibliotheek is, de *Historia Lombardica*, alias *Legenda aurea*, van Jacobus de Voragine, gedrukt te Straatsburg in 1486.[9] De reeks herkomstaantekeningen op het titelblad laten zien dat 'eigendom' ook in kloosters en abdijen een merkwaardig begrip is. Elke frater die het bezat, of 'in gebruik' had, doorstreepte met devotie de naam van zijn voorganger. Het boek ging in 1829 niet echt voor een prikje van de hand, een Hollandse gulden tien cent, maar duur was het ook weer niet, evenveel als twee kilo boter, wel, onbetaalbaar voor de gewone burger, die geen boter op zijn brood kon smeren en overigens ook geen behoefte voelde aan een wiegendruk, te druk benomen om de mondjes in de wiegen thuis te voeden.

Pius vs. Aeneas
Er is een incunabel die aan Leblond én aan de veiling ontsnapte, en, onverstoorbaar of goed verborgen, altijd op zijn plaats is gebleven, ook al ging hij tijdens zijn leven wel even *extra muros*.[10] Het dunne boekje kon makkelijk aan de graaiende handen van de *abbé* ontsnappen, maar mogelijk had het voor de resterende ex-premonstratenzers in 1829 nog een te grote symboolwaarde, veeleer dan dat het toen ook over het hoofd is gezien. Het bevat een Keulse druk van Ulrich Zell, de eerste drukker van de universiteitsstad, die ook zijn productie op de eerste plaats op de lokale universitaire gemeenschap richtte. De druk is te dateren rond 1470.[11] Hij bevat twee teksten van paus Pius II, alias de levenslustige humanist Enea Silvio ofte Aeneas Silvius Piccolomini (1405-1464). Er zijn twee variante drukken van deze editie, de ene zeer zeldzaam, de andere, zoals die in Park, is dat ietsje minder, maar toch nog niet om elke hoek te vinden. Deze editie is hoe dan ook de

91

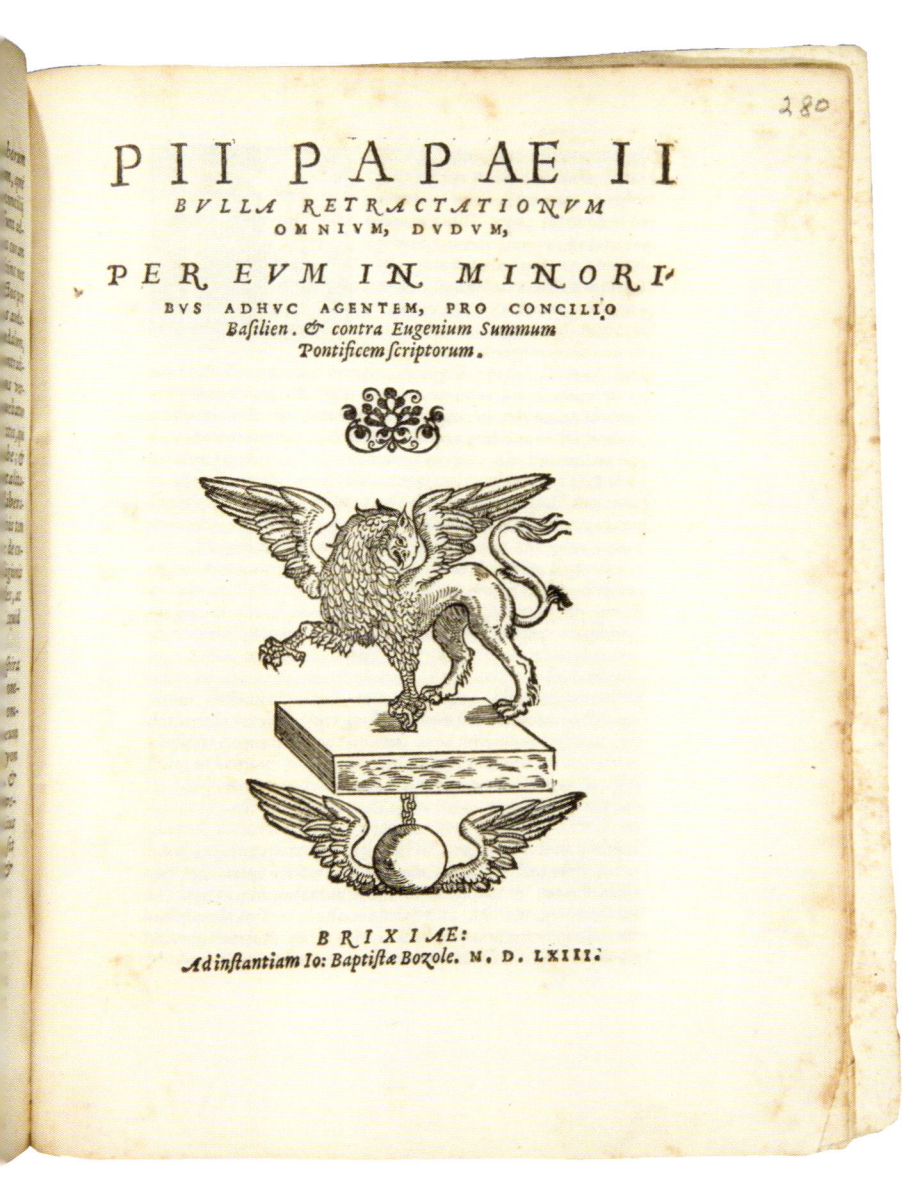

Titelblad van de editie Brescia 1503
van Pius II, Bulla retractationum.
Courtesy of the Newberry Library,
Chicago

enige uitgave van deze twee teksten samen; ze vormen een merkwaardige combinatie.

De eerste is de *Bulla retractationum*, voornamelijk over het Concilie van Basel (1431-1437/49), gericht aan de rector en de universiteit van Keulen, en gedateerd op *vi.kal.Maias*, 26 april, 1463. Enea Silvio was aanwezig op het concilie als secretaris van Domenico Capranica (1400-1458), die er zich van de bevestiging van zijn kardinaalsbenoeming wou verzekeren. Het concilie zocht niet alleen naar hervormingen binnen de Kerk, maar wou het primaat van het concilie stellen boven dat van de paus, Eugenius IV (1383-1447), de conciliaristen tegen de curialisten. Capranica zag al snel in dat een verzoening met de paus het best zijn belangen diende en keerde terug naar Italië. Enea vond een nieuwe werkgever in de Rome getrouwe kardinaal Niccolò Albergati (1373-1443), en ging met hem op diplomatieke missie doorheen Europa. Hij heeft daarbij ook de Lage Landen aangedaan en er Jan van Eyck (ca. 1390-1441) ontmoet, die precies dan, in 1431, een portret van zijn broodheer tekende en dat later in olieverf uitwerkte.[12]

Enea Silvio keerde in 1436 naar Basel terug, waar hij binnen de organisatie van het concilie werd opgenomen en er opviel als redenaar.[13] Hij was een ijverig pleitbezorger voor de zaak van de conciliaristen en werd secretaris van tegenpaus Felix V (1383-1451), wat hem meteen de ban garandeerde. In die functie ging hij in 1442 naar de Rijksdag in Frankfurt en hij ontmoette er zijn 'vriend' Nicolaus Cusanus (1401-1464), die er was als afgevaardigde van Eugenius. Piccolomini trok er de aandacht van koning Frederik IV, de latere keizer Frederik III (1415-1493), die hem tot *poeta laureatus* kroonde en hem aanstelde als secretaris van de koninklijke kanselarij. Dit was duidelijk een goede diplomatieke zet, die een terugkeer naar Rome kon voorbereiden; Frederik stelde zich immers neutraal op.

In 1444 schreef hij nog zijn *Historia de duobus amantibus*, een sleutelnovelle als een slinger van *billets-doux*, gesierd met pareltjes van Ovidius, en zijn *Chrysis*, een dag uit het leven van twee hoertjes, een komedie met een epicuristisch spel tussen lust en rede.[14] Het jaar daarop verzoende hij zich met Rome en nog een jaar later werd hij tot subdiaken gewijd. Omwille van zijn verdiensten, zo heet dat, werd Piccolomini in 1447 tot bisschop benoemd, in 1456 tot kardinaal. In 1458 werd hij tot paus verkozen en hij nam, narcistisch als hij was, en met de nodige zelfmarketing, de naam Pius II aan.[15] Vergilius' *pius* Aeneas was niet veraf en Pienza lag dra op de tekentafel.[16] Het is een voorbeeld van een blitzcarrière waarbij een talentrijk opportunist zonder scrupules als een streber zijn talenten aanwendt zoals het hem best schikt en inderdaad de hoogste macht bereikt.

Als verarmde patriciërszoon, met geld tekort en talent te over, ging hij scrupuleloos op zijn doel af, eerst als gehaaide libertijn, dan als 'late roeping' op weg naar de pausentroon, met een welgeplande campagne, waarbij zijn redenaars- en schrijftalent handig alles en iedereen in functie van zijn carrièreplannen bespeelden en manipuleerden. Als een tweede Ovidius de dichter in (vrijwillige!) ballingschap spelend, bracht hij meer dan twintig jaar in Duitssprekend territorium door. In tegenstelling tot Ovidius, die echt was verbannen, was dit voor hem *good will hunting* op keizerlijk terrein, om sterker naar Rome op te kunnen trekken. Zijn relatie met de *nordici*, in casu de Germanen, was dubbel. Hij vond ze helemaal niet op het niveau van zijn rafinement, maar bewerkte hen toch terdege met zijn woordkunst, ook al wreef hij hen soms tegen de haren in.

Hij loofde de oorlogservaring van hun soldaten en peroreerde dat het een simpel tijdverdrijf zou zijn (sic!) tegen de Turken te vechten. Dan zouden ze hun Germaanse wortels vol oorlogszucht ten volle kunnen tonen en zouden ze de Roomse heerschappij waardig kunnen verwelkomen. Hun voorvaders waren toch maar beestachtige (sic!) barbaren en geweldenaars, naakt of in huiden gehuld rondlopend, helemaal onderontwikkeld, zelfs niet tot enige akkerbouw in staat. Daar stak hun huidige bestaan sterk tegen af, nu ze gecultiveerd waren.

Met Frederik III reisde hij naar Rome voor diens keizerskroning, in de aanloop van zijn eigen campagne voor de troon van Petrus. Hij was een eregast aan tafel bij paus en keizer, en charmeerde de ziekelijke Calixtus III, alias Alfonso de Borja (1378-1458), met zijn kennis van het Duitse Rijk. Silvio glunderde er van, sommige tafelgenoten waren evenwel minder gelukkig met wat hij zelf zag, of voorgaf als zijn 'opkomen voor de Duitsers'. Het kan dan ook niet verwonderen dat hij van die kant geen steun voor 'zijn' kruistocht kreeg.[17]

Zijn pontificaat moest wel in het teken staan van de hervorming binnen de Kerk, maar zijn aandacht ging voor een groot deel uit naar een kruistocht om Constantinopel, dat door sultan Mehmet II (1432-1481), de Veroveraar, in 1453 ten val was gebracht, te heroveren en de Turkse dreiging tot staan te brengen. Hij zocht daarvoor hulp in Frankrijk, Duitsland en Oostenrijk, waarvoor kardinaal Bessarion (1403-1472) op pad werd gestuurd, maar zijn archaïsche droom kreeg geen vaste voet. Hij riep in 1463 dan toch zelf op tot een, tot zijn, kruistocht die een jaar later in Ancona in zee zou gaan.

Ondertussen zat hij met zijn zelfbeeld en zijn geloofwaardigheid, waarin zijn frivole leven geen plaats meer kon hebben. Had hij ten volle van zijn hoofse promiscuïteit genoten en er literair vorm aan gegeven, voor zijn onmiddellijke plannen moest die even onder de mat worden geveegd. Hij kon niet alleen niet openlijk meer zeggen wat plezier hij had gehad, maar zijn verleden moest er anders uitzien dan het was geweest. Omdat dit onmogelijk was, moesten de getuigen van dat verleden zo sterk mogelijk worden verzwakt, en moest hij voorgeven dat hij nu een totaal andere mens was geworden.

In een brief van 1447 aan de rector van Keulen, toen de theoloog Johannes de Aqua de Berka, had hij al afstand van zijn verleden genomen, maar zich als geen ander bewust van zijn nagedachtenis, schreef hij in 1463, als paus, met een verzwakte gezondheid en met een kruisvaart in zicht, het allemaal nog eens formeler neer. De Berka was er toen ook nog wel, maar de medicus Gerardus Hoeffmans de Hamont was rector en Johannes Tinctoris was er een vooraanstaand godgeleerde, en hij was Pius niet zo best gezind. Een jaar later, in Ancona, op een zomerdag in augustus, in het zicht van de zee en wachtend op schepen die maar niet kwamen, gaf hij de geest. Ook de kruistocht blies daarbij, abortief, de laatste adem uit.

In deze geest schreef hij zijn *Bulla retractationum in minoribus agentes,* (zie illustratie) waarin het hoofdzakelijk gaat over het Concilie van Basel en paus Eugenius IV, en, door Augustinus' *Retractationes* geïnspireerd, het afrekenen met zijn verleden. Het is geen pauselijke bul *stricto sensu*, maar hij wou zijn brief hiermee ongetwijfeld officiëler en zeker gewichtiger doen klinken, en begon die ook met de aanhef van een echte, als *servus servorum*. Hij realiseert zich dat hij alles wat hij tot zijn schaamte heeft geschreven, niet uit circulatie kan halen, en bezweert daarom zijn lezers *Ita scripsit Eneas, qui postea summum pontificatum adeptus, Pius secundus appellatus est, nec invenitur mutasse propositum*, dat schreef Enea, dat was vroeger, nu is er paus Pius de Tweede, het is allemaal anders. Die stuitende retoriek is nooit vreemd aan politici en andere machthebbers door de eeuwen heen.

Titelblad van de Leuvense editie 1503 van Pius II, *Bulla retractationum.* (KULeuven, Centrale Bibliotheek)

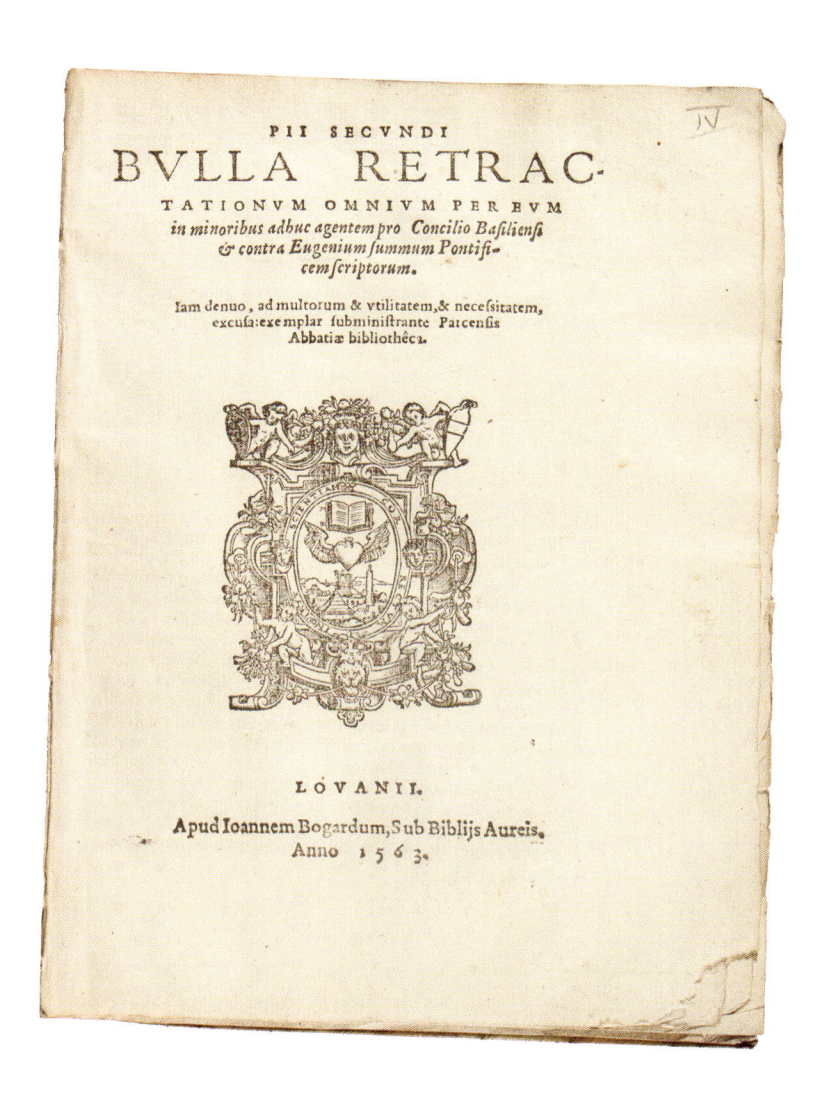

Deze tekst werd voor het eerst gedrukt in de editie waarvan de Parkabdij van in de vijftiende eeuw een exemplaar bezit. Het is niet verwonderlijk dat dit in Keulen gebeurde, en door Ulrich Zell (1462-1502). De universiteit, als zijn criticus, was Pius' geadresseerde en was Zells belangrijkste cliënteel. Het was ook Zell die de eerste druk van Silvio's succesvolle liefdesverhaal op de markt bracht, maar ook herhaalde drukken van zijn *Epistola ad Mahumetem*. Deze editie past in de rij.[18]

Dat de heren van Park net dat boek in 1829 niet op de veiling wilden zetten en het als een soort kleinood, een soort reliek zelfs, wilden bewaren, is goed te verklaren. Een eeuw of wat eerder was het nog fraai, maar onhandig, ingebonden en had een kanunnik in zijn beste schrift op de perkamenten bladen voorin genoteerd wat er zo bijzonder aan was. Na 1824 heeft nog iemand, Augustinus Dillen (1817-1875), die in 1842 bibliothecaris werd, enkele bibliografische identificaties van de editie of de tekst genoteerd, zoals de referentie naar de *Dictionnaire bibliographique* van ex-jezuïet Carlos Antonio de La Serna Santander (1752-1813), uitgegeven in drie delen te Brussel van 1805 tot 1807. Hij verwijst nog naar een Luikse editie van 1787 en naar de Mechelse uitgave uit 1824 bij Pierre-Joseph Hanicq van *De primatu et infallibilitate Romani Pontificis* van de Augsburgse jezuïet en theoloog Laurenz Franz Xaver Veith (1726-1795) (ed. princ. 1781), die in een editie van 1824 in de abdij aanwezig is, waarbij de *Bulla* van Pius II als appendix werd toegevoegd.[19]

Wat dit exemplaar dan zo bijzonder maakt, is dat het aanwezig was op het Concilie van Trente (1545-1563), dat mede door de stimulans van Carlo Borromeo (1538-1584) in 1562 zijn laatste fase was ingegaan. Nadat de Leuvense theologen vanuit Trente een brief hadden geschreven, werd het van de abdij naar Trente gestuurd, *ex Abbatia nostra Parch. transmissa*, zoals de anonieme witheer tijdens de achttiende eeuw, nadat het boek plechtig was ingebonden, noteerde, en het werd er met dank door de concilievaders ontvangen, *pergrata P.P. Concilii advenit*. Het werd teruggebracht door Jan Hessels, alias Johannes Hesselius (1522-1566), *relata est per Exi. D.J. Hessels*.[20]

Hessels gaf gedurende acht jaar les in de Parkabdij aan de jonge witheren in spe, en was de raadgever van abt Lodewijk van den Berghe (1495-1558), die de religieuze discipline in de kloostergemeenschap wilde herstellen. In 1526 waren er 64 bewoners in de abdij, de knechten inbegrepen. In de abdij van Sint-Geertrui waren er dat 35, in Vlierbeek 28, in Bethlehem 55, in de abdij van Averbode 119. De woelige tijden daarna zullen het bevolkingsaantal niet hebben doen aangroeien.[21]

Hessels was dus vriend aan huis in Park en moet de bibliotheek goed hebben gekend. Hij werd in mei 1563 samen met Michael Baius, alias Michel de Bay (1513-1589), en Cornelius Jansenius (1510-1576), die twee jaar later tot eerste bisschop van Gent zou worden benoemd, door Filips II naar het concilie gestuurd, dat onder Pius IV (1499-1565) naar zijn einde liep, om er hun gewicht in de schaal te werpen. Baius was niet alleen een rabiate protestantenhater, hij was ook tegen de onfeilbaarheid van de paus, en was binnen de Kerk fel omstreden wegens zijn theologische theorieën.[22]

Gedelegeerd worden naar Trente was best een lucratief uitje, dat letterlijk en figuurlijk vorstelijk werd vergoed. De last van het reizen woog daar ruim tegen op, bovendien werd die last best wel opgevangen door een gevolg, terwijl onderweg de herbergen het gezelschap graag zagen komen.[23] Die boden het nodige vertier en in Trente stond een legertje courtisanes hun opwachting te maken. Kardinalen, diplomaten en andere hoogwaardigheidsbekleders maakten het zwaartepunt uit van hun cliënteel. De trappen van de kerken of binnen de kerken zelf waren een belangrijke werfplaats.[24]

Van de vorige lichting Leuvense en andere *deputati*, bij de eerste sessies, zijn gages bekend. De abt van Park, Lodewijk van den Berghe, beheerde de fondsen die door de vorst ter beschikking werden gesteld, en hanteerde de verdeelsleutels. De abt van de abdij van Saint-Bertin was een van de gegadigden. Voor hem werd in 1553 een dagvergoeding van vier Philippusgulden uitgetrokken. Dat was een gouden munt uit de Bourgondische tijd met de afbeelding van de heilige Philippus, patroon van Filips de Goede, met de waarde van 25 stuiver. Hoewel hij schitterde door afwezigheid, streek de prelaat toch zijn hele gage op. Ruard Tapper (1480-1559), de theoloog van Enkhuizen, die in Leuven de professorentoga droeg, blonk ook niet meteen uit door aanwezigheid, maar kreeg toch zijn volledige uitkering van 1.601 pond 5 stuiver.[25] In 1553 verdiende een metserdiener 12 Brabants groot per uur op een werkdag van 12 uur.[26] In 1590 had een drukker bij Plantijn een gemiddeld weekloon van 102 stuiver, een drukkersgezel 50,5; een lettergezetter verdiende gemiddeld 84 stuiver per week.[27]

De Leuvense *doctores* van de laatste sessie konden een wel heel praktische bijdrage leveren voor hun geld. De editie van Zell was op dat ogenblik de enige uitgave van Pius' tekst. De concilievaders hadden het over Pius' versus Piccolomini's houding op het Concilie van Basel, onder andere tegenover de lekenkelk; er was dus vraag naar die tekst.[28] De discussie over de lekenkelk verwijst naar het nuttigen van de wijn – het bloed – door leken tijdens de eucharistie, het utraquisme. Die heeft alles te doen met de letterlijk verketterde hervormingsbeweging binnen de kerk in Bohemen. Mede geïnspireerd door John Wyclif (ca. 1328-1384), ging de hervormingsbeweging uit van een persoonlijker gods(dienst)beleving, gemodelleerd op de eerste eeuwen van het christendom, zonder relieken- en aflatenhandel en nog veel meer corruptie, waarbij alle gelovigen het woord van hun God konden delen door het lezen van de Bijbel in de volkstaal en door de communie onder beide vormen, waarbij zij ook van de wijn konden drinken, die door Rome tot de clerus was voorbehouden.

Het is helemaal geen toeval dat het woord *heresiarcha*, 'leider van een ketterij', in de weinige marginalia van het Parkexemplaar, geïdentificeerd is als Jan Hus (1372-1415), de begeesterde en begeesterende intellectueel, die binnen de Kerk naar een vernieuwde geloofsbeleving streefde en de corruptie binnen de geïnstitutionaliseerde Kerk, van de top van de hiërarchie tot de zogenaamde bedelmonniken en de lagere clerus, tegen wou gaan. Uitgenodigd in 1415 door keizer Sigismund I (1368-1437) op het Concilie van Konstanz om zijn opvattingen te kunnen verdedigen, was hij al bij voorbaat veroordeeld. Gelovend in een eerlijke dialoog, werd Hus evenwel al meteen wederrechtelijk gearresteerd en op de brandstapel gebracht, met de steun van de keizer. Het ging veel meer om machtsspelletjes en politieke kongsis, dan om geloofsovertuigingen, die eigenlijk niet ter zake deden; het punt was niet dat er een afwijkende mening was, het punt voor de Kerk was dat haar eindeloze 'van God ontvangen gezag' zou worden aangetast. De Kerk heeft nooit kunnen dulden dat haar oppermacht in vraag werd gesteld en heeft de anders-denkenden altijd meteen autoritair, in collaboratie met het wereldlijk gezag, in het ketterse verdomhoekje gegooid en omgebracht, 'om godes wille', *dieu le veut*.[29]

Aan de vraag naar Pius' tekst werd meteen tegemoet gekomen. Er kwam snel een editie in Brescia, uitgegeven door Giovanni Battista Bozzola en gedrukt door Lodovico Sabbio. Op aanraden van zijn beschermheer en vriend, de bisschop van Brescia, Domenico Bollani (1514-1579), opende Bozzola in 1561 een boekhandel in Trente, waar prins-bisschop Cristoforo Madruzzo (1512-1578), als eerste van een lange dynastie, met vaste hand regeerde, om er de conciliavaders bij de laatste sessies van de nodige lectuur te voorzien en de conciliaire publicaties te verzorgen. Hij ging er ook prat op dat hij de eerste was om een boekhandel in Trente te openen en daarbij niet naar gevaar (!), kosten of moeite had gekeken. Hij publiceerde zowat zestig drukjes met toespraken, besluiten, dit soort zaken. Pius' bul past daar helemaal in.[30]

Het exemplaar van Park werd voor deze editie gebruikt. Het staat met zoveel woorden in het colofon vermeld, *Inventa in Monasterio extra muros Civitatis Lovaniensis*.[31] Bij gebrek aan kopieertoestellen, was dit wel niet de enige, maar toch wel de snelste en beste wijze om een tekst uniform te kopiëren en vrij snel onder de deelnemers te verspreiden. Voor de batterij schrijvers die er vast was, zou dit misschien niet veel meer tijd hebben gevraagd, het drukken in Brescia in gedachten, maar de uniformiteit van het drukken konden zij niet garanderen. Het is niet verwonderlijk dat er geen exemplaar in Trente voorhanden was, op een onvolledig exemplaar met alleen de *Bulla* van een achttiende-eeuwse privécollectie na, zijn er nu slechts drie exemplaren in Italië geregistreerd, en die bevinden zich alle in de Bibliotheca Apostolica Vaticana, waar ze met latere privécollecties belandden.

De correctie op de eerste gedrukte bladzijde van het exemplaar in Park, de enige overigens, werd zowel uitgevoerd in de editie van Brescia als in die van Leuven. Dat wijst er dus op dat deze correctie in Trente of in Brescia voor het drukken werd gemaakt. Het drukken moet dan ook gebeurd zijn tussen juli, het ogenblik van de eerste sessie nadat de Leuvenaars waren aangekomen, of bij contac-

Slotzin van de *Bulla retractationum* van Pius II, 26 april 1463, in de editie Brescia, Giovanni Battista Bozzola 1563, met het drukkersadres en de verwijzing naar de Parkabdij (Courtesy of the Newberry Library, Chicago)

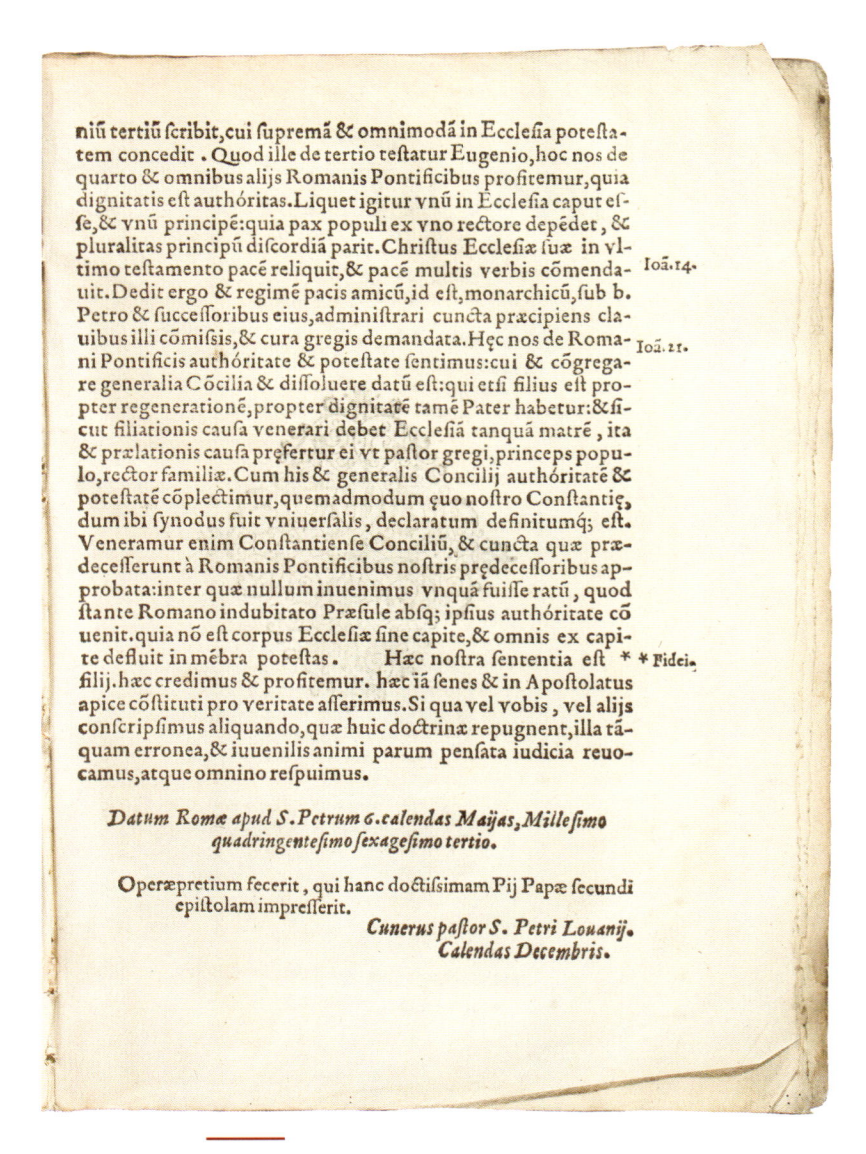

Het colofon van de Leuvense editie 1563 van Pius II, *Bulla retractationum. De miseria curialium.*, waar de lof van Petri op het drukwerk van de incunabel wordt overgenomen alsof het de voorliggende druk betreft.

ten vooraf, met toevoeging van de tijd die de brief nodig had de abdij te bereiken en die het boek nodig had in Trente aan te komen, en december, toen het als *exemplar* in Leuven werd gebruikt, met aftrek van de tijd van de terugreis van Hessels, via Bolzano, een eeuwenoud handelscentrum met druk bezochte jaarmarkten, en Bressanone, de Brennerpas over, Innsbruck door, naar Brabant.[32]

Het kan dus niet kloppen dat de karavaan, met enkele prelaten en hun gevolg, en de Leuvense theologen, zich naar het midden van december op weg zetten voor hun terugkeer naar het heuvelende Brabantse Hageland, dat was geen reisseizoen, en ook al zouden de prelaten zich koen door sneeuw en ontij hebben gewaagd, rekenend op de honden van een andere pas, Hessels was toen al weer in Leuven met het boekje.[33]

De reizigers konden inderdaad pas in mei naar het zuiden vertrekken en moesten in oktober terugkeren om de Alpen over te kunnen steken.[34] Met de Tassis-koerierdienst was een brief van Brussel in Parijs in 36 tot 40 uur, in Innsbruck in vijf tot zes dagen, in Rome in tien tot elf, afhankelijk van het seizoen. Om 1.207 km te overbruggen waren een vijfendertig koeriers nodig, van afspanning, relais, tot afspanning.[35] Er was een directe koerierverbinding van Brussel en Mechelen over Worms, Speyer, Ulm, Füssen en Innsbruck naar Verona, die over Trente liep. In 1545 had Keizer Karel privéboden en -koerierdiensten verboden ten gunste van Leonard I van Tassis (1521-1612).[36]

In hetzelfde jaar werd inderdaad ook in Leuven een editie gedrukt, bij Johannes Bogardus, in Den Gulden Bijbel, in de Naamsestraat, waar hij woonde van 1562 tot 1596. Daar wordt op het titelblad uitdrukkelijk verwezen naar het exemplaar van de Parkabdij, dat als *exemplar*, als legger, werd gebruikt. Bogardus' druk is aan het einde van de tekst, waar evenals in de Italiaanse editie het *explicit* van 1470 niet is overgenomen, gesigneerd door Cunerus Petri op 1 december, *Cunerus Pastor S. Petri Lovanij. Calendas Decembris*, voor de kerkelijke goedkeuring. Petri, alias Kuner Peeters van Brouwershaven (ca 1530-1580), was Hessels' collega en gaf ook lessen theologie in de Parkabdij. In 1559 werd hij *pastor* van de Sint-Pieterskerk, waar een professoraat in de theologie aan was verbonden. Het jaar daarop behaalde hij zijn doctorstitel. In 1569 werd hij tot bisschop van Leeuwarden benoemd.[37]

De correctie is dus ook hier door de zetter overgenomen, die stond trouwens in het *exemplar* dat hij voor zich kreeg.[38] Het is duidelijk dat de aanwezigheid van het boekje in Trente, en de druk van de tekst daar, de directe aanleiding waren voor een editie in Leuven. Hessels heeft daar vast de hoofdrol in gespeeld. Bogardus was zijn vaste uitgever. Het was wellicht Hessels die de gedrukte marginalia, meestal verwijzingen naar Bijbelboeken, toevoegde. Die zijn er helemaal niet bij de Italiaanse editie, die op de eerste plaats bedoeld was om de deelnemers aan het concilie de blote tekst in handen te geven. Hesselius signeert nergens, maar hij is de meest aangewezen kandidaat.

De lof aan de drukker helemaal op het einde, 'hij deed een waardevol werk, hij, die deze zeer geleerde brief van

Pius II heeft gedrukt', staat er wat dubbelzinnig. Deze twee regels zijn in romein, terwijl Petri's ondertekening cursief is gezet. Het exemplaar van Park maakt een en ander duidelijk. Daar staan deze regels onder het einde van de tekst van de *Bulla*, in de hand van Cunerus. Die woorden verwijzen dus naar de drukker van de Keulse editie, en niet naar die van Leuven. Die ondertekening is overigens aangepast bij het drukken. Het grootste deel van de naam *petri de brouwershaven* is weggelaten, de afkorting *p.s.p.l.* is opgelost, en *A° 1563* is ook niet gedrukt, dat staat al op het titelblad. Uit dit alles blijkt ook dat de goedkeuring werd ondertekend op het *exemplar* en dus niet bij het resultaat van de druk. Dit moet bepaalde kerkelijke goedkeuringen misschien relativeren. De weg tussen *exemplar* en exemplaar kan doorheen donkere kamers lopen.

Enea Silvio
Deze post-Enea Silviobrief staat in fel contrast met de brief van de frivole humanist die daarop volgt, en dateert van 1444, hetzelfde jaar als zijn passionele liefdesboek, maar ook kort voor zijn 'bekering', toen hij aan de kanselarij van Frederik III werkte. In zijn *Epistula de curialium miseria* bekritiseert hij satirisch het hofleven, dat hij uit eigen ervaring heel goed kent.[39] Mogelijk zag hij dat als een stap naar de ommekeer, die het jaar daarop door zijn breuk met tegenpaus Felix en de terugkeer in de schoot van Eugenius, helemaal voltrokken werd. De geadresseerde was hier Joannis de Aich, alias Johannes von Eych (…1464), en de brief is geschreven in Bruck an der Mur, waar de koninklijke kanselarij verbleef, nadat ze Wiener Neustadt had moeten verlaten op de vlucht voor een pestepidemie, en is gedateerd op 30 november.

Piccolomini en von Eych kenden elkaar van het Concilie van Basel. Von Eych was domheer te Eichstätt en had in 1433/34 een doctoraat in de rechten te Padua behaald. Hij studeerde ook te Wenen en werd kanselier van hertog Albrecht VI (1418-1463), de jongere broer van Frederik III. Het was in die functie dat hij naar Basel ging. In 1446 werd hij tot bisschop van Eichstätt benoemd. Enea en Johann, de ene nog een levenslustige leek, de andere al een vrome (?) clericus, waren dus collega's aan verschillende, maar zeer verwante hoven.[40] Silvio zat technisch werkloos tussen de bergen en, zoals het een humanist, wat dat ook betekende, paste, doodde de tijd met 'werk', *ledichganc* zat er niet in, *in otio negotium et in negotio otium*, zoals Cicero al schreef. Brieven schrijven was een geliefde bezigheid, die konden bovendien *post factum* nog worden gebundeld, gekopieerd, of, zoals dat sinds enige jaren kon, worden gedrukt, op initiatief van de auteur, of net niet.[41]

Enea Silvio's brief bracht niets nieuw, onder anderen Francesco Petrarca (1304-1374) had het hem al voorgedaan, op zijn beurt in de klassieke traditie. Silvio's betoog is doorspekt met verwijzingen naar klassieke auteurs, waarbij hij vooral graag uit Juvenalis put, maar ook leentjebuur speelt bij zijn grote tijdgenoot, Poggio Bracciolini (1380-1459), zonder zijn bron te vermelden; Silvio zal het wel als *aemulatio* hebben gezien. Poggio had in zijn *De infelicitate principum* van 1440 hetzelfde onderwerp behandeld.[42] Dat deed Piccolomini ook met de brieven van Pierre de Blois, alias Petrus Blesensis (ca. 1132-ca. 1211), de erudiete diplomaat, theoloog en dichter, die in zijn werk getuigt van een grote kennis van de klassieke en de vroegchristelijke literatuur. Hun punt was dat de prinsen geen deugd bezitten, en dus ook niet gelukkig kunnen zijn. Verder hanteert Enea gemeenplaatsen met klachten over slechte behuizing, te krappe werkplaatsen en slecht eten aan het hof.[43] Het reizen is zwaar en gevaarlijk, over twijfelachtige bruggetjes boven diepe waters, in het donker, bij regen en wind, door sneeuw en ijs, doorheen distels en doornen, met moordenaars en rovers rondom.

Silvio, zelf een ervaringsdeskundige in galante avonturen met bastaardjes, een die graag misogyn uitpakt wanneer het vriendinnetje het slippertje afbrak, heeft het ook over bloedige jaloezie, maagden en gehuwde vrouwen die een beurt krijgen, *aut virginem violasse, aut stuprasse nuptam, aut emulum occidisse*, over wellust en onkuisheid, dronkenschap en overdaad, tot braken toe, *orexis et vomitus, libido, crudelitas, crapula* op een rij. Hij verlustigt zich misschien nog het meest in de beschrijving van eten en drinken. Waar er bij het eten voor de dienaren, voor wie een zwijnenstal beter is dan de dis aan een vorstelijk hof, slechte geuren hangen, wormen rondkruipen, het vlees taai is en zwartgerookt, de vis in lantaarnolie is bereid, de groenten slecht zijn gekookt, kikkererwten en linzen met as zijn vermengd, de bekers slecht zijn gespoeld, alles vervuld is van een stank die zelfs slangen verjaagt, is het een lust voor alle zinnen bij spijs en drank van prinsen en hun lievelingen. Zoals er in de kerk wijwater sproeit, zo vloeit er bier en wijn aan het hof. Het brood voor de heren is wit en zacht, en wanneer iemand het ook maar aan durft te raken, krijgt hij meteen een oplawaai te slikken. Er komt barbeel, *Mullus mullus*, van Corsica of vanuit de grotten bij Taormina, kreeft met asperges, murenen – Cats' zee-lamprey – van Sicilië, gevangen 'tussen Scylla en Charybdis', met olie van Vinafro, op tafel, er worden hert en haas, konijntjes, kraanvogels en patrijzen, pauwen en kippen geserveerd, alles heerlijk klaargemaakt, met pittige, geurige kruiden.

Dit alles moet best wel zinnenprikkelend zijn ervaren, zeker appelerend aan de smaakpapillen en strelend voor het mondpaleis. Het lijkt wel niet meteen een toeval dat er in oktober 1478 een Duitse vertaling verscheen. Die werd gemaakt door Wilhelm 'Renwart' von Hirnkofen, een verder onbekende burger van Neurenberg, die zijn boek uitvoerig aan de stadsraad opdroeg en daar zijn eeuwigheid mee verzekerde. Nog in dezelfde maand werd van hem *Von Bewahrung und Bereitung der Weine* gepubliceerd, een vertaling van Arnaldus de Villanova's (1235-1311) *De vinis*, op de eerste plaats een medische tekst, maar een die al snel een zekere plaats veroverde in de *Bibliotheca Bacchica*.[44] Het verduitste wijntraktaat werd herhaaldelijk herdrukt, *Von Armut, Unruhe und Trübsal der Hofleute* bleef bij deze editie. Aeneas Silvius was, vooral nadat hij Pius werd, hoe dan ook een succesvol auteur tijdens de vijftiende eeuw in Duitsland.⁴⁵ De vertaler deed erg zijn best om Piccolomini's humanistenlatijn in kleurrijke volkstaal te brengen, wat zeker niet altijd een makkie was. Zo worden de vissen uit het water bij de rotsige kust, de klippen, 'rupes', van Taormina, *Ja weliche mullen/mullen* [...], *die von der Inseln Corsica oder von dem berg thaurominitano herkommend*, en ook Scylla en Charybdis lijken voor hem niet meteen bekenden.

De originele Latijnse versie 'Van des hovelingen leed' daarentegen was wel een succes. Er kwamen tot 1500 vier edities in Parijs, vijf in Rome en een in Leuven, rond 1480 bij Jan van Westfalen. De meeste zijn nu zeer zeldzaam. Het lijkt niet ondenkbaar dat Van Westfalen ook het exemplaar van de Parkabdij als legger heeft gebruikt; hij had goede relaties met de abt, die een welkome klant bij hem was. Het is zelfs helemaal niet onmogelijk dat de Leuvense boekhandelaar abt Van Tuldel, die Piccolomini van Basel kende, de Pius leverde.⁴⁶ Hij zag blijkbaar ook alleen brood in de smakelijke hofsatire.

Er werd rond dezelfde tijd eveneens een Franse vertaling gemaakt, maar die is in handschrift gebleven.⁴⁷ De tekst inspireerde rond 1510 Alexander Barclay (ca. 1476-1552) voor zijn eerste eclogen, een dialoog tussen de herder Corydon – *in tempore non suspecto* – en het herderinnetje Cornix, maar de bron is niet zo meteen herkenbaar, ook al verwijst hij uitdrukkelijk naar Pius (!) en duiken er geuren en kleuren uit Enea's frasen op.⁴⁸ In 1520 verscheen een Spaanse vertaling. Ze werd verzorgd door Diego López de Cortegana, een Erasmiaanse geestelijke, die eerder al van Apuleius' *De gouden ezel* een succesvolle Castiliaanse bewerking had gemaakt. Het *Tradado de la miseria de los cortesanos* werd in 1520 door Jakob Cromberger te Sevilla gepubliceerd, samen met twee andere vertalingen door López de Cortegana. Cromberger had in 1512 al de *Historia de dos amantes* uitgegeven. Als tweede tekst volgt in deze editie van 1520 *Sueño de fortuna*, Piccolomini's *Epistola de fortuna*, gedateerd op 24 juni 1444 en gericht aan Procopius of Prokop von Rabenstein, alias Prokop z Rabstejna (ca. 1420-1472), de Boheemse kanselier, die Enea tijdens een diplomatieke opdracht in Praag had leren kennen. Ook deze brief werd tijdens de vijftiende eeuw herhaaldelijk gedrukt. Het derde traktaat is Erasmus' *Querella de la paz* (ed. princ. 1517), dat wegens de censuur in heel wat exemplaren werd uitgescheurd.⁴⁹

Ulrich Zell had duidelijk wel een kijk op de markt; hij begon met een zeker kapitaal en zat er al spoedig best warm in en werd een man van aanzien.⁵⁰ Zijn keuze voor de combinatie van de twee teksten werd evenwel niet nagevolgd. De *Bulla* moest tot Trente wachten om te worden 'gerehabiliteerd', de satire op het hofleven kende zoveel te meer succes. Zell had duidelijk een bron waar hij zich van handschriften kon bedienen om ze in druk te brengen. Er was vast wel iemand aan de universiteit of in de omgeving die de teksten beschikbaar had. Piccolomini's omvangrijke productie was erg verspreid in Duitsland, waar hij als een model voor het opkomende humanisme gold. Mogelijk zag hij net in de combinatie een goede afzet bij zijn potentieel

cliënteel. Op de eerste plaats was de *Bulla* aan de universiteit gericht en ze moest zeker voor de theologen 'verplichte lectuur' zijn, of men nu voor of tegen Pius was. De auteur was overleden, maar de kerkelijke discussie was niet begraven.

Met de toevoeging van de miserie van de hovelingen, kon hij ook andere kopers overhalen. Dergelijke satire, brief of welke oratie ook, was nooit gratuit, en werd niet zozeer gelezen voor de mooie ogen van de schrijver of de zinderende Latijnse zinsconstructies. Er was altijd de morele kant, waarvan het humanisme bezeten was, *virtus*, of welke naam die ook kreeg, en deugd was wijsheid. Om de zeden te verzachten, wees Pius zelf op de moraal van het verhaal bij Enea's amoureuze strapatsenboek. Daarbij kwam dat de lezer zich van de 'ellende', ofte dwaasheid, van de hoveling af kon zetten, zich moreel gevoed kon voelen, en in *aemulatio* met de prinsen toch volmondig kon proeven van alle aardse genoegens, *edendi atque bibendi voluptas*, ook met Platina's, alias Bartolomeo Sacchi (1421-1481) *De honesta voluptate* in de kast.⁵¹

APPENDIX⁵²:
Addendum to the List of incunabula. II. The incunabula that disappeared before the auction.
Incunables in Paris libraries (Bibliothèque de l'Arsenal)
85. Leon Battista ALBERTI, *De re aedificatoria*, ed. Bernardo Alberti, dedication by Angelo Poliziano to Lorenzo de' Medici, Firenze, Nicolò de Lorenzo, 29.XII.1485, 2°
ISTC ia00215000
Ars. Fol. S 1574 (olim S 10802) (*Prov.*: bookplate of Guilielmus van Hamme (1602-1668), canon of the cathedral in Antwerp, 1659; ms prov. note of Parc 1675)
86. ALEXANDER de VILLA DEI, *Doctrinale*, ed. Johannes Synthen, 2 vols., Deventer, Jacobus de Breda (vol. I) & (vol. II) Deventer (i.e. Aalst, Dirk Martens), 6.IX.1491, 4°
ISTC ia00440730 & ia00445560
Ars. 4° BL 299 (1-2) (olim BL 358 bis) (*Prov.*: the usual prov. note of Parc dated 1698)
87. ANTONINUS FLORENTINUS, *Chronicon*, 3 parts, Nuremberg, Anton Koberger, 31.VII.1484, 2°
ISTC ia00778000
Ars. Fol. H 496 (1-3) (olim H 1485 A) (*Prov.*: ms prov. note and bookplate of Parc, 17th/18th c.)
88. Pseudo-HIERONYMUS, *Vitae sanctorum Patrum, sive Vitas patrum*, with: *De laude et effectu virtutum*, & Pseudo-Macarius, *Epistola ad monachos*, Nuremberg, Anton Koberger, 7.V.1478, 2°
ISTC ih00199000
Ars. Fol. H 3495 (olim H 13347 ter A) (*Prov.*: bookplate of Parc; shelf mark C XI)
89. *Rudimentorum novitiorum, sive Chronicarum et historiarum epitome*, Lübeck, Lucas Brandis, 5.VIII.1475, 2°
ISTC ir00345000
Ars. Fol. H 499 (olim H 1496) (*Prov.*: bookplate of Parc)

[1] Zie Chris Coppens, The Incunabula of Parc Abbey (Heverlee, Leuven), *De Gulden Passer*, 88, 2010, 2, 23-70. Corrigendum n. 26: de Wezenstraat, waar Baumans overleed, en waar een weeshuis stond, is nu de Vital Decosterstraat. De naam werd veranderd bij arrest van het schepencollege op datum van 16 december 1904. Félix Vital Decoster (1850-1904), advocaat en liberaal politicus, was burgemeester van Leuven van 1901 tot zijn dood op 16 december 1904, al voldoende om een eeuwenoude straatnaam uit te wissen, en zijn naam meteen te 'vereeuwigen', van humbug gesproken. De in het artikel geciteerde bibliografie, kan worden aangevuld met: Jan Appelmans, L'art de choisir ses objectifs: la stratégie politique de Thierry de Tuldel, abbé de Parc (1462-1494), in: Dominique-Marie Dauzet & Martine Plouvier (eds.), *Abbatiat et abbés dans l'Ordre de Prémontré*, Turnhout 2005, 275-293 (voor deze referentie dank aan Roger Tavernier); zoals in het artikel gesteld, speelde Van Tulden een belangrijke rol in de aankoop van gedrukte boeken tijdens de vijftiende eeuw.

[2] Zie elders in dit deel 'De kosten van een veiling, Leuven anno 1829: Baumans' afrekening met Park'.

[3] Zie Émile van Balberghe, Les avatars des manuscrits médiévaux de l'abbaye de Parc, *De Gulden Passer*, 88, 2010, 2, 14 & 15-16; de auteur schrijft 374, hier wordt het getal overgenomen dat in het archiefexemplaar van de catalogus is genoteerd.

[4] Voor wezenlijke hulp bij het berekenen van de aantallen (wat, tussen haakjes, heel wat meer werd dan een optelsommetje, voor wie bedenkingetjes daarbij op de smalende lipjes op zou voelen komen), dank aan Leo Janssen, archiefmedewerker.

[5] Over het verdere lot en de inhoud van deze registers, zie Pierre Delsaerdt, *Suam quisque bibliothecam. Boekhandel en particulier boekenbezit aan de oude Leuvense universiteit 16de - 18de eeuw*, Leuven 2001, 213-215

[6] Louis Fagan, *The Life of Sir Anthony Panizzi, K.C.B., Late Principal Librarian of the British Museum, Senator of Italy*, geïllustreerd door de auteur, 2de ed., 2 dln., Londen 1880, en in 1970 in reprint uitgegeven door die voortreffelijke Burt Franklin, New York, met die heerlijk goed in de hand liggende bandjes, in een tijd dat Amerika, en nu in navolging 'iedereen', nog geen *perfect bindings* produceerde. Heerlijke lectuur voor ieder die van mensen en boeken houdt. Verplichte lectuur voor would-be bibliothecarissen die bibliotheken vernietigen in plaats van op te bouwen, en voor zelfverklaarde specialisten die eens echte boekenmensen onder de neus moeten krijgen geduwd. Over zijn geniale concept – waarvoor hij met de, zoals zo vaak, kortzichtige en geconstipeerde beleidsvoerders moest argumenteren – van de fameuze *British Museum Catalogue*, die in het exemplaar van de rotonde zelf onvergetelijk is – alleen al de gedempte klank van het uittrekken en weer terugzetten van de zware banden en het botsen van de onverwoestbaar gebonden folianten op het lederen consultatievlak, onder de enorme, lichtgevende koepel, die zoveel ruimte bood – zie Arthur Hugh Chaplin, *GK: 150 Years of the General Catalogue of Printed Books in the British Museum*, Aldershot 1987; zoals de blurb schrijft "*Historians, librarians and booklovers generally will find in these pages both entertainment and instruction*", generally. Een van Payne & Foss' grote privéklanten was Thomas Grenville (1755-1746), een *upper*-class politicus en verstokt (?) vrijgezel – hij stond op zijn negentig nog bijzonder scherp -, het lijkt niet onwaarschijnlijk dat hij incunabels van Park in zijn bezit had. Zijn collectie werd door het British Museum verworven, maar hij liet al zijn boeken herbinden. Er is nooit systematisch onderzoek naar herkomsten van zijn collectie gedaan, maar incunabelen uit de Parkabdij zitten er niet in. Zie o.a. C.B. Oldman, Panizzi's Acquisition of Incunabula, in: Dennis Rhodes (ed.), *Essays in Honour of Victor Scholderer*, Mainz 1970, 284-291. Voor deze aan- en verwijzing dank aan prof. David McKitterick; zie ook Barry Taylor, Thomas Grenville (1755-1846) and His Books, in: Giles Mandelbrote & Barry Taylor (eds.), *Libraries Within the Library. The origins of the British Library's printed collections*, Londen 2009, 321-340.

[7] Kristian Jensen, *Revolution and the Antiquarian Book: Reshaping the past, 1780-1815*, Cambridge 2011, 68-69.

[8] Zie de appendix.

[9] Coppens, Incunabula, 52 nr. 18, en 67 P3.

[10] Parkabdij, Inc P 1. Dit is een eerste benadering, we hopen later op het boekhistorisch-bibliografische aspect grondiger in te gaan.

[11] Johann Jakob Merlo, *Ulrich Zell: Koelns erster Drucker*, ed. Otto Zaretzky, Keulen 1900, over deze editie 10-11.

[12] Over het portret en de diplomatieke reizen van de geportretteerde, zie Elisabeth Dhanens, Het portret van kardinaal Nicolò Albergati door Jan van Eyck (1438), *Academiae analecta. Mededelingen van de Koninklijke Academie voor Wetenschappen, Letteren en Schone Kunsten*, 50, 2, 1989, 19-41. Behalve de op louter vermoedens gesteunde veronderstelling dat Leon Battista Alberti (1404-1472) tot het reisgezelschap zou hebben behoord, wordt niet over het gevolg van de kardinaal gesproken.

[13] 'Pius Silvius' duidt zelf zijn eigen levensloop in zijn *Commentarii rerum memorabilium que temporibus suis contigerunt* van 1463, om er zich van te verzekeren dat zijn *Nachleben* zou worden gekoesterd zoals hij dat wou; voor humanisten was geschiedschrijving toch op de eerste plaats een vorm van retorica, waarbij het historische verhaal zo werd verteld dat het bewondering opwekte, dan wel verontwaardiging, of bedoeld was om het forum van een bepaald standpunt te overtuigen; zie Pius II, *Commentaries*, ed. Margaret Meserve & Marcello Simonetta, 2 dln, Cambridge, MA – Londen, 2003; Aeneas Silvius Piccolomini, *Memoires van een renaissancepaus. De autobiografie van Pius II*, vert. & ed. Ike Huber, 's-Hertogenbosch 2005. Een artikel dat hier helemaal bij aansluit, maar zeer zwak is, waarin Enea's reis en zijn schets van Basel wordt besproken, is Karl Enenkel, Autobiografie en etnografie: humanistische reisberichten in de Renaissance, in: Karl Enenkel e.a. (eds.), *Reizen en reizigers in de Renaissance. Eigen en vreemd in oude en nieuwe werelden*, Amsterdam 1998, 19-56, over Silvio 43-54.

[14] Emily O'Brien, Aeneas Silvius Piccolomini's *Chrysis*: Prurient pastime – or something more, *Modern Language Notes* (MLN), 124, 2009, 111-136; zie o.a. ook Eneas Silvius Piccolomini, *Oeuvres érotiques*: […], ed. Frédéric Duval, Turnhout 2003.

[15] Arnold Esch, Pius II (Enea Silvio de' Piccolomini), in: *Lexikon des Mittelalters*, 6, Stuttgart 1999 (herdr. 2003), 2.190-2.192; Wilhelm Baum, Nikolaus von Kues und Enea Silvio Piccolomini – eine Humanistenfreundschaft?, in: Martin Thumer (ed.), *Nicolaus Cusanus zwischen Deutschland und Italien: Beiträge eines deutsch-italienischen Symposiums in der Villa Vigoni*, Berlin 2002, 315-337.

[16] Jan Pieper, *Pienza. Der Entwurf einer humanistischen Weltsicht*,

Stuttgart – Londen 1997. Pas paus liet Pius zijn geboortedorp Corsignano op een Toscaans heuveltje nabij Siena in 1460-1464 ombouwen tot Piusstad. Hij deed daarvoor een beroep op de Florentijnse architect en beeldhouwer Bernardo (di Matteo Gamberelli) Rossellino (1409-1464). Machtspoliticus en kruisvaartprediker in Rome, wilde Pius Aeneas zich de grote humanist tonen, niet alleen met zijn pen, maar ook in het concipiëren van zijn renaissance-idee in steen, in een architecturale ruimte, waarin de prille renaissancistische architectuurtheorie monumentaal in gebouwen en pleinen om werd gezet, als een ideëel en ideaal model. Al in 1462 wijdde Pius plechtig 'zijn' dom in. Twee jaar later, met alle belangrijke ontwerpen uitgevoerd, overleed de bouwheer, en overleed de architect; het monument voor de eeuwigheid opgericht, verzonk in een provinciale slaap, zoals het dorp dat het was. Met Pius begraven, bleef het het modelstadje dat het was, een steen geworden idee, slapend op een Toscaanse heuvel, tot het in 1965/66 werd gerestaureerd, en weer op een sokkel werd geplaatst, Pius' eeuwigheid ter ere.

[17] Christopher B. Krebs, *A Most Dangerous Book: Tacitus's* Germania *from the Roman Empire to the Third Reich*, New York – Londen 2011, 83-91.

[18] *De duobus amantibus* behoort ook tot de eerste gedateerde gedrukte teksten in de zuidelijke Lage Landen die Dirk Martens en Jan Van Westfalen in 1473 te Aalst produceerden, zie Kamiel Heireman, Verantwoording, in: *Alosti In Flandria anno M°CCCC°LXXIII*, Aalst - Brussel 1973, 9-34; zie ook Renaud Adam, *Jean de Westphalie et Thierry Martens. La découverte de la* Logica Vetus *(1474) et les débuts de l'imprimerie dans les Pays-Bas méridionaux (avec un fac-similé)*, Turnhout-Brussel 2009.

[19] Het dogma van de onfeilbaarheid van de paus werd afgekondigd tijdens het Eerste Vaticaans Concilie, 1869/70.

[20] Hierbij kan met klem worden ontkend dat het dertiende-eeuwse Bijbelhandschrift (1263) dat nu nog in de Parkabdij is (Hs 3), (ook) naar Trente zou zijn geweest; vergelijk Van Balberghe, Les avatars , 21 n. 64 (in tegenstelling met wat de auteur schrijft, is de toedichting over een Tridentijns reisje, niet door Baumans opgenomen. In een kaderstukje p.50-53 wordt daar uitvoeriger op ingegaan).

[21] Éduard Marshall, Relevé des foyers du Brabant en 1526, in: Éduard Marshall & Félix Bogaerts, *Bibliothèque des antiquités Belgiques*, Antwerpen 1833, 49-51.

[22] Henry de Vocht, *History of the Foundation and the Rise of the Collegium Trilingue Lovaniense, 1517-1550*, 4, Leuven 1955, 158-161; Fernando Domínguez, Hessels, Jan, in: *Lexikon für Theologie und Kirche*, 5, Freiburg &c. 2009, 66.

[23] Voor een scherp beeld van de sessies van het concilie, waar het grotendeels om politieke spelletjes, kongsis en allerlei getouwtrek ging, daar staat Paolo Sarpi (1552-1623), de Venetiaanse theoloog en historiograaf, borg voor, uiteraard veroordeeld door de Kerk. Als tegenstander van de machtspretenties van de paus, kwam hij al met Rome in conflict, waarbij de paus tot tweemaal toe huurmoordenaars op hem afstuurde; de eerste keer werden de samenzweerders aan de grens van de Serenissima gearresteerd, de tweede keer werden de would-be moordenaars triomfantelijk in de pauselijke staten ingehaald, tot Rome vernam dat Sarpi zijn verwondingen had overleefd; voor de sessies van mei tot oktober 1563 waar de Leuvense theologen present waren, maar blijkbaar niet veel potten hadden gebroken, en dus onopgemerkt bleven, zie Paolo Sarpi, *Istoria del Concilio Tridentino*, ed. Corrado Vivanti, 2, Turijn 2011, 1.111-1.221.

[24] Prostitutie is een handelsproduct zoals vastgoed, of zout en haring, linnen, mutsen, graan en zoveel meer; sommigen investeerden in het vastgoed van de bordelen, anderen in de vrouwen en mannen die hun diensten te gelde maakten; rijke clerici waren zowel investeerders als cliënten. Het Concilie wilde alvast net prostitutie uit de stad bannen, wanneer ze niet helemaal kon worden uitgeroeid. Binnen de kerk zelf was er zelfs geen eensgezindheid over; Thomas van Aquino, toch dé scholastieke autoriteit, vond het een kleiner kwaad, om aan de seksuele appetijt van alleenstaande mannen tegemoet te komen en de hormonale drang van de ongehuwde jeugd te kanaliseren naar heteroseksuele activiteit, eerder dan dat ze haar zinnen op het eigen geslacht zou zetten. Er waren immers *meretrici/cortigiani oneste*, ofte *prostitute rispettabili*, zie Elisabeth Cohen, Camilla la Magra, prostituta Romana, in: Ottavia Niccoli (ed.), *Rinascimento al femminile*, Rome-Bari 2008, 170-172.

[25] Pierre François Xavier de Ram, *Mémoire sur la part que le clergé de Belgique, et spécialement les docteurs de l'Université de Louvain, ont prise au Concile de Trente*, (Nouveaux Mémoires de l'Académie Royale des Sciences et Belles-Lettres de Bruxelles, XIV), Brussel 1841, 41-42.

[26] E. Scholliers, *De levensstandaard in de XVde en XVIde eeuw te Antwerpen*, Antwerpen 1960, 226; een Brabants groot was 1/3 van een stuiver.

[27] E. Scholliers (ed.), o.l.v. Charles Verlinden, *Dokumenten voor de geschiedenis van prijzen en lonen in Vlaanderen en Brabant, II. XIVde-XIXde eeuw, B. Brabant*, Brugge 1965, 1.059 & 1.228.

[28] Hubert Jedin, *Geschichte des Konzils von Trient, IV. Dritte Tagungsperiode und Abschluss*, 1, Freiburg e. a. 1975, 164.

[29] De machtsverhoudingen en het getouwtrek speelden op verschillende niveaus, tussen koning en keizer, tussen de twee tot drie pausen die de Kerk op dat ogenblik rijk was, tussen de universiteit, de *Universitas Carolina* in 1348 gesticht door koning en latere keizer Karel IV (1316-1378) en andere belangengroepen, tussen de oorspronkelijk Boheemse bevolking en de Duitse immigranten, die in wereldlijke macht, Kerk en universiteit, de machtsposten hadden ingenomen tot het decreet van Kutnà Hora (1409) in het bijzonder universiteitsprofessoren en -studenten naar Duitse universiteiten uit deed wijken, zie Jennifer Kolpacoff Deane, *A History of Medieval Heresy and Inquisition*, New York, Toronto etc. 2011, 247-288.

[30] Ludovico Fè d'Ostiani, Bibliografia degli opuscoli relativi al Concilio di Trento e stampati in Brescia durante lo stesso Concilio, *Archivio Veneto*, 24, 1882, 246 nr. 57; Alfonso Cioni, Bozzola, Giovan Battista, in: *Dizionario biografico degli Italiani*, online; Ennio Ferraglio, Giovanni Battista Bozzola, un editore per il Concilio di Trento, *Civis*, 23, 1999, nr. 68, 109-121. Bozzola maakte indices op de oraties, die bij de verzamelde toespraken konden worden gevoegd, zie Ennio Ferraglio, *Il Concilio di Trento e l'editoria del sec. XVI. Bibliografia delle edizioni cinquecentesche*, Trento 2002, 152-155.

[31] Met dank aan dr. Paul Gehl voor het nakijken van het exemplaar in de Newberry Library, Chicago.

[32] Voor handelsreizen over de Brenner einde vijftiende-begin zestiende eeuw, zie bijv. Carolin Wirtz, *Köln und Venedig*

Wirtschaftliche und kulturelle Beziehungen im 15. und 16. Jahrhundert, Keulen 2005, 209-210 (een boek, gebaseerd op een proefschrift, dat met grote omzichtigheid is te raadplegen, om een *understatement* te gebruiken; en zeker niet alvorens de bespreking door Hans-Jörg Künast op IASL online te lezen.)

[33] De Ram, *Mémoire*, 80: 'Ces trois prélats [François Richardot, Martinus Rithovius, Antoine Havet] se mirent en route pour retourner en Belgique *(sic)*, avec les docteurs Baius, Hessels et Jansenius vers le milieu de décembre.'

[34] Chytraeus (1543-1598) doet de overtocht in twee verzen, nadat hij een vers lang naar de bergtoppen in de wolken heeft gekeken; de klim vraagt veel inspanning, maar de afdaling is nog lastiger, telkens met de voet vooruit om overeind te blijven, daarna, vermoeid en met droge mond, geniet hij twee verzen van de zoete Valtellinawijn, zie Nathan Chytraeus, *Voyages en Europe (Hodoeporica). Poèmes latins de la Renaissance*, ed. & vert. Michel Bastiaensen, Leuven 1994, 128-129 verzen 21-25.

[35] Berthe Delépinne, *Histoire de la poste internationale en Belgique sous les grands maîtres des postes de la famille de Tassis*, Brussel 1952, 23-25; Peter C. Sutton e.a., *Love letters: Dutch genre painting in the age of Vermeer*, Londen 2003, 28-29; de Taxis verbonden Brussel met Innsbruck en ze hadden een directe verbinding tussen Innsbruck over Trente en Rovereto met Verona, zie Martin Dallmeier, *Quellen zur Geschichte des europäischen Postwesens, 1501-1810*, 1, Kallmünz 1977, 60 & 61 (Thurn und Taxis-Studien, 9,1)

[36] *Een Europese post ten tijde van de Grootmeesters van de familie de la Tour et Tassis (Turn en Taxis)*, Brussel 1978, 54 (kaart met de wegen) & 56 nr. 55.

[37] De Vocht, *Collegium Trilingue*, 4, 399-402.

[38] Buiten deze correctie en de referentie aan de brief van de Leuvense theologen van 1563 op de rechter bovenmarge, zijn er op de rectozijde en op een paar andere plaatsen korte marginalia door een vijftiende-eeuwse hand. Zij wijzen er ondubbelzinnig op dat de tekst werd gelezen kort nadat hij naar Heverlee kwam. Zo is er o.a. de identificatie van Jan Hus, naast *Johannes heresiarche*, veroordeeld tijdens het Concilie van Konstanz (1414-1418), en net daaronder *Ingenua erroris confessio* naast Pius' bekentenis van zijn fouten, waarbij de tekst met een golvende lijn in de marge is gemarkeerd.

[39] Zie bijv. Romano Benini, *Italia cortigiana: Passato e presente di un modello di potere*, Rome 2012, 93-146, L'età dei papi.

[40] Walther Killy & Rudolf Vierhaus (eds), *Deutsche Biographische Enzyklopädie*, 5, München 1997, 351.

[41] Piccolomini maakte al heel snel kennis met de boekdrukkunst. In maart 1455 schreef hij vanuit Wiener Neustadt aan kardinaal Juan de Carvajal (ca. 1400-1469) dat hij katernen van de Gutenbergbijbel had gezien in zo een zuiver schrift dat Juan zelfs zijn bril niet nodig zou hebben om het te kunnen lezen, zie Eric Meuthen, Ein neues frühes Quellenzeugnis (zu Oktober 1454?) für den ältesten Bibeldruck. Enea Silvio Piccolomini am 12. März 1455 aus Wiener Neustadt an Kardinal Juan de Carvajal, *Gutenberg Jahrbuch*, 57, 1982, 108-118; Martin Davies, Juan deCarvajal and Early Printing: The 42-line Bible and the Schweynheym and Pannartz Aquinas, *The Library*, 6th ser., 18, 1996, 193-201.

[42] Iiro Kajanto, Poggio Bracciolini's "De Infelicitate Principum" and Its Classical Sources, *International Journal of the Classical Tradition*, 1, 1994, 23-35.

[43] Pius II, *Reject Aeneas, accept Pius: selected letters of Aeneas Sylvius Piccolomini (pope Pius II)*, ingel. & vert. door Thomas M. Izbicki, Gerald Christianson & Philip Krey, Washington 2006, 28.

[44] André L. Simon, *Bibliotheca Bacchica:Bibliographie raisonnée des ouvrages imprimées avant 1600 et illustrant la soif humaine sous tous ses aspects, chez tous les peuples et dans tous les temps*, 2 dln, Parijs 1927 (herdr. Londen1972) (*ambitieux*! maar best een aardig boek, ook de reprint).

[45] Zie o.a. Frank Fürbeth, Aeneas Silvius Piccolomini Deutsch. Aspekte der Überlieferung in Handschriften und Drucken, *Pirckheimer Jahrbuch*, 11, 1996, 83-113; Paul Weinig, *Aeneam suscipite, Pium recipite: Aeneas Silvius Piccolomini. Studien zur Rezeption eines humanistischen Schriftstellers im Deutschland des 15. Jahrhunderts*, Wiesbaden, 1998.

[46] Pius verleende als paus Van Tulden in 1462, twee weken na zijn aanstelling, het privilege voor het dragen van de *pontificalia*, mijter, ring en andere waardigheidstekens , zie J.E. Jansen, *La peinture à l'abbaye du Parc et catalogue historique et descriptif des tableaux*, Leuven 1913, 57, maar vooral Appelmans, L'art de choisir ses objectifs, 280-282, waar duidelijk is dat netwerken in politiek zowel als in de handel essentieel waren, toen zoals ze dat nu niet minder of meer zijn.

[47] Jacques-Charles Lemaire, *La traduction en moyen français de la lettre anticuriale De curialium miseriis epistola d'Aeneas Silvius Piccolomini*, Villeneuve-d'Ascq 2007.

[48] Barclay schreef zijn eclogen mogelijk als een monnik in Ely; hij bracht ook Sebastian Brant (1457-1521) in het Engels met *The Shyp of Folys of the Worlde* (1509).

[49] Zie o.a. Patricia Cañizares Ferriz, La traducción en el humanismo español. Un primer ejemplo: Diego López de Cortegana, 2008, http://www.europahumanistica.org/? Diego-Lopez-de-Cortegana (geraadpleegd 08.04.2011); zie ook Clive Griffin, *The Cromberger of Seville. The history of a printing and merchant dynasty*, Oxford 1988, 150-151 & 250.

[50] Over Zell, zie ook Wolfgang Schmitz, *Die Überlieferung deutscher Texte im Kölner Buchdruck des 15. und 16. Jahrhunderts*, Keulen 1990, 311-315. Zell liet zich inschrijven aan de Keulse universiteit (1464) en signeerde zijn eerste gedateerde druk (1466) als 'clericus van het diocees van Mainz'. Hij had op dat ogenblik kennelijk slechts de lagere wijdingen ontvangen, òf *clericus* betekent hier schoonschrijver, Peter Schoeffer en Johann Numeister noemen zich eveneens zo in hun kolofons; hij verwierf op korte tijd heel veel onroerend goed en huwde later bovendien een welgestelde vrouw, een huwelijk was immers altijd een commerciële aangelegenheid; vanaf 1488 ging zijn financiële toestand duidelijk achteruit, hij produceerde nog tot 1502 en overleed in 1507, zie Merlo, *Zell*, 5-6 voor de discussie over *clericus*, 16-25 voor zijn bezittingen, met de daarbij horende documenten in appendix; zie ook Severin Corsten, Ulrich Zell als Geschäftsmann, in: Idem, *Studien zum Kölner Frühdruck. Gesammelte Beiträge 1955-1985*, Keulen 1985, 208-232.

[51] Dit is een citaat uit de incunabeleditie van Piccolomini's brief.

[52] De lijst is conform met de lijst in het in n.1 geciteerde, artikel, zij het vereenvoudigd, en zet die nummering verder. Met dank aan Martine Lefèvre, Bibliothèque de l'Arsenal.

Boudewijn van Avesnes' *Chronicon* (1693) van Antwerpen naar Brussel

Chris Coppens

Het opgeplakte adres onder het oorspronkelijke drukkersadres op het titelblad vertelt een en ander over de Antwerpse (en Brusselse) boekhandel, hoewel zonder verder onderzoek nog heel wat onopgelost moet blijven.

Het boek werd geproduceerd in 1693 door de boekhandelaar-investeerder Frans Muller, die bedrijf voerde in het huis Sint-Pieter, bij het professenhuis van de jezuïeten. Het was het eerste jaar dat hij in de productie van een boek investeerde en deed dat nog een aantal keren tot 1699. Sint-Pieter was vast niet toevallig het huis waar de Antwerpse drukkers- en boekverkopersfamilie Cnobbaert tot 1692 gevestigd was. De officina Knobbariana wordt dan ook uitdrukkelijk in het adres vermeld, en het drukkersmerk is dat van Jan Cnobbaert (1590-1637), de stamvader van het geslacht. Jan was zelf zoon van Michiel, die in 1587/88 schepen was en een grafsteen heeft in de Sint-Michielsabdij, een man van stand, zeg maar.

Jans weduwe en daarna ook de 'erven' zetten de zaak vanaf 1639 verder tot zoon Michiel (°1628) rond 1660 de zaak in handen nam en tot 1691 gaande hield. Het merk draagt het familiewapen met het eekhoorntje op een achtergrond van keel (rood, in normale taal), met helm en wapenkleden getopt door alweer een eekhoorntje. Eekhoorntjesbont, dat vanuit Novgorod in werd gevoerd, was heel erg duur, en dus een statussymbool, wat meteen de keuze voor het diertje als wapenteken mag verklaren.

Opmerkelijk is dat een deel van de oplage een ander drukkersadres heeft met de naam van Hendrick I Thieullier, *Ex typographia Henrici Thieullier*, een koopman die slechts een paar keer in een boek investeerde. Het gebeurde wel vaker dat voor een dure productie boekverkopers en andere investeerders overeenkwamen om een deel van de oplage onder eigen naam, en niet die van een associatie, op de markt te brengen.

De productie kan wellicht niet zo onoverkomelijk duur zijn geweest, het is een dunne folio, maar er staat wel een gegraveerd wapen op de verso van het titelblad en er werd een dito genealogische tabel in gezet. Mogelijk was de oplage zelfs niet groot, het is nu best een zeldzaam boek, maar goed in de markt lijkt het hoe dan ook niet te hebben gelegen. Muller, de Cnobbaerts en de Thieulliers waren kort na 1700 van het boekentoneel verdwenen en de stock, waar die dan ook was, werd, zoals dat gaat, van de hand gedaan.

Simon t'Serstevens, lid van een Brussels boekverkopersgeslacht, wist daar blijkbaar de hand op te leggen en wou die op zijn beurt te gelde maken, onder eigen naam. Knechtjes overplakten het oude adres met het Brusselse, zij het op papier van mindere kwaliteit, maar blijken het strookje papier wel eens te laag te hebben gekleefd, zodat, zoals hier, het eigenlijke verhaal van het boek zichtbaar blijft.

Goed verkopen deed dat boek blijkbaar ook in Brussel niet. T'Serstevens serveerde het de eerste keer als een ondergeschoven kind in 1716, en deed dat opnieuw in 1721 én nog eens het jaar daarop, dat is toch wat de zeldzame geregistreerde exemplaren vertellen.

De kroniek wordt toegeschreven aan Boudewijn van Avesnes (1219-1295). Het werk bevat het wapen van Juan Domingo Zuñiga y Acevedo Fonseca Monterey et Fuentes, (1640-1716) gouverneur van de Spaanse Nederlanden, het zegel van Boudewijn van Avesnes en een ets van Frans Erfinger met het wapen van baron Jacques Le Roy, getekend door Lucas Vorsterman de Jongere.

Jacques Le Roy (Antwerpen 1633-Lier 1719) is vooral bekend met werken over de geschiedenis van onze gewesten en over kastelen en landhuizen, waar Philippe de Cantillon gebruik van maakte voor zijn *Délices du Brabant*. De "kroniek" is een verzameling genealogieën, voorheen gedeeltelijk gepubliceerd in het *Spicilegium* van Luc d'Achery naar een tekst bij Charles Du Cange.

Het wapenschild is dat van Philippe Le Roy, vader van Jacques. Het bevat de zilveren band op keel van de familie Le Roy en van Marie de Raet, echtgenote van Philippe, een ster en een gouden wassenaar in goud op rood en twee rode kruisen op zilver.

Wat zijn de twee schildhouders op blote voeten? Zwitsers, dacht Jean-Théodore de Raedt (1855-1905) in een monografie over Jacques Le Roy, maar misschien zijn het Duitse landsknechten. Volgens De Raedt is het kruis in het helmteken het Lotharingse kruis, en wordt het ten onrechte kruis van Jeruzalem genoemd. (cat.B396)

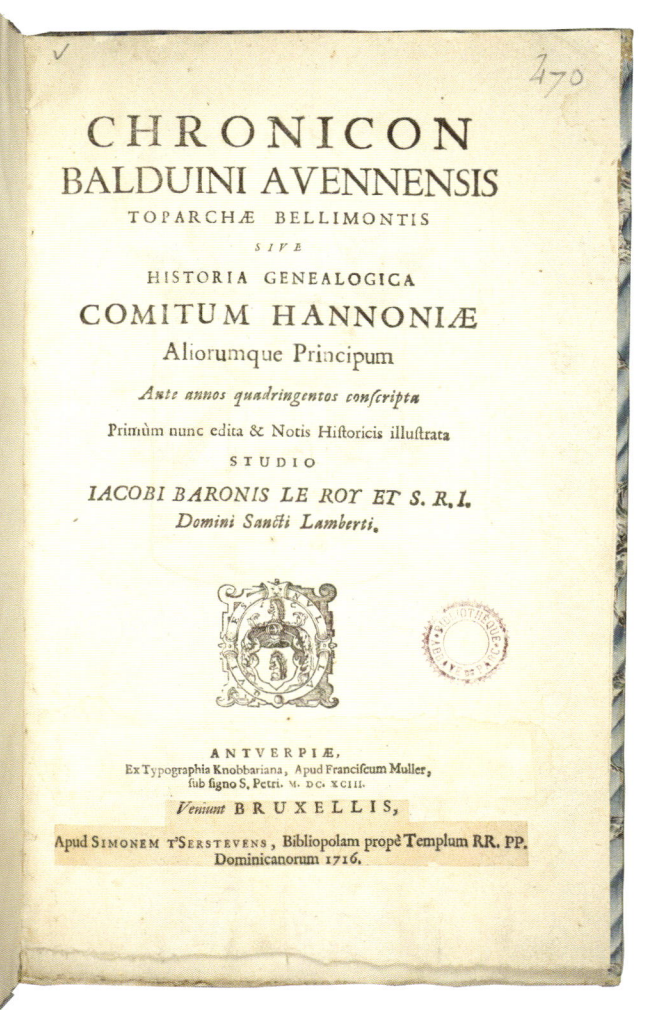

Jean-Baptiste L'Ecuy de abt van Prémontré

Roger Tavernier

Jean-Baptiste L'Ecuy (1740-1834), geboren in Charleville-Mézières, werd in 1780 abt van Prémontré en abt-generaal van de orde.

Zijn schild is tweedelig. Links staat het wapen van Prémontré, de gouden gekruiste kromstaven met de krul naar buiten, met gouden lelies op blauw veld. Rechts staan drie bijen in een gouden schuinbalk op rood veld. De hoed kreeg twintig kwasten te dragen en burgerman L'Ecuy zette zich naast hoed en mijter ook een markiezenkroon op.

L'Ecuy was secretaris van abt-generaal Guillaume Manoury toen die in 1771 abdijen in de Oostenrijkse Nederlanden bezocht. Hij volgde in 1880 Manoury op. Hij nam het initiatief voor aanpassing van de liturgische boeken en in 1786 en 1787 verschenen, onder redactie van zijn vriend Remacle Lissoir, abt van Laval-Dieu, een *Antifonarium* (cat. A146), een *Breviarium* (cat. B460), een *Missale* (cat. M238) en een *Processionale* (cat. P221). Volgens een artikel in de *Analecta præmonstratensia* van 1930 was de brevier van Lissoir, door L'Ecuy in 1786 voorgeschreven, "imprégné des idées jansénistes et gallicanes".

In 1790 moest hij voorgoed Prémontré verlaten. In 1792, het jaar dat de orde in Frankrijk werd opgeheven, correspondeerde hij met Belgische abten en hij steunde hun wens naar autonomie. Een brief van 14 januari 1792, geschreven in Penancourt, een landhuis bij Anizy-le-Château, een vijftal km. ten zuiden van Prémontré waar hij toen verbleef, is gericht aan 'l'abbé du Parc', Simon Wouters (Archief Park CVII/K16/L5/nr 98).

L'Ecuy had Engels geleerd bij een Ierse pater en vertaalde de werken van Benjamin Franklin, de *Universal Biographical and Historical Dictionary* van John Watkins en enkele toneelstukken. Hij werkte mee aan het supplement van de *Dictionnaire historique* van de Feller (cat. F22).

In 1805 werd hij kapelaan en aalmoezenier van Joseph Napoleon die in 1806 koning van Napels werd en in 1808 koning van Spanje. Voor de dochtertjes Zénaïde (1801-1854) en Charlotte (1802-1832) stelde L'Ecuy in 1810 *La Bible de la jeunesse* samen; in 1822 bundelde hij voor hun moeder, Juliette Clary, sermoenen over de epistels en evangelies van de zon- en feestdagen in een *Manuel de la mère chrétienne* (cat. L122 = 1827?).

Hij sprak in de Notre-Dame van Parijs op 2 december 1812, de verjaardag van de kroning van de keizer in 1804; ook de slag bij Austerlitz in 1802 herdacht hij. Op 15 augustus 1813 hield hij een drievoudige homilie over het herstel van de katholieke eredienst in Frankrijk, de Tenhemelopneming van Maria en de martelaar Napoleon, welke die dag wordt vereerd.

In 1832, kort voor zijn dood, verscheen een grote studie over de middeleeuwse theoloog Jean Gerson, met volgens sommigen gallicanistische uitlatingen over de toenmalige pausen.

Het herstel van de orde in Frankrijk was hem niet gelukt, maar op het einde van zijn leven kon de abt-generaal zich verheugen over de terugkeer naar hun kloosters van de Belgische norbertijnen.

Op zijn wens werd zijn hart begraven naast de relieken van de heilige Norbertus in het klooster van Strahov bij Praag. Zijn stoffelijk overschot werd in 1953 overgebracht naar de abdij van Mondaye in Normandië.

In het boek is ook het eigendomsmerk van de Luikse kanunnik Joseph Lupus (1810-1888), te vinden, medewerker van bisschop Théodore de Montpellier (1807-1879), die in 1852 bisschop van Luik werd. In 1869-1870 vergezelde Lupus de Montpellier naar het Vaticaans Concilie. Ook cat. C316, een werk van Quintin Curtius Rufus, was ooit in het bezit van Joseph Lupus. (cat. P158)

'Tertium praemium in minori Figurâ'[1] Prijsboeken 1615-1838 in de Parkabdij

Ellen Storms & Marcus de Schepper

Sic transit. Ze hadden meer een symbolische dan een innerlijke betekenis. Hun inhoud kwam er niet zozeer op aan. Van waarde was alleen "prijs" en niet "boek".[2]

Het geven van een boek aan verdienstelijke leerlingen als beloning voor hun ijver, is een gebruik dat zich vanaf de zestiende eeuw ontwikkelde in de Latijnse scholen. In die periode werd het onderwijs in de West-Europese steden, onder invloed van het humanisme, geleidelijk aan gereorganiseerd. Eén van de tradities die voortvloeide uit de humanistische opvattingen over opvoeding en onderwijs, was het belonen van goede prestaties om de leerlingen te blijven prikkelen in hun ijver. Het uitreiken van prijzen ging al snel een integraal deel uitmaken van het onderwijssysteem op de Latijnse scholen. Deze prijzen, meestal in de vorm van een fraai gebonden boek, werden geacht de wedijver tussen de leerlingen te bevorderen.

In de humanistische pedagogiek werd immers een zeer belangrijke plaats toegekend aan wedijver of *aemulatio*. Een systeem van prijzen en beloningen werd als het pedagogisch middel bij uitstek beschouwd om de onderlinge competitie tussen de leerlingen te bevorderen en hen op die manier aan te zetten tot betere prestaties. De sfeer van permanente competitie die in een Latijnse school heerste, bereikte zijn hoogtepunt met de promotie en prijsuitreiking, waarbij de beste leerlingen van iedere klas met een prijs naar een hogere klas werden bevorderd. Eens ingeburgerd, ontwikkelde de promotie met prijsuitreiking zich tot een heuse plechtigheid die ruim twee en een halve eeuw zijn stempel zou drukken op het toenmalige onderwijs.

Prijsuitreiking in de Nederlanden[3]

Gelijktijdig met de inhoudelijke vernieuwing van het onderwijs, werd op vele scholen een nieuwe, door de humanisten geïnspireerde, pedagogische methodiek ingevoerd. Verschillende vormen van wedijver en een daarmee gepaard gaand systeem van beloningen deden hun intrede in het onderwijs. Als een gevolg hiervan ontwikkelden zich in de loop van de zestiende eeuw in zowel het katholieke als het protestantse onderwijs twee nieuwe elementen: de *promotio publica* en de *distributio praemiorum*, de publieke bevorderingsplechtigheid van leerlingen naar een hogere klas en de hierbij behorende uitdeling van prijzen.

Zuidelijke Nederlanden en België

Nadat de Nederlanden zich in 1579 hadden opgesplitst in de Noordelijke en Zuidelijke Nederlanden, werd het calvinisme de heersende godsdienst in het noorden, terwijl de Zuidelijke, toenmalige Spaanse Nederlanden, onder de invloed van de Contrareformatie kwamen. De katholieke Kerk probeerde hier zoveel mogelijk terrein terug te winnen, wat onder meer tot gevolg had dat ook het onderwijs in hoge mate door de geestelijkheid werd verzorgd. De promotie met prijsuitreiking was voor katholieke scholen de gelegenheid bij uitstek om naar buiten te treden. In het bijzonder op de jezuïetencolleges ontwikkelde de promotie met prijsuitreiking zich tot een feestelijke gebeurtenis die, samen met de toneelopvoeringen, met veel pracht en praal gepaard ging. Aangezien het onderwijs in de Zuidelijke Nederlanden vanaf het einde van de zestiende eeuw sterk gemodelleerd was naar het jezuïetenmodel, groeide de prijsuitreiking in deze contreien uit tot een vaste traditie. De augustijnen kregen in Antwerpen financiële steun van de stad om de prijzen te bekostigen. De bijdrage van de stedelijke overheid bedroeg meestal 50 gulden. De prijsuitreiking, waarbij alle prominenten van de stad aanwezig waren, vormde het hoogtepunt van het schooljaar. Dat dit systeem soms uit de hand liep, bewijst een brief van de Koninklijke Commissie der Studiën van 20 augustus 1784. De Commissie was het eens met het uitreiken van prijzen om de wedijver te bevorderen, maar in Antwerpen overdreef men. De gelauwerden van het augustijns en koninklijk college werden wel erg in de bloemetjes gezet. Zo werd er na de prijsuitreiking trompet gespeeld in of voor het huis van de winnaars, gevolgd door luidruchtige nachtelijke escapades.[4]

Toen de Zuidelijke Nederlanden in de achttiende eeuw onder Oostenrijks bewind stonden, werden pogingen ondernomen om het onderwijssysteem te hervormen. Na de afschaffing van de jezuïetenorde in september 1773 en de sluiting van de jezuïetencolleges, werden er twaalf Koninklijke Colleges opgericht, waarbij niet alleen naar grotere staatsinvloed, maar ook een inhoudelijke vernieuwing van het Latijnse onderwijs werd gestreefd. Naast Latijn en Grieks, werden ook Frans, geschiedenis en wiskunde volwaardige vakken. Daarnaast werd, ter vervanging van het schooltoneel, een openbaar examen ingevoerd dat jaarlijks plaatsvond en gepaard ging met een prijsuitreiking. Deze plechtigheden werden nauwgezet voorbereid. Zij moesten het publiek immers overtuigen van de uitstekende opvoedingsmethode die door de staat werd voorgeschreven.

Onder Frans bewind werden pogingen ondernomen om de schoolstructuur van het Ancien Régime volledig af te schaffen. De bestaande scholen werden opgeheven en vervangen door schooltypen zoals de *École centrale*, het *Lycée* en de *École secondaire*. Onder het Nederlands bewind vanaf 1815 werden, naast colleges, Koninklijke Athenea opgericht en vanaf 1831 mochten de jezuïeten hun onderwijsactiviteiten weer hervatten. In de negentiende eeuw werd het onderwijs in België verzorgd door de openbare athenea en door scholen die door katholieken werden bestuurd. Gedurende de gehele negentiende eeuw werd de prijsuitreiking in België zowel op de openbare scholen als op de katholieke scholen, in ere gehouden.

Het Zuid-Nederlandse prijsboek valt vooral op door zijn eenvoudig karakter en, in vele gevallen, de inferieure kwaliteit van het gebruikte materiaal. De bestempeling van de band is meestal vrij sober: vaak slechts een wapenstempel in goud op de platten aangebracht. Dit was gewoonlijk het wapen van de persoon of instantie die de prijzen bekostigde, meestal de stad of de school, of een combinatie van beide, zoals de wapenstempels die we op de banden van de Antwerpse jezuïeten en augustijnen aantreffen. In België bleef de prijsuitreiking tot in de jaren 1960 bestaan. Daarna lijkt de echte prijsband te verdwijnen en wordt er nog slechts gebruik gemaakt van boeken zoals ze in de boekhandel verkrijgbaar zijn.

Noordelijke Nederlanden: Republiek en Koninkrijk
Toen in de Zuidelijke Nederlanden de eerste jezuïetencolleges werden opgericht, begon voor de Noordelijke Nederlanden een geleidelijk proces van protestantisering, waarbij ook het onderwijs betrokken werd. Tijdens de vijftiende eeuw hadden de stadsscholen in de Noordelijke Nederlanden zich ontwikkeld tot zogenaamde Grote scholen, waar hoofdzakelijk Latijn onderwezen werd aan jongens van acht tot ongeveer vijftien jaar. Na de reformatie werd de Grote school gereorganiseerd tot een nieuw schooltype, namelijk de *Schola Latina* of Latijnse school, die de leerlingen moest voorbereiden op de universiteit. Tegen het einde van de zestiende eeuw groeide de wens het onderwijssysteem te uniformiseren. Omdat de onderwijsprogramma's van de Latijnse scholen sterk uiteen liepen, hadden veel studenten geen goede aansluiting op het universitair onderwijs. Om dit probleem op te lossen, vaardigden de Staten van Holland en West-Friesland in 1625 een schoolreglement uit dat de gewenste uniformisering van het onderwijs op de Latijnse scholen moest bewerkstelligen. De Hollandse Schoolordre was een modelleerplan dat voorschriften gaf ten aanzien van het leerplan, de lesmethode, de klasindeling en de leerboeken. Het schoolcurriculum bestond voortaan uit zes leerjaren (*classes*), waarbij ieder leerjaar bestond uit twee niveaugroepen (*ordines*) van een half jaar. De laagste klas werd de *sexta* en de hoogste de *prima*.

Een van de gevolgen van de protestantisering en de vernieuwing van het onderwijs was dat de pedagogiek van de wedijver en het hieruit voortvloeiende prijzensysteem een veel sterkere rol gingen spelen binnen het klassikale onderwijssysteem. Weliswaar werden er al voor de Reformatie prijzen uitgereikt op enkele scholen, maar pas na de Reformatie maakte men van de prijsuitreiking een openbare plechtigheid waarmee de school naar buiten trad. In de eerste helft van de zeventiende eeuw gingen steeds meer stedelijke Latijnse scholen over tot de invoering van een halfjaarlijkse promotie met prijsuitreiking. De stedelijke overheid bevorderde deze gang van zaken door de bekostiging van de prijsboeken. In de loop van de zeventiende eeuw werden deze boeken meestal met het stadswapen bestempeld, waardoor de status van de Latijnse school als stadsschool werd benadrukt.

De promotie met prijsuitreiking bleef in de meeste Nederlandse steden bestaan tot aan de opheffing van de Latijnse scholen. In de loop van de negentiende eeuw werd het onderwijs grondig gereorganiseerd en werden de oude Latijnse scholen omgevormd tot modernere gymnasia. De wet op hoger onderwijs van 1876 betekende het definitieve einde van de Latijnse school en eveneens van het prijzensysteem.

Het Noord-Nederlandse prijsboek valt vooral op door zijn uniformiteit. De Nederlandse prijsboeken zijn meestal te herkennen aan het gebruikte materiaal en de gekozen bindtechniek. Dit typerende materiaal is perkament van een vrij stijve soort en de bindtechniek is die van de splitselband. De platten werden bijna altijd versierd met een goudgestempeld stadswapen. Verder werden de platten ook versierd met kaders van één of meerdere lijnen of rolstempels, soms ook met hoekstempels.

Een belangrijk onderdeel van het Nederlandse prijsboek wordt gevormd door de sluitlinten, waarvan bijna elk prijsboek voorzien is. Maar wegens de kwetsbaarheid van het materiaal en het vele gebruik, zijn deze linten vaak afgebroken of uit hun gaten getrokken.

Prijsboeken in de Parkabdij

De huidige abdijbibliotheek is een negentiende-eeuwse creatie, samengesteld uit aankopen en schenkingen.[5] Dat er zich prijsboeken zouden bevinden in de collectie ligt dan in de lijn der verwachtingen. Nogal wat prijsboeken zijn wetenschappelijke publicaties en konden meteen weer als zodanig fungeren. Andere zijn dan weer piëteitsvol geschonken door (erfgenamen van) verwanten van monniken, of door sympathisanten. In onderstaand repertorium zijn de andere herkomstgegevens mee vermeld om een reconstructie van de weg van het boek mogelijk te helpen maken.

Voor elk prijsboek worden volgende gegevens vermeld: datum van de prijs, band[6], prijs (transcriptie met cursieve oplossing van afkortingen, met opgave van regeleinden, en met aanduiding van de locatie in het boek), andere herkomsten[7], typering van de druk. Opgenomen zijn prijsboeken met drukken tot 1830, beschreven in de catalogus door Jozefa van Bragt. In de abdijbibliotheek zijn mogelijk nog meer prijsboeken aanwezig bij de latere drukken (een voorbeeld in Bijlage 3).

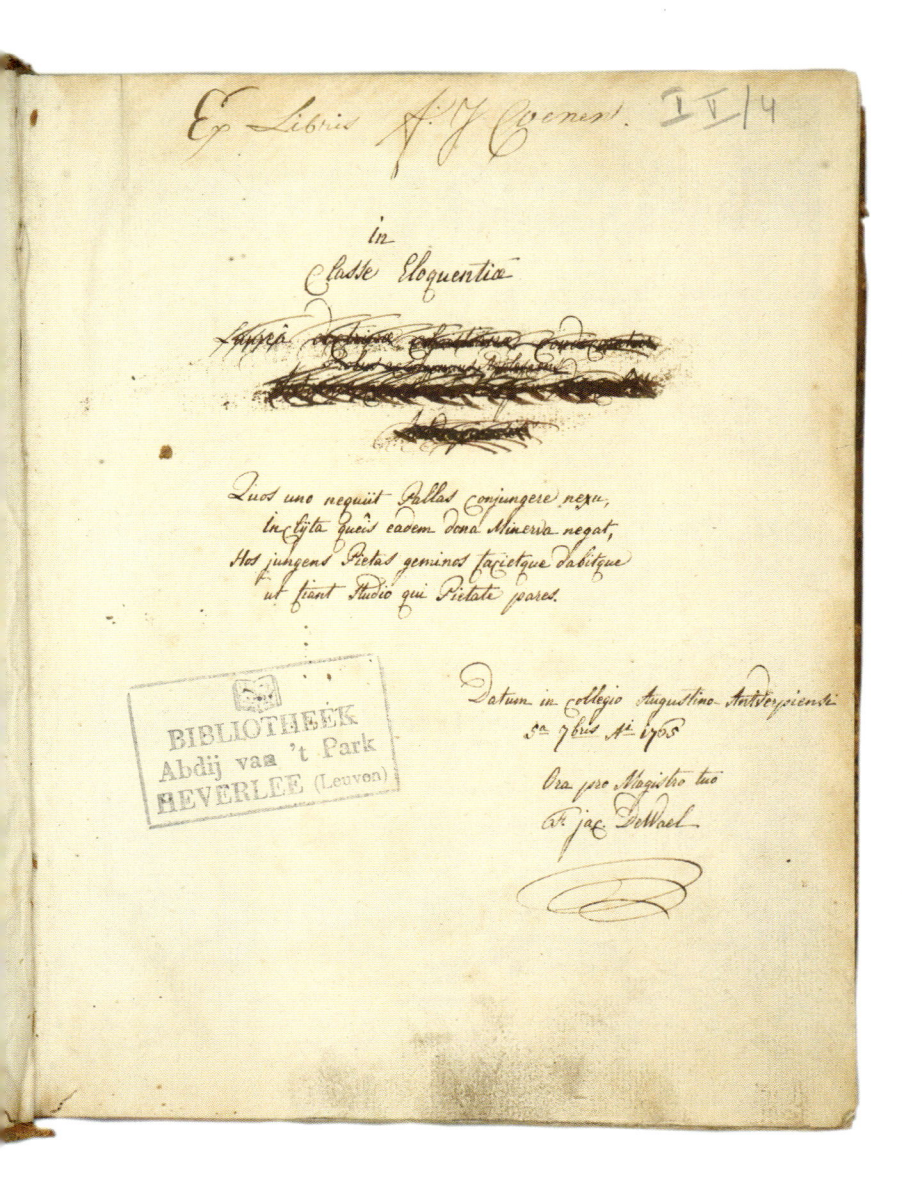

Antwerpen (augustijnen) (cat. B524)
Repertorium nr. 1

Repertorium

A. Zuidelijke Nederlanden

Antwerpen, Augustijnencollege:
1. 1765 (5 september)
Band: gespikkeld schaapsleer, platten met verguld lijnkader en centraal verguld wapen van Antwerpen met randschrift S.P.Q.A. GYMNASY. AVGVSTINIANEI MAEC: PERP:, vergulde rug op vier ribben, rood gespikkelde snede
Prijs (op rectozijde van schutblad vooraan): In | Classe Eloquentiae | [doorgehaald: Laureâ doctrinae christianae condecoratur | Probus ac Ingenuus Adolescens | … | Antverpiensis] | Quos uno nequiit Pallas conjungere nexu, | Inclÿta queîs eadem dona Minerva negat, | Hos jungens Pietas geminos facietque dabitque | ut fiant studio qui Pietate pares. | Datum in collegio Augustino-Antverpiensi |5ª 7bris Anni 1765 | Ora pro Magistro tuo | Fratre [?] Jacobo De Wael ||
Andere herkomsten: Ex Libris F. J. Coenen (op rectozijde van schutblad vooraan)
Boek: Joannes Busæus, Πανάριον, hoc est Arca Medica […], Mainz 1608, 4° - cat. B524[8]
Eerste druk van een apologetisch traktaat van een der gebroeders Buys uit Nijmegen. Jan (1547-1611), die ook over de kerk in Azië schreef, doceerde meer dan twintig jaar theologie in Mainz, waar hij overleed. Het werk werd herdrukt in Lyon, Venetië en Parijs.

2. 1783 (23 augustus)
Band: gevlekt schaapsleer, platten met blinde lijnenkaders, vergulde rug op vijf ribben, rode gepolijste snede
Prijs (op rectozijde van tweede schutblad vooraan): Ex | Classe Humanitatis | ad Eloquentiae gradum facit | Secundus | Probus ac ingenuus Adolescens | Thomas Heyliger Antverpiensis | Prima tibi Pallas concessit largior anno | Praemia praeterito, quae tibi Apollo negat. | Prima negent Musae; duplicato foenere reddet | praemia pro studiis suada diserta tuis | Scandere quem possis, tantum est locus altior unus, | hunc scandes, aucto forte labore parum. | Desiderium Magistri fuit im- | pletum. | Ora pro Magistro tuo | Fratre Joanne Baptista in 't Groenewout | Augustiniano Poëseos professore | datum Antverpiae in Gymnasio Sancti Patris Augustini | 23 Augusti 1783. ||
Andere herkomsten: Bourguignon (op de titelpagina)
Boek: Jean des Roches, *Epitome historiæ belgicæ* …[…], Brussel 1782, 12° - cat. D93
Samenvatting van de Belgische geschiedenis door taalkundige en historicus Jan des Roches (Den Haag 1740-Brussel 1787).

3. [18de eeuw]
Band: schaapsleer, platten met verguld lijnenkader en centraal verguld wapen van Antwerpen met randschrift S.P.Q.A. GYMNASY. AVGVSTINIANEI MAEC: PERP:, rug op drie ribben met blinde lijnen, dekblad vooraan deels afgescheurd, resten van sluitlinten op het dekblad vooraan
Prijs (op versozijde van de titelpagina): in figuras primus,

ac [?] | probus ac ingenuus | adolescens | franciscus wouters | ex Balen ||
Andere herkomsten:
a: … atr|… th… | Rector || (op resten van dekblad vooraan)
b: [in latere hand:] qui dedit hunc librum | Joanni Tribout in | recordationis signum (aansluitend op de prijs)
c: 1717 (op dekblad achteraan)
Boek: Guillaume Perault, *Speculum religiosorum* […], Keulen 1616, 12° - cat. P69b
Moraaltheologisch werk van de dertiende-eeuwse predikheer Guilelmus Peraldus, geboren ca. 1190, prior in Lyon 1249-1266 en in 1271 overleden.

Antwerpen, O.-L-.Vrouwekerk:
4. 1838 (14 oktober)
Band: gemarmerd schaapsleer, vlakke vergulde rug met titelschild, gele snede
Prijs (op dekblad vooraan, op voorbedrukt etiket): Eerste clas. | - | Prys der christelyke leering. | In O.-L. Vrouw Kerk behaeld | door [in handschrift:] Aloysius Hoefnaegels | [gedrukt:] Antwerpen, 14 October 1838. | [in handschrift:] J. B. Beeckmans | Pas*tor* B*eatae* M*ariae* V*irginis* ||
Boek: Claude Drouas de Boussey, *Onderwyzingen op de voornaemste waerheden van de religie,* […], Antwerpen (1810?), 8° - cat. D173
Een catechismus van Claude Drouas de Boussey (1712-1773), bisschop van Toul, in zijn tijd een vermaard predikant.

Bergen [Mons], Jezuïetencollege:
5. 1773 (26 augustus)
Band: schaapsleer, vergulde rug op vijf ribben, rode snede
Prijs (op rectozijde van schutblad vooraan): Ex Liberalitate ac Munificentiâ | amplissimi ac Nobilissimi Senatus | Montensis | E mediâ grammatices classe ad supremam | Primus | Wirgerius Josephus Ducobu ex | Boussu | Quid mirum primos Pallas, si cedat | honores, | acre tibi ingenium est mentem labor | improbus urget | junctaque Relligio Constans utramque coronat. | Montibus in aula Col*legii* Soc*ietatis* | Jesu 26ª Aug*usti* 1773. ||
Boek: Jean-Pierre Camus, *L'Esprit de Saint-François de Sales* […], Parijs 1770, 12° - cat. C39
Een werk over de spiritualiteit van Franciscus van Sales (1567-1622) door zijn vriend, ook priester, Jean-Pierre Camus (1584-1652). Camus publiceerde op aanmoediging van Franciscus van Sales talrijke stichtelijke romans om de invloed van schadelijk geachte literatuur tegen te gaan. Hij wordt in Frankrijk beschouwd als de schepper van de katholieke roman en het vervolgverhaal, de *roman fleuve*.

Beringen, Stadsschool:
6. 1788 (16 augustus)
Band: gewolkt leer, vergulde rug op vijf ribben, blauw gemarmerde snede
Prijs (op rectozijde van schutblad vooraan): D*eo* O*ptimo* M*aximo* | E Rhetorica | ad Philosophiam gradum | facit | Primus perpetuus | probus ac ingenuus adolescens | Joannes Petrus Hermans | ex Kermpt | Dabam in Collegio Beringensi | 16 Augusti 1788 | P. Timmermans | P*rofessor* [Presbyter?, Praesens?] praef*ectus* Collegii R*ector* [Regii?] ||
Boek: Jacobus van Bossuyt, *Theologia moralis*, Leuven (1718?), 12° - cat. B381
De augustijn Jacobus Ignatius van Bossuyt (Elene bij Zottegem 1669-Edingen 1727) doceerde theologie aan de augustijnen in Leuven. Hij was prior in Diest en in Edingen, provinciaal in 1715 en ook prefect van de Hollandse missie. De eerste druk is van 1710. Van het populaire handboek verschenen tot 1787 een zevental edities, waarvan er vier in de bibliotheek van Park aanwezig zijn.

Brussel, Jezuïetencollege:
7. 1754 (28 augustus)
Band: later schaapsleer (18de eeuw?), platten met centraal verguld wapen van Brussel (Sint-Michiel), op voorplat met vergulde datum "1754", vergulde rug op vier ribben, goud op snee
Prijs (op rectozijde van schutblad vooraan): E | Classe | Humanitatis | Ad | Eloquentiae gradum facienti | Probo ac ingenuo adolescenti | Petro Van meurs | Secundo | Vinci turpe sonat: victori cedere tanto | nulli, crede, umquam turpe sonare potest. | Nam par est pietas, par ingeniumque laborque | cedere quod debes, sors tibi laeva dedit. | Perge age magnanime [boven doorgehaalde tekst:] gnavo nec parce Labori | qua sors eripuit serta, minerva dabit. | Datum in aula gÿmnasii | Soc*ieta*tis Jesu 1754 | 28 augusti ||
Boek: Cæsar Baronius, *Annales ecclesiastici*, Antwerpen 1610, 2° – cat. B43

Wapenschild Brussel (cat. B43)
Repertorium nr. 7

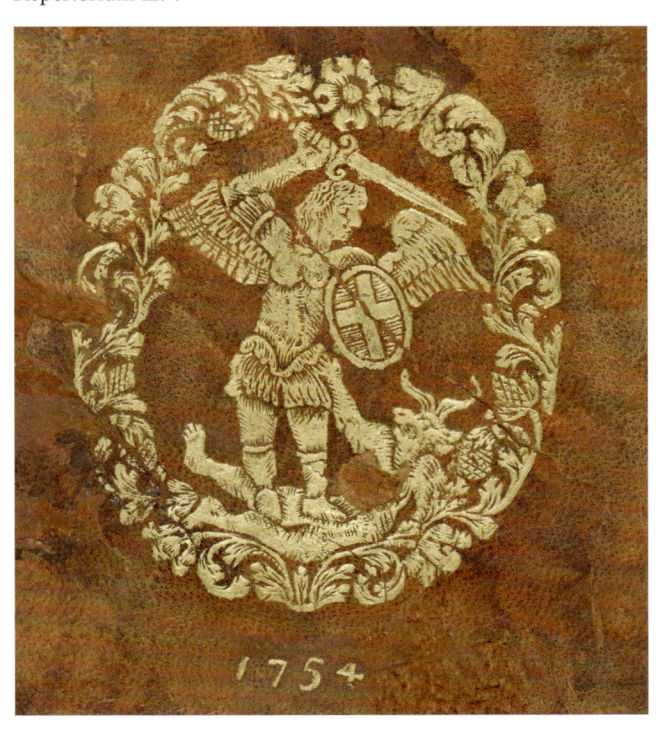

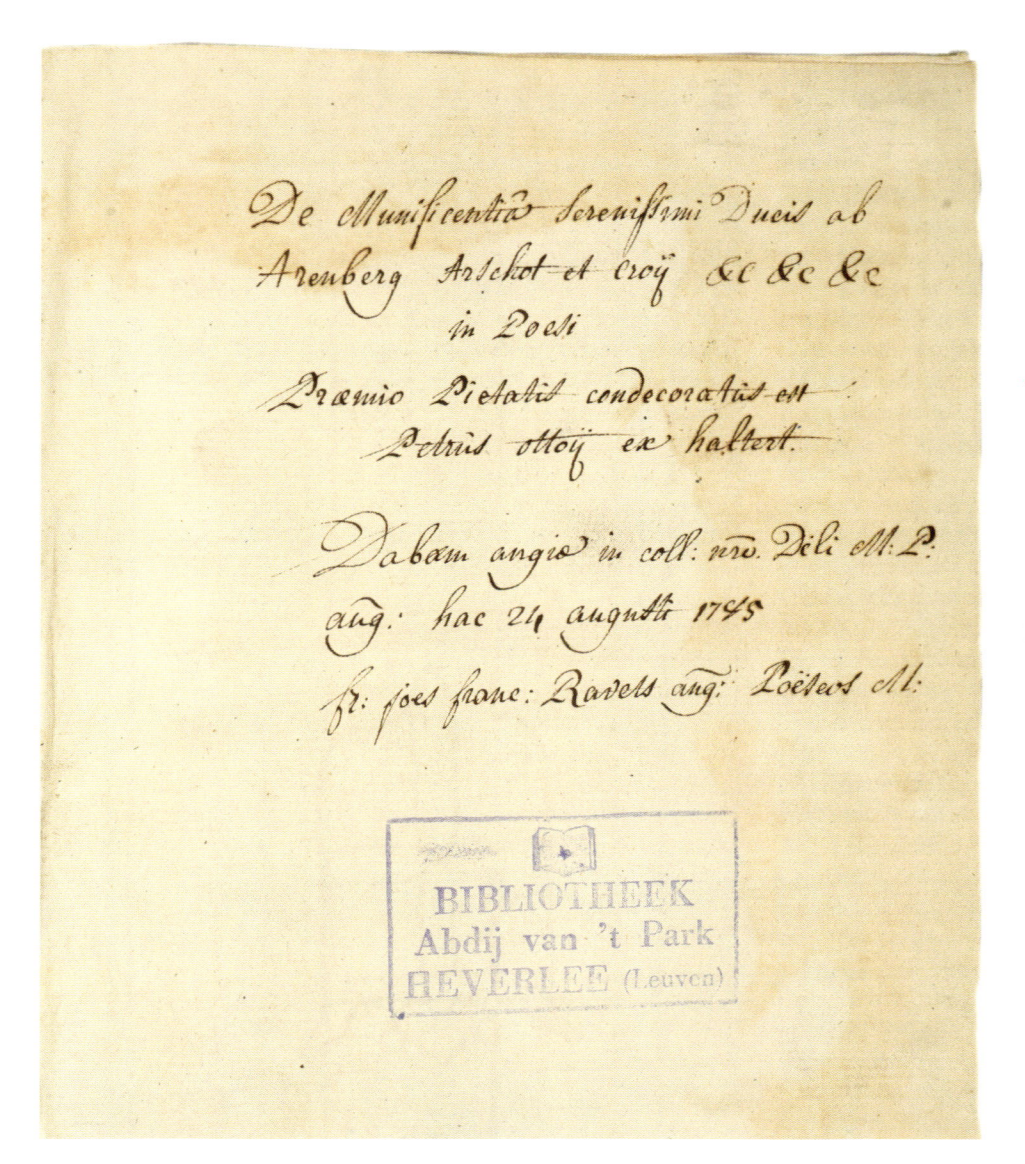

Ex-praemio Pierre Ottoy, overste in 1836, is ook onder nr. 12 en nr. 13 vertegenwoordigd in de bibliotheek met een prijsboek. Het gaat om werken van 1682, 1725 en 1696, die hij in 1785 mocht ontvangen. Nog andere Parkheren komen voor op de lijst der prijsboeken: nr. 7, Peter van Meurs (†1867), p.107; nr.21, Frans Generé (1721-1778), abt in 1762; nr. 22, Mattheus Rombouts (†1810) en nr. 37 Joannes August Bosmans (†1801). (cat. T60) Repertorium nr 11

De grote kerkgeschiedenis van Cesare Baronio (1538-1607), generaal van de oratorianen, in 1596 kardinaal, verscheen van 1588 tot 1606, mede ter verdediging van de besluiten van het concilie van Trente.

8. 1760 (2 september)
Band: schaapsleer (voorplat bijna los), platten met verguld wapen van Brussel (Sint-Michiel) met datum "1760", vergulde rug op vijf ribben, goud op snee
Prijs (op rectozijde van schutblad vooraan): E | Suprema Classe Grammatices | ad | humanitatis | gradum facienti | Probo ac ingenuo Adolescenti | Guilielmo Steenkist | Bruxellensi | Secundo | Allusio ad nomen Steenkist latine cista lapidea. | jupiter et pallas, necnon cÿtharaedus apollo | cum palmis cistas hic posuere suas. | has aperit pallas, palmam capit inde secundam, | quam tibi pro studiis ingenioque parat. | datum Bruxellis in Gymn*asi*° Societ*at*is jesu 2ª 7ᵇʳⁱˢ 1760. ||
Boek: Livinus de Meyere, *Historiæ controversiarum de divinæ gratiæ auxilis* […], Brussel 1715, 2° - cat. M193

Een bundel teksten over de goddelijke genade. De jezuïet Livinus de Meyere (1655-1730), theoloog en leerdichter, was een notoir tegenstander van de jansenisten.

Diest, Sint-Dionysiuscollege:
9. 1756 (27 augustus)
Band: gevlekt kalfsleer, vergulde rug op vier ribben met titelschild, vergulde randen, rode gespikkelde snede
Prijs (op rectozijde van schutblad vooraan): in primo ord*i*ne praemium | Pietatis obtinuit Probus, ac | ingenuus Adolescens Henricus | Martinus Verheÿden Taxan*drus* | Quod Sapiens retulit, iam | certo contigit ipsi | cunctos vincenti relligi- | one Dei. | Vincere non multum est, | sed vincere laude perenni Fit magni a multis, | Quippe paratur honor | Dies*th*emii in Col*legio* B*eati* Dion*ysii* | Areopagitae | 27 Au*gusti* 1756 ||
Boek: Augustinus, *Libri XIII confessionum* […], Keulen 1683, 12° - cat. A211
De autobiografische *Belijdenissen* van kerkvader Augustinus (354-396).

10. 1769 (25 augustus)
Band: gevlekt schaapsleer, vergulde rug op vijf ribben, rode gepolijste snede
Prijs (op rectozijde van schutblad vooraan): Moecenate Amplissimo Viro Domino | Domino Gisberto Halloint | Abbate Averbodiensi | in 2do [secundo] ordine 3tius [tertius] probus ac | ingenuus Adolescens | Theodorus Blockx Halenensis | Blockxius hic studuit medio | tantummodo ab anno, | tempore quo multos devicerat | ipse sodales | Diesthemii in Collegio Beati Dionysii Areopagitae | 1769. 25. Augusti ||
Op versozijde van schutblad achteraan, maar ondersteboven gekeerd: Tertium praemium in minori | Figurâ || (zie noot 1)
Boek: Jan Gerard Kerkherdere, *Monarchiæ Romæ paganæ secundum concordiam inter SS. Prophetas Danielem et Joannem* […], Leuven 1727, 12° - cat. K11
De Leuvense professor Jan Gerard Kerkherdere (1677-1738), Neolatijns dichter en historicus, zocht in zijn werken naar verbanden tussen de gewijde en de profane geschiedenis.

Edingen, Sint-Augustinuscollege:
11. 1785 (24 augustus)
Band: gemarmerd kalfsleer, platten met het vergulde alliantiewapen Arenberg-Brancas en verguld randschrift DAT PROSPER NATUS. 1785, rug op vier ribben met verguld bloemstempel in vakken, goud op snee
Prijs (op rectozijde van schutblad vooraan): De Munificentia Serenissimi Ducis ab Arenberg Arschot et Croÿ &c &c &c | in Poesi | Praemio Pietatis condecoratus est | Petrus ottoÿ ex haltert. |Dabam angiae in collegio nostro Dilecti [?] Magni Patris | augustini hac 24 augusti 1785 | frater johannes franciscus Ravets augustinianus Poëseos Magister ||
Boek: Thomas Becket, *Epistolæ et vita* […], Brussel 1682, 4° - cat. T60
Brieven en biografie van de aartsbisschop van Canterbury (ca. 1118-1170).

12. 1785 (24 augustus)
Band: gewolkt kalfsleer, platten met het vergulde wapen van het geslacht Arenberg en verguld randschrift DAT PROSPER NATUS. 1785, latere vergulde vlakke rug, gespikkelde snede
Prijs (op rectozijde van oud tweede schutblad, nu gekleefd op voorste dekblad): De Munificentia Serenissimi Ducis ab | Arenberg, Arschot, et Croÿ &c &c &c. | in Poësi | tertium obtinuit Praemium Probus ac ingenuus Adolescens Petrus Ottoÿ ex Haltert | Dabam angiae in collegio nostro: Dilecti [?] Magni Patris | Augustini hac 24 augusti 1785 | frater johannes franciscus. Ravets augustinianus Poëseos Magister ||
Boek: Roeland van Leuve, *Doorlugte voorbeelden* […], Amsterdam 1725, 4° - cat. L209
De Amsterdamse handelaar Roeland van Leuve (1691-1757) schreef verzen die in het biografisch woordenboek van Van der Aa worden bestempeld als "ellendige rijmelarij".

13. 1785 (24 augustus)
Band: gewolkt kalfsleer, platten met het vergulde wapen van het geslacht Arenberg en verguld randschrift DAT. PROSPER NATUS. 1785, vergulde rug op vijf ribben, goud op snee
Prijs (op rectozijde van schutblad vooraan):
De Munificentia Serenissimi Ducis ab Arenberg | Arschot, et croÿ. &c &c &c. | in Poesi | tertium obtinuit Praemium Probus ac ingenuus | adolescens Petrus ottoy ex Haltert | Dabam Angiae in collegio nostro Dilecti [?] Magni Patris | Augustini hac 24 augusti 1785 | frater johannes franciscus Ravets augustinianus Poeseos Magister ||
Boek: Johann Christoph Becmann, *Syntagma dignitatum illustrium*,[…], Frankfurt & Leipzig 1696, 4° - cat. B88
Een publicatie over staatswetenschap van theoloog, polyhistor en professor in Frankfurt Johann Christoph Becmann (1644-1717).

Fontaine(s) [Fontaine-l'Evêque ?], Latijnse School (?):
14. [na 1661]
Band: kalfsleer, vergulde rug op vijf ribben, rood gespikkelde snede
Prijs (op rectozijde van schutblad vooraan): Ex liberali munificentia | fontanae civitatis | e figura ad grammaticam | secundo praemio exornatus ingenuus ac pius adolescens joannes franciscus fauvian | fontanus | epigramma | sume animos francisce, licet devictus ab hoste, | saepe fuit victor, qui modo victus erat ||
Andere herkomsten: Basilius van Beygaerden | Canonicus Ordinis Praemonstratensis || (op versozijde van schutblad vooraan)

Wapenschild Arenberg
(cat. B88) Repertorium nr. 13.

Boek: Augustin de Felleries, *Les plaintes amoureuses de Iesus et Marie* […], Bergen [Hg.] 1661, 4° - cat. F28
Sermoenen over de zeven kruiswoorden van de norbertijn Augustin de Felleries, in 1644 abt van de abdij Bonne-Espérance bij Binche, in 1671 overleden.

Geel, Latijnse School:
15. 1813 (20 augustus)
Band: gemarmerd kalfsleer, vergulde rug op vijf ribben met titelschild, rode gepolijste snede
Prijs (op rectozijde van schutblad vooraan): In Majori Figura | Secundus | Joannes Judocus Peetermans Gelensis | Dabam Gelae 20 aug*usti* 1813 | quod testor J. P. Segers | Figurarum praeceptor ||
Boek: Jean Grandcolas, *Commentarius in romanum Breviarium* ...[…], Antwerpen 1734, 4° - cat. G134
Commentaar bij het romeinse brevier van de liturgist Jean Grandcolas (1660-1732), ook bekend door een werk gericht tegen het quiëtisme van Jeanne Bouvier de la Motte, Madame Guyon.

16. 1813 (20 augustus)
Band: halve schaapsleren band, platten met marmerpapier overtrokken, vergulde rug op vijf ribben, gespikkelde snede
Prijs (op rectozijde van schutblad vooraan): In Minora Figura | quartus Adrianus Govaerts ex Lichtaert | Dabam Gelae 20 aug*usti* 1813 | quod testor J: P: Segers | Figurarum praeceptor ||
Boek: Carolus Valcke & Stephanus Kyndt, *Commentarii historici-critici in Matthæum et Marcum* […], Leuven 1762 (I), 1764 (II), Gent 1744 (III – doorschoten, met 18de-eeuwse aantekeningen), 8° - cat. V3.
Thesissen van jezuïetenstudenten met commentaar bij het Nieuwe Testament.

Gent, École Centrale du Département de l'Escaut:
17. 1800 (18 augustus)
Band: schaapsleer, vergulde rug op zes ribben, rode snede
Prijs (op rectozijde van schutblad vooraan): Republique Française | Ecole Centrale Du Departement | de L'escaut | Dessin | Principes. | Second Prix. | Benjamin Kreps, natif de Gand. | Vu par le Conseil d'administration de | l'ecole centrale, ce 30 thermidor an 8. | P. Botte, Ch. Van Hulthem, J. Leemput ||
Boek: Jean Louis de Cordemoy, *Traité de toute l'architecture* […], Parijs 1714, 4° - cat. C251
Een invloedrijk werk van de architectuurhistoricus Jean Louis de Cordemoy (1631-1713), augustijn in het klooster Saint-Jean des Vignes in Soissons. Hij schrijft er met waardering over de gotische kerken.

Gent (?), ?:
18. 1821 (4? november)
Band: langnervig marokijn (?), platten met kader van vergulde ornamenten en centraal verguld liervormig ornament, vlakke vergulde rug met vergulde titel, goud op snee, gemarmerde dekbladen

Prijs (op rectozijde van frontispies): Eersten Prys | van de aendachtigheyd | verdient door carolus Ongena op den 4 [?] No- | vember 1821 ||
Boek: Ignace Walvis e.a., *Christelyke onderwyzingen en gebeden* […], Gent 1817 (?), 12°: cat. W19
Catechismus en gebedenboek van Ignace Walvis (Utrecht 1653-Gouda 1712), priester en historiograaf.

Herentals, Augustijnencollege:
19. 1791 (22/31 augustus?)
Band: kalfsleer (17de eeuw?), vergulde rug op zeven ribben, gespikkelde snede
Prijs (op versozijde van schutblad vooraan): in Poësi | primo praemio Donatur | Probus ac ingenuus adolescens | Jo*annes* Baptista Verstylen Herendaliensis | Dabam Herendalii in coll*egio* M*agni* P*atris* Augustini | [ij = 2/11?] cal*endas* 7^{bris} 1791 | F*rater* F. Verlinden Poëseos Prof*essor* | Pariter donatur Praemiis doct*rinae*. christianae | Linguae Graecae, mathesis, historiae et geographiae. ||
Andere herkomsten:
a: ... versluys ... olen [?] (dekblad vooraan)
b: Den Boeck hoort toe ... | peer ... | ... versluys (deels geradeerd; rectozijde schutblad vooraan)
c: Begga Verstuylen (rectozijde schutblad achteraan)
d: Giselinus Verstijlen | Mijn Heer Versty | allgym: [?] kend [?] | hij woont in den wijgaet tot | Herentals | C. G... [?] M [?] Sâen [?] || (versozijde schutblad achteraan)
e. Dezen boeck hoort toe aen | peeter verstylen die hem vind die br[engt?] hem || (dekblad achteraan)
Boek: Anselmus van Canterbury, *Opuscula*, Parijs 1544, 2° – cat. A139[9]
Diverse traktaatjes van de theoloog en filosoof Anselmus van Canterbury (1033-1109), afkomstig uit Aosta, in 1093 aartsbisschop van Canterbury.

Leuven, H.-Drievuldigheidscollege:
20. [na 1721 (?) – vóór 1742]
Band: gespikkeld schaapsleer [17de eeuw], vergulde rug op vijf ribben, rode gespikkelde snede
Prijs (op rectozijde van schutblad vooraan): Ex | Munificentia Nobilissimi *Domini* Domini Philippi | Erardi [van Cruijninghen[10] ex | Media Classe grammatices ad supremam | gradum facit | Primus | Probus ac ingenuus Adolescens | Ferdinandus Cremers. | Corpore sis parvus nil refert praelia sume | dum fernande tuo magnus es ingenio. | Pergito sic semper cunctos spoliare bravio, | nam virtute tuâ praemia prima refers. | adjungas semper studio pietatis odorem | ut sint perpetuo munera cuncta tibi | Ora pro magistro tuo | F*ra*tre Jac*obo* Aug*ust*° Bert | aug*ustiniano* ... [doorgehaald] ||
Boek: Euclides, *Elementa* […], Lyon 1578, 2° – cat. E72
Euclides (3de eeuw v.C., Alexandrië) legde in het werk de grondslag van rekenkunde en meetkunde.

21. 1736 (25 augustus)
Band: kalfsleer, vergulde rug op vier ribben met titelschild, gespikkelde snede

Prijs (op rectozijde van schutblad vooraan): In | Syntaxi | Praemio | Doctrinae Christ*ianae* | Donatur | Jo*ann*es Franciscus Gener*e* | Lovaniensis | In | Gym*nas*io Sanctissi*mae* Trinit*atis* | Lovanii | 25 Aug*usti* 1736 ||
Boek: Carolus Borromæus, *Pastorum instructiones*, Leuven 1701, 12° - cat. B361
Pastorale richtlijnen van Carolus Borromæus (1538-1584), die een belangrijke rol vervulde bij de uitvoering van de besluiten van het concilie van Trente en de hervormingen van de Contrareformatie.

22. 1745 (28 augustus)
Band: gemarmerd kalfsleer, vergulde rug op vier ribben, gespikkelde snede
Prijs (op rectozijde van schutblad vooraan): In Grammatica | Decimo | Matthaeo Rombouts | Lovaniensi | In Gymnasio Sanctissi*mae* | Trinitatis | Lovanii | 28. Aug*usti* 1745 ||
Boek: *Psalterium, cantica et ordo missæ*, (Leuven? 1735?), 12° - cat. B231
Boekje met psalmen en enkele liturgische teksten.

23. 1761 (26 augustus)
Band: schaapsleer, platten met verguld abtswapen met randschrift CARPE ROSAS, vergulde rug op vijf ribben, rode gepolijste snede, gemarmerde dekbladen
Prijs (op versozijde schutblad vooraan): Ex | Munificentia R*e*V*erendi*ssimi ac Amplissimi | Domini D*omini* ferdinandi De Loyers | Abbatiae parcensis presulis dignissimi | S*acrae* T*heologiae* B*accalaurei Formati* | ac serenissimorum brabantiae Ducum | archicappelani Haereditarii &c &c. | ...[geradeerd] Probo ac ingenuo Adolescenti | Petro Hallaux ex Doiceau | in grammatica Quinto | Datum Lovanii | in Coll*egio* S*ancti*S*sim*ae Trinitatis | 26 Augusti 1761 ||
Andere herkomsten: Hoc opus, in venditione sub hasta, ab successore | praedicti Petri Hallaux parochi in Plancenoit emptum | est ab D. Moreau ejusdem parocho ab anno 1820 usque | ad annum 1849. Exinde parochus Sanct*ae* Gertrudis et | Decanus Nivellensis || (onder de prijs, in andere hand) [1]
Boek: Cornelius Jansenius, *Tetrateucheus*, Brussel 1755, 4° - cat. J28
Commentaar op de eerste vier boeken van de Bijbel door Cornelius Jansenius (1585-1638), in 1630 professor in Leuven, in 1636 bisschop van Ieper. De eerste editie is van 1639.

24. 1765 (26 augustus)
Band: kalfsleer, vergulde rug op vijf ribben, rode gepolijste snede, gemarmerd dekblad
Prijs (op versozijde van schutblad vooraan): Ex | Munificentia | Amplissimi ac Reverendissimi | Domini | D*omini* Joannis Michaelis Gosin | Celeberrimae abbatiae | heÿlissemiensis | Praesulis dignissimi etc etc | in Poësi Probo | ac ingenuo adolescenti | emmanuëli Balth*asari* van den gheÿn | Lovaniensi | Praemium Doctrinae christ*ianae* | Referenti | in gymnasio S*ancti*S*sim*ae Trinitatis Lovanii | 26. aug*usti* 1765. ||
Boek: Martinus Steyaert, *Theologiæ practicæ aphorismi*, Leuven 1743, 8° - cat. S241

De Leuvense professor Martin Steyaert (1647-1701) was een felle tegenstander van het jansenisme. Dit is de zesde druk van dit werk.

25. 1790 (23 augustus)
Band: gewolkt schaapsleer, platten met blind lijnkader, vergulde rug op vijf ribben met rood verguld titelschild, vergulde randen, rode gepolijste snede
Prijs (op dekblad, voorbedrukt etiket): MAECENATE | REVERENDISSIMO AC AMPLISSIMO VIRO | DOMINO | SIMONE WOUTERS, | IN UNIV. LOVANIENSI S*anctae* T*heologiae* B*accalaurei* F*ormati* | ABBATIAE PARCENSIS PRAESULE, | SUPREMORUM BRABANTIAE ORDINUM | ASSESSORE PERPETUO, | EORUMQUE AD NEGOTIA PUBLICA | DEPUTATO &c. &c. | IN GYMNASIO S*ancti*S*simae* TRINITATIS LOVANII, | 23 AUGUSTI 1790, | IN MAJORE FIGURA, | [in handschrift:] Octavus Joannes Franciscus Hensmans | Lovaniensis. H. Collin Reg*ens* ||
Andere herkomsten: fr*ater* joa*nn*es | sta[?]rlet || (op titelpagina)
Boek: Francisco de Ribera, *Vita B. Matris Teresæ de Jesu* [...], Keulen 1620, 4° - R65
De jezuïet Francisco de Ribera (1537-1591) was biechtvader van Teresa van Ávila. De biografie verscheen in 1590. Ribera is vooral bekend door zijn commentaar op het Boek der Openbaring.

Mechelen, Stadsschool:
26. 1805 (1 september)
Band: gemarmerd schaapsleer, vergulde rug op vijf ribben, rode snede
Prijs (op versozijde van titelpagina): De Munificentia | Civitatis Mechliniensis | E Tertia Classe ad Secundam | Gradum facit | Probus ac ingenuus adolescens | Linguae Gallicae Primus | Joannes Rumoldus Cras | Mechliniensis. | Mechliniae 14 Fructidor Anni 13 (1ª Septembris 1805) ||
Andere herkomsten:
a: Hic liber debetur | Mihi J. C. g. [doorgehaald] | 1813 | Joa*nn*es Cornelius [doorgehaald: Gevels] | [andere hand:] Wauters | [in margine:] hic | liber | J. C. | gevels | 1813 | Hic liber est meus | in Caelo est Deus | et qui amat Christum | non capiet librum istum | Joannes Cornelius G[evels: doorgehaald] || (op rectozijde van schutblad vooraan)
b: Hic liber mihi debetur | Joannes Cornelius | Gevels 1813 | In lingua Latina | J. C. Gevels | primus | Classis 1813 || (op versozijde van titelpagina)
Boek: Jean Boudot, *Dictionarium universale Latino-Gallicum*, Rouen 1768 (?), 8° - cat. B398
De eerste editie van dit populaire woordenboek van drukker Jean Boudot (1651?-1706) is van 1704. Het werd meer dan een eeuw lang opnieuw uitgegeven.

Meerhout, Latijnse School:
27. 1772 (22 augustus)
Band: glad kalfsleer, vergulde rug op vijf ribben
Prijs (op rectozijde van schutblad vooraan): in Figurâ Majori | decimus tertius Probus | ac ingenuus adolescens |

111

Petrus Neef Antverpi | ensis | Datum Meirhouti | undecimo Cal*endas* 7 bris | 1772 | quod attestor | G. van Dam | Schol*ae* Rector ||
Andere herkomsten:
a: Verrees (inktstempel, 20ste eeuw, op rectozijde van schutblad vooraan, en ook op dekblad vooraan)
b: Vanderbeke cong: orat: (18de eeuw)
c: 24 ? stuy (prijs, 18de eeuw, op verso van schutblad)
d: J. F. van Roey (18de eeuw, op verso van schutblad)
Boek: *Psalterium. Paraphrasibus illustratum* [...], Leuven 1704, 8° - cat. B230
Commentaar op de psalmen door diverse auteurs.

Mol, Latijnse School:
28. 1787 (17 augustus)
Band: gewolkt kalfsleer, vergulde rug op vier ribben, blinkende rode snede
Prijs (op rectozijde van schutblad vooraan): In Syntaxi | quartus | Probus ac Ingenuus Adolescens | Joannes Baptista Aerts | Arschotanus | Mollae 16 Cal*endas* 7bres 1787 | ita testor G B Willocx | Rector Syntaxeos ||
Boek: Florent de Cocq, *De jure, justitia et annexis,* [...], Brussel 1687, 4° - cat. C210
Moraaltheologisch traktaat van Florent de Cocq (1648-1693), norbertijn van de Antwerpse Sint-Michielsabdij (1648-1693).

29. 1788 (31 juli)
Band: gepolijst kalfsleer, platten met kader van dubbele lijn en ornamentjes, vergulde rug op vijf ribben, vergulde randen, rode gepolijste snede, kammarmeren dekblad
Prijs (op rectozijde van tweede schutblad vooraan): Ex Poësi | Ad Rhetoricam | gradum facit | Probus ac Ingenuus Adolescens | Joannes Baptista Aerts | Arschotanus | Secundus | Mollae 31 july 1788 | quod Attestor P. J. Belmans | prof*essor* Poëseos ||
Boek: Giuseppe Orsi, *De Romani Pontificis in synodos œcumenicas* [...], Rome 1740, 4° – cat. O70
De dominicaan Giuseppe Orsi (1692-1762) vervulde verschillende hoge functies in het Vaticaan. Zijn werk over de macht van de pausen was vooral gericht tegen het gallicanisme.

30. 1788 (31 juli)
Band: gemarmerd kalfsleer, platten met verguld dubbel lijnenkader met binnenkader met ornamenten, vergulde rug op vijf ribben, vergulde randen, spiegel met vergulde ornamentrand, gemarmerde dekbladen
Prijs (op rectozijde van schutblad vooraan): In Doctrina Christiana | Primus | Probus ac Ingenuus Adolescens | Joannes Baptista Aerts | Arschotanus | Poëta | Mollae 31 july 1788 quod attestor P. J. Belmans | prof*essor* Poëseos ||
Boek: *Quæstio monastico-theologica de carnium esu,* Leuven 1751?, 4° – cat. Q1
Uitvoerig verslag naar aanleiding van een dispuut over de toepassing van de vastenregels bij de benedictijnen van Affligem. Een oude dispensatie werd door aartsbisschop Humbert-Guillaume de Precipiano in 1700 afgeschaft, maar de monniken trokken zich daar tot 1748 niets van aan. Na geleerd advies, o.m. Leuvense en pauselijke bemiddeling, kwam in 1752 een compromis tot stand.

31. 1789 (28 juli)
Band: gewolkt schaapsleer, platten met blind lijn en kader, vergulde rug op vijf ribben met rood en groen schild, rode gepolijste snede
Prijs (op rectozijde van schutblad vooraan [schutblad ligt los!]): In Rhetorica | Praemium Arithmeticae et geometriae | adeptus est | Joannes Baptista Aerts | Arschotanus | Quod attestor | H. Lodeweÿkx | Rector Rhetorices | Scholae Mollensis | Mollae hac 28 julii | 1789 ||
Boek: Gabriel Girard, *Synonymes français* [...], Rouen 1783, 12° - G91 (I)
Het befaamde werk van de Franse grammaticus Gabriel Girard (1680-1748) wordt nog tot op heden herdrukt.

32. 1789 (28 juli)
Band: gewolkt schaapsleer, platten met blind lijnkader, vergulde rug op vijf ribben met rood en groen schild, rode gepolijste snede
Prijs (op rectozijde van schutblad vooraan): In Rhetorica | Praemium doctrinae Christianae | adeptus est | Joannes Baptista Aerts | Arschotanus | Quod attestor | H. Lodeweÿkx | Rector Rhetorices | Mollae hac 28 julii | 1789 ||
Boek: Gabriel Girard, *Synonymes français* [...], Rouen 1783, 12° - G91 (II)
Zie nr. 31

33. 1797 (17 augustus)
Band: licht leder (19de-eeuws), platten bekleed met resten van oudere schaapsleren band, rug op zes ribben met verguld titelschild, rode gespikkelde snede
Prijs (op versozijde van gegraveerde titelpagina): In figura majori | Secundus | Probus ac ingenuus adolescens | joannes franciscus Cuÿpers | ex oosthamme | Dabam Mollae decima 7ma Augusti | 1797 J. B. Claes [doorgehaald: 1797] rector. ||
Boek: Leonardus Lessius, *In D. Thomam De beattiudine* [...], Leuven 1645, 2° – cat. L187
Theologische teksten van de jezuïet Leonard Leys, beter bekend als Leonardus Lessius (Brecht 1554-Leuven 1623).

34. 1823 (12 augustus)
Band: schaapsleer, platten met blind lijnenkader, vergulde rug op vijf ribben, rode snede
Prijs (op rectozijde van schutblad vooraan): In Grammatices concursu | tertium | adeptus est praemium | Antonius Van Gompel | Antverpiensis | Dabam in Gymnasio | Mollensi hac 12 Aug*us*ti | 1823. | Quod attestor | F. A. Wens Gram*matices* | Prof*essor* ||
Andere herkomsten: Verrees (inktstempel, op rectozijde van schutblad vooraan)
Boek: Karel van den Abeele, *Verwekkinge der christelyke*

herten [...], Antwerpen 1765, 8° - cat. A7
Enkele van de vele stichtelijke stukjes van de jezuïet Karel van den Abeele (Bourbourg/Broekburg bij Duinkerke 1691-Gent 1776).

Nijvel, Stadsschool:
35. 1810 (25 augustus)
Band: gemarmerd kalfsleer, vergulde vlakke rug, vergulde randen, groenblauw gespikkelde snede, gemarmerde dekbladen
Prijs (op rectozijde van schutblad vooraan): Ex liberalitate Municipii | Nivellensis | in primâ classe | Collegii, | Primo | Joanni-Josepho Baguet | Nivellensi. | Nivellis. | Die augusti 25ᵃ 1810. | Le Sous préfet | B. Berlaimont ||
Boek: Jean-Siffrein Maury, *Essai sur l'éloquence de la chaire* [...], Parijs 1810, 8° - cat. M142
Het herhaaldelijk uitgegeven werk van 1777 over kerkelijke welsprekendheid van de kanselredenaar Jean-Siffrein Maury (1746-1817), kardinaal, aartsbisschop van Parijs, samen met sermoenen en lofreden. De tekst verscheen ook als *Principes d'éloquence pour la chaire et le barreau*.

36. 1815 (26 augustus)
Band: gewolkt schaapsleer, vergulde vlakke rug met rode en groene schilden, vergulde randen, gespikkelde snede, gemarmerde dekbladen
Prijs (op versozijde van schutblad vooraan in dl. 1): Ex Liberalitate | Clarissimorum Virorum | Municipii Nivellensis, | In Rhetoricâ, | Primo praemio donatur | probus ac ingenuus | adolescens, Franciscus | Baguet, Nivellensis. | Nivellis, in aulâ Collegii | 26.ᵃ Augusti 1815. | Bouvier | Rhetorices Proffessoʳ | Le Sousintendant | B. Berlaimont ||
Boek: Jacques-Henri Bernardin de Saint-Pierre, *Etudes de la nature*, Parijs 1804, 8° - cat. B147 (I)
Beschouwingen van Jacques-Henri Bernardin de Saint-Pierre (1737-1814), auteur van *Paul et Virginie*, die poogde in de natuur, geschapen voor de mens, een godsbewijs te vinden.

Tienen, Augustijnencollege:
37. 1740 (1 september)
Band: gecraqueleerd schaapsleer, vergulde rug op vijf ribben, rood gespikkelde snede
Prijs (op rectozijde van schutblad vooraan): Ex munificentia quarterij Thenensis | Ex majoribus litterarum rudimentis | ad infimam classem gramatices [!] gradum facit | secundus | probus ac ingenuus adolescens | Joannes bosmans | sis licet ingenio similis primo, atque labore | sors tamen eripuit praemia prima tibi | Thenis | in collegio magni patris augustini prima Septembris | anno 1740 | ora pro tuo magistro fratre jacobo de Wael ||
Andere herkomsten:
a: P. L. Danes | ex libris oliverij | samblanx in ... [?] (17de eeuw, op titelpagina)
b: Joannes Franciscus van Hillegem [?] (18de eeuw, op versozijde van schutblad achteraan)

Boek: Alan Cope, *Historiæ Evangelicæ unitas* [...], Douai 1603, 4° - cat. C249
Studie over de evangelies van de Engelse katholieke theoloog Alan Cope die in 1560 als recusant emigreerde en in 1578 in Rome stierf.

38. 1740 (1 september)
Band: gevlekt schaapsleer, vergulde rug op vijf ribben met titelschild, blauwe snede
Prijs (op rectozijde van schutblad vooraan): Laus Deo Semper | De munificentiâ quarterij thenensis | ex mediâ classe grammatices ad supremam | classem, gradum facit | primus | probus ac ingenuus Adolescens franciscus | Libertus egidius bosmans thenensis. | dum mores, geniumque tuum francisce videmus, | mystica laudamus palladis arma piae, | nam quarto primaru[m] summâ cum laude tulisti | palmam, quod vitae non perit omne tuae. | Thenis in gymnasio sancti patris augustini i 7ᵇʳⁱˢ 1740 | ora pro maecenatibus ac magistro tuo fratre joanne baptista Smets. ||

Andere herkomsten:
a: Georgius Verhaghen (18de eeuw, op dekblad vooraan)
b: frater Augustinus Bosmans 8 februarij 1750 (op rectozijde van schutblad vooraan)
Boek: Balthasar Corderius, *Catena sexaginta quinque Græcorum Patrum in S. Lucam*, Antwerpen 1628, 2° - cat. C252
Commentaar bij de evangelies, gebaseerd op de kerkvaders, van de jezuïet Balthasar Cordier (Antwerpen 1592-Rome 1650) die lang in Wenen doceerde.

39. 1741 (31 augustus)
Band: gecraqueleerd leder, rug op vier ribben, rood gespikkelde snede
Prijs (op rectozijde van schutblad vooraan in dl. 1): Laus Deo Semper | ex munificentiâ | Amplissimi ac Nobilissimi | Senatus Thenensis | ex supremâ classe grammatices | ad humanitatis classem grad- | um facienti probo ac | ingenuo Adolescenti | Francisco Liberto Egidio | bosmans Thenensi | præmium pietatis debetur | quam bene conjungas pietatem palladis arti | hic iam demonstrat bina corona tibi | vive coronatus multos et gloriis annos | transige, sic veniet sancta corona poli. | Thenis in gymnasio sancti patris | Augustini 31 Augusti 1741 | ora pro maecenatibus ac | magistro tuo fratre | joannes baptista smets ||
Boek: *Sacrosancti et œcumenici concilii Tridentini* [...] *canones et decreta*, Brussel 1741, 12° - cat. S10
Een der talrijke edities van de decreten van het Concilie van Trente (1545-1563).

Niet gelocaliseerd:

[*Antwerpen? Brussel?, Jezuïetencollege?*]:
40. 1615 (14 september)
Band: soepel perkament, vlakke rug, sporen van sluitlinten
Prijs (op rectozijde van schutblad vooraan): 1615. [spatie]

113

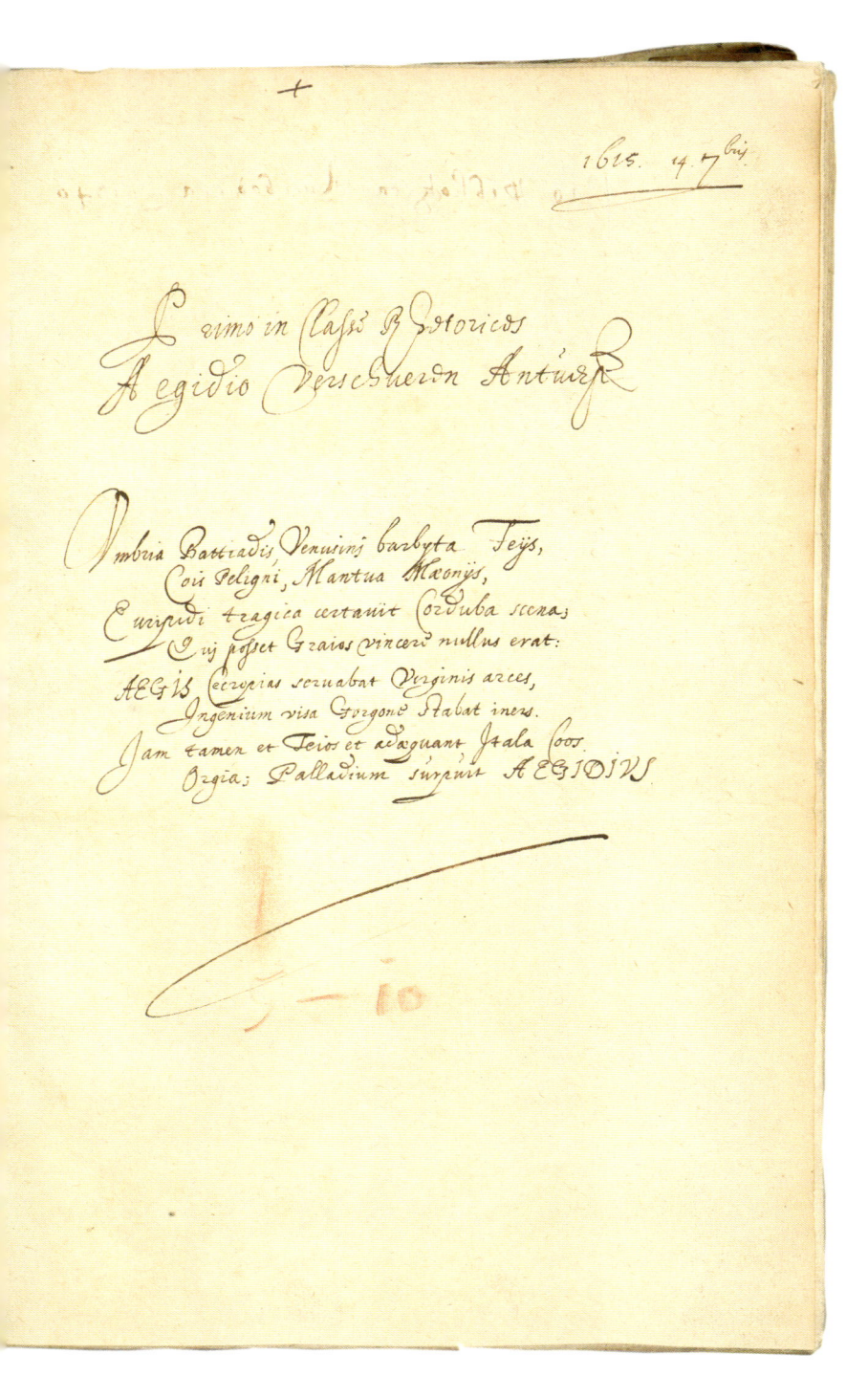

Ex-praemio Aegidius
Verschueren
(cat. A128)
Repertorium nr. 40

14. 7^{bris} | Primo in Classe Rhetorices | Aegidio Verschueren Antuerp*iensi* | Vmbria Battiadis, Venusini barbyta Teijs | Cois Peligni, Mantua Maeonijs | Euripidi tragica certauit Corduba scena; | Qui posset Graios vincere nullus erat: | AEGIS Cecropias seruabat Virginis arces, | ingenium visa Gorgone stabat iners. | Jam tamen et Teios et adaequant Itala Coos | Orgia; Palladium surpuit AEGIDIUS. ||
Andere herkomsten: Pro Bibliotheca Auerbodiana a*nn*° 1640 || (op versozijde van schutblad vooraan)
Boek: Angelomus Luxoviensis monachus, *Ennarationes in quatur lib. Regem* […], Keulen 1530, 2° – A128
Commentaar op de boeken der Koningen van de benedictijn Angelomus († ca. 895) van het klooster in Luxeuil.

[*Belgische Kempen of Hageland?*]:
41. 1698 (21 september)
Band: later schaapsleer (18de eeuw), rug overtrokken met geel kalfsleer (19de eeuw), vergulde rug op vijf ribben met groenlederen titelschild
Prijs (op dekblad vooraan): Ex maiori Figura ad Grammaticam | gradum facit | Primus | Probus ac ingenuus adolescens | … [?]us … [geradeerd] | Perpetuo durat virtus doctrinaque rerum | inque illam sors nil, quod dominetur habet. | Hęc tibi sola potest laudemque decusque parare | te facit haec veris delicijsque frui. | an fueris primus, primo te crimine purga | sarcina namque humeris sola ferenda tuis. | Ex munificentia | Reuerendissimi ac amplissimi | Stephani vander Stegen | celeberrim? Abbatiae Auerbodiensis praesulis | 1698   21. 7^{bris} ||
Boek: Joannes Sanchez, *Selectæ disputationes* […] *in administratione sacramentorum* […], Antwerpen 1644, 2° – cat. S39
Studie over kerkelijk recht en liturgie van een auteur (uit Ávila ?) over wie verder geen gegevens zijn gevonden en van wie geen publicaties bekend zijn.

[*Nederlandstalige Zuidelijke Nederlanden*]:
42. 1785
Band: bordeaux kalfsleer, platten met verguld dubbel lijnenkader met bloemornamenten aan binnenzijde, rug verguld op vijf ribben, vergulde randen, goud op snee, gemarmerde dekbladen
Prijs (op rectozijde van schutblad vooraan): Primus | in den Catechismus | Arnoldus | Blondeau | Anno 1785 ||
Boek: Wilhelmus Nakatenus, *Hemelsch palm-hof oft groot getyde-boek*, Antwerpen 1785 (?), 8° - cat. N3
Een gebeden- en devotieboek van de jezuïet Wilhelmus Nakatenus (Gladbach 1617-Aken 1682) dat populair bleef tot ver in de negentiende eeuw.

[*Zuidelijke Nederlanden?*]:
43. [na 1645]
Band: gespikkeld kalfsleer, dubbel blind lijnenkader op platten, rug op vier ribben met blinde ornamenten
Prijs (versozijde van schutblad vooraan): A Grammatica | Ad | Syntaxim | Quintus | Probus ac ingenuus adolescens | Robertus Hoffmans ||

Andere herkomsten:
a: 33 M. | Catalogue 106 | Ludw. Rosenthal Munich || (dekblad vooraan)
b: Io. in G. Imp. [?] | 1606 Parc.; qui absoluto | Tongerloae priorem Novitiatus | anno, ad domum fraternam Ordinis | Ju[?] redit [?] | J. R. De Pauw | 1905. || (rectozijde van schutblad vooraan)
c: Geor Verhaghen || (versozijde van schutblad vooraan)
d: Geor Verhaghen. || (dekblad achteraan)
Boek: Franciscus Wennen, *Speculum religiosorum*, Leuven 1645, 4° - cat. W47
Een werk over de spiritualiteit van de kloosterling door Franciscus Wennen (1599-1647), witheer van Park, die novicenmeester was en prior (1638-1647).

B. Noordelijke Nederlanden

Dordrecht, Latijnse School:
44. 1661 (4 mei)
Band: perkament, platten met vergulde versiering bestaande uit een lijnenkader met rechthoekig binnenkader en centraal ornament, vergulde rug op vijf ribben [op dekblad vooraan etiket: "Restauratie uitgevoerd in 2004 door Atelier Masui-Claes", met steun van "Bibl. Prof. W. Peremans"]
Prijs (op rectozijde van het derde schutblad vooraan): Ingenuo, et optimae spei | Adolescenti | Jacobo a Meeuwen | Ob indefessam in studijs navatam operam, | et non mediocrem in ijs progressum | honoris ergo, βραβειον hocce Literarium, | dono dabant A.A. [= *Amplissimi*] D.D. [= *Domini*] Gymnasij | Dordraceni Curatores, cum ad Acade- | miam promoveretur, 4 Nonas Majas | A° M D CLXI. | Me ejusdem Gymnasij | moderatore | Cornelio Schalckio. ||
Boek: Hugo Grotius, *Annales et Historiæ de rebus Belgicis*, Amsterdam 1657, 2° – cat. G194
De geschiedenis van de Noordelijke Nederlanden 1559-1609 van de rechtsgeleerde Hugo de Groot (1583-1645).

Westzaandam, Verenigde Doopsgezinde Gemeente:
45. 1751 (28 februari)
Band: blindgestempeld perkament, platten met centraal ruitvormig ornament binnen lijnenkader, vlakke rug met titel in inkt
Prijs (op rectozijde van het derde schutblad vooraan, op voorbedrukt etiket): Om dat | [naam in handschrift:] Antje Benjemins | [gedrukt:] De Lessen wel heeft opgezegt, | zoo word [in handschrift:] haar [gedrukt:] DEEZE PRYS | gegeven, (om daar door tot waare | kennis en deugd, meer en meer | opgewekt te worden:) van de | Vereenigde Doopsgezinde Gemeente | te Westzaandam, den [in handschrift:] 28. | [gedrukt:] Februari 1751. | [in handschrift:] Adriaan Loosjes | Klaas Jacobsz. Nen ||
Boek: Jan en Pieter Huygen, *De beginselen van Gods Koninkryk in den mensch* […], Amsterdam 1740, 8° - cat. H243
Religieus embleemboek met illustraties door Jan Luyken van twee Hollandse broers-dichters uit de tweede helft van de zeventiende eeuw.

Zwolle, Latijnse School:
46. 1705 (zomer)
Band: perkament (vooraan los), platten met verguld kader en centraal ornament, vlakke rug met blinde lijnen en opschrift in inkt
Prijs (op versozijde van tweede schutblad vooraan): Ingenii non spernendi et spei optimae Adolescentulo, | Bernardo Henrico van der Wÿck, cum, palma com- | militionibus praerepta, promoveretur ex Classe tertia in | secundam, hoc singularis diligentiae praemium dederunt | Nobiliss*imi* et Ampliss*imi* Zuollanae Civitatis Magistratus, | Examine aestivo M D CCV. | Gisbertus Vesselus Duker, philos*ophiae* | doct*or* et Schol*ae* Rect*or* ||
Boek: *C. Suetonius Tranquillus*, Utrecht 1703, 4° – cat. S294
Gecommentarieerde editie van de biografische werken van Caius Suetonius (cat. 69-140).

C. Duitsland

Emmerik, Latijnse School:
47. 1630
Band: rood marokijn (18de eeuw), platten met vergulde ornamentlijst en ruitvormige binnenversiering (deels blinde fileten) met centraal ornament en hoekstukken, vergulde rug op drie ribben, goud op snee geciseleerd met bloemmotief
Prijs (rectozijde van schutblad vooraan): Hoc praemio donatus, ex Hu- | manitatis classe, cum pedestri orati- | one omnes anteiret, ad Rhetoricam | gradum facturus, Ingenuus, et pro*bus* | Adolescens Haimo Otten Calcar*iensis* | Embr*icae* Anno M. DC. XXX. | Ioannes Holthausen | S*acri* Imperii Comes Regnans [?] | Hermannus Winshem | Praefectus ||

Andere herkomsten:
a: Hagaerts | (rectozijde van schutblad vooraan)
b: a este prit dans le peijs de Claiue dans | un eglise ce te Campagne 1702 | prie dieu pour celuy a qui il a partiens | et pour moy aux sy sil vous plais || (versozijde van schutblad vooraan)
c: orator Lovaniensis (bovenaan titelpagina)
d: Joannes | Otten | Calcariensis | me | jure | tenet || (midden op titelpagina)

Boek: Marcus Antonius Maioragius, *Orationes et præfationes una cum Dialogo de eloquentia*, Keulen 1619, 8° – cat. M32
Neolatijnse werken van Marco Antonio Maioragio (1514-1555).

Keulen, Driekoningengymnasium:
48. 1765
Band: schaapsleer met rode platten en bruine rug, platten met ornamentenkader (klatergoud) en centraal "IHS" ornament, rug op vier ribben met verguld titelschild, sporen van snoeren, goud op snee
Prijs (op rectozijde van schutblad vooraan): Cum Anno 1765 Codrus pro patriae salute morti | se ipsum offerens theatro daretur, hoc Logisticae | speciosae praemio publice donari est meritus ipsus in Theatro Codrus, Nobilis Prenobilis, Ornatus, Ingenuus | raroque exspectationis Adolescens Fridericus Sigismundus, | Antonius Martinus Cassinone, cum ex humanioribus | in Logicam gradum faceret | Ita testamur | Petrus Salm S*acri* I*mperii* reg*ens* Gymn*asii* Tricoronati | Augustinus Aldenbrück S*acri* I*mperii* gymn*asii* Tricoronati subreg*ens* | M*agister* Cornelius Metternich Soc*ietatis* Jesu | p*ro* t*empore* Professor Rhetorices mm… [?] ||
Boek: Anno Schnorrenberg, *Institutiones canonicæ* […], Keulen 1740, 4° - cat. S99.
Een werk over kerkelijk recht van de norbertijn Anno Schorrenberg (1667-1717), die monnik werd in de abdij Steinfeld bij Kall in de Eifel en zeventien jaar president was van het Norbertijns college in Keulen.

Banden & boeken

Zoals aangegeven in de inleiding hebben de prijsbanden uit de Zuidelijke Nederlanden doorgaans een eenvoudig karakter en in tegenstelling tot de Noord-Nederlandse prijsbanden vertonen ze weinig uniformiteit. Ook de Zuid-Nederlandse banden uit de collectie van de Parkabdij munten niet uit door kwaliteit van bindwerk of decoratie. Als er al versiering wordt aangetroffen, beperkt deze zich meestal tot een blind of verguld lijnenkader op de platten en/of het wapen van de school of de stad. De drie banden uit de Arenberg-schenking (nrs. 11-13) zijn een particulier geval.

De Noord-Nederlandse prijsbanden hadden doorgaans een karakteristiek uiterlijk en werden van de zeventiende tot in de eerste helft van de negentiende eeuw op een vrij uniforme wijze gebonden en bestempeld. Over het algemeen kan men stellen dat ze gebonden werden in een perkamenten splitselband met op de platten goudgestempelde lijnenkaders, hoekstempeltjes en gecentreerd een plaat- of wapenstempel.

Dit geldt ook voor de drie Noord-Nederlandse prijsbanden die zich in de collectie van de Parkabdij bevinden (nrs. 44-46). Op de platten treffen we een decoratief plaatstempel aan, maar geen stadswapen. Niet alle Hollandse steden bestempelden hun prijsboeken van in het begin met een stadswapen. Op grond van een inventarisatie van de wapenstempels op de bewaard gebleven prijsboeken, stelde Spoelder vast dat vòòr 1650 enkel een zestal Nederlandse steden hun prijsboeken met een het stadswapen bestempelden. Pas vanaf de tweede helft van de zeventiende eeuw gingen meer steden en ook kleinere gemeenten hiertoe over. Zo werden de Dordtse prijsbanden nog tot ver in de zeventiende eeuw bestempeld zonder het stadswapen (nr. 44).[13]

Bijlage 1: Prijzen 1615-1838, chronologisch
(repertoriumnummer tussen [ ])

1615 (14 september) Antwerpen (?), Brussel (?): Aegidius Verschueren uit Antwerpen – boek uit 1530 [40]
1630 (?) Emmerik: Haimo Otten uit Kalkar – boek uit 1619 [47]
1661 (4 mei) Dordrecht: Jacobus van Meeuwen uit ? – boek uit 1657 [44]

Ex-praemio Antje Benjemins (cat. H243)
Repertorium nr. 45

1698 (21 september) ?: ? – boek uit 1644 [41]
[na 1645] (?) ?: Robertus Hoffmans [?] uit ? – boek uit 1645 [43]
[na 1661] Fontaine(s): Joannes Franciscus Fauvian uit Fontaine(s) – boek uit 1661 [14]
1705 (zomer) Zwolle: Bernardus Henricus van der Wijck uit ? – boek uit 1703 [46]
[na 1721 – vóór 1742] Leuven: Ferdinandus Cremers uit ? – boek uit 1578 [20]
1736 (25 augustus) Leuven: Joannes Franciscus Genere uit Leuven – boek uit 1701 [21]
1740 (1 september) Tienen: Joannes Bosmans uit ? – boek uit 1603 [37]
1740 (1 september) Tienen: Franciscus Libertus Egidius Bosmans uit Tienen – boek uit 1628 [38]
1741 (31 augustus) Tienen: Franciscus Libertus Egidius Bosmans uit Tienen – boek uit 1741 [39]
1745 (28 augustus) Leuven: Matthaeus Rombouts uit Leuven – boek uit 1735 (?) [22]
1751 (28 februari) Westzaandam: Antje Benjemins uit ? – boek uit 1741 [45]
1754 (28 augustus) Brussel: Petrus van Meurs uit ? – boek uit 1610 [7]
1756 (27 augustus) Diest: Henricus Martinus Verheÿden uit de Kempen – boek uit 1683 [9]
1760 (2 september) Brussel: Guilielmus Steenkist uit Brussel – boek uit 1715 [8]
1761 (26 augustus) Leuven: Petrus Hallaux uit Doiceau – boek uit 1755 [23]
1765 (26 augustus) Leuven: Emmanuel Balth. van den Gheijn uit Leuven – boek uit 1743 [24]
1765 (5 september) Antwerpen: ??? – boek uit 1608 [1]
1765 (?) Keulen: Fridericus Sigismundus Antonius Martinus Cassinone uit ? – boek uit 1740 [48]
1769 (25 augustus) Diest: Theodorus Blockx uit Halen – boek uit 1727 [10]
1772 (22 augustus) Meerhout: Petrus Neef uit Antwerpen – boek uit 1704 [27]
1773 (26 augustus) Bergen [Hg.]: Wirgerius Josephus Ducobu uit Boussu – boek uit 1770 [5]
1783 (23 augustus) Antwerpen: Thomas Heyliger uit Antwerpen – boek uit 1782-83 [2]
1785 (24 augustus) Edingen: Petrus Ottoij uit Haaltert – boek uit 1682 [11]
1785 (24 augustus) Edingen: Petrus Ottoij uit Haaltert – boek uit 1696 [13]
1785 (24 augustus) Edingen: Petrus Ottoij uit Haaltert – boek uit 1725 [12]
1785 (?) ?: Arnoldus Blondeau uit ? – boek uit 1785 (?) [42]
1787 (17 augustus) Mol: Joannes Baptista Aerts uit Aarschot – boek uit 1687 [28]
1788 (31 juli) Mol: Joannes Baptista Aerts uit Aarschot – boek uit 1740 [29]
1788 (31 juli) Mol: Joannes Baptista Aerts uit Aarschot – boek uit 1751 (?) [30]
1788 (16 augustus) Beringen: Joannes Petrus Hermans uit Kermt – boek uit 1718 (?) [6]
1789 (28 juli) Mol: Joannes Baptista Aerts uit Aarschot – boek uit 1783 [31]
1790 (23 augustus) Leuven: Joannes Franciscus Hensmans uit Leuven – boek uit 1620 [25]
1791 (22/31 augustus) Herentals: Joannes Baptista Verstylen uit Herentals – boek uit 1544 [19]
1797 (17 augustus) Mol: Joannes Franciscus Cuijpers uit Oosthamme – boek uit 1645 [33]
1800 (18 augustus) Gent: Benjamin Kreps uit Gent – boek uit 1714 [17]
[18de eeuw] Antwerpen: Franciscus Wouters uit Balen – boek uit 1616 [3]
1805 (1 september) Mechelen: Joannes Rumoldus Cras uit Mechelen – boek uit 1768 (?) [26]
1810 (25 augustus) Nijvel: Joannes-Josephus Baguet uit Nijvel – boek uit 1810 [35]
1813 (20 augustus) Geel: Adrianus Govaerts uit Lichtaart – boek uit 1762 [16]
1813 (20 augustus) Geel: Joannes Judocus Peetermans uit Geel – boek uit 1734 [15]
1815 (26 augustus) Nijvel: Franciscus Baguet uit Nijvel – boek uit 1804 [36]
1821 (4? november [Gent?]): Carolus Ongena uit ? – boek uit 1817 (?) [18]
1823 (12 augustus) Mol: Antonius van Gompel uit Antwerpen – boek uit 1765 [34]
1838 (14 oktober) Antwerpen: Aloysius Hoefnaegels uit ? – boek uit 1810 (?) [4]

Bijlage 2: Geschonken boeken, chronologisch
(repertoriumnummer tussen [ ])

1530 Angelomus (Keulen: Eucharius Cervicornus) [40]
1544 Anselmus (Parijs: Poncet le Preux) [19]
1578 Euclides (Parijs: Jacques Du Puys) [20]
1603 Cope (Douai: Balthazar Bellerus) [37]
1608 Busaeus (Mainz: Joannes Albinus) [1]
1610 Baronius (Antwerpen: Officina Plantiniana) [7]
1616 Perault (Keulen: Joannes Kinckius) [3]
1619 Maioragius (Keulen: Johann Gymnich) [47]
1620 Ribera (Keulen: Joannes Kinckius) [25]
1628 Corderius (Antwerpen: Officina Plantiniana) [38]
1644 Sanchez (Antwerpen: Hendrik Aertssens) [41]
1645 Lessius (Leuven: Cornelis Coenestein) [33]
1645 Wennen (Leuven: Bernardinus Masius) [43]
1661 Felleries (Bergen [Hg.]: Erven Jean Havart) [14]
1682 Thomas Becket (Brussel: Eugenius Henricus Fricx) [11]
1683 Augustinus (Keulen: Balthasar van Egmont) [9]
1687 Cocq (Brussel: Eugenius Henricus Fricx) [28]
1696 Becmann (Frankfurt/Leipzig: A. Göbel voor P. G. Pfotenhauer) [13]
1701 Borromaeus (Leuven: Guilielmus Stryckwant) [21]
1703 Suetonius (Utrecht: Antonius Schouten) [46]
1704 Bijbel. Psalmen (Leuven: G. Stryckwant) [27]
1714 Cordemoy (Parijs: Jean-Baptiste Coignard) [17]
1715 Meyere (Brussel: Antonius Claudinot) [8]
1718 (?) Bossuyt (Leuven: Franciscus van de Velde) [6]
1725 Leuve (Amsterdam: Hendrik Bosch) [12]

1727 Kerkherdere (Leuven: Martinus van Overbeke) [10]
1734 Grancolas (Antwerpen: "Nova Societas; Offenbach [Main]: Johann Ludwig König) [15]
1735 (?) Bijbel. Psalmen (Leuven?: z. n.) [22]
1740 Huygen (Amsterdam: Jacob ter Beek) [45]
1740 Orsi (Rome: Sacra Congregatio de Propaganda Fide) [29]
1740 Schnorrenberg (Keulen: Noethen) [48]
1741 Sacrosancti Concilii (Brussel: Joannes van Vlaenderen; Leuven: Martinus van Overbeke) [39]
1743 Steyaert (Leuven: Martinus van Overbeke) [24]
1751 (?) Quaestio (Leuven: Martinus van Overbeke) [30]
1755 Jansenius (Brussel: Franciscus t'Serstevens) [23]
1762 Valcke & Kyndt (Leuven: Joannes Jacobs) [16]
1765 Abeele (Antwerpen: Joannes Franciscus de Roveroy) [34]
1768 (?) Boudot (Rouen: Barbou, Aumont & Brocas) [26]
1770 Camus (Parijs: Estienne; Avignon: Joseph Roberty) [5]
1782-83 Des Roches (Brussel: Regia Academia) [2]
1783 Girard (Rouen: Weduwe Pierre Dumesnil & Labbey) [31/32]
1785 Nakatenus (Antwerpen: P. L. vander Hey) [42]
1804 Bernardin de Saint-Pierre (Parijs: Deterville) [36]
1810 Drouas de Boussey (Antwerpen, G. J. Bincken) [4]
1810 Maury (Parijs:Crapelet, Waree) [35]
1817 (?) Walvis (Gent: J. Begyn) [18]

Bijlage 3: Nog een prijsboek, 1851[12]
Turnhout, Pensionaat van de Zusters van het H. Graf:

[49]. 1851 (11 augustus)
Band: halve schaapsleren band, platten bekleed met decoratief papier, rechte vergulde rug, gemarmerde schutbladen
Prijs (op dekblad van dl. 1 [?]; voorbedrukt, ovaal, in een gelithografieerd kader met stralen; gecursiveerd: tekst in handschrift): A.M.D.G. | PENSIONNAT | DES | Chanoinesses régulières du St. Sépulcre à Turnhout. | L'an 18*51* le *11. Août* jour de la distribution des Prix, | Melle *A. Mermans* | Elève de la *1re* Division a mérité le *1e* Prix | *des Histoires* | La 1re Maîtresse | Sr. Marie Victoire. ||
Boek: Marie-Joseph de Géramb, *Pélerinage à Jérusalem et au Mont Sinaï, en 1831, 1832 et 1833 [...]*. Deuxième édition. Tome premier (- second). Bruxelles: Imprimerie de la Ve J.-J. Vanderborght, 1839.
Marie-Joseph de Géramb (Lyon 1772-Rome 1848), een officier van Slovaakse afkomst, trad 1815 in bij de trappisten. Hij publiceerde verschillende religieus-ascetische werken. De *Pèlerinage [...]* verscheen in 1836 in Parijs in vier banden.

[1] Ondersteboven, dus naar de 'gever' [de abt van Averbode?] gekeerd (!), op de versozijde van het schutblad achteraan in het boek met de prijs van het college van Diest voor Theodorus Blockx uit Halen in 1769. Hij kreeg de *Monarchia Romae paganae* [...] van Jan Gerard Kerkherdere (Leuven: Martinus van Overbeke, 1727). Blockx was "in 2do ord[i]ne 3tius" – zie Repertorium nr. 10.

[2] Ernest Claes, Vacantie en prijsboeken, *Het boek in Vlaanderen*, 1949, 21-30 (citaat op pp. 24-25).

[3] Er is geen literatuur- of prosopografisch onderzoek verricht naar scholen, leraren en leerlingen. Hiervoor wordt verwezen naar het recente uitvoerig overzicht: JürgenVanhautte & Johan van der Eycken, coördinator en eindredactie: Eddy Put & Marc D'Hoker, *Latijnse scholen in de Zuidelijke Nederlanden (16de-18de eeuw): repertorium en archiefgids: Vlaanderen en Brussel*, Brussel 2007. Voor de Noord-Nederlandse prijsboeken is er het standaardwerk van Jan Spoelder, *Prijsboeken op de Latijnse School: een studie naar het verschijnsel prijsuitreiking en prijsboek op de Latijnse scholen in de Noordelijke Nederlanden ca. 1585-1876. Met een repertorium van wapenstempels*, Amsterdam-Maarssen 2000. Voor de Zuid-Nederlandse prijsboeken kan men terecht bij het pionierswerk van Chris Coppens, *De prijs is het bewijs: vier eeuwen prijsboeken*, Leuven 1991.

[4] Dirk Leyder, *De Augustijnen te Antwerpen (1608-1797): dagelijks leven in het klooster en op het college*, Leuven-Heverlee 1996, 111.

[5] Meer informatie over ontstaan, groei en samenstelling van de huidige bibliotheek in de andere bijdragen in deze publicatie.

[6] De boekbanden dateren naar alle waarschijnlijkheid uit de periode van de druk, tenzij anders vermeld (duidelijk latere banden en/of herstellingen).

[7] Bij de herkomstgegevens worden de stempels en bibliotheekinscripties van de Parkabdij niet vermeld.

[8] De aanduiding "cat." verwijst naar de bibliotheekcatalogus door Zeef van Bragt in deze publicatie.

[9] Beschreven door Coppens, *De prijs is het bewijs*, 158 nr. 112.

[10] Philippus Erardus van Cruyninghe (1680-1742) was lid van het Leuvense stadsbestuur van 1721 tot zijn overlijden op 23 juni 1742 – zie Peter Crombecq, *Het alfabetisch register van de twaalfde- tot achttiende-eeuwse stadsbestuurders van Leuven*, Edegem 2010.

[11] Petrus Hallaux (Grez-Doiceau 5 oktober 1748 – Plancenoit 7 januari 1829) was pastoor van de Sint-Catharinaparochie in Plancenoit van 1803 tot zijn overlijden; Valentinus Ludovicus Moreau (Nijvel 16 oktober 1798 – Nijvel 30 augustus 1879) volgde hem in Plancenoit op van 26 januari 1829 tot 24 februari 1849, werd dan kortstondig pastoor van de Sint-Nicolaasparochie in Nijvel (24 februari – 21 december 1849) en daarna van de Sint-Gertrudisparochie in Nijvel van 21 december 1849 tot zijn overlijden; van 4 april 1848 tot zijn dood was hij ook deken van het decanaat Nijvel. Zie Gerrit vanden Bosch. Petrus Hallaux (1748-1829). In *ODIS- Database Intermediary Structures Flanders* [online]. 8 november 2011. Record Last Modified Date: 8 november 2011. Rercord no. 102354. Available from World Wide Web: http://www.odis.be; en Gerrit vanden Bosch. Valentinus Moreau (1798-1879). In *Idem*. Record no. 102353. Met dank aan Gerrit vanden Bosch (archivaris Aartsbisdom Mechelen-Brussel).

[12] Beschreven door Coppens, *De prijs is het bewijs*, 179 & 181 nr 130.

[13] Dit artikel kon maar worden geschreven nadat Jozefa van Bragt ons een lijst had bezorgd van de prijsboeken, aangetroffen tijdens de samenstelling. Wij denken met dankbare vreugde, maar ook met weemoed – *sunt lachrymae rerum et mentem mortalia tangunt...* – terug aan het gastvrije onthaal dat Jozefa ons in *haar* bibliotheek heeft geschonken. Haar aanmoedigingen en inspirerende suggesties maakten deze studie mede mogelijk.
Meminisse iuvabit.

Registers

Personen (*cursief* : leerlingen)
Aerts, Joannes Baptista 28, 29, 30, 31, 32
Aldenbrück, Augustinus 48
Arenberg, Prosper, hertog van 11, 12, 13
Augustinus (hl.) 11, 12, 13, 19, 37, 38, 39
Baguet, Franciscus 36
Baguet, Joannes-Josephus 35
Becket, Thomas 11
Beeckmans, J.B. 4
Belmans, P.J. 29, 30
Benjemins, Antje 45
Berlaimont, B. 35, 36
Bert, Jacobus Augustus 20
Beygaerden, Basilius van 14
Blockx, Theodorus 10
Blondeau, Arnoldus 42
Bosmans, Augustinus 38
Bosmans, Joannes 37
Bosmans, Franciscus Libertus Egidius 38, 39
Botte, P. 17
Bourguignon 2
Bouvier 36
Cassinone, Fridericus Sigismundus Antonius Martinus 48
Claes, J.B. 33
Coenen, F.J. 1
Collin, H. 25
Cras, Joannes Rumoldus 26
Cremers, Ferdinandus 20
Cruyninghe, Philippus Erardus van 20
Cuypers, Joannes Franciscus 33
Dam, G. van 27
Danes, P.L. 37
Ducobu, Wirgerius Josephus 5
Duker, Gisbertus Vesselus 46
Fauvian, Joannes Franciscus 14
Genere, Joannes Franciscus 21
Géramb, Marie-Joseph de 49
Gevels, Joannes Cornelius 26
Gheyn, Emmanuel Balthasar van den 24
Gompel, Antonius van 34
Gosin, Joannes Michael 24
Govaerts, Adrianus 16
Groenewout, Joannes Baptista in 't 2
Hagaerts 47
Hallaux, Petrus 23
Halloint, Gisbertus 10
Hensmans, Joannes Franciscus 25
Hermans, Joannes Petrus 6
Heyliger, Thomas 2
Hillegem, Joannes Franciscus van 37
Hoefnaegels, Aloysius 4
Hoffmans, Robertus 43
Holthausen, Joannes 47

Hulthem, Ch. van 17
Kreps, Benjamin 17
Leemput, J. 17
Lodeweykx, H. 31, 32
Loosjes, Adriaan 45
Loyers, Ferdinandus de 23
Marie Victoire (zr.) 49
Masui-Claes 44
Meeuwen, Jacobus van 44
Mermans, A. 49
Metternich, Cornelius 48
Meurs, Petrus van 7
Moreau, D. 23
Neef, Petrus 27
Nen, Klaas Jacobsz 45
Ongena, Carolus 18
Otten, Haimo 47
Otten, Joannes 47
Ottoij, Petrus 11, 12, 13
Pauw, J.R. de 43
Peetermans, Joannes Judocus 15
Peremans, W. 44
Ravets, Johannes Franciscus 11, 12, 13
Roey, J.F. van 27
Rombouts, Matthaeus 22
Rosenthal, Ludwig 43
Sâen (?) 19
Salm, Petrus 48
Samblanx, Oliverius 37
Schalckius, Cornelius 44
Segers, J.P. 15, 16
Smets, Joannes Baptista 38, 39
Sta(?)rlet, Joannes 25
Steenkist, Willem 8
Steghen, Stephanus vander 41
Thomas Becket (hl.) 11
Timmermans, P. 6
Tribout, Joannes 3
Vanderbeke 27
Vanderborght, J.-J. (Wwe) 49
Verhaghen, Georgius 38, 43
Verheyden, Henricus Martinus 9
Verrees 27, 34
Verschueren, Aegidius 40
Versluys 19
Verstylen, Begga 19
Verstylen, Giselinus 19
Verstylen, Joannes Baptista 19
Verstylen, Peeter 19
Wael, Jacobus de 1, 37
Wauters 26
Wens, F.A. 34
Wijck, Bernardus Henricus van der 46
Willocx, G.B. 28
Wouters, Franciscus 3
Wouters, Simon 25
Winshem, Hermannus 47

Plaatsen
Aarschot 28, 29, 30, 31, 32
Amsterdam 12, 44, 45
Antwerpen 1, 2, 3, 4, 7, 15, 27, 34, 38, 40, 41, 42
Averbode 10, 40, 41
Balen 3
Bergen (Hg.) 5, 14
Beringen 6
Boussu 5
Brussel 2, 7, 8, 11, 23, 28, 39, 40, 49
Diest 9, 10
Doiceau 23
Dordrecht 44
Douai 37
Edingen 11, 12, 13
Emmerik 47
Fontaine(s) 14
Frankfurt 13
Geel 15, 16
Gent 17, 18
Haaltert 11, 12, 13
Hageland 41
Halen 10
Herentals 19
Heylissem 24
Jeruzalem 49
Kalkar 47
Kempen 9, 41
Kermt 6
Keulen 3, 9, 25, 40, 47, 48
Kleef 47
Leipzig 13
Leuven 6, 10, 20, 21, 22, 23, 24, 25, 27, 30, 43, 47
Lichtaart 16
Lyon 20
Mainz 1
Mechelen 26
Meerhout 27
Mol 28, 29, 30, 31, 32, 33, 34
Nijvel 23, 35, 36
Olen (?) 19
Oostham 33
Parijs 5, 17, 19, 35
Rome 29
Plancenoit 23
Rouen 26, 31, 32
Sinaï 49
Tienen 37, 38, 39
Tongerloo 43
Turnhout 9, 49
Utrecht 46
Westzaandam 45
Zwolle 46

119

Cuoio Bulgaro, Russian calf, cuir de Russie en rusleer: waar juchtleer vandaan komt

Chris Coppens

Juchtleer was eigenlijk al uit de mode in het midden van de negentiende eeuw, maar dat iemand als Joseph Lefèvre dat nog gebruikt, zij het sporadisch, is er een bewijs van dat het zeker in 'de provincie' nog lang verder werd gebruikt, ook al kan het hier om een winkeldochter van de lederhandelaar zijn gegaan. Het was oorspronkelijk inderdaad in Rusland vervaardigd. Het looimiddel werd verkregen uit de schors van wilg, populier of lariks, en het leer werd aan de vleeszijde bewerkt met een olie, een mengsel samengesteld uit berken- of wilgenbastextracten. Het was voor deze bereiding dat twee vellen tot een zak aan elkaar werden genaaid en waarbij de olie de typerende geur verleende, waarvan werd gedacht dat die insecten verjaagde. Dit heeft de naam van het leer bepaald. Het zou door 'de oude *Bulgaren*', 'een naarstig en bekwaam volk', zijn uitgevonden en *Jugt*, een vervorming van *Just*, of eigenlijk *Justi*, betekent 'een paar'.[1] In het Italiaans wordt het inderdaad *cuoio Bulgaro* genoemd.[2] De Engelsen, die het leer *Russian calf* noemen, voerden deze olie vanuit Archangelsk in grote hoeveelheden in om in eigen land het leer te bereiden, dat was een stuk beterkoop. Het werd rood of roodachtig bruin gekleurd. Het echte Russische juchtleer werd in Europa geïntroduceerd rond 1700 en werd erg gewaardeerd voor de boekband, in het bijzonder tussen 1780 en 1830.[3]

Die Bulgaren en hun *cuoio* komen niet uit het niets, dat heeft een betekenis, en die is heel duidelijk. In 1186 hadden de Bulgaren bezuiden de Donau een nieuw rijk gesticht, ten koste van zowel het Byzantijnse als het Romeinse rijk.[4] Handelaars van Ragusa, het huidige Dubrovnik, 'bevisten' het Bulgaarse rijk voor de Venetiaanse en Genuese kooplui, die dat veiliger vonden, tot ze na de Vierde Kruistocht (1202-1204) deel werden van *La Serenissima* (1205-1358). De Vierde Kruistocht werd met veel machtsvertoon gedirigeerd door de doge, Enrico Dandolo (ca 1110-1205), op dat ogenblik nog een vazal van de Byzantijnse keizer, om de economische macht van de Republiek uit te breiden ten koste van Byzantium en van de Genuezen, die met de inname en de plundering van Constantinopel meteen toonden wie er de macht had.

Venetianen en Genuezen waren beide actief op de drukbevaren handelsroutes, uit op het veroveren van zoveel mogelijk privileges, om hun transporten te garanderen. Over land lag het vervoer, gezien het gebrek aan de nodige wegenstructuur, heel moeilijk, zo niet onmogelijk, en bovendien waren de Venetianen erg wantrouwig tegenover hun handelspartner, in de persoon van Stefan Uroš III Dečanski, koning van Servië (ca 1285-1331). Doge Andrea Dandolo (1306-1354), lid van dezelfde machtige familie, wist in 1352 met tsaar Ivan Alexander (Asen) (1331-1371) een handelsverdrag af te sluiten. Daarbij werden alle tolregelingen herbekeken, haven- en andere taksen opnieuw bepaald, alle garanties voor kooplui en goederen verzekerd, en de Venetianen mochten er zich vestigen. De toelating voor het bouwen van kerken was daar fundamenteel bij. De Genuezen sloten op hun beurt verdragen af, waarbij zowel vrachtgoederen, zoals graan, als luxeartikelen, zoals parels, goud en juwelen, tolvrij werden gemaakt. Het is duidelijk dat zowel Venetië als Genua, ook leer vanuit Bulgarije betrokken, dat op zijn beurt drukke handelsrelaties had met de Levant, en uit Perzië waren betrok.[5]

Het woord komt wellicht niet zozeer van de Bulgaren, maar van de Bolghar, Bulghar, de naam van een stammenverbond binnen de Wolga- of Kamabulgaren met hun gelijknamige hoofdstad, Bolgary of Bulgar, ten zuiden van Kazan, aan de oostelijke Wolgaoever. Dat is nu een 'klein plaatsje' maar was vanaf de zevende eeuw een verzamelpunt van nederzettingen op een goed gelegen punt voor handelsroutes. Vanaf de tiende eeuw was het een vestingstad met wijde verbindingen in de Oost-Westhandel, met knooppunten van vreemde kooplui binnen de muren.[6]

In 1789 publiceerde de Amsterdamse apotheker, zelfverklaard 'chemicus' en dichter, Petrus Johannes Kasteleyn (1736-1794), als het *Vierde stuk* van de *Volledige beschrijving van all konsten, ambachten, handwerken, fabrieken, trafieken,* enzovoort, gepubliceerd door A[braham] Blussé en zoon (i.e. Pieter) te Dordrecht van 1788 tot 1806, zijn bijdrage over *De leerlooijer, leertouwer, wit- en zeemlooijer*. Het opzet van het werk was dat de teksten *ten deele* [werden] *overgenoomen uit de beroemdste buitenlandsche werken, maar vermeerderd met de Theorie en Praktijk der beste Inlandsche Konstenaaren en Handwerkslieden*.

Kasteleyn ging, na de dood van zijn vader, als twaalfjarige jongen in de leer bij enkele apothekers in Utrecht en Amsterdam, maar ook zijn moeder overleed vroegtijdig. Kort daarna week hij dan, op aanwijzen van zijn voogd, uit naar Suriname. Daar verbleef hij op een plantage, *La Vicontre*, ofte Jacobusdaal, en, al dan niet per ongeluk, schoot hij er een andere jonge kolonist neer, Jan Willem Arends, bij het gezamenlijk lezen in bed van Jacob Campo Weyerman (1677-1747), misschien wel zijn *Den Ontleeder der Gebreeken*, of *De Ontleedkunde der Hartstogten*, hij kon het weten, en voor plagiaat schroomde hij zich ook al niet, vrijelijk omspringend met lasterlijke *personaadgien*. Campo zelf was de zoon van een militair en een legerdel, Elisabeth Sommerel, geboren in een kampement bij Charleroi, en als oudere schildersknaap ook best wel los(b)(h)andig met zijn model, en, met de slagersvrouw, en met nog wat anderen. Later kreeg hij (nog) een zoon, en nog later nog een dochter ook, bij ene Johanna Ernst, maar liet het daar helemaal niet bij, ook al huwde hij Ernst, twaalf jaar na datum, met hun twee zonen op de bruiloft aanwezig.[7]

Stichtelijk klinkt dat alles best wel, voor twee knapen lezend in bed, met hun geweer geladen bij de hand. Hoewel hij vrij werd gesproken bij gebrek aan bewijzen, omdat er geen getuige was, behalve van het feit dat ze samen in bed lazen, en hij zijn verhaaltje aan die leesoefening ophing, vond hij het dan toch veiliger naar het moeder- of vaderland terug te keren. Als twintigjarige vestigde hij zich dan als apotheker in Amsterdam.

Zijn scheikundige werken beperken zich evenwel hoofdzakelijk tot

Chemische en physische oefeningen (1793), met wat alchemie en een alambiek er tussen, en een ongepubliceerde *Lierzang op Franklin*.[8] Hij was op de eerste plaats een doopsgezind dichter, met *Dichtlievende verlustigingen* (1779) en niet makkelijk verteerbare treur- en andere spelen naar Duitse originelen, zoals *Proeve over de kunst om altijd vrolijk te zijn* (1780) naar het moraliserende gewrocht van Johann Peter Uz (1720-1796), een pleidooi voor *mediocritas*, onder een motto van Seneca. Daarnaast was hij een apotheker voor wie het kennelijk niet zo best boterde in de zaak, en die zodoende zijn toevlucht tot broodschrijverij moest nemen. Ziekte had hem overigens al vroeg fysiek zwaar afgetakeld en daarbij het gezicht uit een oog doen verliezen. Het was Kasteleyn die tot zijn verscheiden het leeuwendeel van de *Volledige beschrijving* voor zijn rekening nam als compilator-vertaler-editor. De bronnen zijn soms Frans, of een Franse vertaling, soms Duits, in vertaling of niet. Hij had als weeskind voor zijn twaalf *eenigen tijd* in Duitsland vertoefd.

Voor het hoofdstuk over de leerlooierij geeft hij gedetailleerd zijn bronnen op. Hij dankt op de eerste plaats Wopco Cnoop, aan wie dit stuk door de Blussé's immers is opgedragen, voor het bezorgen van de informatie, *van een mij ter hand gesteld Nederduitsch origineel handschrift, het welke eene zeer openhartige en proefondervindelijke beschrijving van de* Nederlandsche Leêrlooijerij en Touwerij *vervatte*. Kasteleyn insisteert nogmaals op de dankbaarheid die Cnoop 'niet mag worden geweigerd', *welke ons de gemelde belangrijke zaken, zoo getrouw, zoo naar waarheid, en zoo bevatlijk leverde, dat men ze vergeefs bij uitlandsche* Schrijveren *dusdanig zoude zoeken*.

Wopke Claes Cnoop ofte Knoop (1740-1801) was een lid van een oude mennonietenfamilie uit Bolsward, waar hij een burgerwacht oprichtte als een herstel van de oude schutterij. Als aanhanger van de patriottische partij, opponenten van de orangisten en tegenstanders van het absolutisme, – maar dan ook weer tegenstanders van het rationalisme, Menno, weet je wel – werd hij van 1786 tot 1789, precies de tijd dat Kasteleyn zijn leerlooierstuk componeerde, te

Rugveld van halve juchtleren band met de sporen van de kam goed zichtbaar op het leer. (cat. P123)

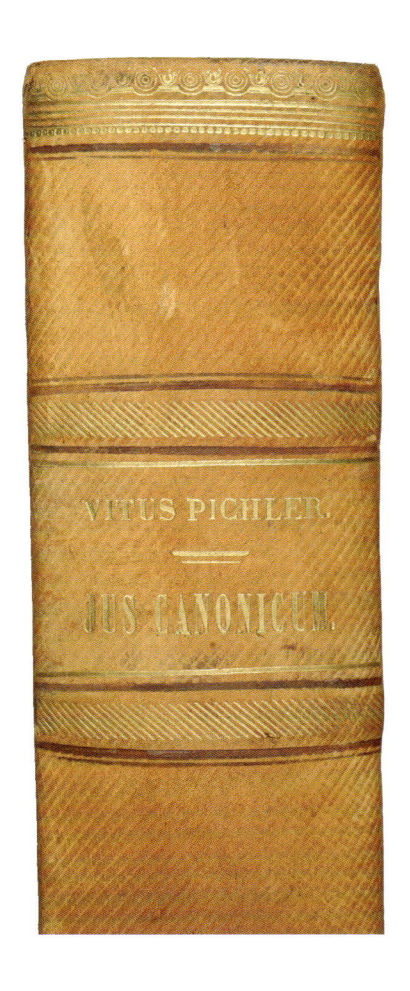

Leeuwarden gevangen gezet. Dat auteur en uitgever hem zo openlijk steun betuigden, mag er wel op wijzen dat ze ook patriotten waren.[9]

Kasteleyn ging ook uitvoerig te rade bij *uitlandsche Schrijveren, welke die stoffen, meêr en min, hebben behandeld; vooral van den arbeid van* DE LA LANDE, VON JUSTI, JUNG, SCHREBER, SPRENGEL *en* BECKMANN. *Ik zogt het merkwaardige en tevens het nuttigste en waare, uit dier mannen schriften te verzamelen, en heb, een en ander, verbonden met eigen waarneemingen*. Die auteurs zijn Joseph-Jérôme Le Français de Lalande (1732-1807), Johann Heinrich Gottlob von Justi (1717-1771), Johann Heinrich Jung-Stilling (1740-1817), Daniel Gottfried Schreber (1708-1777), Peter Nathan Sprengel (1737-1814) en Johann Beckmann (1739-1811). Opmerkelijk hier is dat Jung, die zich in zijn meerdelige autobiografie Heinrich Stilling noemt, (ook) een mennoniet was, en dat tenminste von Justi en Beckmann al in 1782 in een Nederlandse vertaling verschenen.

Kasteleyn heeft hoe dan ook het materiaal verzameld dat daarover in zijn tijd beschikbaar was, en dat is best boeiend. Hij schrijft dat er in Rusland *een zeker Leêr uit huiden* [wordt] *gelooid, dat alom, onder den naam van* Juchtleêr, *bekend is*. In Berlijn werd dit nagemaakt, hoewel de leerlooiers dat ontkennen, rapporteert hij. Von Justi meende dan weer verkeerdelijk dat juchtleer met een wortelextract werd bereid. Beckmann noteerde dat de ontharing van de huiden voor dit leer met *zeepziedersloog* gebeurde. Daarna werden ze in een zuur vocht van havermeel en bier gezet, om vervolgens in runkuipen met gemalen schors terecht te komen om door het looizuur, van berkenrun bijvoorbeeld, tot leer te worden. Dan kon de bewerking met olie volgen. Volgens sommige andere contemporaine bronnen werd ook zeehondenolie aangewend. Tenslotte werden de huiden met sandelhout rood of zwart geverfd. Kasteleyn ontkent dat de bereiding in Rusland geheim zou worden gehouden.

De productie van boekbindersleer was er geconcentreerd in Kazan, waar een Tataarse kan over het kanaat Kazan regeerde, tot Ivan de Verschrikkelijke (1530-1584) het in 1552 bij Rusland inlijfde, en de handelsbetrekkingen met onder anderen de Engelsen, sterk uitbreidde.[10] De Wolga maakte het tot een belangrijke marktplaats tussen Europa en Azië. De huiden die daar aankwamen, waren voor het grootste deel voor de scheepvaart bestemd, waar ze waterdicht voor werden gemaakt. De huiden van geiten en schapen werden voor het leder voor boekbanden geselecteerd, om er respectievelijk 'marokijn' en bazaan van te maken.[11] Voor het fijnste juchtleer werden huiden van runderen gebruikt, maar er werden ook wel kalfs- en bokkenvellen voor genomen. Juchtleer, dat voor veel andere producten dan boekbanden werd benut, zoals schoenen bijvoorbeeld, werd ook vervaardigd in en rond Jaroslavl, een belangrijk handelscentrum aan de samenvloeiing van de Wolga en de Kotorosi, Kostroma, aan de samenloop van de Kostroma en de Wolga, Pskov, aan de Velikaja, de 'Grote', bij de grens met Estland, en Orenburg, een verkeersknooppunt en industrieel centrum aan de Oeral, die daar de grens tussen Azië en Europa vormt. Dit alles geeft alvast een helderder beeld van een aspect van de productie, de herkomst en de handel in boekband- en ander leer tijdens de achttiende en negentiende eeuw.

[1] *Joeft* staat in het Russisch inderdaad voor 'paar', al sinds de zestiende/zeventiende-eeuw, en de term kwam inderdaad via het Tataarse Kazan naar het Westen. De herkomst is niet in het Turks te zoeken, maar in het Perzisch, waarin *dzjoft*, *djoft*, jucht, inderdaad paar betekent. Zo kwam het ook in het Oezbeeks, *zjoeft*, het Karakal, Kirgiezisch en Oeigoers, *zjoep*. Met dank aan de heer Roger Tavernier voor het naslaan van enkele Russische etymologische en andere woordenboeken. In het oud-Bulgaars wordt het gebruikt als een leenwoord, er is dus geen oorspronkelijk Bulgaars woord. Zie Max Vasmer (1886-1962), *Russisches etymologisches Wörterbuch*, vert. in het Russisch door Oleg N. Trubatsjev, online beschikbaar via de website *Toren van Babel* van Sergei Starostin. Dat doet heel erg twijfelen aan de Bulgaarse herkomst van de 'uitvinding', inderdaad.
[2] Federico & Livio Macchi, *Dizionario illustrato della legatura*, Milaan 2002, 56.
[3] Matt T. Roberts & Don Etherington, *Bookbinding and the Conservation of Books. A dictionary of descriptive terminology*, Washington 1982, 224.
[4] Voor een kort overzicht van de verschillende culturen die hun weg vonden in Bulgarije, zie Bozhidar Dimitrov, *The Seven Ancient Civilizations in Bulgaria*, Sofia 2005.
[5] Wilhelm Heyd, *Geschichte des Levantehandels im Mittelalter*, 1, Stuttgart 1879, 577-583.
[6] K. Zernack, Bolgar, in: *Lexikon des Mittelalters*, 2, Stuttgart 1983, 369.
[7] Peter Altena & W. Hendrikx, *Het verlokkend ooft. Proeven over Jacob Campo Weyerman*, 1985 (online); de Raad van Holland besluit in 1739 JCW *'ten syenen koste te confineren voor altoos'*, maar daar liet hij het alweer niet bij; zijn weduwe en een (van de) dochter(s) overleefden in armoede en kregen zijn officiële vergoeding voor *Koffy, Thee en Toebak*, als toemaatje bij hun karige bestaan.
[8] Willem Paulinus Jorissen, Kasteleyn, Petrus Johannes, in: *Nieuw Nederlands Biografisch Woordenboek* en Van der Aa, online.
[9] *Global Anabaptist Mennonite Encyclopedia Online* (GAMEO).
[10] Voor deze verduidelijking, dank aan de heer Roger Tavernier.
[11] Het Franse woord *basan* bestaat in de betekenis van gelooid schapenleer al tenminste van in de twaalfde eeuw.

De kosten van een veiling, Leuven anno 1829: Baumans' rekening aan de Parkabdij

Chris Coppens

Een en ander wijst er op dat de (ex) kanunniken van Park bij de veiling van hun bibliotheek niet aan de kosten van zo een veiling hadden gedacht, of tenminste zich geen idee hadden gevormd wat die zouden kunnen zijn. Te begrijpen uit de finale afrekening van Baumans in antwoord op een brief van Park, waren ze duidelijk verrast. Henri Baumans (1783-1835) reageert als de even redelijke, als besliste handelaar.

De 'mannen van Park', met name de provisor Simon Buron, hebben hem op 14 januari 1830 geschreven dat ze verwonderd zijn over de kosten die voor de veiling worden aangerekend; op 19 januari dient hij hen beleefd maar kordaat van antwoord. Daarin somt hij de verschillende posten op en dat geeft een aardig beeld van de financiële en bureaucratische omkadering van een veiling. Dat alles zal in 1829 niet zoveel hebben verschild van wat vóór de waterscheiding van de Franse Revolutie en de keizerlijk omklede dictatuur van Napoleon gebruikelijk was.

1. Hij onderstreept dat hij zijn voorafgaande werk niet heeft verrekend; dat had hij dus kunnen doen. Mogelijk zou hij hier vacatiegeld voor hebben kunnen vragen. Bovendien noteert hij dat de kosten altijd 10% worden gerekend.

2. Voor het vervoer van de abdij naar de Diestsestraat heeft hij 15 gulden aan de voerman betaald, het gebruikelijke glas wijn of een ander natje of droogje niet inbegrepen.

3. Zijn drie gasten, onder wie Antoine-Ferdinand Geets (°1805), die na Baumans' dood diens collectie veilde, hebben er veertig dagen aan gewerkt. Daarin zit alvast het uitwissen van de wapenstempels op de banden, het plaatsingsnummer op het dekblad en de eigendomsinscripties op de eerste bladzijde, en het opmaken van de kladversie van de beschrijving van de boeken. Daarin zit ongetwijfeld ook het noteren van de prij-

zen op de veiling en het overschrijven op blanco bladen voor het tussengeschoten exemplaar dat aan Park werd bezorgd.

4. Het in het net uitschrijven van de lijst die van de boeken is opgemaakt als exemplaar voor de drukker met het drukken zelf, 93,50 gulden. Het uitschrijven gebeurde in maart 1829.

5. Het bij de stad registreren van de veiling vraagt de zeer hoge kost van 136 gulden.

6. Voor de veilingdagen van 22 oktober en volgende rekent hij zijn vacatiegeld, voor zijn aanwezigheid, de kosten voor de deurwaarder en de kosten voor de roeper, de man met de hamer, die 5% krijgt, alles samen 272,50 gulden, uiteraard veruit de zwaarste post.

7. Hij wijst er op dat hij vast 'kleinigheden' is vergeten in rekening brengen.

Voor het begin van de negentiende eeuw, onder het Hollandse regime, is het erg moeilijk om prijsvergelijkingen te vinden. De huurprijzen waren sinds het begin van de eeuw erg toegenomen. Met de index op 100 in Antwerpen in 1570, stond die in 1800 op 151,3, in 1829 was dat 413,4. De graanprijs stond na een hausse tussen de jaren 1810 en 1826 weer op het niveau van 1795/96 en klom daarna weer omhoog. Voor 100 liter tarwe werd gemiddeld 11,48 gulden gevraagd, met de laagste prijs onder de 9 en de hoogste boven de 24 gulden. Een wit tarwebrood van een kilo kostte 0,252, een bruin 0,191 gulden. Een grof roggebrood kostte 0,094. Honderd liter aardappelen kwam gemiddeld op 0,605 gulden. Een kilo rundvlees kwam op 0,320, schapenvlees op 0,378, varkensvlees op 0,340 gulden.

Het lijkt relevanter te vergelijken met enkele prijzen die boeken op de veiling haalden. Het was de rijkelijk verluchte Bijbel in drie delen van 1148, nu in de British Library, die met 510 gulden veruit de hoogste prijs haalde, bijna het gehele kostenplaatje samen. Een Bijbelcommentaar was met 51 gulden dan weer duur in vergelijking met soortgelijke handschriften. Vijf Bijbelhandschriften samen in één kavel gingen van de hand voor 8,50 gulden. De duurste incunabel, een Romeinse druk van rond 1470, werd afgehamerd op 28 gulden. Een perkamenten handschrift kon worden gekocht voor een prijs tussen één en vijf gulden, een papieren handschrift rond één gulden. Het was niet moeilijk voor een rijke verzamelaar om een aardige aankoop te doen. De Bourgondische bibliotheek in Brussel en de Leuvense Universiteitsbibliotheek waren grote kopers. Het was evenwel de Londense antiquaar John Thomas Payne, van Payne & Foss, die de grootste buit wist binnen te halen, de Bijbel van 1148 inbegrepen.

Brief van Henri Baumans, gericht aan pastoor Quirinus Aertgeerts, met verantwoording van zijn kosten.

Lit.: vooreerst onze dank aan Stefan Van Lani, die de brief vond en de transcriptie bereidwillig ter beschikking stelde. Dit is een eerste vluchtige benadering; we komen daarop terug. Voor het geheel van de veiling zie Chris Coppens, The Incunabula of Parc Abbey (Heverlee, Leuven), *De Gulden Passer*, 88, 2010, 23-70; voor prijzen zie Étienne Scholliers, Un indice de loyer: les loyers Anversois de 1500 à 1873, in: *Studi in onore di Amintore Fanfani*, 5, Milaan 1962, 595-617; Charles Verlinden & Étienne Scholliers (eds), *Dokumenten voor de geschiedenis van prijzen en lonen in Vlaanderen en Brabant, II. (XIVe-XIXe eeuw), B. Brabant*, Brugge 1965.

Leuven, 19 january 1830

Mijnheer den pastor

Naer hertelijke groetenisse, zoo dient in antwoord op uw schrijvens de data 14 deezer, dat er geene groote verwondering over de onkosten moet opreyzen, mits deeze altijd à rato van thien ten honderd in rekening worden gebragt: zoo veel te meer nu nog, dat ik er dan voor mijnen voorafgaandelyken arbeyd niets hebbe opgerekent: in deze onkosten zijn specialiter dan begrepen

*1° drukken van catalogus, uijtschrijven van den lijst
in meerte ... guldens 93-50 /
2° voor de vragten 15 guldens /
3° de arbeyd van mijne dry gasten à rato van 40 dagen, alles
bij een, 28 guldens /
4° fraix van enregistrementen 136 guldens/
5° voor mijne vacatien van koopdag, fraix van huissie, van
publieken roeper à rato van 5 par cents: 272.50: en dan zal
er nog al kleynighden vergeeten zijn: dus dan recaputulatie:*

*1°   93.50
2°   15.00
3°   28.00
4° 136.00
5° 272.50
    545.00*

Verhoopende dat deeze gedetailleerde specificatie wel zal zijn gegrond, zoo blijve met alle agting Mijnheer

*Uw dienaer
H. Baumans*

Voor eynde van de maend zal u de somme van 2057.80 geworden

Joseph Lefèvre (1815-1886), stamvader van een Leuvense boekbindersdynastie

Chris Coppens

Na de Tachtigjarige Oorlog (1568-1648) kon Europa stilaan van zijn wonden herstellen en kon het economisch en cultureel weer aantrekken. Abdijen en kloosters deelden daarin. Verlies van interne discipline en ontvolking waren groot geweest. Oorlog en plundering hadden de levensomstandigheden door grote economische verliezen vaak precair gemaakt. Nu kwam er weer ruimte voor herstel en vernieuwing van gebouwen en interieurs. De Parkabdij verzorgde haar bibliotheek en liet het interieur optuigen met stucco van Jan Christiaan Hansche (fl. 1672-1680) en nieuwe ingebouwde eikenhouten boekenrekken met houtsnijwerk.[1]

De witheren pakten ook de boeken zelf aan. Het is nog duidelijk te zien aan exemplaren uit de oude bibliotheek dat vijftiende-eeuwse gedrukte boeken aan enige bijstand toe waren, beschadigd door vocht en met gescheurde bladen. De maatregelen waren drastisch, alles werd herbonden. Geen handschrift bleef in zijn oorspronkelijke staat, ze kregen alle een nieuw kleedje aan. Dat leek wel een uniform, wat goud op de rug, om mooi te staan in de nieuwe kasten, en effen platten met een supra-libros op het ongekleurde glimmende kalfsleer. Er is geen handschrift dat niet door de veiling van 1829 kwam en waar, op een tiental na, het goud op de platten niet is weg gepuimd. Ook de incunabelen was hetzelfde lot beschoren, zij het dat een belangrijk deel lang voor de verkoop als buit door de Fransen gevankelijk naar Parijs werd gevoerd. Papier werd hersteld, maar alle boeken kregen een nieuwe band, zodat alle oorspronkelijke bekledingen verloren zijn gegaan.[2]

Wanneer de abdij in de negentiende eeuw een nieuw leven begon, werd ook aan de bibliotheek aandacht geschonken. Enkele boeken waren aan de veiling ontsnapt en enkele waren, onverkocht, terug naar Park gekomen. Nieuwe aankopen werden gedaan, oude banden met losse ruggen en versleten hoeken werden aangepakt. Ondertussen zijn soms ook negentiende-eeuwse herstellingen tussen de kaken van wormen verdwenen. Om kosten te besparen, werden de boeken niet opnieuw gebonden, maar hersteld, en dat is een groot geluk. Veel geld is niet altijd de beste raadgever voor de behandeling van oude banden, wanneer dat blindweg gebeurt, of door 'erg overtuigde' restoratoren, die er weer een 'echt oud boek' van willen maken. Bovendien moest voldoende kunnen worden besteed aan de abbatiale levensstijl, aan vrachten snuiftabak, "de beste", en ladingen duur banketgebak.[3]

Een interessant voorbeeld van een herstelling is de tweedelige editie van het *Monasticon anglicanum* door Roger Dodsworth (1585-1654) en William Dugdale (1605-1686) uitgegeven te Londen in 1655, kavel 206 van de veilingcataloog. Het grote supra-libros is niet gepuimd, maar is wel degelijk erg aangetast door het zuur van de marmering. Op het voorste dekblad van de eerste band staat geschreven *Emptus pro bibliotheca Parchensi — 40 flor<…> // A° 1664*, waarbij een stukje van de inscriptie door het schapenleer van de herstelling is bedekt. Het is een interessante getuige van de collectievorming in de abdij, hoewel de precieze verwerving niet meteen is te duiden. Iemand kocht het boek aan voor de Parkabdij, niet zo lang na het verschijnen, wellicht op het vasteland, gezien de prijs in gulden, maar het is niet meer te achterhalen of dit door een boekhandelaar, door een privépersoon of door een kanunnik zelf is gebeurd.

De oude signatuur van de bibliotheek op het dekblad is uitgewist. Dit moet er op wijzen dat de boeken naar de veiling gingen. De twee delen verschijnen inderdaad in de veilingcatalogus als kavel 206. Het hulpje van de boekhandelaar, die de puimsteen en het radeermes hanteerde, moet vast hebben gedacht dat het wapenstempel op de platten al voldoende onherkenbaar was, en heeft er zich verder niet moe aan gemaakt. Onder de zeventiende-eeuwse aankoopaantekening in inkt, staat in potlood *<Vendit>us A° 1829, emptusque a R°D° - - - 13.50 fl*. Het eerste stuk van deze aantekening is dan weer bedekt door een strookje papier dat de binder er op heeft geplakt om het leer van de herstelling van de hoek te bedekken en waar de abdij nadien haar ronde blauwe eigendomsstempel plaatste. Baumans prees het boek heel erg aan, *très recherché des curieux: sa valeur est le double de l'ouvrage de 1682* (i.e. de tweede editie): *les estampes sont des plus belles*, en er werd ook een behoorlijke prijs voor betaald. Kavel 207, Dugdales geschiedenis van *Saint Paul's cathedral*, Londen 1716, afgeslagen op 4 gulden 20, bevindt zich ook opnieuw in de abdij. Hoewel het grote supralibros hier helemaal niet door wat dan ook is aangetast, heeft de puimer blijkbaar de klus te zwaar gevonden om elk boek van zijn fraaie goudstempel te ontdoen en het radeermes in het dekblad te zetten, of was hij in tijdnood gekomen.

Joseph & kinderen

Voor herstellingen, of beter, voor het restaureren van banden en voor nieuw bindwerk, deed de Parkabdij in belangrijke mate een beroep op de Leuvense binder Jozef Lefever, alias Joseph Lefèvre.[4] Hij gebruikte zelf zijn naam in advertenties eentalig Frans, en in rekeningen voor de abdij van de jaren 1850 en 1860 in de twee vormen, en dat deed de bibliothecaris ook, afhankelijk of hij in het Nederlands of in het Frans schreef, hoewel ook onafhankelijk van de basistaal. Joseph signeerde als LEFEVER, toch op die enkele banden waarop zijn signatuur met de zethaak kan worden aangetroffen.[5] In stedelijke documenten wordt nagenoeg uitsluitend de Franstalige vorm gehanteerd. Lefèvre, tot nog toe volslagen onbekend, blijkt een van de vruchtbaarste en knapste Leuvense boekbinders van zijn tijd. Vruchtbaar en knap was hij in de kwaliteit van zijn bindwerk en zeker ook vruchtbaar in de creatie van de grootste Leuvense boekbindersdynastie van de tweede helft van de negentiende en het begin van de twintigste eeuw.

Joseph Lefèvre werd geboren te Leuven, in de parochie van Sint-Kwinten, een paar maanden na de slag bij Waterloo, op 9 augustus 1815, als zoon van Henricus Lefever (°4 februari 1777), een geboren Leuvenaar, en Aldegonde Jeanne Theys, die van Mechelen afkomstig was. Henricus was de zoon van Jean-Baptiste en Joanna Yernau, alias Hiernau, Hiernal, Hiernaerts, of nog Heernaer, klerkenfantasietjes.[6] Jean-Baptiste en Joanna Catharina Yernaux waren gehuwd op 31 mei 1774 en kregen samen tenminste negen kinderen.

Henricus was de tweede oudste en werd brandweerman. Hij huwde met Aldegonde op 23 november 1802. Behalve over Joseph is er niet meteen iets over andere kinderen te vinden. Josephs moeder overleed einde mei of begin juni 1820, toen hij vijf was. Zijn vader kon zijn zoontje 'natuurlijk' niet opvoeden en Joseph werd in een weeshuis geplaatst, ook al moet hij heel wat ooms en tantes hebben gehad. Het is overigens niet duidelijk wat er met Henricus gebeurde. Hij overleed mogelijk 'pas' in 1841 en woonde blijkbaar in bij zijn vader, ook al moet die toen hoogbejaard zijn geweest, wat enigszins onwaarschijnlijk lijkt. In elk geval kwam een Jean-Baptiste Lefever/Lefèvre zijn(?) overlijden aangeven.[7]

In 1829 woonde Joseph in het weeshuis in de Wezenstraat, vanaf december 1904 Vital Decosterstraat, dat toen de nummers 6 en 8 besloeg, en ook een bejaardentehuis was. Het was al een weeshuis van in de zeventiende eeuw, maar lijkt in 1829 wat op z'n retour en was overwegend een 'oudemannenhuis', met meer bejaarde directeurs en hulpbehoevende bejaarden dan wezen. Het stedelijke weeshuis was overigens ook toegevoegd aan een bejaardentehuis voor mannen.

Lefèvre staat er met een andere jongen van zeventien als wees geregistreerd. Ze komen net voor Pierre-Martin Aubert (1800?-1851), die er als boekbindersgast staat genoteerd en dus voor en in het weeshuis werkte. Er woonde ook een schoenmakersgast. Wanneer de documenten goed kunnen worden geïnterpreteerd, kwam hij daar einde 1820 aan. Er zijn net daar hoe dan ook een paar vergissingen gemaakt, op bladzijden die door verschillende handen, met verschillende vaardigheden zijn in- en opgevuld. Goed geordende registers kwamen er pas na de onafhankelijkheid van België, wanneer er, met koninklijke autoriteit, een reglement voor het invullen en bijhouden van registers werd gemaakt, dat op het schutblad van elk deel werd gekleefd, en er efficiënter voorgedrukte indelingen kwamen; de jonge natie moest zich toch bewijzen. Mogelijk werkte er een meester-boekbinder voor het weeshuis en was Aubert eerst zijn knecht en daarna zijn gast. Het lijkt er hoe dan ook op dat Lefèvre door hem direct met boekbinden in contact is gekomen en mogelijk zijn knechtje speelde. Het was niet ongebruikelijk voor boekbinder of kleermaker te leren in weeshuizen en gevangenissen.[8]

In 1842 huwde Aubert, als *garçon relieur*, boekbindersknecht, met Barbe Rentmeesters (°1814), een naaister, een

Journal des petites affiches 25, 40 van 1 oktober 1843, met bij nr. 918 de aankondiging van Lefèvre.

paar weken voor hun eerste kind werd geboren, Anne Cathérine Philomène.[9] Hij woonde toen in de Peperstraat, zij in de Tessenstraat vlakbij. In 1844 werd nog een meisje geboren, Marie Albertine, maar het werd slechts enkele maanden oud. Een zoon, Arnould Jean Théophile, werd in 1846 geboren, maar overleed al in maart van 1847. In 1846 woonde het gezin in de 's-Meiersstraat 7 en vader was (weer) actief als boekbindersgast. In december van dat jaar vestigde hij zich als zelfstandig boekbinder.[10] Begin 1848 kregen ze nog een dochter, Antoinette Josephine Léopoldine, maar de vader was ondertussen overleden op 17 december 1851, 51 jaar.[11] Barbe wilde het blijkbaar daarbij niet laten en kreeg een natuurlijke dochter, Marie Rentmeesters, in juni 1855. Een jaar later hertrouwde ze met ene Henri Stessels.

Na het weeshuis is Lefèvre naar Brussel getrokken om er echt het vak te leren als *apprenti-relieur*, leerling-boekbinder, en hij heeft er enkele jaren als boekbindersgast, *ouvrier-relieur*, gewerkt.[12] Daar ontmoette hij zijn vrouw, Jeanne Vancampenhout (1818-1867), en kreeg er zijn eerste kind, Jacques Adolphe, geboren op 27 februari 1842.[13] De toevoeging van de tweede naam verwijst ongetwijfeld naar een grootouder, zoals Constant dat later deed. Er waren Constanten in de familie.

Begin oktober 1843 vestigde Lefèvre zich als binder in Leuven, waar hij als *maître-relieur*, meester-boekbinder, in de Nieuwstraat, de huidige Leopold Vanderkelenstraat, – voor die na 1914 door de doorgetrokken Statiestraat, later Bondgenotenlaan, doormidden werd gesneden, en van naam veranderde –, in het nummer 8, ging wonen. In een advertentie kondigde hij zijn komst aan: RELIURE DE LIVRES. // J. LEFEVRE, Relieur de Livres, à Bruxelles, // a l'honneur d'informer le Public, que, pour le // commencement d'Octobre, il s'établira en cette // qualité rue Neuve, n° 8, à Louvain. // Il espère par la modicité de ses Prix et le bon // fini de ses Ouvrages obtenir la confiance du // Public. //.[14]

Zo deden boekbinders dat, met de nodige retorische gemeenplaatsen, eigen aan alle advertenties. Sommigen besloten de aankondiging uitdrukkelijk over zichzelf met *Il se recommande*, of *hy hoopt de gunst van zyne medeburgers te genieten*. Lefèvres advertentie staat naast die van een veiling van Haarlemse bloembollen en van *Eenen jongeling van een allerbeste gedrag verlangt zich te plaetsen als Knegt of Magazynier*, of lessen in Duits, Engels, Latijn en Grieks, wiskunde en geschiedenis, die werden gegeven, of J.B. Decré, *professeur de musique*, die zijn lessen notenleer en viool hervatte.

Daar, in de Nieuwstraat, werd hun tweede kind, Pierre Adolphe, geboren op 21 februari 1844. Er volgden er daar nog vier, Constant Louis, later Louis Constant, geboren op 9 februari 1846, François Ghislain, later François Constant, met nog andere varianten, op 21 september 1848, Charles Nicolas, op 4 december 1850, en Anne Cathérine, op 12 augustus 1855. Het meisje overleed twee maanden later.

In de zomer van 1853 kwam er bij de Lefèvres een naaister inwonen, Henriette Cambien (°1829/30), die toen vierentwintig was. Een naaister had hij nodig, als zijn vrouw dat niet deed, naaien is cruciaal bij het binden van een boek. De binder heeft de naam, hij kneedt het genaaide blok en zet het naar zijn hand, bekleedt het en versiert de jas van het woord, maar zonder een naaister kan hij niets beginnen, zeker wanneer er productie moet worden gegarandeerd, en productie was er nodig voor het spijzen van zoveel monden. Henriette was geboren in Doornik, maar kwam van Antwerpen hoogzwanger in Leuven aan. Op 8 september beviel ze van een zoon, Gustave Auguste Gowy, onwettig kind van een andere Gustave, die blijkbaar toch zijn kind erkende. In juni van het volgende jaar keerde ze met haar baby naar Antwerpen terug. In de loop van de jaren zullen de groter wordende kinderen, ook al waren het zonen, ook bij het naaien hebben geholpen, zijn vrouw deed dat alvast zo al.

Einde 1855 of begin 1856 verhuisden Joseph en zijn kroost naar het nummer 20. Daar woonden ze tussen een sigarenmaker uit Utrecht, Karel van Liefland (°1828), en zijn vrouw, die in 1858 naar hun geboortestad terugkeerden, en een café, gehouden door Guillaume Prosper Joseph Cordemans (1824-1874), met heel wat inwonend personeel. De Nieuwstraat was een straat met stand. Er was het succesvolle theater Frascati, in de gebouwen van de voormalige pedagogie De Lelie, en er woonden heel wat advocaten, en ook een deurwaarder, die ongetwijfeld bij sommigen rillingen over de rug deed lopen wanneer hij door de straten liep. Het was precies Cordemans' vader, Jacques Guillaume (1769-1856), die het gebouw van De Lelie in 1805 had opgekocht en het tot een theater had omgevormd. Zijn beide zonen, Désiré (1815-1881) en Prosper, zetten de zaak tot 1868 verder.[15] Wellicht was Prospers rijkelijke etablissement het café-buffet van de Frascati. In 1856 staan de twee oudste Lefèvres, respectievelijk veertien en twaalf, al als boekbinder geregistreerd. Op 15 februari 1857 werd nog een dochtertje geboren, Émerence. Zij ging later dienen in Laken.

Begin september 1857 verhuisde het gezin naar de 's-Meiersstraat, *rue dite Smey-straet* of *rue du Mayeur*, 2, waar ze bleven wonen tot augustus 1865, wanneer ze verhuisden naar de Sint-Barbarastraat 18.[16] De drie oudste zonen staan in 1866 als boekbinder geregistreerd. Aan de ene kant woonden een brandweerkorporaal en zijn vrouw, een naaister, die in 1871, nog geen zevenenveertig, overleed. Aan de andere kant woonde er een schrijnwerker met zijn vrouw; zij overleden beiden in 1872. Twee huizen verder was er een loodgieter gevestigd, een weduwnaar met zeven kinderen, met nog een natuurlijk kind van zijn oudste dochter. Ook zijn tweede dochter kreeg drie natuurlijke kinderen, van wie er twee na enkele maanden overleden.

De Sint-Barbarastraat lag in wat, toch tijdens de negentiende eeuw, het *Buchbinder-Viertel* van Leuven kan worden genoemd. Een paar huizen verder, in het nummer 14, woonde er nog een binder, A.C. Delory.[17] Ferdinand-Joseph Delory (1828-1865), *F. Delory fils*, had zich in juli 1848 in het nummer 22 gevestigd en was er in mei van het volgende jaar gehuwd met Marie-Thérèse Heeren, een strijkster.[18] Het ging ook om een boekbindersfamilie; Pierre-Joseph Delory (1770?-1846), *relieur*, afkomstig uit Ieper en gehuwd met Marie-Elisabeth Corbeels (1800-1878), familie van de Leuvense drukker en verzetsstrijder tegen de Fransen, Pieter Corbeels (1755-1799), overleed in 1846, 55 jaar, in de Wieringstraat, vlakbij.[19]

Josephs wederhelft, Jeanne Vancampenhout, overleed in augustus 1867, nog geen achtenveertig.[20] Tussen 1840 en 1880 lag de gemiddelde levensverwachting voor man en vrouw rond de veertig jaar, met een hoge kindersterfte, het hoogst tot het vijfde jaar, en een paar demografische dieptes door epidemieën in 1866 en 1870.[21] Het is opmerkelijk dat bij de aankondiging van de overlijdens kinderen beneden de twaalf, opgedeeld in jongens en meisjes, zoals bij mannen en vrouwen, afzonderlijk werden vermeld. Hun naam werd evenwel niet genoemd. Het aantal oversteeg soms dat van de volwassenen.[22]

Pierre Adolphe, de tweede zoon, ging naar Brussel wonen in de zomer van 1868. Hij was toen vierentwintig. Hij werd er politieman en huwde begin juli van hetzelfde jaar met een meisje uit Diest, dat in Leuven in de Ridderstraat woonde, Marie Gertrude Mathilde Alen.[23] Zijn oudste broer, Jacques Adolphe, huwde in oktober 1870 met Anne-Marie Deprins.[24] Louis Constant huwde in 1878 met Léonie Marie Françoise Poels (°1858), een kappersdochter.[25] Hij gaf het binden op en werd bediende. Ook zij verhuisden naar Brussel, maar kwamen toch terug naar hun geboortestad, waar ze in de Lombaerdstraat gingen wonen.

Vijf jaar na het overlijden van zijn vrouw trad Lefèvre opnieuw in het huwelijk, met Henriette Koolen, een naaister, die ongetwijfeld naaide in zijn atelier.[26] Ze was in Leuven geboren, op 4 maart 1831, maar blijkt een tijdje in Sint-Jans-Molenbeek te hebben verbleven, en werd terug in Leuven gedomicilieerd in 1861. Ze huwden op 27 november 1872 en Henriette werd als boekbindster geregistreerd. Ze bracht drie natuurlijke kinderen mee, die meteen in de boekbinderij werden ingezet. Het oudste was Catherine, geboren op 18 oktober 1852, het tweede was een jongen, Jean Joseph, geboren op 5 oktober 1858, en het jongste was weer een meisje, Cécile, geboren op 19 augustus 1860.

Naaien had Henriette geleerd bij haar moeder, die na het overlijden van haar man uit noodzaak naaister was geworden, zij het voor kleren en niet voor bladen papier, maar dat maakte niet het verschil, ze had het in de vingers en handwerk was goedkoop. Ze kwam uit een gezin in de buurt, van de Schapenstraat 11. Haar doopceel zal wel niet meer volledig kunnen worden gelicht, maar de documenten geven toch wat prijs.

Haar vader, Henri Koolen (1802-1849), was een gemeentelijke ambtenaar, *receveur d'octroi*, en zijn vrouw, Josephine Thérèse Cécile Rummens (°31 oktober 1803), was huishoudster. Ze woonden aan het Stationsplein 2. Er werden zes kinderen geboren, Charles (°27 mei 1827), die schrijver werd en voor zijn dertig in de gevangenis van Vilvoorde belandde,[27] Théodore Guillaume (°28 november 1829), die plaatslager werd en naar Brussel verhuisde, Henriette (°4 maart 1831), Pétronille Françoise (°1 november 1842) en Joseph Henri (°16 juli 1847), die al in februari van het volgende jaar het tijdelijke met het eeuwige verwisselde. Na het verscheiden van de vader bleef het gezin er blijkbaar nog enkele jaren wonen. Het overlijden van de kostwinner was fataal voor het financiële en sociale evenwicht van een gezin. De armoede drong al snel de huizen binnen en dreef de bewoners naar buiten, op zoek naar het meest elementaire levensonderhoud. Henriettes eerste natuurlijke kind werd nog daar geboren.

Het Stationsplein, *Place de la Station*, ontstaan met de bouw van het station in 1837, was een lustige buurt, klaar om de vroege (of late) treinreizigers het nodige vertier te bieden, maar ook om voor stedelijke inkomsten te zorgen. Het nummer 1 was het wachthuis van de stadswacht. In het nummer 6bis woonde er een spoorwegbediende. Alle andere huizen waren drankgelegenheden, *cabarets*, gehouden door *cabaretiers*, herbergiers, meestal koppels van middelbare leeftijd; soms woonde er personeel bij in. Het was vast geen toeval dat de familie Koolen naast de stadswacht woonde. Vader Henri had als taak de goederen die de stad werden ingevoerd, te wegen en er tol op te heffen; het stedelijke octrooirecht werd pas in 1860 opgeheven. Bij het wachthuis kon best een weegbrug horen, zoals dat op contemporaine houtgravures wel is te zien.

Moeder Josephine moet zich genoodzaakt hebben gezien zelf de handen uit de mouwen te steken toen ze weduwe werd met een zoon en twee dochters die nog thuis woonden, en iets later in eigen huis nog met een kleindochter werd bedacht. Ze vestigde zich als naaister in de Schapenstraat en leerde het vak aan haar dochters. Pétronille ging naar Brussel wonen in 1860. Daar kreeg ze twee natuurlijke kinderen, Louis (°1864) en Josephine (°1867). Opmerkelijk is dat ze allebei in Leuven werden geboren. Ze overleden beiden in 1868, het jongste nauwelijks een jaar oud; het oudste overleed in Brussel (voor het eerste staat het niet genoteerd) enkele maanden na haar vierde verjaardag.

Ook Henriettes kinderen werden allen in Leuven geboren, wat dat verblijf in Molenbeek wat komt vertroebelen, omdat het onduidelijk wordt waar ze precies leefde los van haar domiciliëring. Alles wijst er op dat zij en haar zus, door armoede gedwongen, in Brussel in de prostitutie gingen werken en dat ze thuis bij hun moeder kwamen bevallen van de ongewenste zwangerschappen. Daar ze zelf niet voor het onderhoud van de kinderen in konden staan, werd de kroost ook daar opgevangen, beter dan ze te vondeling te leggen of ze aan een inrichting af te staan.[28] Zonder sekswerk wachtte de bedelstaf of een opvangplaats voor armlastigen.

Ook al was dit een enorme stap om te zetten en het eergevoel te overwinnen, toch kozen sommige vrouwen voor deze overlevingsstrategie. Bij een man was de eer gekoppeld aan geweld; je kon maar beter je leven dan je eer verliezen. Bij vrouwen lag deze drempel veel lager en zij kozen, in een dubbele betekenis, voor het leven. Voor de man gold dan weer de eeuwenoude idee dat betalende seks geen zonde kon zijn. Er werd al snel een koppeling gemaakt tussen een vrouw die zich zelfstandig buiten het patriarchale toezicht bewoog, seksueel beschikbaar was en een geldelijke transactie. Het geweld werd met geld zogezegd afgekocht, vergoelijkt, met de mantel der betaalde 'liefde' bedekt, ook al was die bij gelegenheid niet betalend.[29]

Sint-Jans-Molenbeek was een snel opkomende industriële voorstad van Brussel, met de haven, die aan belang had gewonnen nadat in 1832 het kanaal naar Charleroi was geopend en werd aangesloten met het kanaal van Willebroek, zodat de industriezone rond Charleroi direct met Antwerpen werd verbonden. Samen met Sint-Joost-ten-Node, waarmee het de grote invalswegen controleerde, trok het heel wat inwijkelingen aan en was er veel nachtelijk vertier. De Leuvense bevolkingsregisters laten zien hoe sterk de aantrekkingskracht van deze nieuwe centra was. De prostitutie volgde haar cliënteel.[30]

Prostituees beoefenden hun beroep niet in eigen stad. In Leuvense bordelen werkten wel meisjes uit Ukkel, Oostende en Tielt (West-Vlaanderen), maar het waren toch meestal jonge vrouwen uit het buitenland. De meesten kwamen uit Noord-Frankrijk, de anderen waren voornamelijk immigranten uit het Duitse grensgebied en het zuiden van Nederland. Het verloop was erg groot; de leeftijd lag tussen de eenentwintig en de dertig jaar. Voor 1850 werd dergelijk etablissement als *maison de débauche* ingeschreven, in de tweede helft van de eeuw kwam het als *maison de prostitution* in de registers, met *femmes publiques* en prostituees, met een pooier aan het hoofd, officieel ingeschreven. Er waren ook *cabarets*, gedirigeerd door een waardin, met haar gezin, zoals dichtbij de kazerne in de vroegere pedagogie De Valk, met *servantes* en *serveuses*. Er was een statusverschil, het cliënteel evolueerde. Van *égout séminal* werd het bordeel een *ragoût érotique*.[31]

Bij de vreemdelingen die in werden geschreven, waren naast de grote hoeveelheid nonnen en paters, studenten en prostituees, meisjes die er in de registers als postulantjes uitzien, maar *filles repentis* waren, op weg naar een gesloten instelling, een gespecialiseerd 'verbeteringsgesticht', waar echte nonnen de 'gevallen vrouwen', vrij of gedwongen, om moesten turnen tijdens een 'behandeling' van tenminste vierentwintig maanden. In Leuven was er in de Minderbroederstraat een van de vele huizen van De Goede Herder, een stichting die tijdens de zeventiende eeuw in Parijs was ontstaan, en verwees naar de parabel waarin verloren gelopen schapen door hun, goede, herder worden opgehaald. Dergelijke initiatieven waren al een traditie van in de middeleeuwen.

Het is niet voor niets dat paus Gregorius de Grote (ca. 540-604) het in 561 nodig vond in een sermoen Maria Magdalena tot hoer te canoniseren, kwestie van Bijbelverklaring. Er was nood aan een patroonheilige voor de 'gevallen vrouwen' die zich aan het model van Magdalena op zouden kunnen trekken. Naar haar werden de Magdalenahuizen genoemd die vanaf de vijftiende en zestiende eeuw over heel Europa op werden gericht, zeker nadat de 'Spaanse' of 'Franse ziekte' terdege paniek had gezaaid. Die hielden het midden tussen een soortement klooster en een gevangenis. Hoeren, ongehuwde moeders en misbruikte meisjes moesten er door vernederings- en andere oefeningen van boete en zelfkastijding, waarbij de nonnen hun sadistische neigingen bot konden vieren, van hun zogenaamde zondige inborst worden bevrijd en met spinnen, weven en naaiwerk wat geld verdienen om zich een bruidsschatje te verwerven, om, als non of als echtgenote, weer in het 'ware leven' te kunnen treden.[32] In 1290 werd te Brugge, waar ook begijntjes zich wel prostitueerden, de *Filles-de-Dieu* gesticht, maar dat moest op last van de stad in 1305 tot een gasthuis voor pelgrims om worden gevormd.[33] De maatschappij aanzag prostituees niet meer als vrouwen, zelfs niet meer als (seks)arbeidsters, maar keek met verachting op hen neer, behorend tot een soort dat beneden alles was gevallen.[34]

Het was een tijd dat er nog geen bommoeders bestonden. Henriette had zelfs vijf natuurlijke kinderen, de twee jongste, Pétronille (°1866), zoals haar zus, en Marie-Jeanne (°1870), waren allebei al overleden toen ze met Lefèvre huwde, het oudste in 1868, hetzelfde jaar als de kinderen van haar zus, het jongste in 1872, een half jaar voor haar huwelijk. Het lijkt niet onmogelijk dat er tussen de families Lefèvre en Rummens aanverwantschap was. Er was ook een Frans Rummens die zowat als huisschilder voor de Parkabdij fungeerde.

Het lijkt eveneens niet onmogelijk dat Lefèvre ook zijn naaister geregeld bediende. Dat was helemaal niet uitzonderlijk, dat een baas zijn werkster onder handen nam. Hier zal Henriettes verleden van publieke vrouw vast nog een versterkende rol hebben gespeeld; ze werd verondersteld in alle betekenissen beschikbaar te zijn, wanneer de man dat ook maar wilde. De naam van haar oudste zoon, Jean-Joseph, kon wel een cryptische verwijzing naar zijn vader zijn, met een wenk naar Jeanne, die mogelijk wel de verwekker kende. Zij kreeg na de geboorte van Jean-Joseph Koolen, in hetzelfde jaar als haar jongste, geen kinderen meer. Henriette moet op hete kolen hebben gezeten; consummatie was er wel al, maar het huwelijk moest nog worden gesloten om haar oude dag veilig te stellen. Het winnen van status na een verleden dat haar als 'oude hoer' in de kleine stadsgemeenschap vast niet meteen respect af kon doen dwingen, mag heel zeker een belangrijke drijfveer zijn geweest voor het zeker stellen van een stabiel sociaal statuut, als een rehabilitatie.

Josephs kinderen

Meester-boekbinder Joseph Lefèvre overleed op 26 augustus 1886, eenenzeventig, al oud in die jaren.[35] Henriette verhuisde naar de Graanmarkt, het huidige Herbert Hooverplein, en verbleef er in het huis met nummer 26. Haar oudste dochter, Catherine, was in 1877 getrouwd met Paul Weets. Jean-Joseph en Cécile komen al niet meer voor in het bevolkingsregister van 1880. Ze woonde er in 1890 met François Maxière Lefèvre (°22 februari 1848) en Charles Lefèvre (°11 november 1850), beiden binder. De eerste staat er als haar zoon, de tweede als haar stiefzoon. Josephs stempelarsenaal en ander boekbindersmateriaal zal daarheen zijn overgebracht.

Charles' geboortedatum staat voorheen als 4 december ingeschreven, maar goed, het laat even zien dat data in klerkenpennen soms soepel waren.[36] Hij werd op 8 februari 1891 *interné à Selzaete, maison d'aliénés* na een diagnose door dokter Gustaaf Verriest (1843-1918), broer van blauwvoeter Hugo (1840-1922) en hoogleraar geneeskunde, en misschien wel een klant van het bindersatelier. Zijn diagnose was *imbécillité*, zwakzinnigheid, wat nogal zwak lijkt voor een internering, nadat hij toch al zowat dertig jaar thuis in de binderij had gewerkt. Zijn geboortedatum deed er ook al niet echt meer toe, die werd plots 6 december 1856. Het lijkt er op dat iemand hem weg wilde nadat zijn vader was overleden, en zo ver mogelijk, een doktersbriefje was voldoende. Charles werd dus geïnterneerd in het gekkenhuis, of krankzinnigengesticht, zoals dat heette, om geen ander woord te gebruiken, Sint-Jan-Baptist van de Broeders van Liefde, dat nu psychiatrisch centrum wordt genoemd.

'Zelzate' was opgericht in 1864 en werd uitgebreid in 1871. De naam was spreekwoordelijk in Oost-Vlaanderen, in die tijd en nog lang daarna, zoals 'Melle', voor de vrouwen, en voor de mannen 'Saint-Guislain', de Gentse inrichting die in 1857 opende en genoemd is naar de geneesheer Jozef Guislain (1797-1860), die baanbrekend werk deed voor de behandeling van geesteszieken. Het waren plaatsen waar men werd opgesloten, maar helemaal niet verzorgd, – de bevolking in dergelijke instellingen groeide in die jaren enorm, zonder dat er op dat ogenblik enig echt psychiatrisch inzicht was – tenzij een broeder (of een zuster, in Melle) die even langs kwam lopen in de grote zaal vol schreeuwende, gesticulerende of roerloos voor zich uit starende mannen (of vrouwen), en even op de schouder klopte of even een kin in de hand nam, in een opbeurend gebaar. Bij broeders werden ze tenminste nog minzaam behandeld, terwijl er in de rijkskolonies, waar er alleen oppassers waren, tot de jaren 1970 'Roemeense toestanden' heersten en crimineel gedrag regeerde.[37]

Geïnterneerden kwamen niet meer buiten de muren, zelfs niet met de voeten vooruit, zeker wanneer ze door familie waren 'weggestoken'. Ook na hun verscheiden bleven ze daar liggen, onder het gras, niemand die nog om hen gaf. Charles overleed er op 29 december 1920 om 17.00 uur aan een broncho-pneumonie na bijna dertig jaar verblijf in de instelling, vast al lang door zijn familie vergeten, voor zover nog iemand in leven was die zich hem nog herinneren kon.[38]

Dat François haar zoon werd genoemd, is wel opmerkelijk, en dat hij bovendien niet meer Constant als tweede naam droeg, maar de toch wel wat exotische Maxière, dikt dat nog aan. Mogelijk zitten de bureaucraten er voor wat tussen, en hebben ze namen en data wat door elkaar gehaspeld, maar over al die jaren is er zelden een tegenspraak in wat er staat genoteerd, keurig, maar ook soms wat moeizaam, met een wat houterig karakter, neergepend door gedegen klerken. 'Beide' François werden in 1848 geboren, dat staat vast. De 'ene' werd in de loop van de jaren van François Ghislain tot François Constant omgedoopt, maar zijn geboortedatum bleef constant, 27, of misschien wel eens een keertje 21, september, en hij was onmiskenbaar de zoon van Jeanne Vancampenhout. De 'andere' staat in 1880 gewoon als François genoteerd en werd in 1890, na zijn vaders overlijden, François Maxière, geboren op 22 februari, als zoon van Henriette; een ondergeschoven kind, zou men denken, niemand zal haar hebben tegengesproken.

Het lijkt er op dat Henriette, die al tweeënzeventig was, en geen eigen kinderen meer rond zich had, een echte zoon wou hebben met de familienaam van wijlen haar echtgenoot en een tweede voornaam naar haar keuze. De jaren van bittere armoede, die haar in de prostitutie dwong, kunnen zwaar op haar hebben gewogen en haar naar zekerheid hebben doen zoeken, de zekerheid van een echtgenoot, die haar het nodige na zou laten om haar leven comfortabel te eindigen, en een zoon, die ze de hare wou noemen, nadat ze in barre omstandigheden haar bloedeigen kinderen had moeten verliezen. François was toen al tweeënveertig en nog ongehuwd.

In 1900 woonde Henriette in de Jan Stasstraat 20. Bij haar huisde nog altijd haar 'zoon' François Maximilien (sic!) (geboren op 22 september 1848!) als meester-boekbinder. Henriette verhuisde nog een paar keer, eerst naar de Bogaardenstraat 57 in 1902, een jaar later naar de Vlamingenstraat 16. Ze overleed daar op 30 mei 1904. Het lijkt wel alsof 'zoon' François op zijn beurt op hete kolen zat. Na de dood van zijn stiefmoeder ging hij als rentenier in de Ravenstraat 106 wonen, hij was toen 56. Hij huwde er als François Ghislain op 17 januari 1905 met Marie-Aloïse Materne (°1844), weduwe van François Deroost (1843-1902),[39] een eenvoudige arbeider, afkomstig van Kortrijk-Dutsel, met wie ze sinds 1870 gehuwd was. Niet zoveel boekbinders hadden het geluk te kunnen eindigen als rentenier, en 'zo jong'. Op de eerste plaats was de meesten niet zo een lang leven beschoren. Voor wie wel die leeftijd bereikte, wensten sommigen blijkbaar toch aan het werk te blijven, of, veeleer, moesten het gewoon uit noodzaak doen, zo nodig tot na hun zeventig, tot aan hun dood.

François ging bij haar inwonen in de Zevenslappersstraat 14, de *rue des Sept Dormants*, een van beide straatjes tussen de Fontein- en de Pieter Coutereelstraat, en genoemd naar de legende van de zeven zogenaamde martelarenbroers in een grot in Efeze. Dan moet hij het materiaal van zijn vader, dat hij ondertussen wellicht moet hebben aangevuld, van de hand hebben gedaan; mogelijk is het geheel of gedeeltelijk naar zijn broer Jacques Adolphe gegaan. Als weeskind begonnen, had zijn vader met zijn hulp een vruchtbaar atelier opgebouwd, waarin hij als zijn zoon zijn hele leven had kunnen werken en na zijn vaders overlijden, gewoon verder had kunnen doen, zij het kennelijk onder het gewicht van zijn stiefmoeder. François overleed op 19 augustus 1909, in hetzelfde jaar als zijn broer Jacques Adolphe.

Nota van bibliothecaris Dillen met lijst van boeken om te restaureren en om te binden, 9 mei 1862 (Parkabdij, Archief, HD 261/18) Zie p.159 nr 9.

Restauratie van het bovendeel van de band met reconstructie van de marmering en de bestempeling van het veld. (cat. M96)

Rechts: De rug van het volledige gerestaureerde boek. (cat. M96)

Toeval of niet, in het nummer 22 van de Jan Stasstraat woonde naast Henriette en François, Josephs jongste dochter, Émerence (°1857), die in 1880 naar Laken was gaan dienen. Ze had ondertussen al een paar mannen versleten. Als weduwe van Gustave Jacques Louis Dotremont (+1892) was ze in 1896 in Sint-Joost-ten-Node gehuwd met Guillaume Janssens (1845-1903), een rentenier, die op 1 maart 1903 overleed. Ze verhuisde naar de Naamsesteenweg 5 in Heverlee op 28 november 1904, en trad er op 2 februari 1905 in het huwelijk met een andere rentenier, Philippe Alexis van Winckel (°1843). Begonnen als een dienstmeid, was haar oude dag, door haar spelen op de huwelijksmarkt, nu wel rijkelijk verzekerd.

Er was een categorie huizen die renteniershuizen werd genoemd, met tuin, en vaak een inrijpoort voor sjees of tilbury, met de nodige stalling voor het paard. De doorsnee huurprijs lag rond de 400 en 450 frank, ook wel eens 500, of zelfs 800. Een 'werkmanshuis' werd verhuurd voor 14 frank, wel eens 10, of ook 20, twee kamers onder, twee boven, kelder en zolder.[40] Daartussen lag een heel gamma. Boekbinder op rust François Lefèvre rentenierde duidelijk binnen zijn stand, gezien de huizen waarin hij woonde; zus Émerence was kennelijk beter gewoon.

Lefèvres oudste zoon, Jacques Adolphe, verliet het ouderlijke huis in de Sint-Barbarastraat wanneer hij in 1870 huwde met Anne-Marie Deprins (1847-1880). Zij woonde toen in als meid in de *École Moyenne de la Ville*, de stadsschool, aan de Kattestraat 28, kort daarna omgedoopt tot de Charles Debériotstraat, naar de in Leuven geboren violist die in 1870 te Brussel overleed. Daar woonde, naast de jeugdige Gentse directrice, Aline Vandamme (°1850), een nog jeugdiger onderwijzeres en twee andere meiden, de jongste van de beeldhouwerbroers Henri (1819-1888) en Joseph Alexis Goyers (1821-1885), die onder meer bijdroegen tot het bevolken van de nissen van het Leuvense stadhuis. Joseph Alexis woonde er met zijn vrouw en vier kinderen.

Het jonge koppel ging zich in de Muntstraat vestigen, in het nummer 38, en Jacques begon een eigen atelier als meester-boekbinder. Op 4 oktober 1872 werd hun eerste en enige kind geboren, Joseph Léon Constant. Er kwamen geen kinderen meer en Anne-Marie overleed in 1880, drieëndertig jaar.[41] Jacques bleef weduwnaar. Zoon Joseph Léon werkte als gast bij hem.[42]

In juli 1895 ging de zoon naar Elsene wonen, in de *rue du Centenaire*, nummer 5.[43] Daar werd op 19 november zijn zoon François Joseph Constant geboren. Op 7 december huwde hij er met Josephine Marie Briffaerts, geboren in Leuven op 20 oktober 1867('68?). Het koppeltje was naar Elsene uitgeweken om daar het kind te laten geboren worden en er bovendien te huwen. Josephine werkte voor haar huwelijk als strijkster bij haar zus Marie-Louise (°1860), die met meester-kleermaker François Alphonse Ruelens (°1858) was gehuwd. Er waren vier kinderen en er werkten ook twee zussen van François als kleermaaksters mee. In juli 1898 keerden ze als een getrouwd stel met kind naar Leuven terug. Hij was ondertussen handelaar in karton geworden, zo te zien iets wat hij in Brussel was begonnen.[44] Daarmee bleef hij in een aanverwant vak en kon hij aan zijn vroegere vakgenoten leveren. Er waren overigens boekbinders die ook karton verkochten, zoals Arnould Bombaers (1827-1892) dat liet adverteren.[45]

In 1900 woonden ze in de Liergang, tussen de Muntstraat en de Eikstraat, nummer 2 – weer een historisch straatje dat, recentelijk zelfs, en onder zelfverklaarde academische autoriteit, van naam moest veranderen, in het Vounckplein –, en Josephine werkte als strijkster. Joseph Léon Constant was evenwel opnieuw als boekbinder actief. In 1902 verhuisden ze naar de 's-Meiersstraat, en in 1909 naar de Lombaerdstraat 19, een zijstraat van de Vaartstraat, de huidige Bergstraat. Het is daar dat vader Jacques Adolphe in hetzelfde jaar overleed.[46] In 1911 gingen ze in de Blijde Inkomststraat wonen, de *rue des Joyeuses Entrées*. Zoon François Joseph Constant, achterkleinzoon van Joseph, werd ook boekbinder en huwde op 5 januari 1918 met Hortense Smets.[47] Omdat de latere archieven nog niet toegankelijk zijn, kan zijn verdere activiteit niet worden gevolgd. Hij zette tenslotte de boekbindersdynastie verder tot na de Eerste Wereldoorlog.

De Leuvense boekbinders waren opvallend homogaam, en de Lefèvres waren daar geen uitzondering op. De huwelijksmarkt was duidelijk klein, of, ze bleven keurig binnen de vooruitgezette lijntjes, er buiten kleuren leek moeilijk en vergde zo nodig een uitje naar Brussel. Vrouwen die met de naald omgingen, zaten in hetzelfde klassesegment. Toch was er nog een subtiel verschil tussen een kleermaakster en een naaister, waarbij de eerste een trapje hoger stond. Bovendien lag de naald goed in een boekbindersatelier.

Het is belangrijk te weten wie Jeanne Vancampenhout was, en dat zal uit onderzoek naar Josephs Brusselse perio-

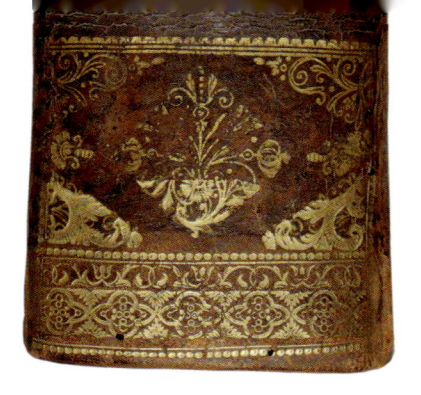

Restauratie van het onderste veld waarbij een deel van de oorspronkelijke bestempeling werd overstempeld en het aangezette leer aan de staart met nieuwe sierfileten is gedecoreerd.
(cat. C32)

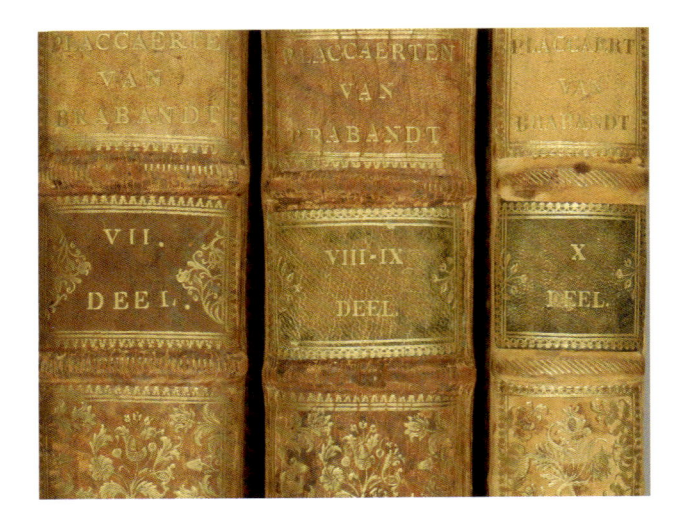

Deel VII met de oorspronkelijke rug. Deel VIII-IX met de oorspronkelijke rug en een nieuw etiket. Deel X: nieuwe band met nabootsing van de oorspronkelijke versieringen.
(cat. A137)

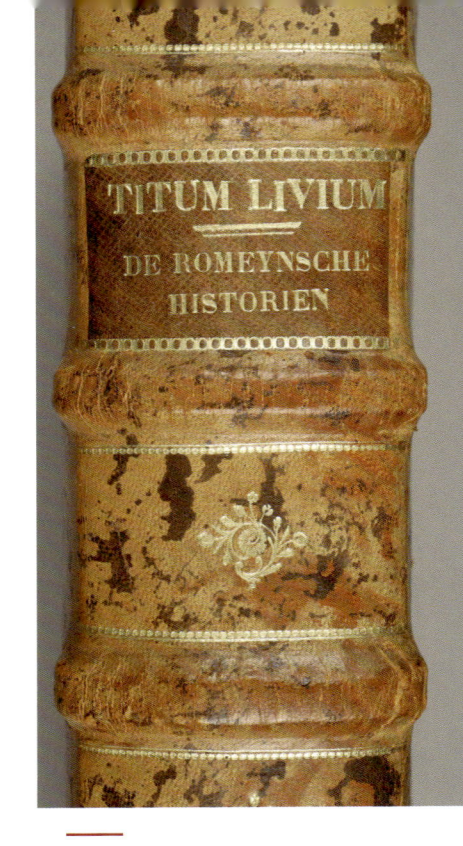

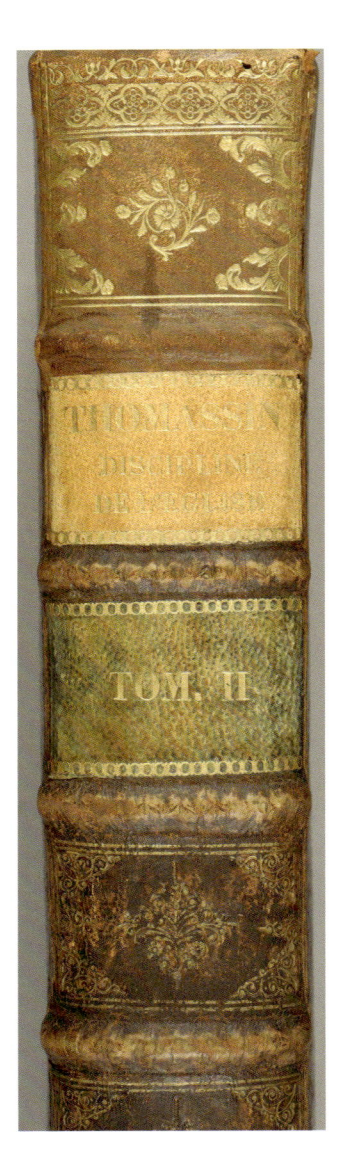

Restauratie van het bovenste veld met een ruitvormig floraal stempel en de 18de eeuwse hoekstempels met nieuwe sierfileten aan de kop.
(cat. T84)

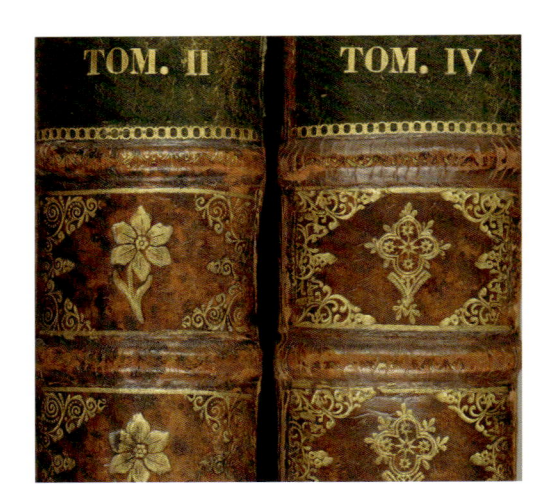

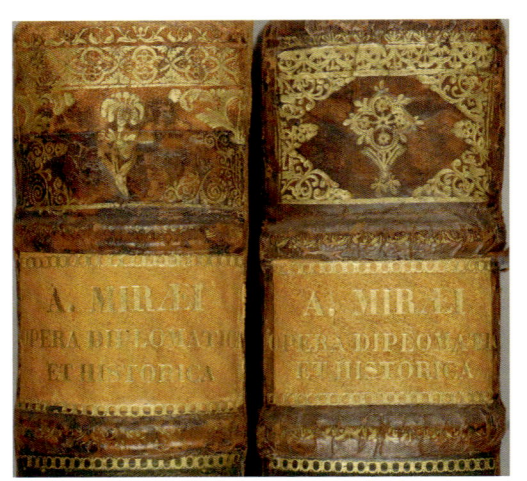

Nieuwe rug op een 18de-eeuwse band met de marmering van het leer nagemaakt en een 18de-eeuws ruitvormig floraal stempel als versiering.
(cat. L270)

a Twee delen van Miraeus' *Opera diplomatica et historica* […],1723, 1734 & 1738, op verschillende momenten ingebonden met de recentere stempeling die de oudere met andere stempels probeert na te bootsen.
b Bovenste veld van dezelfde banden met links restauratie van het leer en poging tot reconstructie van de oorspronkelijke bestempeling.
(cat. M219)

de wel aan het licht moeten komen. Het lijkt niet onwaarschijnlijk dat zij in de hoofdstad ook een immigrante was, van Leuven misschien, van het Hageland waarschijnlijk. Lefèvre zocht wellicht ook naar een vrouw van dezelfde regio en van hetzelfde *lower class* segment als hijzelf. Voor Lefèvre was het evident naar zijn geboortestad terug te keren, daar was hij autochtoon, kende er het gaan en keren, kende naast Frans ongetwijfeld nog het Leuvense dialect.

Dat Jeanne als 'zonder beroep' staat geregistreerd, zegt niets over wat ze de facto deed, het zegt iets over het feit dat Joseph niet wou dat zijn vrouw met een beroep zou worden opgenomen. Dat zou zijn status hebben verlaagd. Voor de man kostwinner was het een oneer dat zijn vrouw in zou moeten springen omdat hij zijn geld niet waard zou zijn, laat staan een echt beroep uit zou moeten oefenen. Deze idee leefde door tot de twintigste eeuw. Er is geen ontkomen aan, dat zijn de officiële gegevens, maar het vertekent wel sterk het beeld van de vrouw, die met dit etiket tot onhandige huisvrouw wordt herleid, goed om patatten te koken en met de stofdoek rond te lopen. Bij de hogere klassen was de vrouw uiteraard verplicht niets te doen, tenzij zich met liefdadigheid bezig te houden, of met luxetijdverdrijf. Bij de lagere klassen waren haar handen onontbeerlijk, nog los van haar beleid van het huishouden. Elk jaar een kind, soms zelfs met een miskraam ertussen, hield haar niet tegen mee te werken in de zaak van haar man, veel keuze was er niet.

De kwaliteit van Lefèvres werk zorgde voor een status, die geletterdheid – zoals die uit zijn handschrift af valt te lezen – hem niet kon geven. De kwaliteit van zijn werk gaf hem toegang tot wit- en andere heren, bij wie hij anders nooit zou zijn toegelaten, tenzij als de bakker die met ladingen taarten aan kwam rukken, of de loodgieter die een lopende kraan moest herstellen, of een dakgoot na moest zien. De wereld van boeken, die lag anders, daar talmde geletterdheid, geleerdheid was voor bestudeerde heren voorbehouden, in alle rekkelijkheid, *alst past, by appetite*, klonk en klinkt dat nog in Gent.

Voor Henriette was het daarom ook zo belangrijk Joseph te huwen, dat was een onvoorstelbare opwaardering voor haar sociale status, ook al bleef ze gebrandmerkt. Dit kan ook verklaren dat ze zich wellicht aan die verworven status en de bijhorende parafernalia, 'haar' zoon, krampachtig vastklampte. Daarzonder verviel ze weer tot het allerlaagste niveau van de *lower class*, met dat onuitwisbare stempel van ex-prostituee.

Voor Joseph was het *not done* letterlijk een oude hoer te huwen, dat was een enorm sociaal taboe, huwen beneden de stand, en dan nog 'zo'n schandaal', zoals de volksmond, zoals immer, gretig oordeelde. Toch slaagden daar heel wat dienstmeiden in, maar de teleurgestelde en gebroken *filles de noce* waren veel talrijker. Hij kon haar bedienen, zoveel hij wou, met het goegemeentelijk consent, maar huwen, dat niet, dat was tegen de haren in van diezelfde goegemeente strijken. Het moet dan ook veel overtuigingskracht van Henriette hebben gevraagd, hoe ze die ook tot uiting bracht, om Joseph te overhalen. Het was voor haar een onverhoopte, hoewel lang voorbereide, promotie, die ze tot heel kort voor haar dood wist op te houden.[48]

Josephs werk

Het is natuurlijk niet meer te achterhalen hoe Lefèvre in Park terecht is gekomen. Hij kan als binder een goede naam hebben gehad, mondreclame heet dat dan, of de witheren vonden niemand beter, of hij was zichzelf gaan aanbevelen, of een bakker of schilder uit de familie had een woordje ten beste gedaan, zo van die dingen. Zijn werk moet hen goed zijn bevallen, zij het door de prijs of zij het door de kwaliteit, of een goede verhouding prijs-kwaliteit, wat altijd het beste is. De heren van Park droegen hun binder-met-het-grote-gezin vast wel een warm hart toe, zoals dat gebruikelijk was vanuit het roomse paternalisme.

Het was zeker niet zo dat er geen concurrentie was. Er kunnen meer dan honderd boekbinders, of toch werklui die in de boekbandproductie betrokken waren, voor Leuven worden geregistreerd tussen 1796 en 1910, aangroeiend naar het einde van de eeuw toe.[49] Hoewel het aantal dat bekend was, een vijftiental, nu kan worden verveelvoudigd, is er hoe dan ook erg weinig geweten over de geschiedenis van de boekband in de universiteitsstad.[50] De beste – gebaseerd op de banden die hij aan de stad Leuven gaf, en niet zijn verdwenen –, Isidore Smeers (1834-1896), werd in Parijs *premier relieur* van de uitgeverij Firmin-Didot, die toen onder leiding stond van Ambroise Firmin-Didot (1790-1876) en zijn broer Hyacinthe (1794-1880). Zoals Lefèvre was hij in hetzelfde weeshuis terecht gekomen en was er in 1846, 12 jaar, boekbindersknecht. In 1853 ging hij in de Diestsestraat 51 wonen en vroeg einde 1854 een vergunning aan om naar Parijs te gaan. Hij kwam in 1882 terug naar Leuven om er te rentenieren.[51]

Henri Jean ofte H. Verheyden (1805-1882) exposeerde in Brussel met albums en portfolio's in 1841 en 1880, en won een bronzen medaille in 1841. Verder was hij gespecialiseerd in het wassen en restaureren van boeken en prenten, een kunde die hij ook in Brussel exposeerde. Het is maar goed dat hij de boeken in Park niet onder handen heeft kunnen nemen.[52]

Restaureren

Was er een variëteit aan boekbinders aanwezig, die zich al dan niet adverteerden, niemand presenteerde zich evenwel voor restauratie van oude banden. Daar kwamen er mogelijk niet zoveel voor in aanmerking. Misschien had Lefèvre daarvoor niet echt grote concurrentie, en werd hij door de abdij precies om die reden geschikt bevonden.

Bibliothecaris Dillen van de Parkabdij verdeelde boeken die hij aan Lefèvre gaf om 'te restaureren' en om 'te binden', toch wel merkwaardig voor die tijd in een provinciaal nest als Leuven was.

De restauraties deed Lefèvre met schapenleer, waarmee hij gebroken knepen, versleten hoeken en afgescheurde stukken leer herstelde, of ook wel verdwenen ruggen verving. Hij deed dat met vaardige hand en zonder verlies van de oorspronkelijke bekleding, zodat de originele band goed

Cat. B134   Cat. H221

Cat. B138

GV/1-28   MV/15

RV/20-21

Cat. E47

"Romantische" rugstempels

Cat. S267

LVI/1-21

bewaard kon blijven. Soms was de kop van de rug verdwenen of was de staart aangetast door worm- of ander leed. Dan vulde hij die aan en zette er een antiquiserend stempel op. Kop en staart versierde hij vaak met neogotische sierfileten (*palettes ornées*, *ornamental pallets*) of een eenvoudige lijnfileet (*filet*, in het Engels is *fillet* een rollijn) met een rechte lijn en beiderzijds een puntlijn.[53] Een *palette* is een kort stempel met hetzelfde decor als een rolstempel, maar, in wiegvorm, in een cirkelsegment en speciaal bedoeld voor het bestempelen van de rug.

Als decoratie voor de velden gebruikte hij hoofdzakelijk enkele florale stempels in het typische ruitpatroon, zij het in een wat lossere interpretatie. Eén heeft een enigszins spiraalvormig slingerend anjermotief, een ander een stengel met twee rozen en veel bladeren, en nog een ander een zwierige ruiker. Er verschijnt ook een zeer uitgewerkt ruitstempel, dat bij nieuwe banden met bijhorende hoekstempels wordt gebruikt, maar er waren meer ruitstempels in het atelier. Hij gebruikte de 'oudere' stempels ook op nieuwe banden, maar dan meestal in blinddruk. Daar zijn ze meestal niet zo vaardig aangebracht, omdat de stempel herhaaldelijk in hetzelfde stempel moet worden gedrukt, wat een zeer ervaren hand en veel nauwgezetheid vergt. De geringste aarzeling of onzekerheid zet de stempel net die fractie van een millimetertje, tot een micrometertje, fout. Het lijkt vandaag moeilijk voor te stellen dat de oudste zoon dit al zou hebben kunnen proberen, maar toen was dat misschien wel niet.

Sommige stempels lijken inderdaad niet nieuw te zijn geweest, de lijnen van de vergulde afdruk zijn niet echt scherp meer, waarbij mogelijk een versleten gravure van de stempel kan worden vermoed. Hij bezat onder andere een set nogal zware 'architecturaal-florale' hoekstempels, die helemaal niet of niet meteen bij de florale rugstempels passen, maar toch wel oud lijken, zodat hij ze blijkbaar geschikt vond voor de reconstructies. Ze lijken niet alleen oud, ze zíjn dat ook en behoorden ongetwijfeld toe aan een Leuvense, of misschien veeleer een Brusselse boekbinder van het einde van de achttiende eeuw – die kwaliteit was er niet in Leuven. De confrontatie van twee banden toont dat aan. Deel vijf van de *Acta sanctorum Belgii selecta*, van de jezuïet Joseph Ghesquière (1731-1802), werd, zoals de vorige delen, uitgegeven te Brussel, maar vijf werd dat door de weduwe François Pion, in 1789. Ze hebben een achttiende-eeuwse band. Deel zes, dat in 1794 op de abbatiale pers van Tongerlo werd gedrukt, kreeg door Lefèvre een band aangemeten. Voor de decoratie van de velden gebruikt hij centraal zijn vaak voor restauraties en nieuw bindwerk gebruikte rozenstempel en als hoekstempels precies de stempels die ook op deel vijf zijn te zien.[54]

Een werk dat hij vaker deed, was het vervangen of plaatsen van titelschildjes op oude banden toen nog geen titelschildjes gebruikelijk waren. Titelschildjes waren ook een methode om meerdelige uitgaven te uniformiseren. Meestal koos hij voor een neogotisch letterset maar hij opteerde ook wel eens voor een romein, zeker wanneer het om een groter corps ging met uitsluitend kapitalen. Zijn gotische letter beperkte zich blijkbaar tot een klein formaat voor titels op titelschildjes van beperkte omvang. Een letterset voor goudstempeling (*une police*) bevat alle letters van het alfabet en alle cijfers in een voldoende aantal exemplaren om de titelwoorden en de deelnummering te kunnen zetten, met daarbij de nodige tekens en spaties. Een set kan 100, 130, 170 of meer karakters bevatten. Voor de titels in gotische letter had Lefèvre dus twee sets nodig, een met de kapitalen, een met de gewone letters. Een set zat in een houten doos met schuifdeksel en bevatte ook twee zethaken (*composteurs*), waarin de karakters konden worden vastgezet; er werd vaak met meerdere zethaken tegelijk gewerkt, soms tot een zethaak per woord, afhankelijk ook van de kwalificatie van de vergulder, van de perfectie waarmee de letters op het rugetiket werden gedrukt.

Nieuwe banden

Lefèvres nieuwe banden zijn typisch negentiende-eeuwse halfleren banden in ongekleurd kalfs- of schapenleer, *la reliure sans-culotte*, zoals de Franse publicist en bibliofiel Octave Uzanne (1851-1931) ze noemde.[55] De Franse Revolutie had inderdaad aan de bibliofiele boom geschud. Een volleren band was erg duur geworden om die legio aan te brengen bij een groeiende boekproductie, vóór de uitgeversband geleidelijk meer ingang vond. Anderzijds stelden de nieuwe bibliofielen, geruggensteund door kapitaal, die zich vanaf het begin van de negentiende eeuw in verenigingen organiseerden, ook grotere eisen aan de kwaliteit van de afwerking en de versiering van de banden. Lefèvres banden zijn goed gecambreerd en vallen goed open. De hoeken zijn onder de bekleding met perkament verstevigd; zover dat is te zien, blijkt dat wel eens – of vaker? - maculatuur te zijn.

Voor de bekleding van de platten gebruikte Lefèvre standaard een havannakleurig boomwortelmarmerpapier, dat toen al wel wat verouderd was, typerend als het was voor de eerste decennia van de eeuw. Philippus Jacobus Brepols (1778-1845) produceerde dit soort papier op grote schaal en voerde dat wereldwijd uit. In 1835 kreeg hij in Brussel een bronzen medaille voor zijn boommarmerpapier.[56]

On nomme racinage, des dessins qu'on forme sur les couvertures des volumes et quelquefois sur le dos, qui imitent plus ou moins bien des racines naturelles ou des arbres dépouillés de leurs feuilles. On prétend que ce procédé fut inventé en Allemagne; qu'il passa en Angleterre, puis vint jusque chez nous.[57] Dit schreef de Franse fysicus, leerling van Antoine Laurent de Lavoisier (1743-1794, op de guillotine), allround technoloog, pionier van de parachute (1783) en deeltijds kartuizer, Louis-Sébastien Lenormand (1757-1837), bijgestaan door een amateur boekbinder. Er was keuze tussen het motief van notelaar, acacia, citroenboom of buxus; het staat er allemaal keurig uitgelegd.

Als schutbladen werd doorgaans een grijzig ringkiezelmarmerpapier gebruikt.[58] Een paar keer duikt een ongewoon blauw sierpapier op en enkele keren een blauw-paars recht schaduwmarmer. Het was binnen dit kader evenwel onmogelijk om exemplaren samen te brengen en te pogen verbanden tussen een en ander te zien, zonder teveel in veronderstellingen te verdwalen. De dekbladen zijn heel vaak te kort bemeten, maar dat blijkt bij banden van andere binders ook zo te zijn. Dat is te verklaren doordat binders de schutbladen plaatsten voor de platten er aan het boekblok werden gezet, en bij het opplakken van het deel dat dekblad werd, de dikte van de platkern moesten overbruggen en dus aan de rand letterlijk tekortschoten.

De valse ribben zijn versierd met fijne sierfileten in goud; kop en staart zijn voorzien van bredere neogotische sierfileten. Van de typische 'romantische' stempels voor de rugvelden blijkt hij er tenminste een negental te hebben gehad, maar het zou een veel nauwkeuriger studie vragen om tot een reconstructie te komen. Uitzonderlijk gebruikte hij die ook voor een reconstructie van het rugdecor bij een restauratie. Dan zette hij ze met verguldsel, terwijl hij ze op de nieuwe banden blind of in zwart afdrukte. Kop en staart werden met neogotische sierfileten gemarkeerd. Zijn nieuwe stempelmateriaal had Lefèvre meegebracht van Brussel, waar men zich hoofdzakelijk op Parijs richtte. Daar was de grootste stempelgraveur vanaf het begin van de negentiende eeuw (1812) François Adam, die zijn zaak in 1875 aan zijn zoon Henri-Victor (†1903) overliet.[59] Er waren en zijn vanzelfsprekend altijd ook stempels op de tweedehandsmarkt.

Er zijn een aantal boeken waarvan de rugvelden rijkelijk zijn verguld, deels met andere, nieuwe stempels, deels met stempels die op banden met eenvoudiger rugdecor in blind zijn aangewend. Deze banden tonen een aspect van het atelier dat in de productie voor de abdij niet echt aan bod kon komen, en wel vaker voor privéklanten kan zijn uitgevoerd. Op een groot formaat met dit decor, het rijkste van het gamma dat in Parkabdij te zien is, heeft hij zijn naam gestempeld, LEFEVER, waarmee hij onmiskenbaar wou zeggen 'dit heb ik gedaan', *Als ich can*.

Er zijn een paar boeken die blijkbaar moest worden herbonden, of nog niet gebonden waren, waar in potlood op de halve titel de woorden geschreven staan, die op het titelschildje moesten komen. De instructie begint met 'Titel', waar de naam van de auteur en de verkorte titel onder volgen. Er zijn nog interessantere potloodsporen in enkele boeken, die jammer genoeg niet in alle exemplaren staan die door het atelier van Lefèvre werden ingebonden. In de linker bovenhoek van het voorste dekblad staat enkele keren de prijs van de band vermeld, uitzonderlijk ook met de datum. Die informatie lijkt genoteerd te zijn in de abdij; de datum kon voor de binder niet echt nuttig zijn, en eens staat er *Julio*, wellicht niet meteen Lefèvres woordenschat. Het was inderdaad Dillen die deze aantekeningen maakte.

De dateringen verwijzen eens naar 1859, maar vooral naar februari 1860 en september 1863, een jaar waarvan geen rekeningen voor het inbinden zijn bewaard, of, toch niet zijn terug te vinden. De prijzen kunnen kort worden samengevat als 1,25 of 1,40 frank per band voor een octavo, een heel dunne kwarto wordt aan 1 frank gerekend, een gewone of grote kwarto aan 1,75 of 2 frank. Een foliant met een prijs kon niet worden gevonden. Die zijn ook niet zo talrijk, behalve in grote reeksen zoals de werken van de Spaanse jezuïet, scholastieke filosoof en theoloog Francesco Suarez (1548-1617), *Doctor Eximius et Pius*, die vanaf 1600 tot 1859 werden uitgegeven en waarvan de 24 delen in hetzelfde grote folioformaat werden ingebonden. Een paar delen werden in een iets kleiner formaat gepubliceerd en die werden dan in de band 'opgehangen', zoals een jongetje in vaders pak, om het formaat van de overige delen te volgen.

Juchtleer
Er zijn twee banden in juchtleer, *cuir de Russie*, *Russia calf*, daarom ook wel eens rusleer genoemd, beide een grote folio.[60] De ene is rond *Le Miroir des Portraits des premiers Reformateurs des Églises Protestantes*, een reeks van 96 grafische portretten, gevolgd door nog enkele reeksen, alles samen 221, in 1690 uitgegeven door de Leidse cartograaf, drukker, boekverkoper en veilinghouder, Pieter I van der Aa (1659-1733), universiteitsdrukker met het motto 'jong geleerd, oud gedaan', berucht voor zijn zogenaamde 'intekenprijzen', waar in 1727 in Amsterdam zelfs een satirisch blijspel door werd geïnspireerd, *De belaghelijke intekenaars, of de nieuwe inventie der boekverkopers*.[61] Juchtleer is leer van de huid van jonge runderen, gelooid met wilgenschors en ingevet met berkenteerolie. Huiden werden per twee in zakvorm aan elkaar genaaid; daarin werd de olie gebracht om het leer te doordringen. De vellen werden ook per koppel verkocht, zonder dat dit meteen koppelverkoop was. Als boekband is het gekenmerkt door een met een kamvormig instrument aangebrachte kruisnerf. Het boek is gebonden in september 1863 en kostte 6 frank, behoorlijk duur.

De tweede juchtleren band is rond een andere foliant, een werk van de jezuïet Vitus Pichler (1670-1736), *Jus canonicum*,[62] in 1758 uitgegeven in Pesaro, de bisschoppelijke zetel van het hertogdom Urbino, hier in een latere herdruk op heel slecht papier, in tegenstelling tot de traditie van de Venetiaanse en andere boekproductie in de Italiaanse gebieden, en verdeeld in Venetië door Niccolò Pezzana, eigenlijk Francesco di Niccolò Pezzana (1768-1780), lid van een boekhandelaarsfamilie – Niccolò was een voorouder van het einde van de zeventiende eeuw, en mogelijk werd deze naam gebruikt om bemoeienissen van het gilde te ontwijken, dat later toch een zaak over deze golf van herdrukken begon –, maar vooral lid van een consortium dat een groot deel van de markt inpalmde. Dit is een voorbeeld van de goedkope Venetiaanse herdrukken van edities waarvan het privilege was verlopen, of waarvan het privilege niet in Venetië gold, en die de Venetiaanse boekproductie in crisis brachten.

Ook deze laatste band dateert van september 1863 en kostte eveneens, zoals te verwachten, 6 frank. Het leer komt duidelijk van hetzelfde vel, gezien de vermoedelijke accidenten, maar vooral gezien dezelfde, niet meteen perfecte behandeling met de kam. De aanzet van de kam is soms te zien en sommige streken zijn niet gelijkmatig uitgevoerd, waardoor de kruisende nerf niet altijd doorkomt. Voor de platten is hetzelfde wolkenmarmer gebruikt en het sierpapier van de schutbladen is gemaakt uit hetzelfde luchtige ringkiezelmarmerpapier. Het rugdecor van de velden is verschillend, terwijl de combinatie van lijnfileten aan kop en staart identiek is.[63]

Maroquin
De rekeningen van Lefèvre die in de abdij bewaard zijn gebleven, geven niet alleen een vollediger beeld van de prijzen, maar laten ook de beetje Dinska Bronskahand van de boekbinder zien.[64] Een folio in marokijn, geitenleer met een kunstnerf, – er zijn ruwweg twee soorten geitenleer op de markt, het kwalitatief beste (en dus ook duurste), *maroquin*, marokijn, met een lange nerf, en *chagrin*, segrijn, met een korte nerf. In de rekeningen van Lefèvre staat marokijn gewoon voor geitenleer, met een korte nerf; historisch zowel als vandaag zijn daar veel misverstanden rond. Een folio in *maroquin* kostte in 1867 15 frank, maar daar moet het zilverbeslag van 8 frank 50 worden van afgetrokken; eenzelfde band in kwarto, met bestempeling, kostte 6, een duodecimo 3,50 frank. Een halve band in rood marokijn kostte in 1860/61 6,50 frank. Dat was een boek van Edward van Even (1821-1905), de Leuvense stadsarchivaris, die met twee zussen in de straat woonde die zijn naam kreeg, voorheen de Hekelsboomgaard(straat). Het gaat, zoals uit Dillens aantekeningen blijkt, inderdaad om zijn *Louvain monumental*, die in 1860 bij Fonteyn werd gepubliceerd, een forse folio van 50 frank met heel wat lithografische illustraties, die het bindwerk, en dus ook de prijs, compliceren.[65]

Die band is overigens iets bijzonders. Het decoratieschema van de rug wijkt helemaal af van die welke hij bij de andere banden in Park gebruikt. In de velden is er een lijst van een dubbele lijnfileet, met een druivenrankstempel in de hoeken, elkaar rakend aan de zijden, boven en onder verbonden door twee lijnfileten. De relatief brede valse ribben zijn versierd met lijnfileten. Het sierpapier voor de bekleding is hier geen boomwortelmarmer, maar een wolkenmarmering. De schutbladen zijn een kiezelmarmer dat vergelijkbaar is met andere die door Lefèvre zijn gebruikt.

De band meet 325 x 260 x 57 mm. Het boekblok is ingezaagd en is genaaid op vijf touwen, zodat die in het papier liggen en een gladde rug kan worden gevormd. Na het rondzetten werd de rug met warme lijm bestreken, met een fijn linnen, een gaas, bedekt en daarna met drukkersmaculatuur beplakt. De maculatuur is afkomstig van een ongevouwen blad van de publiciteit achterin een boek dat bij de drukker Louis Guérin te Bar-le-Duc (depart. *Meuse*) werd gedrukt, wellicht in 1861. Het is het soort maculatuur waarin gebrocheerde boeken vaker ter bescherming werden verpakt, zij het om ze in het magazijn van de uitgever op te slaan, zij het om te versturen. Er is aan de ene kant een aankondiging van *Choix de prières tirées des manuscrits du treizième au seizième siècle*, geselecteerd en hertaald door Léon Gautier (1832-1897), en uitgegeven in een sedecimo door Victor Palmé te Parijs in 1861. Het boekje wordt

Cat. S267

LVI/1-21

Cat. M96

LVI/1-21

Cat. E47

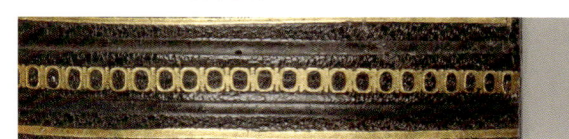

DIV/22, 23

Cat. L270

RV/20-21

Cat. H146

Sierfileten
(Cat. B138; LVI/1-21; RV/20-21
Cat. H221; MV/15; cat. E47
Cat. S267; GV/1-28; cat. B134)

Boomwortelmarmering

B77 EIII/20-21 GV/1-28

GV/1-28 cat. M309 cat. V1

cat. F80 QVI/8 cat. B134

cat. E47

Schaduwmarmering

Maior PV/3-12

cat. F80

cat. B77

Maior DIV/21

Maior DIV/22

cat. H21

cat. P151

cat. S267

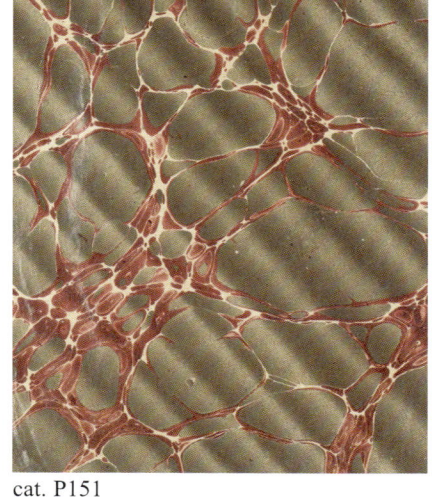

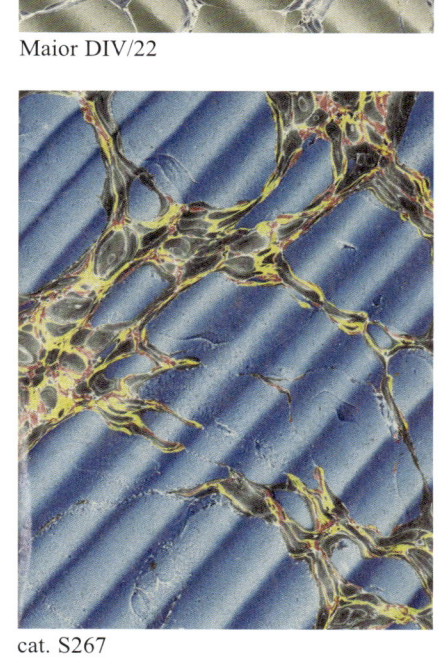

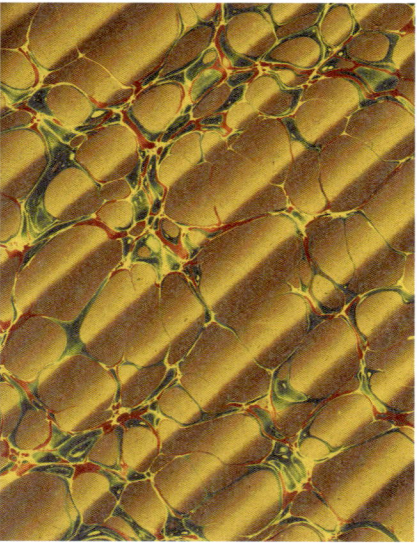

Maior RV/20-24

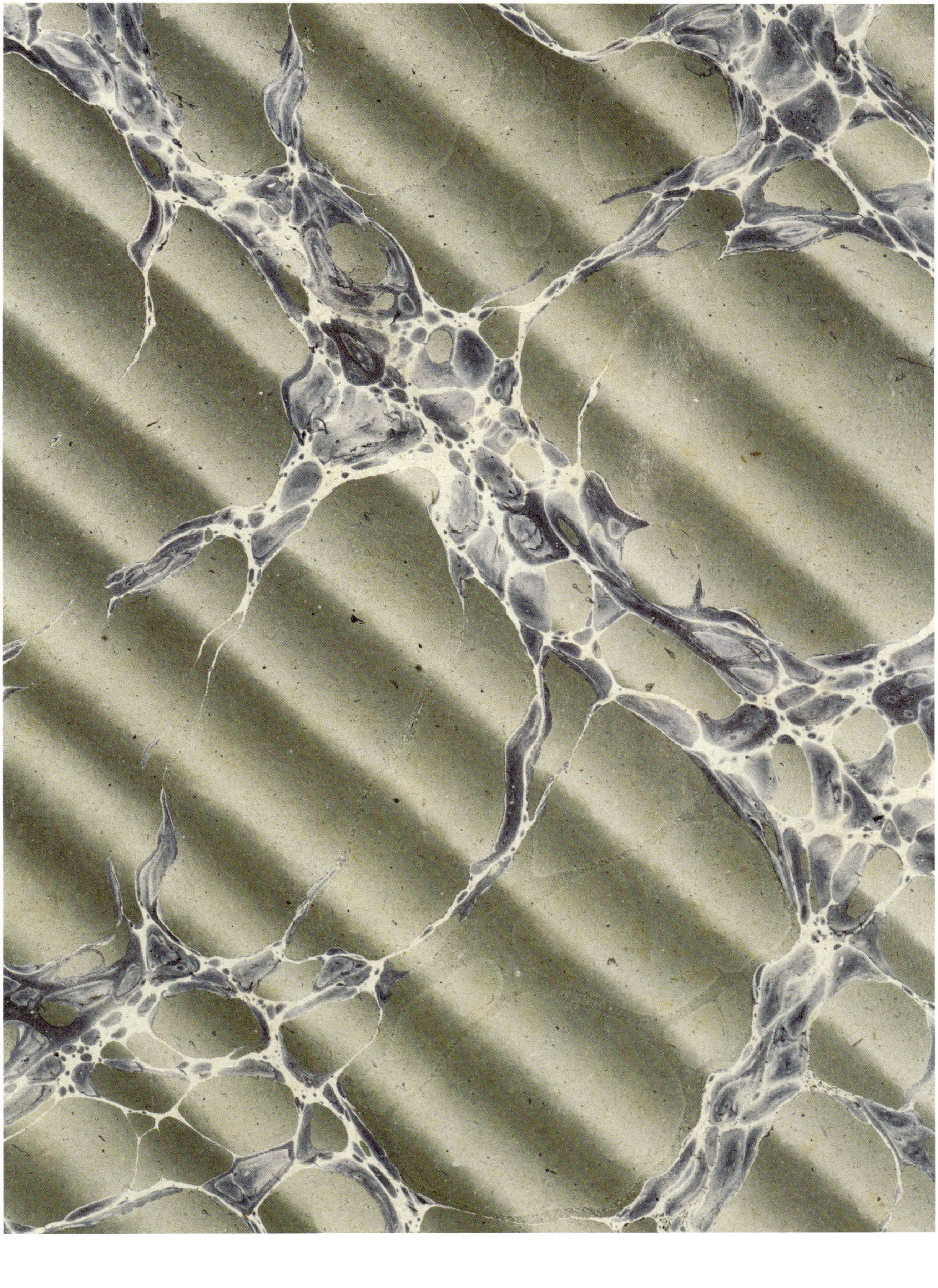

aangeprezen dat het als *Paroissien*, een missaal, of een *Journée du Chrétien*, een gebedenboek gemodelleerd op een middeleeuws getijdenboek, kan dienen. Gebrocheerd kostte het 3 Franse frank, en het was in *reliures variées* verkrijgbaar, aan smaak en beurs aangepaste 'uitgeversbanden' – beter: boekhandelsbanden – dus.[66]

Aan de andere kant is nog een fragment te zien van een aankondiging van een periodiek, waarvan de titel net is weggevallen. Het is uitgegeven door de ultramontaanse uitgever Victor Palmé in Parijs en gedistribueerd door Louis Guérin, en kost 18 Franse frank voor een jaar, en 10 voor zes maanden. Het kan niet *L'Univers* zijn, dat was een stuk duurder, maar het gaat ongetwijfeld om *Revue du monde catholique*, dat in 1861 begon te verschijnen. Alles was zeer katho dus.

Aan kop en staart werden de valse kapitalen gekleefd, een eenzijdig blauw gestreept helwit linnen, de bedrukte zijde naar buiten gevouwen, met in de vouw een stukje touw, of soms een getordeerd strookje leer, dat om de snee werd geduwd, en zo, van ver, het uitzicht van een genaaid kapitaaltje geeft. Boven dit alles werd een dubbele laag blanco papier gekleefd, waarop de valse ribben werden aangebracht, en dat aan kop en staart onder de inslag van het leer werd gewerkt. De scharnieren van de platten werden met percaline versterkt en die zijn onberoerd gebleven, zoals ze nieuw van de binder kwamen. Het boekblok is evenwel gebroken op de plaats waar het over de Parkabdij gaat, met een afbeelding van een in de jaren 1820 verkocht glasraam en een lijst van de abten. De lithografie en de bijhorende bladen zijn zwaar beschadigd. Deze breuk in het boekblok laat dan weer toe dat er binnen in de rug kan worden gekeken.

Er zijn slechts enkele banden met datzelfde druivenrankstempel in de bibliotheek van de Parkabdij terug te vinden. Meteen herkenbaar is de zwarte geitenleren band van de *Epistolae binae de virginitate* toegeschreven aan Clemens Romanus, ofte paus Clemens I, volgens Rome derde opvolger van Petrus en zogenaamde metgezel van Paulus, uitgegeven te Leuven door Charles Joseph Fonteyn (1806-1871), Vanlinthout en geassocieerde boekverkopers in 1856. De prijs van de band staat door Dillen op het schutblad genoteerd en was 2,75 Belgische frank. De datum van het binden is niet vermeld, maar moet zich wellicht kort na 1856 situeren.

Een derde band die terug kon worden gevonden, bevat wel een merkwaardig boek. *Den Wijngaert van Sinte Franciscus* is een compilatie van hagiografieën die op 12 december 1518 door Hendrik Eckert van Homberch te Antwerpen uit werd gegeven.[67] Het voorwerk is onvolledig. Het titelblad met zijn tegenhanger (a1 & a4) zijn verdwenen; het exemplaar begint nu met het eerste blad van de A-katern, gevolgd door a3 en a2, waarna A2 rustig verdergaat tot A6, en de B-katern de kant reikt. De eerste en laatste paar bladen zijn aan de randen zwaar beschadigd. Ontbrekende randen zijn aangezet en zijn verstevigd waar nodig, zonder enig verlies van het origineel. Het voorwerk is op een begrijpelijke manier verkeerd ingebonden; de bla-

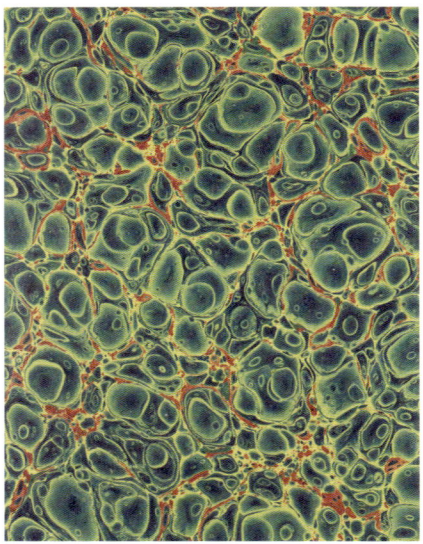

Maior F VII/15

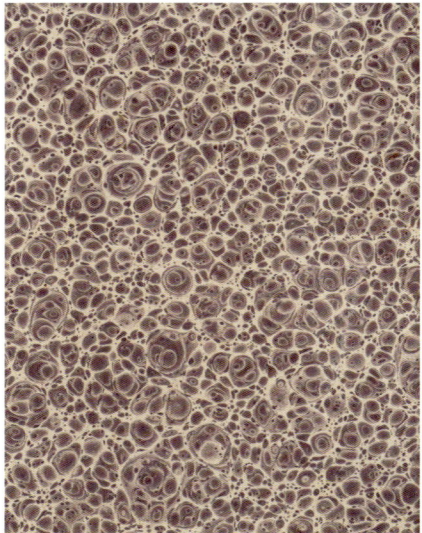

Maior G V/1-28

Kiezelmarmerpapier

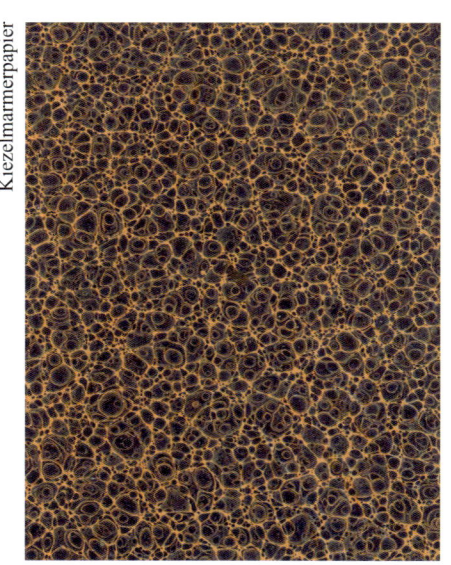

Maior G V/1-28

Ringkiezelmarmering

cat. W54

Maior C II/14-16

Maior O III/17-22

Maior B II/4-24

Ar F IV/3

cat. B509

Maior S II/14-21

cat. K32

Maior S I/11-12

den waren heel erg beschadigd en het titelblad is verloren. De rug is ingezaagd en het boekblok is genaaid op vijf touwen, en er zijn vijf platte valse ribben. De kapitaaltjes zijn gevormd door het leer van de rugbekleding bij kop en staart om een touw te plooien, en nog vochtig over de snede te duwen.

De zwarte geitenleren band van Lefèvre heeft het ondertussen zwaar te verduren gehad. Het leder is droog en de rug is afgebroken. Die laat dan weer eens te meer het ondergoed zien. Dat is maculatuur van de *Bulletin et ann<ales> de l'Académie d'Arch<éologie> de Belgique, Tome quatrième, Anvers, chez* [Charles] *Froment* [1797-1846], *Marché-aux-So<uliers 665>, 1847*.[68] Het jaar daarop werd de titel gewijzigd. Dit bevestigt slechts wat evident is binnen de context. Het is een omslag van een aflevering die jaren later kan zijn ingebonden, en bij Lefèvre als papierafval ter beschikking lag. De bekleding is van wolkenmarmer en de schutbladen zijn een variant op het 'klassieke' ringkiezelmarmerpapier.

De vierde band met dit rugdecor is meteen wel spectaculair binnen deze context. De rug heeft erg door het abbatiale gebruik geleden, maar is nog voldoende herkenbaar om hem meteen van de plank te halen. Het is een van de weinige volleren banden die van Lefèvre in de Parkabdij (nog) te vinden zijn, en het is zeker een van de zeldzame die hij voor de abdijbibliotheek heeft gemaakt. Hoewel, deze band is niet rond een boek dat tot de bibliotheek behoorde, maar wel tot de kerk, en dat waren verschillende budgetten. Het is een exemplaar van het *Graduale ad usum Regularium Ordinis Praemonstratensis*, gedrukt te Brussel door Franciscus II t'Serstevens (fl. 1736-1787), *Praemonstratensis Ordinis Typographus*, in 1771.[69] De band meet 310 op 240 en 53 mm. Het boek werd door Dillen in 1862 aan Lefèvre gegeven om het in te binden en de band kostte 6 frank.[70] (ill. p.150)

Wanneer er geen voortitelblad was, noteerde Dillen de rugtitel blijkbaar op een strookje papier, dat met wat lijm in het midden van de kop van het titelblad werd gekleefd; zo ging dat niet verloren. Soms gebruikte de provisor-bibliothecaris net ietsje teveel lijm en bleef een stukje van het papier achter wanneer Lefèvre het er af moest halen om de titel op de rug te stempelen. Het boek is op vijf touwen gebonden, de scharnieren zijn met percaline versterkt en de rug kreeg vijf platte valse ribben mee. Het stevig gebonden boekblok heeft het evenwel onder de liturgische gedrevenheid van de witheren begeven en is gebroken van Pasen tot Pinksteren, maar ligt niet voldoende open om dit keer het binnenste van de rug bloot te geven. De discreet gemarmerde platten zijn versierd met een lijst van een rolstempel van 11 mm. Het is het enige rolstempel dat van Lefèvre bekend is. De onderdeeltjes van het doorlopende decor zijn gevormd door een krakelingenmotief, of twee met de punt vervlochten floraal aangezette speelkartenschoppen, zonder de steel dan wel. Het goud heeft ook hier door het voortdurende contact met de weke kloosterhanden veel van zijn frisheid verloren.

Het leer is geen kalfsleer, en evenmin schapenleer, zo zeggen de haarfollikels, dus is het geit, jawel, maar dan geen van eigen kweek. De inplanting is wellicht (ongetwijfeld?) van een haarschaap, eentje van die familie. Er is geen kunstnerf, maar op plaatsen waar het leer lichtjes is geschaafd, is een heel fijne natuurlijke nerf waar te nemen. Het oppervlak is glad bewerkt als een kalfshuid, maar heeft inderdaad die zeer oppervlakkige schaafletsels, waar het leer wat hoger ligt.

Niet toevallig kreeg ook een processionale van de orde uit 1727 een volle geitenleren band aangemeten. Ook daar verschijnt die rol als decor op de platten. Het werd gedrukt te Verdun door Claude Vigneulle.[71] Het rolstempel gebruikte Lefèvre ook een enkele keer om bij een wat kostbaardere restauratie de aansluiting te maken met het oorspronkelijke rolstempel in blind. Dit deed hij bij een exemplaar van het *Missale ad usum sacri et canonici ordinis praemonstratensis*, uitgegeven door de flamboyante Parijse koninklijke drukker en directeur van de *Imprimerie Royale*, Sébastien Cramoisy (1584?-1669), in 1622, dat duidelijk wel aan enige behandeling toe was.[72] Hetzelfde gebeurde bij een ander norbertijnenmissaal, uitgegeven te Parijs door Fréderique Léonard in 1697.[73]

Het is wel duidelijk dat de liturgische boeken volgens de orde van de premonstratenzers iets meer verdienen dan het dagdagelijkse jasje. Het was de fierheid op de eigen orde die sprak, en er was de waardigheid tijdens de rituelen in de kerk, tijdens de week, op zon- en feestdagen, en zeker op feestdagen eerste klasse. Dit wordt zo nodig nog duidelijker bij twee sets van brevieren, die overigens in de rekeningen terug zijn te vinden.

De eerste set van vier delen werd gedrukt door de zoon van Pierre Perrin, de drukker van Prémontré, te Verdun in 1741.[74] De bekleding van de band is van een zwart geitenleer met korte nerf, met een eenvoudig verguld rugdecor. De schutbladen zijn wel van een opvallend, zwoel roze moirépapier met de inslag en de kanten vergold met een rol, die niet eerder bij banden van Lefèvre kon worden aangetroffen, en verguld op snee er bovenop. De delen zijn gebonden op vier touwen en hebben hetzelfde aantal valse ribben. De tweede set werd gedrukt te Brussel door Frans t'Serstevens in 1786.[75] Ze zijn eveneens met zwart geitenleer bekleed, hebben een sierlijk rugdecor, kregen bestempeling op de platten en een rol op de kanten, die bij andere Lefèvrebanden nog niet zijn gezien, en kregen ook goud op snee. De schutbladen zijn van een reliëfpapier met een bloemmotief. Het opvallende aan deze reeks is wel dat Joseph het herfstdeel, het *Pars autumnalis*, met LEFEVER heeft gesigneerd. Dillen zal hem wel uit hebben gelegd wat die *Autumnus* daar kwam doen, tussen die andere seizoenen, en zonder *Pomona*. Die vallende blaren met de belofte van een nieuwe lente, mogen Joseph hebben geïnspireerd om net daar zijn naam achter te laten, als een 'gedenk mij, u die me dagelijks in uw handen hebt, bij 't vallen van de blaren, vergeet mij niet', beetje abbatiaal, nietwaar.

Er zijn nog een paar bandjes met het druivenrankstempel, aanvullende deeltjes van een al eerder ingebonden reeks, die hoe dan ook slechts fragmentarisch aanwezig is.

Vlekkenmarmering

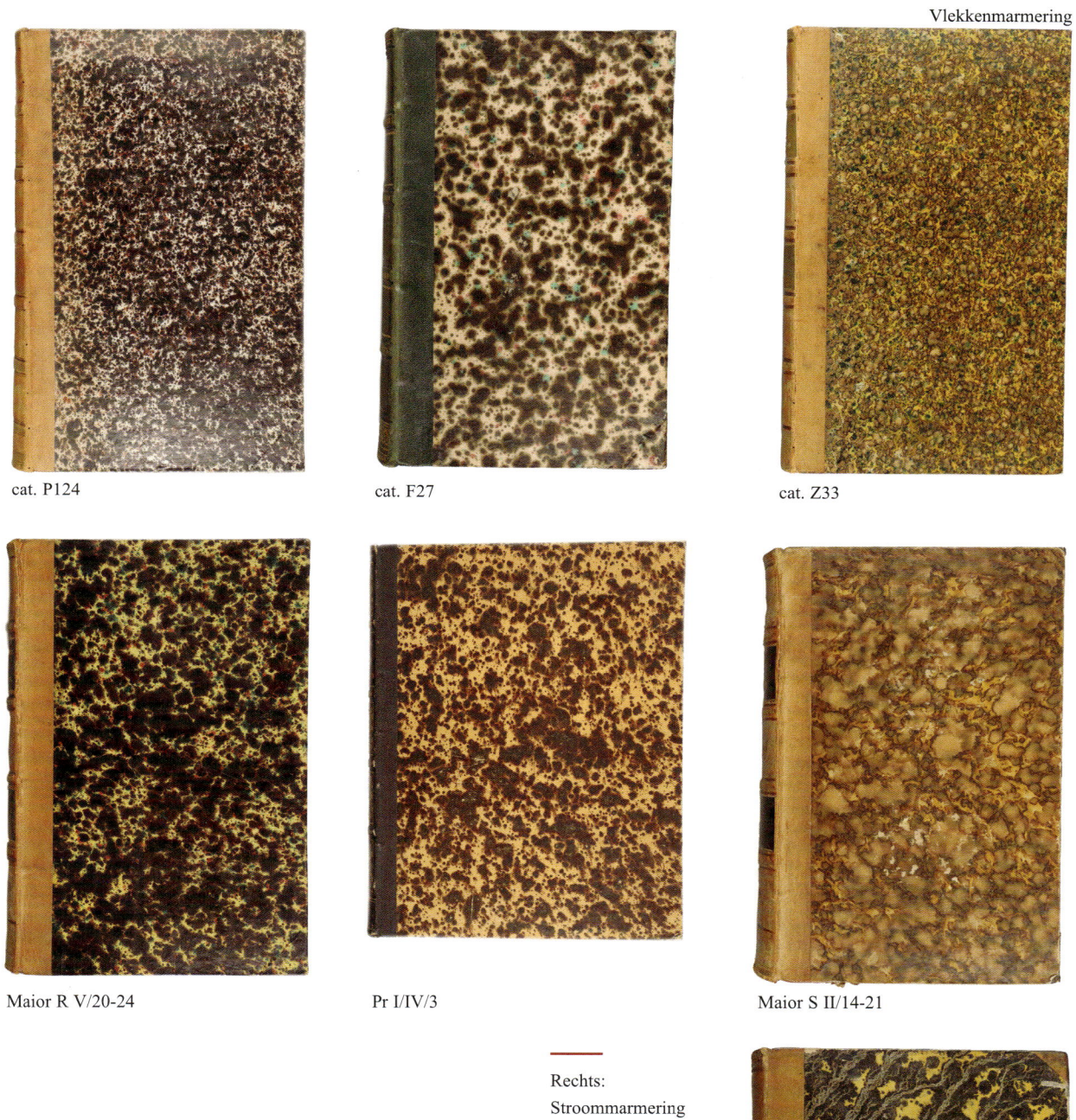

cat. P124

cat. F27

cat. Z33

Maior R V/20-24

Pr I/IV/3

Maior S II/14-21

Rechts:
Stroommarmering
cat. C179

Uiterst links:
Versiering van de snede met ring-kiezelmarmering (cat. 179)

Links:
met sprenkel- en korrelmarmering (cat. Z23)

cat. C179

145

Het gaat om een editie van franciscaanse Bijbelcommentaren gepubliceerd in Antwerpen door Jan Baptist Carstiaensens in de jaren 1770 en 1780. De commentaar werd begonnen door Wilhelmus Smits (1704-1770), oprichter van het *Museum Philologico-Sacrum* te Antwerpen, en uitgegeven door zijn confrater Petrus van Hove.[76] Het al bestaande achttiende-eeuwse bandje van een onderreeks werd door Lefèvre van een etiket voorzien, en de substituerende bandjes werden gebonden in half kalf, met een kievitmarmering die het uitzicht van het origineel benadert, met eenzelfde etiket en een decoratie van de velden die optisch zo dicht mogelijk het beeld van de originele banden imiteert. Daar was Lefèvre een meester in, zoals ook andere dergelijke substituutbanden bewijzen. Hier gebruikte hij het accoladevormige druivenrankstempel, de punt naar boven, als centrale versiering van de velden, met hoekstempels.

Prijzen & rekeningen

De vier delen van het *Synodicon Belgicum* zijn in half zwart geitenleer, en hebben ook een stempelset in het rugdecor dat niet bij andere banden voorkomt. Twee banden zijn in Dillens hand geprijsd, *3 frs*. Van deel een en twee is de kleur van het leer erg verschoten, terwijl dat van de twee overige delen nog keurig zwart ziet. Door het verschillende wolkenmarmerpapier van de bekleding en het verschillende golfmarmerpapier van de schutbladen is het duidelijk dat ze op een ander moment zijn ingebonden. Bovendien zijn de eerste banden niet goed gecambreerd, in tegenstelling tot de laatste. Bij deel één en twee was het karton te dik genomen, zodat het van het boekblok wegtrok; bij deel drie en vier is een karton van een lagere grammage gekozen, zodat de platten perfect naar het boekblok toe sluiten. Het vakmanschap van Lefèvre ligt er onder andere niet alleen in dat hij het identieke rugdecor perfect opnieuw kon stempelen, maar ook dat hij voor bekleding en schutbladen de beschikbare sierpapieren koos die zo nauwkeurig mogelijk bij de eerste aansluiten. (ill.p.148)

Beide eerste delen, over het aartsbisdom Mechelen, en deel vier, over het bisdom Gent, werden gepubliceerd te Mechelen door François Pierre Jean Hanicq (1789-1865), die zijn vader, Pierre Joseph (1753-1828), na diens overlijden had opgevolgd en de zaak leidde tot 1855. Ze werden respectievelijk gedrukt in 1828, 1829 en 1839. De prospectussen van eerste twee delen zijn in een van de delen bij gebonden, wat Dillens zin voor bibliografische en andere accuratesse zeker karakteriseert.

De prospectus voor het eerste deel is gedateerd in 1819, en geeft als prijs *franci 12*, maar de publicatie werd vertraagd door het overlijden van de samensteller, of toch van degene wiens naam op het titelblad staat, François Antoine Marie Constantin, *prince* de Méan (1756-1831), – de laatste, machtswellustige Luikse conservatieve prinsbisschop, vasthechtend aan het Ancien Régime, en, als clericus, een van de eerste gehaaide politici van het Hollandse regime, die ook onder het nieuwe bewind van 1830 zijn weg zou hebben gevonden, was hem een langer leven beschoren geweest – en werd, met de nodige acribie, door Jan Frans van de Velde (1779-1838) afgewerkt. De Méan kreeg zijn gelithografeerde postume portret in frontispice. Voor dat eerste deel kon bij heel wat boekhandelaren in worden getekend; in Leuven was dat Michel, de opvolgers van Petrus Franciscus Josephus (1760-1818).

Die voor het tweede deel, dat door Van de Velde was begonnen, maar na zijn verscheiden door Pierre François Xavier de Ram (1804-1865) verder werd gezet, is gedateerd in 1828 en geeft als prijs *florini 4 cum 72 ? cent (10 fr.)*. Er kon worden ingetekend bij Hanicq zelf en bij A. (later A. & F.) van der Borght (en A. van der Borght & (Jean) Dumont) in Brussel. Ook hier werd een portretlithografie van de overleden tekstbezorger in frontispice toegevoegd. De ongedateerde prospectus voor deel drie werd door Hanicq verspreid, met de vermelding dat de twee eerste delen nog voorradig waren. De publicatie werd tenslotte door Vanlinthout en geassocieerden te Leuven overgenomen en op de markt gebracht in 1858.[77]

Verdere prijzen laten zien dat een octavo in half marokijn op 1,75 kwam. De rest zijn alle halve kalfsleren banden, of tenminste zo staan ze genoteerd, in de praktijk blijkt ook wat leer van haarschaap te zijn gebruikt; dat was beterkoop dan kalf. Een kleine folio kostte 3,50, een kwarto 2,50 of 2,75; de prijs van een octavo wordt in deze rekening deels bevestigd, deels genuanceerd, van 1,40 tot 1,75 frank; een duodecimo kwam op 80 centiemen. De folio's aan respectievelijk 60 en 75 centiemen, zijn blijkbaar liturgische boeken die in dunne deeltjes per rite of gelegenheid zijn onderverdeeld.

Interessant aan deze rekening is ook dat de provisor en bibliothecaris, Augustinus Dillen (1817-1875), die altijd met de initialen van zijn geboortenaam signeerde, op de verso een aantal specificaties noteerde. Daaruit is duidelijk dat boeken die voor het koor waren bestemd, afzonderlijk werden afgerekend en dus niet ten laste vielen van het budget voor de bibliotheek. Die nota reveleert ook dat witheren voor de boeken die ze voor zichzelf lieten binden, afzonderlijk betaalden. Zo werd er 24 frank aangerekend aan Norbertus Staes (1816-1890) en 1 frank 75 centiemen aan Paulus Moerings (1818-1883).

Dillen, geboren in Balen (Mol) als Joannes Maurus, zoals hij duidelijk ook als Augustinus bleef signeren met de initialen J.M., was de zoon van Petrus Guillielmus en Anna Catharina Claes. Hij trad binnen bij de abdij van Park in 1837 en werd in 1840 te Mechelen priester gewijd. Begin 1842 werd hij tot bibliothecaris benoemd en werd ook provisor, econoom. De documenten getuigen van zijn ijver voor de bibliotheek. Het was dus ook hij die Lefèvre als boekbinder aantrok en het bindwerk afhandelde. Staes was als Joannes Ludovicus ofte Ludovicus Joannes in Aarschot geboren als *filius legitimus* van Petrus Josephus en Maria Rosa Nys uit Rillaar. Hij trad in in 1838, werd in 1841 priester gewijd en twee jaar later *suprior* benoemd. Paulus Moerings was geboren in Zegge (West-Brabant, Nederland), een bedevaartsoordje, als zoon van Adriaan, zelf van Zegge-Oudenbosch, en Anne Catharina van Aart uit Hoven (Kaathoven, bij 's-Hertogenbosch). Hij trad binnen bij de witheren in Heverlee in 1843 en werd drie jaar later priester gewijd. Hij was hoofdzakelijk actief als buitenheer in de parochies van Wakkerzeel, Nieuwrode, Kessel-Lo en Tielt.[78]

Een band bood niet alleen een oogstrelende rug, hij gaf het boek ook stevigheid en maakte bladeren makkelijk. Voor wie het kon betalen, was zo een band zelfs nog niet zo duur, al het werk in acht genomen. *Le lecteur, qui jusqu'ici n'a connu que d'une manière bien imparfaite toutes les opérations que nécessite un volume pour être solidement et proprement relié, sera étonné que ces manipulations, toutes très importantes, puissent être faites au prix où on les obtient.* Handenarbeid was inderdaad goedkoop, maar blijkbaar was toch niet iedereen overtuigd dat een

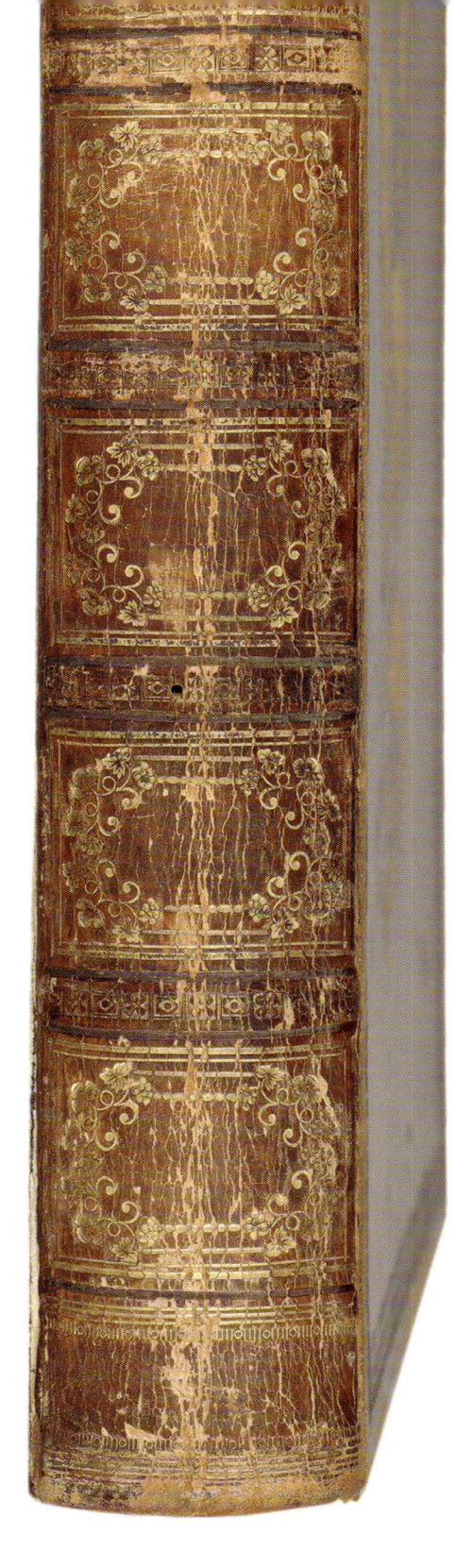

Graduale van 1771, rugvelden versierd met hetzelfde druivenrankdecor. (cat. G129)

Rugveld versierd met horizontaal decor gevormd door het druivenrankstempel en lijnfileten. (Archief Park)

Hetzelfde stempel in een andere combinatie voor een smallere zwarte geitenleren band. (EIV/1. Clemens Romanus, *Epistolae binae de virginitate*, Leuven 1856)

band wel echt noodzakelijk was. *Nous avons souvent entendu dire à plusieurs personnes même instruites, qu'un volume n'avait pas besoin d'une si grande solidité, puisque pour une modique somme on peut s'en procurer un second exemplaire. Cela pourrait être vrai si l'on est sûr de pouvoir trouver cet exemplaire aussitôt qu'on en aurait besoin; mais personne n'ignore que lorsque l'édition d'un ouvrage est épuisée, ce n'est pas par hasard qu'on en rencontre un exemplaire à vendre. Il est donc important, quand les ouvrages sont bons, et ce sont ceux là précisément qu'on est jaloux de conserver, de les faire relier avec la plus grande solidité, afin de leur faire traverser des siècles sans qu'ils soient détériorés.*[79] Daarbij legt Lenormand er de nadruk op dat het geld dat aan versiering zou moeten worden gegeven, beter aan de zorg van het binden zelf kan worden besteed, *et vous aurez dans une belle simplicité un volume qui passera à vos arrière-petits neveux, sans être déformé, et dont on leur offrira des sommes considérables.*

Achterneefjes van de witheren moesten van heeroom niet meteen een erfenis verwachten, maar een abdij leefde voor de eeuwigheid en de heren volgden elkaar in vele generaties op.

Zilverbeslag met muiter- en scharnierplaatklem
In 1867 bond Lefèvre vijf boeken voor de abdij, die door de ketelmaker-lampenmaker Regnier Vanderauwera (1810-1870) werden voorzien van het zilverbeslag waar terloops al naar werd verwezen. Het beslag kostte 8,5 frank stuk, toch wel een aanzienlijk bedrag in vergelijking met het dagloon van een arbeider dat rond 1,50 frank schommelde.[80] De rekening van de ketelmaker werd door Lefèvre bij zijn rekening gevoegd als bewijs voor de afrekening per band; hij betaalde Vanderauwera immers voor het beslag. De prijs voor de band zelf kwam dus op 6,50 frank, wat precies de prijs geeft voor een folio in geitenleer.

De band rond een *Missale Praemonstratense*, die nu nog in de abdij wordt bewaard, kan als een van deze banden worden geïdentificeerd of, tenminste een deel ervan. Het is een effen rode geitenleren band, met een titelschildje, een ruitvormig stempel centraal in de velden, een eenvoudige, zij het 'trillende' lijnfileet op de ribben en een smaakvolle combinatie van drie verschillende lijnfileten aan de kop en een breed sierfileet en drie verschillende lijnfileten aan de staart. Het leer is evenwel duidelijk veel recenter en dat zijn ook het rugstempel en de fileten. Het zilverbeslag, twee frontsloten en hoekstukken, heeft een steekproef op de klamparm van het onderste slot. Het keurmerk zit wellicht verborgen op de muiterklem, zoals bij andere sloten is te zien. Wanneer het gehalte door de keurkamer niet voldoende werd bevonden, werd het niet gemerkt. Voor zilver werden twee gehaltes aanvaard, het eerste 93,4 %, het tweede 83,3 %. Hier zou er een keurmerk met een zwaard op kunnen staan, voor 'klein werk', het laagste gehalte. Een wet van 1868 schafte de verplichte keuring af.[81]

De band is niet Lefèvres oorspronkelijke band, de inhoud is veranderd. Liturgische boeken 'vervielen', en er kwamen nieuwe in de plaats, met nieuwe riten en vers gezang. De band moet rond 1950 of 1960 zijn gebonden en de binder heeft er het oorspronkelijke zilverbeslag op gezet. Omdat de band wat dunner uitviel, is de klamparm nu iets te lang zodat hij niet meer in de muiter pakt en zodoende bij een slot dat van onder naar boven sluit, werkeloos openvalt. Het sierpapier voor de schutbladen is een papier van lage kwaliteit bedrukt met een marmerpatroon.

Deel 1 & 3 van het *Synodicon Belgicum*, gebonden door Lefèvre op verschillende momenten, met identiek rugdecor, met accoladevormig floraal stempel. (DIV/22, 23)

De sierlijke penmuiters en aanzetstukken zijn mooi uitgesneden en fraai gegraveerd.[82] Ze zijn met vier nageltjes, of, beter, aan de binnenkant omgeplooide pinnetjes – naar model van de klinknageltjes bij houten platkernen – bevestigd, drie aan de frontkant, een naar de rug toe. De baldakijnachtige decoratie is gevormd door een vaas- of korfvormig ruitpatroon, met cirkelsegmentjes in alle hoekjes en florale motieven rondom. De klamp(arm)en zijn gegoten. Het is uiteraard niet meer te achterhalen wie dit beslag maakte en graveerde, maar er is toch iemand die daar in aanmerking voor komt. Théodore Hypolite Jacques Defré (°1821) was een juwelier en een graveur met een winkel in de Muntstraat, in wat het *Buchhändler-Viertel* van Leuven zou kunnen worden genoemd, en die verenigt net de eigenschappen die voor dit 'klein werk' nodig waren.

Er is wel iets 'ongezien' aan deze sloten, zoals aan de andere sloten die los zijn bewaard, alle klamparm-kantsluitingen,[83] wat laat besluiten dat dit niet een merkwaardig fantasietje was, maar, tenminste vanaf het einde van de achttiende eeuw, systematisch werd gebruikt. Deze bijzonderheid lijkt niet eerder in de literatuur beschreven.[84] Om steviger aan de platten vast te zitten, kregen de muiter, het deel van het slot waarin de haak van de klamparm past, en het aanzetstuk, aan het andere plat waaraan de klamparm scharniert, een klem aangezet aan de binnenkant, die om het respectieve plat grijpt, er om de binnenkant van klemt, met een spijkertje is bevestigd, en zodoende het geheel beter fixeert. (ill. p. 153-154)

Gezien het niet eerder is beschreven, is er ook geen woord voor voorzien in de boekbandterminologie. In het Nederlands moet het dan, conform de bestaande woordenschat, muiterklem en aanzetstukklem worden genoemd. Dit laatste klinkt niet meteen als hoofse taal, maar de keuze voor de term 'aanzetstuk' is dan ook niet gelukkig te noemen. Wanneer bovendien het type aanzetstuk van deze band wordt gezien, dan lijkt het wel helemaal fout; er wordt niets aangezet en het zet niets aan. Het 'germanisme' – dat is 'muiter' *stricto sensu* toch ook – scharnierplaat zou veel beter zijn, dan wist iedereen meteen wat werd bedoeld, en dan zou het nieuwe woord 'scharnierplaatklem' kunnen zijn. In het Duits wordt dat dan *Mutter-* of *Schliessenlagerklemme*, en *Scharnierplatteklemme*, in het Frans *agrafe de la contre-agrafe* en *agrafe de la plaque de fixation de la charnière*; wat lang klinkt dat. Het Engels zegt het vanzelfsprekend korter met *catch clip* en *hinge plate clip*, terwijl het Italiaans dan begrijpelijk dicht bij het Frans komt met *graffa della contrograffa* (*grappa* kan ook, maar mag wat misleidend klinken) en *graffa della placca di fissaggio della cerniera*, al meteen een stukje literatuur, een versregeltje.[85]

Vanderauwera schreef dat hij de banden heeft *garnie*; dat kan strikt genomen versieren betekenen, maar ook, en dat is hier het geval, voorzien van. Hij is zeker niet de maker, zoveel is duidelijk. Hij moet ze in de handel hebben gekocht, en waarom niet bij Defré, zoveel juweliers-graveur waren er in Leuven niet. Het mag misschien wel verwonderen waarom Lefèvre dat niet zelf heeft gedaan; het

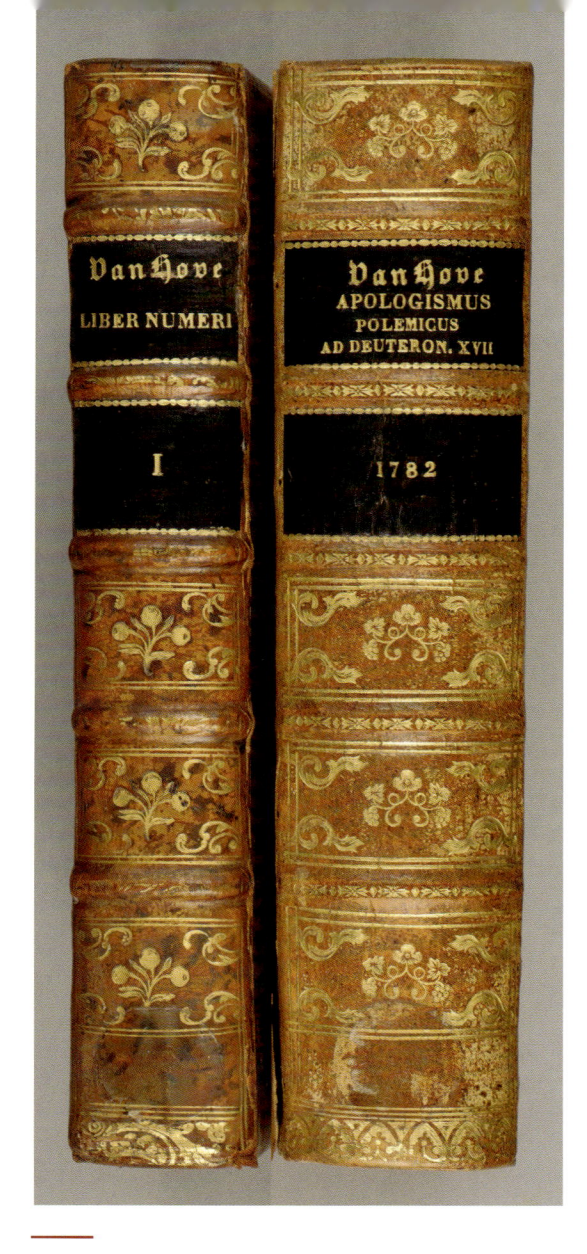

1 Oorspronkelijke 18de-eeuwse band met etiket door Lefèvre.
2 Band door Lefèvre met stempeling die de 18de-eeuwse zo dicht mogelijk benadert en etiketten die de uniformiteit van de reeks met Bijbelcommentaren van de minderbroeder Petrus van Hove benadrukken. (cat. B217)

geeft alles wel een wat beter idee hoe het allemaal werkte. Wanneer de ketelmaker een witijzeren doos voor een boek kon maken, dan kon hij ook wel sloten aanbrengen, ook al was hij zelf geen (boek)slotenmaker, moet de redenering zijn geweest. Hij was alvast een gast in huis, en hij stond garant voor een *justum pretium*.[86]

Vanderauwera leverde op 25 januari 1859 inderdaad een witijzeren doos voor een boek, *Confectionné une boîte en fer blanc pour un livre 75* [centimes].[87] Witijzeren dozen maakte hij ook voor lucifers; wellicht waren dat zwavelstokjes, zoals in het sprookje van Hans Christiaan Andersen (1805-1875). Daarnaast leverde hij aan de abdij allerlei metalen benodigdheden, zoals een vuilnisblik, *une platine pour l'ordure 1,25* -, niet niks om het vuil op te vegen, een koperen kraan met schroeven, met 2,75 frank ook toen al niet goedkoop. De herstelling van een kraan kostte dan slechts 25 centiemen, de herstelling van twee koffiepotten 40. De meeste posten op de rekening zijn voor herstellingen en leveringen van lampen. Zo werkte hij aan *une lampe sollaire*, een staande lamp ongetwijfeld, UV-lampen en zonne-energie waren toen nog wat futuristisch, of leverde er *ambat-jours* (sic) voor, groene dan nog wel, twee voor 1 frank 75, herstelde lantaarns of leverde glazen voor lantaarns, quinquets of (lampes) *modérateures*.[88] Vanderauwera woonde als ketelmaker, *chaudronnier*, met zijn vrouw Anne-Marie Savoné (1804-1867) in de Diestsestraat 6. Ze hadden twee dochters en een zoon. Het was een huis met vele kamers, er woonden meiden en bedienden, een koppel zelfs. Er was een Jean Baptiste Savoné (1832-1909), drukker, boekhandelaar en binder, mogelijk familie van de vrouw, de naam kwam niet zo veel voor, en zo zou er een *book connection* met de lampenmaker kunnen zijn.

Bevoorrechte klasse
De bewoners van een abdij behoorden tot een zeer bevoorrechte klasse, dat was zo in het Ancien Régime en dat was zo nadat de religieuze ordes tegen het midden van de negentiende eeuw terug waren recht gekropen, echt weer op waren gestaan, verrezen zelfs. De bevolking in de stad had met groeiende moeilijkheden te kampen. Tussen 1846 en 1850 zat Vlaanderen in een economische crisis, hoofdzakelijk door de depressie in de textielindustrie. Het verlies van de Franse markt na 1815 en de Nederlandse na 1830 liet zich voelen. Daar bovenop kwam een voedselschaarste, die begon met de strenge winter van 1844-45 en duurde tot 1850. Door de vertroebelde politieke toestand in Europa waar in 1848 en '49 een revolutionaire storm Frankrijk, Duitsland, Centraal-Europa en Noord-Italië teisterde, werd de handel, die een belangrijke bron van inkomsten voor het jonge België was, zwaar verstoord. Schaarste en onrust deed bovendien de prijzen stijgen.

In 1846 was het gemiddelde bruto dagloon voor een man 1,49 frank, voor een vrouw was dat 0,71, een jongen beneden de zestien kreeg 0,54 frank, een meisje 0,39. Er waren arbeiders die minder dan 0,50 frank per dag verdienden, anderen die aan 3 frank kwamen, maar die waren zeldzaam. Het gemiddelde loon, mannen en vrouwen door elkaar genomen, in de papier-, karton- en drukwerkindustrie lag rond 1,53 frank. In 1880 was dat gestegen tot 3,19 frank. Het gemiddelde aantal werkuren per dag lag in 1896 rond tien uur, rond het midden van de eeuw was dat twaalf uur. In kleine ondernemingen met minder dan vijf werknemers kon dat wel hoger liggen. In 1896 lag het gemiddelde dagloon voor een man ruwweg tussen de 2 en 2,50 frank en de 4 en 4,50 frank, met uitschieters naar beneden, zoals in de textielnijverheid, en naar boven, zoals bij de metaalbewerking, bij de glasproductie en bij de lucifersfabrieken. Voor vrouwen lag het gemiddelde dagloon tussen de 1,50 en 2,50 frank, maar een groot deel verdiende minder. Dit was dan nog niet het reële loon, wat de arbeid(st)er over hield na het aftrekken van de elementaire kosten.

Graduale van 1771 in 1862 ingebonden in volleren band met op de platten het tot nog enig bekende rolstempel in goud.
(cat. G129)

Tarwebrood kostte in 1854 43 centiemen het kilo, roggebrood 28. Aardappelen kwamen op 12 centiemen, boter op 1,73 frank. Voor vlees betaalde men 1 frank per kilo. In 1867 kostte een halve kilo vermicelli 56 centiemen, een kilo krenten liet zich 1 frank betalen, een halve kilo vijgen 30 centiemen, een halve kilogram *cabrina pruymen* was 1 frank waard, anderhalve pint fijne olie 1 frank 30, vier pakken aardappelbloem 1 frank 12. Voor een halve kilo groene zeep moest 72 centiemen worden betaald, voor een veegborstel 1 frank 91 en voor een *feynen* kleerborstel 2 frank. Snuiftabak, de beste, kwam op 2 frank 75 voor een kilo. In mei 1867 kocht de abdij er meteen 20 kilo aan, in hetzelfde jaar nog eens 6 kilo, maar daar is het niet duidelijk of het om losse tabak dan wel om snuif gaat, en op andere momenten herhaaldelijk vaatjes snuiftabak, altijd 'de beste', zonder opgave van gewicht. De leverancier was *Au magasin américain. H.J. Wouters, Fabricants de Tabacs, rue de Tirlemont, n° 14 Louvain. Baerdscheerder* , J. Smits, rekende voor een persoon voor een jaar scheren en kappen, met het scheren van de kruin, 3 frank, het slijpen van het scheermes kostte een halve frank extra, en voor de hele abdij vroeg hij 60 frank.[89]

Over een heel jaar kan de kost voor de gemiddelde voeding van een volwassene in de stad op zowat 145,295 frank worden geraamd. Met een gemiddeld dagloon van 1,49 frank moest een arbeider 97,5 dagen werken gewoon om in leven te blijven. Een boekband kostte dus een gemiddeld dagloon van een arbeider, en de binder moest er zijn kosten van karton, leer en sierpapier van aftrekken, los van de investering voor zijn uitrusting. Het was hard werken om een immer aangroeiend gezin te onderhouden en alle werkende handen, groot en klein, waren niet alleen welkom, maar broodnodig.[90] Lefèvre had het grote voordeel dat zijn zonen bij hem werkten, zo moest hij geen gast of knecht betalen.

De twee banden met de signatuur LEFEVER
(Cat. H146 & B459)

Joseph Lefèvre moet duidelijk iemand met ambitie zijn geweest. Brussel was het centrum om het vak goed te leren en daar trok hij na het weeshuis heen, met de bedoeling zich in Leuven te vestigen met een eigen atelier. Dat bouwde hij uit met de hulp van zijn zonen, die al als kleine kinderen voor het 'bandwerk' werden ingeschakeld. In een universiteitsstad moet het tijdens de negentiende eeuw wellicht wel niet zo moeilijk zijn geweest privéklanten te vinden onder de notarissen, advocaten en andere togati, en de talrijke kanunniken met hun pluizige bonnetten, of monseigneurs met wijde hoeden, in hun schuifelende soutanes met drieëndertig, soms paarse knoopjes, de sjerp met lange franjes rond hun gewichtigheid.

Ze zijn in reeks geportretteerd door kundige lithografen, in al hun opgehouden waardigheid, met *cartes de visite* op zak van een Leuvense Israel Kiek (1811-1899), jammer genoeg niet zoals Pierre Koekkoek, die een uitnodigend eponiem zou hebben geboden, maar zoals Prosper Morren (1843-1920), die onder anderen rector Alexandre Namèche (1811-1893), die zich de laatste jaren van zijn leven terug-

De namen in cursief zijn personen die als boekbinder actief waren.

Jean-Baptiste Lefever
x 1774
Joanna Yernau/Hiernau

Henricus Lefèver
(°1777-†1825 of 1841)
x 1802
Aldegoonde Jeanne Theys

Joseph Lefèvre
(°1777-†1886)
x 1841
Jeanne Vancampenhoudt
(°1818-†1876)

Jacques Adolphe
(°1842-†1909)
x 1870
Anne-Marie Deprins
(°1847-†1880)

Pierre Adolphe
(°1844)
x 1868
Marie Gertude Alen

Louis Constant
(°1846)
x 1878
Léonie Françoise Poels
(°1858)

François Chislain
(°1848-†1909)
x 1905
Marie-Aloïse Materne
(°1844)

Charles Nicholas
(°1850-†1920)

Anne-Catherine
(°1855)

Emerence
(°1858)

Joseph Léon Constant
(°1872)
x 1895
Josephine Marie Briffaerts
(°1867)

Joseph Lefèvre
x 1872
Henriëtte Koolen

François Joseph Constant
(°1895)
x 1918
Hortense Smets

Stamboom van de familie Lefèvre

151

trok in de Parkabdij, in al zijn waardigheden op een lichtdrukmaal vereeuwigde.[91] Morren vroeg 20 frank voor een grote portretfoto met 12 *portraits cartes de visite*, niet niets.[92] Het standaardformaat was 10,5 op 6,5 cm, het *carte-de-visite*-formaat. De grootte van een grote foto, in *kabinet*-formaat, was 17 op 11 cm.[93] Het was duidelijk een 'visitekaartje' in meer dan één betekenis. Vergulde banden achter hun rug, dat stond wanneer er bezoek was, of bij het staatsieportret, het hoorde er bij, halfleer, alleen de rug bestempeld, de rest kon de bezoeker toch niet zien, en vaak geopend werden veel boeken wellicht ook al niet. Ook nu nog laten lui die geleerd uit willen pakken, zich voor een kast vol goudbestempelde banden portretteren, ook al kan elk boek, verguld of niet, hen gestolen worden.

Of de universiteitsbibliotheek klant van Lefèvre was, kan na de brand van 1914 niet meer worden achterhaald, maar witheer Dillen stond wel in nauw contact met Émile Nève (1819-1889), van 1848 tot 1859 bibliothecaris van de universiteitsbibliotheek, in een tijd dat men boeken nog belangrijk vond. Institutionele klanten waren wezenlijk voor een ambachtsman die een kroost moest onderhouden, zij boden een enigszins verzekerde omzet. In het Stadsarchief is bij de referentiecollectie alvast al meteen te merken dat hij ook opdrachten van de stad ontving. Bij de vele kloosters was er ongetwijfeld wel wat, en meer te rapen, en de ene orde wilde natuurlijk niet voor de andere onder doen. Een zékere regelmaat in bestellingen, dat is belangrijk om de *work flow* te verzekeren, zoals dat nu zo keurig mag heten, zelfs in het Nederlands. Een prijsboek uitgereikt door de Leuvense kunstacademie, toont dat hij ook daar leverancier was.

In de Parkabdij bevindt zich inderdaad een prijsboek van de academie, dat door Lefèvre in werd gebonden. Jean Isidore Gaillards *Revue pittoresque des monuments qui décoraient autrefois la ville de Bruges*, Brugge, L. Noos, 1850, werd vijf jaar later, op 6 september 1855, in de *Académie des Beaux-Arts de la ville de Louvain* als eerste prijs gegeven voor de *Classe de Perspective* aan *l'élève Louis Homblé, de Louvain*.[94] Het boek is bekleed met een halve schapenleren band – zo ging dat met prijsboeken, mocht niet teveel kosten –, de platten bekleed met een zwart papier met chagrijnpersing. Ook dit is alweer iets in Lefèvres productie dat niet in de boeken die hij voor de abdij bond, te vinden is. Zijn productie kan wel verrassend gevarieerder zijn geweest.

Omdat Lefèvre, zoals zoveel binders, zijn werk (bijna) nooit met een *griffe*, een stempeltje met zijn naam in inkt of in blind, op het dekblad, of in goud op de inslag, of op de staart van de rug, signeerde, of een etiketje op het voordekblad kleefde, op die paar banden na – zover nu te achterhalen –, zit zijn productie die de jaren heeft overleefd, verborgen tussen zoveel andere anonieme banden. Dat de documenten die in de Parkabdij bewaard zijn gebleven, kunnen worden verbonden met bestaande banden, maakt dit tot een unieke bron om een naamloze boekbinder weer leven te geven. Het stempelmateriaal dat hij gebruikte, kan op zijn beurt leiden tot verdere identificaties.

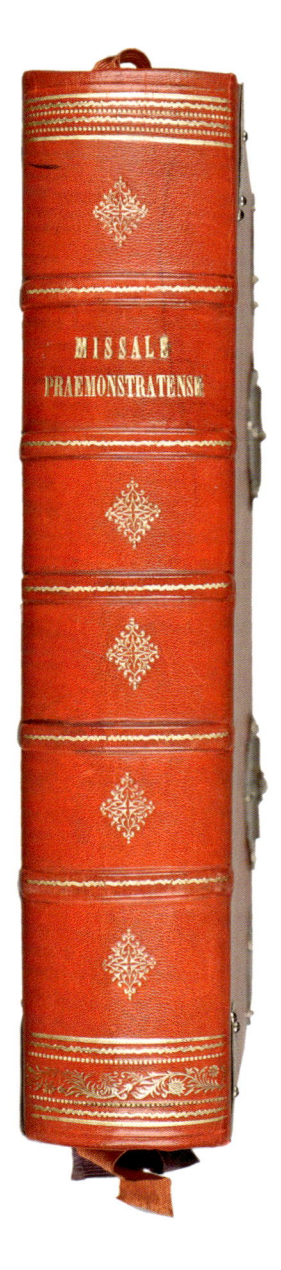

De rode geitenleren band rond het *Missale Praemonstratense* gebonden rond 1960 met zilverbeslag geleverd door Regnier Vanderauwera en (wellicht) gemaakt door Hypolite Jacques Defré. Zie p. 153.

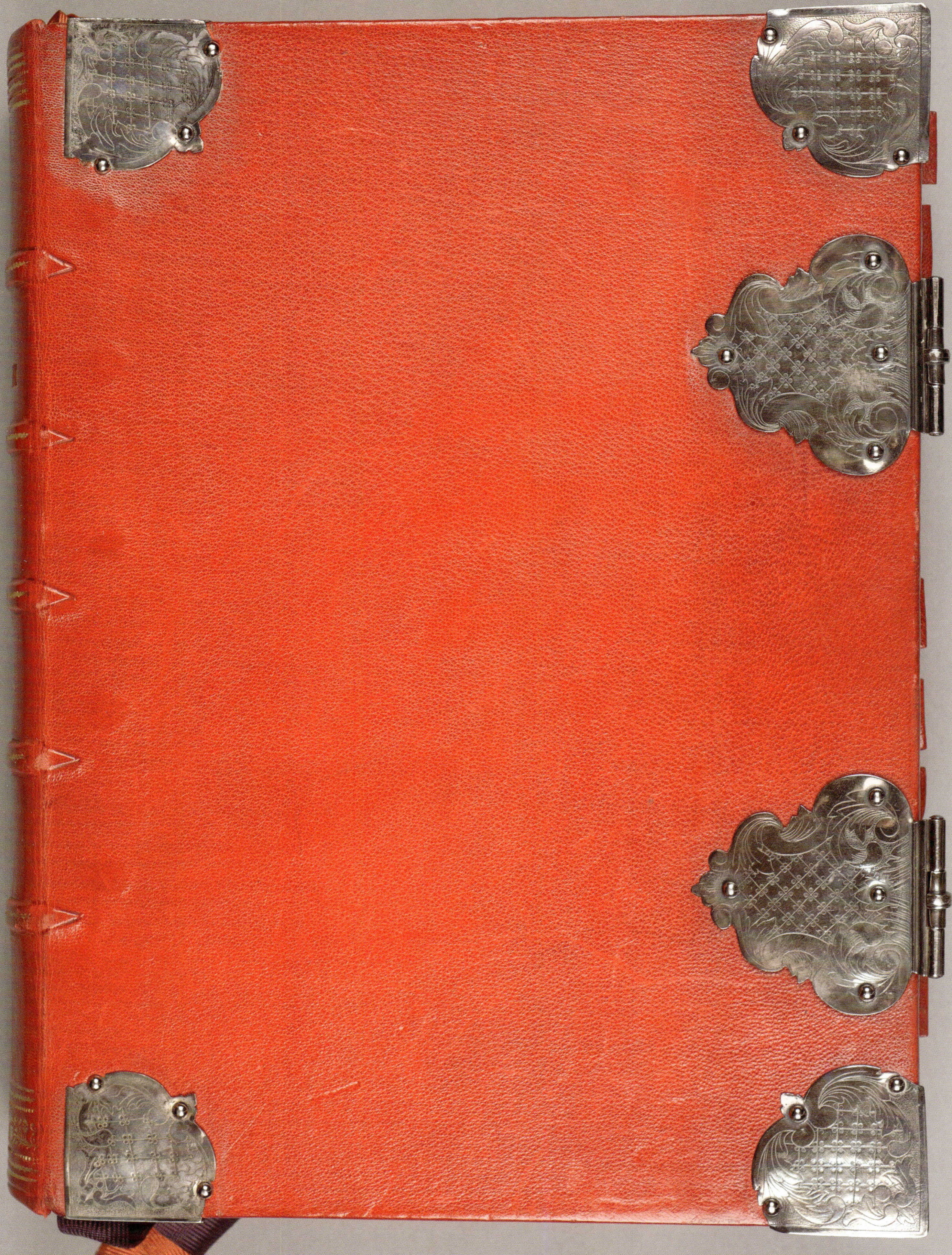

Zilvermerk op de inslag van het hoekbeslag.

Een paar losse gedreven en gegoten zilveren sluitingen, met muiter, klamparm en scharnierplaat, met daaronder de achterkant met de muiter- en scharnierplaatklemmen. Van boven naar onder en van links naar rechts:
1a muiter, 1b keerzijde van de muiter met muiterklem
2a scharnierplaat met klamp, 2b keerzijde van de scharnierplaat met klamparm en met scharnierplaatklem

Wat uit dit korte onderzoek, met de zeer beperkte middelen van bevolkingsregisters, het *Journal des Petites Affiches* en de boeken en de rekeningen zelf, vooral naar voren komt, is het sociale milieu waarin een boekbindersfamilie zich ontwikkelde. Joseph Lefèvre slaagde er duidelijk in een vruchtbaar atelier uit te bouwen, omdat hij een meer dan voortreffelijk boekbinder was, zijn atelier goed wist te beheren, en, omdat hij lang genoeg in leven bleef. Dit gaf de zoon die hem opvolgde, de kans zijn leven als rentenier te eindigen, zo gauw zijn stiefmoeder het hoofd had neergelegd en hij eindelijk in het huwelijk kon treden. Van zijn broer die zo lang met hem had samengewerkt, werd het leven als boekbinder brutaal afgebroken, om gedurende dertig jaar in een verafgelegen instelling zijn broers en zussen lang te overleven. Josephs oudste zoon leerde op zijn beurt het vak aan zijn enige zoon, maar was zelf al lang ter aarde besteld wanneer ook zijn kleinzoon na de Eerste Wereldoorlog het boekbinden verder zette. Joseph & kinderen hebben gedurende meer dan tachtig jaar mee het gezicht van de Leuvense boekbinderswereld bepaald en waren ten onrechte vergeten.

Lefèvres werk laat ook zien dat de kwaliteit van de boekbinders in Leuven in vergelijking met de vorige eeuwen heel sterk was gestegen, omdat het nodige cliënteel er was, en Brussel als gangmaker diende. Tijdens de zeventiende en de achttiende eeuw getuigt wat als Leuvense productie mag worden geïdentificeerd, niet bepaald van goede binders, en dus ook niet van cliënteel dat hoge, als al enige, eisen stelde. De banden rond de collegedictaten bijvoorbeeld, die toch bij uitstek als van Leuvense origine kunnen worden gezien, en waarvoor de boekbinder wel zijn beste beentje zou moeten hebben voorgezet, demonstreren slechts het grote provincialisme waarmee de boekband werd uitgevoerd, in de structuur en in de decoratie. De platten krullen dat het een aard heeft en de blinde bestempeling, – een blaadje goud was er niet aan besteed, dat kwam slechts onder de zethaak met wat lettering te liggen, wanneer naam en geboorteplaats van een ambitieuze kerel, die rijkelijk met papaatjes beurzen om kon springen, of die zijn zakgeld niet in een gok- of andere tent verspeelde, er op moest worden gezet –, is met versleten rolstempels, vaak te heet geblakerd, in een zich uitentreuren repeterend schraal motiefje, onhandig op het donker bruine kalfsleer gedrukt.

De modale boekband was overigens in de gehele Zuidelijke Nederlanden, met uitzondering van Antwerpen en Brussel, niet meteen van hoog niveau. Daar zijn bijvoorbeeld heel veel prijsboeken uit de zeventiende en de achttiende eeuw monumenten van. In vergelijking met onder andere de Noordelijke Nederlanden staat het boekbindersambacht in het zuiden nergens. In Luik werd dan weer veel meer standaardkwaliteit geleverd. In Doornik stonden de Deflinnes vier generaties aan de top, maar zij zaten dan ook in een boekhandelaarsnetwerk met sterke financiële ondertimmering.[95] Voor Leuven zou mogelijk een studie van de boekbanden van de oude bibliotheek van de Parkabdij, die nu nog in Heverlee zijn, een genuanceerder beeld kunnen brengen, toch wat, alweer, het rugdecor betreft; veel frivoliteit op de platten, behalve het vergulde wapenstempel, kon er niet af, en of de structuur goed zit, dat valt nog te bekijken.[96]

De Lefèvres geven een goed beeld van de ontwikkeling van een boekbindersatelier in de negentiende eeuw, zij het op afstand, in de tijd, in het stedelijke landschap, zij het slechts doorheen koude documenten, met alles wat ze verbergen kunnen. Zoals van bij de aanvang van het gedrukte boek hadden de leden van het ambacht nood aan een netwerk, voor het verhandelelen maar ook om lokaal het bedrijf op gang te houden. Het vormen van familiale banden was daar een basiselement van. Voor een lokale boekbinder was dat niet meteen zo sterk bepalend, wanneer hij niet van een groot uitgeversbedrijf afhing. Een negentiende-eeuwse boekbinder die alles zelf moest opbouwen, moest daarvoor hoe dan ook op de eerste plaats op zijn vrouw en op zijn zonen rekenen, van zo gauw ze in het atelier mee konden helpen, om geen boekbindersgast of geen naaister meer in te moeten huren en toch een groter cliënteel te kunnen bedienen. De meisjes konden van kindsbeen af bladen vouwen of naaistertje spelen, tot hen de lust verging. De uren waren nog heel lang en de jaren nog heel kort, die dagen.

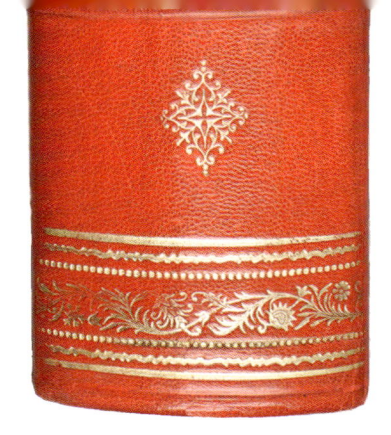

Rugdecor op het manuaal met ruitvormig eclectisch stempel en een reeks lijn– en sierfileten van de nieuwe band rond het missaal. (ca. 1960)

De oorspronkelijke muiters en gegoten klamparmen en de sluitingen van 1861 mogelijk door Théodore Defré

APPENDIX:

Nota's en rekeningen voor boeken, te restaureren, te binden en die gebonden waren door Joseph Lefèvre. (de oorspronkelijke spelling is behouden)`

1. Rekening van Joseph Lefèvre voor de Parkabdij, in het handschrift van Lefèvre, niet gesigneerd, niet gedateerd, (accenten in andere hand in potlood gecorrigeerd, en, met een andere taalfout, onderlijnd, niet met het fijn met pennenmes geslepen potlood van Dillen)
Parkabdij, Archief, HD 261/15

Doit Monsuer Dillen a j Lefevre
8 Vol in 8 dem. veau carriéres a 1 15   9,20 [97]

2. Rekening van Joseph Lefèvre voor de Parkabdij, in het handschrift van Lefèvre, gesigneerd, niet gedateerd. Parkabdij, Archief, HD 261/16

Doit Monsuer Dillen a j Lefever
4 Vol in fol dem. veau canisii a 5 50   22,00 [98]
2 Vol in folio id id tamburini a 4 00   8,00 [99]
                                                    30,00

Pouer Acquit
j Lefever (met staart)

3. Rekening van Joseph Lefèvre voor de Parkabdij, in het handschrift van Lefèvre, gesigneerd, niet gedateerd. Parkabdij, Archief, HD 261/19

Doit Monsuer Dillen rel[igieux] a parc a j Lefever
7 Vol grand in butler dem. veau a 1 50   10,50[100]
8 Vol in 8 dem. basane a 80   6 40[101]
10 Vol in 12 dem. maroquin a ~~1~~, 90   ~~1~~9,00[102]
                                                    25,90
                                          [gecorrigeerd van 26,90]
Pouer Acquit   25 90
j Lefever

4. Afrekening van Dillen voor boeken gebonden door Joseph Lefèvre voor de Parkabdij, gesigneerd (als J.M. Dillen, Joannes Maurus, zijn geboortenaam), gedateerd 10 november 1856. Parkabdij, Archief, HD 261/20

Sporer theol. mor.	2 vol infol. 1/2 veau à 5 frs =	10,00 [103]
Marechal. concord. &	2 vol in 4°. id à 2,50 =	5,00 [104]
Placcaerten.	1 vol. infol. id.	3,50 [105]
Pii VI Responsio	1 vol. in 4. id.	2,50 [106]
Lambillote Antiphon.	1 vol. in4°. 1/2 Maroq	3,00 [107]
Binet. Hist. des fondat.	1 vol. in 4° id.	1,25 [108]
Feller Recueil	6 vol. in 8° ~~à 1,25~~ id. à 1,25	7,50 [109]
Helyot hist. &	8 vol. in 4°.1/2 veau à 2,50	20,00 [110]
Hoyck (sic) van Papend.	6 vol. in 4° 1/2 veau à 1,60	9,60 [111]
Wouters in Script. S.	2 vol. in 4°id. à 1,60	=3,20 [112]
		65,55

Payé à M Lefèvre 1856 Novemb.10de

5. Nota van Dillen met boeken gegeven aan Lefèvre om te binden, op smal strookje papier, in het handschrift van Dillen, gedateerd 1 augustus 1861 Parkabdij, Archief, HD 261/17

Gegeven aen den Boekbinder Lefevre 1 Aug. 1861.

1	De Dinter	4 vol. in 3 te binden in 4° = 2,50 =		7 50
2.	Suarez.	5 vol. 3,4. 10, 21 en 24. = 4 00 =		20, frs
3	Libermann.	5 vol. in 8°	1,40 =	7 frs
4.	Papebrochii	5 vol. in 8° = 1,40 =		7,00 [113]
5/	Alber	5 vol. in 8° = 1,40 =		7,00 [114]
6/	Desmet	1 vol. in 8° = 1,40 =		7 frs [115]
7	Lumper	13 vol. in 8° = 1,25 =		16,25 [116]
8	Alzog	1 vol. in 8° =		1,75.
9	Maran	1 vol. in 8° =		1,40 [117]
10	Mabillon	6 vol. infol (étiquetten // 40 cent = 2,40) [118]		
11	~~D~~ Smet Het Leven.	1 vol. in 8 =		1 frs [119]

Te zamen. te binden   5 infol.
                      3 in 4°
                      <u>32 in 8°</u>
                      40
Etiquetten te zetten 6 infol
                      46. vol.
                      frs 72,70
ontvangen
den 19 Sept.1861.
J.M. Dillen

6. Rekening van Joseph Lefèvre voor de Parkabdij voor de in vorige nota door Dillen genoteerde boeken, op gedeeltelijk met potlood gelinieerd papier, in het handschrift van Lefèvre, door hem gesigneerd, door Dillen genummerd, geannoteerd en gedateerd (hier gecursiveerd), 19 september 1861 (met potlood gelinieerd, horizontale lijnen en twee kolommen rechts voor de cijfers). Parkabdij, Archief, HD 261.14

Doit Monsuer Dillen a j Lefever

1)	1 Vol. in 4 en maroqun d'ore suer t (sic) pastorale				7 00 [120]
2)	5 Vol. in folio demi veau fr. suarez		a 4 00		20 00
3)	6 vol. titre d'ore mabillon		a 40		2 40
4)	3 vol. in 4 demi veau	de dynter	a 2 50		7 50
5)	1 Vol. in 8 id	id	alzog		1 75
6)	1 Vol in 8 id	id	corn. smet		1 00
7)	13 vol in 8 id	id	Lumper	a 1 25	16 25
8)	5 vol in 8 id	id	alber	a 1 40	7 00
9)	5 vol in 8 id	id	Liebermann	a 1 40	7 00
10)	5 Vol in 8 id	id	papebrochii	a 1 40	7 00
11)	1 Vol in 8 id	id	de smet		1 40
12)	1 vol in 8 id	id	maran		<u>1 40</u>
				frs	79,70

Nota) N° 1 is voor de Bibliotheek   <u>7,00</u>
niet; en dus 7 frs minder   frs   72,70

Pour   Acquit
J Lefever
19 Septem. 1861
J.M. Dillen.

7. Nota van Dillen met boeken gegeven aan Lefèvre om te binden, in het handschrift van Dillen, niet gedateerd, te dateren 1862. (zie nr. 9)
Parkabdij, Archief, HD 261/12

Lefevre boekbinder.

x1. Breviar. ord. Praem. 4 vol. in4° geheelen band in Maroquin, verguld op snée à 6 fr == 24[121]
x2. Antiphonale id. 1 vol in4° idem in Kalfsleêr 6[122]
x3. Graduale id id id id 6[123]
4. Louvain monumental 1vol. in4° halven band rooden maroquin 6,50[124]
5. Zunggo &c 2 vol infol 1/2 veau à 3,50 7, [125]
6. Molani Hist. Lovan. 2 vol in4° 1/2 veau à 2,50 5, [126]
7. Liebermann theol. 5 vol. in 8° 1/2 veau à 1,40 7, [127]
8. Oudiette Dict Géogr 2 tom. in 1 vol. in 8° 1/2 veau 1,50[128]
9. Mozzi histoire & 3 tom in1 vol. 1/2 veau in 8. 1,50[129]
10. Crétin. Joly. La Papauté &c 2 tom in1 vol. in8 1/2 veau 1,50[130]
11. Neyraguet. Comp. theol. 2 t. in 1 vol. in8° 1/2 veau 1,50[131]
12. Patuzzi Diss. de fut. imp. Statu 1 vol. in4° 1/2 veau 2, [132]
13. Migne curs. theol. Indices. vol. 28me .1/2 veau 1,75[133]
14. J. Liguori Homo Apost. 3 tom 1 vol. in4° 1,75[134]
15. Vita &c Concinae 1 vol. in4°. 1/2 veau 1,60[135]
16. Febronii Retract. &c 1 vol. in4°. 1/2 veau 1,60[136]
17. Mémoires du Comte de Merode 2 t.1 vol. in 8° 1/2 Maroquin 1,75[137]
18. Messager des sciences &. 12m vol. 1844. 1/2 veau 1,40[138]
19. 8 vol. infol. restaurés à 60 cent. (1 Lorini in Levit.[139]
   2 J. Sanchez. In Sacran. \P\a\e\n\i\t.[140] 3 Dict. Gall. Latin.[141]
   4 Zaccaria Anecdota &.[142] 5 Eusebii hist. eccles.[143] –
   6 Baluzii Vitae Papar. 2 vol. in 4°[144] 7 Celada de Bened.
   Patriarch. 2 vol. in4°[145] id. 4,80
[20] et Rituale et Psalterium à 75 cent. à 75 cent.\ l\e\s\ 2\v\o\l\– 1,50[146]
   [in de marge van19 & 20, 6 lijnen] van deze 8 had // JL (??)
   er 5 den rug // met geijten leer ver- // nieuwd// \Ba\lu\z\ii //
   vitae Paparum //
21. 5 vol. in 12° 1/2 veau. Veit de Gemina Delect.[147]
   de Primatu &c[148] – Richerii Systhema confutatum[149]
   Gauthier Prodromus &c[150] Lienhart Sacra exercitia class. 3.[151]
   à 80 cent. 4,00
   Ex his numeris,1,2,3. et media pars 20 ad bibliothecam non 89,65
   pertinet 24, Staes
   6\ } 89,65
   6/ Koor 36 75
   ___,75 Moeringhs 52.90. voor de Bibliotheek
   36,75

3

8. Rekening van Joseph Lefèvre voor de Parkabdij, in het handschrift van Lefèvre, de nummering van de hand van Dillen, gesigneerd, niet gedateerd, te dateren 1862. (zie nr. 9)
Parkabdij, Archief, HD 103-4/2

Doit Monsieur Ditllen a j Lefever

1/ 4 vol. en maroqin d'ore suert bruvearim a 6 00 24 00
2/ 2 vol in 4 en veau ord. Praemonstre a 6 00 12 00[152]
3/ 1 vol in folio demi maroque van even – – – 6 50
4/ 2 vol petie in folio demi veau zunggo a 3 50 7 00
5/ 2 vol in 4 – – id – – id molani a 2 50 5 00
6/ 5 vol in 8 – – id – – id – Liebermam a 1 40 7 00
7/ 1 vol in 8 – – id – – id – oudiette – – – 1 50
8/ 1 vol in 8 – – id – – id – mozzi – – – 1 50
9/ 1 vol in 8 – – id – – id – cretineau – – 1 50
10/ 1 vol in 8 – – id – – id – negraguet [?] – – 1 50
11/ 1 vol in 4 – – id – – id   paluzzi – – 2 00
12/ 1 vol in 8 – – id – – id   migni – – 1 75
13/ 1 vol in 8 – – id – – id   Ligorio – – 1 75
14/ 1 vol in 8 – – id – – id   sandollii – – 1 60[153]
15/ 1 vol in 4 – – id – – id   febronii – – 1 60
16/ 5 vol in 12 – – id – – id – a 80 4 00[154]
17/ 1 vol in 8 – – id – – id maroqin de merode – 1 75
18/ 1 vol in 8 – – id – – id veau messager 1 40
19/ 8 vol in folio restore – – – a 60 4 80[155]
20/ 2 vol in 4 id retuale et psallerium (sic) a 75 1 50 [156]
   Pouer Acquit j Lefever 89,65

[Verso, onderaan, in de hand van Dillen:]

Van deze 20 num.os zijn de nos 1.2 en de helft van 20 voor de Bibliotheek niet:en dus
24 - Staes 89,65
12 - Koor 36,75
175 - Moerings 52,90

11. Rekening van Regnier Vanderauwera voor het aanbrengen van zilverbeslag op 5 boeken voor Lefèvre, in het handschrift van Vanderauwera, ondertekend, gedateerd 16 juli 1867. Door Lefèvre toegevoegd bij de vorige rekening ter verantwoording van de prijs.
Parkabdij, Archief, HD 319-2 1867/66

Monsieur Lefevre Doit
   à R. Vanderauwera chaudronnier
1867
Juillet 16 garnie 5 livres en argent à 8.50 pièce 42 50
   Total francs 42.00
      Pour acquit
      R. Vanderauwera [met eindkrullen]
9 sept. 1867.

9. Nota van Dillen met een overzicht van de boeken gegeven aan Lefèvre om te restaureren en om te binden die grotendeels in beide voorgaande rekeningen voorkomen, in het handschrift van Dillen, gedateerd 9 mei 1862. Parkabdij, Archief, HD 261/18

Gegeven aen onzen boekbinder Lefever den 9 Mey 1862

~~te restaureren.~~

Te restaureren		te binden	
1 Lorini in Louvain	1 infol	14 Libermann _____	5 vol. in8°
2 Celada de Bened. Patri-archarum –	1 infol	15 Oudiette Dict. 2 part	1 vol. id
3 J. Sanchez de Sacran	1 infol	16 Comp. De Ligore 2 tom.	1 vol.
4 Dict. Franc-Latin	1 id.	17 Messager des sciences met het model _____	1 vol
5 Zaccaria Anecdota	gr in4°	18 Mozzi 3 tom 1 of 2	2 vol.
6 Baluzii Vitae papar.	2 in4	19 Veith 3 vol. _____	3 vol.
7 Eusebii Historia	1 infol.	20 Lienhart _____	1 vol.
Te binden.		21 Gauthier prodromus	1 vol.
1 4 Breviers in 4° ' vol.		22. Mérode memoire 2 t.	1 vol.
2 Louvain Monum.	1 in4°	23. Cretineau-Joly. 2 tom.	1 vol.
3 Molanus. Hist.	2 in 4.		
4 Antiphonar ord Praem.	1 in4		
5 Graduale id	1 vol.in4	6 vol. in fol. imo(?) 7	
6 Vitae Concinae	1 vol. id	18(19) in 4. en 3 vol. modellen	
7 Febron. comm. met. het model	1 in4°	22 in 8. en 1 model	
8 Rituale Rom.	in4°	5	
9 Migne Index. met het model	1 in4.	17 gebonden.	
10 Homo Apost.	1 in4	In toto erunt 41-43 vol. restaurata et ligata cum 4 volum. exemplaribus.	
11 Patuzz. De futuro imper Statu	1 in4°	[beide laatste regels oorspronkelijk geschreven In potlood, daarna over-schreven in inkt]	
12 Zunggo	3 vol. infol.	J.M. Dillen.	
13 Psalterium	1 in4°		

10. Rekening van Lefèvre voor de Parkabdij, in het handschrift van Dillen, de correctie van de maand in de hand van Lefèvre, ondertekend door Lefèvre, 22 juli 1867.
Parkabdij, Archief, HD 103-4 / 18

Doit M.r le Proviseur Dillen, à J. Lefevre, relieur,
Louvain le 22 ~~septembre~~ 1867.
juillet

5. Volume in folio en maroquen.	Missalle.	à 15,00.	.75,00
5. Vol. in 12 en maroquen.	Breviarium.	à 3,50.	.17.50
5. Vol.in 8. En veau...	Processionalle	à 3,50.	.17.50
			1,10–00

Pourt Acquit
J Lefevre
[met staart]

9 Sept 1867.

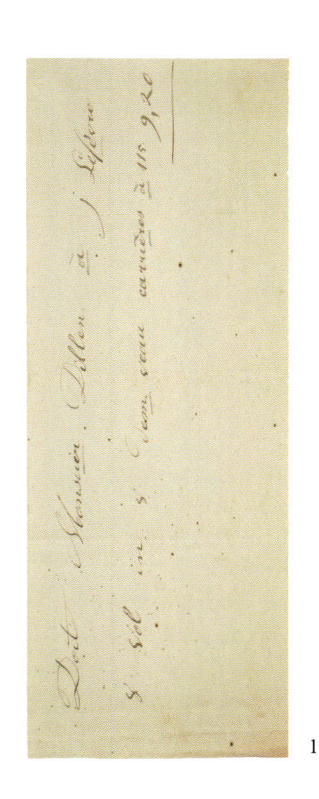

Rekeningen van Joseph Lefèvre voor de Parkabdij. Autograaf (Parkabdij, Archief, HD 261/15, 261/16, 261/19)

[1] Zie in het algemeen *De glans van Prémontré. Oude kunst uit de witherenabdijen der Lage Landen*, Heverlee 1973.

[2] Heel wat incunabelen en later gedrukte boeken zitten in bibliotheken over de (westerse) wereld verspreid, zij het ongetwijfeld vooral in de Angelsaksische wereld, waar de herkomst, in tegenstelling tot die van de handschriften, niet wordt herkend. Daarom kunnen afbeeldingen met rugstempels en andere secundaire herkomstkenmerken daarbij helpen.

[3] Het basiswerk voor beter begrip van snuiftabak blijft het traktaat van Jean Le Royer de Prade (1624-1685), *Discours du Tabac*, 1668, en herhaaldelijk herdrukt. Hij onderscheidt drie soorten tabak, voor het roken, maar vooral voor het snuiven: *Tabac mâle*, van Brazilië, *tabac femelle* en *petit tabac*, ingevoerd uit Borneo en andere eilanden, Virginië, en heel wat eilanden. Hij verwerpt de negatieve kritiek van sommige medici en prijst de weldaden van een snuif. Die is goed tegen reuma, verbetert de verbeelding en het geheugen, niet te verwonderen dat de Heren die weldaad weelderig binnenhaalden, het was voor hun gezondheid. Het zou wel prettig zijn te weten welk geslacht 'de beste' had. Prade werd in het Duits vertaald, met een titelblad in rood en zwart: *Tabacks-Historie in welcher insonderheit vom Schnup-Taback eine ausführliche Beschreibung als von desselben Zielung, Zubereitung, auch Würckungen; und welcher Gestalt, absonderlich der Schnup-Taback aus demselbigen möge bereitet werden. Alles nach den neuen Lehrgründen ausgeführet. Sehr nützlich und anmüthig für alle, die sich dessen gebrauchen, oder auch einige Artzneyen aus demselben zu machen Beliebung haben. In Französischer Sprache beschrieben durch Mons. De Prade. Ins Teutsche Übersezzet von G.K.M.D.*, Frankfurt, Vor Daniel Paulli, Kön. Buchhändler in Kopenhaven 1684. Gedruckt bey Joh. Georg Drullman. In een fraaie reprint, met tabakskleurige band met goud- en zilveropdruk - een formaatje om in de 'pijpzak' te steken - uitgebracht door dat voortreffelijke Zentralantiquariat der Deutschen Demokratischen Republik te Leipzig in 1984, waar een zeer competent en toegewijd team werkte dat interessante teksten in herdruk bracht, zij mogen wel eens worden gecommemoreerd en naar waarde geschat.

[4] Hector Dubois d'Enghien, *La reliure en Belgique au dix-neuvième siècle. Essai historique, suivi d'un Dictionnaire des relieurs*, Brussel 1954, 185 geeft alleen 'Lefever, J.'. De 'belangrijke mate' houdt de mogelijkheid open voor andere boekbinders, omdat er veel banden zijn die tijdens de periode dat Lefèvre voor de abdij werkzaam was, die niet door hem werden gebonden, hoewel deze wellicht gebonden werden verworven; er zijn in het archief van de abdij slechts rekeningen van hem bewaard. Zie de appendix.

[5] Een exemplaar van Hildebert van Tours, *Opera*, Parijs, Laurent Le Conte, 1708, 2°.

[6] Wellicht kreeg de eerste klerk de naam voorgespeld, maar geraakte hij niet tot de x. Yernaux is ongetwijfeld de oorspronkelijke naam; dit maakt eens te meer duidelijk dat klerken een naam die ze niet kenden, heel vaak louter op het gehoor neerschreven en zodoende nieuwe naamvormen creëerden.

[7] Tenzij anders vermeld, komen de gegevens uit de bevolkingsregisters in het Leuvense Stadsarchief. Met dank aan het personeel van het Stadsarchief voor het speuren naar Lefever/Lefèvre-sporen in de kluwen van het bevolkingsregister van het begin van de negentiende eeuw, en voor de gewaardeerde dienstverlening. Er is een Henricus die overleed op 20 december 1825, wat meteen het weeshuis voor Joseph zou kunnen verklaren, maar die blijkt met twee andere vrouwen gehuwd te zijn geweest. Hoe dan ook, dit moet hier onopgelost blijven.

[8] *Journal des Petites Affiches de l'Arrondissement de Louvain* 1886.11.28 (voortaan afgekort als *JPA*). Auteur dezes heeft zelf nog een pak aangemeten gekregen – *bespoken* - van een ex-moordenaar, die zich na zijn vrijlating als kleermaker had gevestigd en bij zijn moeder woonde.

[9] *JPA*, 1842.04.10.

[10] *JPA* 1846.12.06.

[11] Zie ook *JPA* 1851.12.21.

[12] We hopen later op zijn Brusselse jaren terug te komen.

[13] Tenzij anders vermeld, komen de gegevens uit de bevolkingsregisters in het Leuvense Stadsarchief.

[14] *JPA* 1843.10.01. *Maître-relieur* staat in de bevolkingsregisters.

[15] Over Frascati, zie Gilbert Huybens & Geert Robberechts, *Frascati. Een kroniek van het muziekleven te Leuven in de 19de eeuw*, Leuven 2010; de naam was geïnspireerd door de beroemde en beruchte goktent in Parijs, *Café Frascati* in de *rue de Richelieu*, waar ook de 'oude' *Bibliothèque Nationale* was en nog is. Die was veel meer dan dat, een groot en weelderig etablissement met ruime balzalen, waar *le Tout-Paris* aanwezig wilde zijn. Op de twee gokdagen was de zaal overvol en afgegrendeld, maar een menigte 'society watchers' verdrong zich buiten om de gokkers, rijk of bankroet, buiten te zien komen, en de dames hadden een politie-escorte nodig om veilig naar een *boulevard* te geraken. De *Salons Frascati* bestaan al van in de tijd van *Louis XIV*, die precies rond 1700 de toelating gaf er te gokken. Later in de negentiende eeuw veranderde de naam in *Casino Vivienne*, naar het straatje parallel met de *rue de Richelieu*, de naam loog er niet om. Dat *Frascati* 'uitstraling' had, blijkt niet alleen uit de Leuvense 'stichting', ook in Amsterdam werd in 1810 een *Frascati* geopend, die, na een paar mutaties nog als zodanig bestaat, en zelfs aan celdeling heeft gedaan. Dit is alles informatie die beschikbaar is via prof. Google, mits enig aandringen.

[16] *JPA* 1857.09.06 & 1865.08.13.

[17] Dubois d'Enghien, *La reliure*, 144. Zie ook Chris Coppens, Boekbinders te Leuven, 1796-1910. Met een biografisch repertorium, *De Gulden Passer*, 91, 2013, 159-212..

[18] *JPA* 1848.07.16 & 1849.05.27.

[19] *JPA* 1846.07.05.

[20] Zie ook *JPA* 1867.08.25.

[21] Isabelle Devos, *De evolutie van de levensverwachting in België, 18de – 20ste eeuw*. Chaire Quetelet 2005, 3 http://www.leeftijdenwerk.be/html/pdf/devos_levensverwachting.pdf (bezocht 21 juli 2011)

[22] Bron: *JPA*.

[23] *JPA* 1868.07.05.

[24] Zie ook *JPA* 1870.10.02.

[25] Zie ook *JPA* 1878.01.06.

[26] Zie ook *JPA* 1872.11.24.

[27] Een schrijver was toen op de eerste plaats iemand die kon schrijven en zich verhuurde 'op de hoek van de straat' om brieven en andere teksten te schrijven voor mensen die dat niet konden, maar op de eerste plaats een klerk, of schoonschrijver van een administratie.

[28] Vergelijk Rachel G. Fuchs, *Gender and Poverty in Nineteenth-*

Century Europe, Cambridge 2005, 144-148.

[29] Pieter (Cornelis) Spierenburg, *De verbroken betovering. Mentaliteit en cultuur in preïndustrieel Europa*, Hilversum 1998, 297.

[30] Zie o.a. Sophie de Schaepdrijver, Regulated Prostitution in Brussels, 1844 – 1877. A policy and its implementation, 89-108 (online).

[31] Zie o.a. Alain Corbin, *Les filles de noce: misère sexuelle et prostitution (19e siècle)*, Parijs 1982. We willen op deze bordelen stapsgewijs ingaan in andere publicaties; zij geven een fascinerend beeld van dit facet van het sociale leven, dat op de eerste plaats een marktsegment is.

[32] Spierenburg, *De verbroken betovering*, 302.

[33] James M. Murray, *Bruges, Cradle of Capitalism, 1280-1390*, Cambridge 2005 (2009), 329.

[34] Fuchs, *Gender and Poverty*, 194-195.

[35] Zie ook *JPA* 1886.08.29.

[36] Er was binnen dit opzet niet de tijd om de geboorte- of doopregisters na te slaan; wij verontschuldigen ons voor de vluchtige en mogelijk soms niet helemaal correcte gegevens die binnen het korte tijdsbestek dat voor het voorbereiden van dit artikel ter beschikking stond, slechts konden worden verzameld.

[37] Met alle respect voor Roemenië, dat nog een weg heeft af te leggen, en voor zijn bewoners; 'Roemeense toestanden' werden spreekwoordelijk toen in 2008 weeshuizen in erbarmelijke toestand in het nieuws kwamen.

[38] Voor de informatie over het einde van Charles, dank aan de heer Marnix van de Voorde, Sint-Jan-Baptist, Zelzate.

[39] Zie ook *JPA* 1905.01.08, waar hij François Maximilien heet.

[40] Bron: *JPA*, 1891.

[41] Zie ook *JPA* 1880.10.10.

[42] In de documenten 'o/relieur', *ouvrier-relieur*, en 'm/relieur' voor *maître-relieur* .

[43] Genoemd naar een honderdjarige, nu *rue Adolphe de Vergnies*, op haar beurt genoemd naar een zoveelste burgemeester, die een paar jaar (1901-1903) normaal, als al, zijn ambt uitvoerde. Voor deze informatie dank aan de heer Roger Tavernier.

[44] *Cartonnier* kan, behoudens het kastje, kartonfabrikant of handelaar in karton betekenen; het laatste lijkt hier meer voor de hand te liggen. Mogelijk stond hij in relatie met een fabrikant in Brussel en als lid van een boekbindersfamilie kende hij de weg naar belangrijke afnemers.

[45] *JPA* 1863.03.1. Bombaers woonde dan in de Predikherenstraat 2.

[46] *JPA* 1899.10.17.

[47] Zie ook *JPA* 1918.01.13.

[48] Op de aspecten van homo- en heterogamie gaan we uitvoeriger in bij het geciteerde artikel (zie noot 17). Voor deze paar alineaatjes putten we inspiratie uit Bart van de Putte, *The Segmented Marriage Market. The influence of geographical homogamy on marital mobility in 19th century Belgian cities. Paper presented at the IECH 2006, XIV International Economic History Congress, Helsinki, Finland, 21 to 25 August 2006, Session 34: Migration, Family and Economy in Industrializing and Urbanizing Communities*, Leuven 2006/7, en Idem & Andrew Miles, *Social Power and Class Formation in the Nineteenth Century. How to measure class from occupation, paper prepared for the European Social Science History Conference, Amsterdam, March 2006*, Leuven 2006.

[49] Voor de resultaten van dit onderzoek zie de referentie in n. 17.

[50] Dubois d'Enghien, *La reliure*, passim.

[51] Christian Coppens, Isidore Joseph Smeers (1834-1896): a Belgian in Paris, *The Book Collector*, 47, 1998, 220-224; Id., Een Leuvenaar in Parijs: boekbinder Isidore Joseph Smeers (1834-1896), *Arca Lovaniensis*, 25, 2001, 199-231. Wat in voorliggende tekst staat, is nieuw. Voor zijn overlijden, zie ook *JPA* 1896.08.23. Zoals in het tweede artikel al werd vastgesteld, is het grootste deel van deze boeken inderdaad verdwenen.

[52] Dubois d'Enghien, *La reliure*, 236-237. Zie vooral de Lijst van boekbinders onder Verheyden.

[53] Met dank aan Alex Masui, opvolger van Lefèvre voor de restauraties in de Parkabdij, voor de nuttige wenken en correcties bij de technische gegevens.

[54] Catalogus G63.

[55] Marie-Ange Doizy & Stéphane Ipert, *Le papier marbré, son histoire et sa fabrication*, Parijs 1985, 79.

[56] Doizy & Ipert, *Papier marbré*, 85-86; Pierre Delsaerdt, *Gleiche Waare wie von Aschaffenburg. Les papiers décorés de la firme Brepols à Turnhout*, in: Chris Coppens e.a. (eds), *E Codicibus Impressisque. Opstellen over het boek in de Lage Landen voor Elly Cockx-Indestege*, 3, Leuven 2004, 231-232.

[57] Sébastien Lenormand, *Nouveau manuel complet du relieur dans toutes ses parties*; […], (Manuels-Roret), nouvelle édition, Parijs 1853, 118 (eerste editie 1827).

[58] Voor de terminologie, zie Elly Cockx-Indestege e.a., *Sierpapier en marmering: een terminologie voor het beschrijven van sierpapier en marmering als boekbandversiering*, Den Haag & Brussel 1994.

[59] Tom Conroy, *Bookbinders' Finishing Tool Makers, 1780-1965*, New Castle, DE & Nottingham 2002, 67, de zaak werd na Henri-Victors dood verder geleid door zijn weduwe, tot de firma in 1910 door Jean-Baptiste Alivon (†1921) werd overgenomen. Die firma bestaat nu nog. Het is merkwaardig te noteren dat Alivon het stichtingsjaar op dat van Adam (1812) terug laat gaan en zodoende de schijn wekt dat het om het begin van Alivon gaat.

[60] Voor de terminologie en de identificatie van het leer, zie W.K. Gnirrep, J.P. Gumbert & J.A. Szirmai, *Kneep en binding: een terminologie voor de beschrijving van de constructies van oude boekbanden*, Den Haag 1992, 18-19.

[61] Catalogus M224a (67 portretten); voor de overige zie X1 (19), X2 (47), X3 (25) en X4 (20, met één uitslaand); de portretten zijn voor het grootste deel ongesigneerde, goede kopieën van andere grafische portretten, maar er zijn er enkele die, soms meesterlijk, voor het eerst van een geschilderd portret zijn gekopieerd, of uit een andere reeks zijn overgenomen.

[62] Catalogus P123.

[63] Over juchtleer, zie het kaderstuk, p. 120-123.

[64] Zie appendix; rekeningen van 1860/61 en 1867. Ze zijn in het archief gevonden door Jozefa van Bragt (1935-2011), waarvoor onze – jammer genoeg, postume – dank.

[65] Er kon op het boek worden ingetekend in 1854, wanneer ook de eerste aflevering verscheen. Tot 1859 verschenen 31 afleveringen voor 1 frank per maand; de definitieve uitgave werd gepubliceerd in 1860 en kostte inderdaad 50 frank, zie Gilbert Huybens, Genese van een boek, in: Edward van Even, *Louvain dans le passé et dans le présent, 2. Commentaar - index - bibliografie*, Leuven 2001, 71-89.

⁶⁶ Voor dit soort banden met bijhorende variëteiten en prijzen van de uitgeverij Hanicq-Dessain in Mechelen van 1846 tot 1858, zie Christian Coppens, Bookbinders' price lists of the publishing firm Hanicq-Dessain in Mechelen 1846-1858, in: Annie de Coster & Claude Sorgeloos (eds.), *Bibliophiles et reliures. Mélanges offerts à Michel Wittock*, Brussel 2006, 138-173.

⁶⁷ Catalogus W74. Nijhoff-Kronenberg 2208; Benjamin de Troeyer, *Bio-bibliographia Franciscana Neerlandica saeculi XVI, 2. Pars bibliographica*, Nieuwkoop 1970, 401-403 nr. 710; zie voor de inhoud vooral Bonaventure Kruitwagen, Den Wijngaert van Sinte Franciscus. (Antwerpen, H. Eckert van Homberch, 1518, 12 Dec.), *Neerlandia Franciscana* (Izegem), 1, 1914, 43-72, 135-155, een gedegen bijdrage zoals van de kritische Kruitwagen (1874-1954) kan worden verwacht. Kritisch denkend zoals hij deed, *entmythologisierte* hij de Costerlegende en schreef hij over de Heilige *Imitatio Christi* dat die helemaal verstoken was van de meest elementaire levensvreugde, terwijl die toch levensnoodzakelijk is voor elke gezonde 'devotie'. Gelijk had Kruitje, natuurlijk, de *Imitatio* is niet te pruimen, is wansmakelijk, om een understatement te gebruiken, en heeft zoveel leed aan de wereld bezorgd, waarbij lachen zonde werd, godbetert! Zoals elke kritische geest in een oppressieve maatschappij, ook al houdt die zich schuil achter een masker van verlichting, werd hij niet altijd goed bejegend, om alweer een understatementje te gebruiken. Ere zij Bonaventura!

⁶⁸ Wellicht gaat het inderdaad om de Franse dichter, journalist en pamflettist, die als deserteur in seminaristenkleren naar België vluchtte; eerst verbleef hij in Brussel, waar hij literair actief was, gaf een half jaar Latijnse les in het college van Oudenaarde, en vestigde zich dan in Gent, waar hij een Franstalig satirisch krantje, *La Sentinelle des Pays-Bas*, en ook de *Journal de Gand* en de *Messager de Gand et des Pays-Bas*, uitgaf. In onvrede gevallen, vertrok hij weer naar Brussel. Op het einde van zijn leven vestigde hij zich blijkbaar als boekhandelaar-uitgever te Antwerpen. Zijn *Études sur la Révolution Belge* (Gent, 1834) is een snerend orangistisch-anti-Frans pamflet, waarin hij de vermeende gespannen toestand 'historisch' analyseert en uitkomt op: "*Depuis que le Nord et le Midi ont chacun déposé chez nous leur idiôme, c'est une guerre à mort, des antipathies de race entre le Wallon et le Flamand.*" Het *Bulletin*, waarvan de laatste aflevering in het jaar na zijn overlijden nog onder zijn naam verscheen, veranderde inderdaad van uitgever en van titel na Froments dood.

⁶⁹ Catalogus G129, ex.: Ar F IV/3.

⁷⁰ Zie de appendix.

⁷¹ Catalogus P220; ex. : Pr G IV/5.

⁷² Catalogus M234; ex.: Pr D VI/2.

⁷³ Catalogus M236; ex.: Pr D VI/1.

⁷⁴ Catalogus B452; ex.: Pr I VII/9-12.

⁷⁵ Catalogus B459; ex.: Pr I VII/13-16.

⁷⁶ Catalogus B217.

⁷⁷ Catalogus V26.

⁷⁸ *Cathalogus Fratrum Ecclesiae Parchensis Ordine Professionis Ab anno 1746* […] [1746-1899], Parkabdij, handschrift RVIII2A, latere paginering in potlood, respectievelijk p. 95-96, 99-100 & 116.

⁷⁹ Lenormand, *Relieur*, 12.

⁸⁰ Parkabdij, Archief, HD 317 9-9-1867. Met dank aan de heer Leo Janssen, archiefmedewerker, voor deze verwijzing.

⁸¹ Walter van Dievoet, *De geschiedenis en de officiële merken van keurkamers voor de waarborg van goud en zilver in België van 1794 tot nu*, Brussel 1980, 135-143, 153-159; Id., *Edelsmeden in Vlaams-Brabant (Leuven, Aarschot, Diest en Tienen) tijdens het Ancien Régime en de negentiende eeuw*, Leuven 2000, 194, 196-227.

⁸² In Elly Cockx-Indestege & Jos Hermans, met medewerk. van Georg Adler & Jan Storm van Leeuwen, *Sluitwerk: Bijdrage tot een terminologie van de boekband*, Brussel 2004, 12 nr. 16, wordt een penmuiter asmuiter genoemd, zonder verwijzing naar of verantwoording van de afwijking met *Kneep en binding*.

⁸³ *Sluitwerk*, 18 nr. 74.

⁸⁴ *Kneep en binding*, 88 & 94; Georg Adler, *Handbuch Buchverschluss und Buchbeschlag. Terminologie und Geschichte im deutschprachigen Raum, in den Niederländen und Italien vom frühen Mittelalter bis in die Gegenwart*, Wiesbaden 2010, 27 & 211-212; evenmin in het hoger geciteerde *Sluitwerk*.

⁸⁵ Deze terminologie is gebaseerd op Adler, *Buchverschluss*, 211-212.

⁸⁶ Er zijn nog losse zilveren sloten in de abdij bewaard.

⁸⁷ Parkabdij, Archief, HD 317 27-12-1859. Blijkbaar rekende de abdij na een jaar met hem af. De doos kon niet terug worden gevonden.

⁸⁸ Een quinquet is genoemd naar de Parijse apotheker Antoine Quinquet (1745-1803), die in 1784 een verbeterde versie maakte van een lamp die door de Zwitserse fysicus Ami Argand (1750-1803) op basis van eerdere ontwerpen was samengesteld. Oorspronkelijk werkend op olie, later op petroleum; die bleven tot lang in de twintigste eeuw in gebruik. Een *lampe modérateur*, waarbij de wiek kon worden hoger of lager gedraaid, kwam er in 1837; dit systeem was algemeen bij quinquets en kleine petroleumlampen, zoals een *veilleuse*, in de twintigste eeuw.

⁸⁹ Voor de prijzen van 1867, zie Parkabdij, Archief, HD 317- 3 1859/15 & HD 319-2 1867 - 101; voor de prijzen van 1854, zie de volgende noot.

⁹⁰ Michel Neirinck, *De loonen in België sedert 1846*, Leuven 1943, 74-99 & 157-158.

⁹¹ Zie André Cresens, *150 jaar fotografie te Leuven*, Brugge 1989, 36-39.

⁹² JPA 1871.01.01.

⁹³ A.G. van der Steur, De achterkanten van *carte-de-visite*-foto's, in: *De lithografie in Nederland. Speciale uitgave van De Boekenwereld*, (De Boekenwereld, 15, 1998, 1), Utrecht 1998, 84-85.

⁹⁴ Parkabdij, Prelatuur H V 32.

⁹⁵ Claude Sorgeloos, *Les Deflinne: quatre générations de libraires et relieurs à Tournai aux XVIIIe et XIXe siècles*, Brussel 1997, met dezelfde referentie naar een tentoonstellingscatalogus, waarin alleen de afbeeldingen van de banden zijn opgenomen.

⁹⁶ Zie de bijdrage over de Pius-incunabel in dit boek, waarin een band met meer decoratie, zij het zó onhandig uitgevoerd, kort wordt voorgesteld.

⁹⁷ Joseph Carrière (1795-1864), Soc. St. Sulpice, *Praelectionum theologicae: De contractibus*, Leuven, Vanlinthout voor Charles Joseph Fonteyn, 1846-1848; *De justitio et jure*, Lovanium, edidit C.J. Fonteyn, Bibliopola, Typis Vanlinthout et Vandenzande, 1845-1847, tweemaal drie octavootjes in schapenleer, met donker wolkenmarmer op de platen en witte schutbladen; in een van de deel-

tjes staat in Dillens hand '80 cent. demi-basane' (ex.: J IV 3-8). Het is interessant te zien dat Fonteyn *Bibliopola* gebruikt, inderdaad de terminologie die werd aangewend om een uitgever-boekhandelaar te benoemen. De twee andere deeltjes waren wellicht *De matrimonio*, Leuven 1838, maar deze werden niet teruggevonden.

[98] Henricus Canisius (†1610), familie van Petrus (1521-1597), *Thesaurus monumentorum ecclesiasticorum et historicorum*, met aantekeningen door Jacob Christian Basnage (de Beauval) (1653-1725), 4 dln., Amsterdam, Rudolf & Gerard Wetstein, 1725 (catalogus C46).

[99] Tommaso Tamburini (1591-1675), S.J., *Theologia moralis [...] accedunt [...], prolegomena in quibus [...] ejus doctrina a [...] Danielis Concinae, ac Vincentiis Mariae Dinellii criminationibus vindicatur*, Venetië, erven Niccolò Pezzana, 1755 (catalogus T12).

[100] Alban Butler (1710-1773), *De levens der HH. Vaders, der Martelaren en van d'andere voornaeme Heyligen*, uit het Engels in het Frans vertaald door Jean-François Godescard (Parijs 1783 e.v.), van deze vert. naar het Nederlands vertaald, 8 dln., Brugge, Joseph de Busscher (1741-1824), 1791-1794 (catalogus B536).

[101] Acht halve schapenleren octavobandjes, niet verder te identificeren.

[102] Tien halve geitenleren duodecimobandjes; Lambillotte, Binet, Feller in de volgende afrekening zijn in half geitenleer, maar, afgezien van het aantal, stemmen ze helemaal niet in formaat overeen; zie appendix 4.

[103] Patricius Sporer (+1683), O.F.M., *Theologia moralis super decalogum*, Venetië, erven Niccolò Pezzana, 1755-1756 (catalogus S183).

[104] Bernard Maréchal (1705-1770), OSB, *Concordance des Saints Pères de l'Église grecs et latins*, 2 dln, Parijs, Rollin fils (= Jacques III Rollin), 1748 (catalogus M83).

[105] Antonius Anselmo (1589-1668) e.a., *Placcaeten, ordonnantiën, landt-charters* (catalogus A137); het is deel 10, uitgegeven in de 18de eeuw door Georges Fricx III (?) (fl. 1738-1767) te Brussel. Het is een schitterende band van Lefèvre, die voor een argeloos oog helemaal onopgemerkt tussen de oorspronkelijke achttiende-eeuwse banden staat van de reeks van twaalf. Met de marmering van het leer nagebootst en de stempeling zorgvuldig gekozen en vakkundig gezet, en met het etiket van deel 9 vernieuwd en bestempeld zoals dat van 10, valt de nieuwe band niet op tussen de oude, een zoveelste getuige van Lefèvres vakmanschap.

[106] Pius VI (1717-1799), *Responsio ad metropolitanos Moguntinum, Trevirensem, Coloniensem et Salisburgensem super Nunciaturis Apostolicis*, geredigeerd door kardinaal Filippo Campanelli (1739-1795), Rome, s.n., 1789 (catalogus P151).

[107] Louis Lambillotte (1796-1855), S.J., *Antiphonaire de Saint-Grégoire*, 1861, niet teruggevonden.

[108] Etienne Binet (1569-1639), S.J., *Abrégé des vies des principaux fondateurs des religions de l'Église*, Antwerpen, Martinus Nutius, 1634 (catalogus B289 ; ex.: Ar G VII/6 in geitenleer inderdaad).

[109] François Xavier de Feller (1735-1802), ex-S.J., *Recueil des représentations, protestations et réclamations faites à S.M. par les Représentans*, [Luik], de l'Imprimerie des Nations, 1787-1790 (catalogus F27).

[110] Pierre 'Hippolyte' Hélyot (1660-1716), O.F.M., *Histoires des ordres religieux et militaires*, VII.5, Parijs, Chez Louis, libraire-commissionnaire, 1792 (catalogus H78), een reeks met de rijke bestempeling van Lefèvre.

[111] Cornelis Paulus sr. Hoynck van Papendrecht (1686-1743), *Vita Viglii ab Zuichemi ab ipso Viglio scripta eiusque*, Den Haag, Gerard Block, 1743 (catalogus H221).

[112] Martinus Wouters (1699-1775), O.E.S.A., *Dilucidationes selectarum S. Scripturae quaestionum*, Maastricht, Jacob Lekens, 1778 (catalogus W109).

[113] Daniël Papebrochius (1628-1714), S.J., *Annales Antverpienses*, 5 dln, Antwerpen, Joseph Ernest Buschmann, 1845-1848 (ex. R V/20-24).

[114] Johann Nepomuk Alber (1753-na 1830), S.P., *Institutiones historiae Ecclesiasticae*, Eger, drukkerij van het Aartsbisschoppelijk Lyceum, 1825 (catalogus A58).

[115] Joseph Jean de Smet (1794-1877), Gents priester, leraar-geschiedschrijver en politicus, *Coup d'oeil sur l'histoire ecclésiastique dans les premières années du XIXe siècle, et en particulier sur l'assemblée des évêques à Paris en 1811, d'après des documents authentiques et en partie inédits*, Gent, Van Ryckegem-Hovaere, 1836 (ex.: 0 IV 9) ; de onuitgegeven documenten waren de dagboeken van de bisschop van Gent, Maurice Jean Magdeleine de Broglie (1766-1821), een Fransman uit een adellijke Piëmontese officierenfamilie, die zich verzette tegen Napoleon en daarna tegen Willem I, daarvoor eerst gevangen werd genomen en later moest vluchten.

[116] Gottfried Lumper (1747-1800), O.S.B., *Historia theologico-critica de vita, scriptis, atque doctrina Sanctorum Patrum*, 13 dln., Augsburg, op de kosten van Matthäus Riegers (1731?-1775) zonen, 1783-1799 (catalogus L353).

[117] Prudent Maran (+1762), O.S.B., *Divinitas Domini Nostri Jesu Christi manifesta in Scripturis et traditione*, Würzburg, Stahel, 1859.

[118] Jean Mabillon (1632-1707), O.S.B., Thierry Ruinart (1657-1709), O.S.B., & Edmond Martène (1654-1739), O.S.B., *Annales ordinis S. Benedicti occidentalium monachorum patriarchiae*, 6 dln., Lucca, Leonardi Venturi, 1739-1745, 2° (catalogus M2).

[119] Cornelis Smet (1740-1812), S.J., wellicht: *Het leven van Onzen Heer Jesus Christus, met levensschets van den schryver*, 2 dln, Brussel 1841, 6de ed. Gent 1856, dan in één deel ingebonden, wat vaak gebeurde. Exemplaar niet gevonden.

[120] Het *Pastorale* dat terug kon worden gevonden, is een editie van de Officina Plantiniana uit 1607 met een halve schapenleren band (Ar G VII/10). Een *Pastorale* is gewoon een andere term voor het *Rituale*, en dat bestaat uit vier delen, het *Sacramentale*, het *Benedictionale*, het *Processionale* en het *Liber Exorcismorum*, zie Coppens, Bookbinders' price lists, 171.

[121] Een zwart brevier, in vier delen, volgens de vier jaargetijden, en volgens de *ordo* van de premonstratenzen. Bepaalde gebieden, zoals Frankrijk, dat het Romeinse brevier pas in 1870 aanvaardde, en bepaalde kloosterorden, hadden een eigen brevier. Een brevier bevat de acht getijden, *horae*, van de dag: metten, lauden, priemen, tertsen, sexten, nonen (de laatste vier worden de 'kleine getijden' genoemd), vespers en completen.

[122] Een antifonale bevat het koorgedeelte van het officie met de gezangen.

[123] Catalogus G129, ex.: Ar F IV/3. Een graduale is het koorgedeelte van het missaal met de gezangen.

[124] Edward van Even, *Louvain monumental*, Leuven, Fonteyn,

163

1860.

[125] Giovanni Antonio Zunggo (1686-1771), *Historia generalis, et specialis de ordine canonicorum*, Regensburg, Johann Baptist Lang, 1742, 2° (catalogus Z33).

[126] Johannes Molanus (1533-1585), *Histoire de Louvain*, of *Historiae Lovaniensium libri XIV*, ed. Pierre François Xavier De Ram (1804-1865), 2 dln, Brussel, Académie Royale, 1861; het is een dedicatie-exemplaar opgedragen door P. F. X. De Ram aan de prior, er was geen abt op dat ogenblik. De Ram schrijft het op een voorgedrukt klein formaat briefpapier en geschreven in zijn krachtige hand: [hoofding:] UNIVERSITÉ CATHOLIQUE // DE // LOUVAIN // [dubbele lijn] [aan de rechter kant, gedrukte tekst in cursief, variabelen ingevuld, geschreven tekst gecursiveerd:] Louvain, le *23 déc.* 18*61* // *Je prie Monsieur le* // *Supérieur de l'* abbaye de // *Park d'accepter, pour la* // *bibliothèque, un exemplai-* re // *de mon Molanus.* // *Son tres dév*[oué] *serv*[iteur] // *PFXDRam* // *Rect*[or]; 'pour la bibliothèque'! niet voor de prior persoonlijk!

[127] Franz Leopold Bruno Liebermann (1759-1844), *Institutiones theologicae*, 5 dln, Leuven, L. Vanlinthout & Vandenzande, 1832-33 (deel 4 ontbreekt).

[128] Charles Oudiette (fl. 1794-1814), *Description géographique et topographique du Département de la Dyle en forme de dictionnaire*, Parijs, Karl Friedrich Cramer, an XII = 1804, 2 dln in 1 band (catalogus O74).

[129] Luigi Mozzi (1746-1813), S.J., *Histoire des révolutions de l'Église d'Utrecht*, vert. uit het Italiaans, ed. princ. Venetië 1787, Gent 1828-1829, 3 dln. (catalogus M302).

[130] Jacques Crétineau-Joly (1803-1875), *L'Église romaine en face de la Révolution*, 2 dln, Parijs, Henri Plon, 1859 (ex.: P II/8).

[131] Alfonso Maria de Liguori (1696-1787), *Compendium theologicae moralis*, ed. Déod(atus?) Neyraguet, Doornik, Casterman, 1841

[132] Giovanni Vincenzo Patuzzi (1700-1769), *De futuro imperium statu libri tres*, Verona, Drukkerij van het Seminarie, 1748.

[133] Jacques Paul Migne (1800-1875), zijn *Theologiae cursus completus* (hier het deel met de indices) werd door Lefèvre ingebonden.

[134] Alfonso Maria de Liguori (1696-1787), *Homo apostolicus [...], sive praxis et instructio confessariorum*, Bassano del Grappa, Giuseppe II Remondini & figli, 1804 (catalogus A78).

[135] Dionysius Sandellius, ps. van Vincenzo Fassini (1738-1787), O.P., *De Danielis Concinae* [Daniele Còncina (1687-1756), O.P.] *vita et scriptis commentarius*, Brescia, Giovanni Maria Ruzzardi, 1767, 4° (catalogus S45).

[136] Justinus Febronius, ps. van Johann Nikolaus von Hontheim (1701-1790), *Commentarius in suam retractatationem Pio VI [...] submissam*, Luik, Jean-François Bassompierre, 1781 (catalogus H175).

[137] Anne-François de Mérode, comte d'Ongnies (ca. 1610-ca. 1672), *Mémoires*, ed. Frédéric Auguste Ferdinand de Reiffenberg (1795-1850), Mons, Hoyois, 1840, uitgegeven door de bibliofielen van Mons. Exemplaar niet gevonden.

[138] De jaargang van 1844 van de *Messager des sciences historiques, ou Archives des arts et de la bibliographie de Belgique*, begonnen in 1833 (met een voorloper vanaf 1823).

[139] Jean de Lorin (1559-1634), S.J., *Commentarii in Leviticum*, Lyon, Horace Cardon, 1619 (catalogus L292).

[140] Joannes of Juan Sanchez van Avila (+ ca 1624), *Selectae & practicae disputationes*, Antwerpen, Hendrick I Aertssens, 1644; een voormalig prijsboek (catalogus S40).

[141] François Joseph Michel Noël, *Nouveau dictionnaire Français-Latin*, Parijs, Le Normant Père (i.e. Jean-Baptiste-Étienne-Élie Lenormand), 1824 & 1825, Brussel, P.J. De Mat, 1825? Exemplaar niet gevonden.

[142] Francesco Antonio Zaccaria (1714-1795), S.J., *Anecdotorum medii aevii maximam parteni ex archivis Pistoriensibus* [i.e. Pistoia] *collectio*, Turijn, Koninklijke Drukkerij, 1755, 2°.

[143] Eusebius van Caesarea (ca 263-339), *Autores historiae ecclesiasticae [...] libri novem*, Bazel, Hieronymus Froben sr & Nicolaus Episcopius sr, 1539 (catalogus E78).

[144] Etienne Baluze (1630-1718), *Vitae paparum Avenionensium*, Parijs, François Muguet, 1693 (catalogus B31).

[145] Diego de Celada (1586-1661), S.J., *De benedictionibus patriarcharum electa sacra*, Lyon, Pierre Prost, 1641 (catalogus C125).

[146] Een *Rituale* bestaat uit vier delen, het *Sacramentale*, het *Benedictionale*, het *Processionale* en het *Liber exorcismorum*, het wordt gebruikt door de priester naast het *Missale* en het *Breviatium*; het *Psalterium* is uiteraard het boek met de psalmen zoals die in het officie worden gelezen. Het ex. van het *Rituale* is een editie van de Officina Plantiana van 1617; er zijn een nieuwe rug en hoeken in kalfsleer (?) aangebracht op een band met houten platkernen en met resten van messing sloten, met een centraal stempel met IHS in goud (Ar G VII/8).

[147] Lorenz Franz Xaver Veith (1725-1796), S.J., *De gemina delectatione caelestiac terrena relative victrice*, Mechelen, Petrus Josephus Hanicq, 1826 (catalogus V22).

[148] Id., *De primatu et infallibilitate Romani Pontificis*, Mechelen, Petrus Josephus Hanicq, 1824 (catalogus V23).

[149] Id., *Edmundi Richerii* [Edmond Richer, of Richier (1551-1631), theoloog van de Sorbonne, die de macht van het algemeen concilie boven dat van de paus stelde, en de jezuïeten als grote tegenstanders had] *Doctoris Parisini systema de ecclesiastica et politica potestate singularis dissertatione confutatum*, Mechelen, Petrus Josephus Hanicq, 1825 (catalogus V24).

[150] Joseph Gautier (1703-1756), S.J., *Prodromus ad theologiam dogmatico-scholasticam, ad usum praecipuè candidatorum Sacrae Doctrinae*, Keulen & Frankfurt, op de kosten van Johann Michael Joseph Pütz, 1756 (catalogus G13).

[151] Georg Lienhardt (1717-1783), O. Praem., *Iter trium dierum in solitudine. Exodi 3, v. 5. [...] seu Sacra exercitia [...] classis III*, Augsburg, Matthäus Riegers zonen, 1778 (catalogus L222) (blijkbaar zeer zeldzaam geworden).

[152] Het *Graduale* en het *Rituale*.

[153] Dionysius Sandellius, i.e. Vincenzo Fassini, O.P.

[154] Geen beantwoordend werk van Febronius in 5 delen in-12° terug te vinden.

[155] Gerestaureerd; de prijs slaat op de etiketten.

[156] Een rituale en een psalterium.

Migne. Theologiæ Cursus Completus

1	2	3	4	5	6	7	8	9	10	11	12	13	14
LOCIS THEOLOG. VARIÆ APPENDICES	DE VERA RELIGIONE DE PRIMATU ROM. PONTIFICUM	DE VERA RELIGIONE DE PRIMATU ROM. PONTIFICUM	DE ECCLESIA AUCTOR. ET INFALLIB. ROM. PONTIFICUM	DE ECCLESIA VARIÆ APPENDICES	DE SS. FIDE PROPOS. INCARNAT. ET ENCHIRID.	DE DEO ANGELIS OPIFICIO MUNDI ET 4 NOVISSIMIS	DE SS. TRINITATE CULTU SANCT. ET MYSTERIIS CHRISTI	DE INCARNAT. ET CULTU SS. CORDIS	DE GRATIA	DE CONSCIENT. ACTIBUS HUMAN. ET PECCATIS	DE LEGIBUS	DE LEGIB. FIDE SPE ET CHARITATE	DE DECALOGO VARIÆ APPENDICES

D'ACHERY SPICILEGII TOM. I · TOM. II · TOM. III

DE HÆRESI JANSEN.

PETAV. THEOL. DOGMA. TOM. I · II · III · IV · V · VI

16	17	18	19	20	21	22	23	24	25	26	27	28
Migne	Migne	Migne	Migne	Migne	Migne	Migne	Migne	Migne	Migne	Migne	Migne	Migne
THEOLOGIÆ	THEOLOGIÆ	THEOLOGIÆ	THEOLOGIÆ	THEOLOGIÆ	THEOLOGIÆ	THEOLOGIÆ	THEOLOGIÆ	THEOLOGIÆ	THEOLOGIÆ	THEOLOGIÆ	THEOLOGIÆ	THEOLOGIÆ
CURSUS COMPLETUS	CURSUS COMPLETUS	CURSUS COMPLETUS	CURSUS COMPLETUS	CURSUS COMPLETUS	CURSUS COMPLETUS	CURSUS COMPLETUS	CURSUS COMPLETUS	CURSUS COMPLETUS	CURSUS COMPLETUS	CURSUS COMPLETUS	CURSUS COMPLETUS	CURSUS COMPLETUS

Durand — Fides vindicata

de la Fontaine — Const. Unigenitus Theologice propugnat.

de la Fontaine — Const. Unigenitus Theologice propugnat.

p. 166-167
Jacques Paul Migne (1800-1875), priester, journalist en uitgever, wilde een *Bibliopthèque universelle du clergé* uitgeven. Zijn naam blijft vooral verbonden aan de "Migne", een verzameling van de patrologische teksten in 3,83 delen.
In 1839-1845 verscheen in 25 delen en 3 supplementen de *Theologiæ cursus completus* die, gebonden door Joseph Lefèvre, precies een plank vult.
(Maior GV/1-28)

Algemene index

A

***, *zie* Van den Eynde, Rombaut & Cuypers d'Alsingen, Joseph Ferdinand
*** prestre de l'Oratoire, *zie* Quesnel, Pasquier
A. E. J. D., *zie* Lupus, Christianus
A. H. C. T., *zie* Heylen, Adrianus
A. J. A. C. C. C. D. F., *zie* Crusius, J. A.
A. P., *zie* Poirters, Adriaan
A. R. A1
Aalst C274
Aarschot B392
abbé B. de B***, *zie* Bonnefoy de Bonyon, François-Lambert
abbé de B***, *zie* Bernard, de
Abbé Dubois, ps. van Gassier, J.-M.
Abbé***, *zie* Ducreux, Gabriel-Marin
Abeele, Karel van den, S.J. A2-A11
Abelly, Louis A12
Abraham a Sancta Clara, O.S.A. A13-A31
Abram, Nicolas M165
Achery, Lucas d', O.S.B A34, A35, G206
Acidalius, Christianus A36
Acidalius, Valens A36, C318, P1
Acosta, Joseph M165, M166
Acquaviva d'Aragon (geslacht) S249
Acropolites, Georgius, *zie* Georgius Acropolita
Adam, abbé (curé de Saint-Bartélémy) A41
Adam, Alexander A42
Adamus Bremensis L232
Adamus de Sancto Victore B150
Adamus Scotus, O.Præm. A43
Adimari, Giovanni M3
Ado Viennensis G139
Adriaensens, Alexander, O.Cist. D223
Adriani, Henricus A44
Adrianus I, paus G142
Adrianus VI, paus B521, J1
Adrianus van Nicomedië, heilige Z27
Adrichem, Christianus van A45
Ælredus Rievallensis B154, B155
Æmilius, Georg A46
Aerts, Norbert, S.J. A48
Æschines D59
Æsopus A49
Affligem, abdij S49/2
Africanus, zie Julius Africanus
Afrika L210, L211
Agatha van Catania, heilige N10
Agelli, Antonio A50

Agobardus C322
Agolla, Mathias, O.S.A. A51-A53
Agricola, Stephanus N34
Agrippa ab Nettesheim, Henricus C. A54
Aguilar y Zela, Antonio de P67
Aicher, Otto, O.S.B. A55
Ailly, Pierre d' A56, A203, G54
Alagona, Petrus, S.J. A57, A249
Alamannen G50, G52, G111
Alanus Altissiodorensis B152
Alardus Amstelredamus D122, D126
Albani, Annibale P195
Albano, Ægidio, ps. van Witte, Ægidius de
Albanus, Alexander J53
Alber, Johann Nepomuk A58
Albergati, Niccolò C119
Albericus de Tribus Fontibus A59, L140
Alberoni, Giulio R129
Albert-Casimir van Saksen-Teschen C15
Alberti, Joan P168
Alberti, Joanna Katharina P168
Albertus Magnus A60, P100
Albertus Stadensis S88
Albertus van 's-Hertogenbosch A61
Albigenzen L319
Albrecht, aartshertog B27, B317, C162, C170, D43-D45, D48
Albrecht, Georg A62
Alciato, Andrea A63
Alcolea, Martinus de D103
Alegambe, Philippe S41
Alenus, Andreas A64
Alenus, Henricus A64
Aler, Paul, S.J. A65, A66
Alethinus, Theophilus, ps. van Le Clerc, Jean
Alexander Aphrodisiensis A183
Alexander de Grote C315-C318
Alexander III, paus L356, T60
Alexander VII, paus C194, D133, L114, M230, M231
Alexander VIII, paus D51, D133, M230, M231
Alexandre, Noël, O.P. A67-A77, E29
Alfonsus Maria de Liguori, heilige A78-A80, J45
Aliaco, Petro ab, zie Ailly, Pierre d'
Alix, Michael M77, M78
Alkemade, Kornelis van A81
Allacci, Leone G38, C246b
Allamont, Eugenius Albertus d' F86
Alleaume, Gilles, S.J. T61, T62
Alletz, Pons-Augustin A82-A85
Allott, William A86
Almain, Jacques G54
Aloysius van Gonzaga, S.J., heilige C134, V52, V53

Alphen (Noord-Brabant) H136
Alphonsus ab Orosco, O.S.A. A93
Alsace et de Boussu, Thomas-Philippe d' A94-A99, A136, B193, D47, L177, L285, M152, N45
Alt, Gallus G23
Alting, Menso A100, A101
Alulides Rosadis A182
Alvarez, Balthasar, S.J. S268, S285
Alvarez, Emmanuel, S.J. A102-A105
Alvarez de Colmenar, Juan A106
Alvarez de Paz, Diego, S.J. A107, B165
Amat de Graveson, Ignace Hyacinthe A108, A109
Ambrosius van Milaan, heilige A110-A113
Amelote, Denis, Orat. B255
Amicus Philalethi, ps. van Henneguier, Jérôme
Amort, Eusebius A116-A120, G117, G198
Amsterdam M88, N9
Anacharsis B34, B55-B57
Anastasius Bibliothecarius A121
Anastasius Sinaita A122
Anastasius van Antiochië T32
Anckelmann, Theodor A123
Andebertus, Matthæus B150
André, Yves-Marie M184
Andreas a Matre Dei, O.Carm. F87
Andreas Ratisbonensis S88
Andreas van Dendermonde, O.Cap. G3
Andreas, Valerius A124, E64, H109, P229, Z30, Z31
Andries, Judocus, S.J. A125, A126
Andueza, Diego Malo de A127
Angelkot, H. P167
Angelomus Luxoviensis A128
Angelus a Lantusca C155
Angelus Carletus, zie Angelus de Clavasio
Angelus de Clavasio A129, A130
Angelus de Nuce, O.S.B. L167
Angola, koninkrijk C120
Angoumois, Philippe d', O.Cap. A131
Anna a San Bartholomæo, O.Carm. A132
Anna, heilige B357
Annat, François, S.J. A134
Annat, Pierre A135
Ans, Ernest Ruth d', zie Ruth d'Ans, Ernest
Anselmo, Antonius A137
Anselmus van Canterbury A60, A138-A140, A214-A216, A233, A234
Ansgar van Hamburg, heilige L34
Anslo, Reinier H180
Anson, George W15
Antoine, Paul Gabriel, S.J. A149-A152

Antoninus Placentinus B330
Antonio de Natividade, O.E.S. M33
Antonissen, Petrus J. A153-A155
Antonius Augustinus A156, A157
Antonius Senensis, O.P. T78, T80
Antonius van Padua, heilige B356, N11
Antonius von Königsstein, O.F.M. A158
Antwerpen B317, D38, D110, D111, F75, G122, I20, P59, P216, W79
 - Begijnhof A1
 - Sint-Michielsabdij H106, M239, O79, S49/4
 - Sint-Salvatorsabdij S49/11
Apion J74
Appianus A161
Apuleius Madaurensis, Lucius A162, A163
Arboreus, Joannes A164
Archdekin, Richard, S.J. A165, A166
Archennes V99
Arcolani, Giovanni A167
Arcudius, Petrus A168
Aresius, Paulus A169
Aretinus, Joannes A201
Argens, Jean Baptiste de Boyer d' zie Boyer, Jean Baptiste
Argentré, Carolus du Plessis d' zie Du Plessis
Argonne, Noël d' A170
Arias, Franciscus, S.J. A172
Arias Montanus, Benedictus A173-A180, B246
Aristophanes A181
Aristoteles A182, A183, S273
Arminius, Joannes A184
Arnaud, Claude, Orat. A185
Arnaud, Laurentius C155
Arnauld, Antoine A186-A192, B420, H27, O41, Q24, T117
Arnauld d'Andilly, Robert E82, J71, J73-76, T37
Arnault, Antoine-Vincent D56
Arnhem, Johan van A193
Arnobius Afer C322
Arnold, Christoph L139
Arnoldus de Villa Nova A194
Arnoldus Novicomensis, zie Arnoldus de Villa Nova
Arnoldus Vesaliensis D122
Arntzenius, Joannes P1, P161
Arras, Mr d' L199
Arrhenius, Claudius L34
Artesië F35
Artner, Dominicus Jos. P198
Artopæus, Henricus H115
Artus, Thomas F50
Arvisenet, Claude A198-A200

Asinius Pollio C176b
Asper R90
Assonvilla, Christophorus ab S200
Assyriërs J78, R103, S32
Asterius, Justus, zie Stella, Joannes
Asulanus, Franciscus S150
Athanasius Alexandrinus A201, A202, B230
Athenagoras Atheniensis J88
Audeiantius, Hubertus L253
Aufidius Bassus C176b
Auger, Athanase D59
Augsburg B436
Augustijnen C306, D133, M17, O72, T106, Z33
Augustinus de Leonissa, O.S.A. A203
Augustinus, Aurelius A204-A234, B91, B279, B363, C56, C204, C298, C322, E52, G106, H42, H86, H218, H237, L27, L28, L54, L154, L362, M40, M275, N39, P33, S67, S203, S204, W32, W33
Aulæus, Christophorus A235
Aulnes, abdij V99
Auratus, Joannes, zie Dorat, Jean
Aurelius Prudentius, zie Prudentius Clemens, Aurelius
Aurelius Victor, Sextus T122
Aureolus, Petrus, zie Auriol, Pierre d'
Aurifico, Niccolo W75
Auriol, Pierre d', O.F.M. A236
Ausonius C116
Automne, Bernard A237
Avancinus, Nikolaus, S.J. A238
Avelar, Franciscus de R99
Averoult, Antoine d' A239
Averbode, abdij S49/8
Averman, Daniel H201
Averoult, Antoine d' A239
Averroes A182
Avicenna A167
Avignon (Pausen van) B31, D211
Avrillon, Jean Baptiste Elie A240-A245
Axer, Joannes, O.Præm. A246
Aymard, J. A247
Aytta, Viglius ab, zie Viglius
Ayrolo, Jacopo Maria M165, M166
Azevedo, Emmanuel de, S.J. B132
Azor, Juan, S.J. A248
Azpilcueta, Martinus A249

B

B. D. L., zie Boudereel, Cornelius
B. H., zie Hulsius, Bartholomæus
B.T.C.M.T.L., zie Bertrand, Philippe
Babenstuber, Ludwig, O.S.B. B1, B2
Babylonië J78, R103, S32

Bacci, Jacobus B3
Bacherius, Petrus B4
Backer, George de C8-C10
Backx, Rumoldus B5-B14
Badius Ascensius, Jodocus B62
Badon, Joannes P223
Baert, Frans, S.J. B330
Baets, Martinus G26
Baglivi, Giorgio B15
Bagnaia, Joannes Marius E80
Bagolino, Giovanni Battista A182
Bahusius, Gilbertus, O.Cart. P141
Baillet, Adrien B16-B20
Baillie, Bernard, O.S.B. R137
Bailly, Louis B21, B22
Baius, Michael B23, V20
Balbinus, Bohuslaus, S.J. B24
Baldi, Mattia, O.Cap. B25
Baldus de Ubaldi B26
Balen, Matthys J72
Balin, Jean B27
Ballet, François B28
Baluze, Etienne A35, A156, B29-B31, D183, M68
Balzac, Jean Louis Guez de V91
Bamberg L322
Bancke, Hermann, O.Præm. C133
Bandinus, magister B32
Banduri, Anselmo Maria, O.S.B. B33, O76
Baptista Mantuanus, O.Carm. A112, B150
Barbara van Nicomedië, heilige B429
Barbeyrac, Jean G195
Barbié du Bocage, Jean Denis B34
Barbosa, Augustinus B35, B36
Barchin, Hieronymus Paulus R25
Barcia y Zambrana, José de B37-B39
Barclay, John B40, K50
Barlæus, Caspar B96, B433, H180
Barlandus, Hadrianus B41
Barnaige, René de B46
Baronius, Cæsar B42-B48, B299, F38, M303, M304, P2, P50, S180, S181, T137
Barradius, Sebastianus, S.J. B49, B50
Barre, Joseph B51
Barruel, Augustin, S.J. B52, B53
Bartetschko, Andreas B54
Barthélemy, Jean-Jacques B55-B57
Barthius, Casper B58, C318
Bartholinus, Casparus (1585-1629) B59
Bartholomeus a Martyribus, O.P. L352
Bartholomeus episcopus G206
Bartholt, François T16
Bartoli, Daniello, S.J. B60
Bartoli, Pietro Santi D89

Bartolus de Saxoferrato B26
Baruffaldi, Girolamo B61
Barvoet, Alexander, S.J. C323
Basa, Dominicus G139
Basel, concilie P148
Basilius de Grote A228, B62, C56, L267
Basin, Bernard S186
Basnage de Beauval, Jacques B63, C46, F128
Basse-Wavre R140
Basso, Antonio V34
Basson, Thomas S112
Bast, Martin-Jean de B64-B67
Bastide, Philippe, O.S.B. M5
Batteux, Charles H200
Batthyani, Jozsef P150
Baubel, Herman, O.Cist. B68
Baudeloo (Gent), abdij S44
Baudrais, Jean B69
Baudrand, Barthélémi, S.J. B70
Bauduin, François C322
Bault, Charles B71
Baumans, Henri C86
Bauwen, Cornelius, O.F.M. B72
Bavay B67
Bavière, G.J. van den B73
Baxius, Nicasius, O.S.A. B74, M18, V10
Bayer, Benedictus, O.Præm. F114, S74, T13, T127
Bayle, Pierre B75
Beauchamp, Alphonse de B76
Beaucourt de Noortvelde, Patrice Antoine de B77
Beaugendre, Antonius, O.S.B. H146
Beaumont, familie de B478
Beaumont, Christophe de S309
Beaurain, Jean de B78
Beauvais, Jean-Baptiste de B79
Beauzée, Nicolas G91
Bebel, Heinrich F51
Becanus, Martinus, S.J. B80-B86
Bechinie, Bernardus, O.Cist. B87
Becmann, Johann Christoph B88
Becourt, Bruno, O.Præm. H185, M55
Beda Venerabilis B89, G139
Beeckmans, Benoît H138, L162, W56
Beek, J. A. van B90
Beer, Boudewijn de B91
Beeverell, James B92
Begerus, Laurentius B93
Begga, heilige R144
Beieren R6
Beijer, Johannes Coenraad B95
Beka, Johannes a B96
Beleth, Jean D215
België, zie Nederland(en)
Bellarminus, Robertus, S.J. B97-B109,
F126, G155, M304, O77, S21
Bellecius, Aloysius, S.J. B110, B111
Bellemans, Daniel, O.Præm. C291
Bellemare, Jean-François B112, B113
Bellerus, Petrus B150
Bellinzaga, Isabella Cristina, heilige B114
Bellori, Giovanni Pietro D89
Ben Meir de Balmes, Abraham A182
Bence, Joannes, Orat. B115, B116
Benci, Francesco, S.J. P93
Benedictijnen A34, B510, F102, M2, M5, P45
Benedictus Fidelis a Sancto Philippo, O.F.M. B117, B118
Benedictus van Nursia, heilige A228, B119-B121, C25, C56, M156
Benedictus XIII, paus B122, H173, M231, O20
Benedictus XIV, paus A80, A150, B123-B132, G148, I10-I13, J34
Bentivoglio, Guido B133
Bentley, Richard H201
Berardi, Carlo Sebastiano B134
Bérault-Bercastel, Antoine-Henri de B135
Berg, hertogdom K49
Berg(e), Christiaan van den B136, B145
Berge, Godevaert vanden C270
Bergen (Mons) B425, C49, G133
Bergh, Hendrik, graaf van den W1
Berghes de Glymes, Alphonse de B137
Bergier, Nicolas-Sylvestre B138-B143
Bergman, Jean Théodore B144, F37
Berkel, Bartholomæus van, S.J. F107
Berlaymont, Louis de D49
Berlo, Ferdinand de D49
Bermyer, Philippes B296
Bernagie, P. P167
Bernard, abbé de B146
Bernardin de Saint-Pierre, Jacques-Henri de B147
Bernardo, Luca, O.S.B. J50
Bernardus Clarævallensis, zie Bernardus van Clairvaux
Bernardus de Fresneda L338
Bernardus Fontis Calidi E3
Bernardus van Clairvaux A214-A216, A233, A234, B148-B155, B423, P33, Q1, S16, S22, S44, V9
Bernegger, Matthias S294
Bernier, François B156
Bernières-Louvigny, Jean de B157
Béroalde de Verville, François B169
Beroaldus, Philippus A162
Bertet, Théodose, O.Cap. B158
Berthault, Pierre-Gabriel F12, F13
Berthier, Guillaume-François B237, B239, B240, L284

171

Bertholet, Jean, S.J. B159
Berti, Joannes Laurentius, O.S.A. B160
Berti, Paulinus, O.S.A. R99, T109
Bertieri, Giuseppe, O.S.A. G22
Berton, Ambrosius, O.S.A. Y3
Bertram, Bonaventure Corneille B161
Bertrand, Philippe B162, N17
Bertrand de Molleville, Antoine-François B163
Bertrant, Joseph, O.Præm. B164
Besançon H156
Besombes, Jacobus B166
Bessæus, Petrus, *zie* Besse, Pierre de
Besse, Pierre de B168
Bessin, Guillaume, O.S.B. G140
Besson, Jacques B169
Betuleius, Xystus, *zie* Birck, Sixtuss
Beyerlinck, Laurentius B170, L253
Bèze, Théodore de G179
Biberach S20
Bibliotheca Naniana M213
Bibliotheca Sebusiana H163
Bidermann, Jacob, S.J. B277
Bidloo, Govard B278
Bie, Cornelis de B330, C291
Biet, Augustinus, O.S.A. Y3
Bigato, Marcus Antonius, O.Præm. B279
Billieus, Cornelius S303
Billius, Jacobus, *zie* Billy, Jacques de
Billot, Jean B280-B282
Billuart, Charles-René B283-B285
Billy, Jacques de B286, J53
Bincken, Hubert B287
Biner, Joseph, S.J B288
Binet, Etienne, S.J. B289-B291, L361
Bingham, Joseph B292, B293
Binnart, Martin B294
Bins de Saint-Victor, Jacques B. M. B295
Binsfeld, Peter B296
Binterim, Anton Joseph B297
Birck, Emmanuel, O.S.A. L16
Birck, Sixtus, O.S.A. L16
Birconius, Simon L253
Birgitta van Zweden, heilige S298
Biroat, Jacques B298
Bisciola, Joannes Gabriel, S.J. B299
Bisselius, Joannes, S.J. B300
Bitaubé, Paul-Jeremie B301
Biverus, Petrus, S.J. B302, B303
Blaeu, Johan B304, B305, G196
Blackwell, George T87
Blampin, Thomas A218
Blanchard, Antoine B306
Blanchard, Jean-Baptiste B307
Blanck, Michael, O.Præm. B308
Blanpain, Jean, O.Præm. B309
Bleuwart, Joannes L253

Blijvenborch, Abraham Willemsen G27
Bloemardinne H127, H132
Blois, Louis de, O.S.B. B310-B313
Blomevenna, Petrus, O.Cart. D122-D124, D126
Blommaert, Abraham B271
Blondel, Jean-Baptiste B314
Blosius, Ludovicus, *zie* Blois, Louis de
Boccaccio, Giovanni B315
Boccalini, Traiano B316
Bochart de Sarron, François, bisschop van Clermont A195
Bochius, Joannes B317, L253
Bocous, Joseph F22, F23
Boddaert, Pieter B318
Bodenus, Joannes B319
Böcken, Placidus, O.S.B. B320
Boecop, Arnoldus à L253
Boehmer, Just Henning B321, B322
Boerhaave, Herman S305
Boerner, Christian Friedrich L147
Boethius, Anicius Manlius Severinus A182, B323
Boeye, Andreas de, S.J. B324, P227
Bogaard, A. v. d. P167
Bogaert, A. H183
Bohemen B24, F24
Boileau, Charles B325, B326
Boileau, Jacques G137
Boileau-Despréaux, Nicolas B327
Boisot, Charles de, O.S.A. A227
Boiste, Pierre-Claude-Victor B328
Bolingbroke, Henry Saint John B329
Bollandus, Joannes, S.J. B330, B331, T62
Bolswert, Boetius à B421, H233, M88, S289-S292
Bona, Joannes, O.Cist. B332-B341
Bonacina, Martinus B342-B345
Bonaert, Nicasius, S.J. P15
Bonafous, *zie* Fontenay, Louis-Abel de Bonafous
Bonaventura, heilige A206, B346, B356
Bonaventura van Oostende, O.Cap. B347, B348
Bond, Joannes H199, P95
Bonfrerius, Jacobus, S.J. E82, L185, M165, M166, W17
Bonifacio, Baldassare B350
Bonifacius VIII, paus B351
Bonifatius van Mainz, heilige S76
Bonifatius van Lausanne, heilige S165
Bonilla, Juan de, O.F.M. B352
Boniver, Norbertus, O.Præm. B353
Bonne Espérance, abdij M13, O7
Bonnefoy de Bonyon, François-Lambert B146
Bonomi, Giovanni Francesco D49

Bont, Guilielmus B26
Boon van Engelant, K. H184, Z29
Boon, C. W26
Boonen, Jacobus B354, B392, P40, P41
Bor, Pieter Cristiaenszoon B355
Bor, Salomon C121, C122, S192
Borde, Petrus C155
Borde, Philippe C155
Bordeaux A237
Borght, Jan van der, O.F.M. B356
Borgia, Franciscus de, S.J., heilige B296
Born, Walterus, O.Cart. B357
Bornem, Sint-Bernardusabdij D223
Borre, Nicolaas de B358
Borremans, Nicolaas B432
Borromæus, Carolus, heilige B359-B361, D6, F88, P68
Borzita, Georgius Adamus C215
Bos, Lambert van den B362, J72
Bosc, Nicolas de, zie Nicolaus de Bosco
Bosch, Bernardus de L59
Boschius, Petrus B330
Bossaerts, Bernardus, O.Præm. B388, C222, T82
Bosschaerts, Willibrordus, O.Præm. B363-B368
Bossche, Petrus vanden B369-B372
Bossuet, Jacques-Bénigne A72, B373-B380, C98, M309
Bossuyt, Jacobus van, O.S.A. B381-B384
Botero, Giovanni K50
Bottens, Fulgentius, O.F.M. B385
Boubereel, Cornelius, Orat. B386
Boucat, Antoine B387
Bouchat, Petrus, O.Præm. B388, R47
Bouchel, Laurent B389
Bouchier, Gilles, S.J. B390, C143
Bouchy, Philippe, S.J. B391
Bouckaert, Judocus B392
Boudart, Jacobus B393-B395
Boudewijn van Avesnes B396
Boudon, Henry Marie B397
Boudot, Joannes B398
Boudot, Paulus T78
Bouelles, Charles de E37
Bouhours, Dominique, S.J. B399-B401
Bouillart, Jacques, O.S.B. U5
Bouille, Pierre, S.J. B402, L185
Boulenger, Jules César, S.J. B403
Boulez van Waregem, Joannes Benedictus Leopoldus E19
Boullenois, Jean-Baptiste B404
Boulliau, Ismaël D184
Boullier, M. H46
Boulogne F35, M36
Boulogne, Etienne-Antoine de B405
Bourdaloue, Louis, S.J. B406-B419

Bourdouïn, le sieur S158
Bourgeois, Jean B420
Bourgeois, Joannes, S.J. B421
Bourgeois du Chastenet, Louis B422
Bourgoin de Villefore, Joseph-François B423
Bourgoing, François, Orat. B424
Bourgondië H123
Boussard, Geoffroy E76
Boussu, Gilles-Joseph de B425
Boutauld, Michel B426, B427
Boutillier de Rancé, Armand-Jean, *zie* Le Bouthiellier, A.J.
Bouvet, Joachim, S.J. B428
Bouwens, Andreas B429
Bovillus, Carolus, *zie* Bouelles, Charles de
Bovosius, Rainerius T109
Boxhorn, Hendrik M292
Boxhorn, Marcus Zuerius van C308, R57
Boye, Andreas de, *zie* Boeye, A. de
Boyer d'Argens, Jean Baptiste de B430
Boze, Claude Gros de R106
Brabant, hertogdom A47, A137, B533, B534, C68, C172, D131, F47, G132, G133, G192, H15, H38, K16, K39, K40, L305, L306, M167, M262, N37a, R50, S49, S50, S53, S161, S302, T14, V1, W121
Brabant, circaria A38?, O16
Brachelius, Joannes Adolphus B431
Brakel, Arnout van B165
Brandt, Geeraart B432, B433, G196, H180, H182, T3, T6
Brandt, J. H183
Brasichellen, Giovanni Maria, *zie* Guanzelli, Giovanni M.
Brasseur, Philippe B434
Brassica, Jacobus S303
Brassicanus, Joannes Alexander E37
Brassinne, Andreas B435
Braulio Cæsaraugustanus I25
Braun, Placidus B436
Braunman, Rutger-Simon, O.Præm. B437, B438
Brauns, Henricus Christianus B439
Bravo de la Serna, Marcos B440
Bredan, Daniel A234
Brederode, Pieter Cornelis van C281, C282
Bremen H156
Brerewood, Edward W17
Bret, Antoine M265
Bretagne D23-24
Bretagne, Claude de, O.S.B. B441
Bretonneau, François, S.J. B408, B442, C154
Briel, Den A81

Brienen, Abraham van B476, B477
Briet, Antoine S306
Brignon, Jean, S.J. F94, F95, S117, T69
Brizard, Gabriel B478, M7
Brochardus, *zie* Burchardus
Brodeau, Jean B479
Broeckaers, Rebecca G26
Broeckhoff, Johan Pieter P222
Broeder, Joannes S182b
Broedersen, Nicolaus B480
Broek, L. v. L209
Brooman, Lodewijk B481
Brouart, Louis, S.J. L13
Broukhusius, Janus A100, A101, H183, P146, P167, R2
Broustin, Etienne B482
Brouwer, Christ., S.J. B483
Bruessel, P. N. van Y1
Brugge B77, C320, G191
Brugman, Pieter S115, S116
Brugnoli, Benedetto D119
Bruhezen, Joannes a L340
Bruin/Bruyn, Claas H205, H206, J74, L359
Brumoy, Pierre, S.J. L284, O69
Brun-Lavainne, Elie-Benjamin-Joseph B484
Bruno, Jacobus Pancratius C71
Bruno, Vincenzo, S.J. B485-B487
Brunsemius, Petrus B488
Brunus, Conradus C207
Bruschius, Gaspar B489
Brussel M52, O62, R108, S259, Y1, Y2
 - begijnhof De Wijngaard S49/19
 - kartuizerklooster S49/20
 - paleis van de hertogen S49/22
 - Sint-Pietersabdij S49/18
 - Sint-Michiels & Sint-Goedele C10, C168, C169, G182, S49/1
 - Sint-Jacob-op-Koudenberg S49/17
Brutus, Lucius Junius L209
Bruyn, Cornelis de B490
Bruyn, P. de P223
Bruyn, Paul de, O.Præm. P62
Bruyninkx, Franciscus, O.S.A. Y3
Bruzen de la Martinière, Antoine-Augustin F77, O85
Brzezyna, Cajetanus, O.Cist. B491
Buccio, Michele Angelo B43
Buchanan, George B492, B493, C175, D34
Buchelius, Arnoldus B96
Bucherius, Ægidius, *zie* Bouchier, Gilles
Buchler, Johann B494, B495
Buck, Adriaan de, O.Præm. B323
Budæus, Guilielmus H66
Buddeus, Joannes Franciscus B292

Buder, Christianus Gottlieb S260, S261
Bue, Jacobus de B330
Buecken, Martinus Geldolphus van der B496
Buelens, Jan-Baptist B497, B498
Büttner, Dominicus, O.Cist. B499
Buffon, George-Louis Leclerc, comte de B500
Buininck, Goswin Joseph von S168
Buisseret, François D49
Bukentop, Hendrik de, O.F.M. B501-B507, W92, W93
Bullet, Jean-Baptiste B509
Bullialdus, Ismael, *zie* Boulliau, Ismaël
Bullock, George E74
Bullot, Maximilien H77
Bulteau, Louis, O.S.B. B510
Bultelius, Gislenus L253
Buno, Johann C202
Buonaccorsi, Biagio M8
Buonanni, Filippo B511
Burana, Joannes Franciscus A182
Burch, Henricus Franciscus vander B512, M60
Burchardus de Monte Sion, O.P. E82
Burchardus Urspergensis B513, B514
Bure, Guillaume de C85
Buren, Nicolaas van, S.J. A172
Buret de Longchamps, Pierre-Nicholas B515, B516
Burg, J. v. H180
Burghaber, Adam, S.J. B517
Burgundia, Antonius a B518
Burgundius, Nicolaus B519
Buri, Friedrich Karl von G201
Buri, Heinrich Wilhelm Anton G201
Burlamaqui, Jean Jaques B520
Burman, Caspar B521
Burmannus, Petrus jr B522, S86
Busæus, Joannes, S.J. B523-B526
Busæus, Petrus, S.J. C48
Busche, Hermann von dem D123
Busenbaum, Hermann, S.J. A80, B526-B530
Busius, Joannes J15
Bussières, Jean de, S.J. B531
Buthilierus, *zie* Rancé, A. J. Le Bouthilier de
Butkens, Christophre B533, B534
Butler, Alban B535-B550
Butler, Charles B540
Buxtorf, Joannes B541, B542
Buxtorf de Jongere, Joannes B542
Buyts, Helena B318
Buzelin, Jean, S.J. B543
Byzantium C213, C214, D184, L2

173

C

C*** B***, zie Bault, Charles
C. D. C. Theologum Eutopianum, ps. van Witte, Ægidius de
C. D. W. zie Witte, Cornelius De
C. J., sieur C189
C. P. O83
C. S. e S. J. zie Scherffer, Charles, S.J.
C. V. P222, R116
C. V. D. L209
C. V. D. P. P222
C. V. H. J. P222
Caauw, P. S167
Cabassutius, Joannes C1-C3
Cacegas, Luis de, O.P. L352
Cadenet, Pierre de C4
Caenen, Jan Jozef C5
Caers, Jean-Baptiste, S.J. B407
Caesarius van Heisterbach H152, K38
Cafmeyer, Pierre de C7-C11
Cailleau, André-Charles C12
Caillieu, Norbert, O.Præm. C13, C14
Caimo, Joannes Robertus R82
Cajetanus, Constantinus, O.S.B. P106
Calcificis, Gerardus, zie Kalkbrenner, G.
Calentijn, Peter P36
Calenus, Henricus B392, J21
Calepino, Ambrogio, O.S.A. C16-C20
Callimachus C21
Callistratus F50
Calmet, Augustin, O.S.B. B203, B205, C22-C35
Calvin, Jean G179, H49
Cambdenus, Guilielmus J43
Cambrai A39, C110, D49, E70, G75, G133, H88, L278, M60, P59
Camerarius, Joachim sr E78, E79
Camerarius, Philippus H139
Camillo de Lellis B132
Camillo, Giulio C36
Campailla, Tommaso C37
Campegius, Symphorianus, zie Champier, Symphorien
Campester, Lambertus T49, T50
Camus, Jean-Pierre A206, C38, C39
Canda, Charles de P68
Candalla, Franciscus Flussas E72
Candido, Vincenzo, O.P. C40
Candidus Isauricus H162
Cangiamila, Franciscus Emmanuel C41-C44
Canisius, Henricus C45, C46
Canisius, Petrus, heilige C47-C51, H142, S3
Cantel, Pierre Joseph C52
Canter, Willem A174, E37
Canus, Melchior A151, C53

Capiferreus, Franciscus M. I5
Capito, Gualphango Fabrizio J50
Cappel, Louis W17
Cappelli, Marcus Antonius G155
Caraccioli del Sole, familie M299
Caraffa, Antonio G140
Caraffa, Maria B60
Caraffa, Vincenzo, S.J. B60
Caramuel de Lobkowitz, Juan, O.Cist. C55-C57
Carbaialus, Ludovicus, zie Carvajal, Luis
Carboneano, Philippus de A151
Cardenas, Joannes de, S.J. C58, C59
Carncovius, Stanislas B43
Carolinus, Godefridus C60
Carpentier, Petrus, O.S.A. C61
Carpentier, Pierre, O.S.B. D183
Carranza, Bartholomæus, O.P. C62-C64
Carrières, Louis de, Orat. B203
Carron, Guy-Toussaint-Julien C65, C66
Cartaud de la Vilate, François C67
Carthago J78, R103
Cartier, Gallus C69
Carvajal, Luis C70
Casaubon, Isaac C309, D119, G146, S294, T30
Casaubon, Meric C308
Casier, Alexis G21
Cassan, Jacques de Z41
Cassiodorus E77, E78
Castelli, Bartolomeo C71
Castillion, Joannes-Baptista-Ludovicus de C72
Castillo, Diego del, S.J. C73
Castro, Alfonso de C74
Castro, Jacobus a C75, J40
Castro, Rutgerus a C76
Castro Palao, Fernando de, S.J. C77
Catharina de' Ricci, heilige B132
Catharinus, Ambrosius, O.P. C207
Caton de Court, Charles C113
Cats, Jacob C114, O73
Cattenbroeck, Hendrik van C7, C9
Catulle, André C115
Catullus C21, C116
Caussin, Nicolas, S.J. C135, P177
Cavalieri, Giovanni Michele C118
Cavallo, Bonaventura C119
Cavazzi, Giovanni Antonio C120
Cave, William C121-C123
Caylus, Charles Daniel Gabriel, comte de C124
Celada, Diego de, S.J. C125-C127
Cellarius, Christophorus C128, C318
Cenci, Luigi C129
Cepari, Virgilius C134
Cerda, Juan Luis de la, S.J. V31, V32

Cerda, Melchiore de la, S.J. C135
Cériziers, René de C136
Cerutti, Joseph-Antoine-Joachim C137, C138
Cervicornus, Eucharius R7
Chacòn, Alfonso, O.P. C139, G200
Chæradumus, Joannes, zie Chéradame, Jean
Chalippe, Candidus, O.F.M. C140
Chamart, Nicolas, O.Præm. P115
Chamfort, Sébastien Roch Nicolas F12, F13, S29
Champier, Symphorien A167
Champion, Pierre, S.J. C141
Champion de Cicé, Louis C142, G45
Chantecler, Charles de H162
Chapeauville, Joannes C143, C144
Chappuys, Gabriel C47
Chardin, Jean B490, C145
Chardon, Charles-Mathias C146
Charlevoix, Pierre-François-Xavier de C147
Charlier de Gerson, Jean; zie Gerson, Jean Charlier de
Charvet, Claude C148
Chassaing, Bruno, O.F.M. C149
Chastillon, S.J. A65, A66
Chateaubriand, François A. R., vicomte de C150
Chaudon, Louis-Mayeul C151-C153
Chelidonius, Benedictus B32
Cheminais de Montaigu, Timoléon, S.J. C154
Chéradame, Jean C313
Cherubini, Laertio C155
Cherubino, Angelo Maria C155
Chevassu, Joseph C156-C159
Chevigny, de C160
Cheyne, George C161
Chifflet, Jean C162
Chifflet, Jules C162
Chifflet, Philippe S7-S10, T62
Chifflet, Pierre-François C163
Chignoli, Nicolas Augustin A72
Childebert, koning der Franken L212
China B428, B430, C142, G31, M105, N25
Choisy, François-Timoléon de C164
Chokier, Erasme de C165
Chomel, Noël C166
Chrisostome Matanasius, ps. van Cordonnier, Hyacinthe
Christianus Catholicus, ps. van Watelaar, J.
Christianus Philirenus, ps. van Schuur, Andreas van der
Christopherson, John E80, S173
Christophorus Philalethen, ps. van

Steyaert, Martinus
Christyn, Jean Baptiste (1622-1690) C168-C171
Christyn, Jan Baptiste (1635-1707) A137, C172-C174
Chronographus Saxo L140
Chrysoloras, Manuel C214
Chrysostomus Calabrus, *zie* Crisostomo dalla Calabria
Churchill, John, *zie* Marlborough
Chytræus, Nathan B493, C175
Ciaconio, Alfonso, *zie* Chacòn, Alfonso
Ciccarelli, Antonio P154, P155
Cicé, Louis, *zie* Champion de Cicé, Louis
Cicero, Marcus Tullius C176-C180
Cienfuego, Alvaro C73
Ciotti, Giovanni Baptista B101
Cisterciënzen B443, O22
Claes, Christianus, O.F.M. T29
Claes, Guilielmus Marcellus C181
Claes, Jacobus, O.Præm. C182, C183
Clauberg, Johann C184
Claude, Jean A192
Claudianus, Claudius C116, C185
Claus, Franciscus C104a-C105
Claus, Josephus Ignatius B38, B39, C186-C188
Clé, Joannes, S.J. J8, L124, V3, V4
Clémencet, Charles, O.S.B. D19
Clemens IV, paus M95
Clemens V, paus B351
Clemens VIII, paus B184, B186, B187, B189, B192, B194-B199, B227, B228, B251, B253, B470, B473, B474, C6, C190, I4, M193, M243-M249, O18, O19, P193-P195
Clemens IX, paus M230, M231
Clemens X, paus C191, K25, M107, M230, M231
Clemens XI, paus C192-C198, L200, L216, M230, M231, O32, Q12, R46, W31
Clemens XII, paus A117, M152
Clemens XIII, paus B61, C96
Clemens XIV, paus C199
Clément, François, O.S.B D19
Clericus, David
Clericus, Joannes, *zie* Le Clerc, Jean
Clichtoveus, Judocus B149
Clotarius I, koning der Franken L212
Clovis I, koning der Franken L212
Clutius, Augerius M178
Clutius, Rodolphus, O.P. J6
Cluverius, Philippus C200-C202
Cobbaert, Petrus, O.Præm. C203, C204
Cobenzl, Karl Johann Philipp, graaf van S256

Cochin, Charles-Nicolas C205
Cochin, Jean-Denis C206
Cochlæus, Joannes C207, I18, I24
Cock, Adrianus de C208
Cock, Theodorus de V43
Cocles, Bartholomæus C209
Cocq, Florent de, O.Præm. C210-C212a
Codde, Petrus C212b, M1, W26-W28
Codinus, Georgius C213, C214
Codurc, Philippe B219
Coehoorn, Menno van S265
Coelestinus V, paus A56
Coens, Petrus M39
Cognat, Gilbert E37
Colbe, Elias Albert C215
Colbert, Jacques-Nicolas C216
Colbert, Michel, O.Præm. A143, B446, B449, C217, G127, M236, R76
Colbert de Croissy, Charles Joachim C218, C219, P203
Colendall, Leonard B528
Colin B56
Colin, Nicolas L341
Colins, Gabriel, O.Præm. C220, C221
Collet, Godefridus, O.Præm. B353, C222
Collet, Pierre C223-C226
Collier, (J. A.?) C227
Collin, Nicolas, O.Præm. C228-C230
Collot, Pierre C38, C39
Colom, Jacob Aertsz. D34
Colonia, Dominique de, S.J. P44, V52, V53
Colonna (geslacht) M308
Colveneer, George C232
Commander, Johannes G111
Commines, Philippe de F115
Commirius, Joannes, S.J. C233
Commodianus Gazæus C322
Comnena, Anna G53
Compaignon de Marcheville, Marcel C234
Concina, Daniele, O.P. C235, C236, S45, T12
Concordia et Labore P223
Confetti, Giovanni Battista C238
Coninck, Ægidius de, S.J. C239-C242
Constanter H180
Constantinus I de Grote E80, E81
Constantinus II, tegenpaus G142
Constantinus Manasses C246b
Contarini, Gasparus C243
Contenson, Vincent, O.P. C247
Contzen, Adam, S.J. C248
Cope, Alan C249
Coppenstein, Johann Andreas B168
Cordemoy, J. L. de C251
Corderius, Balthasar, S.J. C252, C323, D121

Cordier, Maturin C253
Cordonnier, Hyacinthe C254
Coren, Jacques, O.F.M. C255
Coret, Jacques, S.J. C256-C261
Coriache, Amatus de C262, C294, D132
Coriolano, Franciscus a, *zie* Longus a Coriolano, Franciscus
Cornarius, Janus B62
Cornaro, Luigi L188
Corneille, Pierre B69
Cornelius Severus, Publius C176b
Coronel, Antonio Nunez T53
Corradus, Pyrrhus C266, C267
Corselius, Gerardus L253, W20
Corsendonk, priorij L110
Corvinus, Arnoldus C268
Cosmas Hierosolymitanus J54
Cospi, Angelo Bartolomeo C317
Cossart, Gabriel, S.J. L3
Costerius, Joannes A112
Costerus, Franciscus, S.J. B259, C269-C273
Cotonio, Antonio, O.F.M. D105
Cottem, Melchior van B481
Court, Benoît C280
Court, Charles Caton de, *zie* Caton de Court, Charles
Courtin, Germain G212
Coustant, Pierre A218
Coustelier, Antoine Urbain L147
Covarrubias y Leyva, Diego de C281, C282
Cramer, Daniel G169
Cranenbach, Hieronymus, O.Præm. A246
Cranevelt, Franciscus D122
Cranius, Gummarus C283
Crasset, Jean, S.J. C284-C287
Crassier, Guillaume de D137
Crassis, Paris de, *zie* Grassi, Paride
Cratepoleus, Petrus L337
Craywinckel, Joannes L. van, O.Præm. C288a-C294, R85
Crébillon, Claude Prosper Jolyot de C295
Crell, Jacob A194
Crenius, Thomas, ps. van Crusius, Thomas
Creux, François, S.J. M141
Crevier, Jean Baptiste Louis C296, C297, R104, R105
Creyters, Jan C298
Crinesius, Christophorus C308
Crinito, Pietro M99, P158, S150
Cripius, Guillelmus C321
Crisostomo dalla Calabria D141
Crispolti, Tullio C299
Croiset, Jean, S.J. C300, C301, V52, V53
Crom, Adrianus, S.J. C302

175

Cromer, Martin K50
Croonenborch, Mathias, O.F.M. C303-C305
Croset, Thomas M84
Croy, Robert de A39
Crusenius, Nicolaus, O.S.A. C306
Crusius, Jacobus Andreas C307, H66
Crusius, Thomas Theodor C308-C310
Cryterius, Joannes, *zie* Creyters, Jan
Cuer, Mauritius C311
Cunha, Rodrigo de L352
Cuniliati, Fulgenzio, O.P. C312
Cuperus, Guilielmus B330
Curio, Joannes A194
Curio, Valentin C313
Curtius, Benedictus, *zie* Court, Benoît
Curtius, Cornelius, O.S.A. C306, C314
Curtius Rufus, Quintus C315-C319
Custis, Charles-François C320
Cutzen, Petrus, O.F.M. F100
Cuvier, Georges B500
Cuyckius, Henricus C321, M261
Cuypers d'Alsingen, Joseph Ferdinand E90
Cyprianus, Thascius Cæcilius C117, C322, L25
Cyrillus Alexandrinus C323, L267
Cyrillus Hierosolymitanus, *zie* Cyrillus van Jeruzalem
Cyrillus van Jeruzalem C324, C325

D
D***, *zie* Bouillart, Jacques
D. D. P. D. M. D1
D. L. M., *zie* Bruzen de la Martinière
D. S. D. F. A. C. S., *zie* Fierlant, Simon (de)
D. V. D. S. P222
Dacier, André H195, P169
Dacier, Anne Lefebvre H170
Dacryanus, ps. van Blois, Louis de
Dadin de Hautesserre, Antoine D2
Daelman, Carolus Gislenus D3-D5
Daller, Franciscus Michael, O.Præm. P103
Dalmanniana, bibliotheca C81
Dam, Joannes van H184
Damasus à S. Arnoldo, O.Carm. L163
Damen, Herman D6-D9, E36, O38, O46
Damiens de Gomicourt, A.-P. D86
Danæus, Lambertus G160
Danes, Pierre Louis D10-D16, H36, K11
Daniel, Gabriel, S.J. D17
Daniel a Virgine Maria, O.Carm. D18, L207, L208
Danjou, P. C166
Dantine, Maurice-François, O.S.B. D19, D183
Dantoine, Jean Baptiste C77, D20
Dapper, Olfert D21, D22, E82, H103
Daru, Pierre Antoine Noël Bruno D23-24
Dathenus, Petrus B318
Daubenton, Louis-Jean-Marie B500
Daude, Adrian, S.J. B439, F1
Dauroult, Antoine, *zie* Averoult, Antoine d'
Dauvin, Jean D49
David, Adrien, O.Præm. D25
David, Jan-Baptist F110
David, Joannes, O.Præm C203
David, Joannes, S.J. D26-D28
Debure, Guillaume-François D29
Debussi, Louis, S.J. D30, D31
Dechamps, Etienne, S.J. D32, D33, Q14
Decker, Abraham de F71
Decker, Jeremias de D34, F71, S115, S116
Deckers, Johann, S.J. D35
Dejonghe, Henricus, O.Præm. B353, R47
Delaur, Anastase D55
Delbecque, Norbertus E63, M193, S152
Delfau, François A218
Delille, Jacques D56
Delisle de la Drevetière, François de B69
Delisle de Sales, Jean B. C. B163
Delort de Lavaur, Guillaume D57
Delrio, Martin Anton, *zie* Rio, Martin Anton del
Delsing, J. H118, N9
Demetrius Phalereus L252
Demochares Ressoneus, Antonius A139
Demosthenes D59
Dempsterus, Thomas R120
Dendermonde G133
Dens, Petrus D61-D82
Denyautius, Jacobus L253
Denys, Henri D83, H147
Denzinger, Ignace D84
Dercy, Georges P122
Dérival de Gomicourt, *zie* Damiens de Gomicourt, A.-P.
Desarme, Petrus D87
Des Bois, Englebert D49
Deseine, François-Jacques D89
Desiderius Palæophilus, ps. van Ægidius de Witte
Desirant, Bernardus, O.S.A. L127
Desjardins, Nicolaus C176b
Des Marets, Samuel H35
Desmolets, Pierre-Nicolas L147
Desnos, Nicolas D91
Despars, Nicolaes D92
Des Roches, Jean D93-D96
Destutt de Tracy, Antoine Louis Claude D97
Dethise, Franciscus, O.Præm. C222
Detnhammer, Franciscus D98
Deurwerders, Franciscus, O.P. D100
Devence, *zie* Vence, Henri-François de
Deventer D199, H122, N15a
Dewez, Louis Dieudonné Joseph D101
Dexippus, Publius Herennius H162
Déz, Jean, S.J. D102
Diana, Antoninus D103-D105
Didacus a S. Antonio, O.Carm. D107
Dielegem, abdij S49/6
Diepenheim, S. van C316
Diercxsens, Joannes Carolus D110, D111
Diericx, Charles-Louis B66, D112
Dierkens, Petrus, O.P. D113
Diest B392, H125, J33
Dieven, Guilielmus Antonius van C84
Diez, Philippus, O.F.M. D114
Dijle, departement O74
Dilherr, Johann Michael D116
Dinant B402
Dinellius, Vincentius Maria T12
Dinouart, Joseph Antoine Toussaint C141, D117, D118
Dinus Mugellanus B26
Diogenes Laertius D119
Dionisi, Renato D120
Dionysios de Areopagiet D121
Dionysius Carthusianus, *zie* Dionysius de Kartuizer
Dionysius de Kartuizer, O.Cart. D122-D126
Dionysius van Leeuwen, *zie* Dionysius de Kartuizer
Dionysius van Ry(c)kel, *zie* Dionysius de Kartuizer
Divæus, Petrus D130, D131
Doard, Nicolas D215
Dodsworth, Roger D134-D136
Doerne, Philippus van R144
Dolce, Lodovico C36
Dolmans, Petrus, S.J. B330, D137
Domairon, Louis D138
Dominicanen H104, J64, Q25
Dominis, Marcantonio de D139, V24
Donato, Girolamo J50
Donatus, Ælius T20
Doncker, G. de C11
Döring, Friedrich Wilhelm H198
Doornik M160
Dorn, Franciscus Xaverius, O.P. D140
Dorotheus Gazæus, heilige D141
Dorotheus Tyrius E79
Dosquet, Paulus R122
Douai, universiteit C131, C132, S306
Doucet, Joannes Petrus D142

Douche, Antonius, O.S.A. P235
Doucin, Louis A48
Dousa, Janus B355
Dousa, Mathæus K31
Dousa, Theodorus B96, G38
Douza, Janus, filius L240
Doyar, Pierre de C110
Drach, David B205
Drelincourt, Charles W9
Drelincourt, Laurent D143
Dresser, Matheus G160
Dreux du Radier, Jean-François D144
Drexelius, Hieremias, S.J. D145-D170
Driesch, Ignaas van den D171
Driessche, Joannes van den, zie Drusius, Joannes (1550-1616)
Drongen, abdij B164, L288
Drouas de Boussey, Claude D172-D174
Drouet de Maupertuy, Jean-Baptiste J66
Drouet, Etienne-François M296
Drouin, René Hyacinthe, O.P. D175
Drouven, Renatus Hyacintus, zie Drouin, René Hyacinthe
Druselius, f. Joannis (1608) P70
Drusius, Joannes (1550-1616) D176, D177
Drusius, Joannes, O.Præm. (1568-1634) D176-D178, P63, W17
Druys, Jan, zie Drusius, Joannes, O.Præm.
Dubois, abbé, ps. van Gassier, J.M.
Du Bois, Nicolas D179, D180
Du Bois, Philippus M309
Du Bois, prêtre, ps. van Pasquier Quesnel Q17
Du Buat Nançay, Louis-Gabriel D181
Du Cange, Charles du Fresne D182, D183
Ducas, nepos Michaelis Ducæ D184
Du Chasteler, François-Gabriel-Joseph G98
Du Chesne, André D185
Du Chesne, Martinus, ps. van Gabriel Gerberon
Duclercq, Jacques S112
Duclos, R. C12
Ducos, Jean-Charles, O.P. D186
Ducreux, Gabriel-Marin D187
Du Duc, Fronton, S.J. B62, J51
Duffel M131
Dufriches, Jacques A113
Dugdale, William D134-D136, D189
Duguet, Jacques-Joseph D190, D191, G46
Duhamel du Monceau, Henri Louis D192
Duhamel, Jean-Baptiste B189, B193
Duicius, F. L240
Duim, Izaak L209

Duitsland/Germania B51, C200, C201, H14, H66, H116, H117, H156, H157, L322, L323, M157, M161, M306, P144, S12, S75, S78, S88, S176, S261, S262, S264, T121, W119, W120
Du Jardin, Thomas, O.P. D193-D197
Du Marsais, César Chesneau D198
Dumbar, Gerhard D199
Dumeril, André Marie Constant B500
Dumesnil, Louis, S.J. D200
Du Monstier, Franciscus M309
Dumont, Jean D201, D202
Du Mont, Paul F17
Du Moulin, Louis D203
Du Moulin, Pierre, fils F72a
Du Moulin, Pierre, père F72a
Dun, Petrus Joannes Carolus van, S.J. D204
Duparc de Bellegarde, Gabriel E54
Du Perray, Michel D205
Du Pin, Louis Ellies D206-D208, G54
Du Plessis, Toussaints, O.S.B. D209
Du Plessis d'Argentré, Carolus D210
Duplessis-Mornay, Philippe G175b, R71
Dupuy, Jacques D211, G73
Dupuy, Pierre D211
Duquesne, Arnaud Bernard d'Icard D212, D213, G94, G95
Durand, Bartholomæus D214
Durand, Ursin, O.S.B. D19, M95-M98, R92
Durandus, Guillelmus D215
Durantus, Johannes Stephanus D216
Du Roujoux, Paul-Valentin D217
Dusault, Jean-Paul, O.S.B. D218
Du Sauzet, J. Fr. L59
Du Vau, Louis-François D219
Duvivier, H.-Jules D220
Dyck, Bonaventura van den, O.F.M. D221, D222
Dyck, Martinus van, O.Cist. D223
Dyckerus, F. Ig. H219
Dymphna van Geel, heilige C288b, C294

E
E. C. P., zie Witte, Ægidius de
Eachard, Lawrence E1, E2
Eadmerus Cantuariensis A140
Ebrardus Bethuniensis E3
Ebser, Johann P228
Echard, Jacobus Q25
Eckartshausen, Carl von E4
Ecke De Queppe-qui, Petrus Jacobus, ps. van Vanden Elsken, Jean Joseph
Eckhart, Johann Georg von E5-E7
Eckius, Joannes B32
Ee, Joannes I25

Eeckhout, Josephus van H9
Eersel, Govard Gerald van A171
Effen, Justus van L292
Egeïsche zee D21, D22
Eggen, Æ. D174, H87
Eghels, Joos B46
Egmond, abdij J58
Egnatius, Joannes Baptista O81
Egypte J78, L197, R103, W21
Einhard H66
Eiselin, Wilhelm, O.Præm. E9, M175, V71
Elbel, Benjamin E10-E12
Eligius Bassæus, zie Eloi de la Bassée
Eligius, Gerardus, O.Cart. R9, S302
Eligius van Noyon, heilige B170
Elikink, Bernard P223
Elisabeth Renata van Lotharingen D149, D150
Eloi de la Bassée, O.Cap. E13
Elshout, Godefroy van, O.Præm. E14, E15
Elsken, Jean Joseph vanden E16-E21
Elzevier, A. Z29
Emans, Jacobus B117, B118
Emery, Jacques-André T124
Emmius, Ubbo E22
Engel, Ludovicus, O.S.B. E23
Engeland D185, J90, T87, V49
Engelgrave, Henri, S.J. E24-E28
Enghien, François d' D180, E29, E30
Enghien, Louis Antoine Henri de Condé, duc d' B484, S68
Ennetières, Marie Philippine d' G34
Enriquez Gomez, Antonio E31
Ephrem Syrus E32
Epiphanius Scholasticus E77, E78
Epiphanius van Salamis, heilige G56
Erasmus Roterodamus, Desiderius A111, A201, A218, B62, B245, E37-E44, J69, L15, P162, S134, W9
Erbeder, Fridericus H219
Erber, Anton, S.J. E45
Erckel/Erkel, Joannes Christianus van D221, D222, E46
Ermelindis, heilige C234
Ermengardus E3
Ernestus Eremundus, ps. van Ghyse, Johannes
Ernst, Simon Pierre E47
Erythræus, Janus Nicius, pseud. van Rossi, Gian Vittorio
Esaias, abt E32
Esch, Nicolaas van J33
Escobar y Mendoza, Antonio de M165, M166
Espen, Zegher Bernhard van E48-E59

Essche, Cornelius van W111
Estienne, Henri A161, B479, C21, D119, E37, E60
Estius, Guilielmus B183, E61-E69
Ethiopië C120
Ettori, Camillo, S.J. E71
Eucharius, Eligius D122
Euclides E72
Eudes de l'Arche, Noël E73
Eugenius van Savoye D201, D202, K2, K30, M129
Eugenius IV, paus P148
Eulard, Petrus, S.J. E74
Eunapius Sardianus H162
Euripides C309
Eusebius Pamphilus, *zie* Eusebius van Cæsarea
Eusebius van Cæsarea E75-E83
Eustachius Janssenius, ps. van Bonaventura van den Dyck
Eutropius F71
Eva van Luik, heilige B159
Evagrius Scholasticus E79, S173
Ey, Silvester van E88
Eyben, Arnold E89
Eynde, Rombaut van den E90

F

F. C. M. R., *zie* Claus, Franciscus
F. G. B. Cart., *zie* Gilbertus Bahusius, O.Cart.
F. G. TS., *zie* T'Sandoel, Gaspar
F. H. C. P. S. G. T47
F. L. D. P. S. T. L., *zie* Pape, Libert de
F. P. C., *zie* Carpentier, Petrus
F. R., *zie* Roeland, F.?
F. X. de F., *zie* Feller, François-Xavier de
Faber, Antonius W20
Faber, Dionysius A56
Faber, Josephus, O.S.B. F1
Faber, Mathias, S.J. F2-F4
Faber, Petrus P161
Faber Stapulensis, Jacobus J54
Fabius, Amandus, O.Præm. H92
Fabre, Jean-Claude F61, R114
Fabri, Honoratus, S.J. F5
Fabricius, Andreas C88, C89
Fabricius, Guilielmus L165
Fabricius, Johann Albert A123, F6, L232
Fabricius, Laurentius C308
Fabrot, Charles Annibal A121, G39, C246b, N20
Fagnani, Prospero F7
Fagundez, Stephanus F8, F9
Falger, Sebastianus S174
Famars B67
Fanensis, Jacobus O81

Farnaby, Thomas M100, O82, S136
Farvacques, Franciscus, O.S.A. F10
Fassin, Christophorus F11
Fassini, Vincenzo, *zie* Sandellius, D.
Fauchet, Claude F12, F13
Fayus, Antonius, *zie* La Faye, Antoine
Febronius, Justinus, ps. van Johan Nicolaus von Hontheim
Feitema, S. H184
Feith, Rhijnvis C114
Félibien, Jean François F14
Félice, Fortunate Barthélémy de F15
Felix van Valois, heilige K41
Feller, François-Xavier de, S.J. B400, F16-F27
Felleries, Augustin de, O.Præm. F28, F29
Fénelon, François de Salignac de la Mothe F30-F34
Fenestella, Lucius, ps. van Floccus, Andreas
Fer, Nicolas de F35
Ferber, Nicolaus A158
Ferdinand van Beieren F36, P32
Ferdinand van Oostenrijk, gouverneur van de Spaanse Nederlanden G59
Ferf, Horatius Arends F37
Fernandez de Velasco, Juan F38
Ferrand, Jean, S.J. V1
Ferrand, Louis B229
Ferrari, Francesco Bernardino F39
Ferrari, Ottaviano F40, G131
Ferraris, Lucius, O.F.M. F41
Ferreras, Juan de F42
Ferrerius, Vincentius P69b
Ferus, Joannes, *zie* Wild, Johann
Festus, Sextus Pompeius C19
Févret, Charles D2
Fibis, Maximilianus C133
Fidelis van Sigmaringen B132
Fiedler, Aloysius W., O.Præm. F43
Fierlands, Joannes Emmanuel B481
Fierlant, Simon de F44, F45
Figar, Andreas C133
Filesac, Jean M165, M166
Filippijnen G31
Filippo Neri, heilige B3, G5
Filips II, koning van Spanje F46, L195, S86
Filips IV, koning van Spanje F47, F48
Filips de Stoute, hertog van Boergondië S145
Filliucius, Vincentius F49
Filostratos jr. F50
Filostratos, Flavius F50
Filzbauer, Thaddæus Josephus P198
Fiocco, Andrea Domenico F51
Firmicus Maternus, Julius C322

Firmus van Sint-Truiden, O.Cap. F52
Fischer, Adolphus Joannes Baptista P198
Fischer, Michaël Franciscus P198
Fisen, Bartholomæus, S.J. F53, F54
Flaccius Illyricus, Mathias S193
Flaminius, Marcus Antonius F55
Flavius Josephus, *zie* Josephus Flavius
Flayder, Friedrich Hermann F56
Fléchier, Valentin-Esprit F57, F58
Flerontinus, Adrianus L253
Fleury, Claude C30, C31, F59-F65, H160, H173, H216, R114
Floccus, Andreas D., *zie* Fiocco, Andrea D.
Floriot, Pierre F66
Florisoone, Prosper F67
Florus, Campianus F68
Florus, Lucius Annæus F69-F71, L270
Focquenbergues, Jean de F72a
Foere, Leo de F72b
Folard, Jean-Charles de C27
Fonseca, Antonius V80
Fontaine, Nicolas L148
Fontanus, Franciscus T109
Fontenai, Pierre-Claude L284
Fontenay, Louis-Abel de Bonafous, abbé de F73
Foppens, Joannes Franciscus E64, F74-F76, M219
Foppens, Wilhelmus C92, F99
Forcellini, Egidio N30
Formey, Jean Henri Samuel F77
Fornarius, Martinus, S.J. L273, T102
Fortius, *zie* Lefort
Fortunatus, Venantius H145
Foullon, Jean-Erard, S.J. F78-F80
Foy, O.L.V. van (Dinant) B402
Fraats, Martinus Antonius F81-F84
Fraeys, Joannes D87
Franchis, Lauretus de, *zie* Franco, Loreto
Francisco de la Piedad, *zie* Piedad, Francisco de la
Franciscus van Assisi, heilige A228, C56, C140, P76
Franciscus Bonæ Spei, O.Carm. F85, F86
Franciscus Borgia, heilige V52, V53
Franciscus à Coriolano, *zie* Longo, Francesco
Franciscus de Hieronymo, heilige K36
Franciscus a Jesu Maria, O.Carm. F87
Franciscus de Paula, heilige G25
Franciscus a Puero Jesu, O.Carm. F88
Franciscus van Sales, heilige C38, C39, F89-F100, M141
Franciscus Xaverius, heilige B400, B401, V37, V52, V53
Franciscus, P. P167
Franciscanen, *zie* Minderbroeders

Francius, Petrus A100, A101, H183
Francken, Wernerus H219
Franco, Loreto F101
François, Jean, O.S.B. F102
Frankenberg, Johann Heinrich von F103-F106, H238
Frankrijk B389, B543, D17, D211, F12, F13, F24, F35, G70, G110, H93, H94, L47, L133, L284, M33, M72, M317, S27, T121, V100
Frans I, koning van Frankrijk D205
Franzoia, Angelo B530
Fraula, François-Joseph de, S.J. F107
Fraxinellus, Paulus F108
Frayssinous, Denis de F109, F110
Fredegarius Scholasticus G147
Frederik II, koning van Pruisen F111, F112
Frederik V van de Palts W48
Freinsheim, Johann C315, C316, C318, F70, L272
Fremin, Petrus R9
Frey de Neuville, Charles, S.J. F113
Fridl, Marcus B37
Friesland A100, A101, B365, E22, G213, H225, L19, S115, S116
Frischlinus, Nicodemus C21
Frischmann, Procopius, O.Præm. H84, S73
Frisius, Justus, S.J. L187
Fritsch, Adrianus, O.Præm. F114
Froelich, Erasmus K15
Froidebize, Matthieu W70
Froissart, Jean F115
Fromageau, Germain L44
Fromentières, Jean Louis de F116
Fromm, Andreas F117
Fromondus, Eustachius F119
Fromondus, Libertus F118-F122, J21
Fronteau, Jean F123
Fronto Ducæus, *zie* Du Duc, Fronton
Fronto, Joannes, *zie* Fronteau, Jean
Frusius, Andreas, S.J. F124
Fugger, Marcus B43
Fulda S76
Fulgentius, Claudius Gordianus F125
Fuligatti, Giacomo, S.J. F126
Fullo, Petrus, *zie* Gnaphæus, Petrus
Fumus, Bartholomæus, O.P. F127
Furetière, Antoine F128
Fuscus, Cornelius L231
Fyne, Passchier de F129

G

G. B. P222
G. D. B., *zie* Backer, Georges de
G. G., *zie* Gheybels, Gilbert
G. G. R. theologi, *zie* Keller, Jacob
G. H. S. T. D., *zie* Huygens, Gummarus
G. V. E. P172, P173
G. V. S. P222
G. V. V., *zie* Velden, Gerardus van
Gabriel van Antwerpen T17
Gabrielis, Gilles F44, G1
Gaches, Raymond F72a
Gacon, François G2
Gaetano da Tiene, heilige M11
Gaetano Maria da Bergamo, O.Cap. G3
Gagneius, Joannes B183
Gailler, Franciscus Salesius B38, B39
Galama, H. B316
Galesinus, Petrus G146
Galland, Antoine H91
Galle, Joannes B268, B269, B289
Gallonio, Antonio G4, G5
Gallucci, Angelo, S.J. G6
Gallutius, Tarquinius G7
Galopin, Georges G8
Gamaches, Philippe de G9
Gambart, Adrien G10
Gameren, H. G. van B193, C107
Gargon, Matheus B318, C22
Garnier, Jean, S.J. A218
Garnier, Jules, O.S.B. B62
Garzoni, Tommaso H236
Gaspar a S. Maria Magdalena de Pazzis, O.Carm. G11
Gassendi, Pierre B156
Gassier, J.-M. G12
Gastelius, Gregorius, O.S.B. S211
Gaufredus Autissiodorensis, *zie* Godofredus Altissiodorensis
Gaufredus Clarævallensis, *zie* Godofredus Altissiodorensis
Gaultier, René M266, R59
Gautier, Joseph, S.J. G13
Gautier de Faget O53
Gautius, Hubert A160, R17, R18, R20
Gautruche, Pierre, S.J. G14, G15
Gavantus, Bartholomæus A185, B435, G16, G17, M169a
Gayot de Pitaval, François G18
Gazæus, Alardus J50
Gazæus, Theodorus J50
Gazet, Angelin, S.J. G19, G20
Gazet, Guillaume G21
Gazzaniga, Petrus M., O.P. G22
Gebel, Tutilo G23
Geerts, Cornelius, S.J. J8, M319
Gelabert, Melchior S30
Geldenhauer Noviomagus, Gerardus G122
Gelderland K32, L19, P187
Geldre, Joannes M74

Gelenius, Sigismundus J69, P162
Geluwe, Arnout van G26-G29
Gemelli Careri, Giovanni Francesco G31
Genebrardus, Gilbertus O64, O65
Gener, Joannes Baptista G32
Generé, Franciscus, O.Præm. G34, G62
Gennazáno S18
Genovesi, Antonio G35, G36
Gent B317, D88, D112, L214, P59
Geoffroy Saint-Hilaire, Etienne B500
Geoffroy, Julien Louis R4
Georg, Æmilius, *zie* Æmilius, Georg
George I, koning van Engeland B329
Georgel, avocat G37
Georgel, Jean-François G37
Georgius ab Austria L215
Georgius Acropolita G38
Georgius Cedrenus G39
Georgius Pachymeres D121
Georgius Syncellus G40
Georgius Trapezuntius G146
Georgius, abt, *zie* Lienhardt, Georg
Geraardsbergen M313
Gerartus Falkenburgius Noviomagus, *zie* Geldenhauer Noviomagus, Gerardus
Gerberon, Gabriel A140, G41-G46
Gerbert, Martin, O.S.B. G47-G52
Geremarus van Beauvais, heilige G206
Gerhoh von Reichersberg G53
Gerlacus van Houthem, heilige T47
Germain, Michel, O.S.B. M4
Germanen E6, E7
Germanus Palæophilus, ps. van Witte, Ægidius de
Germanus Philalethes Eupistinus, ps. van Platel, J.
Gerson, Jean Charlier G54, S186
Gertrudis van Helfta, heilige G55
Gertrudis van Nijvel, heilige R145
Gervaise, François-Armand G56
Gervaise, Nicolas G57
Gessner, Conrad C16, C17
Gestel, Cornelius van G58
Gevaerts, Jan Gaspard G59
Ghenart, Antonius G211
Ghenne, Thomas Lambertus G62
Ghesquière, Joseph, S.J. B330, G63-G65, W25
Gheybels, Gilbert, O.Præm. J33
Ghindertalen, Carolus Jacobus van B481
Ghys, Daniel B315
Ghyse, Johannes G66
Ghyselbrecht, Godefridus, O.Præm. A43
Giacomelli, Michel Angelo B125
Giannone, Pietro G67, G68
Giattini, Giovanni Battista P10, P11
Gibbon, Edward G69

179

Gibbons, Richard, S.J. T102
Gibel, Abraham C308
Gibert, Jean-Pierre G70
Gibert, Petrus C264
Gilbertus Crispinus A140
Gilbertus de Hoilandia B149, B150, B152-B155
Gilbertus Porretanus A182
Giles de Gabriel, *zie* Gabrielis, Gilles
Gillemans, Johannes B359
Gillet, Louis Joachim J77
Gillet, Servatius, O.Cist. B121, G71, G72
Gillot, Jacques G73
Gillot, Jean A112, B151
Gils, Antonius van G74, G75
Ginguené, Pierre Louis F12
Ginther, Antonius G76-G87
Giorgi, Domenico B45, B47, G88
Giovanni Giuseppe di Santa Teresa, O.Carm. G89
Giovio, Paolo G90
Giraldi, Lilio Gregorio P158, T30
Girard, Albert M90
Girard, Claude P199
Girard, Dominique K30s
Girard, Gabriel G91
Girard, N. G92, G93
Giraudeau, Bonaventure, S.J. G94, G95
Giry, François G96
Giselinus, Victor E37, G97
Gislebertus Montensis G98
Giustinelli, Pietro, S.J. G99
Givvara, Petrus, *zie* Alagona, Petrus, S.J.
Glareanus, Henricus O81
Glazemaker, Jan Hendriksz G100
Glen, Jean-Baptiste de, O.S.A. G101
Glycis, Michael G102
Gnapheus, Petrus G165, G176
Goar, Jacques, O.P. C213, G39, G40
Gobat, Georges G103
Gobinet, Charles G104
Gockinga, Hendrik M154
Godeau, Antoine G105, G106
Godefroy, Denis J86, J87
Godefroy, Jacques J86
Godelieve van Gistel, heilige S171
Godescard, Jean-François B535, B536, B538-B540
Godfried van Kappenberg, O.Præm. P182
Godofredus Altissidorensis B154, B155
Godofredus, Petrus E37
Godsalfus, Edouardus E80
Goeree, Wilhelm G108
Goes, Ant. Jansz. van der H183
Goffar, Antonius B342
Goffine, Leonard, O.Præm. G109
Gohard, Pierre G110

Goldast, Melchior G53, G111, G168, P50
Goldhagen, Herman, S.J. G112
Golius, Jacobus M105
Gomarus, Franciscus C269
Gondi, Charles de, marquis de Belle-Isle G113
Gonet, Joannes Baptista, O.P. G114, G115
Gonnelieu, Jérôme de, S.J. T73
Gonzalez de Santalla, Tirso, S.J. G116
Gonzalez Mateo, Diego, O.F.M. A116, G117
Gonzalez Tellez, Emanuel G118
Gorcum E65, E66
Gorcum, Jan van B271, E64
Gordon, James Bentley G119
Goris, Joannes G196
Gorkom, Melchior-Lambert van G120
Gormaz, Joannes-Baptista, S.J. G121
Goropius Becanus, Joannes G122
Gosset, Pierre, O.Præm. B444, M234
Goten J66
Gother, John G123
Gothofredus, Jacobus, *zie* Godefroy, Jacques
Goto, Joannes, heilige V52, V53
Gottesgnaden, abdij L203
Gotti, Vincenzo Lodovico G124
Goujet, Claude-Pierre F60, F61, M296
Gourneau, Nicolas, O.Præm. G125
Gousset, Thomas J62
Gracht, Guillaume vander B46
Gracht, Henri van der, S.J. G126
Gradicium (Hradisko), abdij B54, C133
Grævius, Joannes Georgius F69, G131, H229, S294
Gramaye, Joannes Baptista G132, G133
Grancolas, Jean G134
Granet, François L111
Granvelle, zie Perrenot de Granvelle
Graphæus, A. G122
Grassi, Paride H163
Graswinckel, Theodorus L305, L306
Gratianus Monachus G135
Grave, Charles-Joseph de G136
Graveson, *zie* Amat de Graveson
Gravius, Henricus H109, J54
Greenwood, Frans Z29
Gregorius I de Grote, paus G137-G141, M28, P33
Gregorius III, paus G142
Gregorius VII, paus A41, E29, P50
Gregorius IX, paus B87, B320, C265, D98, D142, G118, G143, G144, H164, H167, M148, M254, P43, P123, S80, S91, S93, S178, S243, S297, W16, W60, Z30, Z32, Z38

Gregorius XIII, paus B48, C263, C265, D99, G135, M106, M107, V20
Gregorius XV, paus G148
Gregorius van Nazianze L267
Gregorius van Nyssa E32, G145, G146
Gregorius van Tours G139, G147
Grenier, Claes G149
Gretser, Jacob, S.J. A122, C78, C79, C213, E3, E42, G53, G142, G145, G150-G181, H31, H32, J47, P50, P160
Griekenland B34, B55-B57, R103, S32
Griffet, Henri, S.J. C173, G182-G184
Grimbergen, abdij O8, S49/5, R79
Grischow, Johann W. B292, B293
Grisel, Jean, S.J. G185
Grodeck, Johann C324, C325
Groenendaal, priorij S49/14
Groenenschilt, Martinus, O.Præm. G186-G188
Groenewegen, J. van T7
Groeneweghen, Michael L253
Groningen H122, L19
Gronovius, Johann Friedrich C318, G195
Groot, Hugo de, *zie* Grotius, Hugo
Groot, Jan de G190
Groot-Brittannië B92, H18, O68
Grosley, Pierre Jean C152, C153
Grostee, Marin, sieur des Mahis G193
Grotius, Hugo G194-G196, H180, M99, S110
Grouchy, Nicolas G131
Grozelier, Nicolas G197
Grueber, Rupert G198
Grün, Milo Johann Nepomuk P198
Grunnius Corocotta, Marcus E37
Grustner, Casimir S174
Gruterus, Janus A156, M178, M179, P1, P161, S302
Grynæus, Jacobus E37
Grynæus, Simon T122
Guadagno, Andrea D105
Guadaña, Gregorio E31
Guagnini, Alessandro K50
Guanzelli, Giovanni Maria, O.P. G199
Guarino da Verona A182
Guarnacci, Mario G200
Gudenus, Valentin F. von G201
Guénois, Pierre C263
Guérard, Robert, O.S.B. G202-G204
Guerricus Igniacensis B152-B155
Guesnié, Claude A218
Gueudeville, Nicolas A54
Guevara, Antonio (de) G205
Guibert van Nogent, O.S.B. G206
Guicciardini, Agnolo G207
Guicciardini, Francesco G207
Guicciardini, Lodovico G208, G209

Guichenon, Samuel H163
Guido de Monte Rocherii G211
Guido/Guigo Carthusianus, O.Cart. B152-B155
Guilielmus de Sancto Theodorico, *zie* Guillaume de Saint-Thierry
Guillaume de Saint-Thierry B150, B152, B154, B155
Guillemeau, Jacques G212
Guizot, François-Pierre-Guillaume G69
Guldinastus, Melchior, *zie* Goldast, Melchior
Gurnez, Jean Antoine de J23-J25, S49/12
Gutberleth, Tobias G213
Gutberleth, W. B316
Guterry, Jean de G205
Guyaux, Joannes Josephus G214, K11
Guyet, François P114
Guynaud, Balthasar G215
Guyse, Nicolas de G133
Gwalther, Rudolf P175
Gyraldi, L., *zie* Giraldi, Lilio Gregorio

H

H. B., *zie* Bincken, Hubert
H. F. V. H., *zie* Heussen, Hugo Franciscus van
H. H. V. O. G. H1
H. R. B271
H. V. G. S. J., *zie* Gracht, Henri van der
H.***, *zie* Havard, abbé
Haan, Laurens de L193, L194
Haarlem H122
Habert, Louis H2, H3
Hadrianus Junius D119, E37
Haeck, Petrus B397
Haeften, Benedictus van, O.S.B. H4
Haen, Abraham de (de Jonge) L59
Haer, Franciscus van der, *zie* Haræus, Franciscus
Haes, Frans de H184, S167
Hagen, Michael vander S302
Hager, Joannes Sarcander P198
Hagerer, Constantinus, O.F.M. H5
Haghen, Jan vander, O.P. B208
Hahn, Simon Fridericus H66
Hailbrunner, *zie* Heilbrunner
Halæus, Petrus L50
Haldrenius, Arnoldus H6
Hall, Richard H7
Halle, O. L. Vrouw van L246
Haller, Charles-Louis de H8
Hallet, Joannes, O.F.M. H9
Halloix, Pierre R64
Hallot de Mérouville, Charles de, S.J. C176
Halma, François E82

Hamburg A123, L34
Hamel, Nicolaus B96
Hanapus, Nicolaus, O.P. H10, H11
Hane, Laureyns van den C277
Hannot, Jean-Baptiste I9
Hannot, S. H12
Hannotel, Philippe, S.J. H13
Hanser, Wilhelm, O.Præm. P221
Hansiz, Marc, S.J. H14
Haræus, Franciscus H15-H17, Z27
Harbin, George H18
Hardevuyst, Louis Jacques, S.J. H19
Hardouin, Jean, S.J. H20, H21, P97
Harduyn, Justus de H22, H23, S215
Harel, Maximilien Marie H24
Hariri al Basri H25, H26
Harlay de Champvallon, François de L134, L135, S309
Harlemius, Joannes, S.J. A174, B176
Harney, Martin A197, H27, L305, S107
Hartmann, Castulus H28
Harts, Hieronymus H29
Hartzheim, Josephus, S.J. S75
Hase, Theodor H30
Hasenmüller, Helia H31, H32
Hauchinus, Joannes P38-P41
Haunold, Christoph, S.J. H33, H34
Haute, Petrus van den, O.F.M. B72
Hauzeur, Matthias, O.F.M. H35
Havard, abbé R100
Havelange, Jean-Joseph H36
Havensius, Arnoldus, O.Cart. H37
Havermans, Adriaan H38
Havermans, Macarius, O.Præm. H39-H45
Havet, Antoine Joseph D49
Havighordt (Havinckhorst), Joannes K17
Havvart, R. Y1
Hayer, Hubert, O.F.M. H46
Hayne, Thomas C308
Hayneufve, Julianus, S.J. H47
Hazart, Cornelius, S.J. H48-H60
Hectoreus, Camillus, *zie* Ettori, Camillo
Heda, Willem B96
Hedio, Caspar B513, B514
Heeck, Matthæus van S182b
Heemskerk, Maarten van B271
Heemssen, Joan David S215
Heemssenwaer, I. David H22
Heenvliet, Elisabeth van M133a
Heestermans, Dionysius, O.F.M. H9
Heffner, Franz, O.Præm. H61-H65
Hegesippus J72, J74
Heidelberger, Maurus G23
Heilbrunner, Jakob G151
Heimbachius, Bern. P235
Heineccius, Johann Gottlieb S110, V79
Heineccius, Johann Michael H66

Heinlein, Henricus, O.S.B. H67
Heinsberg, Henricus, S.J. E71
Heinsius, Daniel B355, H68, H69, S302, T20, T30
Heinsius, Nicolaus C185, C318, H69
Heislinger, Antonin, S.J. H70
Helius Eobanus Hessus S86
Hellboch, Thomas Laurentius, O.Præm. H71
Hellinx, Thomas, O.P. H72
Hellynckx, Fulgentius, O.S.A. H73
Helmold von Bosau L232
Helvétius, Claude Adrien H74-H76
Hélyot, Pierre B511, H77, H78
Hemelarius, Ioannes M39
Hemert, Antonius van A233, A234
Hemmerlin, Felix, *zie* Malleolus, Fœlix
Henao, Gabriel de, S.J. H79
Henckhuysen, Andreas B193
Hendrik. C. van Nassau H226
Hendrik II, koning van Engeland L356, T70
Hendrik VIII, koning van Engeland V49
Hendrik IV, koning van Frankrijk G174, P73
Henegouwen B396, B434, F3, G98, L130, L131, M167
Hennebel, Joannes Libertus A114, H80, H165, S229, S239
Henneguier, Jérôme, O.P. H81
Hennequin, Antonius H82, H83
Hennet, Bernard H84
Hennin, Antonius de A227
Henninius, Henricus C. C316
Henno, Franciscus H85
Henricus a Sancto Ignatio, O.Carm. E89, H86, H250, M193
Henricus de Hassia G54
Henrix, S. B355
Henry, Pierre-Joseph H87-H90
Henschenius, Godefridus B330, D137
Hentenius, Joannes B174, B175
Herbelot de Molainville, Barthélemi d' H91
Herborn, Nicolaus, ps. van Ferber, Nicolaus
Herculanus, Joannes, *zie* Arcolani, Giovanni
Herdegom, Gerardus van, O.Præm. H92
Héricourt, Louis de H93, H94
Herincx, Guilielmus, O.F.M. H95
Herlet, Johann Georg, O.Præm. H96-H100
Herluca van Bernried, heilige P50
Herman Jozef, zalige, O.Præm. K34, M223, S130, S216, V45, W3, W6
Hermann, Marianus Antonius, O.Præm.

P43, S91, W16
Hermannus a Sancto Norberto, O.Carm. H101
Hermannus Monachus G206
Hermans, Godfried, O.Præm. H102, H136
Hermias Alexandrinus J88
Hermilly, Vaquette d' F42
Herodotus H103
Herold, Basilius Johann P162
Herre, Dominicus de, O.P. H104
Herrenschwand, Johan Daniel Casper H105
's-Hertogenbosch C190, F76, G74, G75, J22, P59, T88, V28
Hertoghe, Cornelius Polycarpus de, O.Præm. H106-H108, S218
Hervæus Dolensis A138
Hervetus, Gentianus G146, O65
Hesselius, Joannes H109-H115
Hesselmann, Amandus S75
Hesychius Milesius D119, H162
Hets, D. I. C294
Heumann von Teutschenbrunn, Johann H116, H117
Heumann, Christoph August C318
Heumen, Joannes van H118
Heusenstamm, Sebastian von C244
Heussen, Hugo Franciscus van H122
Heuter, Pontus H123, H124
Hey, Lucas van der, O.F.M. H125
Heyde, Johann Daniel R35
Heylen, Adrianus, O.Præm. H126-H136
Heyliot, Pierre, zie Hélyot
Heynen, Joannes H138
Heyns, Maria H139
Hiddinga, Siardus, O.Præm. L37
Hieronymus de Ferraria P112
Hieronymus van Narni, O.Cap. M71
Hieronymus, Sophronius Eusebius, heilige A228, E82, H140-H143, R124-R126
Hilarides, Joh. G213
Hilarius van Arles A221
Hilarius van Poitiers H144, H145
Hildebertus Cenomanensis, zie Hildebertus Lavardinensis
Hildebertus Lavardinensis G211, H146
Hildebrand, Johannes Lucas von K30
Hilfoort, Adrianus V45
Hindoestan G31
Hinnisdael, Guillaume Bernard de H147
Hirnhaim, Hieronymus, O.Præm. H148-H151, N38
Hirschau T121
Hobus, Joannes, O.F.M. B72
Hoeschelius, David H162
Hoffmann, Christian Godfried H163

Hoffmann, Joannes Nepomucenus, O.Præm. H164
Hoffreumont, Servatius H165
Hogerbeets, Adrianus A124
Hohenhaüser, Hermannus Maximilianus P198
Hoius, Andreas E61, H22, L253, R9, R144, T22, T23
Holbach, Paul-Henri d', Paul B136
Holbein M307
Holland A184, G210, K31, L19, L59, L289, O73, S115, S116
Holm, Petrus C308
Holonius, Gregorius H166
Holstein L140
Holstenius, Lucas E75
Holthusius, Joannes W75
Holvoet, Joannes Baptista, S.J. P138, P139
Holzmann, Apollonius H167, H168
Homann, Johann Baptista H169
Homerus H103, H170
Homoet, B. G. B318
Hondt, Abraham de C81
Honert, Joan van den V40, V41
Hongarije F24
Honoré de Sainte-Marie, O.Carm. H172, H173
Honorius Ostendanus, ps. van Mulder, Jacob de
Hontheim, Johann Nikolaus von H174-H178, K3, S61, Z2
Hooft, Pieter Corneliszoon H179-H182, T3, T6
Hoogstraten, David van A100, B433, H12, H180, H183, H207, P146, Z22, Z28
Hoogstraten, Frans van L148
Hoogstraten, J. van P223
Hoogvliet, Arnold H184, L59, S89
Hopperus, Joachim H221
Hoppesteyn, A. Z29
Horæus, Rhambertus C253
Horapollo Z22
Horatius Flaccus, Quintus H19, H188-H203
Horen, Laurentius van H138
Horly, Richard van, zie Orley, Richard van
Horn, P. H. M178
Hornes, Philippe de H39
Horstius, zie Merlo Horstius
Hortensius, Lambertus B96
Hospinian, Rudolph G160
Hospitaalridders van Sint-Jan V63, V64
Hosschius, Sidronius, S.J. B331, L187, M281, M283, M288
Host von Romberch, Johann D126

Houbakker, Joannes H204-H206
Houbraken, Arnold H207
Houdar de la Motte, Antoine B69
Houdry, Vincent, S.J. H208-H215
Housta, Baudouin de, O.S.A. H216
Hove, Franciscus van, O.F.M. H217
Hove, Petrus van, O.F.M. B217
Hoven, J. van Z28
Hovius, Matthias D39-D41, D43-D45, D48, P39, P205
Hoybergen, Jan van L110
Hoyerus, Michael, O.S.A. H218, H219, M57
Hoynck van Papendrecht, Cornelius Paulus B480, H220, H221
Hrabanus Maurus G111
Hradisch, zie Gradicium
Hubens, Ægidius Jacobus Josephus Baro de B159
Huber, Ulrik H222-H226
Huber, Zacharias H224
Hubert, Mathieu, Orat. H227
Hubertus, heilige B167, B545, R87, V94, W77
Huchtenburg, Jan D201
Huet, Pierre Daniel H228, H229, O66
Hugo, Charles-Louis, abt van Etival, O.Præm. B309, H230-H232
Hugo, Herman, S.J. B271, H233, H234, L188
Hugo de Sancto Charo H235
Hugo de Sancto Victore H236, H237
Hugo Rothomagensis, O.S.B. G206
Hugony P94
Huleu, Jean Ghislain A198, H238
Hulsius, Bartholomæus H239
Humbert, Pierre-Hubert H240
Humbertus de Romanis, O.P. P69b
Hunnæus, Augustinus T54, T55
Hunolt, Franz, S.J. H241
Hustin, Sebastien C143
Huydecoper, Balthazar H193, H194, H242
Huygen, Jan H243
Huygen, Pieter H243
Huygens, Constantijn H180
Huygens, Guilielmus H244
Huygens, Gummarus H245-H248, S227, S229
Huylenbroucq, Alphonse, S.J. H249, H250
Huyssens, Joannes L127

I
I. D. V. M. I1
I. T. J56
I. V. B. B355

Ibn Ezra, Abraham B220
Ides, Eberhard Isbrant B490
Idiota, ps. van Jordan, Raymond
Ieper C277, M36, W51
Ierland B92, D185, G119
Ignatius Eyckenboom, ps. van Gerberon, Gabriel
Ignatius van Loyola, heilige B110, V52, V53
Iken, Conrad H30
Ilbenstadt, abdij W118
Ildefonsus ab Angelis, O.Carm. F85
Ildephonsus a S. Carolo B130
Ilfeld D37 (circaria), L204 (abdij)
Illsung, Jacob, S.J. H34
Imhof, Jacob Wilhelm I3
Innocentius III, paus I18, K41
Innocentius VI, paus M95
Innocentius X, paus B420, C6, C194, D52, I6, M79, M230, M231
Innocentius XI, paus I7, I8, L114, L307, M230, M231, Q13, V72
Innocentius XII, paus M230, M231
Innocentius XIII, paus I19, M231
Institor, Heinrich, O.P. S186
Irsselius, Matthæus H106
Is. M. A1
Isabella, aartshertogin B317, C162, C170, D43-D45, D48, P237
Iselin, Jacob Christoff I22
Isidorus a S. Ægidio, O.Carm. I23
Isidorus Hispalensis, *zie* Isidorus van Sevilla
Isidorus van Sevilla I24, I25, L212
Isinck, Adamus Menso A100
Isocrates A49
Isselt, Michael ab L338-L340, L343
Italië B304, C202, C205, F24, G207, L324, R100
Iveldia, *zie* Ilfeld
Iunius, Ioachimus, *zie* Jong, Joachim de
Iustinelli, *zie* Giustinelli, Pietro
Ivo Carnotensis I27
Izquierdo, Sebastian, S.J. I28

J

J. A. C. C. C. D. F., *zie* Crusius, Jacob Andreas
J. B. V. L. P., *zie* Lokeren, J.B. van? Loo, J. van?
J. C. D. P191
J. C. Z. L209
J. D. G., *zie* Groot, Jan De
J. F. R. A170
J. K., *zie* Colom, Jacob
J. K. H. R116
J. M. B. V. E. C. B. V. M. F. L114

J. N., *zie* Nanning, Joannes
J. P. B. P222
J. R**, *zie* Missy, Jean Rousset de
J. S. P222
J. S., *zie* Stroobant, Jacques
J. V. H. P222
J. V. N. P222
J. V. S. P222
J. W. H184
Jacob I, koning van Groot-Brittannië G152
Jacob II, koning van Mallorca B330
Jacobi, Joannes J1
Jacobs, Joannes J2
Jacobus Januensis = Jacobus de Voragine
Jacobus de Mediolano J3
Jacobus de Mindere, heilige L153
Jacobus a Passione Domini, O.Carm. C304
Jacobus de Voragine, O.P. J4-J6
Jacopo Filippo da Bergamo J7
Jacops, Antonius, S.J. J8
Jagt, Willem van der P223
Jahn, Johann Christian H197
Jani, Christian D. H188
Janin, Louis, S.J. C119
Jannings, Conradus B330
Jansen, Leonard, O.Præm. J9-J11
Jansenisme A48, A134, B90, B354, C194, C245, D1, D10, D32, D33, D115, G41, H36, I5b, J12, M66, O34, O36, Q17, R1, S108, T120, V39
Jansenius, Cornelius (1510-1576) I7, J13-J21
Jansenius, Cornelius (1585-1638) J22-J31, L94, R45
Janson, Charles-Henri J32
Janssen, Arnold J33
Janssens Elinga, Franciscus C62, C63
Janssens, Hermannus, O.F.M. J34-J36
Janssonius, Jacobus J37-J41
Janssonius, Joannes J42, J43
Janus Palæologus S108
Japan B430, C147
Jean Chrysosthome de Béthune, O.Cap. J44
Jean François Régis, heilige V52, V53
Jean Petit, *zie* Joannes Parvus
Jeancard, Jacques J45
Jeune, Claude-Mansuet, O.Præm. J46
Jezuïeten A160, B112, B113, B295, B331, B508, C137, C138, F73, G189, H31, H32, H155, H250, L199, P127, R44, W115
Jezus-Eik R31, S122-S124
Joannes VI Cantacuzenus J47
Joannes XXII, paus B351, M95

Joannes Andreæ B26
Joannes de Brevicoxa G54
Joannes Cananus G38
Joannes Cassianus J48
Joannes Castoriensis, *zie* Neercassel, Joannes van
Joannes a Castro, O.F.M. J49
Joannes Chrysostomus J50-J52
Joannes Damascenus J53, J54
Joannes Diaconus, *zie* Joannes Hymmonides
Joannes Evangelista van 's-Hertogenbosch, O.Cap. J55
Joannes Evangelista van Leuven, O.Cap. F120
Joannes Hierosolymitanus J54
Joannes Hymmonides G139, G140
Joannes a Jesu Maria, O.Carm. J56, J57
Joannes Joseph van de H. Theresia, *zie* Giovanni Giuseppe di Santa Teresa
Joannes van het Kruis, *zie* Juan de la Cruz
Joannes van Leiden, O.Carm. J58
Joannes de Lignano B26
Joannes van Matha, heilige K41
Joannes Nepomucenus W57
Joannes Parvus G5
Joannes Paulus a Roma C155
Joannes Petrus a Cæsar-Augusta, *zie* Zaragoza de Heredia, Pedro Juan
Joannes Sahaguntinus, O.S.A. M18
Joannes Sambucus D119
Joannes Skylitza G39
Joannes de Varennis G54
Joannes Vitoduranus L140
Joden B63, B541, B542, G108, J69-J78, R43
Joel Chronographus G38
Johan Willem Friso, prins van Oranje D202
Joly, Claude J59-J61
Joly de Choin, Louis Albert J62
Jong, Gerard de B316
Jong, Joachim de J63
Jonghe, Bernardus de, *zie* Jonghe, Jan Frans de
Jonghe, Bernaert de, O.P. J64
Jophi, Michlal B220
Jordaan, Jacobus J65
Jordan, Raymond, O.S.A. A214-A216
Jordanes, *zie* Jornandes
Jornandes J66
Josef Clemens van Beieren, aartsbisschop J67
Joseph van de H. Barbara, O.Carm. J68
Josephus a Leonissa, heilige B132
Josephus Flavius B63, J69-J78
Jousse, Mathurin J79

Jouvency, Joseph de, S.J. H190, J80, T19
Jouvency S60
Jozef, heilige G126
Jozef II D220, P150, V70
Juan de la Cruz, O.P. C238
Juan van Oostenrijk L160, S86
Juda, Leo G111
Judas Iskariot A20
Juenin, Gaspard, Orat. J82
Juliana van Luik, heilige B159
Jülich, hertogdom K49
Julius Africanus, Sextus O65
Julius III, paus O61, S5-S10
Junius, Franciscus sr. G173
Junius, Hadrianus J83
Junius, Joachimus, *zie* Jong, Joachim de
Junius, Joannes, *zie* Le Jeune, Jean
Juretus, Franciscus P1, P161
Jurieu, Pierre N22
Justinianus, Flavius I J86, J87, T129
Justinus Martyr J88
Justinus, Marcus Junianus T122, T123
Juvenalis, Decius I J89
Juvencius, Josephus, *zie* Jouvency, Joseph de
Juvenel, Henri de J90

K

K. S. G. V. P222
Kaap de Goede Hoop L210, L211
Kaderman, Josephus C133
Kaempfer, Englebert B490
Kalkbrenner, Gerardus D126
Kamerijk, *zie* Cambrai
K'ang Shi, keizer van China B428
Kapucijnen O11, O12
Karel Alexander van Lotharingen J81
Karel de Grote G142, L212
Karel II, koning van Spanje C181
Karel Martel G142
Karel V, keizer G44, L193, L194
Karel VI, keizer K2
Karel VIII, koning van Frankrijk M98
Karmelieten F87, F88, P23
Kartuizers A133
Kate, Lambert ten, *zie* Ten Kate, Lambert
Katharina de Ricci, heilige B132
Kauffmans, Johann Gottfried K3
Kayser, Laurentius, O.Præm. K4
Kazenberger, Kilian, O.F.M. K5, S183
Kellen, Ludovicus, O.F.M. K6
Keller, Jacob, S.J. K7, M320
Kempen, De H127, H129, H131-H135
Kempher, G. P168
Kempis, Arnold, O.Cist. K8
Kennet, Basil K9, S192
Kerchove, Simon vanden H22

Kerkelijke Staat B304
Kerkherdere, Joannes Gerardus K10-K12
Kesler, Johannes G111
Keulen P59, G201, H156, J67
Keuremenne, Ernestus (de), ps. van Elsken, Jean van den
Keverberg de Kessel, Charles-L.-G.-J., baron de K13
Keyll, Joannes Bernardus, O.Præm. K14
Khell von Khellburg, Joseph K15
Kick, Dalmatius A119
Kien, Onesimius de S131
Kienemans, D. L209
Kilianus, Cornelius G208
Kimchi, David ben Joseph B220
Kinschot, François van W20
Kinschot, Hendrik van K16
Kipping, Heinrich C308, K17
Kips, Joannes Baptista, O.Præm. B419, K18-K24, R34
Kircher, Athanasius, S.J. K25, K26
Kisaï, Jacob, heilige V52, V53
Klauber, Johann B276
Klauber, Johann Baptista K27
Klauber, Johann Sebastian K27
Klauber, Joseph B276
Klee, Joannes Martinus, O.Præm. K28, K29a
Kleiner, Salomon K30
Klerk, Johannes de, *zie* Le Clerc
Klinkhamer, G. L209
Kluit, Adriaan K31, P223
Knippenbergh, Joannes van K32
Knippinga, Aurelius, O.S.A. K33
Knotter, Joannes S182b
Koerber, Vincentius F. F. P198
Koeverden, Korn. van Z29
Kohel, Sigismond, O.Præm. K34
Kolbe, Franciscus, S.J. K35
Kongo, koninkrijk C120
Konstanz, concilie van B422, P101
Kortenbos C5, L37
Kraeyvanger, E. Z29
Krafft, Jean-Laurent K45, K46
Kraszewski, Antoni Jozef Daniel, O.Præm. K47
Krazer, Andreas Augustin, O.P. K48
Kremer, Christoph Jakob K49
Kresslinger, Massæus R39, R40
Kriek, Cornelius Z29
Kruyff, Jan de S167
Krzistanowic, Stanislaus K50
Kucharz, Candidus J. P198
Kulenkamp, Gerardus K51
Kunstliefde spaart geen vlijt P222
Kuttny, Wenceslaus C133
Kyndt, Stephanus, S.J. V3, V4

Kyrillos, *zie* Cyrillus
Kysel/Küsell, Melchior, O.S.A. B272

L

L. V. R., *zie* Lambertus Vossius Rosellanus?
L'abbé D***, *zie* Doyar, Pierre de
La Barre, Louis François Joseph de A35
Labat, Jean-Baptiste, O.P. C120
Labata, Franciscus, S.J. L1
Labbe, Philippe, S.J. G102, H162, L2, L3
La Beaumelle, Laurent Angliviel de L4, L5
La Boissière, Joseph de la Fontaine de L6
Laborde, Jean-Benjamin L7
La Bordus, Willem S188
La Broue, Pierre de L177
Labye, Dieudonné, O.P. B284, B285
La Caille, Nicolas-Louis de L8, L9
Lacépède, Bernard-Germain-Etienne de B500, L10
La Chau, abbé de L11
Lacman, Joannes L12
Lacroix, Claude, S.J. B528-B530
La Croix, Etienne de, S.J. V52, V53
La Croix, Franciscus de, S.J. L13, L14
Lactantius Placidus O81
Lactantius, Lucius Cælius Firmianus L15-L17
Ladvocat, Jean-Baptiste E1, E2, L18
Laet, Joannes de L19, P163
La Faille, Petrus de L20-L22
La Faye, Antoine de L23
La Faye, Jean de R100
La Feillée, François de A148, G130
Lafitau, Pierre-François L24
La Flèche, Prosper de, O.Præm. P22
La Fosse, Antoine de B69
Laget, Honorius Vincentius R21
La Harpe, Jean-François de B69, M183
La Haye, Jean de, O.F.M. B183
La Haye, Pierre de C90, C91, C93-C95
La Hode de, *zie* La Mothe, dit de la Hode
La Hogue, Louis Gillès de L25
Lairvelz, Annibal-Servais de, O.Præm. L26-L28
Lakeman, J. P168
Laken, kerk van O.L.Vrouw S49/12
Lallemant, Jacques Philippe L29
La Lomia, Francesco L30
La Loüe, Henri de L31-L32
La Luzerne, César-Guillaume de L33
La Martinière, *zie* Bruzen de la Martinière, A.-B.
Lamata, Franciscus B346
Lambeck, Peter C214, L34
Lambert, Abbé de L35

Lambert, Bernard, O.P. L36
Lamberti, Robertus, O.Præm. L37
Lambertini, Prospero Lorenzo, *zie* Benedictus XIV
Lambertus Hersfeldensis B514
Lambertus Schaffnaburgensis, *zie* Lambertus Hersfeldensis
Lambinet, ierre T62
Lambinus, Dionysius H202, H203, N19
Lambotte, Franciscus L38
Lambrecht, Jan L39
Lamen, Joannes van L40
Lamennais, Félicité Robert de L41-L43, T75
Landegem L288
Lamet, Adrien-A. L44
Lami, Giovanni L45, L46
La Montagne, Pierre de G119
La Mothe (dit de la Hode) L47
La Mothe le Vayer, François de C316
La Motte, Antoine Houdar de M184
Lampson, Nicolas C143
Lamy, Bernard, Orat. L48, L49
Lancellotti, Giovanni Paolo C263
Lancelot, Claude L50
Landerer, Methudius Josephus, O.Præm. P198
Landsheere, Wilhelm de, S.J. L51-L54
Landtmeter, Laurentius, O.Præm. L55-L57, W55
Lang, Joseph L58
Langendijk, Pieter H184, L59, L60, L359
Langendonck, Jean Michel van M171
Langlès, Louis-Mathieu C145
Langlois, Jean-Baptiste, S.J. M275
Languet de Gergy, Jean-Joseph L61-L63
Lanspergius, Joannes Justus, O.Cart. L64
Lansselius, Petrus, S.J. B180, D121
Lanthenas, François-Xavier P4
Lapide, Cornelius a, S.J. E64, L65-L93, M166
Lapide, Joannes a, O.Præm. L94
Lara, Bartholomæus de B157
Larben, François de, O.S.A. B201
La Drevetière de l'Isle, François de *zie* L'Isle de la Drevetière, François de
La Rivière, Polycarpe de, O.Cart. L95, L96
La Roche, Gaspar de C143
La Rochejaquelein, Marie-L.-V., marquise de L97
La Rue, Charles de, S.J. L98-L100
La Rue, Cornelius Ludovicus de L101
Larue, P. De B318
Las Cases, Emmanuel-Auguste, comte de L102
Laselve, Zacharie, O.F.M. L103-L107

La Serna Santander, Carlos Antonio L108
La Serre, Jean Puget de L109
Lasicki, Jan K50
Latium K25
Latomus, Jacobus, jr. L160
Latomus, Joannes G208, L110
Laub, Georg B272
Laubrussel, Ignace de, S.J. D102
Launoy, Jean de C14, L111
Laurens, Bartholomeus D122, D123
Laurensz, Hendrick C80
Laurentius, heilige H166
Lauretus, Hieronymus E74
Laurimanus, Cornelius D215
La Vallière, Louis César de la Baume le Blanc, duc de C85
Lavater, Johann Kaspar L112
Laymann, Paul, S.J. L113, L114
Leander a Sancto Martino S70
Leau, Corneille, S.J. S127
Le Barbier, Jean-Jacques François L7
Le Beau, Charles L115
Le Blanc, Thomas, S.J. B60, L116
Le Blond, abbé L11
Le Bourg de Monmorel, Charles L117
Le Brun, Corneille, *zie* Bruyn, Cornelis de
Le Brun, Pierre, Orat. L118
L'Ecluse, Jean de, O.Præm. S201
Le Chapelain, Charles-Jean-Baptiste, S.J. C39
Le Clerc, Jean A218, E82, L119, L120, M300, M312, P98
Le Clerc, Joseph-Victor C179
Le Comte, Florentijn L121
Le Comte, Louis-Daniel, S.J. R44
Le Court, Benoît, *zie* Court, Benoît
L'Ecuy, Jean-Baptiste, O.Præm. B460, F22, L122, L123, M238, P221
Le Dieu, Ignatius L124
Le Drou, Pierre Lambert, O.S.A. L125, L126, P33
Leempoel, Jan Willem van E16
Leemputte, Henricus van den B211, B212, B260
Leenheer, Jan de, O.S.A. L127
Leerse, Joannes Chrysostomus, O.S.A. L128
Leeuwarden G213, H122
Leefdael, Maximilianus à R145
Le Faucheur, Michel F72a
Le Febvre, Jacques L129
Le Feron, Ph. A187
le Fort du Plessy, Claude K30
Lefort, Martin L130, L131
Lefranc, François L132, L133
Le Francq van Berkhey, Joannes P222
Le Frère de Laval, Jean T40

Le Gendre, Louis L134, L135
Le Gentil de la Barbinais L136
Le Gobien, Charles, S.J. R44
Le Grand, Antoine, O.F.M. L137
Legris-Duval, René-Michel L138
Lehmann, Johann C309
Leibnitz, Johann Jacob L139
Leibniz, Gottfried Wilhelm A59, L140
Leidecker, Melchior S108
Leiden, Academie M182
Le Jay, Gabriel Franciscus, S.J. L141, L142
Le Jeune, Jean, Orat. L143-L145, R135
Leland, John L146
Leliendaal, priorij (Mechelen) O13, S49/16
Le Long, Isaac A19
Le Long, Jacques L147
Le Long, Nicolas S306
Lemaire, Nicolaus Eligius L272, T5
Le Maistre de Sacy, Isaac-Louis B204, B236, B238, B254, L148, L149
Le Merre, Pierre L150
Le Merre, Pierre, fils L150
Le Moyne, Gabriel, S.J. C124
L'Empereur, Constantijn B161
Le Nain de Tillemont, Louis Sebastien L151-L153
Lenfant, David L154
Lenglet du Fresnoy, Nicolas L155
Le Noble, Eustache G31
Le Nourry, Nicolaus A113
Lens, André L156
Lensæus, Joannes L157-L161
Lenssens, Franciscus L162
Lentulus, Cyriacus C184
Leo a Sancto Laurentio, O.Carm. L163
Leo Marsicanus, O.S.B. L167
Leo I, keizer van Byzantium G145
Leo VI, keizer van Byzantium C214
Leo I de Grote, paus L164-L166, M29
Leo X, paus D205
Leo XII, paus F33
Leonardi, Thomas, O.P. L168
Leonardus a Sancto Martino L169-L176
Le Pelletier, Claude C265, L177
Le Pelletier, Louis, O.S.B. D183
Le Plat, Judocus L178-L180, S247
Leprince de Beaumont, Marie L181
Leprince, Nicolas Thomas B69
Le Ridant, Pierre L182
Lernutius, Janus L253
Le Rouge, Georges-Louis L183
Le Roy, Albertus, O.S.A. P235
Le Roy, Jacques B396, S53
Lescailje, Kataryn H183, P167
Le Scellier, Augustin, O.Præm. B445,

185

M235, P219
Lessius, Leonardus, S.J. L184-L188
Lesson, René Primevère B500
Lestrange, Louis-Henri de, O.C.R. L189
Le Tellier, Charles-Maurice H155, L190-L192
Le Tellier, Michel C318
Leti, Gregorio L193-L195
Létins, Constantin, O.F.M. L196
Letland K50
Letronne, Antoine-Jean L197
Leu, Hans Jacob L202
Leucht, Valentin H17
Leuckfeld, Johann G. H66, L203, L204
Leunclavius, Johannes C246b, G102, G146
Leurenius, Petrus L205, L206
Leusden, Joannes B220, B247, L225
Leutbrewer, Christoph, O.F.M. F88, L207, L208
Leuve, Roeland van L209
Leuven:
 - Algemeen Seminarie F104
 - stad C171, C279, D130, E8, H159, L255, O43, P28, P236, V50, V93, W42, W78
 - Sint-Geertruiabdij S49/10
 - ursulinen B392
 - universiteit A124, C87, C131, C132, C192, C231, D7-D9, E16-E21, I26, J85, P214, P229, Q1, Q16, S1
Leuze, Nicolas de B201
Levaillant, François L210, L211
Leydeker, Joannes G41
Leyser, Polycarp H31, H32
Libavius, André G153
Lichtenau, Conradus de B513, B514
Liebscher, Augustinus Bernardus L217
Lienhardt, Georg, O.Præm. L218-L223
Liessies, abdij Saint-Lambert B289
Lieutaud, Jacques L224
Lightfoot, John L225, W17
Ligny, Pierre de? L226
Liguori, zie Alfonsus Maria de Liguori
Limburg, hertogdom C172, L305
Limiers, Henri-Philippe de C160, L227
Limpenus, Joannes B330
Lindanus, David G133, H23, L253
Lindanus, Ludovicus C294
Lindanus, Wilhelmus B225, L228-L231
Lindenbrog, Erpold L232
Lindenbrog, Friedrich V34
Lippeloo, Zacharias Z27
Lippomanus, Aloysius H16, L234
Lipsius, Justus K17, L185, L235-L263, P161, P232, S135, T3, W20
L'Isle de la Drevetière, François de B69

Lithocomus, Ludolphus V97
Litouwen K50
Litta, Lorenzo L265
Littwerich, Benedictus, O.Cist.
Livineius, Joannes P1, P161
Livius, Titus C176b, L268-L272
Lixboa, Joannes de T17
Loarte, Gaspar, S.J. L273
Lobbes W29
Lobbetius, Jacobus, S.J. L274
Lobeck, Tobias L275, L276
Loccenius, Johannes C318
Lochmaier, Michael L277
Lodewijk VII, koning van Frankrijk L356, T70
Lodewijk XIII, koning van Frankrijk K7
Lodewijk XIV, koning van Frankrijk B416-B418, C164, L227, R24
Lodewijk XV, koning van Frankrijk I19
Lodewijk XVI, koning van Frankrijk L278, P226
Loeffius, Michael M291
Loer, Dierick, zie Theodoricus Loerius
Lohelius, Joannes, O.Præm. S217
Lohner, Tobias, S.J. L279
Loiseau, (chanoine d'Orléans) B133
Lokeren, J. B. van L280
Lombardije B304
Lombez, Ambroise de, O.Cap. L281-L283
Lomejer, Johannes C316, P146
Londen, Sint-Paulskathedraal D189
Longinus, Schwenckfeldianus S193
Longolius, Gilbertus O81
Longueval, Jacques, S.J. L284, L285
Longus a Coriolano, Franciscus, O.Cap. L286
Lonner, Andreas G178
Loo, Adrianus van B243, G193, L287
Loo, Gislenus van L288
Loon, Gerard van L289-L292
Loon, graafschap M56
Lopez de Ezquerra, Josephus L293, L294
Loreto, O.L.Vrouw van A32
Lorgues, M. de Y4
Lorich, Jodocus S118
Lorini, Jean de, S.J. L295
Loriot, Julien, Orat. L145, L296-L301, T85
Loritus, Henricus Glareanus O81
Lotharingen C32, L305
Lotter, Tobias Konrad L275
Louffius, Jordanus A45
Louis Benoît, ps. van Etienne Dechamps
Louis Philippe d'Orléans L11
Louis, Epiphane, O.Præm. L302-L304
Louveau, Jean S257

Louwius, Petrus M262
Loycx, Petrus M39
Loyens, Hubert L305, L306
Loyers, Ferdinand de, O.Præm. M139
Lubin, Augustinus, O.S.A. B187, B188, B192
Luca, Giovanni Battista de L307-L312
Luca a Sancto Benedicto, O.Carm. L313
Lucas Brugensis, Franciscus B180, C237, L314-L318, P63
Lucas de Muin, Claude-Honoré, O.Præm. A144, B450-B453, B465, C54, C217, G128, M225, M237, O56, O57, P220
Lucas Tudensis L319
Lucia, heilige B545, N10
Lucino, Luigi Maria, O.P. L320
Lud. I., zie Janin, Louis
Ludewig, Johannes Petrus von L321, L322
Ludovicus Granatensis, zie Luis de Granada
Lünig, Johann Christian L323, L324
Luenius, Joannes A64
Lugo, Giovanni de, S.J. L325-L330
Luik B159, C110, C143, E47, F24, F36, F53, F54, F80, G75, H88, H147, L215, O75, P26, P27, P59, S170, V77
Luis de Granada, O.P. L331-L352, S33, T65
Lumper, Gottfried L353
Lupus, Christianus A72, L354-L357, S226, T60, V72
Lusson, Adrien-Louis B314
Luther, Maarten C207, G179, H52, R86
Lutius, Horatius S4-S6
Luxemburg, hertogdom S170
Luyken, Casper L358
Luyken, Jan H243, L358-L360, P223
Luynes, Louis Charles d'Albert, duc de G141
Luzvic, Etienne, S.J. L361
Lyftocht, Franciscus, O.S.A. L362
Lysander ab Ehrenfeld, Cajetanus F. P198
Lyser, Polycarpus H31

M

M. A. van M., zie Meerbeeck, Adrianus van
M. D., zie Dupuy, Jacques
M. D. D. A., zie Dreux du Radier, Jean-François
M. D. L., zie Landsheere, Wilhelm de
M. D. W., zie Wolf, Josse de
M. G. F. M1
M. L. N., zie Le Noble, Eustache
M. L. R., zie Le Rouge, Georges-Louis
M. P. C., zie Collot, Pierre

M. R. G. A. T52
M. St. V. A., *zie* Steyaert, Martinus
M.*** C161
M.***, *zie* Montmignon, Jean-Baptiste
Maagdenburg B532, H156, L203
Maastricht C143, D137
Maaswyck, Pancratius V34
Mabillon, Jean, O.S.B. A34, B152-B155, C2, M2-M6, T42
Mably, Gabriel Bonnot de M7
Macarius van Gent, heilige D88
Macedonië R103
Machiavelli, Niccolò M8
Mader, Joachim Johann L232
Maelen, Joseph van der, O.Præm. P22
Maes, Bernardus B16-B19
Maes, Bonifatius M9
Maes, Leonardus, O.F.M. H217
Maes van Avenrode, Petrus van der M10
Mævius, Christian G153
Magenis, Gaetano Maria M11
Magermans, Gaspar M12
Maghe, Engelbert, O.Præm. M13
Magnon, Jean de M14
Magnus, Olaus M16
Mahis, M. des, *zie* Grostee, Marin, sieur des Mahis
Maigretius, Georgius, O.S.A. M17, M18
Mailly, François de M19
Maimbourg, Louis, S.J. M20-M31, S148
Mainz G201, H156, S140, W116-W118
Maioragius, Marcus Antonius M32
Maistre, Joseph de M33, M34
Major, Joannes, S.J. G54, M35
Makeblyde, Ludovicus, S.J. C101
Malbrancq, Jacques, S.J. M36
Malchus Philadelphiensis H162
Malderus, Joannes F120, J63, L230, M37-M39
Maldonatus, Joannes, S.J. M40, Z3
Malleolus, Fœlix S186
Mallet, Paul-Henri M41-42
Malleus, Petrus, *zie* Pien, Ignace
Malmédy R91, R92
Malo, M. Q13
Mander, Karel van H207
Manderscheid-Blankenheim, Johann Moritz S75
Manesson-Mallet, Allain M43
Mangeart, Thomas, O.S.B. M44, M45
Mangin, (abbé) de M46, M47
Mangotius, Adrianus, S.J. M48
Mangotius, M. M49
Manigart, Jean-Henri M51
Mann, Théodore Augustin M52
Manni, Joannes Baptista, S.J. E27, M53
Manoury, Guillaume, O.Præm. B456, B457
Mansi, Giovanni Domenico A71, A72, A80, A151, B30, B45, B47, C27, C34, C35, R72
Mansi, Giuseppe M54
Mansuy, Nicolas, O.Præm. M55, O56, P220
Mantelius, Joannes, O.S.A. M56, M57
Manuale M58-M65
Manuzio, Aldo C16, J54
Manuzio, Paolo C16, G131
Maran, Prudent, O.S.B. B62, J88
Marande, Leonard de M66
Marant, Petrus Jacobus B73, D171, M67
Marbodus Redonensis H146
Marca, Pierre de A156, M68
Marcel, Guillaume M69
Marcel, J. J. M70
Marcellin de Pise, O.Cap. M71
Marcellino, Pietro Aroldo M32
Marcellus Ancyranus E75
Marchangy, Louis-Antoine-François de M72
Marchant, Petrus, O.F.M. M73
Marchantius, Jacobus M74-M78
Marche, Louis de, S.J. M79
Marchisio, Michelangelo M80
Marciana, bibliotheca Z17
Marcilius, Theodorus S294
Marculfus Monachus B29
Marcus Antonius de Dominis, *zie* Dominis, Marcus Antonius de
Marcus Aurelius Antoninus M81
Marcus Eremita E32, M82
Marcus, Rudolf L59
Maréchal, Bernard, O.S.B. M83
Maresius, Roland L50
Margriet van Leuven, heilige H152, K38
Maria a Jesu de Agreda, O.F.M. A116, A119, G117, M84
Maria Anna van Habsburg J81
Maria-Christina van Habsburg C15
Maria Theresia, keizerin W101
Mariana, Juan de, S.J. B180, L319, M85, M165, M166
Marien, D. M178
Mariendaal (*Diest*) B392, H125
Marillier, Clément-Pierre B204
Marin, Juan, S.J. M86
Marin, Michel-Ange, O.F.M. M87
Marinus Neapolitanus M81
Marius, Leonardus M88
Marlborough, hertog van D202, V102
Marly L183, P135
Marmontel, Jean-François M89
Marnix van Sint-Aldegonde, Filips B23
Maro, Franciscus de A224
Marolois, Samuel M90
Marquard, Sebastianus B190
Marracci, Ippolito M91
Mars, Simon, O.F.M. M92
Marselaer, Fredericus de Y1
Marsollier, Jacques M93
Martène, Edmond, O.S.B A35, M2, M94-M98, R91, R92
Martialis, Marcus Valerius M99, M100, R5
Martianay, Jean, O.S.B. H140, H141
Martignac, Etienne Algay de V35
Martin, David B202
Martin, Franciscus M101
Martin, Gilles, O.Præm. M102
Martin, Mathieu, O.Minim. M103
Martin du Chesne, ps. van Gabriel Gerberon
Martinez van Waucquier, Matthias M104, R65, R94, R95
Martini, Georg Heinrich L156
Martini, Martino, S.J. M105
Martinus van Tours, heilige G57
Masculus, Joannes Baptista, S.J. M108, M109
Masen, Jacob, S.J. B483
Masius, Gisbertus C190
Masius, Johannes, O.Præm. J37, P186
Masquelier, Louis-Joseph L7
Massemin, Petrus, Orat. M110-M114
Massieu, Guillaume M184
Massillon, Jean Baptiste, Orat. M115-M128
Masson, Jean P161
Massuet, Pierre C160, M129, M130
Massuet, René, S.J. M2
Masvicius, Pancratius, *zie* Maaswyck, Pancratius
Matamba, koninkrijk C120
Matanasius, Chrisostome, ps. van Cordonnier, Hyacinthe
Matt, Abraham vander, *zie* Brienen, Abraham van
Mattens, Norbertus, O.Præm. M131
Matteucci, Agostino M132
Matthæus, Antonius J5, M133a, M133b
Maubach, J. D56
Mauden, David van M134, M135
Mauduit, Michel, Orat. M136, M137
Maugis, Joseph, O.S.A. M138, M139
Maulbertsch, Anton, O.Præm. M140
Maundrell, Henry E82
Maupas du Tour, Henri M141
Mauroy, Franciscus B150
Maury, Jean-Sifrein M142
Maximiliaan I van Beieren D149, D150, R6

Maximilianus ab Eynatten M143, S144
Maximus Confessor D121
Maximus Tyrius M144
Mayer, Andreas Ulrich M145, M146
Mayer, Wenceslas-Joseph, O.Præm. L123, M140
Mayerhofer, Carolus Jacobus P198
Maynard, Edward D189
Mayr, Anton, S.J. M147
Mayr, Cherubinus, O.F.M. M148, S183
Mayr, Landelinus, O.F.M. A116
Mazzolini, Silvestro, O.P. M149, M150
Mazzotta, Nicolas M151
Méan, François-Antoine de V26
Meaux, bisdom C98, D209
Mechelen (bisdom) C99-C109, C262, D39-D48, F103, F104, G58, H238, K1, M61-M65, M152, N45, P59, Q2-Q6, R80, R81, V26, V27
Mechelen (stad) C172, C250, C275, C276, E90, K41, M167, P204, S221
Meden J78, R103
Médon, Bernard C214
Meerbeeck, Adrianus van F89, M277
Meerman, Gerard M153, M154
Meerman, Willem M155
Meester van de 'Tosafat Yom Tov' M224b
Mège, Joseph, O.S.B. M156
Meibom, Heinrich S^r & J^r M157
Meidinger, Johann Valentin M158
Melanchthon, Philipp A194, B513, B514, S193
Melchior, Géo C180
Meldert C234
Mellema, Ed. B355
Menander Protector H162
Menardus, Nicolaus Hugo G140
Mencke, Johann Burchard M161
Mendoça, Francisco de, S.J. M162
Mengus, Hieronymus, O.F.M. S186
Menochio, Giacomo M163, M164
Menochius, Joannes Stephanus, S.J. B183, B197, B200, M165, M166
Mensaert, Guillaume Pierre M167
Mensinga, Johan A101
Menthen, Godefried M168
Menzelius, Philippus A122, G158, G162
Merati, Gaetano Maria M169a
Mérault de Bizy, Athanase-René M169b
Mercier, Nicolas E41
Mercier, Paul B153
Mercorus, Julius, O.P. M170
Mercx, Richard L305
Merenda, Antonio M171
Merken, Lucretia Wilhelmina van S167
Merkman, Pieter L59

Merlo Horstius, Jacobus E61, M173, M174
Merlo Horstius, Joannes B152-B155
Mérouville, Charles de, zie Hallot de Mérouville, Charles de
Mertz, Martinus, O.Præm. E9, M175
Merula, Paulus L270
Merz, Philippus Paulus M176
Mésenguy, François-Philippe B256
Mesia Bedoya, Alonso, S.J. M177
Messie, Petrus, zie Mexia, Pedro
Metastasio, Pietro M184
Meteren, Emanuel van M178-M180
Meulen, Jean-Baptiste van der M181
Meursius, Joannes C214, C246b, H162, M182
Meusnier de Querlon, Anne-Gabriel M183, M184
Mexia, Pedro M185, M186
Meyer, H. L209
Meyer, Pieter P223
Meyere, Livinus de, S.J. K11, M187-M199
Meyere, Ludovicus, O.P. M200-M203
Meyerus, Antonius M204
Meyere, Jacob de M204
Mezger, Franz M205
Mezger, Joseph M205
Mezger, Paul M205, M206
Mezler, Benedictus, O.Præm. M207
Mibes, Fridericus, O.Præm. M208
Michaelis, Antoine, S.J. M209
Michalinus, Joannes C133
Michel, Jean, O.Cart. M210
Micyllus, Jacobus O81
Middelburg H122, L357
Mieris, Frans van M211
Mignault, Claude A63
Miguel de San José M212
Miki, Paul, heilige V52, V53
Milan-Visconti, Daniel de I3
Milserus, Xystus Antonius P235
Minderbroeders M232, R8,
Mingarelli, Giovanni Luigi M213
Minos, Claude, zie Mignault, Claude
Minucius Felix, Marcus C322
Miræus, Aubertus D131, L253, M214-M222
Miræus, Johannes D38
Miræus, Ludovicus B150
Mitscherlich, Christoph Wilhelm H196
Mocket, Richard M251
Modersohn, Justus M252
Modius, Franciscus C318, T123
Moerbeeck, Jan Adriaan van, O.Præm. M253
Moheldt, Carolus M254

Molanus, Joannes F125, H109, H110, H152, K38, M255-M263, R9
Molière M264, M265
Molina, Antonius de, O.Cart. M266
Molina, Luis de, S.J. M267-M269
Molinæus, Joannes I27, R116
Molinæus, Petrus G181
Molinier, Etienne M270
Molinisten D115, R1
Molitor, Ulric S186
Molkenbuhr, Marcellus, O.F.M. B297
Monachus, Joannes C317
Monavius, Jacobus A36
Moncarré, Guillaume G21
Monhemius, Joannes H115
Monmorel, zie Le Bourg de Monmorel
Monnom, Paulus, O.Præm. C222, T48
Mons, zie Bergen
Monsperger, Josephus Julianus M271
Montagne, Richard E75
Montaigne, Michel Eyquem de H139
Montanus, Petrus G208
Montanus, Philippus T36
Monte Cassino L167
Montesquieu, Charles de Secondat, baron de la Brède et de M272
Montfaucon, Bernard de, O.S.B. J52, M44, M273-M275
Montmignon, Jean-Baptiste M276
Montmorency, Nicolas de M277
Moonen, A. H183, P146
Moons, Jacobus, O.Præm. H60, M278-M289
Moor, Joos de M290
Moors, Bonaventura, O.S.A. M291
Moreau, Charles, O.S.A. T21
Moreau, Jacques Louis L112
Morel, Frédéric B62, G146
Morelles, Cosmas, O.P. M292, T52
Morellus, Claudius G146
Morenas, François M293, M294
Moreri, Louis M295-M297
Moretti, B. D. F32a
Moretus, Balthasar L235, L253
Morinen M36
Morinus, Joannes M298
Mornay, Philippe … Plessis-, zie Duplessis-Mornay
Morra, Isabella di M299
Mortier, Petrus M300
Moscovië B430, B490
Mosheim, Johann Lorenz von M301
Mottevayerus, zie La Mothe le Vayer, François de
Moysant, François C152, C153
Mozes, Rabbi M224b
Mozzi, Luigi M302

Mr. J. R.**, *zie* Rousset de Missy, Jean
Mudzaert, Dionysius, O.Præm. M303-M305
Mulié, Frans-Martin, *zie* Leonardus a S. Martino
Müller, Andreas M306
Müller, Philippe S98
Münster, Sebastian M307
Mugnos, Filadelfo M308
Muis, Simeon Marotte de M309
Mulder, Jacob de, O.F.M. M310
Munich, Constantinus H219
Munnin, Hubertus B481
Muñoz, Luis L352
Muratori, Ludovico Antonio L219, M311, M312
Muret, Antoine E37
Murner, Thomas, O.F.M. S186
Musart, Charles, S.J. L361
Musculus, Andreas S193
Musculus, Wolfgang E79
Musius, Cornelius B225, N10
Musset-Pathay, Victor Donatien R128
Mussis, Petrus Dominicus de M314
Musson, abbé M315
Muszka, Nicolaus, S.J. M316
Mutianus Scholasticus J50
Muyart de Vouglans, Pierre François M317
Muzzarelli, Alfonso, S.J. M318, M319
Mylius, Crato B513

N

N. B. A., *zie* Borremans Amstelodamensis, Nicolaas
N. D., *zie* Despars, Nicolas
N. I. W., *zie* Wieringa, I. N.
Nachtegaal, Arnold Z29
Nadal, Geronimo, S.J. B268, B269, N1
Nagels, Paulus V94
Nagot, François-Charles B535, B538, B539
Nakatenus, Wilhelmus, S.J. N2-N7
Namen (graafschap) F35, G133, M167, P59, S170
Namen (bisdom) C110, D49, D50, H88
Nani, Giacomo M213
Nanning, Joannes N8, N9
Nannius, Petrus A112, A202, N10
Napels B304, G68, S29
Napoleon M181
Nardi, Baldassare P237
Naso (fam.) D89
Natalis, Daniel, O.F.M. N11
Natalis, Hieronymus, *zie* Nadal, Geronimo
Naudé, Gabriel R118

Nautet, Gilles Joseph T5
Navar, Tiburtius, O.F.M. N13
Nederland(en)/België A101, A137, B64, B355, B390, B519, C72, C173, C174, D86, D93, D94, D101, D130, F24, F27, F35, F74, G6, G21, G63, G65, G66, G133, G194, G196, G208, G209, H15, H37, H80, H122, H123, H160, H181, H182, L19, L119, L120, L233, L287, L292, M167, M178-M180, M211, M215, M216, M219, M221, M222, M263, M304, N18, O75, P25-P27, Q15, Q18, R9-R12, R37, R49, S166, S264, S303, V2, V8, V46, V70, V75, W24, W25
Née, François Denis L7
Neef, Stephanus de, O.F.M. N14
Neercassel, Joannes van N15a, N15b
Neesen, Laurentius B162, D62, N16, N17
Neipe, Melchior van E37
Neissen, Egidius, S.J. S75
Nellesteyn, I. B96
Nempe, Hieronymus H109
Neny, Patrice François de N18
Nepos, Cornelius N19
Nepveu, Simon S306
Neugebauer, Salomon K50
Neuhaus, Johann W. B29
Neuhusius, H. B316
Neumayr, Franciscus, S.J. R36
Neusser, Bruno L143
Newport, Henricus-Ignatius de W52
Nicephorus Callistus Xanthopulus E78
Nicephorus Syncellus, heilige G40
Nicetas Choniates N20
Nicius, Janus, ps. van Rossi, Gian Vittorio
Nicolaas IV, paus P76
Nicolaas V, paus G88
Nicolaus de Aquaevilla B150
Nicolaus de Bosco M98
Nicolaus Clarævallensis B154, B155
Nicolaus de Lyra, O.F.M. N21
Nicolaus Methonensis T51
Nicolaus Tolentinus, O.S.A. C314
Nicole, Pierre A192, N22, N23
Nicolle, Vincent, O.P. N24
Nieuhof, Johan N25
Nieuwelandt, G. V. H23
Nieuw-Spanje G31
Nilus Ancyranus E32, I25
Ninove C274
Niphus, Augustinus N28
Nithardus S. Richardi S88
Noailles, Louis Antoine de G46, N29, R8, R30
Noctinot, Ausonius, ps. van Cotonio, Antonio

Noé, Michel B316
Noël, François S283
Noël, François Joseph Michel N30-N32
Nonius Marcellus C19
Noguera, Diego de, O.S.A. N33
Nogueras, Jaime Gilberto de N34
Noiret, Gilbert N35
Nonius, Ludovicus L253
Nonnotte, Claude François N36
Noot, Hendrik Karel Nicolaas vander N37a
Noot, Philippe Erard van der K2, N37b
Norbertijnen A38, B364, B368, B444-B468, C54, C217, C288a, D37, D127, D178, G206, H99, H107, H185, H186, K14, K47, L123, L203, L204, L221, L223, L264, M59, M220, M226, M233-M240, O16, O55-O57, P219-P221, R79, S201-S206
Norbertus van Xanten, heilige B170, B289, G125, H108, H137, H232, L313, M13, M305, N38, P56, P57, P182, S67, S84, S90, S98, S213, S215, S218, S300, W4, W5
Norfolk L139
Noris, Enrico, O.S.A. A218, N39
Nostradamus A92, G215, N40, N41
Nouet, Jacques L189
Novarini, Luigi N46
Novati, Giovanni Battista N47
Novulantius, Henricus A124
Noyers, Paul de G3
Nuenarius, Hermannus D130
Nurenberg L139
Nyssen, Gregorius G181

O

O. D., *zie* Dapper, Olfert
Oberlin, Jeremias Jacob T5
Obsopoeus, Vincentius B62, B479
Octavianus Scotus A182
Odo Cameracensis W75
Odo Cluniacensis G147
Oecolampadius, Johannes J54, T35
Oeyenbrugghen, Georges van, O.Præm. O2
Oeynbrugge, Philippus Reynerus R144
Ogiers, Claude B323
Oldoini, Agostino, S.J. C139
Olivet, *zie* Thoulier, Pierre-Joseph, abbé d'
Olthof, J. L59
Olympiodorus Theabæus H162
Ommeren, Theodorus van, O.F.M. C303
Oneuz, Gilles, d' C143
Ongnyes, Angelus d' P42
Onraet, Jean Baptiste V37
Oostenrijk H123, K45

189

Oosterdyk Schacht, Herman B522
Oost-Indië B490
Oost-Vlaanderen K13
Opsopoeus, Vincentius, *zie* Obsopoeus, Vincentius
Opstraet, Joannes E46, O27-O52
Oratorianen O9
Orfila, Mathieu-Joseph-Bonaventure O63
Origenes O64-O66
Orlandi, Pellegrino Antonio, O.Carm. O67
Orléans, Pierre Joseph d', S.J. O68, O69
Orley, Richard van J75, J76, P195
Orsi, Giuseppe Agostino, O.P. O70
Ortelius, Abraham D130
Osmont du Sellier, O.F.M. Cap. F64
Osorio, Gerónimo A156, O71
Osorio, Gerónimo, nepos O71
Ossinger, Joannes Felix, O.S.A. O72
Ostade, Jacob van C23
Otto da Cremona A194
Oudaan, J. D34
Oudart, Nicolas L253, W20
Oudenaarde R90
Oudenhoven, Jacob van O73
Oudiette, Charles O74, O75
Oudin, Casimirs L223, O76, O77
Oultreman, François Henri d' B317
Oultreman, Philippe d', S.J. O78
Outers, Emmanuel van, S.J. B330
Ovadja van Bartinoro M224b
Overhuysen, Petrus van, O.Præm. O79
Overijssel, *zie* Transisalania
Ovidius Naso, Publius O80-O84, V34
Oxenstierna, Johan Turesson O85

P

P.***, *zie* Le Jeune, Jean
P. B. R116
P. B. T. C. M. T. L., *zie* Bertrand, Philippe
P. D. L. H. P., *zie* de la Haye, Pierre
P. H. Vlaming, *zie* Verhulst, Philips Lodewijk
P. L. L59
P. L. J., *zie* Leau, Corneille
P. R. W. P., *zie* Wocher, Rupert
P. V. M. Pastoor tot R., *zie* Maes van Avenrode, Petrus vander
Pacatus Drepanius, Latinus P1
Pagès, François Xavier F12
Pagi, Antonius, O.F.M. B44, B45, B47, P2, P3
Pagi, Franciscus, O.F.M. P3
Paine, Thomas P4
Palacios, Miguel de P5
Palafox, Jean de C141
Palatius, Joannes, *zie* Palazzi, Giovanni
Palazzi, Giovanni P6-P8
Paleotimus, Lucius P9
Pallavicino, Sforza, S.J. L330, P10, P11
Pallu, Martin, S.J. P12-P14
Palma, Ludovicus de, S.J. P15
Paludanus, Joannes (1565-1630) P17, P18
Pamelius, Jacobus B150, C322, T22, T23
Panigarola, Francesco P68
Pantinus, Petrus L253
Panvinio, Onofrio, O.S.A. G131, P20, P21, P154, P155
Pape, Libertus de, O.Præm. L126, P22
Papebrochius, Daniël, S.J. B330, E27, M53, P23, P24, R19
Papilion, Joannes A164
Paquet-Syphorien P25
Paquot, Jean-Noël G8, M258, P26, P27, V1
Paraldus, Guilhelmus, *zie* Perault, Guillaume
Pardaillan de Gondrin, Louis Henri de T15
Parijs L183, S309
Parijs, universiteit A37, A40, C13, C14, D36
Parival, Jean Nicolas de P28
Park, abdij van 't B468, C86, M12, M240, O10, O15, P22, R26, R50, T118, W2
Parmentier, Antoine E34, O28-O31, O34, O49-O51, P29-P31
Parys, Antoninus, O.S.A. P33
Pascal, Blaise P34, P35
Pascha, Jan P36
Pasmans, Bartholomæus L38, L101, S83
Pasqualigo, Zaccaria F101
Pasquier, Etienne P37
Pasquier, Nicolas P37
Pasquier, Théodore P37
Passau, bisdom H14
Passeratius, Joannes C18
Pastorini, ps. van Walmesley, Charles
Patek, Henricus A., O.Præm.(???) P43 probleem
Pater, Lucas L59
Patin, Charles S294
Patouillet, Louis P44
Patrick van Ierland, heilige P74
Patrizi Piccolomini, Agostino H163
Patuzzi, Joannes Vincentius, O.P. D175, P46, P47
Patzoll, Jacobus Vincent. P198
Paul, Matthæus, O.Præm. P48
Pauli, Matthias, O.S.A. P49
Paulinus van Milaan A112
Paulus, heilige A138, E64
Paulus I, paus G142
Paulus III, paus C243, O61, R25, S5-S10
Paulus V, paus M193, R77, R78
Paulus Bernriedensis P50
Paulus Diaconus C322, G139, G140
Pauly, Andreas P51
Pauw, Cornelius de P52, P53
Pauwels, Jan Antoon Frans P54-P57
Pauwels, Joannes, O.P. M203, P58
Pauwels, Josephus, O.F.M. P59
Pauwels, Nicolas P60, P61
Pauwens, Franciscus, O.S.A. P62, R122, R123
Pearson, John P63
Peckius, Petrus P64, W20
Peer, Mansuetus Franc P198
Pelagius Britannus, *zie* Pelagius Hæreticus
Pelagius Hæreticus A218
Pelbartus de Themesvar, O.F.M. P65, P66
Pelikaan, Koenraad E39a
Pelikan, Adalbert Carolus P198
Peñaranda y Velasco, Juan Nicolas de P67
Penia, Francisco P68
Penne, Giovanni Baptista T79
Pepijn de Korte G142
Péras, Jacques P69a
Pérault, Guillaume, O.P. P69b, P70
Percin de Montgaillard, Pierre Jean François L226, P71
Perckhofer, Matthias S174
Perduyn, Gislenus P72
Père***, *zie* Loriot, Julien
Péréfixe, Hardouin de Beaumont de P73
Perephonus, Joannes, ps. van Le Clerc, Jean
Pérez de Montalbán, Juan P74
Perez de Arta y Loyola, Josephus P75
Peri, Franciscus P76
Perierus, Joannes B330
Pérignon, Nicolas L7
Périn, Jean-François P77-P90
Perionius, Joachimus P91
Perizonius, Jacobus C318
Peronnet, Denis P92
Perotti, Niccolò C19
Perpinianus, Petrus Joannes, S.J. P93
Perrenot de Granvelle, Antoine D42, D46, D47
Perry, John P94
Persius Flaccus, Aulus J89, P95
Perussault, Sylvain P96
Perzië B430, B490, C145, G31, J78, R103, S32
Pesch, Jacobus van H205, H206
Pestels de Levis de Caylus, Charles D.G., *zie* Caylus, Charles
Petau, Denis, S.J. P97-P99
Petavius, Dionysius, *zie* Petau, Denis

Pétis de la Croix, Barthélémy G140
Petit, Philippe, O.P. P100
Petitdidier, Mathieu, O.S.B. P101
Petitpied, Nicolas O43, Q16
Petius, Laurentius P102
Petrarca, Francesco C36
Petrasch, Æmilianus, O.Cist. P103
Petri, Carolus, O.P. P104a
Petri, Cunerus P104b
Petrus d'Ailly, zie Ailly, Pierre d'
Petrus van Alcántara, O.Carm., heilige P105
Petrus de Alliaco, zie Ailly, Pierre d'
Petrus Aureolus, zie Auriol, Pierre d'
Petrus C***, zie Collet, Petrus
Petrus Damianus, O.S.B., heilige H145, P106
Petrus Diaconus L167
Petrus van Herentals, O.Præm. P107
Petrus de Honestis P106
Petrus Lombardus P108, P109
Petrus Patricius et Magister H162
Petrus Regalatus, heilige B132
Petrus de Sancto Audomaro, O.S.B. P110
Petrus, Bartholomæus P111
Petrus, Franciscus P112
Petrus, Suffridus B96, S173
Pey, Jean P113
Phædrus P114
Phalesius, Hubertus L317, L318
Phereponus, Joannes, ps. van Le Clerc, Jean
Philalethes Eupistinus, ps. van Platel, Jacques
Philargyrius, Junius V34
Philerenus Christianus, ps. van Van der Schuur, Andreas
Philippe de Harvengt, O.Præm. P115
Philippe de Prétot, Etienne-André N19
Philippe, hertog van Orléans I19
Philippi, Jacobus P209
Philippini, Thomas, O.S.A. L356
Philippus abbas Bonæ-Spei, zie Philippe de Harvengt
Philostratus, zie Filostratus
Phoca, Joannes B330
Piales, Jean-Jacques P116-P121
Picard, Jean A140, B151
Picard, Louis-Benoît P122
Picart, Etienne (de Romein) L119
Piccolomini, Æneas Silvius, zie Pius II
Piccolomini, Agostini Patrizi, zie Patrizi
Piccolomini, Agostino
Pichler, Vitus, S.J. P123, P124
Piconné, Ignace P125
Picot de (la) Clorivière, P.-J., zie Clorivière, P.-J. de (la)

Picot, Michel-Joseph-Pierre F22, P126
Picot de Clorivière, Pierre-Joseph, S.J. V52, V53
Picus, Joannes M82
Piedad, Francisco de la P127
Piélat, Barthélemy P128, P129
Piemonte B305
Pien, Ignace, S.J. O44, P130, P131
Piens, Félix-Martin P132
Piera, Gregorius, O.Præm. P133
Pierman, David, ps. van Wijkman, David
Pierssenæus, Jeremias B519
Pietrasanta, Silvestro, S.J. F126
Piette, Aurelius, O.S.A. P134
Piganiol de La Force, Jean-Aymar P135
Pignatelli, Giacomo P136
Pinamonti, Giovanni Pietro, S.J. P137-P139
Pineda, Juan de, S.J. P140
Pinelli, Lucas, S.J. P141
Pinius, Joannes, S.J. B330
Pinto, Kulianus a A92
Pirckheimer, Willibald J54
Pirhing, Ernric, S.J. P142, P143
Pistorius, Joannes P144
Pistorius, Petrus A246
Pithou, François C265
Pithou, Pierre C265
Pitiscus, Samuel C316, P145-P147, T2
Pitz, Henricus, O.Præm. C133
Pius II, paus P148, P149, S88
Pius IV, paus I4, O61, S5-S10
Pius V, paus B228, B470, B473, B474, C88, C89, C91, C93-C96, M242-M249, O18, O19, V20
Pius VI, paus G52, G63, H175, I14, P150, P151, R28
Pius VII, paus B76
Placet, François, O.Præm. P152
Platel, Jacques, S.J. D60, H81, L226, P153, S119
Platel, P. C316
Platina, Bartolomeo P154, P155
Platina, Giuseppe Maria P156
Platner, Joachim P157
Plautus, Titus Maccius P158
Plengg, Johannes Baptista, S.J. P159
Plessis-Mornay, Philippe du, zie Duplessis-Mornay
Plevier, Johannes B318
Plinius Cæcilius Secundus, Caius L245, P161
Plinius Secundus, Caius C176b, P162, P163
Pluche, Noël Antoine P164-P166
Pluimer, Joan H183, P167, P168
Plutarchus Chæronensis A183, P169

Poggini, Senno G208
Poiret, Jean Louis Marie B500
Poirters, Adrianus, S.J. B331, C288a, P170-P172
Polancus, Joannes, S.J. P173, P174
Polen F24, K50
Poliziano, Angelo A201, B230, S294
Pollux, Julius C19, P175
Polman, Joannes P176
Polybios L242
Pomey, François, S.J. P177-P181
Pompeius Trogus, zie Trogus Pompeius
Pomponius Lætus, Julius F51
Pomreux du Sart, Eustache de, O.Præm. C288a, P182-P184
Ponce de Leo, Basilio, O.S.A. M166, P185
Poncher, Etienne de E76
Pontanus, Jacobus D105, J47, P186
Pontanus, Joannes Isacius P187
Pontas, Joannes P188-P192
Pontius Diaconus, zie Pontius Carthaginiensis
Pontius Carthaginiensis C322
Poot, Hubert Korneliszoon Z28
Popma, Titus C318
Porphyrius A182
Porsena, Christophorus A201, T34
Porta, Arnoldo a D105
Porta, Joannes Baptista P197
Porta, Joseph M6
Porto, Emilio H162, S293
Portugal A106, O71
Possevino, Antonio, S.J. P199
Possevino, Giovanni Battista P200
Possidius Calamensis A217, A231
Possinus, Petrus, zie Poussines, Pierre
Pot, Willem vander H184
Potestas, Felix, O.F.M. P201
Pouget, Antoine, O.S.B. H140, H141
Pouget, François Aimé, Orat. P202, P203
Praag (bisdom) H156
Poussines, Pierre M166
Prauwels, Gabriel M49
Precipiano, Humbert-Guillaume de L200, P205-P208, Q13, Q24, R46,
Predikheren, zie Dominicanen
Preingue, Jordanus, O.P. P210, P211
Prescimonio, Nicolo Giuseppe C37
Presl, Placidus, O.Cist. U1
Pretere, Guillaume de C101
Prévost, Antoine François L292
Prevotius Burdegalensis, Joannes C325
Prickartz, Joseph, O.Præm. P212, P213
Prierias, Silvestro, zie Mazzolini, Silvestro
Prieur, Jean-Louis F12, F13
Priscus Sophista, zie Priscus Panites

Priscus Panites H162
Pritanii, Lamindi, ps. van Ludovico Antonio Muratori
Pro, Antonius Josephus P215
Proclus A183, M81
Propertius, Sextus C116
Prosper Aquitanus, heilige A218, A221
Protiva, Joseph, O.Præm. P225
Proyart, Liévin-Bonaventure P226
Prudentius Clemens, Aurelius C322
Pruets, Jean des M233
Pruisen G33, K50
Puente, Luis de la, S.J. P227
Pürstinger, Berthold P228
Pufendorf, Samuel von S110
Puteanus, Claudius P1
Puteanus, Erycius B365, C115, F38, K17, L253, P229-P237, R144, W20, W46
Puteo, Bernardus de W20
Putz, Heinrich B486
Putz, Matthias B486

Q

Quarré, Jean Hugues, Orat. Q9
Quentin, Jean J3
Querbeuf, Yves-Mathurin de B237, B239
Quesnel, Pasquier, Orat. C245, G46, K37, Q11-Q24, S220, S222
Quétant, François-A. L7
Quetif, Jacobus, O.P. Q25
Quintilianus, Marcus Fabius C176b
Quintus Septimius Florens C309

R

R. A. S. J., zie Archdekin, Richard
R. D. Q. B. S. T. L. L., zie Eyben, Arnold
R. D. T., zie Rayé, Nicolaus
R. F. B433
R. L. R1
R. M., zie Montagne, Richard
R. P. M. J., zie Mansuet Jeune, Claude
R. P. N., zie Hornes, Philippe de
R. P. P.***, zie Perussault, Sylvain
R. P. S. C. E., zie Servatius a Sancto Petro
R. P.***, zie Mauduit, Michel
R. V. L., zie Leuve, Roeland van
R. V. S. P222
Rabanus Maurus, zie Hrabanus Maurus
Rabus, Pieter R2
Racine, Jean B69, R3, R4
Raderus, Matthæus, S.J. C318, R5, R6
Radivillius, Nicolaus D35
Radulfus Flaviacensis, O.S.B. R7
Radziwill, Mikolai K., zie Radivillius, Nicolaus
Raellen, Hubert B230
Ragazzoni, Girolamo L178, S5

Raggi, Maria Z19
Raisse, Arnould de R9-R11, Z19
Ram, Petrus Franciscus Xaverius de R12, V26
Rampen, Henricus R13
Rancé, Armand-Jean le Bouthillier de B119, L152, M6
Ranouw, Willem van D89, E82
Ranst, Franciscus van, O.P. R14
Raphelengius, Franciscus A174, L240, R15
Rashi, Rabbi Salomon ben Isaac B220
Rassler, Maximilianus S125
Rautenstrauch, Franz Joseph R16
Ravestein, Katharina Lucia van P168
Ravestein, Sara Maria van P168
Rayé, Nicolas, S.J. B330, R17-R20
Raymund, Daniel C143
Raymundus de Pennafort, heilige R21
Raymundus Jordanus, O.S.A. R22
Raynaldus, Odoricus, zie Rinaldo, Odorico
Raynaud, Théophile, S.J. R22, R23
Reboulet, Simon R24
Rebuffus, Audomarus R25
Rebuffus, Petrus R25
Rechenberger, Felix, O.Cist. S101
Rechignevoisin de Guron, Louis de F123
Rega, Henricus Josephus C83
Regensburg, bisdom H14
Reginaldus, Antoninus, zie Regnault, Antoninus
Reginaldus, Valerius, S.J. R32
Regino Prumiensis B514
Regio, Rafaello O81
Regnard, Jean-François R33
Regnault, Antoninus A72
Regnier-Desmarais, François-Séraphin R96, R97
Réguis, François-Léon R34, R35
Reichard, Dominicus, O.P. R36
Reidanus, Everardus R37
Reiffenstuel, Anacletus, O.F.M. R38-R41
Reihing, Jacobus, S.J. R42
Reinesius, Thomas R. C310
Relandus, Hadrianus R43
Rembolt, Bertholdus B149
Renaudot, Eusèbe A192
Renson, Gilbertus, O.Præm. R47
Rentz, Placidus R48
Retz, Johann Friedrich S263
Reuchlin, Johannes A201
Reuter, Joannes, S.J. R52-R55
Revius, Jacobus C184
Reyd, Everard van, zie Reidanus, Everardus
Reygersbergen, Johan R57
Reylof, Alipius, O.S.A. R58

Reynerius, Godefridus A39
Rhenanus, Beatus E77, E78
Rhetius, Johann Friedrich, zie Retz, J. F.
Rhijn, H. van B214
Rhodiginus, Ludovicus Coelius O81
Rhodomannus, Laurentius L204
Ribadeneyra, Pedro de, S.J. R59-R62, S34
Ribera, Francisco de, S.J. R63-R65
Ricard, Antoine, ps. van Etienne Dechamps
Ricci a Cimbria, Flavianus R41
Riccioli, Giovanni Battista M165
Richelet, Pierre R66-R69
Richeome, Louis, S.J. R70, R71
Richer, Edmond V24
Ridderus, Franciscus H54, H57
Ridolfi, Pietro G139
Riegger, Paul Joseph von R16
Rigault, Nicolas C322
Rijsel C113
Rimpler, Georg S265
Rinaldo, Odorico, Orat., B45, B47, R72
Ringmayr, Thomas, O.S.B. P48
Rio, Juan del R73
Rio, Martin Anton (del), S.J. R74
Ripa, Cesare Z22
Rippel, Gregor R75
Rittershausen, Konrad R. P1, P161
Rivius, Gaugericus L253
Rivius, Joannes, O.E.S.A B481
Rivius, Josephus, O.Præm. R85
Robelot, chanoine R86
Robert, Christophe M171
Roberti, Jean, S.J. R87
Robertus Cameracensis, O.Cap. R88, R89
Robertus de Monte Sancti Michaelis G206
Robiano de Borsbeek, Louis-François de L97, L265
Robol, J. K37
Robyn, Ludovicus, O.P. R90
Robyns, Joannes Paulus P172
Robyns, Laurentius M56
Rocca Camers, Angelus G139
Rochman, Roeland S166
Rocquevert, Augustin de, O.Præm. B452, B453
Roderico, Emmanuele, zie Rodriguez, Emmanuel
Roderique, Joannes Ignatius R91, R92
Rodriguez, Alonso, S.J. R93-R97
Rodriguez, Manuel, O.F.M. R98, R99
Roeland, F. D92
Roëll, Dionysius Andreas D199
Roëll, Joannes D199
Roer, L. van de J72

Roermond P42, P59
Roeselare C278
Rogissart, sieur de R100
Rolliardus, Sebastianus L253
Rollin, Charles J78, R101-R106
Romanus, Adrianus R107
Rombaut, Josse-Ange R108
Romberch, Joannes, *zie* Host von Romberch, Johann
Rome/Romeinse Rijk A42, A161, B304, C296, C297, D89, F70, F71, G69, G131g, K9, K17, L115, L268-L271, M272, P146, R104, R105, R120, S32, T99
Romero, Miguel Andres R109
Romsée, Toussaint-Joseph R110-R112
Romualdus van de H. Bernardus, O.Carm. G89
Roncaglia, Constantinus A71, A72, R113
Rondet, Laurent-Etienne R114
Ronghe, Albericus de, O.Cist. R115
Ronse C274, R90
Rood-Klooster S49/15
Roore, Willem P. de P59
Roos, Joannes R116
Roose, Petrus W20
Roost, Willem van B244, R117
Roques, Pierre B202
Rorario, Girolamo R118
Roselli, Lucio Paolo C19
Rosenmüller, Johann Georg R119
Rosinus, Joannes R120
Rossi, Gian Vittorio R121
Rossius, Stephanus R122, R123
Rosweydus, Heribertus, S.J. B46, B421, R60-R62, R124-R126, T65, T74
Rota, Joannes Amedeus N47
Roth, abdij S187
Rotrou, Jean de B69
Rotteveel, A. Z28
Rouhette, Nicolaus, O.S.A. Y3
Rouillé, Pierre Julien, S.J. O69
Roulliard, Sebastien L253
Rounat, Constance, O.F.M. R127
Rousseau, Jean-Jacques B140, B405, G3, R128
Rousset de Missy, Jean D202, R129, R130
Rouville, Alexandre-Joseph de, S.J. R131
Rovenius, Philippus R132
Rovigo, *zie* Savary, Anne-J.M.R, duc de Rovigo
Roy, Leonardus van, O.S.A. R133
Roya, Ægidius de, O.Cist. S303
Royaumond, le sieur de, *zie* Le Maistre de Sacy, Isaac-Louis
Roye, François de B29, R134

R.P.***, *zie* Mauduit, Michel
Rubeis, Joannes Franciscus Bernardus Maria de, O.P. D121
Ruben, Gabriel, Orat. R135
Rubens, Peter Paul G59
Rubens, Philippe C318, L253
Rudolf Maximiliaan, hertog van Saxen M103
Rufinus Aquileiensis A228, E76-E79
Rugerius, Julius R136
Ruinart, Thierry, O.S.B. A34, G147, M2, R137
Ruitink, Simon M179, M180
Ruloffs, B. S132
Rumoldus van Mechelen, heilige P204
Rupertus Tuitiensis A140
Rupprecht, Theodor M. R138
Rusca Branicki, Sigismundus a C115
Rusland P94, R139, V92
Ruteau, Antoine R140
Rutgersius, Janus C318
Ruth d'Ans, Ernest R141-R143
Ruusscher, M. de Z28
Ruyter, Michiel de P129
Ryckel, Gerardus Antonius R144, R145
Ryckel, Josephus Geldolphus van R144, R145
Ryckius, Simon B97
Ryn, P. v. P167
Rythovius, Martinus D42, D46, D47
Rzebka, Adalbertus Joan. Bapt. P198

S
S. B., *zie* Bor, Salomon
S. D. F. H. A. I. R. I. H. E. B. A. C. S. B. C., *zie* Fierlant, Simon de
S. T. B., *zie* Opstraet, Joannes
S. V. D. W. P222
Sa, Emmanuel, S.J. B180, B183, S2
Sabatini, Giuseppe L356
Sacchinus, Franciscus, S.J. S3
Saccus, Joannes Baptista P232
Sacy, Louis Sylvestre de S11
Sadeler, Raphael R6
Sailer, Sebastianus, O.Præm. S12-S20
Sailly, Thomas, S.J. S21, S22
Saint-Cloud L183
Saintebeuve, Jacques de S23-S26
Saintebeuve, Jerôme de S23-S26
Sainte-Marthe, Denis de, O.S.B. G140
Sainte-Marthe, Louis II de S27
Sainte-Marthe, Scevole de S27
Saint-Hyacinthe, Thémiseul de, ps. van Cordonnier, Hyacinthe
Saint-Lambert, Jean-François de S28
Saint-Non, Jean-Claude Richard de S29
Saint-Omer M36

Saksen M161
Salaberga van Laon, heilige G206
Salamo, Simon S30
Salazar, Francisco de, S.J. S31
Salé, Adrianus-Trudo, O.Præm. B437, B438
Salet, abbé A79
Salian, Jacques, S.J. M165, M304, S32
Sallæus, Andreas S33
Salmasius, Claudius C310, C318
Salmeron, Alonso, S.J. S34
Salvaing de Boissieu, Denis de S35
Salzburg, aartsbisdom H14, H156, M205
Sanadon, Nicolas, S.J. S36
Sanchez, Gaspar, S.J. S37, S38
Sanchez, Joannes S39
Sanchez, Thomas, S.J. S40-S43
Sandellius, Dionysius S45
Sanden, Jacobus vander S46
Sanderus, Antonius L306, S47-S53
Sandini, Antonio S54-S58, S142
Sannazaro, Jacopo S59
Sanson, Nicolas A188, B186, B253, E82, M300
Santeul, Jean (de) S60
Santolius, *zie* Santeul, Jean
Santorini, Giovanni Domenico B15
Sappel, Ladislaus S61
Sardagna, Carlo, S.J. S62, S63
Sarpi, Paolo P10, P11
Sasbout, Adam, O.F.M. B503, S64
Sassenus, Andreas Dominicus S65
Sassenus, Franciscus L188
Sasserath, Reiner, O.F.M. S66
Saulnier, Charles, O.Præm. S67, S205
Sauvé de la Noue, Jean B69
Savary, Anne-Jean-Marie-René, duc de Rovigo S68
Savoye B305
Sayer, Gregorius, O.S.B. S69, S70
Scaliger, Josephus Justus C308, C309, S71, S302, T30
Scaliger, Julius Cæsar V34
Scamozzi, Vincenzo S72
Scapula, Joannes E60
Schädl, Sigismund S73
Schaegen, Joannes S182b
Schaffgotsch, Ernest Wilhelm S74
Schannat, Johann F. S75-S78
Schard, Simon S79
Scharschmidt, Joannes Josephus S80
Scheffer, Joannes C318, P1, P114
Scheffmacher, Johann Jakob, S.J. S81, S82
Scheidt, Christian Ludvig E7
Schelkens, Petrus Franciscus S83
Schelle, Carl Gottlob H192

Schellenberg, Joannes Baptista, S.J. S84
Schelling, Pieter van der A81
Schelte, D. R2
Schenkl, Maurus von S85
Scherffer, Charles, S.J. L8, L9
Scherpenheuvel S49/13, L247
Schets, Gaspar S86
Scheut, kartuizerklooster S49/20
Scheve, Heinrich D126
Schiappalaria, Stephano Ambrosio G208
Schietere, Joos de B46
Schiffner, Josephus Franciscus, O.Præm. S87
Schilter, Johann S88
Schim, Hendrik H184, S89
Schim, Jacob H184, S89
Schim, P. H184, S89
Schindler, Daniel Antonius, O.Præm. S90
Schindler, Paul, O.Cist. S91
Schmalzgrueber, Franz, S.J. S92, S93
Schmetterer, Modestus, O.S.B. S94
Schmid, Sebastianus C51
Schmidt, Caspar K15
Schmidt, Philipp Anton, S.J. S95, S96
Schmier, Franz S97
Schneider, Christian S98
Schnorrenberg, Anno, O.Præm. S99, S100
Schöbinger, Bartholomæus G111
Schoepf, Wolfgang Adam S263
Schoffelen, Petrus H219
Scholl, Hermannus, S.J. S75
Schönfus, Ludolphus, O.Præm. S101
Schoolhouder, Jacob A20
Schoonaerts, Gregorius, O.S.A. S102
Schoonbeek, Herman B511
Schotland D185
Schott, Andréas A156, C281, C282, H162, R120, S135, S303, V31
Schram, Domenicus, O.S.B. S103-S105
Schramek, Eugenius Franc. P198
Schrattenbach, Wolfgang von K4
Schrevelius, Cornelius S106, T20
Schrieck, Anna van A1
Schroder, Joannes P168
Schudus, Ægidius, zie Tschudi, Ægidius
Schultens, Albert H25, H26
Schurman, Anna Maria à B96
Schuur, Andreas van der B214, B265, S107-S109, W73
Schwaiger, Thadæus Franciscus, O.Præm. B68, B491, D98, D142, F43, H28, H164, M254, S80, S87, S162, S178, S243, S297, Z32
Schwarz, Christian Gotlieb P1, P161
Schwarz, Ignatius, S.J. S110
Schweiger, zie Schwaiger, Thadæus Fr.

Schwenter, Daniel S111
Scialach, Victor L267
Scott, Reynald S112
Scribani, Carolus, S.J. L253, S113, S114
Scriverius, Petrus A162, H180, M99, S115, S116
Scrofa, Sebastianus A39
Scupoli, Laurentius S117, S118
Scutteputæus, Hubertus I25
Sebastiaan, heilige V73
Sebastianus a Sancto Joachim, O.Carm. F85
Sebastianus a Sancto Paulo, O.Carm. P23, P24, R19
Seber, Wolfgang P175
Sedlecius, Fredericus C133
Segaud, Guillaume de, S.J. S120, S121
Seghers, Bartholomeus, O.Præm. S122-S124
Seghet, Thomas L253
Segneri, Paulus, S.J. S125-S127
Segrais, Jean Regnault de S128
Ségur, Louis-Philippe, comte de S129
Seiler, Raphael J88
Seka, Ferdinandus Mauritius P198
Selkart, C. K. P167
Sellan de Lanuza, Geronimo Baptista de S131
Sels, Willem Hendrik S132
Senault, Jean-François, Orat. S133
Senckenberg, Heinrich Christian von G111
Seneca, Lucius Annæus L256, L259, S134-S136
Seneca, Marcus Annaeus C176b, S135, S136
Sengers, Adrianus, O.F.M. H217
Serarius, Nicolaus, S.J. S137-S141
Serrai, J. Andreas A72
Serry, Jacques-Hyacinthe, O.P. C53, M193, S142
Servatius a Sancto Petro, O.Carm. S143, S144, T38
Servillius, Joannes E38
Servin, Louis S112
Servius Maurus Honoratus V34
Servius, Philippus, ps. van Bouchy, Philippe
Seur, Jean de S145
Sève de Rochechouart, Guy de, bisschop van Arras F33, L199, S146
Sevilla P67
Sevin, Franciscus Desiderius de L163
Sevoy, François Hyacinthe S147
Séwel, Willem J74, K9
Sextus Julius Africanus, zie Julius Africanus

Sfondrati, Cœlestino S148
Sherlock, Paul, S.J. S149
Sichem, Christoffel van B212, B270, B271
Sicilië B304, S29
Sidney, Philip L243
Sifanus, Laurentius G146
Sigebertus van Gembloers G206, I24
Sigonio, Carlo G131, M165, M166
Silius Italicus, Tiberius Catius Asconius S150
Silveira, João da, O.Carm. S151
Silvius, Franciscus S152
Silvius, Willem O61
Simeon Metaphrastes G139
Simon, hertog van Crépy G206
Simon, Honoré Richard S153
Simon de la Vierge, O.Carm. S154-S157
Sincerus Recht-Uyt, ps. van Elsken, Joannes Josephus vanden
Sincerus Tout-Droit, ps. van Elsken, Jean Joseph vanden
Singlin, Antoine S158
Sinkel, Jan B416-B418
Sinnichius, Joannes Baptista, Orat. S159, S160
Sirius, Laurentius Z27
Sirleto, Guglielmo A174
Sirmondus, Jacobus S.J. A218, P97, T31
Sixta, Ignatius S162
Sixtus V, paus B43, B177-B182, B184-B187, B189, B190, B192, B194-B199, B251-B253, B504, G139, I4, L317, L318, M193
Slavonië F24
Sleidanus, Joannes F115
Slevogt, Paulus C308
Slootmans, Alexander, O.Præm. M138
Smet, Cornelius G63, S163-S165
Smidelinus, Jacobus Andreas S193
Smids, Ludolph S166
Smidt, Franciscus de, S.J. D147, D170, O78, P227, T65
Smit, J. C316
Smits, D. H184, L59
Smits, Wilhelmus, O.F.M. B217
Smyters, Anth. M178
Snakenburg, Henricus C318, S167
Snoy, Raynerius B230, S303
Soardi, Vittorio Amadeo S168
Sobrino, Francisco S169
Socrates Scholasticus E77-E79
Sohet, Dominique François de S170
Sollerius, Joannes Baptista, S.J. B330, K11, S171, U5
Someren, J. van O73
Sommalius, Henricus, S.J. A60, A211,

A212, A214, A215, T74, T77, T78
Sopranis, Joannes Hieronymus F49
Soteaux, Jean H109, S4-S6
Sotelet, Adam de C82
Souciet, Stephanus, S.J. D32
Sousa, Luis de, O.P. L352
Sozomenus Salaminius, Hermias E77-E79, S173
Spanje A106, F42, M85, M268, O69
Spaur, Marianus von S174
Speluncæus, Martinus C70
Spener, Jacob K. S176
Spengell, Theobaldus R7
Spina, Bartholomæus de, O.P. S186
Spinola, Ambrosius B27
Spitzar, Franciscus S178
Spoelbergh, Guilielmus, O.F.M. S179
Spondanus, Henricus, S.J. B45, B46, M304, S180, S181, T137
Spondanus, Jacobus S181
Spoor, Theodorus S182b
Sporer, Patritius, O.F.M. K5, S183-S185
Sprenger, Jacob, O.P. S186
Springer, Balthasar M98
Stadelhofer, Benedictus, O.Præm. S187, V71
Staes, Jean Baptiste W42
Stafford, J. C41
Staidel, Bonaventura A151
Stainmayr, Michael, *zie* Steinmayr, Michael
Stammetz, Joan Levinus S188
Stanihurstus, *zie* Stanyhurst
Stanislas Kostka, heilige V52, V53
Stanley, Thomas S192
Stanyhurst, William, S.J. L1, S189-S191
Staphylus, Fridericus S193
Stapleton, Thomas S194-S200
Stavelot R91, R92
Steen, Joannes van den, O.Præm. *zie* Lapide, Joannes a
Stefanus I, paus C117
Stefanus III, paus G142
Stefanus IV, paus G142
Stehr, Godefridus, O.Præm. H71, L217, , M208
Steinmayr, Michael, O.Præm. S207
Stella, Joannes Z41
Stengel, Georg, S.J. S208-S210
Stengelius, Carolus, O.S.B. S211
Stephan, Cornelius, O.Cist. P225
Stephanus, Henricus, *zie* Estienne, Henri
Sterre, Joannes Chrysostomus van der, O.Præm. M175, O79, S213-S218
Sterzinger, Casimirus P157
Stettler, Michael S219
Stevart, Jérome S220-S222

Stevartius, Petrus H32, S211
Steyaert, Martinus A197, A218, C132, D129, E35, E86, L355, O41, O54, S182a, S223-S241, W63, W65, W90, W91
Stickerus, Urbanus B330
Stiebner, Melchior, O.Præm. S243
Stillemans, Joannes Baptista V94
Stiltingus, Joannes B330
Stockmans, Petrus S244-S247
aStolberg, Friedrich Leopold Graf zu F32b
Stoop, Antonius de, O.Præm. L288, S248
Stoppani, Johann Karl P198
Storace, Baldassare S249
Storchenau, Sigmund von, S.J. S250, S251
Storms, Fredericus, O.S.A. S102
Stoz, Joannes, S.J. S252, S253
Stoz, Matthæus, S.J. S253
Strada, Famianus, S.J. S254-S256
Strada, Giacomo di S257
Stradanus, Joannes B271
Strahov (*Praag*), abdij M140, P198
Strauchius, Ægidius C309
Streithagen, Peter von R145, S258
Streng, Jacobus van der L59, L209
Strnischtie, Gerlacus Joannes P198
Stroobant, Jacques S259
Struvius, Burkard Gotthelff P144, S260-S262
Stryk, Johann Samuel S263
Stryk, Samuel S263
Sturm, Leonhard Christoph S264, S265
Stusche, Tobias, O.Cist. S266
Suarez, Franciscus, S.J. S267-S288
Suavis, Petrus Polanus, ps. van Sarpi, Paolo
Sucquet, Antonius, S.J. P159, S289-S292
Suda C19, H162, S293
Suetonius Tranquillus, Caius H188, S294
Sueyro, Manuel S295
Suidas Lexicographus, *zie* Suda
Suigus, Jacobinus A129
Suikers, Geerolf S296
Surada, Jacobus S297
Surius, Laurentius H16, H17, S298
Susius, Jacobus, S.J. B402
Susteren, Franciscus van, S.J. T101
Susteren, Henricus Josephus van S299
Sutor, Bernard, O.Præm. S300
Suyskens, Constantinus B330
Swanke, W. B318
Sweertius, Franciscus H22, L253, S301-S303, W55
Sweerts, Ignatius, O.S.A. S304
Swieten, Gerardus van S305

Syceram, Everart Y1
Sylvius, Franciscus B360, B361, C62, C63, L58, S306, S307
Sylvius, Johannes R116
Symon, Gillian S308

T

Taberna, Joannes Baptista, S.J. T1
Tachard, Guy, S.J. T2
Tacitus, Publius Cornelius T3-T7
Tacquet, Andreas, S.J. T8
Taemsson van Horn, C. M178, M179
Talhamer, Wolfgang, O.Præm T9
Tamburini, Ascanio T10
Tamburinus, Thomas, S.J. T11, T12
Tanchelinus H132
Tansus, Nepomucenus, O.Cist. T13
Tappius, Eberhardus E38
Tardieu, Ambroise B56
Tardieu, Pierre S129
Targier, Joachim H183
Tassius, Joannis Baptista H221
Tassy, Henri-Felix de T15
Tates Pimentellus, Emmanuel R98
Tatianus Syrus J88
Tauler, Johann, O.P. T16, T17
Taverne, Jean Baptiste L226
Tax, Philippus L127
Tegularius, Hermannus G29
Telle, Reinier G209
Tellierius, M., *zie* Le Tellier, Michel
Tempeliers D211, H154, J46
Ten Cate, Gerhardus D199
Tengnagel, Sebastian G168
Teniers, Joannes Chrysostomus, O.Præm. M279
Ten Kate, Lambert T18
Terentius Afer, Publius T19, T20
Teresa de Jesús, *zie* Theresia van Avila
Tertullianus, Quintus Septimius F. L57, L356, T21-T23
Texier, Claude, S.J. T24-T27
Theganus Treverensis S88
Thenard, Louis-Jacques T28
Thenhaven, Bernardinus, O.F.M. T29
Theocritus T30
Theodor Ab?-Qurra A122
Theodoretus Cyrrhensis E77-E79, T31
Theodoricus, koning van het Frankische rijk L212
Theodoricus a Leydis, O.S.B. J58
Theodoricus Loerius D122, D126
Theodorus Anagnosta E79
Theodorus Lector, *zie* Theodorus Anagnosta
Theodorus Rhætuensis T32
Theophanes Byzantius H162

Theophilus Antiochenus J88
Theophilus, A. F. T. L. D. T33
Theophylactus de Achrida T34-T36
Theophylactus Simocatta H162
Theresia van Avila, O.Carm. R65, T37, T38
Theupolo, Laurentius, *zie* Tiepolo, Lorenzo
Thielens, Petrus T39
Thierry de Beauvais, Jean T40
Thiers, Adolphe T41
Thiers, Jean-Baptiste T42-T46
Thilmans, Cornelius, O.F.M. T47
Thomas van Aquino A57, A206, B2, B68, B491, C239, C240, D100, E68, G124, H28, H86, M37-M39, M206, N16, N17, P104a, Q1, R48, S152, S241, S267-S270, S272, S285, T48-T59, V16-V18, V21, W66-W72
Thomas Beckett L356, T60
Thomas Cantuariensis, *zie* Thomas Becket
Thomas a Jesu, O.S.A. T61, T62
Thomas a Kempis T63-T78
Thomas a Villanova, O.S.A., heilige T79-T81
Thomas, Ambrosius, O.Præm. B388, T82
Thomas, Engelbertus Georgius P198
Thomas, Hieronymus S79
Thomasius, Christian H226, S110
Thomassen, Alexander T83
Thomassin, Louis, Orat. T84-T86
Thou, Jacques Auguste de K50, T87
Thoulier, Pierre-Joseph, abbé d'Olivet C178, G91
Thuanus, Jacobus A., *zie* Thou, Jacques Auguste de
Thuillier, Vincent M6
Thyard, Claude de, comte de Bissy B329
Thys, Jean-François, O.Præm. G63, T88
Thysius, Isfridus, *zie* Thys, Jean-François
Tiberius, heilige martelaar S17
Tibianus, Johann Georg G111
Tibullus, Albius C116
Tichi, Rosnata C133
Tiepolo, Lorenzo Z17
Tilmannus, Godefridus A112, T32
Timotheus a Præsentatione, O.Carm. T89
Tiraqueau, Edmond B151
Tirelli, Carolus L114
Tirinus, Jacobus, S.J. B183, T90-T94
Tissot, Pierre-François T95, T96
Titelmans, Franciscus, O.F.M. T97, T98
Titi, Filippo T99
Titler, Ludovicus Tobias, O.Præm. B87, Z38
Tiufburg, Nicolaus de G111
Tobl, Raphael, O.Præm. B499, K8, S266

Toletus, Franciscus, S.J. T102
Tollenare, Joannes Baptista W114
Tollenarius, Joannes, S.J. T103
Tollens, Hendrik T104
Tollius, Alexander A161
Tombeur, Nicolaus de, O.S.A. O45, T105, T106
Tongeren C143
Tongerlo, abdij A38, B367, H102, O14
Tongerloo, Carolus Ludolphus van, O.Præm. M278
Tornielli, Agostino S181, T107
Torrentinus, Hermannus T108
Torrentius, Lævinus B43, G122, S294
Tostado Ribera, Alfonso T109
Tourbe, J. T110
Tournely, Honoré T111-T117
Tournemine, René-Joseph de B200, M165, M166
Touron, Antoine, O.P. A72
Toussain, Daniel F72a
Toustain, Nicolas, O.S.B. D183
Tranquillus, Thomas Albertus T119
Transisalania L19
Transsylvanië F24
Traut de Nuremberg, Johannes W48
Trautmansdorff, Franciscus Wenceslaus de T119
Traversarius, Ambrosius A201, J50
Trente, concilie A76, A77, B35, B227, B228, B469-B475, C88-C97, C111, C112, G73, H187, I5, L178-L180, M193, M242-M250, O61, P10, P11, P109, S4-S10, S252, Z39
Trentecamp, Jacobus B330
Treter, Thomas H201
Trevieren L140
Tricalet, Pierre-Joseph R93
Trier B483, G201, H156, H177, H178
Triest, Antoine T120
Tristan l'Hermite, François B69
Trithemius, Joannes A228, C322, S303, T121
Trogus Pompeius T122, T123
Tronson, Louis T124, T125
T'Sandoel, Gaspar, O.Præm. K34
Tscharner, Vincenz Bernard T126
Tschischwitz, Ferdinandus, O.Præm. T127
Tufo, Ottavino del, S.J. T128
Tulden, Theodoor van T129-T136
Turck, Heinrich, S.J. H66
Turkije G31
Turnèbe, Adrien E37
Turnhout B94, G120
Turrianus, Franciscus, S.J. A122
Tursellinus, Horatius, S.J. M304, P93, T137
Tuycom, Philippe van, O.Præm. O2
Tymens, I. G213
Tyran, Jacobus, S.J. T138
Tysens, G. L209

U
Uffel, Jean van C281, C282
Ugo de S. Caro, *zie* Hugo de Sancto Charo
Ulpius, Joannes E37
Ungar, Raphael, O.Præm. U1
Uppsala (bisdom) H156
Urbann, Adamus, O.Præm. U1
Urbanus a Sancta Elisabetha, O.Carm. U2
Urbanus IV, paus M95
Urbanus VIII, paus B228, B420, B470, B473, B474, D52, M106, M230, M231, M246-M249, O18, O19, P194, P195, U3
Ursin, Johann Heinrich U4
Ursmer van Lobbes, heilige W29
Ursulinen C246a
Usuardus Sangermanensis U5
Utrecht B96, B404, B480, G75, H122, H220, L19, M302, Q18, V39
Uwens, Laurentius B331
Uwenus, Henricus W20

V
Vaddere, Jean-Baptiste de V1
Vadegotia, circaria D37
Vadianus, Joachim G111
Vænius, Otto T4, V21
Vaentkens, Livinus A219, S44
Vaernewyck, Marcus van V2
Valart, Joseph T60
Valcke, Carolus, S.J. V3, V4
Valcke, Petrus-Franciscus V5-V7
Valckenier, Petrus M306, V8
Valckenisse, Philippus de, O.Cist. V9
Valenciennes B317
Valeriano Bolzani, Giovan Pierio V34, Z22
Valerius, Cornelius V10
Valesius, Henricus E81, H162
Valmont de Bomare, Jacques-Christophe V11, V12
Valsecchi, Antonino, O.P. V13
Varro, Marcus C19
Vatablus, Franciscus B191
Vauban, Sébastien le Prestre, marquis de S265
Vaubert, Luc, S.J. V15
Vaugelas, Claude Favre de C315
Vazquez, Gabriel, S.J. V16-V20
Veen, Octavius van, *zie* Vænius, Otto
Veith, Laurenz Franz Xaver, S.J. V22-V25

Velde, Jan Frans van de V26-V27
Velde, Joannes van de B330
Velde, Steven Jan van de V28
Velde de Melroy, Joannis Baptista baron van N42
Velden, Gerardus van L314
Velleius Paterculus, Caius C176b, V29
Vence, Henri-François de B203, B205, V30
Venius, Ernestus B481
Verburg, Isaac H201, S296
Verdonck, Thomas, O.Præm. B279
Vergilius, Polydorus E37
Vergilius Maro, Publius T95, V31-V36
Verhaghen, Petrus Josephus S46
Verheyen, Philippe C106, C107, V37
Verheyk, Henricus H12
Verheylewegen, François G. A159, B349, B497, B498, F72b, T100, V38
Verhulst, Philips Lodewijk B266, V39-V41, V78
Verjuys, Joannes Baptista, O.P. V42
Verleeghten, J. V44
Vermeere, Maximiliaan B318
Vermeesch, Herman, O.Præm. V45
Vermeiren, Thomas, S.J. L124
Vermeren, Michael F. V46-V48
Vernet, Jacob G67
Vernimmen, Joannes, Orat. B3
Vernulæus, Nicolaus C115, V49, V50
Véron, François A72
Verrepæus, Simon V51
Verron, Nicolas-Marie, S.J V52, V53
Versailles F14, L183, P135
Verschuren, Franciscus V54
Verslype, Joannes V55-V62
Versoris, Pierre P37
Versteeg, Nicolaas H184, S167
Vertot, René Aubert de, O.Præm. V63-V66
Vervisch, Pieter Francis Dominiq V67, V68
Vervuust, Gerardus, O.F.M. V69
Vetter, Ignaz V71
Vianen, Franciscus van V72
Vichet, Renier, O.Præm. V73
Vicogne (bij Valenciennes), abdij D25
Victor de Vita E78
Victorius, Marianus H143
Vidal, Franciscus, O.P. W61
Vienne (Isère) C148
Vigenère, Blaise de F50
Vigerus, Franciscus, S.J. E83
Viglius ab Aytta H221
Viguerius, Joannes V74
Vilain XIIII, Charles-Joseph-François V75, V76

Villemain, Abel-François B379
Villenfagne d'Ingihoul, Hilarion Noël, baron de V77
Villers, abdij G71, S49/3
Vilsteren, S. van V78
Vinay, Antoine de, O.Præm. B456, B457
Vincennes L183
Vincent, J. L209
Vincent, M. L112
Vincent, Z. L209
Vincentius a Paulo A41, N35
Vincentius Ferrerius, O.P. P69b
Vincentius van Zaragoza, heilige S15
Vinnius, Arnoldus V79
Vio, Tommaso de, O.P. V80
Viringus, Joannes Walter M261
Visdelou, Claude de H91
Visschers, Anna Roemers G196
Vitellius, Reynerus, zie Telle, Reinier
Vitré, Antoine B192
Vitriarius, Philippus Reinhardus S110
Vitringa, Campegio H224, V81
Vittorelli, Andrea P200, T102
Viva, Dominicus V82
Viverius, Jacobus M178, M179
Vives, Juan Luis A205, A218, V83
Vivianus, Johannes D130
Vlaanderen A137, B78, B133, B543, D92, F35, G8, G133, G210, M167, M204, S52, S145, S295, W110-W114
Vladeraccus, Christophorus V84
Vlaming, P. H., ps. van Philips Lodewijk Verhulst
Vlierbeek, abdij S49/9
Vlimmerius, Joannes A231, F125, L166
Vloo, Ignatius Albertus de V85
Voellus, Joannes, S.J. V86
Voetius, Gisbertus J22, V87
Vogel, Matthias C49
Vogt, Johannes V88
Voisin, Joseph de M250
Voit, Edmond, S.J. V89, V90
Voiture, Vincent V91
Volaterranus, Raphael F51
Volcius, Melchior G181
Vollenhove, J. H180, H183, P146
Voltaire B405, M264, N36, V92
Vondel, Joost van den G196, H180, S115, S116, V36
Voorn A81
Vorst, abdij S49/7
Vorstius, Adolfus B96
Vos, Petrus de, O.S.A. D158, D159
Vosgien, Mr, zie Ladvocat, Jean-Baptiste, abbé
Voshem, François van, O.Præm. V94
Vossius, Dionysius R37

Vossius, Gerardus Joannes S294, V95-V97
Vossius, Lambert W113, W114
Vrancx, Albert Eugène, O.Præm. V99
Vredius, Olivarius, zie Wree, Olivier de
Vriendt, Maximiliaan de, zie Vrientius, Maximilianus
Vrientius, Maximus Æmylianus B317, L253, S302
Vries, Simon de J72
Vryer, Abraham de V102
Vuicelius, Georgius, zie Witzel, Georgs
Vuikius, Adrianus, zie van Wijck, Adrianus
Vuitasse, Carolus, zie Witasse, Charles
Vulson de la Colombière, Marc de V103

W

W. F., zie Foppens, Willem
W. V. D. J. P222
W. v. R., zie Ranouw, Willem van
Wachtendonck, Jean de D49, D50
Wadgassen, zie Vadegotia
Waermont, Mr A91
Waerseggere, Hieronymus de, O.Præm. M12, S304, W2
Waghenare, Petrus de, O.Præm. W3-W6
Wagnereck, Henricus, S.J. W7
Wakkerzeel B167
Wal, Petrus de, O.Cart. S49/20
Walafridus Strabo G111
Walbertus a Sancta Aldegunde, O.Carm. W8
Walenburch, Adrianus van W9
Walenburch, Pieter van W9
Walkiers, Antonius, O.F.M. W10, W11
Walle, Jacob vande, S.J. B331, W12
Walle, Pr. van de H205, H206
Walmesley, Charles, O.S.B. W13
Walraven, Henricus M39
Walsh, Joseph Alexis, vicomte W14
Walter, Richard W15
Walthamm, Leopold, O.Præm. W16
Walton, Brian W17
Walvis, Ignace W18, W19
Wamesius, Joannes W20
Wann, Paulus L277
Wansleben, Johann Michael, O. P. W21
Wardt, Lambert Joseph Maximilien vande W22
Wase, Christopher, the elder W23
Wastelain, Charles, S.J. W24, W25
Watelaar, Johannes W26-W28
Waulde, Gilles W29
Wavre, Phillipus van, O.S.A. W30-W36
Weerdt, Hendrik de H122
Wegelin, Thomas G165, G176

Weigel, Christoph B274, W37
Weissenbach, Joseph Anton W38
Weisslinger, Johann Nikolaus W39
Weitenauer, Ignaz, S.J. W40, W41
Wellens, Jacobus Thomas Josephus W43-W45
Wendelinus, Gottefridus R144, W46
Wennen, François, O.Præm. W47
Wenselaus Meroschowa W48
Werm, Gerard van B392
Wernsdorff, Gottlieb K15
Werve, Franciscus vanden, O.F.M. W49
Wesaliensis, Arnoldus, *zie* Haldrenius, Arnoldus
Wesel, Abraham van W50
Wespelaar B545
West, Richard T30
Westerbaen, Jacob O73, S115, S116
Westerbaen, K. S167
Westerhovius, Arnoldus Henricus C23, P146, P147
Westfalia, circaria D37
Weyer, Joannes, S.J. W52
Weyms, Stephanus T136, W20
Wicelius, Georgius, *zie* Witzel, Georg
Wichmans, Augustinus, O.Præm. B365, G187, G188, W53-W55
Wicken, Jacobus W56
Wielens, Joseph, S.J. W57
Wieringa, I. N. B316
Wiest, Stephan W58, W59
Wiestner, Jacob, S.J. W60
Wiethofius, Joannes Hildebrandus P146
Wigandt, Martinus, O.P. W61
Wiggers, Cornelius W69
Wiggers, Joannes W62-W72
Wijck, Adrianus van W73
Wijkman V39
Wijtsius, Egidius F51
Wild, Johann W75
Wilde, Johannes de B294
Willem I van Oranje L60
Willem III, koning van Engeland B278
Willemaers, Pierre-Thomas, O.Præm W76, W77
Willems, Guilielmus W78
Willems, Jan Frans W79
Willibrordus, heilige B170
Willink, Dirk L59
Willis, Arn. Z29
Wils, Jan-Baptiste, O.Carm. A132
Wilson, Jacques, O.S.B. W13
Wilt, Wilhelmus W80
Winckel, Joannes van de, O.S.A. W81
Winghe, Antonius de B289, B311
Winghe, Nicolaus van B207-B209
Winter, Nicolaas Simon van L59

Winter, Robert de D87
Wirth, Ernst Cholin P68
Wise, Francis W82
Witasse, Charles W83-W88
With, Henriette Elizabeth de Z28
With, Katharina Johanna de Z28, Z29
Wits, Herman C122
Witt, Jacob de W89
Witte, Ægidius de B213, H29, W90-W95
Witte, Antoninus De, O.S.A. T80, T81
Witte, Cornelius de G55
Witzel, Georg E42, W75, W96
Wivina van Brabant, heilige C220, C221
Wocher, Rupert W97, W98
Woelwijk, Adriaan van, ps. van Joannes Roos
Wohlrab, Michael R75
Wolf, Josse de W99-W103
Wolff, Christian W104
Wolfius, Hieronymus N20
Wolson, Thomas W105, W106
Wopkens, Thomas P1
Worms, bisdom S77
Wouters, Joannes Baptista, O.P. W107
Wouters, Joseph Michel A137
Wouters, Martinus, O.S.A. W108, W109
Wouters, R. P223
Wouters, Simon, O.Præm. R56, W81
Woverius, Joannes L249, L253
Wree, Olivier de W110-W114
Würdtwein, Stephan A. W116-W120
Würzburg E5
Wulf, Chrétien de, *zie* Lupus, Christianus
Wynants, Goswin Arnould, comte de W121
Wynants, Guilielmus L356
Wynantz, Hermannus Josephus de, O.Præm. W122
Wyns, Jacob L187

X
Xenofoon A183
Ximénez de Cisneros, Francisco M93
Ximenez, Jacobus, S.J. N1
Xylander, Guilielmus G39

Y
Ydens, Steven Y1, Y2
York, Joannes Robertus Y3
Ysermans, Joan S215
Yvan, Antoine, Orat. Y4

Z
Zaccaria, Francesco Antonio, S.J. A80, B530, P123, T12, V82, Z1-Z4
Zacharias Chrysopolitanus Z5
Zacharias I, paus G142

Zachmoorter, Michiel Z6-Z9
Zacuto Mozes M224b
Zahn, Johannes, O.Præm. Z10
Zallinger, Jacob Z11-Z15
Zallwein, Gregor Z16
Zandt de Merle, Josephus C215
Zanetti, Antonio Maria Z17
Zanon, Bernardin, S.J. Z18
Zaragoza de Heredia, Pedro Juan, O.P. Z19
Zasio, André-Maximilien, O.Præm. Z20, Z21
Zaunslifer, Petrus Z22
Zeämann, Georg G151
Zecchi, Lelio Z23
Zech, Franciscus Xaverius, S.J. Z24
Zeebots, Willem, O.Præm. C288a, V49, Z25-Z27
Zeeland K31, L19, R57, S115, S116
Zeelander, L., ps. van Verhulst, Philippe Lodewijk
Zeeus, Jakob Z28
Zichem B392, L247
Zimmerman, Gilbertus Ignatius P198
Zingem R90
Zini, Pietro Francesco C299, E32, G146
Zinner, Antoine K30
Zoes, Gerardus S291, S292
Zoesius, Henricus Z30, Z31
Zonhoven, Georgius van M155
Zoubec, Joannes N. Z32
Zouch, Richard M251
Zunggo, Giovanni Antonio Z33
Zurck, Eduardus van V34
Zutphen P187
Zwaben P106
Zwarte, Charles de, S.J. Z34-Z37
Zweerts, Philip L209
Zwigott, Amadæus, O.Cist. Z38
Zwitserland F24, L7, L202, M41-42, S219, T126
Zypæus, Franciscus M39, Z39-Z45

Boekentafel 1

1 (cat. B78)
"DES CAMPS DES ENNEMIS A TOURINE, BEAUVECHAIN et TIRLEMONT Les 12 et 19 Juin 1694. Pour servir de suplément à la CARTE des Camps DE GEMBLOURS ET DE JAUDRAIN" uit bd. 5, 5bis van *Histoire militaire de Flandre 1694*, een meerdelig werk van Jean de Beaurain (1696-1771), *cartographe du roi*, over een veldtocht van Lodewijk XIV tijdens de Negenjarige Oorlog.

In die tijd teisterden foeragerende troepen het platteland. De Fransen staken in 1693 de abdijhoeve van Park in Herendaal, Lubbeek, in brand. De pachter verloor ook "viertich coyebeesten ende vierentwintich vercken". Hij betaalde de jaren daarop vanwege "den generaelen miswasse ende schade van den lesten gepasseerden orlogh" slechts de helft van de pacht aan de abdij (Stefan van Lani, *Abdij van 't Park:Pachthoeven en landbouwdomein*, Heverlee 1999, 134-135).

Ten zuiden van Tienen, aan de Kleine Gete in Opheylissem, lag de norbertijnenabdij van Heylissem, gesticht in 1129-1132 en in 1796 opgeheven. De abdij, in de circaria Floreffe, werd verkocht als nationaal goed, waarna de meeste gebouwen verdwenen.

2 (cat. A45)
Het Jeruzalem uit de tijd van Christus in *Theatrum Terræ Sanctæ et biblicarum historiarum*, editie 1613, eerste druk 1585, van de Hollandse priester Christian van Adrichem (Delft 1533-1585), die uitweek naar Keulen.

3 (cat. C42)
Ets van G.S. Rösch in een editie München/Ingolstadt 1764 van de *Embryologia sacra* van Francesco Emanuele Cangiamila (1702-1763), kanunnik in Palermo en inquisitor voor Sicilië. Het werk richtte zich tot personen die aan zwangere en barende vrouwen medische en geestelijke hulp moeten verlenen. Het kerkelijk recht ging bij het nooddoopsel uitvoerig in op de verschillende stadia, van vruchtblaasje tot geboorte en met aandacht voor monsterachtige afwijkingen en Siamese tweelingen. Bij overlijden van de moeder moest volgens Cangiamila een keizersnede worden uitgevoerd om de vrucht te kunnen dopen. Thans schrijft art. 871 van het kerkelijk wetboek enkel voor: "Abortieve foetussen dienen, als zij in leven zijn, gedoopt te worden".

De bibliotheek van de Parkabdij bezit vier edities, waaronder de vertaling van Joseph Dinouart (1716-1786), een Franse priester die het werk onder eigen naam uitgaf maar een levensbeschrijving van Cangiamila toevoegde alsmede heel wat documenten (cat. D117). Dinouart, die zeer veel publiceerde en in 1760 de *Journal ecclésiastique, ou bibliothèque raisonnée des sciences ecclésiastiques* stichtte, nam ook een tekst uit 1663 op van professoren van de Leuvense universiteit over "le baptême des monstres". De namen zijn niet nauwkeurig weergegeven, maar kunnen worden geïdentificeerd als de theologen Gommarus Huygens, Henri de Charneux en O'Sullivan, de medici Peeters, Limbosch en Philippe Verheyen en de juristen Noël Chamart, J.G. Blanche en Zeger van Espen. De tekst is ook opgenomen in Dinouarts *Manuel pastoral* (2de druk cat. D118).

De Gentse verloskundige Michel Thiery schreef over het werk van Cangiamila in *Tijdschrift voor geneeskunde*, 50 (1994), 325-332.

4 (cat. B289)
Fictief portret door Filips Galle (1537-1612) in *Abrégé des vies des principaux fondateurs* van Etienne Binet.

De Franse kruisvaarder Raimundus de Podio of Raymond du Puy de Provence (1083-1160) was van 1120 tot aan zijn dood de tweede grootmeester van de Orde van Sint-Jan van Jeruzalem, ook hospitaalridders en johannieters genoemd. Hij zou van de achtpuntige ster, het Maltezer kruis, het symbool van de orde hebben gemaakt.

5 (cat. F35)
Fragment uit kaart 9, 'Les environs de Malines, de Louvain, de Leaw, de Diest, d'Arschot, de Lier' van Nicolas de Fer (1646-1720), géographe de sa Majesté Catholique et de Monsieur le Dauphin.

In Gempe, rechts op de kaart, was van 1219 tot 1795 het norbertinessenklooster van 's-Hertogeneiland (Insula Ducis, l'Ile Duc). Het werd in 1219 gesticht in Pellenberg, maar dat was voor de Parkabdij te dicht. In 1230 gingen de zusters dan naar Gempe bij Sint-Joris-Weert. Het klooster werd in 1796 opgeheven en in 1798 verkocht. Enkel de nu gerestaureerde watermolen en enkele muren herinneren er nog aan.

De abt van Park was vader-abt van het klooster dat werd bestuurd door een proost, verkozen door de zusters en door de abt benoemd. In 1234-1241 verwierf het klooster patronaatsrechten over de parochies Sint-Joris-Weert, Kortrijk-Dutsel en Nieuwrode. De proosdij werd in 1475 afgeschaft. Abt Van Tulden was dat jaar in Rome en had er bekomen dat de proosdij zou verdwijnen en de proost vervangen door een prior, aangewezen door de abt. De drie parochies van Gempe kwamen onder de abdij van Park.

6 (cat. B119)
Een illustratie uit de tweede druk, Lyon 1578, van *Theatrum instrumentorum* van Jacques Besson, een werk van 1569. met commentaar van François Béroalde de Verville en illustraties van Jacques Androuet du Cerceau (1510?-1585?) en René Boyvin (1525?-1625?).

Er was nog een editie in 1582 en een Duitse vertaling in Mümbelgart (Monbéliard) 1595.

Besson (1540?-1573) werd wellicht geboren bij Briançon en is in Engeland gestorven.

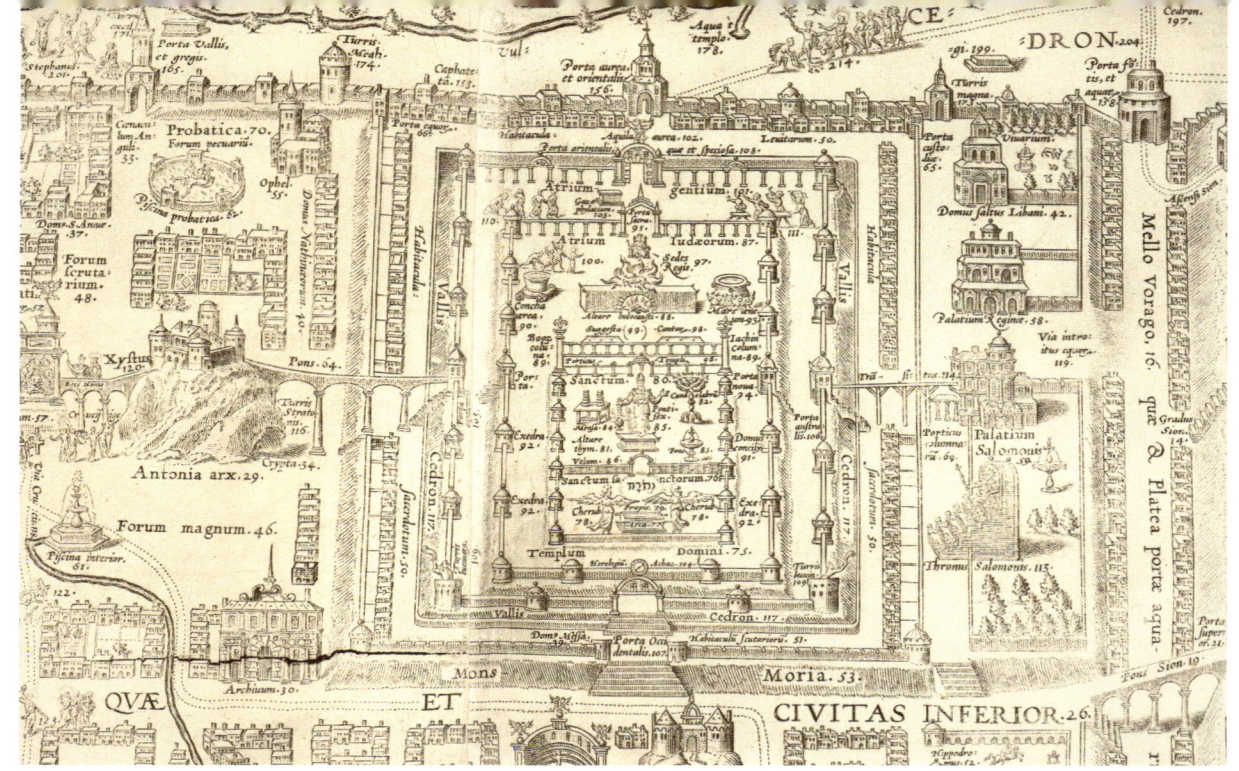

1 (cat. B78)   **2** (cat. A45)

3 (cat. C42)

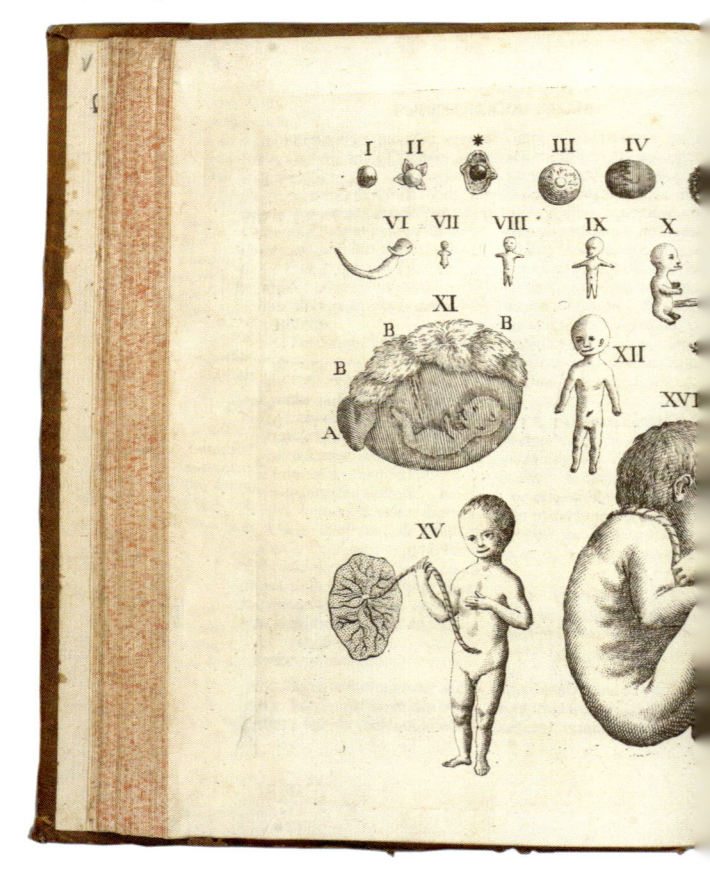

4 (cat. B289)

5 (cat. F35)

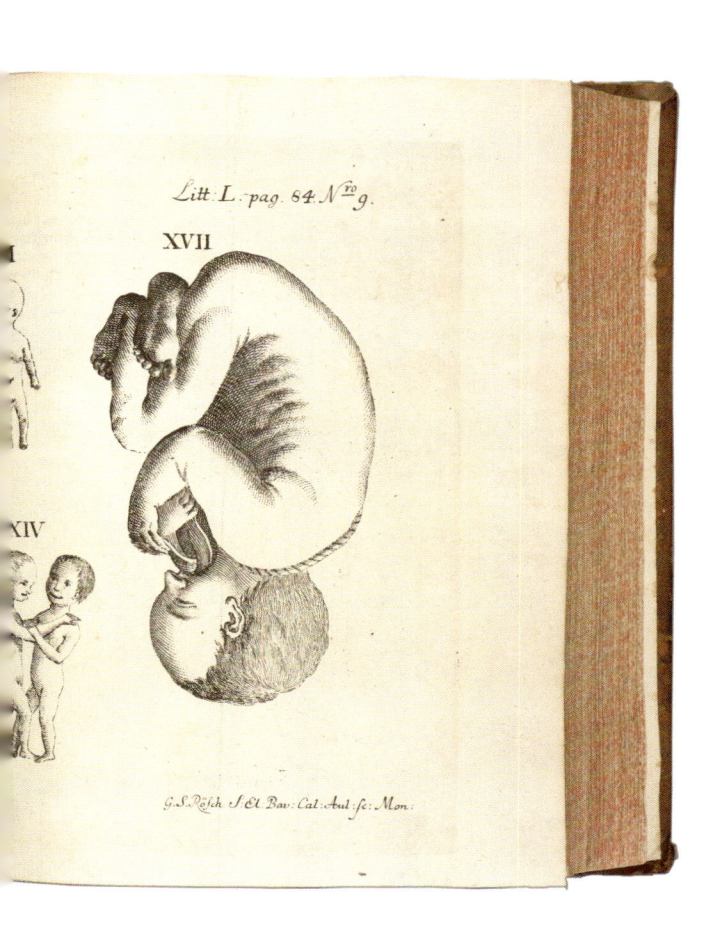

6 (cat. B119)

Onderwerpscatalogus

1 Bibliografische werken

F41, M212, S301

Recensies F26

Grieks F6

Nederlanden P26, P27

Kerkelijke schrijvers C123, C151, H30, L147, P44, Q25, S62, S103

Personenbibliografie Gretser: C78, C79

Rariora, bibliofilie, veilingen C12, C80-C86, D29, E73, F77, L108, V88

Boekdrukkunst. Typografie M70, M154

Index, verboden boeken, censuur A78, B405, F46, G199, I4-I17, L216, P206, Q24, R23

Zie ook bij 3.1 Censuur en kritiek op bijbellectuur

Werken vermeld in *Index librorum prohibitorum* ed. 1810: A41, A75, B20, B31, B40, B157, B261, B291, B513, B541, C212b?, C218, C219?, C307, D97, D208, E25, E26, E48-E59?, F59, G1, G194, H20, H21, H86, H148, H149, H176, J21, K17, L94, L225, M22, M26-M28, M31, M182?, O42, R23, R134, S41, T45, T120, V38 (7.12.1821), V63, V79, Nog in 1810, later verwijderd: E25, E26, E48-E51, S41

Curiosa H1

Handschriftencatalogi C323, M4, M97, M98, M213, S47, S48, Z17

Bibliotheken L239, M140, P229

2 Biografische werken

C152, C153, F19-F23, L18, S51

Religieuze figuren B31, B324, C121, C122, C139, G200, P6, S54, S58

Vorsten, veldheren G105, K45, M69, N19, S172, S257

Oudheid N19, P169, S294, Rome T122

België F74

Nederland L59, M182; 's-Hertogenbosch V28

Italië I3, P7

Zwitserland L7

2.1 Levensbeschrijvingen

Zie p. 212

2.2 Lijkreden

B378-B380, L98, M121, M125
Zie p. 213

2.3 Biografieën: heiligen en zaligen

A34, A35, A140, A247, B16, B19, B20, B74, B98, B132, B150-B155, B271, B298, B330, B434, B481, B535-B540, C288a, D13, F53, F57, G63, G96, G206, H16, H17, H48, H104, H111, H115, H172, J4-J6, K28, K29a, L99, L221, L234, L274, L284, L296, M2, M5, M96, M108, M109, M258, M262, M263, P57, R12, R59-R62, R124-R126, S52, S163, S164, S217, S242, T24, W54

Biografieën van martelaren B17, B18, B48, B303, B536-B540, C150, G4, H172, M17, M106, M107, R137, U5

Biografieën van hervormers E65, E66

2.4 Portretten

Vorsten, adel, gezagdragers: B513 (medaillons), F12, H15, I2, K45, L59, L194, L305, M178-M180, O68, P7, P169, S115, S116, S172, S255-S257, X2

Pausen: B46, C139, G101, G200, H59, P154, P155

Heiligen, religieuze figuren: B289, B330, M224a (protestanten), P57, R6, R15

Zie ook: Orden en congregaties, p. 205

Theologen, filologen, historici, : F30, I2, X1
De Nederlanden: F74

Zie ook: bijlage portretten, p. 219

3 Godsdienst

3.1 Bijbel

Geschiedenis van het oude Israël, geschiedenis der Joden, jodendom B63, B373, B542, C30, C31, E82, F59, G108, J69-J78, M224b, R43

Atlassen: A45, B203, B205, M300

Edities

Hebreeuws, Aramees, Grieks B171

Latijn B172-B200

Frans & Latijn B203, B205

Frans B201, B202, B204

Nederlands B206-B216

Commentaarteksten uit polyglotta A174-A180

Oud Testament

Latijn B217, B218, B221, B222

Nieuw Testament

Grieks & Latijn B245-B247

NB: B239: uit polyglotta

Latijn B248-B253

Frans & Latijn B254

Frans B255, B256

Nederlands N257-B267

Censuur en kritiek op bijbellectuur en vertalingen
F33, G44, G150, H27, K44, Q19-Q22

Vertaling Egidius de Witte: V44, W91-W93

Biblia figurata B268-B276

3.1.1 Woordenboeken, synopsis, ...

A62, A166, A188, B186-B188, B192, B253, B324, B503, B507, C22, C23, C27-C29, E82, E88, M176, R88, R89, S153, S310, T138, W40

Concordantie C237, E74, L317, L318

Commentaren, ... A64, A86, A164, A225, A236, B50, B71, B72, B80-B84, B161, B176, B385, B501, B502, B504-B506, C24, C26, C30, C31, C34, C35, C53, D57, D107, D177, E62, E63, F11, F33, F59, G44, G112, G202-G204, H10, H27, H138, H144, H145, H158, H235, J36, J50-J52, K10, K18, K19, L148, L149, L225, L315, L316, M165, M166, M271, N24, O64, O66, P63, P106, P192, Q7, Q8, R101, R102, R136, S2, S32, S57, S64, S87, S142, S207, S237, S238, T90-T94, T109, U2, U4, V25, V30, W17, W38, W107-W109, Z20, Z21

3.1.2 Oud Testament

Pentateuch A111-A113, C128, D123, H58, H138, J23-J25, L73, L74, L169, R7,

S152, V80

Genesis A224, B301, C125, C126, D157, K26, L176

Leviticus L295

Deuterononium D190

Jozua L88, L89, L170, S141

Rechters L88, L89, L170, S139

Ruth C127, L88, L89, L170, S139

Koningen A128, L88, L89, L162, L170, M162, S38, S137

Kronieken L88, L89, L162, L170, S38, S137

Ezra L57, L87, L93, L162, L171

Nehemia L87, L93

Tobit D164, L87, L93, L171, M135, S138

Judith L87, L93, L171, S138

Ester L87, L93, L171, S138

Makkabeeën 1 & 2 B238, D176, F78, F79, J70, J71, K15, L87, L93, L162, S138

Job B219, G139, G140, L171, P140, S133, T51

Psalmen B223-B233, B239-B242, B244 A50, A111-A113, A201, A202, A209, A219, B106-B109, B117, B374, B378, B492, B493, C4, C175, C302, F55, G64, G145, H23, J18-J19, J38, J39, J44, L29, L116, L172, M9, M119, M120, M252, M309, M310, P107, R73, T97

De Wijsheidsboeken L175

Spreuken J18, J20, L75, L76

Prediker (Ecclesiastes) J20, L80, L85, T103

Hooglied A93, A169, B150-B155, F120, F121, H146, L79, L84, P115, S149, T97

Wijsheid B426, B427, J18, J20, L81, L90

Jezus Sirach (Ecclesiasticus) J18, L68, L69, T128

De profeten S64

Vier grote profeten L77, L78

Jesaja B237, B374, S37, V81

Jeremia A177, C323

Ezechiël L70

Daniël A175, B236, K11, K12, O65

Kleine profeten L66, L67, R63

Jona B220, D190

Habakuk D190, J20

Sefanja J20

3.1.3 Nieuw Testament
A139, A158, B297, D87, G109, H20, L173, L174, M168, N1, R119, S34, S55-S57, T108, Z21

De evangelisten A46, A69, A70, A188-A191, B49, B363, D87, D124, D125, E42, E75, G94, G95, J13-J17, J26-J31, L48, L49, L91, L92, L128, L274, L314, M40, M136, M137, P51, R13, R117, T34, T36, T48, T49, V55, V56, .W22, W56, Z5 Matteüs T98, V3, V4

Marcus T50, V3, V4

Lucas A111-A113, C252, L124

Johannes A208, F120, J37, L124, P5

Handelingen B267, F118, F119, F121, F122, J8, L82, M136, M137, P111

Paulus A138, A139, B115, B116, E64, H113, L71, L72, M136, M137, P215, S64, T34, T52, V20, V74

Petrus H113, K10 (suppl.)

Johannes H112

Openbaring B267, F121, G214, K11, L65, L83, R64, S151

De Apostelen A67, A68, B115, B116, B267, E61, G74, L45, L46, L65, L86, L174, P91, S55-S57, S64

Over Judas A20

Apocriefen B205

3.2 DOGMATIEK

R88, R89

3.2.1 Kerkvaders
A170, D208, L353, M96, N46, S62

Concordantie A85, B103(& O77), M83

Griekse kerkvaders A122, A201, A202, B62, C323, D121, E32, E75-E83, J50-J54, L353 (bd. 10), L356, O64-O66, T31

Latijnse kerkvaders A111-A113, A140, A204-A234 (& B279, C204, J21, L154, M275, N39, R58), B89, B150-B155, B346, C322, L353 (bd. 11 & 12) (& L25), F125, G139-G141, G145, G146, H140-H143, J48, L15-L17, L353, P108, P109, T21-T23 (& L57)

3.2.2 Apologeten
Teksten M159

Vroege christenheid A122, A201, A202, A205, A217, A218, C322, E75, E83, J88, L15-L17, O64, T21, T23, T31

Latere auteurs A83, A84, A109, B138-B143, B509, C53, C212a, D102, D197, D217, F16, F17, F52, F109, F110, G112, G149, G193, H46, H59, H60, H73, H90, H144, H145, H228, I1, L43, L146, M169b, N22, P34, P124, R42, R70, R146, S81, S82, V13, V25, W9

3.2.3 Theologie
P176, R88, R89
A12, A76, A77, A83, A84, A108, A135, A139, A165, A166, B21, B22, B32, B85, B86, B105, B160, B164, B387, B394, B395, B437, B438, C53, C69, C70, C223, C225, C247, D12, D61, D62-D65, D122, D217, E13, E45, F125, G13, G22, G23, G32, G36, G48, G54, G121, H6, H34, H85, H95, H236, H246, I25, J53, J54, K35, L41, L111, L166, L184, L187, L188, L324-L330, M74-M78, M80, M101, M147, M193, N17, P60, P61, P98, P108, P109, P115, P134, P153, P156, P157, P210, R136, S70, S268-S288, S307, T32, T53-T59, T109, T111-T113, U1, V74, V82, W58, W59

Thomisme A57, A67-A77, B2, B68, B283-B285, B491, C235, C236, C239-C242, C247, D3-D5, D100, G9, G114, G115, G124, H28, H34, L185-L188, M39, M206, M267, N16, N17, R48, S152, S236, S241, S267ff., T13, V16-V18, V74, W62-W69

3.2.4 God, Drievuldigheid
A3, A207, A224, A244, B62, B308, H79, H144, H145, H217, M10, M39, P78, P106, S267, T113 W84, W87, W88

3.2.5 Christus
A51, A155, A193, B13, B14, B74, B104, B125, B127, B132, B346, B421, B424, B486, C167, C249, C261, C272, C273, C291, C299, D113, D151, E27, E28, F28, F45, G82-G87, G185, G186-G188, H47, H72, J3, J41, J53, J54, J65, L33, L96, L117, L124, L165, L300, L301, L326, L361, M110, M177, M200-M203, M270, N9, O25, P15, P16, P48, P49, P51, P91, P183, R60-R62, R117, S177, S189, S190, S211, T16, T17, T61, T62, T77, T78, T110, V9, V101, W49, W88, Z7, Z25, Z26

3.2.6 Maria
A6, A7, A9, A11, A32, B25, B28, B54, B74, B125, B127, B132, B150-B155, B302, B374, B402, B487, C5, C115, C167, C232, C270, C291, D30, D31, D122, D140, D213, E14, F28, F29, G78-G81, G187, G188, H92, G206, I23, K4, L13, L30, L37, L111, L117, L127, L144, L168, L219, L246, L247, L279, L298, L299, M48, M50, M67 (& B73, D171), M84, M91, M128, M131, M173, M174, M200-M202, N1, N15b, N47, O22-O24, P16, P17, P49, P55, P58, P91, P230, R60-R62, R70, R75, R131, S14, S18, S19, S59, S146, T27, V45, W54, W55

3.2.7
Engelen C256-C260
Antichrist G49
De vier uitersten B482, D78, G107
Dood, 'de goede dood' A10, A21, A22, A28, A78, A79, A166, B99, B302, B306, B391, C242, C260, C285-C287, H118, J56, M290, P173, P174, P184, R70, S30, S143, S144, S212
Aards paradijs H228, K10
Onsterfelijkheid H73
Vagevuur A126, C61, M45, N33, P102, P104b, W68, W72
Laatste oordeel D165
Hel P46, P47, P102
Hemels paradijs D146, P102

3.3 MORAALTHEOLOGIE

A76-A78, A80, A149-A152, A243, A248, B1, B21, B166, B307, B342-B345, B353, B381-B384, B393-B395, B526-B530, C40, C57-C59, C77, C125, C126, C212a, C224, C235, C236 (& S45), C311, C312, D12, D122, E12, E13, F5, F66, F87, G1 (& F44), G103, G115, G116, H2, H3, H9, H10, H39, H44, H45, H58, H70, H95, H168, H236, I25, J9-J11, L1, L41, L114, L128, L188, L324-L330, M51, M54, M74-M78, M86, M151, M170, N14, N16 (& B162), P77, P79, P80, P210-P212, R21, R39-R49, R55, R101, R102, R113, R133, S40, S66, S183, S184 (&K5), S185, T1, T12, T116, U2, V19, V82, V89, V90, W8, W80

- Probabilisme, æquiprobabilisme, rigorisme, laxisme,
  Zie ook 3.7 biecht
  A80, A120, C40, C57, C77, C247, D103-D105, E12, F5, G116, L325-L330, R36, R39-R41, S40-S43, T12, V16-V19

Deugden
A60, A111-A113, V74, Z18
- Goddelijke
  A3, B499, D14, D122, E11, F68, H11, L325, L328, M74-M78, P89, R47, S279, T1, T127, W64, W65
- Kardinale
  B346, B388, D16, D68-D72, H28, L185, L186, M74-M78, P69b, P88, T1, W62, W63, Y3, Z18
- *Maagdelijkheid* A11
  Werken van barmhartigheid B290, M290, P191
Zonde, ondeugden, geboden, aflaten
Erfzonde, zonde D15, H246, P81, P82

Ondeugd M74-M78, P69b
Hoofdzonden A110, S208-S210
Vloeken W10, W11
Geboden B5, B6, E11, G190, L101, L144, M74-M78, M134, N21, P60, S43, S183, S185, V55, V56, W10, W11
Kerkelijke geboden L38, P205, S83
Aflaten A99, A117, B101, B496, D73, G42, M152, O26, R14, R31, W68

3.4 ASCESE, VROOMHEID, STICHTELIJKE LITERATUUR

A2-A11, A13-A31, A43, A107, A111-A113, A125, A131, A204, A211-A216, A232-A235, A245, A247, B70, B100, B111, B114, B148, B150-B155, B157, B165, B277, B291, B310-312, B332-B334, B336-B341, B346-B348, B352, B399, B477, B523-B525, C65, C73, C76, C136, C163, C167, C255-C260, C284, C289-C293, C300-C301, C303, C304, D27, D35, D55, D113, D122, D141, D145-D170, D172-D174, D191, D212, E4, E9, E24-E28, E71, F15, F68, F89, F92-F100 (& C38, C39), F107, G3, G19, G20, G24, G25, G54, G55, G61, G76, G77, G109, G139, G140, G145, H10, H11, H13, H100, H149-H151, H233, H234, H236, H239, H240, H244, H245, I21, I25, I28, J3, J33, J50-J54, J68, L12, L42, L52, L54, L63, L95, L122, L188, L189, L222, L280-L283, L293, L294, L338, L339-L343, M14, M35, M48, E27, M53, M54, M57, M74-M78, M82, M87, M118, M173, M174, M200-M202, M210, M277, M279-M291, N1-N7, O78, P36, P49, P69b, P72, P105, P106, P132, P137-P139, P159, P227, Q9, R22, R93-R97, R109, R117, R132, S21, S22, S31, S36, S105, S113, S114, S117, S118, S126, S127, S154-S157, S289-S292, T16, T17, T63-T78, T89, T124, T125, V37, W47, W52, W89, Y4, Z6-Z9, Z18

3.5 MYSTIEK

3.5.1 Mystiek
A43, B157, B311, D126; G54, F120, H236, L293, L294, M84 (& A116, A118, A119, G117), S186, T16, T17, T37, T38, Z8, Z9

3.5.2 Quiëtisme
B157, B377, B397, F34

3.6 SERMOENEN, TEKSTEN VOOR SERMOENEN

A43, A44, A52, A53, A57, A74, A82, A111-A113, A127, A153, A154, A203, A230, A231, B5-B14, B37-B39, B62, B79, B97, B118, B149, B150-B155, B158, B168, B280-B282, B293, B296, B298, B319, B325, B326, B377, B378, B408, B411-B419, B442, C75, C125, C126, C154, C156-C159, C186-C188, C191, C206, C208, C261, C271, C298, C324, C325, D13, D114, D116, D122, D124, D141, D145-D170, D173, D204, F2-F4, F29, F57, F58, F67, F81-F84, F106, F113, F116, G54, G92, G93, G139-G141, G183, G184, G190, H61-H65, H83, H96-H98, H204, H205, H206, H208-H215, H227, H236, H241, I23, J6, J50-J54, J59-J61, K6, L6, L35, L64, L99, L100, L103-L107, L117, L122, L129, L138, L143-L145, L163, L164, L166, L196, L222, L274, L277, L296-L304, L331-L337, L344-L351 (& S33), M45, M48, M74-M78, M92, M110-M114, M117, M121-M128, M134, M142, M200-M203, M209, M252, M270, N8, N9, N33, N38, P12-P14, P65, P66, P93, P96, P104a, P106, P110, P215, R34, R35, R75, R85, R127, S13, S33, S64, S120, S121, S131, S154-S157, S179, S195-S199, S308, T16, T17, T24-T27, T52, T77-T81, T89, T109, T110, T138, V5-V7, V55-V62, V69, V85, V86, W41, W76, W97, W98

- Over de prediking, kerkelijke welsprekendheid
  A74, A82, B296, C191
- Over het kerkelijk jaar
  A44, A52, A53, A127, A203, B7-B9, B280-B282, B411-B414, B416-B419, B442, C157-C159, C206, C208, C271, C298, D114, D116, D204, F3, F4, G92-G93, G183-G184, H61-H65, H204, J59, K6, L6, L35, L64, L103-L107, L117, L143, L144, L163, L274, L331-L337, L344-L346, L348-L351 (& S33), M48, M111, M121, M123, M128, P12, P13, P65, P66, P104a, R34, R35, R85, S121, S131, S155, S179, S308, T25, T26, T110, V5-V7, V85, W76, W97, W98
- Over heiligen
  B298, J6, L99, L277, L296, L331-L336, S33, S120, T16, T17, T24

3.7 DE SACRAMENTEN

A168, B72, B292, C53, C144, C146, C222, D76, D77, D122, D175, E12,

E13, F85, G103, G211, J62, J82, K8, L111, L327, M74-M78, M316, N23, P83, P134, R21, S39, S266, T1, T45, T82, T112, T115, W68, W72

Doopsel
B302, C117, C324, C325, F114, G103, P84, T112

"embryologia sacra" (doopsel in noodgevallen) C41-C44, D117, D128

Vormsel
C324, C325, G103, G123, P84, S25, T112

Eucharistie
A61, A99, A172, A192, B117, B137, B159, B302, B397, C291, C305, C324, C325, D218, E39a, F72a, G60, G89, G123, H51, H114, I18, K24, L51, L144, L297, P85, S154, T44, T112, T114, V15, V40, V41, W83

- Communiceren
A186 (&B420, D52, Q24), A242, F90, H83, K42, K43, M266

- Sacrament van mirakel
Amsterdam M88, N9
Brussel C7-C11, G182, Y1, Y2
Leuven H159, L357

Biecht
A78, A172, A186, A249, B302, B359, B420, B485, B528-B530, C191, C242, C305, D6, D18, D62, D79, D80, ?, D191, D193-D196, F10, F88, F90, F91, F93, G11, G103, G123, H40, H101, H247, H248, L125, L144, L166, L207, L208, L273, L325, M47, M266, M298, N13, P87, R21, R52-R54, S102, S253, T1, T112, W61, W86

- Cas de conscience, casibus reservatis, ...
A129, A130, B124, C40, C133, C238, D103-D105, E10-E13, F8, F49, F107, K20-K23, L44, L187, L286, M149, M150, M293, M294, P59, P173, P188-190, R21, R32, S1, S23, S24, S69, T102, W8, W61

- Geweten,
D191, T1

- Berouw
D132

H. Oliesel
D74, D75, D78, G103, M290, P86, S26, T112

Priesterschap
A78, A198-A200, B296, B511, C226, D74, D75, D78, D118, D172-D174, E84-85, F108, G103, G137-G140, G211, H24, H165, J50-J52, K20-K23, L31, L32, M74-M78, M115, M116, M266, P19, S30, S147, T29, T112, T124, T125, W43-W45, W75, W85

Huwelijk
B129, D74, D75, D78, D142, D220, G103, G164, L114, P90, P185, P213, R21, S41, S42, T112

3.8 ORDEN EN CONGREGATIES

Algemeen A35, C149, C191, D91, D134-D136, G198, H77, H78, H163, H230, L36, L56, L354-L356, M95, M97, M98, M315, P57, P110, T10

Kloosterleven, ...
A131, A206, A230, A246, B62, B111, B146, B313, B338, B346, B407, B410, B441, B511, C238, D113, D122, D141, D219, F101, G72, H7, H100, J50-J52, J57, L26, L113, M6, M94, M145, M146 (& D58), P69b, P105, P106, P110, P115, P139, P141, R98, R99, R132, S30, S113, S214, W47

Regels
A226, A227, A230, B91, B119, B120, B121, C25, C56, H237, L27, L28, L55, M156, S203, S204

AUGUSTIJNEN
Bibliografie O72
Spiritualiteit T77, T78
Augustijnse heiligen C314, M17
Geschiedenis. Kloosters C306, L356, M96, T106, Z33
- België:
Aarschot B392, Diest B392, H125, Groenendaal S49/14, S50, Leuven B392, Oud-Turnhout (Corsendonk) L110, Zichem, Elst B392
- Frankrijk
Hérival H231, Saint-Pierremont (bij Lunéville) H231, Toul H231

BENEDICTIJNEN
Bibliografie F102
Regel B120, B121, C25, M156
Benedictijnse heiligen A34, M5
Geschiedenis B510, M2, M4, M5, S306
Kloosters
- België: Affligem Q1, S49/2, S50, Stavelot & Malmédy M96, R91, R92, Vlierbeek S49/9, S50, Vorst (benedictinessen) S49/7, S50
- Duitsland: Bergen (Maagdenburg) H66, Hirsau T121
- Frankrijk: Alspach (Elzas) H231, Liessies (Nord) B289, Marmoutier-les-Tours P45
- Italië: Monte Cassino L167
- Nederland: Egmond J58
- Zwitserland: Sankt-Gallen G111

CISTERCIENZERS
G72, R115
Villers G71, S49/3, S50

DOMINICANEN
Bibliografie Q25
Dominicaanse heiligen H104
Geschiedenis J64
Spiritualiteit P69b

JEZUIETEN
Geschiedenis
B60, B112, B113, B295, B331, C137, C138, F73, H31, H32, P127, R70,
Spiritualiteit
B100, B106, B110, B111, B508, C300, C301, D163, E71, R93-R97, S31

KARMELIETEN
F85, F86, P23, P24
Spiritualiteit J57

KARTUIZERS
?A43, A133
- Scheut S49/20, S50

MINDERBROEDERS
B346, M232, R8
Derde Orde P76

NORBERTIJNEN
Heilige Norbertus B170, G125, H108, H137, H232, L313, M305, N38, P56, S84, S90, S98, S213, S215, S218, S300
Heiligen, zaligen C288a, K47, L218, L221, L223, S217
Geschiedenis B309, B364, B368, C13, C14, G206, M220, P182
Statuten, regel A43, C217, D178, H107, S67, S201-S206, A38, C54, D37, L264, M59, M226, O16, P133
Geschiedenis B309
Geestelijke oefeningen, meditatie H99, H149-H151, K14, W47
Zie ook Liturgische boeken, p. ...
Thesissen van norbertijnen, met drukplaats
Brussel C204
Dinant B353, B388, C222, R47, T82
Drongen B164
Keulen A246
Praag F114, H71, M208, S47, S243, T127, W16
Salzburg P48
s.l. U1

Kloosters
- België
H129
Heverlee (Park)
Geschiedenis B167, G34, H137, M12, P22, R41, S122-S124, V99, W2, W77
Personalia G62, L126, O2, P62, P186, R56, S304, W81
Liturgie Park O10

Bibliotheek C86
Brabantse omwenteling R26, R50, T118
Drukken van witheren Park B161, D178,
    G34, G62, H137, L126, M12, O2, O10,
    P22, P62, P186, R26, R31, R50, R56,
    S122-S124, S202, S304, T118, V49,
    V94, V99, W2, W47, W76, W77, W81,
    Z25-Z27
Antwerpen, Sint-Michiel S49/4, S50,
    H106, O79, M239
Averbode S49/8, S50
Estinnes bij Binche, Bonne Espérance
    M13, O7
Dielegem (Jette) S49/6, S50
Drongen L288, S248
Grimbergen S49/5, S50
Mechelen, Leliendaal (norbertinessen)
    O13, S49/16, S50
Ninove C203, H231
Tongerlo B367, O14, T88
• Nederland
    Lidlum H231
    Wittewierum H231
• Frankrijk
    B30
    Cuissy H231, Vicoigne (bij
    Valenciennes) D25, H231
• Duitsland
    B489
    Arnstein H231, Gottesgnade L203,
    Ilbenstadt W117, Ilfeld L204
    Maagdenburg L203
    Roth S187
• Tsjechië
    Olomouc, Gradicium B54
    Praag, Strahov M140, P198, S98

URSULINEN
B392, C246a
BEGIJNEN
A1, J33, R144
BROEDERSCHAPPEN
B159, C256-C260, C270, I20, L168,
P67, R31

3.9 KERKELIJK RECHT

C263-C265, D90, K39, K40A35, A78,
A80, A156, A157, B26, B35, B36, B71,
B87, B123, B128-B132, B134, B288,
B292, B320, B344, B351, C1-C3, C45,
C62-C64, C129, C149, C155 (& M15),
C165, C191, C210, C211, C238, C266-
C268, C281, C282, D2, D20, D90, D91,
D98, D122, D142, D188, D219, D220,
E11, E23, E48-E55, E57-E59, F1, F7,
F43, F85, F108, F123, F127, G47, G51,
G70, G110, G118, G134, G135, G143,
G144, G148, G198, H24, H93, H94,
H163, H164, H167, H176 (& K3), I24,
I27, J82, L3, L113, L114, L150, L164,
L166, L205, L206, L220, L266, L307-
L312, L329, L354-L356, M31, M68,
M132, M146, M148, M153, M208,
M254, M257, M259, M318, N13, P43,
P64, P116-P121, P123, P136, P142,
P143, R16, R21, R25, R38, R98, R99,
R134, R136, R138, S80, S85, S91-S97,
S99, S100, S104, S147, S162, S178,
S243, S253, S272, S297, S307, T1, T10,
T84-T86, W7, W16, W20, W60, W68,
W72, W119, Z11-Z16, Z23, Z24, Z30-
Z32, Z38-Z40, Z43, Z45
Asielrecht. Incident Frans Ophoven, Mechelen
18 maart 1700: C250, J84, P207
"embryologia sacra" (doopsel in noodgevallen):
C41-C44, D117, D128

• Parochiewezen, zielzorg, ...
    B360, B361, D219, G211, K20-K23,
    M46, M145, M1466, P92, P200, P201,
    S125, S147
(zie ook priesterschap)

Kerkelijk recht - reformatie
B321, B322, V87

3.10 KERK EN STAAT

D54, M260, T39
Febronianisme
    D180, H174-H176 (& K3), S61, Z2
Gallicanisme
    A195, B377, C227, D2, D51, D54,
    D180, D188, H93, H94, L265, M31 (&
    S148), M33, M34, M68, N44, S168,
    V23, V24, V65, V66
Jozefisme
    D220, P150 (fictief document), R28,
    V68, V70

3.11 LITURGIE

Z3
A185, B292, B338, B346, B366, B488,
C6, C118, D215, D216, F1, G97, G139,
G140, G170, G172, H163, I24, J2, J40,
J62, K48, L166, L267, M94, S147, T43
• Duitsland
    G50, G52

3.11.1 Liturgische boeken
B61, B435, G17 (& A185, M169a),
G99, K14, M55, R110-R112

Antiphonarium præmonstratense
A143-A146
Antiphonarium Romanum A147-148
Breviarium Cisterciense B443
Breviarium Præmonstrantense B444-B468
Breviarium Romanum B469-475 (& G17,
G134, M169a, V86)
Ceremoniale episcoporum C6
Directorium ... ordinis Præmonstratensis,... D127
Graduale Præmonstratense G127-G129
Graduale Romanum G130
Horæ diurnæ ... Præmonstratensis H185, H186
Horæ diurnæ breviarii Romani H187
Libellus libellorum L213
Liber sanctæ Ecclesiæ Leodiensis L215
Manuale canonicorum Præmonstratensium M59
Manuale parochorum M60
Manuale pastorum ... Mechl. M61-M65
Manuale pietatis, in quo Officium B. Mariæ
M173, M174
Martyrologium romanum B48, M106, M107
Missæ defunctorum ... Præmonstr.
B232, B233, M225, M226
Missæ defunctorum ... Ecclesiæ Romanæ
M227-229
Missæ novæ in missali Romano M230-M231
Missæ propriæ ... Fratrum Minorum M232
Missale Præmonstratense M233-240
Missale Romanum
M241-250 (& G17, H5, J34, J35, M169a)
Office de la Semaine Sainte O3-O5
Office divin ... pour les dimanches ... O6
Officia particularium festorum ... O7, O8
*Officia propria congregationis Oratorii Domini
Jesu* O9
Officia propria in ecclesia Parchensi O10
Officia propria ... fratrum minorum ... O11, O12
Officia sanctorum ... O13-O16
Officium divinum ... O17
Officium hebdomadæ ... O18, O19
Officium immaculatæ conceptionis ... O20
Officium in Epiphania ... O21
Officium parvum beatæ Mariæ virginis, ...
O22-O24
Officium passionis Jesu Christi, ... O25
*Ordinaire de la Messe, L'. Préfaces
propres* B256
Ordinarius Præmonstratense O55-O57
Ordo dicendi officii O58
Ordo Missæ O59
Ordo perpetuus M55
Parochiale P32
Pastorale, canones et ritus ecclesiasticos ... P38
Pastorale Romanum P39-P41
Pastorale dioecesis Ruræmundensis
P42 *Pontificale Romanum* P193-P196
Processionale P216

Processionale Romanum P217, P218
Processionale Præmonstratense P219-P221
Rituale Præmonstratense R76
Rituale Romanum R77, R78
Ritus ac preces in sepultura ... Præmonstr. R79
Ritus sacri a sacerdotibus (Mechelen) R80-R84

3.11.2 Het gebed
A5
Gebedenboeken,
C256-C260, E4, E14, E15, G24, G107, H119-H121, L109, M58, M108, M109, M120, N2-N7, P209, S21, S36, W18, W19

3.11.3 Mis
A33, B126, B132, B332, B333, B338, B435, B488, B512, C321, D122, D203, I18, L118, L213, L267, L327, M55, M73, R71, S101, T9, T11, T46, T114, W75, W122, Z3
- De lezingen
A44, A46, A158, B268, B387, C271, C284, D87, D124, E33, G109, L64, L274, N1, S195-S199, T108
Kerkelijk jaar
B132, B150-B155, C289, D290, C292, D87, G77, F100, G130, H149-H151, K6, L274, N1, S191, S196-S200, T89
Zie ook Sermoenen
- Feestdagen
G76, G77, S158
- Vrijdag
B366
- Vasten, vleesderven
A240, F9, H48, Q1, S39
- Paasweek
B111, D108, D109, S20
- Advent
A241, B476

3.11.4 Gebruiken
Duivelbezwering B358, M143, S144
Wijwater C228
Kruis B303, G157-G159, L241
Kruisteken C230
Scapulier van O.L.Vrouw van de Berg Karmel S146
De Naam van Jezus L168
Rozenkrans L168
Processies C229
Altaren, … T43
Klokken T46

Bedevaarten, volksdevotie
G162, G170, R70
«Pestheiligen» W53
Basse-Wavre (Waver) R140

Duffel M131
Foye bij Dinant B402
Gennazano (Latium) S18, S19
Gent (H. Macharius) D88
Halle L246
Jezus-Eik (Overijse) R31, S122-S124 + ??
Kortenbos (St-Truiden) C5, L37
Lorette A32
Scherpenheuvel-Zichem L247
Vendôme T42
Wakkerzeel (Haacht) B167
Wespelaar B545
Joannes Nepomucenus W57

Mirakelen, verschijningen, visioenen
A118, L155
Genezing van Jean Baptiste Onraet V37
zie sacrament van mirakel p. 205

3.12 Catechismus, geloofwaarheden...

A239, B136 (& B145), B369-B372, B386, C47-C51, C88-C112, C182, C183, D26, D28, D172-D174, D186, F59, F64, G10, G109, H6, H60, H87-H90, H96-H98, H109, H110, H238, H240, L279, M74-M78, N44, O78, P125, P202, P203, S81, S82, W18, W19
Christelijke opvoeding
B440, F32b, G104, L122

3.13 Kerkgeschiedenis

- Vroegchristelijke auteurs
A121, E76-E81, L16, L17, R124-R126, S173, T31
A55, A58, A71, A72, A75, B30, B42-B47 (& B299, P2, S180, S181, T107), B135, B288, B292, B293, B531, C33, C46, C121, C122, D187, D200, D207, E6, F1, F60-F62, F63, F65 (& H173, H216, R114), G49, G67, G69, H56, H163, H172, K11, L45, L46, L153, L353, M2, M31, M69, M95, M301, M303, M304, O76, P6, P9, P20, P126, P225, P228, R72, S296, T60, W13, Z4
- Paus, geschiedenis der pausen
A121, A142, B31, B76, B288, B439, C53, C139, C199, D54, D85, D188, H163, E6, E29, E30, G101, G142, H163, J1, L111, L320, L356, M26, M28, M29, M33, M34, M95, M96, M311, M319, O70, P3, P8, P101, P148, P149, P151, P154, P155, S58, S88, S168, S272,
V23, V24, V65, V66, W94, Z23

Bisschoppen
B150-B155, D188, F1, F101, G16, P193-P196, T10
Concilies, synodes, … B288, C2, C53, C62-C64, H144, H145, L3, L356, M96, M319, O70
Konstanz B422, P101
Lateranen V D205
Basel P148, P149
Trente C88-C97, G73, H231, L178-L180, M193, O61, P10, P11, P110, S4-S10, S252 Rome B122
Zuidelijke Nederlanden
B129, B390, C72, G21, H37, M97, M133b, R10, R11
Heiligen: G63, M263 (& R9), R12, S52, S163, S164
Antwerpen D110, D111, I20
- Bisdom? Doornik M160
Brabant B533, B534, M262, S49, S50, S53, S165, W54
Brussel C162, C168, C169, M52, S49/1, S49/12, S49/17-S49/19, S50, S165
Sacrament van mirakel: C7-C11, G182, Y1, Y2
Diest J33
Henegouwen B434
Bisdommen
Antwerpen D38, F75
Brugge S299
Gent A171, L214
Mechelen A94-A99, A136, B137, C99-C109, C262, D39-D48, E90, F103, F104, G58, H238, K1, K41, M61-M65, M152, N45, P204, Q2-Q6, V26, V27
Controverse omtrent vicaris-generaal Verheylewegen 1821: V38 & A159, B349, B497, B498, F72b, T100
Asielrecht: > 3.9 Kerkelijk recht, p. 17
Namen D49, D50
Oudenaarde (reformatie) R90
Tongeren C143
Prinsbisdom Luik (wereldlijk & kerkelijk)
C143, E47, F36, F53, F54, F80, G75, H147, H231, L215, S170, V77
Nederland
A184, B46, B96, B129, B365, F129, G21, G75, H37, H122, L198 (& R29), L287, M49, M133b, M155, S163, S164, S303
Heiligen L287, R12, S163, S164
Deventer N15a
Gelderland K32
's-Hertogenbosch C190, F76, G74
Maastricht C143, D137
Noord-Brabant W54
Roermond H37

"Kerk van Utrecht" B96, B404, H220 (& B480), M302, Q18, T101, V39
  Petrus Codde C212b, M1 (& B544), M49, V43, W26-W28
Martelaren van Gorcum E65, E66

Duitsland
  E6, G111, H116, H117, H156, H157, L232, S75, S78, S79, W116-W119
Augsburg B436, Bamberg L322, Beieren R6, Bremen L232, Fulda S76, Goslar H66, Hamburg L34, L232, Keulen G21, Mainz C244, S140, W116, Osnabrück H66, Passau H14, Regensburg H14, Trier C32, L140, Worms S77, Würzburg E5, Zwaben P106,
Oostenrijk
Salzburg H14, M205
Bohemen B24
Frankrijk
  A41, B112, B113, C32, C66, D211, G21, H93, H94, L25, L134, L150, L284, M97, N44, R11, T121
Cambrai A39, E70, Lotharingen C32, H231 Meaux D209, Verdun H231, Vienne C148
Italië Z1
Spanje F38, M93, O69
Britse eilanden D139, M251, T87
Oosterse kerk A168
Wereldgodsdiensten C60, L14, S296
China C142

3.13.1 Jansenisme
Bibliografie: P44
  A37a, A37b, A40, A41, A48, A73, A97, A98, A108, A114, A115, A134, A149-A152, A160 (& R17-R20), A186 (& B420), A187, A197, B63, B85, B86, B90, B288 (bd. 10), B354, B359, B375, B377, B393-B395, B404, B420, B480, C2, C3, C117, C124, C130-C132, C192-C198, C212b, C216, C218, C219, C227, C231, C243, C245, C305, D1, D7-D10, D32, D33, D36, D53, D54, D60 (& L226, P153), D83, D115, D129, D133, D179, D191, D221, D222, E34, E46, E48-E59, E67-E69, E89, F61, F63, F65, F66, F68, F118-F122, G1 (& F44), G41-G44, G46, G104, G137, G189, H2, H3, H21, H27, H29, H36, H39-H45, H80 (& A116, A117, S239), H36, H86, H96-H98, H101, H109, H110, H122, H147, H155, H171, H220, H228, H245-H250, I6, I19, I26, J1, J12, J67, J82, J85, K2, K44, L24, L61, L62, L94, L111, L125, L148, L149, L152, L154, L177, L190-L192, L198, L199, L200, L214, L216, L226, L265, L285, L355, L356, M19, M38, M39, M48, M66, M79, M101, M187-M199, M275, M302, N16 (& B162), N17, N22, N23, N29, N37b, O27-O52 (& E46), O54, P10, P11, P19, P29, P30, P31 (& E34), P35, P71, P130, P131, P153 (& D60, S119), P206, P224, Q11-Q24, R1, R4, R8, R17-R19 (& A160), R20, R29, R30, R44-R46, R51, R117, R132, R141, R142, R143, S1, S60, S107-S109, S146, S159, S160, S168, S220-S241 (& O54), S244-S247, S299, S309, T15, T33, T39, T45, T101, T111-T117, T120, V22-V24, V39 (& V78), V54, V72, V82, W26-W28, W30-W36, W73, W90-W95, W115, Z2, Z3, Z34-Z37

NB.
A.
Vijf convoluten in de Major dragen een etiket "pro Unigenitus" en "contra Unigenitus" (Y III/33-37. Pro: 33 = band III, 34 = band IV, 35 = band V. Contra: 36 = band II, 37 = band I).
Pro:
33 A98, C196, C197, C231, I26, M189-M191, M197, M198, N37b, O52, P30, P31, R8, S299, W31, W32, W35, W36, Z34-Z36
34 H249, M19, M188, R30, S220, T39, W30, W33, W36, Z37
35 C117, E34, H171, J1, J67, L62, M187, M199, Q12, S221, S222, W34
Contra:
36 O29, O30, O49- O51
37 A37a, A40, D36, O28,O31,O37,O40,T33
B.
Zeventien convoluten in het Archief (D IV:1-18) bevatten publicaties tussen 1654 en 1726, en vooral tussen 1690 en 1720, met heel wat "jansenistische" publicaties.
1 C130, C142, G45, O1, P71, R44, S232, S240, T15
2 A48, L198, Q15, Q17, R29
3 A134, D1, D33, M66, M79, T117
4 B90, D222, P19, R1, T87, T101, W73, W115
5 A187, D129, G44, G46, K44, Q14, S60, S107, S223, S225, V44
6 A114, A115, A195, C76, D51, D115, D133, E89, G41, G43, H80, L216, O41, S108, S236, S239, V72, W90
7 P206, P207, Q13, Q24, S1
8 D191, E37, H245, H248, L214, M101, O35, P33, W80
9 A197, E35, E86, O54, R141, R142, R143, S182a, S224, S227, S229, W95
10 D53, D83, H147, O34, O36, R51
11 A95, A97, C124, C218, C219, C243, D9, I19, J67, K2, O37, O38, P45, P130, P224, V54
12 O33, O37
13 D7, M187, M189, M191, M194, M198, M199, P29, P30, P130, P131, T39
14 A73, E46, O32, O39, O44, O46-O48
15 A160, D221, E30, H29, R17, R18, R20, S109
16 F123, L354, L355, S226, S233, S240
17 C216, D60, H155, L190, L191, L192, L199, L226, S119, S146
18 C213, L152, N15a, S182b

3.13.2 "Ketters"
  C74, D175, D214, G206, J53, J54, N34
Albigenzen L319
Arianisme A111-A113, A201, A202, F125, H144, H145, M21
Pelagianen, ... A218, A220, A222, A229 (& N39)

3.13.2.1 Protestanten
(zie ook apologeten)
  B105, B292, B375, B376, B378, B517, C53, C61, C117, D26, D28, D210, F124, G151, G153, G154, G160, G163, G166, G169, G175, G178, G179, H48, H50, H111, H115, L137, L157-L161, L188, M260, M291, N24, P17, P18, P103, P124, P199, R70, R116, S63, S194, S196-S200, W39
Beeldenstormers, Geuzen I1, M20
Calvinisme B23, C269, F72a, G26-G29, G168, G173, H35, H46, H49, H51, H53-H55, H57, H60, J22, L20, L21, L22, L40, M25, M291, M292, N22, P50,P160, R70, R90
Lutheranisme C207, G150, H52, H66, L228, L229, M27, R86, S159, S193
Tanchelijn, Blommardine H127, H132
Anglicanisme B293, S271, V49
Grieks schisma A168, M30
Waldenzen E3
Hussieten E6
Bekeerlingen
  F117, G26, H8, L20, L21, L22, M103

3.14 CHRISTENDOM
  IN DE WERELD. MISSIE

  G45, M214, M217, M218, M276, R132, V42
Japan C147, D99

4 Taal

C308-C310, D198
Grieks G171, *Latijn* A102-A105, C135, C253, L50, L141, L142, L243, M32, N28, P175, P177, P180, S106, V10, V51, V95-V97, *Nederlands* B95, K51, T18, *Duits* A62, *Frans* D138, G91, P128, P181, *Spaans* S169

Woordenboeken
Polyglot C17, C18, M104
Hebreeuws, ... A174, B541, M307
Grieks: B144 (& F37), B286, C19, C71, C313, E60, P175, S106, S293
Latijn A65, A66, C16, C20, C71, E60, J83, P175, S106, S293
Latijn-Frans en/of Frans-Latijn B328, B398, D106, N30-N32, P178, T40
Latijn-Nederlands en/of Nederlands-Latijn B294, H12, P146, P147, P178, P179, T2
Middeleeuws Latijn D182, D183
Frans F128
Woordenboeken Nederlands-Frans en/of Frans-Nederlands D95, D96, R66-R69
Frans-Duits, Duits-Frans H161, M158
Arabisch H25, H26

5 Letteren

- Encyclopedie
  E73, F26, G14, G15, R101, R102
Griekse letteren
  C309, C310, L58, S192, W23
- Epigrammen
  A141, B479, H229
- Auteurs
  A49, A161, A181-A183, C21, C215, C309, D59, D119, F50, H170, M81, P169, T30
Latijnse letteren
  G131, H67
  A162, A163, A204-A234, B323, C116, C176a-C180 (& L141, L142, V84), C185, C307, C315-C319, C322, D56, F56, F69-F71, H1, H188-H203 (& H19, H21), J69-J78, J89, L58, L235, L258, L268-L272, M81, M99, M100 (& R5), N19, O80-O84, P1, P95, P114, P158, P161-P163 (L245), R118, S134, S135 (& L256, L259), S136, S150, S294, T3-T7 (& S79), T19-T23, T122, T123, V31-V36 (& H21, T95), W23
Vroegchristlijke auteurs
  A110-A113, A204-A234, E75-E83, G137-G141, G147, H140-H145, T21-T23

Middeleeuwse Latijnse auteurs
  A60, B89, B150-B155, G211, H146, J53, J54, P115, T77, T78
Neolatijnse letteren
  A36, A64, A184, A235, A238, B4, B27, B40, B164, B277, B335, B350, B492, B493 (& C175), B494, B495, B522, C115, C215, C233, C283, C307, C314, D122, E37, E38, E40, E41, E43-E45, F56, F124, G7, G19, G20, G97, H1, H19, H68, H69, H122, H166, H218, H219, H233, H234, K33, L23, L58, L204, L235-L263, M32, M108, M109, M195, M196, M313, N28, P22, P37, P55, P75, P231-P237, R106, R118, R121, S59, S60, S86, T83, U3, V45, W3-W6, W12, W77, W107
- Odes, lofteksten, ...
  A112, A142, A156, A171, B43, B150, J81, L240, P172, P173, R9, R56, R98, R144, S102, S211, S231, V45, W55, W70
- Epigrammen
  A124, A164, B274, B479, B481, B492, D123, D126, F124, J40, K33, L23, P37, T22, T23
Nederlandse letteren
  B318, B432, B433, C61, C114, D34, G100, G126, H22, H23, H137, H139, H179-H184, H193, H194, H242, H243, J65, J81, K46, L39, L59, L60, L148, L209, L233, L326, L358-L360, L362, M155, M172, M192, M279-M289, P49, P57, P167, P168, P170-P172, P222, P223, P288a, R2, R85, S46, S89, S132, S167, S212, T104, V46-V48, W89, W99-W103, Z25-Z29
- Lofdichten, grafdichten, e.d.
  C288a, P168, P223, R85, S89, S215
Franse letteren
  A89, B55-B57, B69, B147, B301, B327, B373, B377-B380, B430, C150, C254, C295, D56, D143, F30-F34, F34, F89, F90, F94-F99, F111, F112, G113, G197, H153, J90, L4, L5, L181, L233, M72, M87, M89, M184, M264, M265, M272, P34, P35, P37, P69a, P122, R3, R4, R33, R101, R102, R128, (& B140, B405, G2), S28, S128, S129, V91, V92 (& B405, N36), W14
Duitse letteren
  A13-A31
Engelse letteren
  D56
Italiaanse letteren
  B315, B316, C36, C37, M8
Spaanse letteren
  E31, G205, M185, M186

6 Geografie

Atlassen
H169, J42, K29b, L102, L275, M43, R130
Oudheid A45, B203, B205, M300
België B78, F35
Brabant C68
Britse eilanden B92, J43
China M105
Frankrijk B78, F35
Griekenland B34
Italië B304, B305
Pruisen G33

Landenkunde, reizen
Algemeen B490, C160, E1, E2, F18, G31, I22, L136, L276, M43, M183, W15
Europa F24, L10
Nederlanden G208-G210, L19, O75, P25
Nederland A81, S166
Zuidelijke Nederlanden D86, D130, O74, O75, S52
Duitsland D130, O75, S176
Griekenland B55-B57
Italië R100, S29
Middellandse Zee D21, D22
Midden-Oosten M133b (bd. 2)
Noord-Europa M16
Rode Zee M133b
Rusland B490, P94, R139
Spanje, Portugal A106
Zwitserland L7, T126
Afrika L210, L211
Egypte W21
Azië B490, C145, H91
China M105, N25
Palestina A45, E82

7 Geschiedenis

Woordenboeken I22, M295-M297
Genealogie, adel A87, B88, V103
Italië I3
Algemeen
M3
Chronologie P97, P99, S71
  A45, A55, B288, B362, B513-B516, B531, C33, C160, C246b, D11, D19, D144, G39, G40, G102, J7, M96, M185, M186, R101, R102, S296, T137
Oude geschiedenis
  A205, A218, B58, B373, B385, C202, G136, H103, K26, L151, M7, R103, S32, S71, S129
Alexander de Grote: C315-C319

Egypte
L197

Oude Rome,
A161, F71, L16, L17, L268-L272,
S150, T3-T7, T122, V29
A42, C52, C296, C297, E7, F39, F51,
G69, G131, K9, K11, K17, K25, L115,
L235-L237, L242, L254, L258, L262,
L268-L272, M272, P21, P145, R104,
R105, R120, S129

Byzantium
C213, C214, D184, G38-G40, G69,
H162, J47, L2, N20, S129, S293

Europa
B29, B288, B431, C200, C201
C189, E6, E7, F26, F111, F112, G6,
G142, H123, H124, H128, H130, H163,
L10, L212, L232, M7, M22, M95,
M129, M178-M180, S88, S172, T121,
V8 (& M306)
- Eugène de Savoye D201, D202, M129

Kruistochten
E6, G69, G206, M24

Goten
J66

Ridderorden
H154, J46, M133b, V63, V64

Nederland, Nederlanden
A100, A101, A184, B278, B355, C173,
C174, G6, G194, G196, H123, H124,
H181, H182, K31, L59, L60, L119,
L120, L289, M133a, M133b, M178-
M180, M211, M215, M216, M219,
M221, M222, O73, P129, R37, R57,
S86, S115, S116, S254-S256, S303, V8
(& M306), V14, W1
Briel & Voorn A81
Deventer D199
Gelderland P187
's-Hertogenbosch V28
Utrecht B96
Friesland E22, G213

Zuidelijke Nederlanden
B27, B64, B317, B390, B519, C15,
C173, C174, D86, D93, D94, D101,
F27, G66, G133, J81, L305, N18, P237,
S86, V2, W24, W25, Z41
Onderwijs L201, Q10, R49

Brabant B533, B534, D131, G132, H15,
H38, K16, L306, M133a, V1, W121
Brabantse omwenteling A47, B94, F25,
H102, H160, N37a, P113, S161, V70,
V75, V98

Antwerpen B317, G59, G122, W79
Bergen G133
Brugge B77, C320, G191
Brussel C162, M52, O62, R108, S49/22,
S50, S259
Dendermonde G133
Gent B317, D112

Leuven
C171, C279, D130, E8, H159, L255,
P28, P236, V50, V93, W78
Kranten A91, A92, S175, W42

- Universiteit
A124, B533, C83, C87, C131, C132
C192, E16-E21, E35, F105, J1, J85,
L255,M255, M256, P214, P229,
Q10,V72
- Publicaties van Leuvense professoren
Alardus Amstelredamus D122
Andreas, Valerius A124
Baius, Michael B23 (& V20)
Claes, Guilielmus C181
Cuyckius, Henricus C321
Daelman, Carolus Gislenus D3-D5
Damen, Herman D6-D9
Danes, Pierre Louis D10-D16
Du Bois, Nicolas D180
Enghien, François d' D180?
Elsken, Jean Joseph vander E16-E21
Espen, Zegher van E48-E59
Fromondus, Libertus F118-F122
Ghenne, Thomas Lambertus G62
Gils, Antonius van G74-G75
Gramaye, Joannes Baptiste G132-G133
Guyaux, Joannes Josephus G214, K11
Havelange, Jean-Joseph H36
Hesselius, Joannes H109-H115
Huygens, Gommarus H244-H248
Jansenius, Cornelius (1510-1576) J13-J20
Jansenius, Cornelius (1585-1638) J21-J31
Kerkherdere, Joannes Gerardus K10-K12
Le Drou
Le Plat, Judocus L178-L180
Lipsius, Justus K17, L235-L263
Lupus, Christianus L354-L357, V72
Magermans, Gaspar M12
Malderus, Joannes M37-M39
Marant, Petrus Joannes M67
Maugis, Joseph M138, M139
Molanus, Joannes M255-M263
Nannius, Petrus N10
Opstraet, Joannes O27-O52
Paludanus, Joannes (1565-1630) P17,
P18
Paquot, Jean-Noël G8, M258, P26, P27,
V1

Parmentier, Antoine P29-P31
Peckius, Petrus P64
Puteanus, Erycius P229-P237
Ram, Petrus Fr. X. de R12
Rampen, Henricus R13
Robert, Christophe M171
Romanus, Adrianus R107
Sasbout, Adam S64
Sassenus, Andreas Dominicus S65
Sinnichius, Joannes Baptiste S159,
S160
Stapleton, Thomas S194-S200
Steyaert, Martinus S223-S241
Stockmans, Petrus, S244-S247
Titelmans, Frans T97, T98
Tulden, Theodoor van T129-T136
Valerius, Cornelius V10
Verheyen, Philippus V37
Vianen, Franciscus van V72
Wamesius, Joannes W20
Wellens, Jacobus W43-W45
Wiggers, Johannes W62-W72
Zoesius, Henricus Z30-Z31

Leuvense thesissen L38, L101, S83, Y3

Mechelen C275, C276, E90, G58
Incident asielrecht: > kerkelijk recht, p. 15
Kempen H131, H133-H135
Turnhout G120
Vlaanderen B78, B133, B543, D92, G8,
K13, M204, S295
Vlaanderen – Genealogie W110-W114
Henegouwen B396, B425, G98, L130, L131
Graafschap Loon M56
Namen G133
Prinsbisdom Luik
zie 3.13 kerkgeschiedenis, prinsbisdom
Luik

Frankrijk
A35, B29, B30, B71, B543, C113, D17,
D211, E5, G37, G147, G206, H123,
H124, L47, M2, M7, M23, M36, M72,
P37, S35, S129, S145
Honderdjarige oorlog F115
Lodewijk XI; Karel VIII F115
Karel VIII M98
Hendrik IV P73, R70
Lodewijk XIII K7, M320
Lodewijk XIV B78, C164, L134, L227, R24
Lodewijk XVI B163, P226
Franse Revolutie A247, B53, F12, F13,
G12, L25, L97, M160, T41, T96, V67, V68
Napoleon B76, M181, S68, T96
Bordeaux A237
Bretagne D23-D24

Cambrai G133
Cambrésis L278
Valenciennes B317
Lotharingen C32, H231
Genealogie B478, S27
Duitsland
   A59, B51, B513, E5-E7, F111, F112, G53, G111, G201, H66, L140, L232, L323, M157, M161, M306, P144, S79, S88, S176, S261, S262, W116-W120
Berg & Jülich K49
Goslar H66
Hamburg A123, L34, L232
Holstein L140
Maagdenburg 1631 B532, H66
Trier B483, C32, H177, H178
Dertigjarige oorlog W48
Vrede van Hubertusburg 15 februari 1763 S12
Denemarken L232
Oostenrijk H123, H124, K45
Successieoorlog O53
Bohemen B24
Britse eilanden A140, B278, B329, D185, G119, G152, H18, O68, T60, T87, V49
Spanje F38, F42, M85, M93, M268, O69, R129
Portugal O71
Italië G90, G207, L324, S249
Genealogie M299, M308
Napels G68
Pistoia Z1
Venetië P7
Zwitserland L7, L202, M41-42, S219, T126
Polen K50, M7
Baltische staten K50
Rusland V92
Afrika C120
USA M7
China B428, N25

8 KUNST

L121, M258, O67
Italië C205, T99
Nederland H207
Zuidelijke Nederlanden M167

Archeologie
B65-B67, E7, H136, L139, M311

Architectuur
C251, J79, K26, S72, S264
Parijs B314, L183
Londen D189
Marly L183, P135

Rome D89, L238, R120
Versailles F14, L183, P135
Wenen K30

Vestingbouw S265

Grafmonumenten en inscripties
F40
Brabant S302
Kerkmeubilair T43
Klederdracht F40, L156
Cameeën L11
Adel, Heraldiek V103, W113, W114

Muntwezen
H123, H124, L290, L291, W82
Rome, Byzantium B33, H21
Frankisch rijk H21
Kerkelijk B93
Nederlanden F48, G65, G192, H126, L292, N26, N27, O60, T14
Goslar H66
Medailles D85, L120, M44, S257
Zegels W113, W114

Embleemboeken
of werken met emblemen
   A21, A63, B271, B303, B331, B518, D26-D28, D116, D169, E24-E26, G78-G84, H4, H139, H218, H233, H234, H239, H243, J49, J68, J81, L23, L127, L209, L326, L358, L360, L361, M57, M278-M280, M282, M284, M286, M287, M289, P58, P159, P172, S89, S289-S292, V48, W37, W45, Z22

Platenboeken
G126, L109, L359, M108, M109

Prenten
H. Schrift K27
Oudheid M273, M274, R27

9 FILOSOFIE

F30, M130, S192
   A54, A60, A139, A164, A167, A182, A183, B52, B59, B75, B156, B323, B520, C55, C67, C136, C184, C248, D84, D97, D119, E87, F15-F17, F111, F112, G35, G48, H13, H21, H73-H76, H148, H236, J32, J53, J54, L111, L235, L240, L256, L258, L259, L266, M144, M185, M186, O85, P52, P53, R101, R102, S73, S74, S87, S174, S250, S251, S273, T119, V74, W100, W104

10 WETENSCHAPPEN

Onderwijs R101, R102, R106, V83
Astronomie L8, L9, M186, P97, P164, P165, R107, S188
Rekenen, Wiskunde B287, E72, G30, L8, L9, M90, S111, S188, T8
   Maten en gewichten G192
Natuurwetenschappen B500, L8, L9, L224, N12, P166, S188, V11, V12, Z10
Scheikunde T28
Biologie R118
Fauna-Flora-Tuinen A194, C280, D192, T83, U4
Techniek B169
Geneeskunde, Farmacie A194, B15, C71, C161, C166, G212, L188 (p. 915-921), O62, O63, S65, S305, V37
   "embryologia sacra" (doopsel in noodgevallen): C41-C44, D117, D128

11 RECHT, POLITIEK, SOCIALE WETENSCHAPPEN, ...

Recht L217, M171, S260, S263, T1
Romeins recht, etc. H224, H226, J86, J87, L235, L241, L258, P64
Publiek Recht, Burgerlijk Recht, ... B26, G195, H33, L266, M153, M163, M164, M314, S110, T129-T136, V76, V79, Z42
Nederland H222, H223, H225, W50
Zuidelijke Nederlanden A137, C170, K39, K40, S244-S247, V76, Z44
Brabant C172, F47, K16
Aalst C274
Ieper C277, W51
Leuven C279
Mechelen C275, C276
Ninove C274
Roeselare C278
Ronse C274
Frankrijk B389, F64, G18, G70, G110, L182, M317
Incident asielrecht
zie 3.9 kerkelijk recht, p. 17

Politiek B102, E39b, L158, L235, L257, L258, L261, M8, P4
Economie, ... C166, D181, H105, L330
Psychologie C209, L112, S11
Occultisme, heksenjacht, ... B358, M143, N40, N41 (& G215), P152, P197, R74, S112, S144, S186
Vrijmetselarij B53, L132, L133, W105, W106

BIJLAGEN

Levensbeschrijvingen
(heiligen: zie p. 213)

Adrianus VI, paus B521
Agricola, Julius T6
Aguesseau, Henri-François d' S129
Alciatus, Andreas A63
Alexander de Grote D120
Arbouze, Marguérite d' F64
Aristoteles A182
Billuart, Charles-René B284
Bona, Joannes B335
Bonifacio, Baldassare B350
Bossuet, Jacques-Bénigne B380
Brinckerinck, Johannes T77, T78
Buren, Æmilius van T77, T78
Cangiamila, Franciscus Emmanuel
Caraffa, Maria B60
Caraffa, Vicenzo B60
Churchill, John (Marlborough) D202, V102
Clemens XI, paus C198
Cœlestinus V, paus A56
Concina, Daniel S45
Covarrubias y Leyva, Diego de C281, C282
Crasso, Paride H163
Debussi, Louis D30, D31
Deventer, Florentius van (Radewynszoon) T77, T78
Dionysios de Areopagiet D121
Dionysius de Kartuizer D122
Du Cange, Charles du Fresne D183
Dugdale, William D189
Eiselin, Wilhelm M175, V71
Elisabeth van Heenvliet M133a
Enghien, hertog van B484
Ephrem Syrus E32
Essche, Nicolaas van (Nicolaus Esschius) J33
Eugène de Savoie D202, M129
Filips II L195
Fleury, Claude F64
Franciscus de Hieronymo K36
Gertrudis van Hackeborn G55
Gibbon, Edward G69
Ginther, Antonius G87
Godfried van Kappenberg P182
Gregorius VII P50
Gronde, Johannes de T77, T78
Groote, Geert T77, T78
Grostête, Marin, sieur des Mahis G193
Guichenon, Samuel H163
Harley de Champvallon, François de L134, L135
Heenvliet ? Elisabeth van Heenvliet
Hesselius, Joannes H109

Hieronymus van Nerni M71
Hortensius, Lambertus B96
Isabella van Oostenrijk, aartshertogin P237
Isidorus van Sevilla I25
Johan Willem Friso D202
Josephus Flavius J69-J77
Karel de Grote H66, S88
Karel V L193, L194
Ketel, Johannes (Cacabus) T77, T78
Kipping, Heinrich K17
Lactantius, L.C.F. L17
Launoy, Jean de L111
Legris-Duval, René-Michel L138
Le Nain de Tillemont, Louis Sébastien L152
Lipsius, Justus L253
Lodewijk XIV C164
Lupus, Christianus L356
Mably, Gabriel Bonnot de M7
Martialis M99
Mary Stuart S129
Meteren, Emanuel van M179, M180
Molière M264
Nicolaas V, paus G88
Palafox, Jean de C141
Plautus, Titus Maccius P158
Plinius Cæcilius Secundus P161
Potemkin, Grigorij A. S129
Proclus M81
Quesnel, Pasquier K37
Racine, Jean R4
Radewijns, Floris T77, T78
Raymundus de Pennafort R21
Rollin, Charles R106
Ruyter, Michiel de P129
Schoonhoven, Arnoldus van T77, T78
Schrieck, Anna van A1
Ségur, Louis-Philippe de S129
Silius Italicus S150
Strada, Famianus S256
Tauler, Johann T17
Tertullianus T22, T23
Theocritus T30
Thomas Beckett T60
Velde de Melroy ..., Jan Baptist van N42
Vervisch, Pieter F.D. V68
Viglius ab Aytta H221
Werguignœul, Florence de M97, M98
Widukind H66
Zutphen, Gerard van T77, T78

Lijkreden
Adriaenssens, Alexander D223
Antonius Augustinus A159
Baronius, Cæsar B43
Borromeus, Carolus P68
Bossuet, Jacques-Bénigne L98

Boufflers, Louis-François, duc de L98
Burmannus, Petrus B522
Clercx, Tilmannus (Clerici) S64
David, Joannes C203
Ennetières de la Plaigne, Marie Ph. d' G34
Generé, Franciscus G62
Huber, Ulrik H224
Irsselius, Matthæus H106
Jansenius, Cornelius (1585-1638) L94
Karel II, koning van Spanje C181
Le Jeune, Jean R135
Lodewijk, le grand dauphin L98
Lohelius, Joannes S217
Luxembourg, François-Henri de, duc de L98
Loyers, Ferdinand de M139
Masius, Joannes P186
Noailles, Anne-Jules, duc de L98
Pape, Libertus de L126
Rivius, Josephus (grafschrift) R85
Slootmans, Alexander M138
Steyaert, Martinus S231, W90
Tuycom, Philip van O2
Ulner, Petrus H66
Waersegghere, Hieronymus de S304
Weyms, Etienne T136
Wouters, Simon W81
Werenfried, heilige
Willibrord, heilige H122
Zeeus, Jakob Z28, Z29
Zoesius, Henricus Z31

Heiligenlevens
Adrianus Z27
Agatha N10
Albergati, Nicolò C119
Albertinus van Vereno C314
Albertus Magnus P100
Alfonso Maria de Liguori J45
Aloysius van Gonzaga C134, V52, V53
Amandus P115
Ambrosius A112
Anna B357
Anna a San Bartholomæo A132
Anscharius L34
Antonius van Egypte A201, A202
Antonius van Padua B356, N11
Augustinus, A217, A218, G106, P115
Barbara B429
Bartholomeus a Martyribus L352
Begga R144
Bellarminus, Robertus F126
Bernardus B152, B423, S16, S44
Bonifacius S303; S140
Bonifatius van Lausanne S165
Birgitta S186, S298
Borgia, Franciscus V52, V53
Borromeus, Carolus P68

Canisius, Petrus S3
Cyprianus, Thascius Cæcilius C322, L353 (bd. 11)
Dymphna, C288b, C294
Eligius, B170
Ephraim, abt E32
Epiphanius van Salamis G56
Ermelindis C234
Esaias, augustijnse eremiet C314
Eva van Luik B159
Foillan P115
Franciscus van Assisië C140
Franciscus van Sales M141
Franciscus Xaverius B400, B401, V52, V53
Fridericus van Regensburg C314
Gaetano da Tiene M11
Geremarus van Beauvais G206
Gerlacus, T47
Gertrudis van Nijvel R145
Gislenus P115
Godelieve S171
Godfried van Kappenberg P182
Goto, Joannes V52, V53
Gregorius van Tours G147
Guibertus a Novigento G206
Herluca van Bernried P50
Herman Jozef
  K34, M223, S130, S216, W3, W6
Hieronymus van Narni M71
Hilarius van Poitiers H145
Hubertus, B545, R87, V94, W77
Ignatius van Loyola V52, V53
Joannes Sahaguntinus M18
Jozef G126
Juliana van Luik B159
Kisaï, Jacob V52, V53
Kostka, Stanislas V52, V53
Landelinus P115
Laurentius H166
Licinius H146
Lidwina van Schiedam T77, T78
Lucia B545, N10
Ludwig, graaf van Arnstein H231 (II,2)
Magnobodus H146
Malachias O'Morgair B150-B155
Margriet van Leuven H152, K38
Martinus van Tours G57
Maurilius H146
Miki, Paul V52, V53
Neri, Filippo B3, G5
Nicolaus Tolentinus C314
Norbertus p. 206
Oda p. 105
Patricius (Patrick) P74
Rag(g)i, Maria Z19
Raymundus de Pennefort R21
Robert van Chaise-Dieu H146

Régis, Jean-François V52, V53
Salaberga van Laon G206
Salvius P115
Sebastiaan V73
Simon, hertog van Crépy G206
Thaisidis H146
Theresia van Ávila R65
Thomas van Aquino D100, V21
Thomas Becket L356, T70
Tiberius S17
Ursmarus W29
Vincentius a Paulo A41, N35
Vincentius van Zaragoza S15
Waldetrudis P115
Willibrord B170, B365, S303
Wivina C220, C221

Portretten
NB: zie eventueel ook op voornaam of familienaam

Abraham a Sancta Clara A19
Accoramboni, Guiseppe, kardinaal S297
Adalbertus, heilige H122
Adrianus VI, paus F74, H122
Aetius, Flavius X2
Agricola, Rudolf F74
Agrippa ab Nettesheim, Henricus C. A54
Agustin, Antonio I2
Alançon en Anjou, Frans, hertog van H162
Alanus, Guilielmus F74
Alardus Aemstelredamus F74
Albanus, heilige S140
Albanus, Alexander J52
Albertus van Jeruzalem, heilige B289
Albertus Magnus S152
Albrecht, aartshertog van Oostenrijk
  H15, M179
Alexander de Grote C315
Alexandre, Noël A71
Alix (Aleidis) van Bourgondië H15
Allamont, Eugenius Albertus d' F88
Allatius, Leo F6Alsace et de Boussu,
Thomas Philippe d' B193, B534
Alva H66, H182, M179, S255, S256, V46
Amsdorf, Nicolaus von H66
Andreæ, Jakob H66
Andreas, arts F6
Andreas, Valerius F74
Anna a San Bartholomæo A132, F74
Anscharius, heilige L232
Ansegriscus (Ansegrisel) H15
Antonius de kluizenaar, heilige B289
Apollinarios F6
Arenberg, Jan van (Jean de Ligne)
  S254-S256

Aretius, Benedictus M224a
Arias Montano, Benito F74
Aristoteles A182
Arminius, Jacobus X3
Arnold (Arnoud) van Egmont, ... van Zutphen P187
Arnoldi, Nicolaas X1
Arpinus, Joannes M224a
Aschhausen, Johann Godefridus von L322
Augustinus, heilige B289
Ávila, Sancho de S254, S255
Avrillon, Jean Baptiste Elie A243
Ayala, Balthasar de F74
Bacherius, Petrus F74
Backx, Rumoldus B5-B7, B9-B12
Baglioni, Malatesta IV X2
Baius, Michael F74
Baldez, Franciscus H182, X2
Balduinus, Franciscus (François Baudouin) F74
Bale, John M224a
Bardo, heilige S140
Baro de Hubens, Aegidius J. J. B159
Barthius, Caspar B58
Barthélémy, Jean-Jacques B56
Bartholinus, Thomas X4
Bartholomeus a Martyribus L352
Basilius, heilige B289, L287
Báthory, Stefan M179
Baudart, Willem I2
Baudius, Dominicus I2
Bavo, heilige L287
Begga, heilige H15, R144, S140
Bekker, Balthasar X3
Benedictus, heilige B119, B289
Benedictus XIII B122
Benedictus XIV B123, B130, B132
Berengarius M224a
Bergaigne, Joseph B534
Berge, Johan van M179, M180
Berges, Alphonse de B534
Berghes, Willem (Guilielmus) de B534
Berlaimont, Claude de S256
Bernardus, heilige , B289, B423
Bernoulli, Johann L7
Berthier, Guillaume-François B239, B240
Berti, Joannes Laurentius B160
Bertius, Petrus F74
Besenval, Johann Viktor L7
Bessarion, Joannnes Z17
Beughem, Joannes Ferdinandus van B534
Beverus, Joannes F74
Bèze, Théodore de M224a
Bilhildis, heilige S140
Billuart, Charles-René B284
Biondo, Flavio (Blondus) I2
Birgitta, heilige B289

Biron, Charles de Gontaut, hertog de M179
Bischop, Simon (Episcopius) X3
Blaurerus, Ambrosius M224a
Blois van Treslong, Willem H182
Blosius, Ludovicus (Louis de Blois) B289, F74
Boisot, Louis M179, M180, X2
Bona, Joannes B338
Bonifacio, Baldassare B350
Bonifatius, heilige H122, S140
Boonen, Jacobus B534
Borgia, Francesco, heilige V52, V53
Bosch, Cornelis X1
Bossuet, Jacques-Bénigne B377, B379
Boudewyns, Michael F74
Bourdaloue, Louis B411, B418
Bourgoin de Villefore, Joseph-François B423
Boussu zie: Hénin-Liétard, Jean de S256
Boussu, Maximilien graaf van M179, M180, S256, X2
Brachius Perusinus X2
Brandt, Geeraerdt I2
Brederode, Hendrik van H182, M179, M180
Brederode, Jan Wolfert van X2
Brederode, Walraven van M179
Brentius, Joannes M224a
Brienen, Abraham van H122
Bronkhorst, Jan Jacob X2
Brugman, Otto I2
Bruin, Cornelis de B490
Bruno, heilige B289
Bucer, Martin M224a
Bucquoi, Charles de Longueval graaf van X2
Bugenbagius, Joannes M224a
Bullinger, Heinrich M224a
Buonfilio Costanzo, Giuseppe X2
Burman, Franciscus II X2
Busæus, Joannes F74
Busbecq, Ogier Ghislain de F74
Butkens, Christophre B534, F74
Buxtorf, Johann L7
Callino, Ludovico M94
Callot, Jacques X4
Calvijn, Joannes M224a, X3
Camerarius, Joachim F6, X4
Canisius, Petrus F74
Canterus, Guilielmus F74
Capacius, Julius Cæsar I2
Capello, Ambrosius B534
Carafa, Vincenzo B60
Caramuel de Lobkowitz, Juan C55, C57, F74
Carondelet, Jean de F74
Castella, Albert de L7

Castro, Jacobus a C75
Cats, Jacob F74
Celestijn V, paus B289
Chemnitz, Martin H66, M224a
Christiaan IV, Denemarken M179, M180
Christus B289
Chytræus, David H66
Cienfuego, Alvaro C73
Clara, heilige B289
Claubergius, Joannes X4
Clemens X K25
Clemens XII A117
Clenardus, Nicolaus F74
Clusius, Carolus F74
Coccejus, Joannes X3
Coccius Sabelicus, Marcus Antonius I2
Cochin, Jean-Denis C206
Coebergher, Wenceslas F74
Coecke, Pieter F74
Coligny, Gaspard de Châtillon de M179, M180, X2
Colonna, familie M308
Commines, Philippe de F74
Conders (Coenders) van Helpen, Abel M179
Constantijn de Grote L17
Cools, Reginaldus B534
Cordoba, Gonzales de X2
Cordonnier, Hyacinthe C254
Cornerus, Christoph H66
Corvinus, Anton H66
Coster, Laurens F74
Crabbeels, Clemens B534
Crachtius, Stephanus H122
Cranmer, Thomas M224a
Crasset, Jean C284
Crateuas F6
Creusen (Cruesen), Andreas B534
Crispus, Flavius Julius L17
Croy, Filips III van M179, M180, S256
Croy, Karel Filips van M179
Cruciger, Caspar M224a
Crusius, Philippus I2
Cuniliati, Fulgenzio C312
Curio, Cœlus Secundus I2
Damhouder, Joost de F74
Danen, Lambert (Danæus) M224a
Cuyckius, Henricus F74
Dekkers, Fredericus (Deckers) X4
Delille, Jacques D56
Dens, Petrus D65
Dernbach, Petrus Philippus von L322
Descartes, René X3, X4
Devereux, Robert, 2e graaf van Essex X2
Diazius, Joannes M224a
Diemerbroeck, Ysbrand van X4
Diesbach, Johann Friedrich L7

Dionysius de Kartuizer F74, D122 (2 x)
Dioscorides F6
Dodoens, Rembert F74
Dominicus, heilige B289
Dousa, Janus F74
Drach, Johann (Draconites) M224a
Drexelius, Hieremias D158, D159
Druwé, Ambrosius (= Adrien-François) J64
Du Bois, François (Sylvius) F74
Dudley, Robert, graaf Leicester H182, M179, M180, S256, X2
Dugdale, William D189
Du Jon, François (Junius) X1
Duplessis-Mornay, Philippe I2
Duncanus, Martinus F74
Dupuy, Pierre D211
Du Val, graaf Dampierre X2
Dyck, Anton van F74, X4
Dynter, Edmund de F74
Eber, Paul (Eberus) M224a
Eckius, Johann (1486-1543) H66
Eede, Aubertus van den B534
Eesbeek, Henricus van, abt Dielegem G89
Egmond, Lamoraal van H182, M179, M180
Eiselin, Wilhelm V71
Elias, profeet B289
Elisabeth I (Engeland) M179, M180, S256
Emanuel Philibert, hertog van Savoye M179
Engelmundus, heilige H122
Enghien, Louis de Bourbon, hertog van B484
Epo, Boëthius F74
Erasmus X3
Ernest, aartshertog van Oostenrijk M179
Ernest Casimir van Nassau M179, X2
Essche, Nicolaas van (Nicolaus Esschius) J33
Estienne, Robert F74, X3
Estius, Willem F74
Eugenius, hertog van Savoye D201
Everaerts, Evrard F74
Eyb, Martinus von L322
Fabricius, Johann Albert F6
Fagius, Paulus M224a
Eyck, Jan van F74
Fallopio, Gabriele H66
Farellus, Guilielms M224a
Farnese, Alessandro H182, M179, S254-S256
Favre, Pierre, (Faber) M224a
Feller, François-Xavier de F22
Fénelon, François de F34
Ferraris, Lucius F41
Ferrutius, heilige S140

Filips de Goede H15, M179
Filips de Schone H15
Filips de Stoute M179
Filips II, Spanje H182, M179, S254-S256
Filips Emm. v. Lotharingen (Mercœur) M179, M180
Filips van Nassau M179, M180
Filips Willem van Oranje M179, M180
Flacius, Mathias (Illyricus) M224a
Fleury, Claude F64
Forestus, Petrus F74
Forster, Johann (Forsterus) M224a
Franciscus de Hierenymo, S.J., heilige B289
Franciscus de Paula, heilige B289
Franciscus van Sales, heilige C38
Franciscus Xaverius, heilige V52, V53
Frans II,Frankrijk H66, M179
Frans II, Oostenrijk S172
Fredericus, heilige, bisschop Utrecht H122
Frederik Augustus II (Augustus III, Polen) B51
Frederik Willem III, koning van Pruisen S172
Ferdinand VII, Spanje S172
Froben, Johann L7
Froissart, Jean F74
Fromm, Andreas F117
Fromondus, Libertus F74
Fuchs, Georgius L322
Fuchs, Johann Georg L322
Gaguin, Robert F74
Galenus F6
Galenus, Matthæus F74
Gamaches, Philippe de G9
Gameren, H. van C107
Gebsattel, Johann Philippus von L322
Geluwe, Arnaut van G29
Gemma Frisius, Cornelius F74
Gendt, Cornelis van M179
Georg III, Anhalt X2
Georg Wilhelm, Brandenburg M179
George IV, Engeland S172
Gerson, Jean Charlier de G54
Gertrudis, heilige L287, R145
Giannone, Pietro G68
Giovanni Colombini B289
Giovio, Benedetto X3
Giovio, Paolo G90
Glymes, Jan IV van X2
Gobat, Georges G103
Godfried I met de baard H15
Godfried II van Brabant H15
Godfried III van Brabant H15
Goltzius, Hubertus F74
Goropius Becanus, Joannes F74
Goto, Joannes,, heilige V52, V53

Graevius, Joannes Georgius X3
Granvelle (Perrenot) B534, F74, G58, M179, M180, H182, S254-S256
Graphaeus, Cornelius F74
Gregorius, heilige, bisschop Utrecht H122
Gregorius van Nazianza F6
Grez, Richard de B534
Grimoald H15
Grotius, Hugo F74, G194, G196
Grudius, Nicolaus F74
Gruterus, Janus F74
Grynaeus, Johann Jakob M224a
Grynaeus, Simon M224a
Gualtherius zie Walther
Guigo de Castro, O.Cart. B289
Gulik, Jan Willem van M179
Guzmán, Pedro de, graaf van Fuentes M179
Haller, Berthold M224a
Harlay, F. de L134
Hastenius, Benedictus F74
Hatzfeld, Franciscus von L322
Hauchin, Jean B534, G58
Hazart, Cornelius H56, H59
Hecke, Charles van den B534
Hedio, Caspar M224a
Heemskerck, Jacob van M179
Heinsius, Daniël F74, I2, X3
Hellinx, Thomas H72
Hemmingsen, Niels M224a
Hendrik I van Brabant H15
Hendrik II van Brabant H15
Hendrik III van Brabant H15
Hendrik IV van Brabant H15
Hendrik V van Brabant H15
Hendrik II, Frankrijk M179
Hendrik III, Frankrijk M179
Hendrik IV, Frankrijk M179
Hendrik Casimir van Nassau H222, H226
Hendrik Frederik van Nassau M179
Hénin-Liétard, Jean de S256
Herincx, Guilielmus F74
Hessen, Maurits, landgraaf van, "de Geleerde" X2
Hessen-Kassel, Juliana zie Nassau Siegen
Heuter, Pontus F74
Hieronymus Pragensis M224a
Hillama (Hillema), Gellius M179
Hoeschelius, Da vid F6
Holbein, Hans X4
Holachius, Filip, graaf, baron Langenberg S256
Holsteinius, Lucas X3
Homerus S192
Honert, Raco Hajo van den X1
Hontheim, Johann Nicolaus von H178
Hooft, Pieter C. H182
Hoogerbeets, Rumoldus I2

Hoogvliet, Arnold H184
Houbakker, Joannes H205
Houbraken, Arnold H207
Hovius, Mathias B534
Hubertus, heilige W77
Huet, Pierre Daniel H228
Humpfrey, Laurence (Humfredus) M224a
Hunnæus, Augustinus (Huens) F74
Hus, Jan M224a
Hutten, Christoph Franz von E5
Hutten, Ulrich von M224a
Huydecoper, Balthasar H194
Hyperius, Andreas (Gheeraerdts) M224a
Ignatius van Loyola, heilige
   B289, V52, V53
Isabella, aartshertogin van Oostenrijk
   M179, V48
Jacobus I, Engeland O68
Jacobus II, Engeland O68
Jacobus VI, Engeland M179
Jan zonder Vrees M179
Jansenius, Cornelius (1510-1576)
   F74, J15, J18, J19
Jansenius, Cornelius (1585-1638)
   F74, J28-J30
Joannes V van Portugal B132
Joannes Chrysostomos J51
Joannes de Doper B289
Joannes van Matha, heilige B289
Joannes Mauretius, aartsbisschop Praag
   S75
Joannes Nepomucenus, heilige W57
Johan de Jongste, van Nassau X2
Johann Casimir, Palts M179, M180
Johann Friedrich van Saksen (1503-1554)
   H66
Johanna van Valois (Jeanne de France),
   heilige B289
Jonas, Justus M224a
Josephus, Flavius J77
Jovius, Benedictus zie: Giovio
Juan van Oostenrijk
   H182, M179, S254-S256
Juda, Leo M224a
Julius III S7, S9
Junius, Adrianus (de Jonghe) F74
Kapelle, Josias van de M179
Karel I, Engeland O68
Karel II, Engeland O68
Karel de Grote H15, H66
Karel de Kale H15
Karel de Stoute M179
Karel V, keizer S254-S256
Karel VI, keizer D120
Karel IX, Frankrijk H66, M179
Karel X, Frankrijk S172
Karel van Lotharingen H15

Karel van Lotharingen, hertog van Maine
   M179, M180
Karel Martel H15
Karel van Oostenrijk M179
Kasaï, Jacques, heilige V52, V53
Kipping, Heinrich I2, K17
Knipperdolling, Berend X3
Koerner, Christoph H66
Kossin, Dionysius, graaf D120
Kostka, Stefan, heilige V52, V53
La Borde, Jean-Benjamin de la L7
Laerens, André-François B534
Lalaing, Antoon van M179, M180, X2
Lalaing, Emmanuel de S256
La Marche, Olivier de F74
Lambeck, Peter L232
Lambert le Bègue R144
La Moignon, Guillaume de (1683-1772)
   J77
Lampsonius, Dominicus F74
Langhius, Carolus (de Langhe) F74
La Noue, François de M179
La Place, Elie de M179
La Rochejaquelein, Henri, graaf de L97
Lasco, Joannes à (?aski) M224a
Lasena, Pietro I2
Lasso, Orlando di F74
Latomus, Jacobus F74
La Tour, Béatrice F.A. de L7
La Tour Chatillon zur Lauben, Conrad L7
Laurentius Justinianus, heilige B289
Lavater, Johann Kaspar L112
Lavater, Ludwig M224a
Lebuinus, heilige H122
Leene, Joseph van den B534
Leiden, Jan van (Leyden) X3
Le Nain de Tillemont, Louis Sébastien
   L152
Leo X, paus H66
Leopold Wilhelm van Oostenrijk M179
Lescure, Louis Marie, markies van L97
Lessius, Leonardus F74
Leyden, Lucas van X4
Liechtenstein, Karl Eusebius, prins van
   L109
Lightfoot, John L225
Ligne-Arenberg, Jean de, *zie* Arenberg
Lindanus, Guilielmus F74
Lindenbrog, Erpold L232
Lintholz, Johann (+1532) H66
Lipsius, Justus F74, L253
Livineius (Livinæus), Joannes F74
Lobel, Daniël de X1
Lodewijk XIII M179
Lodewijk XIV L39
Lodewijk van Nassau H182, M179, M180
Lodewijk-Filips van Orléans (1725-1785)

L11
Lodewijk Günther van Nassau M179, X2
Lodewijk de Vrome H15
Longolius, Christophorus (Longueil) F74
Loon, Gerard van L292
Lotharius, keizer H15
Loyens, Hubertus F74
Luca, Giovanni Battista de L311
Lucas, Franciscus F74
Lupus, Christianus F74, L356
Luther, Maarten H66, M224a
Lycosthenes zie Wolffhart
Mabillon, Jean M2
Mably, Gabriel Bonnot de M7
Macropedius, Georgius F74
Mahmoed II, Turkije S172
Maior, Georg M224a
Makedonios F6
Malderé (Malleré), Jacques de M179
Malderus, Joannes B534
Mancicidor, Juan de M179
Mandelslo, Johann Albrecht von I2
Manderscheid-Blankenheim, Johann Moritz
   von S75
Mansfeld, Ernest II, graaf van X2
Mansfeld, Peter Ernest I, graaf van M179,
   S254-S256
Mansfeld-Friedeburg, Karl, graaf van X2
Manutius, Aldus F6
Marcellinus, heilige H122
Marck, Johan van der X1
Marck, Willem van der M179, M180
Margaretha van Oostenrijk H182, M179, X2
Margaretha van Parma M179, S254-S256
Maria (O.L.Vrouw) B289
Maria van Bourgondië M179
Maria van Oostenrijk M179
Maria Stuart (1662-1695) O68
Maria a Jesu de Agreda M84
Maria Stuart M179
Marius, Leonardus H122
Marlorat, Augustin M224a
Marnix, heer van St. Aldegonde, Filips van
   H182, I2
Marsselaer, Frederik de F74
Martène, Edmond M94
Masius, Gisbertus B534
Matteo van Bascio B289
Matthias I, Hongarije-Bohemen
   H182, M179, S256
Maurits van Nassau H182, S256
Maurits van Oranje H182
Maurits van Saksen (1521-1553) H66
Maurolico, Francesco (Maurolycus) X4
Maury, Jean-Sifrein M142
Maximiliaan I van Oostenrijk M179
Maximiliaan II van Oostenrijk M179

Méan, François-Antoine de V26
Medici, Catharina de' M179
Medici, Giovanni de' X2
Medici, Maria de' M179
Meetkercke, Adolf van F74
Melanchthon, Philipp M224a, X3
Melun, Robert de S256
Mengersdorff, Ernest von L322
Mercator, Gerardus F74
Merenda, Antonio M171
Merlo-Hostius, Jacobus F74
Meteren, Emanuel van F74, I2, M180
Meurs, Adolf van M179, M180
Meursius, Joannes F6
Meusel (Musculus), Andreas H66
Mieris, Frans van M211
Mierlo, Godfried van H122
Mili, Paul, heilige V52, V53
Mirabella, Vincentius I2
Miræus, Aubertus M219, F74
Miraeus, Joannes B534
Modius, Franciscus F74
Moersberge, Adolf van de Waal, heer van X2
Molière M265
Mondragon, Christoforo X2, M179, M180
Mongaillard, Bernard de F74-
Monstrelet, Enguerrand de F74
Montanus, Philippus F74
Montigny, Filips van Montmorency H182, M179, M180
Montigny, Floris van Montmorency M179, M180, X2
Moréri, Louis M296
Moretus, Balthasar F74
Mornay zie: Duplessis-Mornay
Mudæus, Gabriël F74
Münster, Sebastian M224a
Mugnos, Filadelfo M308
Musculus, Andreas H66
Musculus, Wolfgang M224a
Musius, Cornelius F74
Nannius, Petrus F74
Nassau Siegen, Juliana van X2
Nemius, Gaspard B534
Nény, Patrice François de N18
Neri, Filippo B289
Neyen, Jan van I2, M179
Nicander F6
Nicolaas I S172
Niedek, Roelof P. van (Petri) X1
Nieuhof, Johan N25
Nieulant, Nicolaus H12
Norbertus, heilige B289
Nostradamus G215
Odulphus, heilige H122
Oecolampadius, Joannes M224a
Oldenbarnevelt, Johan van F74, I2, M179

Olearius, Adam I2
Olevianus, Caspar M224a
Ortelius, Abraham F74
Osius, Felix I2
Pachomius, heilige B289
Pagi, Antonius P2
Palafox, Jean de C141
Pamelius, Jacobus (de Pamele) F74
Paracelsus, Theophrastus X4
Paulus, apostel B289
Paulus III S7, S9
Peckius, Petrus F74
Pelikan, Konrad M224a
Pepijn II H15
Pepijn III H15
Pepijn van Landen H15, R144
Peregrinus, Camillus I2
Perrault, Claude X4
Pertusato, Lucas M94
Petau, Denis P97-P99, X3
Petrus Martyr M224a
Philaretus, Gilbertus F74
Pietro de Morone, *zie* Celestinus V
Pighius, Albertus F74
Pignorius, Laurentius I2
Piscator, Johann X1
Pitiscus, Samuel P145
Pius IV S7, S9
Pius VI G63, P150, R28
Plantijn, Christoffel F74
Platina zie Sacchus
Plempius, Vopiscus Fortunatus F74
Poggio di Guccio Bracciolini, Gianfrancesco I2
Postel, Guillaume X3
Precipiano, Humbert-Guillaume de B534, G58
Pullen, Jan Pelgrum R144
Purmentius, Petrus H122
Puteanus, Erycius F74, P235
Racine, Jean R4
Radboud, heilige H122
Rag(g)i, Maria Z19
Raphelengius, Franciscus F74
Raymond du Puy B289
Redwitz, Wigandus von L322
Regino Prumiensis F74
Régis, J.F., heilige V52, V53
Requesens, Luis de M179, M180, S254-S256
Revardus, Jacobus F74
Reynolds, Edward X1
Ribadineyra, Pedro de R59
Riccobonus, Antonius I2
Richardot, François F74
Rollin, Charles R105
Rommel, Joannes F74

Rommel, Nicolaus F74
Roos, Joannes (+1703) H122, R116
Rossi, Gian Vittorio R121
Rossi, Ottavio (Rubeus) I2
Rossum, Maarten van P187
Rubempré d'Everberghe, François-Philippe de B533
Rubens, Peter Paul F74
Rudolf II, keizer M179
Rumphius, Georg Eberhard X4
Rythovius, Martinus F74
Sacchus, Bapt., vulgo Platina I2
Salm, Adolf van S256
Salmasius, Claudius (Saumaise) F74
Sande, Johan van den I2
Sanderus, Antonius F74, S50
Sarayna, Torello X4
Sarcerius, Erasmus M224a
Sasbout, Adam B503, F74, S64
Sassenus, Andreas S65
Savonarola, Girolamo M224a
Scala, Cangrande I della X3
Scaliger, Josephus Justus F74
Scamozzi, Vincenzo S72
Scardeonius, Bernardinus I2
Schannat, Johann F. S75
Schauenberg, Adolph L232
Schenk, Georgius L322
Schenk von Stauffenberg, Marquardus S. L322
Schets, Caspar, heer van Grobbendonk S86
Scheuchzer, Johann Jakob X4
Schmid, Johann Rudolf L7
Schnecker, Nicolaus H66
Schönborn, Lotharius Franciscus von L322
Scholastica, heilige B289
Schurman, Anna Maria van F74
Schwenckfeld, Caspar von H66
Sebastiaan I, Portugal M179, M180
Secundus, Janus F74
Segneri, Paulus S127
Ségur, Louis-Philippe de S129
Selnecker, Nikolaus H66
Sems, Johan X4
Simmler, Josias (Simlerus) M224a
Simonetta, Alberico M94
Simons, Pieter F74
Simons, Menno X3
Sixtus V M180
Sleidanus, Joannes I2
Sloet, Jan de Oudere M179
Smits, Wilhelmus B217
Solms, Adolf van S256
Solms, Georg Everard van M179, X2
Sonnius (van de Velde), Franciscus B534, F74
Sonoy, Diederik (Snoey) H182, M180, X2

Spencer, Richard M179
Spinola, Ambrosio M179
Spondanus, Henricus S180
Stadius, Joannes F74
Steenwinkel, Paulus X1
Stephanus, Robertus zie: Estienne, Robert
Steyaert, Martinus F74
Stockmans, Petrus F74, S246
Stricht, Joannes van der B77
Stryk, Samuel S263
Stuckius, Johann Wilhelm I2
Sturm, Joannes (Sturmius) M224a
Suarez, Franciscus S277
Sueyro, Emanuele S295
Suikers, Geerolf S296
Suitbertus, heilige H122
Swalmius, Eleazar X1
Taisnier, Jean F74
Tapper, Ruard F74
Tavernier, Jean-Baptiste I2
Tegularius, Herman G29
Tertullianus T22
Theodosios I F6
Theresia van Ávila B289, T38
Thomas a Kempis F74
Thomas a Villanova T80
Thüngen, Neidhardus von L322
Thurn, Heinrich Matthias von X2
Tilly, Jean t' Serclaes de X2
Toledo, Fadrique de M179, M180
Tolentinus, Nicolaus B289, C314
Torrentius, Laevinus B534, F74
Toussain, Daniel (Tossanus) M224a
Trelcatius, Lucas, zoon M224a
Trigland, Jacobus X1, X3
Tschudi, Dominicus L7
T'Serclaes zie Tilly
Ursel, Louis d' B534
Ursinus, Zacharias M224a
Uytenbogaart, Johan, I2, X1
Vadianus, Joachim M224a
Vaentkens, Livinus A219, S44
Valdès, Francisco M179, M180
Valeriano, Pierio I2
Valerius, Cornelius F74
Valois Anjou, Frans, hertog van
   M159, M180
Varchi, Benedetto I2
Vásquez, Franciscus Xaverius O72
Veen, Otto van F74
Velde, Jan-Frans van de V26
Verburg, Isaac S296
Verdugo, Francisco M179, X2
Vere, Horace X2
Vergerius, Petrus Paulus M224a
Vesalius, Andreas F74
Vredeman de Vries, Hans X4

Viglius van Aytta F74, H221
Visch, Carolus de F74
Vitelli, Chiappino S254-S256
Viva, Dominicus V82
Vives, Juan Luis F74
Vliet, Filips van der X1
Voetius, Gisbertus X1, X3
Vollenhove, Johan X1
Vondel, Joost van den F74
Wachtelaer, Johan H122
Wachtendonck, Jean (Joannes) B534
Walenburch, Adrian van F74
Walenburcch, Peter van F74
Walther, Rudolph (Gualterius) M224a
Waltrudis, heilige B289
Wapfer, Johann Jacob L7
Wamesius, Joannes (Wamèse) F74, W20
Wardt, Lambert J.M. vande W22
Wedukind (Wittekind) H66
Wellens, Jacobus W45
Werdenhagen, Johann Angelius I2
Werenfried H122
Wesenbeck, Matthæus F74
Whitaker, William M224a
Wichmans, Augustinus F74, W54
Wielens, Joseph W57
Wiest, Stephan W59
Wiggers, Joannes F74, W66
Willem I, Nederland S172
Willem, hertog van Guyenne, heilige,
B289
Willem van Oranje
   H182, M179, S254-S256
Willem van Rijckel R144
Willem de Veroveraar O68
Willem III, Engeland O68, B378
Willem Lodewijk van Nassau
   H182, M179, M180, X2
Willibrord H122
Winwood, Ralph M179
Wit, Johan de F74, X3
Witte, Pieter de X1
Wittewrongel, P. X1
Wolffhart, Conradus (Lycostenes) M224a
Wolfgang Willem, Palts M179
Wolphius, Joannes M224a
Würzburg, Vitus von L322
Wycliffe, John M224a
Wynants, Goswin Arnould W120
Zanchi, Girolamo M224a
Zeeus, Jakob Z28, Z29
Zellius, Matthias M224a
Zobel, Johann Georgius L322
Zoesius, Nicolaas B534, F74
Zurlauben, baron L7
Zwingli, Huldrych M224a
Zypæus, Franciscus F74

Boekentafel

2

1 (cat. B167)
Wakkerzeel was een der parochies van de abdij van Park. Het is een eeuwen oude bedevaartsplaats om genezing van hondsdolheid te bekomen. Hubertus is hier enkel als jager voorgesteld. De ets is van Jacobus de Man.
Witheer Willem Zeebots (1625-1690), in 1667 pastoor in Wakkerzeel, schreef toneelwerkjes waarvan hij er liet opvoeren in de kerk (cat. V49, Z25, Z26, Z27 en suppl.).

2 (cat. W77) & **3** (V94)
De parochie Tervuren werd vanaf 1227 door Park bediend. Op het kasteel van de hertogen van Brabant, aan de rand van het dorp gelegen, was een witheer van Park kapelaan. Pierre-Thomas Willemaers (1680-1736), voorheen kapelaan in Gempe, dan pastoor in Sint-Joris-Winge, was van 1721 tot aan zijn overlijden pastoor in Tervuren. In 1733 publiceerde hij een verzameling sermoenen (W76).
Hij illustreerde zijn werk over Hubertus met een ets van Jan Baptist Berterham, die ook het frontispice maakte voor *Chronicon contractum insignis ecclesiæ Parchensis* […] van abt De Waerseggere (cat. W2) en priester Nicolaas van Essche portretteerde (cat. J33). Op de achtergrond is de kerktoren van Tervuren te zien. De zogeheten "Brabantse spits" van de kerk werd door witheer Benedictus Piccaert (1613-1659) afgebroken, de nieuwe een eeuw later bouwvallig verklaard en op haar beurt afgebroken. Jean-François Wincqz (1743-1791), architect aan het hof van Karel van Lotharingen, tekende een toren die erg op de gesloopte leek, maar de kerk bleef zonder toren. In 1752 werd Franciscus van Voshem (1705-1778) pastoor in Tervuren. Ook hij schreef over Hubertus en ook hij beeldde Hubertus af als bisschop, met de legende in een medaillon en in een cartouche geïdentificeerd gebeente van Hubertus.
Willemaers dateert het overlijden van Hubertus in 730, Van Voshem in 727, beiden met een chronogram.

4 (cat. S202) (getekend) & **5** (cat. S204)
De statuten van 1630, goedgekeurd onder abt-generaal Pierre Gosset (1613-1635), bepaalden het leven der norbertijnen tot in de twintigste eeuw. Door de uitvaardiging in 1917 van het nieuwe wetboek van kerkelijk recht moesten ze worden aangepast. Dat gebeurde 1925-1931, maar door oorlogsomstandigheden werden ze slechts in 1947 gepubliceerd.
De statuten van 1630 gaven meer macht aan de abt, die "heer en meester" werd. Dit moest uiteraard met decorum gepaard gaan. Zo mocht een abt een gespan met vier paarden voeren. Toen de abt-generaal Guillaume Manoury (1769-1780) Grimbergen bezocht, kwam hij aangereden met zes paarden, maar hij mocht er acht hebben (C.L. Spillemaeckers, *De abten van Grimbergen tot het einde van de 18^e eeuw*, Grimbergen 1978, 252)
De statuten die in 1632 bij Masius in Leuven verschenen waren voorzien van een uitvoerig voorwerk. Als censoren traden op de Leuvense professor Libertus Fromondus (1587-1653), Henricus Rampen, Joannes Schinckius, bisschop Cornelius Janssenius van Ieper, Jacob van Santvoort en Theodoor van Tulden, abt van Park. In dezelfde periode verschenen op initiatief van abt-generaal Gosset in 1618 een *Breviarium* (cat. B444), in 1622 een *Missale* (cat. M234) en een *Ordinarius* in 1628 (cat. O55).

6 (cat. F6)
Frontispice van de *Bibliotheca græca* van de classicus en bibliograaf Johann Albert Fabricius (1668-1736), met Homerus en in het Grieks: *IJdelheid der ijdelheden en alles is ijdelheid.*
De uitgever van de veertien banden wisselde in de loop der jaren: Christian Liebezeit gaf eerst alleen uit, gedrukt bij Nikolaus Spiering. Na het vierde deel is de drukker niet meer vermeld. Vanaf deel negen is Theodor Christoph Felginer partner, dan worden de weduwe Liebezeit en Felginer vermeld, vervolgens Felginer alleen en uiteindelijk enkel nog de weduwe Felginer. Na de dood van Liebezeit is zijn naam uit het frontispice verdwenen. In de laatste banden is een uitgeversmerk van Felginer opgenomen, waarop Vadertje Tijd, een gevleugelde grijsaard met zeis. Enkele banden hebben een ander frontispice. In band 6 zijn het astronomische afbeeldingen, met waarnemingen van astronoom Johannes Hevel (1611-1687) over de passage van Mercurius voor de zon. Band 11 toont de deelnemers aan het Concilie van Constantinopel van 381, Theodosios I, Gregorius van Nazianze, Apollinarios en Makedonios. In band 12 is de afbeelding uit het Dioscorideshandschrift van Wenen met arts en botanicus Pedanius Dioscorides (ca. 40-90), leerdichter Nicander en de artsen Rufus, Andreas, Apolonides, Crateuas en Galenus. Band 13 toont in een kabinet met boeken, globes en kaarten en op een soort van schild de portretten van Joachim Camerarius (1500-1574), Aldus Manutius (1449-1515), Joannes Meursius (1579-1639), Leo Allatius (ca. 1586-1669) en David Hoeschelius (1556-1667).

7 (cat. S188)
Een ets van Iven Besoet (ca. 1720-1769) als vignet op het titelblad van *Groot en volledig woordenboek der wiskunde,* van Joan Levinas Stammetz.
Op de tafel liggen enkele boeken die vermoedelijk van Isaac Newton (1642-1727) en Christian Friedrich Wolff (1679-1754) zijn. Stammetz putte vooral uit publicaties van Wolff die daarom soms als de auteur van het boek wordt beschouwd.

8 (cat. L139)
Ets van Johan Alexander Böner (1647-1720), etser, graveur, tekenaar en kunsthandelaar van de bibliotheek en het rariteitenkabinet van Neurenberg waar Justus Jacob Leibnitz (1610-1683) van 1669 tot aan zijn dood bibliothecaris was.

1 (cat. B167)

BESONDERE DEVOTIE
TOT DEN
H. BISSCHOP ENDE BELYDER
HUBERTUS
Van over veel Honderde jaeren op-
gerecht in de Kercke van
WACKERSEEL,
Alwaer syne H. Reliquien worden ge-eert,
een Broederschap is van outs ingestelt
welck nu onlanckx door
BENEDICTUS XIII.
Met nieuwe Aflaeten ende Privile-
gien is vermeerdert,
Te saemen een kort begryp van syn Won-
derbaer Leven.

TOT LOVEN,
By JOANNES JACOBS, op de Proosst-
straet by het Stadt-huys. 1734.

S. HVBERTVS. Jacobus de Man.

---

2 (cat. W77)

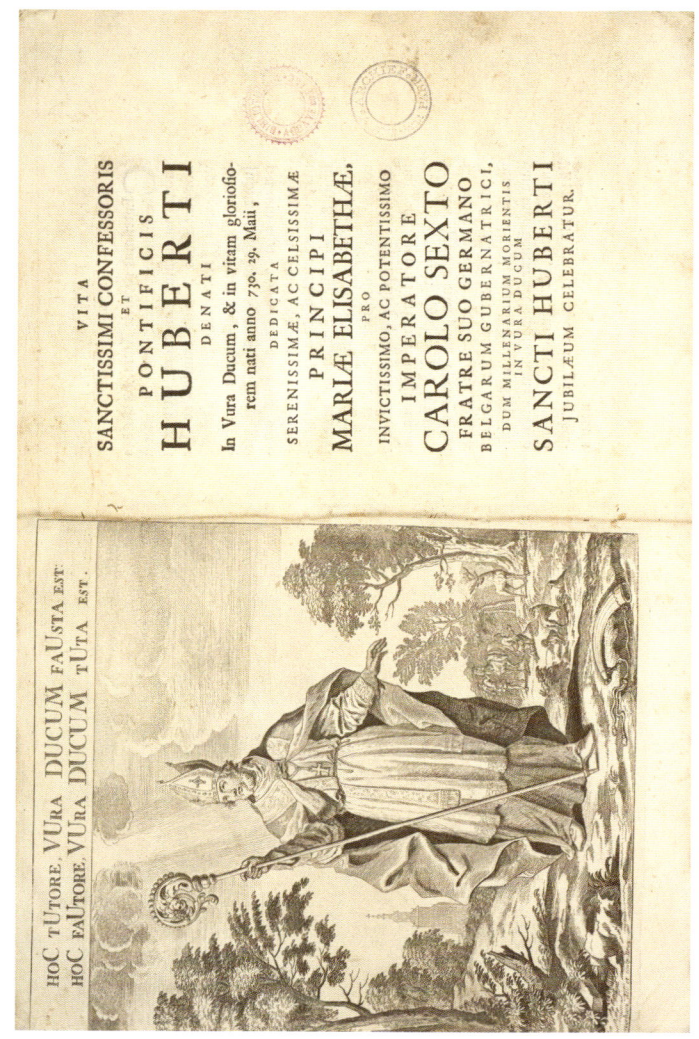

VITA
SANCTISSIMI CONFESSORIS
ET
PONTIFICIS
HUBERTI
DENATI
In Vura Ducum, & in vitam glorio-
siorem nati anno 730. 29. Maii,
DEDICATA
SERENISSIMÆ, AC CELSISSIMÆ
PRINCIPI
MARIÆ ELISABETHÆ,
PRO
INVICTISSIMO, AC POTENTISSIMO
IMPERATORE
CAROLO SEXTO
FRATRE SUO GERMANO
BELGARUM GUBERNATRICI,
DUM MILLENARIUM MORIENTIS
IN VURA DUCUM
SANCTI HUBERTI
JUBILÆUM CELEBRATUR.

HoC tVtore VVra DVCVM faVsta est
HoC faVtore VVra DVCVM tVta est

---

4 (cat. S202)

STATVTA
CANDIDI ET
CANONICORVM
PRÆMONSTRAT:
RENOVATA
ac anno 1630 à
Capitulo Generali
plene resoluta
acceptata et om-
nibus suis sub-
ditis ad stricte
observandum
imposita.

---

3 (cat. V94)

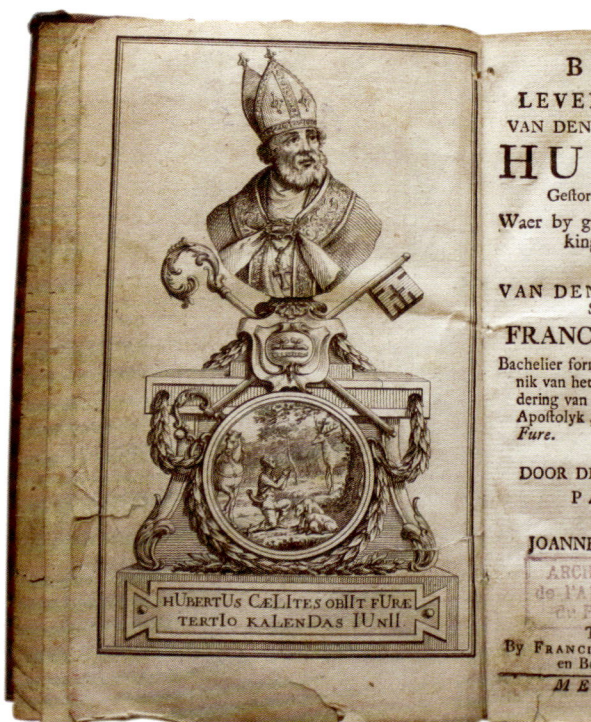

BEKNOPTE
LEVENS-BESCHRYVING
VAN DEN H. BISSCHOP EN BELYDER
HUBERTUS,
Gestorven Ter Fure 30. Mey 727.
Waer by gevoegt syn Historiesche aenmer-
kingen ende verklaeringen,
OPGESTELT
VAN DEN SEER EERW. EN LEER-
SAEMSTEN HEER
FRANCISCUS VAN VOSHEM,
Bachelier formeel in de H. Godsgeleertheyt; Cano-
nik van het Premonstratenser-Orden in de vergae-
dering van s'Heeren-Perk by Loven, Protonotaris
Apostolyk, ende Pastor der Koninglyke Vryhyt
Fure.
UTT-GEGEVEN
DOOR DE DIENENDE KERK-MEESTERS
PAULUS NAGELS
ENDE
JOANNES BAPTISTA STILLEMANS.

TOT BRUSSEL,
By FRANCISCUS t'SERSTEVENS, Stadts Drukker
en Boekverkooper, in de Berg-straet.
MET APPROBATIE.

HUbertUs CæLItes obIIt fUre
tertIo kaLenDas IUnII

5 (cat. S204)

STATVTA CANDIDI ET CANONICI ORD PRÆMONSTRATENSIS RENOVATA ac anno 1630. à CAPITVLO GENERALI plene resoluta, acceptata, et omnibus suis subditis ad stricte observandum imposita.

LOVANII Typis Bernardini Masij.

6 (cat. F 6)

IO. ALBERTI FABRICII BIBLIOTHECA GRÆCA.

7 (cat. S188)

Leeraar der Wiskunde te LEIDEN.
Verrykt met agt en dertig kopere Platen.

TE AMSTERDAM.

8 (cat. L139)

VISUI ET USUI

Anonieme werken

A

Abbrégé de la morale de l'Evangile
[P. Quesnel] Q11
Abrégé de la vie et des vertus du bienheureux Vincent de Paul
[G. Noiret] N35
Abrégé de l'histoire de Notre Dame de Lorette
A32
Abrégé de l'histoire de l'ordre de S. Benoist
[L. Bulteau] B510
Accessus altaris, sive dispositio ad missam
A33
Acta appellationum ad concilium generale
A37
Acta et decreta capituli provincialis Circariæ Brabantiæ
A38
Acta & decreta Synodi diœcesanæ Cameracensi
A39
Acta universitatis studii Parisiensis
A40
Ad reverendos D.D. pastores aliosque …
[J. Opstraet] O27
Advertissement omme den … Prelaet der Abdye van Dronghen
[A. de Stoop] L285
Advocatus Antonii Parmentier e logico
[J. Opstraet] O28
Advocatus Antonii Parmentier non ita pridem ...
[J. Opstraet] O29
Advocatus Antonii Parmentier quia …
[J. Opstraet] O30
Advocatus Antonii Parmentier rhetorice ...
[J. Opstraet] O31
Ægyptiorum codicum reliquiæ Venetiis
(G. L. Mingarelli) M213
Aen het volk van Brabant
A47
Afbeeldingen der voornaamste historien, soo van het Oude als Nieuwe Testament
B273
Af-beeldinghe van d'eerste eeuwe der Societeyt Iesu
[J. Bollandus e.a.] B331
Allerverborgenste (De) geheimen van de hoofdgraden der Metzelary
[T. Wolson] W105
Almanach de Gotha
A87
Almanach de Milan
A88
Almanach des muses
A89
Almanach ecclésiastique de France
A90
Almanach voor het jaer 1778
A91
Almanak van Leuven
A92
Ame (L') élevée à Dieu par les réflexions … pour chaque jour du mois
[B. Baudrand] B70
Amici hiberni ad amicum doctorem Martin
A114, A115
Amstelredams eer ende opcomen
[L. Marius] M88
Analysis epistolarum canonicarum ad usum seminarii Sylvæ-Ducensis
[A. van Gils] G74
Ange (L') conducteur dans la dévotion chrétienne
[J. Coret] C256, C257, C258
Ange (L') conducteur dans les priéres et exercices de piété
[J. Coret] C259
Animadversiones in causam disparem
[J. Opstraet] O32
Animadversiones in næniam funebrem Martini Steyartii
[A. de Witte] W90
Annales Ordinis Cartusiensis
A133
Anni M D LXXXI conclusiones impertinentes
[J. Molanus] M255
Annus præsentis sæculi quinquagesimus-nonus …
A136
Anthologia epigrammatum Græcorum
A141
Antidotum, seu medicus …
A142
Antiphonarium præmonstratense
A143-A146
Antiphonarium Romanum
A147, A148
Antiquæ facultatis theologicæ Lovaniensis … discipuli …
[J. Opstraet] O33
Anti-Rousseau
[Fr. Gacon] G2
Antwoord by form van aenmerkingen op het Sermoon … door … F.-G. Verheylewegen
A159
Apologia pro Huberto Gautio
A160
Apologie de l'état religieux
[B. Lambert] L36
Apologie de l'institut des jésuites
[J.-A.-J. Cérutti] C137, C138
Apologie du mariage chrétien
[H.-J. Duvivier] D220
Appendix in quo recensentur libri proscripti
I15, I16
Arche (L') d'alliance du Nouveau Testament
[A. Ruteau] R140
Argus apostolicus
A171
Arrest de la cour de Parlement …
A195
Art (L') de plaire
A196
Art (L') de toucher le cœur dans le ministère de la chaire
[Ph.-A. Alletz] A82
Art (L') de vérifier les dates des faits historiques
[M. F. Dantine e.a.] D19
Articuli oblati … A197
Assertio opusculi quod inscribitur ...
[J. Opstraet] O34
Astræa, de waerheyd-zoekende dienstmaegd
[J. de Wolf] W99
Atlas antiquus, sacer, ecclesiasticus et profanus
(P. Mortier) M300
Auctarium ephemeridum hagiologicarum ordinis Præmonstratensis …
[G. Lienhardt] L218
Aurea sententia S. Augustini
[L. de Meyere] M187
Aureum thuribulum simplicis devotionis
[W. Eiselin] E9
Autoritas utriusque libri Maccab. canonico-historica adserta
[J. Khell von Khellburg] K15
Avis salutaire a messieurs les protestans
[C. de Zwarte] Z34
Avvenimenti di Telemaco figliuolo d'Ulisse (Gli)
[Fénelon de Salignac de la Mothe] F32b

B

Basilica Bruxellensis sive monumenta antiqua, inscriptiones
[J. B. Christyn] C168, C169
Begin der Belgische vryheyd
B94

Belgii confœderati respublica, seu Gelriæ, Holland ...
(J. de Laet) L19
Berigt over de gewigtige veranderingen ...
B145
Besloten hof
B165
Besondere devotie tot den H. Bisschop ende Belyder Hubertus
B167
Beweis das die Ordensgeistlichen und Mönche ...
[A. U. Mayer] M145
Bezonderste en noodzaekelykste hoofdstukken der christelyke leering
C108
Bibel (Den), inhoudende het oude ende nieuwe Testament
B209
Bibel (Den). Tgeheele Oude en de Nyeuwe Testament
B206
Bibels Tresoor. Ofte der Zielen Lusthof
B270
Biblia
(Hebreeuws, Aramees, Grieks) B171
Biblia ad vetustissima exemplaria nunc recens castigata
B174, B175
Biblia cum summariorum apparatu
B172
Biblia iconibus artificiosissimis ... exornata
B173
Biblia magna commentariorum literalium
B183
Biblia sacra
B176, B191
Biblia sacra dat is alle de Heilige Schriften
B211
Biblia sacra dat is de geheele heylighe Schrifture
B210
Biblia sacra vulgatæ editionis
B177-B182, B184-B190, B192-B200, B217
Biblia sacra, dat is de geheele Heylighe Schrifture
B212
Biblia sacra, dat is, de H. Schriftuer van het Oude, en het Nieuwe Testament
B214
Biblia Sacra, ofte de Heylige Schriftuere. Nieuwen Testamente
B258
Biblia, ad vetustissima exemplaria castigata

B175
Bibliotheca Dalmanniana, distrahenda per Abr. de Hondt ...
C81
Bibliotheca Laurentiana, hoc est catalogus librorum qui in officina Henrici Laurentii...
C80
Bibliothèque générale des écrivains de l'Ordre de Saint Benoit
[J. François] F102
Bibliothèque générale des voyages
[A.-G. Meusnier de Querlon? J.-F. de la Harpe?] M183
Biblische Geschichten des Alten und Neuen Testaments
B276
Bloyende (De) konsten of lauwerkrans van Apelles.
(J. vander Sanden) S46
Blyden (Den) kers-nacht
[W. Zeebots] Z25
Bona clericorum causa
[A. U. Mayer] M146
Bondigen oogslag op den zegeprael van het kruys van Jesus-Christus
B349
Breves notæ historicæ & criticæ in Novum Jesu-Christi Testamentum cum textu
B253
Breviarium Cisterciense
B443
Breviarium Præmonstratense
B444-B468
Breviarium Romanum
B469-B475
Brevis dissertatio pro innocentia oppressa…
[J. Opstraet] O35
Brief van den ... Bisschop van Montpellier
(Ch. J. Colbert de Croissy) C218
Brief van Sincerus Tout-Droit
[J. J. J. vanden Elsken] E16
Bucolica, Georgica, et Æneis
[Vergilius Maro, P.] V33
Bullæ, decreta, canones ... &c. quæ instituti Societatis Jesu, impressioni Antverpiensi ...
B508
Bustum Virginis Magdeburgicæ
B532
B. V. Mariæ originaria immunitas
[G. Lienhardt] L219
Byvoegsel van eenige autenthyque stukken…
B544
Byzondere devotie tot de H. Maegd en Martelaresse Lucia

C
B545
Cæremoniale episcoporum
C6
Calendrier de la Cour de leurs altesses royales
C15
Campagne de l'Ille [Caton de Court]
C113
Capistrum ab Embricensi interprete
[A. de Witte] W91
Capitulum generale ordinis præmonstratensis
(1738) C54
Carte générale et alphabétique, des villes, bourgs ... du duché de Brabant
C68
Catalogue des livres de la bibliothèque du Baron Adam de Sotelet
C82
Catalogue des livres de ... M. le duc de la Vallière
C85
Catalogue des ouvrages mis à l'index I17
Catalogue d'une très-riche ... collection de livres et manuscrits
[de l'Abbaye du Parc] C86
Catalogus librorum ... quos reliquit ... Henr. Jos. Rega
C83
Catalogus librorum quos Iacobus Gretserus societatis Iesu evulgavit
C78, C79
Catalogus librorum ... quos reliquit ... Guilielm. Ant. van Dieven C84
Catalogus omnium primorum in generali ... philosophiæf ... universitatis Lovaniensis C87
Catéchisme (Le) du Concile de Trente
C97
Catéchisme du diocès de Meaux C98
Catechisme (Le) du jubilé [G. Gerberon]
G42
Catechismus ad parochos C90, C93
Catechismus concilii Tridentini Pii V ...
C91, C94, C95
Catechismus Romanus, ex decreto Concilii Tridentinin
C88, C89
Catechismus ex decreto concilii Tridentini ad parochos
C96
Catechismus ofte christelijcke leeringhe ...
C99, C100, C101, C103
Catechismus of christelyke leering

C109
Catechismus ad ordinandos ...
C111, C112
Catena aurea
[Thomas van Aquino] T71
Causa dispar inter oppositionem S. Cypriani ... contra rescriptum S. Stephani
C117
Causam liberii et concilii ariminensis non favere ...
[L. de Meyere] M188
Causam S. Cypriani non favere ...
[L. de Meyere] M189
Censura et declaratio conventus generalis cleri Gallicani
C130
Censura vicarii apostolici Silvæducensis
(M. Steyaert) S223
Censuræ facultatum sacræ theologiæ Lovaniensis ac Duacensis
C131, C132
Censure faite par ... l'... évêque d'Arras
[G. de Sève de Rochechouart] S146
Centuria casuum conscientiæ
C133
Christelycke ende religieuse oeffeninghen
C167
Christelyke onderwysinge ende gebeden...
[I. Walvis e.a.] W18, W19
Christelyke onderwyzing of verklaering ... van den catechismus
[F. Claus] C104a, C104b, C105
Christianisme (Le) éclaircy, pour affermir la foi
(I. Piconné) P125
Chronicon contractum insignis ecclesiæ Parchensis
[H. de Waersegghere] W2
Chronicum abbatis Urspergensis
[Burchardi] B513
Chronica sacri monasterii Casinensis.
[Leo Marsicanus] L167
Circa verba S. Augustini
[L. de Meyere] M190
Clef (La) du cabinet des princes de l'Europe
C189
Cleynen (Den) catechismus ... voor de ... provincie van Mechelen
C102
Codicille d'or
[D. Erasmus] E39b
Collection complète des Tableaux historiques de la Révolution française
[Fauchet, Claude e.a.] F12, F13
Colloquium familiare inter Martapan & Echo

C231
Comœsdia vetus, of bootmanspraetje
[W. Meerman] M155
Compendium manualis
[M. Azpilcuetæ] *Navarri* A249
Concordantiæ bibliorum
C237
Conferentiæ ecclesiasticæ de officio boni pastoris
(Ed.: J. G. Huleu) H238
Conferentiarum conclusiones aliquot ...
[J. Molanus] M256
Confession juridique de M. Humbert Guillaume dePrecipian
[P. Quesnel] Q13
Conjuration contre la religion catholique
[Fr. Lefranc] L132
Conseils (Les) de la sagesse
[M. Boutauld] B426, B427
Conseils pour former une bibliothèque peu nombreuse mais choisie
(J.-H.-S. Formey) F77
Consilium delectorum cardinalium
C243
Constitutiones concilii provincialis Moguntini
C244
Constitutiones et decreta summorum pontificum
C245
Constitutions (Les) des religieuses de Sainte Ursule
C246a
Continuatio supplementi de anno 1730
B467
Continuation des pensées diverses, écrites à un Docteur de Sorbonne
[P. Bayle] B75
Copie d'une lettre ... sur l'Excommunication du Procureur General du Roy à Malines
C250
Copye van eenen brief uyt Loven van den 15 Meert 1789
[J. J. vanden Elsken] E17
Corpus iuris canonici
C263-C265
Costumen der heerlickheden ... van Ronsse
C274
Costumen der stede ende poort ... van Nineve
C274
Costumen, usancien ... der stadt... van Mechelen
C275, C276
Costumen van de twee steden ende lande van Aelst
C274
Costumen, wetten ende statuten der stede ... van Ipre
C277
Costumen, wetten ende statuten, der stede ... van Rousselaere
C278
Costuymen der stadt van Loven, ende van haeren ressorte
C279
Crachtige (Een) hulpe om wel te leven
[T. Sailly] S21
Critici sacri, sive annotata doctissimorum virorum (J. Pearson e.a.) P63
Critique de l'histoire des chanoines
(Ch.-L. Hugo) H230
Cursus theologicus in gratiam et utilitatem fratrum religiosorum S. Galli impressus
[T. Gebel e.a.] G23
Cyffer-boek inhoudende meest alle de regels van den gemeynen arithmetica
[H. Bincken] B287

D
Daniel
B236
Declaratio universitatis studii Parisiensis ... D36
Découverte des calomnies de Louys Benoist
[Pasquier Quesnel?] Q14
Decreta capituli provincialis circariarum Wesphaliæ, Iveldiæ et Wadegotiæ
D37
Decreta synodi dioecesanæ Antverpiensis
D38
Decreta et statuta omnium synodorum diæcesanarum Namurcensium
D49
Decreta et statuta synodi diæcesanæ Mechliniensis
D39-D41
Decreta et statuta synodi diæcesanæ Namurcensis
D50
Decreta et statuta synodi provincialis Mechliniensis
D42-D48
Decretum ... archi-episcopi ducis Remensis
[François de Mailly] M19
Decretum ... archiepiscopi Mechliniensis
[J.-H. von Franckenberg] F104
Decretum ... coram ... Alexandro ... VIII ... contra hæreticam pravitatem
D51

Decretum serenissimi principis & episcopi Leodiensis
(G. B. de Hinnisdael) H147
Défense de l'édition des œuvres de S. Augustin
[B. de Montfaucon] M275
Défense du livre De la fréquente communion
D52
Defensio epistolæ Leodiensis confutata
D53
De imitatione Christi libri IV
[Thomas a Kempis] T54
De imitatione Christi libri quatuor
[Thomas a Kempis] T60
De la Imitacion de Christo ... libros quatro
[Thomas a Kempis] T53
De la promulgation des bulles doctrinales du St. Siège
D54
De la vraie sagesse, pour servir de suite à l'Imitation de Notre-Seigneur
[Thomas a Kempis] T51
De l'économie politique et morale de l'espèce humaine
[J. D. C. Herrenschwand] H105
De l'esprit
[Cl.-A. Helvetius] H74
De l'état religieux ...
Par M. l'abbé de B*** [de Bernard] & M. l'abbé B. de B*** [Fr.-L. Bonnefoy ...]
B146
De l'imitation de Jésus-Christ
[Thomas a Kempis] T57
De monachorum cura pastorali
D58
De Morinis et Morinorum rebus
[J. Malbrancq] M36
Dénonciation de la théologie du réverend père Jaques Platelle
D60
De optima methodo legendorum ecclesiæ Patrum
(N d'Argonne) A170
Depositi e medaglie d'alcuni sommi pontefici
D85
De quæstione facti
[J. Opstraet] O36
Des élections et offices D90
Description des ... pierres gravées du cabinet de ... Duc d'Orléans
(abbés de La Chau & Le Blond) L11
Description du jubilé de sept cens ans de S. Macaire
D88

De trium regum Iaponiorum legatis D99
Deuxiéme recueil des ouvrages de Monseigneur l'évêque de Soissons
[J.-J. Languet] L61
Développement du petit Catéchisme ... dans les diocèses de Cambrai, de Liege et de Namur C110
Diatriba critica ad F. Henricum Bukentopium
[A. de Witte] W92
Dictionarium universale Latino-Gallicum
[J. Boudot] B398
Dictionnaire bibliographique, historique et critique des livres rares
[A.-Ch. Cailleau e.a.] C12
Dictionnaire des livres jansénistes
[L. Patouillet & D. de Colonia] P44
Dictionnaire géographique, historique et politique de la Suisse
[V. B. Tscharner] T126
Dictionnaire historique des auteurs ecclésiastiques
[L.-Mayeul Chaudon] C151
Dictionnaire historique des cultes religieux
[J.-F. de La Croix] L14
Dictionnaire portatif des cas de conscience
[F. Morénas] M293, M294
Dictionnaire universel françois et latin
D106
Dienst (Den) van de Goede ende Paeschweke
D108, D109
Dilemmata theologica Molinistis ac Jansenistis
D115
Directorium ad ritè legendas horas canonicas
D127
Dissertatio historico-canonica ... Authore ... Georgio [G. Lienhardt] L220
Dissertatio qua examinatur an constitutionem Unigenitus ...
[J. Opstraet] O37
Dissertatio theologica de baptizandis abortivis
D128
Dissertatio theologica de lectione et usu S. Scripturæ
D129
Dissertation sur le pécule des religieux curez
[L.-F. Du Vau] D219
Divers abus et nullités du décret de Rome
[P. Quesnel] Q15
Divini amoris et contritionis fasciculus

D132
Doctrinæ Augustinianorum theologorum
D133
Documens historiques ... concernant la Compagnie de Jésus
[Ed.: J. B. M. Bins de Saint-Victor] B295
Dogma triplex à paucis Lovanii protestantibus assertum
[L. de Meyere] M191
Droevighen miserere, ende de profundis ... [P. Carpentier] C61
Du Pape
[J. de Maistre] M34
Du droit de la primauté du souverain pontife
D188
Du rétablissement des Jésuites
[L.-A. de Fontenay] F73
Duyfken (Het) in de steen-rotse
[A. Poirters] P171

E

Edelen (Den) ridder en H. Martelaer Sebastianus
(R. Vichet) V73
Edouard. Histoire d'Angleterre
[H. de Juvenel] J90
Eeden van de Officianten binnen der stadt Loven
E8
Eléments de la politique
[L.-G. Du Buat Nançay] D181
Elenchus librorum omnium ... usque ad annum 1640 prohibitorum I5
Eloge de messire François de Harlay
(L. Le Gendre) L135
Entretien entre Monseigneur l'archevêque de Reims ...
[C.-M. le Tellier] L190
Entretiens avec Jesus-Christ
[J.-P. Dusault] D218 L221
Ephemerides hagiologicæ ordinis Præmonstratensis
[G. Lienhardt] L221
Epistelen ende Evangelien soo die ... in de dienst der H. Missen gelesen worden
E33
Epistola ad autorem scripti cui titulus: Statera Antonii Parmentier
E34
Epistola adversus scriptiunculam nuperam...
[J. Opstraet] O38
Epistola apologetica ad amicum Lovaniensem
[A. de Witte] W93
Epistola encyclica rever.^{mi} Vicarii

225

Silvæducensis
(M. Steyaert) S228
Epistola pastoralis ... archiepiscopi Mechliniensis
(T. P. d'Alsace) A96, A97, A98
Epistola pastoralis ... episcopi Brugensis
[H. J. van Susteren] S299
Epistola pastoralis ... episcopi Gandavensis
[F-E. van der Noot] N37b
Epistola theologi Lovaniensis ad amicum quemdam
E35
Epistola theologi Parisiensis ad quemdam theologiæ
E36
Epistolæ et Brevia selectiora anni MDCCVI [-MDCCX]
Clemens XI) C193
Epitome gradualis Romani
G130
Equuleus ecclesiasticus aculeatus exorcismis XXIII
(M. Hauzeur) H35
Erreurs (Les) de Voltaire
[C. F. Nonnotte] N36
Etat ecclésiastique du diocèse de Cambrai
E70
Etat (L') present de la faculté de theologie de Louvain ...
[P. Quesnel? N. Petitpied?] Q16
Evangelicæ historiæ imagines
B268, B269
Evangile médité et distribué
(B. Giraudeau) G94
Examen catholicum ordinandorum usque ad magnum sacerdotium E84-85
Examen de deux questions importantes sur le mariage ... [P. le Ridant] L182
Examen dialectico-theologico-historicum
[J. Opstraet] O39
Examen du triomphe de la croix
[L. de Foere] F72b
Exercitium christianæ pietatis
[J. Deckers?] D35
Exhibitio sacrorum canonum circa jus regularium
L354
Exhibitio ss. canonum circa jus regularium
[C. Lupus] L355
Eximii domini M. Steyaert ...
E86
Explication de cinq chapitres du Deuteronome
[J.-J. Duguet] D190
Expositio terminorum philosophicorum
E87

F

Fackel (De) van het waer geloof
(J; Pauwels) P56
Faustus annus. Mensis. Hebdomas. Dies. Hora
[J. Andries] A125
Feria V die Aprilis 1654 ... Innocentius Papa X ... Iansenii ... doctrinam ... damnat I6 *Figures de la Bible*
B275
Flosculi historici delibati ...
[J. de Bussières] B531
Fraus septuplex libelli seditiosi
[J. Opstraet] O40

G

Geestelyck (Het) paradys der godtvruchtige zielen
G24
Geestelyke onderwyzing om van God allerhande gratiën te bekomen
G25
Geestelycke zede-punten
[G. Van Roost] R117
Geestelycken raedts-brief op het verbieden van de vertalinge
(J. Verleeghten) V44
Geheele H. Schriftuur (De)
B213
Gemaekte rekeningen, ofte getrouwe aenwyser voor de kooplieden
G30
General-Karte von dem Preussischen Staate
G33
Generale biecht van den vermaerden gewezen Capucyn Pater Auxilius
[= P. F. D. Vervisch] V67
Gheestelycke wandelinghe vande inghekeerde siele
G60
Gheestelycken dagh-wyser
G61
Gheheelen bybel (Den)
B207, 208
Godefridus [G. Hermans] *door Godts genaede Abt van Tongerloo ...*
H102
Godelyken (Den) philosoph
[J. de Wolf] W100
Godts-dienstigheyt (De) der heylige Belyders.
[A. Baillet] B16
Godvrugtigen lands-man (Den)
G107

Grâces (Les)
[A.-G. Meusnier de Querlon] M184
Graduale ad usum canonicorum regularium
G129
Graduale Præmonstratense
G127-G128
Gradus ad Parnassum, sive novus synonymorum ... thesaurus
[P. Aler? le père Chastillon?] A65, A66
Grand (Le) théâtre sacré du duché de Brabant
[A. Sanderus] S53
Gratia Christi versibus heroicis exposita
[J. Bertrant] B164
Grondige kennis van d'eerw. P. P. Jesuiten
G189
Grooten (Den) Brugschen comptoir-almanach voor het jaer MDCC.LXXXV
G191
Grooten(Den) decimaelen tarief, of evaluatien van oude geld-specien in Brabants Courant
G192
Grosser Atlas über die gantze Welt ...
[J. B. Homann] H169 probleem nakijken – is dat zeker anoniem?
Guide (Le) de Flandre et de Hollande
G210

H

Handel (Den) der apostelen. De brieven van den H. Paulus
B267
Heilige ende schoone onderwysingen getrocken uyt het leven van den H. Philippus Nerius
(J. Bacci) B3
Hemels palm-hof
[W. Nakatenus] N2
Henrick den VIII. Koningh van Engelant ... [N. Vernulæus] V49
Herderlycken sendt-brief van ... den Vicaris Generael ...
 (Amatus I. de Coriache) C262
Heroes Veteris Testamenti
(F. Rapheleng) R15
Heures (Les) chrétiennes, contenant les prières du matin, et du soir
H119
Heures impériales et royales à l'usage de la cour
H120
Heures nouvelles ou prières choisies
H121
Heylighen (Den) Norbertus
H137

Histoire abrégée de la bienheureuse Marguerite de Louvain
H152
Histoire admirable du Juif errant
H153
Histoire (L') et la vie de St Epiphane
[Fr.-A. Gervaise] G56
Histoire de l'abolition de l'ordre des Templiers
H154
Histoire de l'Eglise
[A.-H. de Bérault-Bercastel] B135
Histoire de l'Empire de Russie sous Pierre le Grand
[Voltaire] V92
Histoire de l'institution de la Fête-Dieu
[J. Bertholet] B159
Histoire des hosties miraculeuses
[H. Griffet] G182
Histoire des ordres monastiques, religieux…
[P. Hélyot] H77
Histoire du ciel
(N. A. Pluche) P164, P165
Histoire du procés gagné depuis peu par Mr l'archeveque de …
H155
Histoire du ministere du cardinal Ximenez…
(J. Marsollier) M93
Histoire ecclésiastique d'Allemagne
H156, H157
Histoire générale de l'Eglise chrétienne
[C. Walmesley] W13
Histoire générale des Pais-Bas
[J. B. Christyn] C173
Histoire succincte de la succession à la couronne de la Grande-Bretagne
[G. Harbin] H18
Historia episcopatus Antverpiensis
[J. Fr. Foppens] F75
Historia episcopatus Silvæducensis
(J. Fr. Foppens) F76
Historia et concordia evangelica
[A. Arnauld] A188-A191
Historia Trevirensis diplomatica
[J. N. von Hontheim] H177
Historia universa veteris, ac novi testamenti
H158
Historiæ Biblicæ Veteris et Novi Testamenti
B276
Historiæ celebriores Novi Testamenti iconibus representatæ
B274
Historie en mirakelen van Onze Lieve Vrouw tot Cortenbosch
[J. J. Caenen] C5
Historie ende mirakelen van de alderheyligste hostie
H159
Historie van de voorspoedige staatsomwenteling der gewezene Oostenryksche Nederlanden …
H160
Historie van het Oud en Nieuw Testament
B215, B216
Historie van het Out Testament
B243
Historisch onderzoek naer den oorsprong … van de stad Antwerpen
[J. F. Willems] W79
Historische verhandelinge nopende de ketterye der Bloemardine …
[A. Heylen] H127
Historische verhandelinge nopende de slaevernye …
A. Heylen] H128
Historische verhandelinge over de mildheyd …
[A. Heylen] H129
Historische verhandelinge over de slaevernye …
[A. Heylen] H130
Historische verhandelinge over de … opkomste… der landbouw-konst in de Kempen …
[A. Heylen] H131
Historische verhandelinge over den yver…
[A. Heylen] H132
Historische verhandelinge vertoonende de tyd-stippen …
[A. Heylen] H133
Historische verhandelinge vertoonende verscheyde wyzen …
[A. Heylen] H134
Historisches Magazin für Verstand und Herz
H161
Homme (L') d'un livre …
(N. Eudes de l'Arche) E73
Hondert en een leerpunten gedoemt door de pauselyke bulle Unigenitus
H171
Horæ diurnæ breviarii Præmonstratensis
H185
Horæ diurnæ breviarii ad usum … ordinis Præmonstratensis
H186
Horæ diurnæ breviarii Romani
H187
Hortulus carminum selectorum …
(J. Perez de Arta y Loyola) P75
Hystoria ecclesiastica
(Eusebius van Cæsarea) E76

I

Icones biblicæ Veteris et Novi Testamenti
B272
Illustris Academia Lugd-Batava: id est Virorum clarissimorum icones
[Ed. J. Meursius] M182
Imagines XLI virorum … I2
Imago pontificiæ dignitatis …
[A. de Witte] W94
Imitation de Jésus-Christ, L'
[Thomas a Kempis] T61
Imitation de Jésus-Christ, L'
[Thomas a Kempis] T63
Imitation de la très-sainte Vierge
[A.-J. de Rouville] R131
Index librorum prohibitorum
I4, I7, I8, I10-I14
Index ou catalogue des principaux livres condamnés I9
Inquisition
[A. Muzzarelli] M318
Instellinge en regels van het alder-christelykste artz-broederschap …
I20
Instruction de Monseigneur l'évêque de Soissons
[J.-J. Languet] L62
Instruction pastorale de … l'évêque de Troyes …
[E.-A. de Boulogne] B405
Instructions chrestiennes sur les mystères de Nostre Seigneur
[A. Singlin] S158
Instructions et lettres des rois treschrestiens …
[J. Gillot] G73
Instructions for Confession, Communion…
[J. Gotter] G123
Instructions générales en forme de Catechisme …
[F.-A. Pouget] P203
Instructions sur les fonctions du ministère pastoral
[C. Drouas de Boussey] D172
Invallende gedagten op den handel ende wandel …
[F.-M. Piens] P132
Invallende gedagten op verscheyde voorwerpen …
[J. de Wolf?] W102
Inwendighe oeffeningen om in den gheest te sterven
I21

Inwendighen (Den) christenen ...
[J. de Bernières-Louvigny] B157
Isaïe
B237
Iter trium dierum in solitudine
[G. Lienhardt] L222
Iter trium dierum in solitudinem ...
(J. Chr. Vander Sterre) S214
Iterata declaratio facultatis theologicæ Lovaniensis ...
I26

J

Jansenismus philosophico-politicus delarvatus
J12
Jésuites (Les) en présence des deux chambres, au mois de mars 1828
[J.-F. Bellemare] B113
Journée (La) du chrétien, sanctifiée par la prière et la méditation
(D. Bouhours) B399
Jonas illustratus
B220
Joyeuse (La) et magnifique entrée de ... Marie Anne archiduchesse, et ... Charles Alexandre
J81
Jugement des écrits dHugo, évêque de Ptolémaïde
J. Blanpain] B309
Jurisprudentia heroica sive De jure Belgarum ...
(J. B. Christyn) C170
Jus asyli læsum ...
J84
Justa defensio adversus bellum injustum
[J. Opstraet? A. Arnauld?] O41
Justificatio seu defensio censuræ facultatis S. Theologiæ Academiæ Lovaniensis
J85

K

Kalendarium anni bissextilis 1820
Katholyk Meyerysch memorieboek ...
[A. van Gils] G75
Klaer licht (Het) der Rooms-Catholyken...
[J. J. Scheffmacher] S81, S82
Kleynen atlas oft curieuse beschrijvinghe van gheheel de wereldt ...
K29b
Kloeckmoedigheyt (De) der heylige martelaren ...
[A. Baillet] B17, B18
Komste van zyne Majesteit Willem III
(G. Bidloo) B278
Kort begryp van de heylige schriftuer ...
[R. Guérard] G203, G204
Kort begryp van het apostolyk leven ... van ... Franciscus de Hieronymo ...
K36
Kort-begryp van het leven ende dood van Paschasius Quesnel ...
K37
Kort begryp van het leven, dood, ... van ... Margareta van Loven ...
K38
Kort begryp van verscheyde placaerten ende ordonnantien soo geestelijcke als werelijcke ...
K39, K40
Kort formulier ten gebruyke van het Aertsbroederschap van het Order van de ... Dryvuldigheyt K41
Korte onderwysinge om de jonckheyt te bereyden tot d'eerste communie
K42, K43
Korte stellingen raakende het lezen der H. Schriftuur in de gemeene taele ...
K44
Kristelyken (Den) vader ...
[C. Boubereel] B386
Kunst mit leichter Mühe und geringen Kosten Gold zu machen
K52

L

Latina et italica D. Marci Bibliotheca codicum manu scriptorum (
ed.: A. Zanetti) Z17
Latina syntaxis, in usum scholarum Hollandiæ, & West-Frisiæ
[G. J. Vossius]...V97
Laus asini tertia parte auctior ...
[D Heinsius] H68
Lettre au père Cyprien capucin ...
[E. Ruth d'Ans] R141
Lettre circulaire de M. l'Evêque de Montpellier
(Ch. J. Colbert de Croissy) C219
Lettre de remerciement à Messieurs les membres de la deuxième chambre des Etats-Généraux
L201
Lettre de sa majesté impériale et catholique
[Karel VI] K2
Lettre d'un catholique romain, ... sur l'état présent des catholiques romains en Holande
L198
Lettre d'un curé à un abbé ... Apologie de la doctrine des Jesuites envoiée à Mr. d'Arras ...
L199
Lettre d'un docteur catholique au père Cyprien ...
[E. Ruth d'Ans] R142
Lettre d'un théologien à un de ses amis, avec des réflexions sur le second Bref du Pape
L200
Lettre pastorale de monseigneur l'archevêque de Rouen
(J.-N. Colbert) C216
Lettres (de Milord Bolingbroke) *sur l'esprit de patriotisme*
B329
Lettres chinoises, ou correspondance philosophique, historique & critique ...
[J. B. de Boyer d'Argens] B430
Lettres de notre Saint Père le pape (Pius VI) *et de sa majesté l'empereur* (Jozef II)
P150
Lettres patentes du roi
[Lodewijk XIV] L278
Lettres spirituelles sur la paix intérieure...
[A. de Lombez] L281
Leven (Het) ende martyrie vanden H. Adrianus
[W. Zeebots] Z27
Leven (Het) ende mirakelen van de H. Wivina ...
[G. Colins] C220
Leven (Het) ende mirakelen vande Heylige Maget ... Barbara
[A. Bouwens] B429
Levens van de voornaemste heyligen ... der Nederlanden
[P. F. X. de Ram] R12
Lexicon Græcum ...
(V. Curio) C313
Libelli seu decreta a Clodoveo, et Childeberti, & Clothario
L212
Libellus libellorum, continens preces ante et post missam ...
L213
Libellus supplex quo sacerdotes diœcesis Gandensis ...
L214
Liber psalmorum
B229
Liber sanctæ Ecclesiæ Leodiensis, continens ritus ...
L215
Libri Iob
B219
Libri Iosue, Iudicum, Ruth, Regum IV, et Parali-pomenon II
B221

Libri prohibiti a sacra congregatione cardinalium inquisitorum
L216
Libri Regum IIII, Libri Paralipoménon II…
B234, B235
Licht (Het) op den kandelaer …
(A. van Geluwe) G29
Lions (Les) de Pais-Bas au regards des guerres
L233
Literæ executoriales trium sententiarum rotalium conformium …
L264
Litteræ pastorales … Galliæ episcoporum
(H. F. de Tassy, L. H. Pardaillan de Gondrin) T15
Liturgiæ S. Basilii Magni, S. Gregorii theologi, S. Cyrilli Alexandrini
L267

M
Machabées (Les)
B238
Manassæ oratio, Esdræ lib. III & IV
B218
Magnum bullarium Romanum
M15
Mandement de monseigneur l'évêque de Saint Pons …
[P.-J.-F. Percin de Montgaillard] P71
Maniere ende practijcke van een gheestelick leven
[Is. Cr. Bellinzaga] B114
Maniere om christelyck te leven …
[Bonaventura van Oostende] B347
Maniere om godvruchtiglyk, en met voordeel der zielen te lezen den heyligen Roozenkrans
M50
Manual (A) of devout prayers and other christian devotions …
M58
Manuale canonicorum præmonstratensium …
M59
Manuale parochorum ad usum ecclesiarum civitatis et diœcesis Cameracensis…
M60
Manuale pastorum compendiosè complectens canones … juxta usum pastoralis Mechliniensis
M61
Manuale pastorum compendiosè …… per totam provinciam Mechliniensem
M62-M65
Manuale theologicum continens definitiones …
[P. Dens] D61
Manuel d'une mère chrétienne …
[J.-B. L'Ecuy] L122
Martyrologium romanum
M106, M107
Meditationes pro exercitiis spiritualibus octo dierum ad usum cleri Mechliniensi
M152
Meditations sur les principaux devoirs de la vie religieuse
[C. de Bretagne] B441
Mélanges de littérature et de philosophie
M159
Mémoire pour l'Eglise et le clergé d'Utrecht …
[P. Quesnel] Q18
Mémoire sur l'enlèvement des argenteries de la cathédrale de Tournay
M160
Mémoires militaires sur la campagne de l'armée Belgique …
[C.-J.-F. Vilain XIIII] V75
Mémoires pour servir à l'examen de la Constitution du Pape …
[P. Quesnel] Q19
Mémoires pour servir à l'histoire ecclésiastique …
[M.-J.-P. Picot] P126
Mémoires pour servir à l'histoire littéraire des dix-sept provinces …
[J.-N. Paquot] P26, P27
Memoriale vitæ sacerdotalis
[C. Arvisenet] A198, 199
Mendax judicium …
[A. de Witte] W95
Merkuur ten hove ofte vonnis van Apollo
M172
Mes pensées
[L. de La Beaumelle] L4
Messel Romain
M250
Metselaar (De) ontmomd …
(T. Wolson) W106
Mirakelen ende Litanie van den H. Hermannus Joseph
M223
Le miroir des portraits des premiers réformateurs des églises protestantes
M224a
Mishnayôt. Séder Quodashim
M224b
Missæ defunctorum
M225-M229
Missæ novæ in missali Romano
M230, M231
Missæ propriæ sanctorum trium ordinum Fratrum Minorum
M232
Missale ad usum sacri et canonici ordinis Præmonstratensis
M234
Missale ad usum canonici Præmonstratensis ordinis
M235-M238
Missale Romanum
M241-M249
Missale secundum ritum et ordinem sacri ordinis Præmonstratensis
M233
Modèles de grandeur d'âme, ou détails … sur la vie … du duc d'Enghien [
E. B. J. Brun-Lavainne] B484
Morale chrétienne, rapportée aux instructions …
(P. Floriot) F66
Mosaïze historie der Hebreeuwse kerke …
(W. Goeree) G108
Musa Adrianæa, sive mnemosynon devoti amoris
M313
Mysteria politica, hoc est Epistolæ arcanæ virorum illustrium
M320

N
Natuurkundige verhandelingen
N12
Neuvaines en l'honneur des saints de la Compagnie de Jésus …
[Ed. N.-M. Verron] V52, V53
Nieu testament (Het) onses Heeren Iesu Christi
B259
Nieuw Testament (Het) onzes Heere
B263
Nieuw Testament (Het) onzes Heere
B265
Nieuw Testament (Het) van onzen Heere
B264
Nieuwe reductie der geld-specien in decimaele munte en in Brabants courant geld
Nieuwe Testament (Het) Ons Heeren Iesu Christi
B257
Nieuwe Testament (Het) ons Salichmakers
B260
Nieuwe Testament (Het) van Onsen Heere
B261
Nieuwe Testament (Het) van onzen Heere
B262, B266
Nieuwen tarief der goude en zilvere geldstukken …
N27

Noodeloos (Het) tegen-venyn ...
[Theophilus, A.F.T.L.D] T33
Nootvrint (Den) ...
[J. de Moor] M290
Notitia necrologica ... D. Joannis Baptistæ Roberti baronis van Velde de Melroy
N42
Nouveau calendrier pour l'an 1806
N43
Nouveau Testament (Le) de nostre Seigneur Jesus-Christ
B254-B256
Nouveau dictionnaire historique ...
[Louis-Mayeul Chaudon e.a.] C152, C153
Nouvelle (La) église gallicane convaincue d'erreur ...
N44
Nouvelle méthode pour apprendre facilement la langue latine ...
[Cl. Lancelot] L50
Nouvelle relation en forme de Journal, d'un voyage fait en Egypte
(J. M. Wansleben) W21
Nova collectio synodorum Mechliniensium ... N45
Novum Jesu Christi Testamentum vulgatæ editionis
B251, B252
Novum Testamentum (Grieks & Latijn)
B247
Novum Testamentum Domini Nostri Jesu Christ
B250
Novum Testamentum Græcè
B246
Novum Testamentum omne
B245
Novum theatrum Pedemontii et Sabaudiæ
[J. Blaeu] B305
Nummorum antiquorum scriniis Bodleianis reconditorum ...
(F. Wise) W82

O

Obligatio audiendi Verbum Dei in parochiis ...
[M. Steyaert] S232, S233
Obligation (L') des fidelles ...
O1
Observations sur l'histoire ecclésiastique de ... de Fleury &c ...
[Honoratus a Sancta Maria] H173
Oeffeninge en bestier van een geestelyck leven ...
[Bonaventura van Oostende] B348
Office (L') de la Semaine Sainte, à l'usage de la maison du roy.
O3
Office(L') de la Semaine Sainte...
O4, O5
Office divin à l'usage de Rome, pour les dimanches et les fêtes de l'année
O6
Officia particularium festorum ecclesiæ Beatæ Mariæ Bonæ-Spei
O7
Officia particularium festorum ecclesiæ Grimbergensis ...
O8
Officia propria congregationis Oratorii Domini Jesu
O9
Officia propria in ecclesia Parchensi.
O10
Officia propria sanctorum ad usum fratrum minorum S. Francisci Capucinorum ...
O11, O12
Officia sanctorum particularia in Ecclesia ... Vallis Liliorum Ord. Præmonst. ...
O13
Officia sanctorum particularia in ecclesia B. Mariæ de Tongerlo
O14
Officia sanctorum particularia in ecclesia Parchensi celebranda
O15
Officia sanctorum seu beatorum sacri ac canonici ordinis Præmonstratensis
O16
Officium divinum sive commemoratio hebdomadaria de ... Eucharistiæ sacramento...
O17
Officium hebdomadæ sanctæ secundum missale & breviarium Romanum
O18, O19
Officium immaculatæ conceptionis beatissimæ virginis Mariæ.
O20
Officium in Epiphania Domini, et per totam octavam
O21
Officium parvum beatæ Mariæ virginis, ad usum ordinis cisterciensis
O22
Officium parvum beatæ Mariæ Virginis. Ad usum ... ordinis præmonstratensis
O23
Officium parvum B. Mariæ Virginis, juxta ritum ... ordinis præmonstratensis
O24
Officium passionis Jesu Christi, ex oraculis Prophetarum desumptum
O25
Onderwysingen om wel te verdienen den Jubilé
O26
Onderwyzingen op de voornaemste waerheden van de religie
[C. Drouas de Boussey] D173
Onderwyzingen op de voornaemste waerheden van de religie ...
[P.-H. Humbert] H240
Onderwyzingen over de pligten der herderlyke bedieningen
[C. Drouas de Boussey] D174
Onus ecclesiæ ...
[B. Pürstinger?, J. Ebser?] P228
Oracle (L') de ce siècle consulté par les souverains de la terre
O53
Oratio doctoris Steyaert habita die XVII Augusti MDCC confutata
O54
Ordinantie, statuyt, ende eeuwich gebodt ons genadichs heeren des conincx
[Filips IV] F47
Ordinarius sive liber cæremoniarum. Ad usum ... ordinis Præmonstratensis renovatus
O55
Ordinarius sive liber cæremoniarum ad usum canonici ordinis Præmonstratensis
O56, O57
Ordo dicendi officii divini juxta ritum breviarii et missalis romani ...
O58
Ordo Missæ ad usum ordinandorum
O59
Ordonnance et instruction selon laquelle se doibvent conduire & regler
O60
Ordonnancien, ende decreten van den heylighen Concilie generael
O61
Ordonnance de Monseigneur l'archev. duc de Reims
[Charles-Maurice le Tellier] ... L191
Ordonnance et instruction pastorale de monseigneur l'évêque d'Auxerre
[Ch. D. G. Caylus] C124
Ordonnantie der heeren wethouderen op het taxaet der drogen ...
O62
Ordonnantie des Coninghs op het generael reglement van sijne munte
[Filips IV] F48
Ordres monastiques, histoire ...
(Par l'abbé Musson) M315
Oudheden, en Gestichten van de ... stadt

... van 's Hertogen-bosch ...
[S.-J. Van de Velde] V28

P

Palmsondach (Die)
P16
Panegyris sacerdotiana
P19
Parochiale, id est, liber in quo plane continentur, ea quæ pastores præstare oportet
P32
Pastorale, canones et ritus ecclesiasticos ... complectens
P38
Pastorale, ad usum Romanum accommodatum
P39
Pastorale rituali Romano accommodatum…
P40, P41
Pastorale diœcesis Ruræmundensis …
P42
Patronus protestantium in causa Liberii …
[L. de Meyere] M194
Patrum Benedictinorum ... ad RR. Patres superiores ... supplex epistola
P45
Penitentie (De) der heylige moniken, eremyten …
[A. Baillet] B19
Pere (Le) Desirant, ou Histoire de la fourberie de Louvain
[J. Opstraet? N. Petitpied?] O43
Perpétuité (La) de la foy de l'Eglise catholique
[A. Arnauld e.a.] A192
Petite bibliothèque des théâtres
[Ed.: N.-Th. Leprince, J. Baudrais] B69
Petrus Malleus, tundere nuper ausus
[J. Opstraet] O44
Piæ considerationes ad declinandum ...
[J. B. Plengg] P159
Pithecologia, sive de simiarum natura
(A. Thomassen) T83
Pomerium Sermonum Quadragesimalium…
(Pelbartum de Themeswar) P66
Pontificale Romanum
P193-P196
Positiones ex universo systemate theologico
P198
Prael-treyn verrykt door ry-benden, praelwagens ...
P204
Praxis rite administrandi sacramenta poenitentiæ & eucharistiæ
[J. Opstraet] O45
Precordiale devotorum
P209
Prima pars secunde partis Summæ theologiæ
[Thomas van Aquino] T76
Privilegia Academiæ sive studio generali Lovaniensi
P214
Processionale insignis cathedralis Ecclesiæ Antverpiensis B. Mariæ …
P216
Processionale pro ecclesiis ruralibus ritibus Romanæ Ecclesiæ accomodatum ...
P217, P218
Processionale ad usum ordinis Præmonstratensis
P221
Processionale ad usum sacri, et canonici Præmonstratensis ordinis
P219-P221
Prodromus historiæ Trevirensis diplomaticæ
[J. N. von Hontheim] H178
Proeve van poëtische mengelstoffen
P222
Proeve van zedepoëzy (Concordia et Labore)
P223
Propositionis inter 101 tertiæ ... conclusum, bullam Unigenitus
P224
Provinciales (Les)...
[Blaise Pascal] P35
Psalmen (De) van David
B244
Psalmi. Proverbia Salomonis. Ecclesiastes. Canticum Canticorum
B222
Psalmista iuxta consuetudines sancte Romanæ Ecclesiæ
B224
Psalterium
B230
Psalterium, cantica et ordo missæ
B231
Psalterium commune una cum Hymnario
B223
Psalterium Davidicum
B225, B226
Psalterium Davidis, una cum hymnis ecclesiasticis
B232, B233
Psalterium Romanum
B227, B228
Pseaumes (Les)
B239, B240
Pseaumes de David
B241, B242
Pugna spiritualis …
[L. Scupoli] S118

Q

Quæsitum nuper an oratio ...
[J. Opstraet] O46
Quæstio juris. 1. An Caroli V edictis ... 2. An virgines Binchianæ poenas …
[G. Gerberon] G44
Quæstio monastico-theologica de carnium esu
Q1
Quæstiones annui concursus Mechliniensis, ab anno 1745 ...
Q2, Q3, Q6
Quæstiones concursus pastoralis Mechliniensis anni 1783 (-1793)
Q4
Quæstiones de constitutione Unigenitus
[J. Opstraet] O47
Quæstiones scripturisticæ in communem utilitatem ordine alphabetico digestæ
Q7, Q8
Quarantaine (La) sacrée aux souffrances de J. C. [
J. S. & J. B. Klauber] K27
Quatrième avis salutaire a Messieurs …
[C. de Zwarte] Z37
Quatriéme memoire pour servir à l'examen de la Constitution ... [P. Quesnel]
Q22
Qu'est-ce que le collège philosophique?
Q10

R

Raisons pour lesquelles on n'a trouvé convenir, de publier ... certaine Bulle ...
[A. Triest] T120
Raisons qui empêchent les religieux de l'ordre de Saint François en France ...
R8
Rationes ob quas ... Archiepisc. Mechlin.
[J. Boonen] B354
Recherches sur l'histoire de la ci-devant principauté de Liège
[H.-Noël de Villenfagne d'Ingihoul] V77
Recht (Het) van den natuer ..., geschonden door de actuele afschaffing van de Abdye van Perck …
R26
Recueil de planches de l'encyclopédie par ordre de matières
R27
Recueil de cartes géographiques ... relatifs au Voyage du jeune Anacharsis

(J. D. Barbié du Bocage) B34
Recueil de plusieurs préparations pour la S. Cene.
(J. de Focquenbergues, e.a.) F72a
Recueil des représentations, protestations et réclamations
[F. X. de Feller] F27
Recueil des actes concernant le voyage de notre très-saint père le pape Pie VI, à Vienne
R28
Recueil des actes, titres… concernant les affaires du clergé de France …
[Le Merre, père et fils] L150
Réflexions succintes sur la Lettre d'un catholique romain
R29
Réflexions sur la première instruction pastorale de son Em. le cardinal de Noailles
R30
Refutatio responsionis ad stateram protestantium
[L. de Meyere] M197
Refutation du memoire publié en faveur de l'Appel des quatre evêques …
[C. Le Pelletier] L177
Regelen, Ordonnantien… met de welcke op-gerecht is het Broederschap der Christene-Geloovige
R31
Religieus (Den) in de eenigheydt …
[G. M. da Bergamo] G3
Remarques d'un docteur en theologie sur la protestation des Jesuites …
R44
Remarques sur la bulle qu'on pretend estre donnée contre le livre de feu monsieur l'evesque d'Ipre …
R45
Remarques sur le bref de N.S.P. le Pape Clément XI à Mre Humbert Guill. a Precipiano
R46
Remontrance charitable [de G. Gerberon] *à M. Louis de Cicé*
G45
Réponse à l'examen d'une lettre écrite à un capucin …
[E. Ruth d'Ans] R143
Représentations respectueuses des Evêques de Gand, de Namur, de Tournai…
R49
Requeste met ses stukken annex door die Heeren … der Abdye van s'Heeren-Perck by Loven
R50
Requeste presentée au Parlement par … l'archeveque duc de Reims
[C.-M. le Tellier] L192
Responsio ad stateram protestantium expensam …
[J. Opstraet] O49
Responsio historico-theologica ad cleri Gallicani …
[N. Du Bois? F. d'Enghien?] D180
Responsio pacifica ad declarationem … Hennebel …
[M. Steyaert] S239
Responsio pro eruditissimo viro*** epistolæ Leodiensis confutatore
R51
Responsionis, quæ sub nomine pii cujusdam theologi …
[J. Opstraet] O48
Respublica, sive status regni Poloniæ, Lituaniæ, Prussiæ, Livoniæ, etc.
(S. Krzistanowic e.a.) K50
Reverende admodum Domine, De formula subscribenda …
[H. Denys] D83
Reverendissimo ac amplissimo viro domino domino Simoni Wouters
R56
Rituale Præmonstratense
R76
Rituale Romanum
R77-R78
Ritus ac preces in sepultura et exequiis canonicorum Præmonstratensium
R79
Ritus sacri a sacerdotibus aliisque altaris ministris servandi
R80, R83, R84
Romani pontificis privilegia …
[L. M. Lucino] L320
Roomschen (Den) catechismus
C92
Russia seu Moscovia … commentario topographico atque politico illustratæ
R139
Ryk van Christus eeuwig duerzaem ofte de H. Kerke op eene steen-rots gebouwd
R146

S

Sacrosancti et œcumenici concilii Tridentini … canones et decreta
S4-S10
S. Facultatis Theologicæ Lovaniensis de Casu Conscientiæ …
S1
Sainte Bible (La) contenant l'Ancien et le Nouveau Testament
B204
Sainte Bible de Vence, en latin et en français.
B205
Sainte Bible (La) en Latin et en François
B203
Saincte Bible (La), nouvellement translatée
B201
Sainte Bible (La), qui contient le Vieux et le Nouveau Testament
B202
Sancti Bernardi melliflui … vitæ medulla
S44
Sanctum Iesu Christi evangelium
B248, B249
Sanctum sæculare Marianum …
[A. Bartetschko] B54
Schat ('t) der zielen, dat is: het geheele leven ons Heeren Iesu Christi
B271
Schouwburg (Het) der Nederlanden …
[J. B. Christyn] C174
Scriptum cui titulus Quæstiones de constitutione Unigenitus …
[A. Huylenbroucq] H249
Second avis salutaire …
[C. de Zwarte] Z35
Second mémoire pour l'Eglise et le clergé d'Utrecht
[J.-B. Boullenois] B404
Second memoire pour servir à l'examen de la Constitution du Pape …
[P. Quesnel] Q20
Seconde dénonciation de la théologie du R.P. Jacques Platel jésuite …
S119
Secrets du parti de Mr. Arnauld
[H. Tournely] T117
Secrette (La) politique des Iansenistes …
[E. Dechamps] D33
Seldsaem-heyligh (Het) leven vanden H. Hermannus Joseph
S130
Selectorum carminum ex antiquis poetis pars tertia
(Catullus e.a.) C116
Semelion, histoire véritable
[Ch. de Gondi] G113
Sens (Le) propre et littéral des pseaumes de David …
[J. Ph. Lallemant] L29
Sensus litteralis, moralis ac historicus rituum … missæ
[T.-J. Romsée] R111, R112
Septem tribus patriciæ Lovanienses
[J. B. Christyn] C171
Septieme memoire pour servir à l'examen

de la Constitution Unigenitus …
[P. Quesnel] Q23
Sermoenen op de zondagen en feest-dagen…
[P.-F. Valcke] V7
Sermones pulcherrimi super dominicam orationem …
(Augustinus de Leonissa) A203
Sermons des fêtes des saints
[J. Loriot] L296
Sermons pour l'octave du Saint Sacrement
[J. Loriot] L297
Sermons sur les évangiles de carême
[J. B. Massillon] M218
Sermons sur les mysteres de la Sainte Vierge
[J. Loriot] L298, L299
Sermons sur les mystères de Notre Seigneur
[J. Loriot] L300, L301
Sermons sur tous les sujets de la morale chrétienne
[V. Houdry] H214, H215
Sire, nous demandons humblement …
S161
S. Norbert, l'homme céleste
[N. Gourneau] G125
Solution de divers problemes … pour la paix de l'Eglise
[G. Gerberon?, J.J. du Guet? …] G46
Souverains (Les) de l'Europe en 1830, et leurs héritiers présomptifs
S172
Spectacle (Le) de la nature …
[N. A. Pluche] P166
Spectateur (Den) Universeél oft Algemeyn Nieuws-blad
S175
Speculum monachorum
[L. de Blois] B313
Speculum vitae verè religiosæ sive vita … Wilhelmi …
(I. Vetter) V71
Spiegel zonder vlekke ofte Christus Jesus tot navolginge voorgestelt …
S177
Spiritus literarius Norbertinus a scabiosis Casimiri Oudini calumnis
[G. Lienhardt] L223
Spongia scholiorum in Gomorrhœanum M. Steyart
S182a
Staat vam het Seminarie Generael van Weenen
[J. J. Vanden Elsken] E18
Statera Antonii Parmentier …
[J. Opstraet] O50

Statera protestantium …
[L. de Meyere] M198
Statera secunda Antonii Parmentier …
[J. Opstraet] O51
Statuta candidi et canonici ord. Præmonstratensis renovata
S203, S204
Statuta candidi et canonici ordinis Præmonstratensis renovata
S205
Statuta consistorialia et reformatio … dioecesis Leodiensis …
(Ferdinand van Beieren) F36
Statuta ordinis Præmonstratensis
S201
Statuta renovata candidissimi & canonici ordinis Præmonstratensis
S202
Statuta sacri et canonici Præmonstratensis ordinis
S206
Statuten voor de cloosters van Ste Ursule …
(J. Bouckaert) B392
S.T. Baccalaureus, e philosopho præmaturè factus advocatus …
[J. C. van Erkel] E46
Sterf-dicht oft waerschouwinge des levens
S212
Stichtige exempelen van deughden getrokken uyt de … levens der heyligen
S242
Stuck (Een) van seker sermoon gedaen tot Mechelen …
[J. Stevart] S221
Summa summarum, que silvestrina dicitur …
[S. Mazzolini] M149, M150
Supplement à mes pensées ou addition de la sixième à la cinquième édition
[L. de La Beaumelle] L6
Supplementum ad collectionem quæstionum theologicarum concursibus pastoralibus Mechliniensi
Q5
Supplementum in Corpus juris canonici …
[Z. Van Espen] E55
Supplementum missalis … in ecclesia S. Michaëlis Antverpiæ
M239
Supplementum missarum … missalis Præmonstratensis pro ecclesia Parchensi
M240
Synodicon ecclesiæ Parisiensis.
S309
Synopsis juris ecclesiastici publici et privati …

[F. J. Rautenstrauch? P. J. von Riegger?]
R16
Synopsis Veteris Testamenti historica
S310

T

Table générale des matières contenues dans … l'Histoire Ecclésiastique de M. Fleury
[L.-E. Rondet] R114
Tableau de la doctrine des Pères et Docteurs de l'Eglise
(Ph.-A. Alletz) A85
Tafel ofte toe-eygeninge van de sermoenen in dit geheel werk [van J. Verslype] begrepen
V62
Tarif décimal, ou réduction de la livre tournois de France
T14
Théorie et pratique des sacremens, des censures …
[G. Juenin] J82
Thesaurus theologico-philologicus …
(Ed.: G. Menthen) M168
Toets of genoodzaekte wederlegging van eenige onge-gronde opwerpingen …
T100
Toewensinge van een salig nieuw-jaer aen pater Franciscus van Susteren …
T101
Tomus secundus malleorum quorundam maleficarum …
[J. Sprenger & H. Institor] S186
Tractatus de actibus humanis
[J.-F. Perin] P77
Tractatus de Deo uno et trino
[J.-F. Périn] P78
Tractatus de legibus …
[J.-F. Périn] P79, P80
Tractatus de peccatis …
[J.-F. Périn] P81, P82
Tractatus de politia Ecclesiæ Anglicanæ
(R. Mocket) M251
Tractatus de sacramentis in genere
[J.-F. Périn] P83
Tractatus de sacramento baptismi
[J.-F. Périn] P84
Tractatus de sacramento eucharistiæ …
[J.-F. Périn] P85
Tractatus de sacramento extremæ unctionis [J.-F. Périn] P86
Tractatus de sacramento pœnitentiæ
[J.-F. Périn] P87
Tractatus de vera religione
(L. Bailly) B22
Tractatus de virtutibus cardinalibus

[J.-F. Périn] P88
Tractatus de virtutibus in genere
[J.-F. Périn] P89
Tractatus historico-canonicus de censuris ecclesiasticis
[Z. van Espen] E59
Tractatus selectus de matrimonio
[J.-F. Périn] P90
Tractatus tres de justitia ... ad supplementum theologiæ ... Laurentii Neesen
[P. Bertrand] B162
Traité abrégé de la sainte volonte de dieu...
[L.-H. de Lestrange] L189
Traité de la paix intérieure
[Lombez, A. de] L282, L283
Traité des scrupules ...
[J.-J. Duguet] D191
Traité du schisme
[J. Longueval] L285
Traité touchant l'origine des dixmes
(Ch. Bault) B71
Translat de la requête présentée au Souverain Conseil de Brabant par ... l'Abbaye du Parc
T118
Tres-humble remontrance a messire Humbert de Precipiano ...
[P. Quesnel] Q24
Troisieme avis salutaire ...
[C. de Zwarte] Z36
Troisiéme memoire pour servir à l'examen de la Constitution ...
[P. Quesnel] Q21
Trophées des armées françaises depuis 1792
(P.-F. Tissot) T96
Trouwhertighe (Een) vermaninghe, aen alle vrome lidtmaten ...
P. de Fyne] F129

U

Ultimus conatus patroni protestantium ...
[L. de Meyere] M199
Vast-gekuypte (De) Loevesteynsche ton aan duygen V14

V

Verhandelinge over de ongehoorzaamheid van de ... quade priesters ...
(T. Spoor e.a.) S182b
Verhandelinge over de gesteltenisse der nu zoo genaemde Kempen
[A. Heylen] H135
Verklaar-schrift ('t) van ... Theodorus De Cock verklaard ...
V43

Verklaering van drie geloofwaerdige mannen ... over den naem van Jansenist ...
[J. A. van Beek] B90
Versameling der uytmuntende sermoonen
[J. H. de Frankenberg] ... F106
Versamelinge der brieven van den heere Keuremenne
(J. J. vanden Elsken) E19
Versamelinge van verscheyde stukken
[J. J. vanden Elsken] E20
Vertus et bienfaits du clergé de France
[J. Aymard] A247
Vervolg van 't verwerd Europa ...
[A. Müller] M306
Verzaemeling der vertooningen ... aen Zyne Keyzerlyke en Koninglyke Majesteyt
V70
Vie (La) de S. Norbert ...
(Ch.-L. Hugo) H232
Vie (La) de Saint Martin evêque de Tours
[N. Gervaise] G57
Vie (La) et les actions mémorables du S^r. Michel de Ruyter ...
[B. Piélat] P129
Vie (La) et les miracles de sainte Wivine...
[G. Colins] C221
Vie du vénerable dom Jean de Palafox ...
[P. Champion] C141
Vies (Les) des Saints
(Ed.: A. Baillet) B20
Vies des Pères, des martyrs ...
[A. Butler] B537, B539
Vindiciæ adversus avitum academicum ...
[F. d'Enghien] E30
Vita sanctissimi confessoris et pontificis Huberti ...
(P.-T. Willemaers) W77
Vitæ sanctorum
[F. Haræus & L. Surius] H17
Vonnissen en motiven van het vrij Beenhouwers Ambacht tot Loven
V93
Voyage de Sainte Dymphne à Bruxelles
V98
Voyage littéraire de deux religieux bénédictins ...
[E. Martene & U. Durand] M97, M98
Voyage pittoresque ou description des royaumes de Naples ...
(J.-C. de Saint-Non) S29
Voyageur (Le) dans les Pays-Bas Autrichiens ...
[Dérival de Gomicourt] D86
Vrankryk als een tweede Neroo, vergeleken door sijn trouweloosheyt
V100
Vreugd (Den) en vrucht-wekkenden theater van Apollo ...
(J. de Wolf) W103
Vruchten des lidens ende der passien ons liefs heeren Ihesu
V101

W

Waerschouwinghe aen de Staten der Ghetrouwe ... provincien van Nederlandt.
W1
Wech (Den) der volmaecktheyt van Godt ghethoont aen de Heilige Birgitta
L. Surius] S298
Wekelyks nieuws uyt Loven, 1773 (1789)
W42
Wetten, costumen, keuren ... van de zale ende casselrye van Ipre
W51
Wijngaert (Den) van Sinte Franciscus
W74
Wonder-leven (Het) van den H. Hermannus, Joseph ...
[S. Kohel?] K34
Wonderlyck (Het) leven van den grooten H. Patricius
[J. P. de Montalbán] P74
Wrevelige aert der Vaderen Jesuiten en sommigen hunner aenhangeren ...
W115

X

XIX Imagines quorundam clarissimorum theologorum & philologorum
X1
XLVIII Portraits de plusieurs comtes, barons, chevaliers
X2
XXV Portraits des hommes célèbres
X3
XX Icones clarissimorum medicorum philosophorum ...
X4

Z

Zevensten brief van Ernestus de Keuremenne
[J. J. vanden Elsken] E21
Ziele-spys ofte chirstelyke leeringe
C106, C107

Boekentafel 3

1 (cat. V31)
Geëtst titelblad en cartouche met gezicht op Frankfurt am Main van Georg Keller van *Bucolica et Georgica* van Vergilius, gedrukt bij Zacharias Parthenius (1570-1614). Het is het eerste deel van de befaamde editie met commentaar der werken van Vergilius van de Spaanse jezuïet Juan Luis de la Cerda, verschenen in Madrid in 1608, 1612 en 1617. Bezitsaanduiding Park uitgekrabd.

2 (cat. M224a)
Johan van Leiden, "koning" van de Münsterse wederdopers (1509-1536) gruwelijk terechtgesteld in Münster.
Portret door Frederik de Wit (1630-1706), een van de beste graveurs van zijn tijd, naar de meesterlijke ets van Heinrich Aldegrever (ca. 1502-1551/1561), gemaakt in opdracht van Franz von Waldeck, de prins-bisschop van Münster (1491-1553). De geportretteerden zijn niet van hun waardigheid beroofd, maar in representatieve kledij, met devies en wapen.

3 (cat. B453) &
4 (cat. B459)
De brevieren van de norbertijnen verschenen op initiatief en met goedkeuring van de abt-generaal. Claude Honoré Lucas de Muin was abt-generaal tot in 1740, Augustin de Rocquevert in 1740-1741.
Op de titelprent Augustinus met zijn kloosterregel in de hand en een tekst van de door hem bestreden Pelagius aan de voeten. Norbertus staat op werk van de ketter Tanchelijn die hij in Antwerpen ging bestrijden.
t'Serstevens, "staets-drukker", "stadts-drukker" en "Drukker der Seer Eerw. En Edele Heeren Staets van Brabant", bezorgde in 1786 de tekst van 1741 voor de norbertijnen van de Oostenrijkse Nederlanden (andere norbertijnse drukken bij t'Serstevens: cat. A145, B454, B455, B458, B459, B463, G129, H186, M226, O7, O8, O58, R79, V94 en D127, het *Directorium ad ritè legendas horas canonicas*). Voor een drukje van de abdij van Bonne-Espérance (cat. O7) gebruikte t'Serstevens als"drukkersmerk" het blazoen van de abdij van Prémontré, met mijter en tien kwasten.

5 (cat. C183)
Dansen is des duivels, geïllustreerd op de uitslaande plaat in *De boere-theologie,* een soort catechismus van Jacobus Claes, witheer van Averbode, verschenen bij J. Meyer in Leuven.
Claes wilde de Kempen vroom en deugdzaam houden. Voor de kinderen van de boer schreef hij *De welmeynende Boere-Dogter* en *Den welmeynenden Boeren-Zoon*, voor de herder *Den godtvrugtigen Scheper* en voor zijn parochianen gaf hij zijn *Sermoonen* uit. Tussen 1801 en ca. 1845 verschenen een tiental edities, niet alle echter met de duivelsprent.

6 (cat. M279 & 278)
Jacobus Moons (Breda 1639 of 1640-Antwerpen 1721) schreef dit werkje in 1679, toen zijn ordegenoot Ludolphus Carolus van Tongerloo van de Sint-Michielsabdij in Antwerpen de vijftigste verjaardag van zijn intrede vierde. Van Tongerloo (1611-1684), in 1632 geprofest en in 1634 gewijd, werd in 1657 pastoor in Borsbeek. De dichter volgde hem op van 1683 tot 1688. Tekenaar, etser en graveur Gaspar Bouttats (1625-1703) illustreerde het werkje. In het gedicht over de feestende schaapjes rondom de opgehangen wolf alludeert Moons op de oorlogsgebeurtenissen die de parochie in de buurt van Antwerpen zwaar hadden getroffen en de vredesbesluiten van Nijmegen die hoop wekten op rustiger tijden:
Al hebben sy door Mars veel leedt, en spijt gheleden
… Mars is uyt t' veldt ghesmeten;
Pax heerst nu in sijn plaats.
Cat. B323, Boethius, was ooit in het bezit van Moons.
De Antwerpse norbertijnerabt Joannes Chrysostomos Teniers (1653-1709, in 1687 abt) schreef een sonnet voor een werk van Moons van 1685.

7 (cat. S122)
Park kreeg in 1642 de zorg voor de kapel van het bedevaartsoord Jezus-Eik. Witheer Benedictus Piccaert (1613-1659) werd de eerste bedienaar. De kerk werd voltooid in 1680. Jezus-Eik was tot 1700, toen het zelfstandig werd, een kapelanij van Tervuren. De parochie, in 1825 onder Overijse geplaatst, werd in 1842 opnieuw zelfstandig. De laatste witheer verliet Jezus-Eik in 2002.
Bartholomeus Seghers schreef een gedicht voor zijn confrater Michael Crols (1624-1675). Seghers of Zegers (1615-1678) was rector in Jezus-Eik tot in 1662. Crols volgde hem op maar overleed in 1675 waarop Seghers opnieuw naar Jezus-Eik kwam. Philippe (J.P.) Kalvertos bewerkte het boekje voor een druk ca. 1855. Kalvertos was van 1834 tot 1866 onderpastoor van Sint-Jacob op Koudenberg, vervolgens tot 1875 pastoor in Vorst.

8 (cat. J33)
Portret door Jan-Baptist Berterham (actief 1693-1725?) van Nicolaas van Essche (Oosterwijk 1507-Diest 1578), auteur van geestelijke werkjes en pastoor van het begijnhof in Diest, in de levensbeschrijving van Arnold Janssen, "in het Duyts overgeset" door Gilbert Gheybels, witheer van Tongerlo. Het handschrift van *Vita et virtutes Nicolaï Esschii, Begginagii Diestensis pastoris* bleef bewaard bij de Diestse begijnen.

1 (cat. V31)

P. VIRGILII
MARONIS

BVCOLICA ET GEORGICA

Argumentis, Explicationibus,
et Notis illustrata.

A

IOANNE LVDOVICO
de la CERDA Toletano.
E Societate IESV.
1608

VIRGILVS · APOLLO
THEOCRITVS · HESIODVS
COLLEGIO E NOBILIS
PALTHENIANO

---

2 (cat. M224a)

IOHAN VAN LEYDEN EYN CONINCK DER WEDERDOPER
THO MONSTER WAER HAFTICH CONTERFEYTING.

*En, ô Leste, tuis memor hunc de civibus unum,
En monstrum; ut capta nomen ab urbe ferat:
Cum soleat tales simulare Tragœdia reges.
Rex fuit, ac vere rex tamen ille fuit.*

3 (cat. B453)

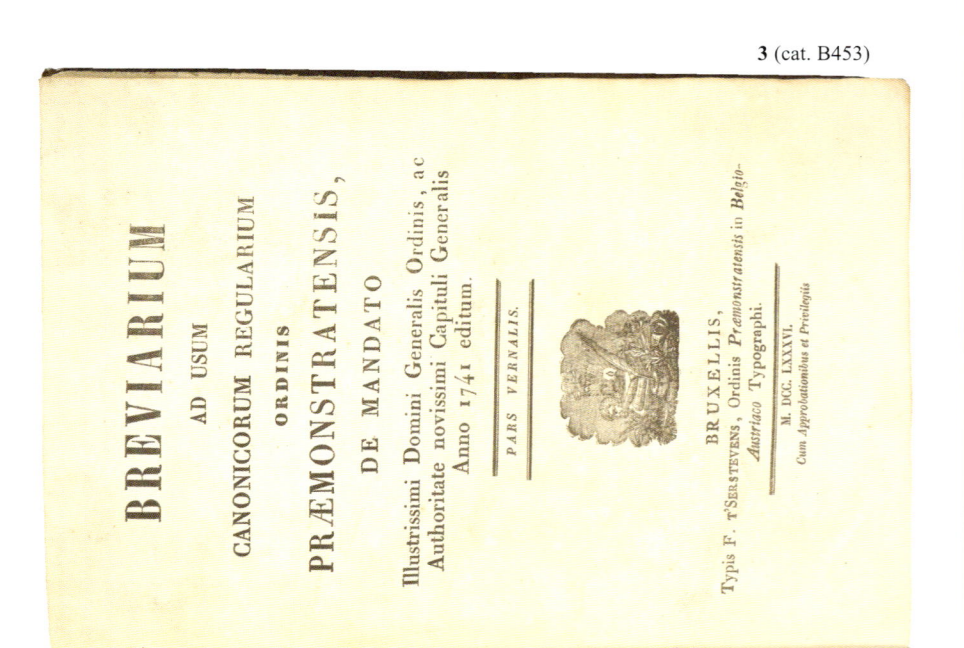

BREVIARIUM
AD USUM
CANONICORUM REGULARIUM
ORDINIS
PRÆMONSTRATENSIS,
DE MANDATO

Illustrissimi Domini Generalis Ordinis, ac
Authoritate novissimi Capituli Generalis
Anno 1741 editum.

PARS VERNALIS.

BRUXELLIS,
Typis F. T'SERSTEVENS, Ordinis Præmonstratensis in Belgio-
Austriaco Typographi.
M. DCC. LXXVI.
Cum Approbationibus et Privilegiis.

---

4 (cat. B459)

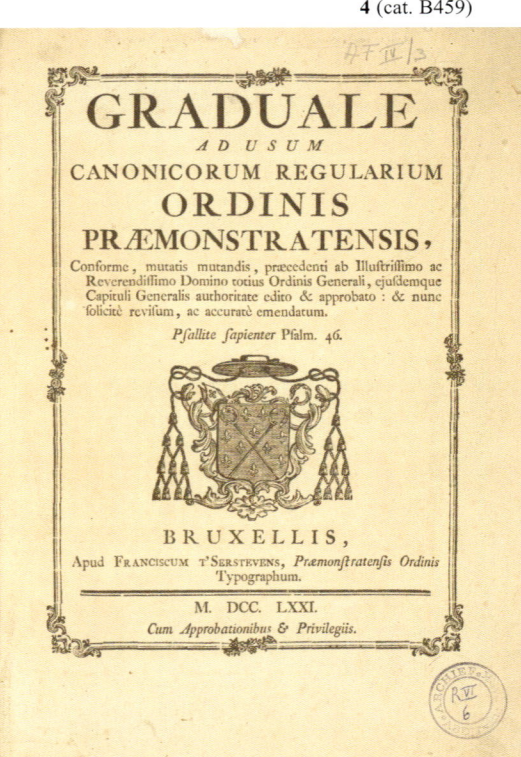

GRADUALE
AD USUM
CANONICORUM REGULARIUM
ORDINIS
PRÆMONSTRATENSIS,

Conforme, mutatis mutandis, præcedenti ab Illustrissimo ac
Reverendissimo Domino totius Ordinis Generali, ejusdemque
Capituli Generalis authoritate edito & approbato : & nunc
solicitè revisum, ac accuratè emendatum.

Psallite sapienter Psalm. 46.

BRUXELLIS,
Apud FRANCISCUM T'SERSTEVENS, Præmonstratensis Ordinis
Typographum.
M. DCC. LXXI.
Cum Approbationibus & Privilegiis.

5 (cat. C183)

6 (cat. M279 & M278)

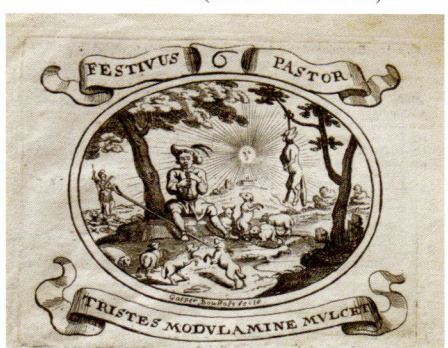

7 (cat. S122)

8 (cat. J33)

Uitgevers, drukkers en boekhandelaren

- *Aalst*

Spitaels & Van Ryckegem B200

- *Aix-en-provence*

Mignon, Gaspar L190

- *Alcalá de Henares*

Fernandez, Maria A127
Rodriguez, Gregorio A127
Sanchez de Ezpeleta, Andreas V20

- *Amiens*

Le Bel, Guislain P125

- *Amsterdam*

s.n. B544, M1, M49, P127, T42
Aaltsz, erven Harmen M154
Allart, Johannes C114
Arkstee & Merkus D17, H74, M264, W15
Barents, Willem B433
Beek, Jacob ter H204-H206, H243
Beekman, Hendrik en Cornelis F81
Bernard, Jean Frederic C164
Blaeu, Joan (I) G194, S136
Blaeu, Willem Jansz A162, G208, L268, S135
Boekelaar, Gerrit ten A13
Boom, Dirk/Theodoor (I) G196, P129, S106
Boom, Hendrik B316, D21, D22, E44, G196, M168, N25, P63, P129, S106, T6
Boom, wwe Dirk B316, E44, M168, P63, T6
Borstius, Gerardus (I) M168, P63
Borstius, Gerardus (II) K51
Bosch, Hendrik L209
Broen, Gerred de H193
Brunel, Pierre B511, M295, M297
Cæsium, Guilj., *zie* Blaeu, Willem Janszoon
Catuffe, Jean G67
Changuion, Daniel Jean D86
Chatelain, gebr. I3
Chatelain, Zacharias & zn C160, M130
Chatelain, Zacharias (II) L119, L120
Cloppenburch, Jan Evertsz. (I) M186
Colijn, Michiel B355
Colom, Jacob Aertsz D34
Compagnie, La D57, H170, L227, V64
Compagnie des libraires associez, La P37
Coup, Pieter de M295, M297, S166
Crajenschot, Theodorus H72, N9
Damme, Pieter van M154
Danckertsz, Cornelis (I) S72
Desbordes, Jacques (II) D143
Doornick, Gerrit Willemsz G100
Du Sauzet, Henri H20, H21
Dyk, wwe Joachim van B315
Elzevier, Lodewijk (III) C184, E39b, E40, H181, P158, S134
Elzeviriana, ex officina C185, C268, C319
Esveldt, Steven van A23, A28, S188
Eyck, Philips van F2
Fontein, Thomas V36
Gaete, Hendrik vande A29
Geassocieerde, de V70
Goeree, Willem sr., Willem jr. & David G108
Goethals, Rembertus D21, D22, N25
Groot, Gerrit de L359f
Groot, Gerrit de, en zoon H12
Halma, François D89, K9, T2
Hardenberg, Jacobus van H183
Hartig, Jan R2
Huyssteen, Arendt van A28
Janssonius van Waesberge, Ægidius/Gilis M168, P63
Janssonius van Waesbergen, Johannes (I) A161, K25, O82, V87
Janssonius van Waesberge, Johannes (II) K26, M168, P63, V96, V97
Janssonius, Joannes A163, E43, G66, H69, H199, J42, J43, L269, M90, P95
Janssonius, Johannes jr B431
Janssoons van Waesberge, de A19, A20, A24, A30, A65, B426, G195, M295, P161
Jansz, Willem, *zie* Blaeu, Willem Jansz
Jonge, wwe van Jacob de
Kalverum, Jan B263
Klumper, Albert W26, W27, W28
Klumper, wwe Albert B263
Klyn, Gerrit B416-B418
Krajenschot, Theodorus, *zie* Crajenschot
Kroe, Albert van der J65, N12, S132
Kruyff, Frederik de S132
Laurentsz, Hendrik C80, L270
Leth, Hendrik de R130
L'Honoré, François M129
Loveringh, Jakobus V102
Lucas, Nicolas Etienne C164
Luchtmans, Samuel en Johannes H12
Magnus, erven Albert P167
Metelen, Jacob van B211
Metelen, Joachim van S255
Meteren, Emanuel van M178
Meurs, Jacob van B431, E26
Michiels/Michel, Antoine P73
Mijls, Thomas C308
Mint Vreede en Waarheit W26, W27, W28

Morterre, Jan A20
Mortier, David M297, O68
Mortier, Pieter L136, L195, M69, M300
Onder de Linden, erven Gerard H30, H179, K51, M104, P146
Oosterwyk, Joannes van J74
Paets, Pieter Jacobsz B212, B270, B271
Paré, Paulus V100
Pauli, Joannes A14, A20, A25
Petzold, Sebastiaan C180
Potgieter, Nicolaas C218, M10, Q18
Ratelband, erven Johannes (I) en Cie H194
Ravesteyn, Johannes van (I) C60, R118
Ravesteyn, Johannes van (II) C168
Ravesteyn, Nicolaes van S72
Roger, Etienne L183
Roman, Jan de Jonge A19, A21, A22, A26, A31, L194, L358, V102
Rotterdam, Johannes M306, V8
Royen, Jacob van R1
Ruyter, Geertrui & Joannes de L193
Rykhof, Jacobus jr L359
Scepérus, Pieter H180, H182, T3
Schagen, Gerbrandt F72a
Schipper, Jan Jacobsz. B362, H139
Schipper, wwe Jan Jacobsz. J71, J72
Schoonenburg, Antoni M306, V8, Z28, Z29
Schouten, wwe Salomon & zoon P1
Smith, William C22, C23, S296
Someren, Johannes van A161
Someren, Abraham van D21, D22, N25, P63
Someren, wwe Joannes van G196
Spillebout, Lodewijk P155
Sweerts, Hieronymus F71, H103
Sys, Kornelis vander L360
Tielenburg, Gerrit A15, B217, E39a, T83
Uytwerf, Hermannus H194
Uylenbroek, Pieter Johannes H242
Visscher, Nicolaus (II) B273
Visser, Pieter M155
Vlam, Bartholomeus C199
Waesberge, J. J. P128
Waesberge, Joannes, *zie* Janssonius van Waesberge
Waesbergen D21, D22, N25
Wees, wwe Abraham de (II) V36
Welbergen, Hendrik Willem van A27, F83
Wetstein, gebr. B490, H195
Wetstein, Hendrik A100, A101, A199, H180, H182, J71, P34, T3
Wetstein, Jacobus C22, C23, S296
Wetstein, Gerard A100, B294, C46, H201, M295, M297, S296, T18
Wetstein, Rudolf A100, B294, C22, C23, C46, H201, M295, M297, S296, T18

Wetsteniana, ex officina B247
Weyerstraet, Elizeus V87
Weyerstraet, wwe Elizeus K25, V87
Winkel, Jan A16
Wolfgang, Abraham D21, D22, G196, N25
Wolters, Joannes M168, P63
Wolters, wwe Joannes A14, A20, A25
Wor, Adriaan H30, H179, K51, M104, P146

• *Angers*
Mame D59

• *Antwerpen*
s.n. B268, F2
Aertssens, Hendrik A137, B49, B74, B324, B421, B494, D147, E33, F89, G59, H233, L361, M57, M88, M320, O71, P18, P141, S39, S114, S290-S292, T65, T92
Aertssens, Hendrik (II) B391, Z7
Bellerus, Gaspar S302
Bellerus, Joannes (I) G211, H166, I25
Bellerus, Joannes (II) B107, M103, R64, R98, R99, S295, V16, V18, V19
Bellerus, Petrus (I) A249, S195
Bellerus, Petrus (II) B107, M103, R64, R98, R99, S295, T91, V16, V18, V19
Bellerus, Petrus (III) A43
Berghen, Adrian van N21
Bincken, G. J. D173, K1, T110
Bincken, Hubert A155, B287, C41, C105-C107, C293, K22, M50, W18
Birckmann, erven Arnold B150
Bloemen, Gerardus van B136
Boëtius à Bolswert H4, H233
Braau, Nicolaas G190
Brakel, Arnout van B165, I1, J68, L51-L54, R132
Bruers, Alexander Antonius P171
Carstiaenssens, Joannes Baptista A61, B217, R146
Cnobbaert, Jan B46, B277, B518, C314, D146, J2, L56, M215, P236, S214, W54
Cnobbaert, Michiel B157, B447, C172, C291, H49-H60, M279, M281, S189
Cnobbaert, wwe en erven Jan A57, B91, C289, C290, D18, D145, D151, D157, D158, D161, D163, D164, E25, G26-G29, H48, P234, S191, S254
Cnobbariana, typographia B396, B448, B462, C292
Cock, Symon/Coquus, Simon A233, T98
Colpyn, André Paul A3, E88
Compagnie, voor de R116
Cort, J. P. de P55-P57
Crajenschot, Theodorus H118
Du Moulin, Jacobus S171
Dunwalt, erven wwe Hendrik van R133

Dunwalt, Hendrik van I23, M282, T37
Eckert van Homberch, Hendrik W74
Everaerts, Alexander B217, B356, C99, C104a, C187, J36, N8, N14
Fickaert, François (II) S131
Foppens, wwe Bartholomeus B336, D186, R133
Frisius, Andreas G4
Gaesbeeck, Gaspar van A234
Gaesbeeck, Jacobus van C101, P130, Q12
Gallet, Georges P97, P98
Graet, Augustinus K29b
Grangé, A. N7
Grangé, Joannes D94-D96, J34, J35, M239, N5, N6, P51, P58, W43, W44
Grangé, Petrus B369, C257
Graphaeus, Joannes L15, M204
Gymnicus, Engelbert A219, S44
Hart, Joannes van der P3
Hey, H. P. van der W79
Hey, Petrus L. vander G204, N3
Hey, Petrus vander S81
Hey, wwe vander G203, S82
Heyliger, J. H. C104b, N4
Hillenius, Michael E38
Jacobs, Joseph H44, S130
Jacobs, wwe Petrus B332, G24, M131, V73, W122
Jaeghers, Christoffel G60
Janssens en van Merlen B497, B498, H8, M169b, T100
Janssens, Gheleyn J15, J18, T108
Janssens, T. J. D204
Jouret, Jacobus Bernardus D3, W39
Jouret, Petrus A1, A38, A132, A190, B5, B7-B10, B12, B13, B253, C111, F100, S144, S190, T71, T89
Jouret, wwe Petrus B6, B11, B14, B217
Keerbergen, Jan van B151, B210, G139, M243, S6, S69, S194, T52
La Bry, Joannis Baptista de M94
Laet, Hans de B209
Lepoittevin Delacroix, A. L. W22
Lesteens, Guilliam G59, G187, H108, L57, M222, S44, S179, S213
Libraires associés L25
Loëi, Joannes F55
Lyndanus, Theodorus V74
Marcour, J. J. G. de C51
Martinius, David M218, T4
Mesens, Jacob H104, K33, R115, S143, T108
Metelen, Frederik van C92, J55, M252, M298
Meurs, Jacob van B345, B508, E26, G188, L79-L81, L88, S41, T11
Meurs, Jan & Jacob L65, L66, L73, L75,

L87, L91

Meurs, Jan van B49, B342, B344, G59, L68, M135, S114; *zie ook* Moretus, Balthaser & wwe Jan Moretus

Moerentorf, *zie* Moretus

Moretus, Balthasar & Joannes B98, B178, L237, L262, L316, M37, R77

Moretus, Balthasar & wwe Jan Moretus & Jan van Meurs B99, B102, B179-B181, C89, E74, H15, L185, L188, M38, M244, P193, T107

Moretus, Balthasar B182, B302, B303, B310, B311, C163, C252, D40, D45, D46, L186, M39, M175, S7, T103

Moretus, Balthasar (II) B228, B461, C162, C323, G17, H15, L317, M106, M246, M247, P10, S216, S218, W12

Moretus, Balthasar (III) M227

Moretus, Jan (I) B42, B43, B177, B210, B227, B317, C269, C272, D26-D28, D38, D39, D43, D44, L184, L236, L238, L239, L241, L243-L245, L247, L255, L256, L259-L261, L315, L345, L346, L349, N1, P39, S200

Moretus, Jan (II) L351

Moretus, wwe Balthasar (III) H187, O11

Moretus, wwe Jan & zonen B100, D39, L235, L240, L242, L246, L248-L254, L257, L258, L333, L336, M217, S33, S199

Muller, Franciscus B262, B266, B396, B448, B462, C292, E27, E28, G11, L163, M53, P104a

Novæ Societatis, sumptibus G134

Nutius, erven Martinus (II) B49, C239, S114

Nutius, Martinus (III?) B289, C240, C242, G205, L71, L77, S289, T77, T90

Nutius, Martinus, & gebr. G97

Parys, Marcellus F85

Parys, P. J. L20, L22, M203, M283-M289

Peetersen van Middelburch, Henrick B206

Plantiinsche druckeriie, in de B331

Plantijn, Christoffel A173-A180, B42, B171, B246, B257, C88, D42, F46, F51, F125, G122, J83, L228, L229, L263, L331, P38, P216, S4, T22, T54

Plantijn, wwe Christoffel B176

Plantijn, wwe Christoffel & Jan Moretus B42, C270, H16, L332, L334, L337, L344, L347, L348, L350, M262, S5, S198

Plantiniana, ex (archi)typographia) B470-B472, B474, B475, L178, M107, M228, M230-M232, M248, M249, O12, O19, O21, P41, P42, P217, P218, R78

Plantiniana, ex officina A60, B43, B182, C252, D28, M175, O18, S216

Plantinienne, en l'imprimerie C47

Plassche, Bernardus Albertus vander B330

Plassche, Petrus Joannes Vander B330

Potter, Lucas de H234

Radæus, Ægidius F127

Rhyn, Henrik van R117

Robyns, Joannes Paulus H29, S102, T105

Roosen, J.-C. A159

Roveroy, Joannes Franciscus de A4, A6, A7, A9, C167, G89, P172, W57

Roveroy, Joannes Godefridus (Josephus) de A2, A5, A8, A10, A11, M202, S212

Rymers, Petrus Josephus B372

Schippers, wwe Johannes Jac. F. B338, L148

Schoesetters, J. S. P54

Silvius, Willem B225, O61

Sleghers, Joannes M280

Sleghers, Reinier A204, V2

Sleghers, wwe Reinier H45

Smits, Gerard B150

Societatis, sumptibus G54, G77, G81, G84, G86, M100

Soest, Jan Frans Van B386, D110, P191

Soest, Joannes Henricus van D111, S46

Soest, Joannes Van B16-B19, I20, L233

Spanoghe, C. M. C174, D72, W45

Steelsius, Egidius F127

Steelsius, Joannes A110, B173, C74, H11, M204

Steelsius, wwe & erven Joannes B174, B175, C317, V74

Stichter, Joannes G126

Swingenius, Henricus B258

Tavernier, Ameet B174, B175

Thieullier, Henricus (II) G14, H19, W52

Thieullier, wwe en erven Henricus P23, P24, R19

Thieullier, wwe Henri A3, A104, G15

Tielenburg, Gerard B217

Tongheren, Guilliam van B50, S301, W55

Tournes, gebr. de P2

Trognesius, Cæsar Joachim C271

Trognesius, Joachim A147, A172, B259, F124, M185, M277

Tulden, Theod. a G59

Vaenius, Otho T4

Verdussen, Henricus & Cornelius A63, C6, H218, L67, L69, L70, L72, L74, L76, L78, L82-L86, L89, L90, L92, L93, M143, R62, S9, T8, T68, V10

Verdussen, Hieronymus (I) A44, A213, B424, C45, C281, D131, G186, K34, M17, M18, M253, M303-M305, O60, R60, R73, R124, T16, W53

Verdussen, Hieronymus (II) E62, F48, H4, L1, L110, P40, R125

Verdussen, Hieronymus (III) B527, D105, F4, P64, P74, P176, R61, R85, T17, Z39-Z45

Verdussen, Hieronymus (V) O78, P74, P176, T17

Verdussen, Hieronymus (VI?) A53, B467, L280, O14, O16, P180

Verdussen, Joannes Baptista (I) B527, C135, D105, F4, M99, P64, R61, R85, S8, T93, V42, Z39-Z45

Verdussen, Joannes Baptista (II) B192, B495, H122, P44

Verdussen, Joannes Hieronymus P179

Verdussen, wwe & zoon van(?) Joannes Baptista (I) E63, M54, N17, S152

Verhoeven, Abraham D139

Vermey, Christiaan L314

Verschuren, Cornelis B170, B212

Vinck, Franciscus Ignatius B357

Vorsterman, Willem B148, V101

Vos, C. H. De A153

Willemsens, wwe Joris H95, H96, J49, P72, S310

Wolsschaten, Gerard van B352, H106, J2, O79, S114, S215, S217, Z6, Z8, Z9

Wolsschaten, Gerard van (II? III?) C288a, H107

Wolsschaten, wwe en erven Gerard W6

Woons, Cornelis (1646?-1673?) B260, C302, E13, G55, P15, P227

Woons, Jacobus C305

Woons, wwe Jacobus P170

Wouters, Henrick G149

Arnhem

Biesen, Elizabeth van, genaamt de Haas A193

Jacobi, wwe Johannes C253

Janszonius, Johannes G209

• *Arras*

la Rivière, Guillaume de B291, G21, R71, T55

Hudsebaut, wwe Anselme S146

• *Augsburg*

s.n. B276, L275

Asperger, Andreas S84

Barthl, Christophorus H167, M151

Bencard, Johann Kaspar M206, P112, P143

Bencard, wwe Johann Kaspar & cons. B37, B38, R113

Burckhart, Johann Baptist D140

Crätz, Johann Franz Xaber B130, O72

Daber(tzhofer), Chrysostomos S211

Detleffsen, Peter S264

Doll, Nicolaus G109, S187
FF Prædicatorum, expensis R36
Happach, erven Martin & cons. C35, G79, G87
Happach, Martin B1, B2, G78, H14
Ilger, Franciscus Antonius R48
Moy'schen Buchhandlung, in der B436
Klauber, gebr. K27
Lotteri, Johann Jacob G82, G83
Mang, Christoph L267
Mauracher, Johann Jacob L219, M207
Müller, Judocus Henricus L206, M169a
Negotii Academiæ Cæsareo Franciscæ, impensis M108, M109
Rieger, Matthias C118, L221, S12, S15, S16, S18
Rieger, Matthias & zonen F19, K48, L218, L222, L223, L353, M312, P9, S13, S14, S19, S20, S66, S103-S105, W97, W98, Z12-Z14
Schluter, Franz Xaber H14
Schlüter, Georg B1, B2, G78, G121, H14
Schönigk, Matthias S265
Spaeth, Johann Michael L276
Stadler, Andreas H167
Strötter & Fesenmayr S92
Summer, Thomas B130
Veith, Franz Anton & Ignaz Adam A170, C69, H178, H241
Veith, Martin A116, A118, A119, C27, E12, G76, G80, G85, G198, H177, L206, P124
Veith, Philippe, Martin, & Jean erven A117, C26, C27
Wagner, Ignaz & Anton B288, W41
Wagner, Martinus & Thomas R75
Wolff, erven Jeremias K30
Wolff, Mathias E10, E11, K52s
Wolff, wwe Mathias E11, M148
Wolff, Joseph A120, B39, B166, C186, C188, H208, M148, S61, Z16
Wolffen(s), Jeremia S264, S265
Wolffiana, in officina libraria Joseph W38
Zainer, Günther T48
• *Autun*
s.n. K7
• *Avignon*
Chambeau, Louis S169, T125
Domergue, Joseph-Thomas B399
Dupérier, Antoine M209
Fischer, Jean-Albert L283
Garrigan, Jacques L150
Girard, François R24
Giroud, Alexandre M87
Offray, François-Sebastien D214
Roberty, Joseph C39
Seguin aîné C138

• *Bamberg*
Göbhardt, Martin A135, S253
Göbhardt, Tobias S96
• *Basel*
Amerbach/Amorbach, Johann A224
Brandmüller, Johann Ludwig I22
Buxtorf, Joannes B542
Cratander, Andreas J50
Curio, Valentin C313
Deckers, Johann Jacob B542
Episcopius, Nicolaus E78, E79, J69, P162
Froben, Hieronymus E78, E79, J69, P162
Froben, Johannes A111, B245, E77, M307
Henricpetri, Sebastian C17
Im-Hoff, Johann Rudolph B202, C123
Petri, Heinrich C16, L16
Tournes, gebr. de C265, D183
Walder, Johann A183
Wolff, Thomas B223
• *Bassano*
sn. I5
Gualtieri, Francesco V90
Menchetti, Sebastiano V90
Remondini, Giuseppe en znn A78
Remondinianis, sumptibus L141, V90
• *Bergen (Mons)*
Havart, erven Jean F28
Havart, Jean B434, W29
Hoyois, Henri R131
la Roche, wwe Simeon de L131
Leroux T28
Libraires associés L25
Migeot, Gaspard B254
Varret, Jean-Nicolas B425, M102
Varret, Michael W8
Waudret, François D104, M74, M75
Waudret, fils L130
• *Berlijn*
Haude et Spener F77
Liebpert, Ulrich B93
s.n. L4, L5, M315
• *Bern*
Stuber, Jacob S219
• *Besançon*
Charmet, Jean-Baptiste F7
Deis J62
Métoyer, wwe G94
Montarsolo J62
Outhenin-Chalandre J62
• *Beziers*
Barbut, Estienne P71
• *Bielefeld*
Honæus, Franciscus Wilhelm T29
• *Bonne Espérance (abdij in Estinnes bij Binche)*
Bonne Espérance M13, O23

• *Bologna*
Monti, Giacomo N47
Typographia Sancti Thomæ Aquinatis P156
Volpe, Lelio dalla M213
Zener, Karl N47
• *Bordeaux*
La Court, G. de G115
Millanges, Jacques A237
Mongiron, J. D33
Mongiroud, Claude A237
• *Bouillon*
Evrard, Guillaume H176
Société typographique F102
• *Breda*
Goetzee, Willem M180
Imprimerie du défunt Comité insurgent V98
• *Bremen*
Berger, Erhard C307
Villiers, Berthold de C307
• *Brescia*
Bozzola, Giovan Battista A248
Britannico, Ludovico B224
Rizzardi, Giovanni Maria S45
• *Brugge*
Beernaerts, J. C208
Beernaerts, wwe Franciscus R82
Breyghel, Nicolaes A125, A126
Busscher, Joseph de B73, B77, B536, F67, G191, H160, V5, V6, V85
Doppes, Laurens D91
Eeck, Franciscus van F62
Hese, Frans van V68
Kerchove, Jan Baptiste vanden W110, W113, W114
Kerchove, Lucas vanden B323, W110, W111, W113
Macqué, Jan Baptist H83
Moor, Cornelis de G92, G93, K22, S177
Pee, Ignatius van R126
Pee, Pieter van B385, W112
Praet, Joseph van C320, M110-M114
Wydts, Andreas D92
• *Brussel*
s.n. E20, P215
Backer, George de C7-C10
Bast, P. de M167
Berghen, J. van den C15, G182, G184, L181
Bettens, Zacharias M313
Bossuyt, Martinus van B481, C203, C204, D132, F29, H92
Boucherie, Jean-Joseph C221, D107
Claudinot, Antoine M193
Claudinot, wwe Antoine O62
Collaer, Antoine V21

Compagnie, La C158
Dams, Ægidii P62
Demat T28
Demongeot I17
Demengeot et Goodman L43
Dobbeleer, Peeter de S245, S259, Y2
Doren, J. van O62, S65
Dujardin, Hubert B143
Dupon, J.-B. B266, B516
Durban, H. J. O74
Ermens, Joseph C303, D20, G8, V1
Flon, Emmanuel E54, G98
Foppens, François (I) B298, H13, L129, L306
Foppens, François (II) B122, B312, C154, C285, C286, F75, F76, F94, H156, H157, J59, J60, J64, K32, M84, M195, M219, N23
Foppens, Petrus B512, C287, F74, M219, W121
Foppens, wwe C173, L63
Fricx, Eugène Henri B341, B375, B394, C94, C210, D193, F59, F66, G137, J73, L208, L273, L305, M63, M65, M196, Q11, T60, W77
Fricx/Frickx, George A137, P195, P196, R66-R69
Gaborria, Armand O74
Genst, de S124
Greuse, Alphonse B330
Griek, Emanuel De C220
Grieck, Judocus de S244, S246, W50
Haes, P.-J. De G192, H153, M181, S163, S164
Heyvaert Pauwels, P. J N42
Huyghe, G. L108, O5
Jacobs, Nicolas A91
Jacobs, wwe G. C288b, K45, K46
Jorez, J. B. E90, P132
Lacrosse, Arnold C150, R128
Lecharlier D212, F18, T28, V52
Leeneer, Jean Baptiste de G42
Le Francq, Benoît E2, N18
Lejeune zn & Galaud L201
Lejeune, Th. B500
Lemaire, Matthieu B146, G63, G65, M52, P4
Lemmens, Philippe-Joseph B233, M171, O85, R56
Leonard, Jean A88, C161, J75, J76, L128
Libraires associés L25
Libraires et marchands de nouveautés D54
Librairie catholique I17
Marchant, Lambert B3, N39, R143
Mat, P. J. de L10, N32
Maubach, J. D56
Meerbeek, van P185

Méquignon-Havard B205
Mommaert, Jan (I) G132, S298
Mommaert, Jan (II) B350, B526, E14, E15, L207
Pauwels, Gérard C68, R108
Pepermans, Jan M216, M221, P185
Pion, wwe François G63
Regia academia D93, H126, H191
Remy, H. S68
Renaudière, X., fils aîné B79, Z2
Scheybels, Guilliam I21
Scheybels, wwe Guilliam R31
Simon, M. J. G. B94
Smedt, Jean de H119
Socios Bollandianos, apud B330
Stapleaux, Adolphe D101, J80, N43, T14
Stryckwant, Ægidius (I) T80
Stryckwant, Ægidius (II) C11, C82
Stryckwant, Nicolas B232, C11, C100, D92
Tarlier, H. M72, T28
Tarte, J. L108
't Serstevens, Joseph B261, C262
't Serstevens, François (I) B81, F93, S246
't Serstevens, François (II) A145, B454, B455, B459, C112, D107, D127, D195, F107, G129, H186, J28, J29, K40, M226, N2, O4, O7, O26, S127, V94
't Serstevens, gebr. G133
't Serstevens, Hubert-François B458, H102, J30, O58, Q5
't Serstevens, Simon A96, B396, B463, C172, H249, K39, L62, L177, L285, N37b, O8, R79
't Serstevens, wwe François (II) W25
Vanderborght, J.-J. A154
Velde, Jacob van de (I) B339
Velde, Jacob vande (II) C303, H67, P75, R140, S220-S222, V47, V48
Velde, Peeter vande C304, T81
Velpius, Hubert Anthoon A137, D50, F47, S21, S22, S122
Velpius, Marcel Anthoon A137
Velpius, Rutgeert B27, Y1
Vivien, Balthazar C170, M170
Vivien, François A221, T91
Vlaenderen, Jean van B427, S10, T69
Vleminckx, P. M181
Vleminkx, Henri E54
Vleugaert, Philippe Q9, S49
Vleugaert, wwe Joannes B347, B348, G3, K20
Vleugaert, wwe Philippe W107
Voglet S68
Vos, André de L233, M171, O85
Vos, Charles de C11, G34, M171, O85, S52, S123

Vos, Jean Baptiste de C11, M171, O85, S52
Vromant, François B330
Wahlen B515, D97, T28
• *Burgos*
Giunta, Filippo A93
• *Caen*
Le Roy, G. C152, C153
• *Cambrai*
Berthoud, Samuel D217, E70
La Rivière, Jean de M60
Laurent, Josse F108
• *Chartres*
Le Tellier, François (II) P119, P121
Clermont-Ferrand
Landriot H121
• *Cremona*
Bozzola A248
• *Delft*
Beman, Adriaan C318
Boitet, Reinier S89
Claesz, Adriaen B114
Gerritsen, Adriaen T7
Holzen, Bernard van B480
Rhyn, Hendrik van C76, E46, K44, L191, L200, O27, O37, O44, Q17, S182b, V43, V54
• *Dendermonde*
Du Caju, Jacob K21
• *Deventer*
Welbergen, Willem van D199
• *Dijon*
Frantin, Louis Nicolas B21
• *Dillingen*
Bencard, Johann Kaspar A165, C195, G116, M206, P112, P143, S125, S126, S252
Bencard, wwe Johann Kaspar & cons. B37, B38, R113
Bencardianis, typis S92
Federle, Johann W7
Formis academicis W7
Mainard, Hieronymus C195
Mayer, Johann H32
Mayer, Sebald H142, N34, S193, W75
Schwertlen, Johan Ferdinand S93
Sutor, Kaspar L113
• *Dinant*
Wirkay, Philippe B353, B388, C222, R47, T82
• *Doornik*
Casterman, J. aîné B540, G95, M159
Cauvin, Regis jr K22
Quinque, Adrianus M36
• *Dordrecht*
Andriesz, Abraham O73
Blussé, Abraham L121, P223

Braam, Joannes van P146
Goris, wwe Jasper W89
• *Douai*
Avroy, Pierre B80, R9
Bardou, Barthelemy P100, R10
Bellère, Baltazar C232, C249, D148, D153, D167, E65, G19, L13, M35, P115, R32, S70, T66, T102, T137, V45, W4, W5
Bellère, wwe P153
Bogard, Jean (I) A239, B4, H7, H114
Bogard, Jean (II) D155, V84
Borremans, Petrus E67
Borremans, wwe & erven Petrus M263, P111
Derbaix, Charles Louis L137
Derbaix, gebr. A150, D196, F95
Derbaix, Joseph L216
Mairesse, Michel A105, H85, M92
Patté, Gerard S307
Patté, Jean H81
Pinchon, Gerard B80, R11
Spira, Jean de S306
Telv, wwe Petrus R64
Willerval, Jacques-François L278, N24, O84
Wyon, Marcus B543, S69, Z19
• *Dresden*
Walther, gebr. L156
• *Edimburg*
la Compagnie B329
• *Emmerich*
Eynden, Arnoldo ab N15b
Romen, J.-L. F73
Serstevens, Joseph B267
• *Erlau*
Typis Lycei Archi-Episcopalis A58
• *Etival*
Heller, Martin S205
Heller, Johann Martin H231
• *Ferrara*
s.n. B127
Remondinianis, sumptibus V82
• *Florence*
Viviani, Pietro Gaetano L46
Paperinii, Bernardo L45
• *Foligno*
Campana, Pompejus Z4
• *Frankfurt*
s.n. H176, L321, L322, M158
Aubry, Daniel & David S303
Aubry, erven Johannes P175
Aubry, Johannes B479, P21
Basse, Nicolaus S186
Duren, Johannes Van (II) F41
Egenolph, Christian A194, A235
Eichenberg, Johann Bernard. sr G201
Fabricius, Petrus J70

Feyerabend, Johann L271
Feyerabend, Sigmund J70, L271
Fischer, Peter L271
Fleischer, Johann Friedrich G111
Garbe, Johann Gottlieb G201
Gaum, Johann Friedrich S263
Genschius, Christianus H66
Göbelius, A B88
Göbhardt, Tobias W119
Görlin, Johann P114
Lanckischens, erven Friedrich L323, L324
Le Telier, Daniel P35
Marne, Claude de B479, P21, P175
Meidinger, Johann Valentin M158
Pfotenhauer, P. G. B88
Pressius, Johannes B58, E37
Pütz, Johann Michael Joseph G13
Rabbi Mozes M224b
Rengeriana, Libraria W104
Saur, Johann S186
Schleich, Clemens S303
Schönwetter, Johann Gottfried C55
Schönwetteriana, officina S181
Schultzen, wwe Gothofredi P114
Springius, W. L. erven G201
Stoehr, Johann Christoph G201
Süss, Elias S263
Tack, Heinrich L271
Varrentrapp, Franz K22, S77
Wechel, erven Andreas B479, F115, P21
Wechelianis, typis A36, E37
Weidmannianis, sumptibus C198
Weiss, Ulrich G201
Wohler, Samuel S263
• *Franeker*
Amama, Henricus H222
Bleck, Wibius H26
Gyselaar, Johannes H223
Rade, Gillis van den D176, D177
Strick, Leonardus H224, H226
Tædema, Zacharias H222
• *Freiburg/Fribourg*
Quentz, Johann Jacob B517
• *Freiburg im Breisgau*
Wagner, gebr. Ignaz & Anton B288, W41
• *Fulda*
Weidmann, Maurits Georg S78
• *Geneve*
Baudouin, Pierre E60
Bousquet, Marc Michel C264, L111
Chouet, Pierre & Jacques J87, L23
Cramer, J. A. L307-L309, L311, L312
Crespin, Samuel C237
Estienne, Henri (II) D119
Fabri & Barrillot L111
La Rovière, Pierre de S295
La Rovière, Pierre de, erven S71

Manget, Gaspard Joël M41-42
Perachon, Philibert L307-L309, L311, L312
Puteanus, Dominicus (Cosmopoli) P136
Roviere, Pierre de la S295
Stoer, Jacob J86
Tournes, Gabriel de & zonen C282
Tournes, gebr. de B520, C71
• *Gent*
Begyn, Josse A171, D170, K22, W19
Bernaert, Franciscus P211
Danckaert, Jan N13
Fernand, C. J. W99-W103
Goesin, Michael de P210
Goesin, Petrus de (I) C72
Goesin, Petrus de (II) C274, C277, C278, H73, L169-L176, M192, V76, W51
Goesin, wwe Petrus de (I) D87, P210
Goesin-Verhaeghe, P. F. de D112, G136
Graet, erven Maximiliaan D197, L287
Graet, Maximiliaan D113, F88, R58
Graet, Michiel D108, H250
Houdin, J.-N. B64, K13
Kerchove, Jan vanden H22, H23
Le Maire, Ludovicus D171, Q7
Maes, Michiel B385, T38
Meeren, Cornelis vander P36
Meyer, Cornelis B397, G193, M200, M201
Meyer, Jan B285, B370, B371, B407, D88, L233, P133, P210, S248, V41
Poelman, Bernard B110, B111, B215, B216, C305, D109, M319, V27, V51
Ryckegem, P. J. van B200, D30, M302
Schelden, A.-I. vander E87, G64, L279, Z11
Schuring, Jan V78
Sersanders, Alexander M73
Somers, wwe Servatius B164
Stéven, A. B. B65, B66, V7
Stéven, wwe A. B. B67
Vereecken, Petrus Joannes P210
Ween, Dominicus & Franciscus vander B244, B262, B264, B266, C284, F65, F99, V55, V57
Ween, Dominicus vander V40, V41
Ween, Mauritius vander E30, M9, V55, V59, V60
• *Giessen*
Seileriana, officina S79
• *Göttingen*
Regia Officina Librar. Academ. G201
Schmidt, Johann Wilhelm E7
• *Gorinchem/Gorkum*
Goetzee, Nicolaas, Pieter & wwe Nicolaas M180
Severeynse, Frans W115

- *Gotha*
Ettinger, C. W. A87
Perthes, Justus A87
- *Gouda*
Cloppenburg, Lucas G213
- *'s-Gravenhage*
Alberts, Rutger Christoffel B304, B305
Balen, Pieter Gerard van B522
Beauregard, Isaac de G68
Block, Gerard H221, M133
Boucquet, Cornelis H207
Dijck, Levyn van (I) S115
Dole, Louis & Henry M297
Doll, Jasper S115, S116
Du Sauzet, Henry P94
Duren, Johannes van (II) F41
Gaillard, Mattheus H207
Gosse, Pierre G68, L47, L292, P145
Hillebrant Jacobssz, *zie* Wouw, H. J. van
Hondt, Abraham de C81
Hondt, Pieter de B275, H21, L289, L292, M153, M211
Husson, Pieter C113, D201
Immerzeel, J. jr T104
Kloot, Isaac van der D202
Leers, Arnout (II) B278, F128
Lom, Chretien van B533, B534, G58, L290, S50, S53
Moetjens, Adriaan M297
Moetjens, Adriaen (II) L47
Moetjens, wwe Adriaen (I) M295, R129
Neaulme, Jean D202, L292, P164, V65
Paupie, Pierre B430
s.n. D144
Swart, Johannes H207
Thol, Pieter van (I) L291
Tongerloo, Johannes S115
Veely, Johan S116
Vlack, Adriaen L39
Wouw, Hillebrant Jacobsz van (I) M179
- *Graz*
Veith, Philippe, Martin, & Jean erven A117, C26, C27
- *Grenoble*
Faure, André S35
- *Günzburg*
Wageggianis, typis L220
- *Haarlem*
Bosch, Jan L59, L60
- *Hagenau*
Alantse, Lucas C19
Anshelm, Thomas C19
Birckman, Franciscus C20
Gran, Heinrich L277, P65, P66
Gravius, Henricus C20
Knobloch, Johann C20
Rynman, Joannes L277, P65, P66

- *Halle (aan de Saale)*
s.n. W103
Bibliopolii Novi, sumptibus S176
du Serre, Felix S176
Kümmel, Carl August G33
Orphanotrophei, sumtibus B292, B293, B321, B322
- *Hamburg*
Bohn, J. F6
Bohn, J.C. F6
Fauche, Pierre B53
Felginer, Theodor Christoph F6
Felginer, wwe B. F6
Felginer, wwe Theodor Christoph F6
Herold, Christian V88
Liebezeit, Christian A123, F6, L34, L232
- *Hanau*
Aubry, erven Johann A36
Marne, Claude de A36
- *Hannover*
Förster, Nicolaus L140
- *Harderwijk*
Jansonius, Johannes P187
Wieringen, Nicolaes van P187
- *Heidelberg*
Goebhardt, Tobias S95, S96, W119, W120
Wiesen, Johann S168
- *Helmstedt*
Hamm, Georg Wolffgang M157
Weygand, Christian Friedrich M301
- *Herborn*
s.n. B493
Andreas, Johan. Nicolas V81
Corvinus, Christoph C175
- *'S-Hertogenbosch*
Arkesteyn, J. J. G75
Langenhuyzen, gebr. M33
Palier, J. T. H127, H131, H133-H135
Scheffer, Jan (II) C190
Scheffers, Petrus R14
- *Hildesheim*
Sieger, Jacob E4
- *Hoorn*
Roos, Volkard F84
Tjallingius, Tjalling F82
- *Ieper*
Declercq et Walwein K22
Rave, Petrus Jacobus de A33
Walwein, Thomas Franciscus C43, C156, C157, C159
Walwein, wwe T. F. R146
- *Ingolstadt*
Angermaier, Andreas C79, G142, G160, G166, G168, G169, G177, G178, L319, V17
Angermaier, Elisabeth E3, G150, G156, G167, G172, G180, P160, S3
Bayr, Johann B519
Crätz, Johann Franz Xaber B130, C42, O72, Z24
Eder, Wilhelm B519, G154, G163
Ederiano, ex typographeo E3, G150, G166, G167, G172, G175b, G180, S3, V17
Hänlin, Gregor F3, S208-S210
Hertsroy, Johann C79, E3, G142, G156, G160, G168, G169, G172, G180, L319, V17
Knab, Johann Simon H33
Krüll, Johann Wilhelm W58, W59
La Haye, Johann Andreas de L142, M147, R38, S93
Sartorius, Adam A122, B105, C78, E42, G53, G145, G151-G153, G155, G157-G159, G161, G162, G164, G165, G170, G173-G176, G179, G181, P50, R5
Sartorius, David B105, H31
Summer, Thomas B130
Zinck, Johann Philipp H33, H34
- *Innsbruck*
Wagner, Joannis Nep. B308
Wagner, Mich. Ant. S174
Wagnerianis, formis P157
Wolff, Joseph A120, B39, B166, C186, C188, H208, S61, Z16
- *Jena*
Bailliar, Ernst Claudius S260
Bauhöfer, Johann Jacob S98
Bielcke, Johann Felix S261
- *Kaufbeuren*
Neth, Joannis Baptista H167
- *Kempten*
Bartl, Christophorus H167
Ex ducali typographeo G117
Stadler, Andreas G117, H167
s.n. V66
- *Keulen*
s.n. D221, D222, M146, R17, R18, R20, T87
Alstorff, Johann A18
Alstorff, Peter F86
Berges, Godefridus de C58
Bingen, Andreas B531
Birckmann, wwe Johann S64
Birckmannica, in officina (16e-17e) A45, B485-B487, L338-L340, M257, M259, R63, T123
Birckmannica, in officina (begin 18e) A49, A102, A103, C116, C177, G171, O80
Busæus, Johannes B117, B118, B523, E24, H17, M141, W3
Bütgen, Konrad L28
Calcek, Thomas A227

Calenius, Gerwin C48
Cervicornus, Eucharius A128, R7, Z5
Cholinus, Maternus A158, C50, P110
Ciotti, Johann Baptist M268
Cöln, Heinrich Theodor & Thomas von R74
Crabbens, Johann Franz H101
Crithius, Johann B97
Demen, Hermann A185, B337
Egmond, Balthasar von, (& socii) A211, B185, C91, C212a, G44, H39, H41-H43, L318, M173, N16, T65, V9
Egmond, Cornelius von (& socii) A212, A214, A215, D149, D150, D152, D154, D156, D160, D162, D168, D169, M245, S226, T56
Egmond, erven Balthasar von, & socii B196
Egmond, erven Cornelius von C142
Egmontianis, typis F68
Eynden, Arnoldus vanden L362
Friessem, Johann Wilhelm (II) A238, B89, K6, L116, W9
Friessem, Johann Wilhelm (III) L205
Friessem, Wilhelm B504, P104a
Friessemiana, officina B168
Frisius, Andreas M174
Fromert, Johann Everhard B168
Graminäus, Theodor P91
Gualtherus, *zie* Wolter
Gymnich, Johann (III) D216
Gymnich, Johann (IV) B299, M32, S34
Gymnich, Martin A46
Gymnich, wwe & erven Johann (III) M163, M164
Haas, Hermann Joseph S85
Hemmerden, Stephan H37
Henning, Petrus A86, M162, P93, P200
Hierat, Anton A202, B101, B299, D114, S34
Hierat, Arnold D114
Hilden, Peter A246, H246
Hilden, wwe Petrus Theodorus D37
Hubert, Johann M76
Jansen, Jacob Theodor O24, P212
Kalchoven, Jost (& socii) F45, R121
Kempen, Arnold von M292
Kempen, Gottfried von M260
Kinckes, Johann C165, C238, C273, D180, E29, G99, H37, P69b, R42, R65, S258
Kinckius, Johann Anton R94
Krakamp, wwe Johann Wilhelm S75
La Hache, Joseph de L198
Langenberg, Joannes K14
Le Grand, Pierre Q14
Marteau, erven Pierre A48

Marteau, Pierre G45, G46
Metternich, Arnold W80
Metternich, Franciscus C247, M91, P11, R95
Metternich, Franciscus Wilhelmus Josephus K3
Metternich, Wilhelm A55, C247, E71, P201, R89
Metternich, wwe Wilhelm & zonen P140, T111
Metternichiana, officina R52, R53, R55
Münich, Konstantin (& socii) D165, H219
Mylius, Arnold B486, D35, L338-L340, M257, M259, R63, T123
Mylius, Hermann (I) A45, B485, B487
Naulæus, Jacobus B186
Neuss, Melchior von C70, L64
Noethen, Servas B528, J9, J67
Noetheniana, ex officina D200, J11, S99, S100
Novesianus, *zie* Neuss
Predicatores, apud A203
Pütz, Johann Michael Joseph G13
Putz, Petrus P61
Quentel, Arnold L342, L343
Quentel, erven Johann C48
Quentel, Johann D123
Quentel, Peter D122, J55, R7
Roderique, Joannes Ignatius R91
Schouten, Nicolaus D129, S60
Simon, erven Christian S75
Simon, Heinrich Joseph G36, K22, S75
Societatis Jesu T1
Soter, Johannes D126
Steinhauss, Otto Joseph E84-85
Sundorff, Ferdinand C49
Weidenfeldt, erven Johann A166, C58
Wolter, Bernard B41, B104, B106, J56, M214, M220, P154, R120
Wolter, wwe & erven Bernard, & soc. B184, B218, B221, B250
Worringen, Hartger P93
Zell, Ulrich P149
• *Konstanz*
Wagner, Martinus & Thomas R75
Sylvius, Æneas W94
• *Kortrijk*
Langhe, Joannes De V56, V58, V61, V62
Du Marteau K22
• *La Correrie (Grande Chartreuse)*
Fremon, Antonius A133
• *la Fleche*
Griveau, George J79
Hebert, Louis A141
• *Lauenburg*
Pfeiffer, Christian Albrecht A123, L34
• *Lausanne*

Bousquet, Marc-Mic. & comp. C254
• *Leeuwarden*
Halma, François E82
Nauta, Hero H225
• *Leiden*
s.n. A184, B404
Aa, Janssoons vander P168
Aa, Petrus vander A106, B92, G131, I2, K17, M224a, R100, S192, X1-X4
Balduinus, *zie* Bouwensz, J.
Basson, Govert B355
Basson, Thomas S112
Beman, Adrianus C318
Bouwensz., Joannes C200
Boxe, Willem Christiaens vander H38
Cloeck, Andries M182
Dalen, Daniel van den H180, H182, T3
Damme, Daniel van P223, S305
Deyster, Jan & Hendrik (I) van der L194
Elzevier, Abraham & Bonaventura V95
Elzevier, Lodewijk (I) C200, C201, E22
Elzeviriana, ex officina H68, K50, L19, P163, R139
Groot, Gerrit de, en zoon H12
Haak, Theodoor (I) A54, E73, F32b, H30, P99
Haaring, Frederic J58
Hackiana, officina B40
Hackius, Franciscus T20
Haestens, Henricus van E22
Hoogeveen, Cornelius van, jr. P222, S86
Karnebeek, Jacobus van P222
Langerak, Johan Arnold V28
Luchtmans, Samuel (I) C22, C23, C318, H30, O76
Luchtmans, Samuel en zonen S167
Luchtmans, Samuel en Johannes H12
Luzac, Johannes H25
Maire, Joannes B161, R37, V83
Marsse, Joris Abrahamsz vander M186
Mijn, Abraham vander C309, C310, M133a
Raphelengius, Christophorus A181, R15
Seversz, Jan H125, P16
Verbeek, Herman & Johannes S305
• *Leipzig*
Arkstee & Merkus D17, H74, M264, W15
Eichenberg, Johann Bernhard, sr G201
Fleischer, Johann Friedrich G111
Förster, Nicolaus A59
Fritsch, J. Thomas H228
Garbe, Jo. Gottl. G201
Gaum, Johann Friedrich S263
Gleditsch, Johann Friedrich E6
Göbelius, A. B88
Göbhardt, Tobias W120

245

Hahniana, libraria H198
Kofs, Joseph Anton S76
Lanckischens, erven Friedrich H163, L323, L324
Lebrecht, Siegfried H196
Martini, Godofredus H192
Martini, Johann Christian M161
Pfotenhauer, P. G. B88
Rengeriana, Libraria W104
Seidel, Christoph L203
s.n. H176, L321, L322
Springius, W. L. erven G201
Stoehr, Johann Christoph G201
Süsz, Elias S263
Teubner, B.G. H197
Vogel, F. C. C. H188
Weidmann, Moritz Georg S76, S78
Weiss, Ulrich G201
Wetstenii & Smith J48
Wohler, Samuel S263

• Leuven

s.n. E48-E50, E53, T118, W30
Academica, ex typographia A191, B125, B126, B128, B131, B199, B378, L179, M67, M258, M271, M309, P26, P27
Bathen, Jacob N10
Baumans, Henri C44, C86, F122, H10, K19, K23, N44, P82
Bergagne, Antoine Marie B201, B208
Birckmann, erven Arnold E80, S173
Bogaert, Jean H111-H113, H115, L341, P20
Bouvet, Andries P235
Bouvet, wwe Andries W78
Coenesteyn, Cornelis K16, L187, P49, P237, R144, R145, S51, W62, W70
Coenesteyn, Cyprianus F10, W64, W71
Collegio Theologorum, in S228
Colonia, Petrus de B32
Coppens, Judocus H123, H124
Coppens, wwe Judocus C283
Denique, Ægidius A197, B393, C181, E56, E58, G133, H80, H110, J33, O42, O52, R117, S234, S236, T129-T136, W63, W65, W66
Denique, Ægidius-Petrus C234
Denique, Petrus-Augusteus E57, M12, W2
Dormael, Philippus van B319, U3, V50
Flaviana, ex officina P231-P233
Flavius, Joannes Christophorus C115, J63, P230
Franckx, M. J. K36
Franckx, T. H159
Gosin, Hieronymus de B103
Gravius, Bartholomæus B201, B207, B208, B313, I27, J17, P109
Gutskoven-Franckx A92
Haert, Hendrik vander C87, D130
Haert, Jan Baptist vander A92, C102, C103
Haert, wwe Jan Baptist vander A92
Hasten, Hendrik van B368, B402, C215, C279, M134, P17
Heijden, Petrus vander A236
Heybergius, Jacobus A64, L341
Hullegaerde, Martinus B251, J24, L12, L126, P33, R122, R123
Jacobs, Joannes A91, A92, B167, B435, B466, B468, C171, D137, G62, H138, J8, L124, L162, M138, M139, O10, P59, P138, P139, S242, S304, V3, V4, V89, W42, W56
Kuypers, W. F106
Lips, George B121, B358, G71, G72, P28, P182
Maes, Bernardyn (I & II) A220, B279, B363, B364, B367, C61, D178, H137, J37, L21, L55, L94, O55, P183, P186, P214, S202, S204, W47, W68, W69, W72
Maes, wwe Bernardyn V49, Z25, Z27
Maes, Jan B23, B482, C321, D99, J38-J41, L157, L158, L160, L161, L164-L166, L230, M255, M256, M261, P112, R107, V69
Marneff-Vannes K38
Maswiens, J. F. A92, U2
Meyer, J. A92, C182, C183, D174, H87
Michel, Franciscus A200, G74, Q8, Q10, S175
Michel, J. P. G. B22, B124, B419, B496, F119, H9, K22, K24, L178, L180, P77, P78, P81, P83-P90, P202, R16, R34, S30, S247, W81
Minimen, te bekomen in het voormalige klooster der G25
Nempe, Hieronymus A124, B360, B429, C62, C63, D100, F91, F92, F118, F120, H40, H109, H143, H247, J22, J26, L168, S118, S159, S160, Z30, Z31
Oliviers, Jan K16, P237
Overbeke, Hendrik van B502, B503, B505, B507, D51, H27, S223, S225, S227, S239, V72
Overbeke, Joannes Franciscus van B115, B116, B383, B384, C2, C226, D12, E8, E64, G22, G104, G214, H82, H90, R54, S25, S26, T114, W83-W88
Overbeke, Martinus van A95, B84, B129, B193, B334, B383, B437, B438, C83, C84, C95, C245, D4, D5, D10, D11, D13-D16, D203, G202, K10, K11, L233, M152, P134, Q1, R53, S10, S235, S238, S241, T106, T113, T115, W76, W108, Y3
Peeters, P. J. A92
Phalesius, Petrus N10
Rivius, Gerardus F38
Sassen, Andreas van L159
Sassen, Petrus van D179, J22, L355, P22, S118
Sassen, Servatius van (I) H237, L215
Sassen, Servatius van (II) E80, H6, L159, S173
Schellekens, Jean Baptiste R8, W31-W36
Simonis, Franciscus R13
Societatis, sumptibus E51
Stryckwant, Guilielmus B81, B230, B252, B359, B361, C117, E35, E52, F93, H165, H244, H248, J19, L38, L101, L125, M19, M187-M191, M194, M197-M199, M291, O2, O54, P60, P130, P131, S65, S83, S182a, W67, Z26
Universiteyt (ende stadt) van Lo(e)ven B207, B208
Urban, L. J. A152, D61, D128, G148, K18, Q2, Q3
Vaddere, Petrus de D6, M101, O15, S224, S237, W80
Valerius, Stephanus A231, H111, I24
Vanlinthout et Vandenzande B112, B113, B295, B349, B401, B405, B409, B545, C147, F26, F32a, F33, F109, J45, L30, L42, L97, L138, L265, S31, W14, Z2
Vannes, Petrus C109, H152
Velde, Franciscus vande A92, A97, A98, B381, B501, B506, C192, C194, D7-D9, I19, I26, J1, K2, K12, P29-P31, P60, R30, S1, S299, T39, Z34-Z37
Velde, wwe Franciscus vande B382
Velpen, Rudgert van A64, A228, M290, P104b
Verbiest, P. J. A92
Waen, Jan B201, B208
Wellens, Hieronymus A231, I18, I24, L164, L166
Witte, Adrianus de A186, F123, L357, S232, S240, T15
Witte, Everard de P184, P229
Witte, wwe Adrianus De A189, H40
Zangré, Michel De V37
Zangré, Philippe de B482, J39, M261
Zangré, Pierre de B23, B249, J13, L157, L158, L160, L161, L234
Zegers, Jacob C144, J21, J23, V50, W20
Zegers, wwe Jacob J20

• Lier

Le Tellier, J. H. H128-H130, H132

• Limoges

Barbou, Pierre V29

• Linz

Ilger, Franciscus Antonius R48

• Londen

Bell, Mosis B541

Bowyer, Jonah D189
Brindley, James J89
Cartwright, Samuel B541
Clavell, Robert M251
Compagnie, la O53
Cooper, Joseph H105
Dulau et Comp^{ie} S172
Graham H105
Herringman, Henry D136
Hodgkinsonne, Richard D134
James, George D189
Junius, Jacobus B541
Martin, John D136
Meighan, Thomas G123, M58
Newcomb, Thomas D136
Roper, Ab. D136
Roycroft, S. M251
s.n. C67, D181, H75
Société Typographique H76
Spilsbury, T. & zoon V75
Treutel et Wurtz H161, S172
Warren, Alicia D135
Whitaker, Richard B541
• *Lorette*
Sartori, Frédéric A32
• *Lucca*
Junctinius, Vincentius B30
Justus, Jacobus B335
Venturini, Leonardo B44, B45, B47, C34, M2, R72
• *Luik*
s.n. D72, H147, N11, P148, R141
Barchon, F. Alexandre B326, C256, M56
Bassompierre, Anne-Cathérine E1
Bassompierre, Jean François C259, G183, G184, K22, L181, M116, M118, M120, M122-M127, R102, S154-S157
Bassompierre, Jean-François II B70, B281, B373, B406, B411-B415, D63, D67, D69, D71, D75, D77, D80, D82, F16, F18, H175, P79, P80
Bassompierre, wwe Jean François II F17
Bourguignon, C. R110, R112
Bourguignon, S. F11, L282
Broncart, Guillaume Ignace L196
Broncart, Jean François B82, B83, B325, D186, F63, H86, L103, L104, L106, L107, L145, L296, L299, L301, O45, V15
Bronckart, Arnould C261
Bronckart, wwe Baudouin M51
Coerswarem, Arnoult de G101
Colette, Barthelemi B333, I9, N36
Colette, Charles R80
Collaert, P. J. D84
Collardin, P. J. V77
Danthez, Pierre C260, F44
Delorme de la Tour, J. S154-S157

Desoer, F. J. B400
Dessain, J. D20
Duvivier L132, L133
Gerlach, Jacques-Antoine B159, C97
Gramme, J. P. D218
Grison, Gerard B162
Hovius, erven Guillaume P32
Hovius, Guilaume P173
Hovius, Henri (I) M242, P174
Hovius, Henri (II) B390, L274
Hovius, Jean Mathieu A134, B60, B390, B483, F78, F79, I6, L37, L274, M79
Hoyoux, erven Henri A114, A115, O41
Hoyoux, Henri H245, J49, O35, P177
Imprimerie des nations F27
Kersten D31
Kints, Everard B283, F80, H88, L35
Latour, J. A. F90
Lebeau-Ouwerx T41
Lemarié, Fr. E47, F19-F21, F24, F31, N45, P113
Libraires associés B377, L25
Librairie ecclésiastique A79
Lints, G. M62
Milst, Jean Louis van L199
Milst, Jean van H35
Morberius, Gautier M242
Ouwerx, Christian C143, F36
Ouwerx, Jean F126
Painsmay, Pierre-Antoine C97
Philippart, Jean-Etienne C258
Plomteux, Clément L146, R27, R111
Rivius, Hieronymus S233
Société typographique B141
Streel, Guillaume Henry F54, G10
Streel, Leonard F126
Streel, N. M61, M62
Tutot, Jean-Jacques C12, L118, R28
• *Luxemburg*
Bousquet, Marc-Michel & soc. P189
Chevalier, André C189, H230, H232, M15, P101, P189
Chevalier, erven André B457, C189, S67
Libraires associés L25
Reulandt, Hubertus R87
• *Lyon*
Anisson, Laurent C56, F5, R22, S151, T10
Anissoniana, ex officina B156, B158, C3, C57, G114, G118, J51, L100, M48, S42, S151, T59, T86
Arnaud, Jean C129, H79, S40
Arnaud, Laurent B35, B36, C126, C129, C155, H79, L327-L329, S40, S275, S286
Arnaud, Pierre C129, H79, S40
Barbier, Guillaume (II) G16
Bessiat, wwe C151
Blanchard, Antoine T72, T73

Boissat, erven Gabriel R22
Bonin/Bounyn, Benoit M150
Borde, Philippe B35, B36, C126, C155, L327-L329, S275, S286
Borde, Pierre C129, C155, H79, S40
Boudet, Antoine C1, H209-H211
Boudet, wwe d'Antoine H211-H213
Boulanger, Jules César B403
Bruyset aîné & cie V12
Bruyset, gebr. B195, B307, C153, C300, F57, F58, J61, T49, V11
Bruyset, Jean-Marie C223, C301, E49, M293, S36
Bruyset, Jean-Marie vader & zn A82, A85, M294
Bruyset, Pierre V79
Bruyset-Ponthus, Pierre F113
Buysson, Jean Baptiste M210, M267, Z23
Cardon, Horace L295, S2, S37, S270, S272, V32
Cardon, Jacques A107, C18, F49, S38, S274, S276-S278, S281, S282
Cavellat, Pierre A107, S38, S281, S282
Certe, Jacques S153
Certe, Jean T138
Chalmette, Louis T94
Chard, Antoine C255
Chevalier, Michel S113
Cizeron, C. C148
Comba, François R127, T81
Cramer, J. A. L309
Declaustre C1
Deville C1
Deville, gebr. B194, T94
Duplain, gebr. P96
Duplain, Pierre l'aîné D118
Durand, Laurent N46
Frellon, Jean (II) T122
Gautherin, Jonas, Marcellin & Pierre P199
Girin, Jen T58
Giunta, Jacques de M150, T49, T73
Gregorius, Joannes C127
Gryphius, Antoine S59
Gryphius, Sébastien S150
Guerin, Thomas S257
Guyot, gebr. F22
Honorat, Sebastien A205, A207-A210, A217, A222, A223, A225, A230
Huguetan, Jacques A130
Huguetan, Jean Antoine (II) D103, D159, G16, L58, R23
La Bottiere, François de M81
La Garde, Jérome de B108
Landry, Claude S137
Larjot, Claude M144, Z18
La Roche, de C1

Laurens, Antoine M78
Lautret, Jean P199
Libraires associés B282
Mauteville, Benoît-Michel & Jacques-Marie B280
Moylin, Jean M149
Myt, Jacques A130, A167
Perachon, Philibert L309
Perisse, gebr. A216, R93, T62, T63, V53
Pillehotte, Antoine B351, G135, G144, L95, L96
Portonariis, Vincent de A167, M149
Posuel, Jean B156, B158, C3, G114, G118, J52, L100, M48, S151, T59, T86
Prost, André T128
Prost, Claude D55
Prost, erven Pierre C126, L327, L328
Prost, Jacques B343, C40, L325, L326, S149, T128
Prost, Mattieu B343, T128
Prost, Pierre C40, C125, L325, S149
Ravaud, Marc Antoine D159, R23
Rigaud, Benoît N40, N41
Rigaud, Claude B35, B36, B156, C155, J51, L329, M48, S275, S286
Rosset, L. C152
Rouillé, erven Guillaume D215, R25
Rouilliana, ex officina T128
Roussin, Jacques M267
Rovillius, *zie* Rouillé
Rusand B327, L189, M34, R86, S147
Sacon, Jacques B172
Societas Bibliopolarum B346
Strada, Jaques de S257
Tornæsius, Joannes C280
Tournes, gebr. de V79
Trechsel, Melchior & Gaspar gebr. A201
Villeneuve, Alexandre de L335
Vincent, Barthélémy B169
• *Maagdenburg*
Seidel, Christoph L203
• *Maastricht*
s.n. F105
Bertus, Lambert A51, A52, A70, B243, C298, H97, H98, L196, W61
Dufour, Jean-Edme H91, L115, P169
Gulpen, wwe Gysbertus van F52
Lekens, Jacob B284, D66, D68, D70, D73, D74, D76, D78, D79, D81, H136, K22, T47, W109
Lekens, Paul Lambert B538, C110, L24, P137
Libraires associés L25
Roux, Philippe H91, L115, P169
• *Madrid*
Blas de Villanueva, wwe R109
Espinosa y Arteaga, Marcos de B440

Ex typographia/officina regia F87, S287
Flandum, Ioannem (apud) S287
Marin, Antonio M212
Rodriguez de Escobar, José F87
Ruiz de Muir, Emmanuel F87
• *Mainz*
Albin, Johann B42, B86, B524, B525, S141
Beckenstein, Simon E81
Behem, Franz C207, C244, W96
Cholinus, Peter J6
Crass, Andreas W117
Gerlach, Christian E81
Gymnich, Johann (IV) B42
Hæffneriana, ex officina G112
Henning, Peter V86
Hospital St. Rochus W118
Hierat, Anton B42, H236
Lipp, Balthasar G5, M269, S138-S140, S267, S268, S271, S273, S284, S288
Meres, Hermann B488, F8, F9, J16, S285
Müller, Simon B297
Mylius, Arnold M269, S273
Mylius, Hermann F8, F9, S267, S268, S271, S280, S284, S285, S288
Oekel, Joan. Leonh. W118
Schönwetter, wwe Johann Martin L114
Societas typographica W117
Stein, Nicolaus & cons. G5
Volmar, Johann H236
Wulfraht, Johann J16
Zubrodt, Johann Petrus L143
• *Mannheim*
mit akademischen Schriften K49
typis academicis W116
• *Marchtal, zie Obermarchtal*
• *Marseille*
Mossy, Jean T124
• *Mechelen*
s.n. C227
Elst, Joannes Franciscus vander A136, B72, D62, F103, G120, H158, H217, M310, P204, R81
Elst, Laurentius vander A94, A99, C169, C211, C276, D41, D47, D48, D194, F98, G61, H173, H216, H220, K41, L32, L233, M64, O17, O20, P76, P205, P208
Hanicq, Petrus-Josephus A198, A199, B123, C248, D64, D65, F104, F110, G107, H238, J31, L213, N26, N27, O59, Q4, Q6, R12, R83, R84, T88, V22-V26, V38
Hanicquiana, typographia M229
Jaye, Andreas W11
Jaye, Henrick C275
Jaye, Jan B366, W10, W49
Jaye, Robert B365, C288a, C294, O13

Jegers K22
Lints, Gysbrecht B137, L31
S.n. C227
• *Middelburg*
Bakker, Leendert B318
Gilissen, Pieter K31
Panken, J. G30
Roman, Michiel & Zacharias R57
Winter, Isaac de K31
• *Milaan*
Ambrosiani collegij typographia F39
Cardis, Giovanni Pietro de A169
• *Modena*
Albrizzi, Giovanni Battista R39, R40
• *Montbéliard*
Foillet, Jacques P197
Zetzner, Lazare P197
• *München*
Berg, Anna wwe R6
Colonia, Heinrich Theodor à H70
Crätz, Johann Franz. Xaber C42
Fritz, Joan. Nep. B120
Gastl, Johann H5
Heinrich, Nicolaus B300, D166
Hertsroy, Johann C306
Jäcklin, Johann G103
Remy, Joan. Jacob W60
Riedel, Mathias W60
Riedlin, Maria Magdalena, wwe H5, L313, R38
Sadeler, Raphael R6
• *Münster*
Aschendorf, A. W. C311
Kepler, Johann Friederich R35
• *Namen*
s.n. E66
Albert, Charles Gerard D49
Hinne, Pierre I9
Hinne, Pierre-Lambert H89
Lafontaine, Guillaume-Joseph S170, P213
Libraires associés L25
Stapleaux, Jean François P213
• *Nancy*
Antoine, Pierre D106
Cusson, Jean-Baptiste C32
Haener, Henri A146, B460, M238, P221
Leseure M45, V30
Midon, François H231
Nicolai, Joseph L152
• *Napels*
s.n. O67
Cavallo, Camillo C266
Simoniana, stamperia M299
Ursini, Vincenzo M3
• *Neuchâtel*
Jeanrenaud, J. P. & c^{ie} T126
• *Nîmes*

Beaume, Pierre F64

• *Nürnberg*

s.n. B267, W37
Andreae, Johann A62, D116
Büggel, Johann Leonhard B272
Dümler, Jeremias S111
Endter, erven Johann Andreas L139
Endter, erven Wolfgang jr. D116
Endter, Johann Andreas jr. D116
Endter, Wolfgang Moritz B190, L139
Endtersche Handlung, Johann Andreas A62
Felseckeriana, officina R119
Froberger, Christian Sigismund U4
Homann, Johann Baptist H169
Koberger, Anton A129
Lochner, Johann Christoph H61-H65
Lochner, Johann Georg H116, H117
Mann, Paulus A62
Tauber, Johann Daniel U4

• *Obermarchtal*

Schultermeyer, Johann Georg H99, H100

• *Offenbach*

Kœnig, Jo. Ludovicus G134

• *Olomouc (Olmütz*

Ettelius, Vitus Henricus C133
Hirnle, Franciscus Antonius B54, K4

• *Ottobeuren* (Benedictijnenabdij)

Wanckenmiller, Joannes Balthasar E9, V71

• *Oudenaarde*

Vereecken, Petrus Joannes C108, R90

• *Oxford*

E theatro Sheldoniano T30, W23, W82
Smith, Samuel T30
Walford, Benjamin T30

• *Paderborn*

Kepler, Johann Friederich R35

• *Padua*

Frambotti, Pietro Maria F40
Manfrè, Giovanni C53, M311, S55, S57, S58
Typis Seminarii C53, M311, S57, S58

• *Parijs*

s.n. C131, C132, C224, C225, D1, J85, L132, L133, M116, M118, M120, M121-M127, O1, P69a
Alix, Barthelémy H2
Alliot, Gervais A157
Alliot, Gilles G125, P152
Alliot, wwe Gervais P152
Angot, Charles E68
Anisson, du fonds de MM. B410
Anisson, Jean A69, B374, H141, L48, L49
Associés au privilège L149
Auber F13
Audin M183

Aubouyn, Pierre (II) B154
Aumont, Denis-Jean B398
Babuty, François D190
Badius, Josse (Ascensius) T34, T35
Bailly M184
Ballard, Jean Baptiste Christophe Q25
Ballard, Robert (II) P219
Barois, François N35
Barbier, Jean B26
Barbin, Claude J90, M28, M29
Barbin, wwe Claude J66
Barbou, Jean & Joseph J52
Barbou, Joseph-Gérard B398, B537, N19, T72
Barrois, Louis-François P120
Bastien, Jean-François B204, P52
Bats, Imbert de B229, B441
Bats, Pierre de B229
Bauche, Jean-Baptiste-Claude (II) M46, M47
Baudouin gebr. P122
Beaucé-Rusand M34, M176
Beaurain, le chevalier de B78
Béchet, Denis B183, G185, L3, P194
Belin, François A240, B69, B204, D59, H154
Belin-Mandar A232
Benard, wwe Simon C176, C233
Benenatus, Jean B286
Berthold, Pierre P92
Bertier, Antoine B183
Bettinelli, Thomas A68, A74
Billaine, Jean G206, M40
Billaine, Louis A140, C315, D182, L3, L167, P194
Billiot, Esprit H3
Blaizot, Gilles A226, C246a, D90
Blanc, Jean le H203
Blondel, Jean-Baptiste B314
Boiste, fils aîné F34
Bordelet, Marc F42, L98, L99, S120, S121
Boudet, Antoine-Chrétien B203, M296
Boudot, Jean H214, H215, M156, P192
Boudot, wwe M165
Boulland-Tardieu L197
Boulle, Jean V80
Briasson, Antoine-Claude P116-P119, P121
Brocas, Jean-Baptiste B398
Brunet, Thomas B69
Buon, Nicolas A131, M266, S32
Bure, *zie* Debure
Butard, Jacques-Hubert B256
Cailleau, André D210
Cailleau, André-Charles & zn C12
Camusat, wwe Jean C136

Candidus, Joannes, *zie* Blanc, Jean le
Cavelier, Guillaume (II) G18, M165
Cavelier, Pierre-Guillaume zn C146
Chaubert, Hugues-Daniel J77
Chevallon, Claude T76
Chrétien, Antoine (II) F14
Clopejeau, Gabriel (II) & Nicolas L3, P194
Clousier, Jacques F42
Clousier, Jacques-Gabriel L7, S29
Clousier, Michel M95, M97, M273
Clousier, wwe Michel M274
Coffin, Lambert D210
Coignard, Jean-Baptiste (I) V35
Coignard, Jean-Baptiste (II) A113, A192, B62, B510, C251, D32, H77, L44
Coignard, Jean-Baptiste (III) B203, C31, C178, L284
Coignard, wwe Jean-Baptiste (I) A113
Colinæus, Simon A164, B234, B248
Collombat, Jacques O3
Compagnie, La C263, J54, O64, O65
Compagnie des libraires R96, T45
Compagnie des libraires associés M265, W21
Corbin, Gilles T40
Cotelle S28
Courbé, Augustin D185
Coustelier, Urbain H140
Couterot, Edme (I) C149
Couterot, Edme (II) D219, E68, J59, L103-L107, L296-L301
Cramer, Karl-Friedrich O75
Cramoisy, Claude F50
Cramoisy, Gabriel G73, H47, L154, P194, T31
Cramoisy, Sebastien (I) B444, C213, C214, C246b, D184, E75, E83, G9, G38-G40, G73, G102, H47, L154, M66, M234, N20, P194, R70, S27, S32, S203, T31
Crapart M317
Crapelet, Georges Adrien M142
Crochard O63
Dabo, wwe B408, D198, O83, R33
Dallin, Jacques T21
Damonneville C295, S128
Danet, le Sr. F35
David, Mathieu A39
David, Michel-Antoine G202
Davidts M44
Debure, Guillaume, fils aîné C85
Debure le Jeune, Guillaume-François D29
Debure, Jean J52
Defer de Maisonneuve, André B204
Delaguette F42
Delalain, Auguste F24, H190, T19

Delatour, Louis-François D192
Delaulne, Florentin M95, M97, M273
Delaulne, wwe Florentin M274, P135
Delaunay A89, G37
Delaunay-Vallée B205
Delespine, Jean-Baptiste A37, N29
Delespine, Charles-Jean-Baptiste B51, C120
Delormel, Pierre-Nicolas S128
Delusseux J44
Demonville C228-C230
Dentu V91
Depélafol L112
Desbois, Guillaume G143
Desbois, wwe Guillaume A112
Desaint, Jean B133, B256, B537, C178, C296, G197, H200, M296, P116-P118, R104, R114, V63
Desaint, wwe Jean-Charles P120
Desbriere, Ch. M7
Desessartz, Jean J53, S24
Desprez, Guillaume (I) B236, B238, F66, S23, S24
Desprez, Guillaume (II) C146, J52
Desprez, Guillaume-Nicolas D19, L118, L150
Desray, Jacques L210, L211
Deterville, Jean-François-Pierre B147, D138
Devaux, Nicolas D2
Dezallier, Antoine A75-A77, B187, G106, O77, R134, S142, T43, T44, T58
Didot L18
Didot, Firmin L272, P25, T5
Didot, Firmin vader & zn D23-24
Didot, Jules L102
Didot, Pierre, l'aîné F12, F13
Directeurs de l'Imprimerie du Cercle Social P4
Du Puys, Jacques (II) E72
Du Puis, Jean A140, A168, C4, C119, C322, L3, P194
Duchesne, Bonaventure C98
Duchesne, wwe Bonaventure G210
Durand, Laurent P12-P14, R114, S128
Dussillon B314
Emery, Pierre B422, C24, C25, C28, C29, F61
Emery, Pierre-François C24, C28, C30, F61
Esclassan, Pierre E41, O9
Estienne, François A56
Estienne, Henri C21
Estienne, Jacques (II) C39, M115, M119, M121, P165, P166, R103-R106
Estienne, wwe Jacques (I) B306, C38, M115, M119, M121, P166, R101

Estienne, Robert B222, C39, P165, R103-R106
Eymery, Alexis G37, S129
Foucault, Hilaire M95, M97, M273
Foucault, wwe Hilaire M274
Fouet, Robert S196, S197
Frellon, Jean P70
Froment M183
Gandouin, Julien-Michel D209
Ganeau, Etienne C166, G31, M95, M97, M273, M274
Ganeau, Louis-Estienne F42, H227
Garnéry, Jean-Baptiste B34
Garnier, Jean Baptiste B28, C224, D217, L61, T112, T116
Garnier, wwe Jean Baptiste G110
Gaultier, Philippes L109
Gay, F B204
Genets, Jne R4
Gide, Théophile-Etienne B204
Giffart, Pierre-François C176b, D209, G56, M273, M274, U5
Giguet et Cie B163
Giguet et Michaud B163
Gissey, Pierre F42, L98, L99, S120, S121
Gissey, Simon Pierre A149
Gosselin, Nicolas G96, M95, M97, M273, M274
Gueffier D187, J32
Guérin, Hippolyte-Louis B155, B203, B442, C31, C178, D32, D192, F61, L44, L284
Guérin, Jacques C178
Guérin, Louis B325, F116, J53, M165
Guérin, wwe Louis B155
Guignard, Jean (II) B154, L135
Guillard, Charlotte T36
Guillard, Michelle A112
Guillemot, Matthieu (III) A157, B85, B183, T57
Guillot, Jean-François-Hubert J46
Hénault, Mathurin L109
Henry L6
Herhan, Louis-Etienne V33
Herissant L281
Herissant, Claude D217, J77
Hérissant, Jean M115, M119, M121
Herissant, Jean-Thomas B51, F60, M296, R114
Hérissant, wwe B146
Hochereau, Charles-Estienne D102
Horthemels, Daniel B71
Houry, d' M44
Huet, Pierre S11
Humblot, Denis B138-B140, B142
Huré, Sebastien P194
Imprimerie du Cabinet du Roi B478

Imprimerie royale/typographia regia A121, C213, C214, C246b, D184, G38-G40, G102, H162, J47, L2, N20, T66
Janet A196, S28
Joly, Thomas T21
Jombert, Charles-Antoine B78, C205
Josse, Claude M77
Josse, George A12, L3, P194
Josse, Jacques B422, P188
Josse, Louis E68
Julian, Michel L231
Kerver, Jacques B226, M233, T32
La Chau, abbé de L11
La Coste, Nicolas de L109
La Guette, de F42
La Noüe, Denis de S180
La Vigne, Nicolas de L109
Lambin, Antoine M156
Lamesle, Jean-Baptiste G56
Lamy, Pierre-Michel L7
Langlois, Jean T97
Langlois, Simon B422, L134, P188
Langlois, Jacques (II) & wwe Jacques L135
Launay, Pierre de B154, E68, J52
Laurens M89
Le Bé, Guillaume (III) L3, P194
Le Blond, abbé de L11
Le Breton F42
Le Clère, Adrien A90, C66, P126
Le Conte, Laurent H146, L29
Le Fuel A89, H120, T96
Le Jay, Edme-Jean C152
Ledoux, Etienne B56, C297
Lefèvre B328, G69
Leguerrier, Augustin P203
Leloup, Jean-Noel L155
Le Mercier, Pierre Gilles B473
Le Mercier, Pierre-Augustin B422, M296, P188
Le Mercier wwe A241, A242, A244
Le Messier, Jacques T53
Le Normant C145, N30, N31
Léonard, Frédéric (I) B152, B153, B188, B340, B445, B446, B449, C14, E61, F96, F97, M235, M236, P194, P219, R76
Le Petit, Pierre B241, B242, C136, G141, L3, L352, P194
Le Preux, Poncet A138, A139, D125
Le Prier, Pierre-Alexandre M296
Le Prieur, F. B76, J78
Lesclapart, Claude-Antoine K27
Lespine, *zie* Delespine
Libraires associés B410, H94, M296, P226
Librairie classique élémentaire L41, T75
Librairie ecclésiastique S147

Librairie Grecque, Latine et Française L41
Louis H78
Loys, Jean D125, T36
Mabre-Cramoisy, Sebastien L3, M20-M27, M30, M31, V103
Macæus, *zie* Macé
Macé, Jean H202, H203
Mame B205, M272
Mame, gebr. R3, V33
Maradan M276
Marché, Geoffroy L3, P194
Mariette, Denis B443, O22
Mariette, Jean B189, F61, G70, L224
Mariette, Pierre-Jean B203, C31, F61, H93, L117
Martin, Edme (I) C241, S279
Martin, Edme (II) D211
Martin, Estienne (II) M156
Martin, Gabriel (I) D182
Martin, Gabriel (II) B203, C31, D32
Martin, Pierre C24, C25, C28-C30, F61
Martin, Sebastien M14
Martin, wwe Edme (II) L3, M156
Mathiot, Germain G12
Mazières, wwe Raymond L61, T112, T116
Méquignon B52, B509, C206, F22, G138, H24, L33, M117, R93, S117, T62, T74, V53
Méquignon-Havard B205, F23
Méquignon-Marvis T95
Mérigot, J. G. le jeune B237, B239, B240, F113, M317
Merlin, Guillaume A112, G143
Michallet, Etienne B428, T24-T27
Moette, Thomas B154
Montalant, François A35, B33, D32, L29, L147, L284, M4, M96, M98
Moreau, Denys (II) T57
Morel, Claude C325
Morel, Frédéric M82
Morel, Gilles G146
Morel, wwe Jacques G215
Morelli, Charles E75, E83
Morin, Benoît M317, O25
Moutard, Nicolas-Léger B135, D187, D212, F113
Muguet, François A156, A218, B31, B119, B255, C130, G43, G105, G147, H144, M68, T84
Muguet, Hubert & wwe François A195
Nicolle, H. B55, C65
Nivelle, Sébastien A112, C324, G143
Nivelliana, ex officina S32
Nivers, Guillaume Gabriel A143, G127
Noyon & Bauche H46

Nully, Jean de B20, B423, T46
Nyon A83, C141, D117
Nyon, Jean-Geoffroy M95, M97, M273, M274
Nyon, Jean-Luc (III) P120
Osmont, Charles F42, T85
Palmé, Victor B330
Panckoucke, Charles-Joseph R27
Parsons, Galignani G119
Parvus, *zie* Petit
Paulus-du-Mesnil D205
Payen, Aimé F30
Pipie, Robert J52
Pepingue, Nicolas C90
Petit, Jean B149, J3, P209, V80
Petit, Oudin/Audoënus M82
Petit-Pas, Jean B389
Pierre, wwe Denis-Antoine A241, A242, A244, A245
Pierres, Denis Antoine A243
Piget, Jacques L3
Piget, Siméon M250, P194
Pissot, Noël Jacques L11, S128
Poirion, Ch. Nic. B78
Ponce B204
Pralard, André D207, Q11, S158
Prault, Laurent B28, M184
Prault, Pierre C140
Quesnel, Jacques E69
Quillau fils F42, V63
Quillau, Jacques B191, B422, P188, V63
Regnault, François E76
Regnault, Pierre (II) B235
Remont vader & zn P53
Remy, Christophe L302-L304
Renard, B. S172
Rigaud, Claude (II) G140, H141
Robustel, Charles J52, L151, L153, M165
Robustel, Claude M165
Rocolet, Pierre T64
Roigny, Jean de D124, T34, T35, T97
Rolland B57
Rollin, Jacques J53, L284, M83, O69, V63
Roulland, Louis B20, H140, J27, J82
Rusand B327, L189, R86
Saillant, Charles B256, C296, G197, H200, M296, P116-P118, R104, R114
Saintin B301
Saugrain C24, C25, C28-C30, F61, P188
Savoye, wwe A84
Savreux, Charles A188
Savreux, wwe Charles A192, S158
Sevestre, Louis-Anne B422, P188, P190
Simon, Cl. S309
Simon, P. G. S206
Simon, Pierre L284

Simonart, Nicolas Q25
Societas typographica B191, B469, L3, T65
Societas Typographica Librorum Officij Ecclesiastici P194
Soly, Michel A157, B183
Sonnius, Michel (II) E75, E83, T23
Stephanus, *zie* Estienne
Tenré, L. C297, F34
Teste, Charles-Antoine L102
Thiboust, Claude B51
Thiboust, Claude-Louis A40, D36
Thiboust, wwe Claude E41, O9
Thiériot L122
Thierry, Denis (II) C176, L50, M43
Tiletanus, Joannes Ludovicus, *zie* Loys, Jean
Tilliard M44
Tilliard, frères L108
Tompere, Gilles P107
Treuttel und Würtz H161
Typis imperialibus M70
Typographia regia, *zie* Imprimerie royale
Valade L118
Variquet, Pierre B219
Verdière A42
Villery, Maurice J52
Vincent B422, L14, M296
Vincent, Jacques B422, E55, M165, P188
Vitré, Antoine A229, B187
Waree, Gabriel M142
Werdet et Lequien zn B379, C179

• *Parma*
Carmignani, Filippo I13
Monti, Paolo D120, S43

• *Passau*
Höller, Georg S207

• *Pest*
Mauss, Johannem Gerard S256
Patzko, Franciscus Augustinus Z20

• *Poitiers*
Barbier, François A148, G130
Faulcon, Jean Felix A148, G130

• *Pont-à-Mousson*
Apud Sanctam Mariam Maiorem L26
Du Bois, François L26
Bernardum, Melchior L27

• *Potsdam*
Les Associés F111, F112

• *Praag*
Behr, Johann Georg K8, S266
Beringerin, Barbara Francisca K8, S266
Czernoch, Georg H148, H149, N38
Elsenwanger, wwe M140
Ertz-Bischoff. Druckerey, in Seminario S. Norberti S300
Fitzky und Hladkyschen Erben F117

Fitzky, Joannes Norbertus B87, S162
Gerzabeck, Franz L123
Hampel, Johann Nicolaus B24
Helm, Johann Wenzel S90
Höger, Matthias B68, D98, D142, F43, H28, H150, H164, M254, S80, S243, S297, Z32
Höger, Matthias Adam F114, S101, S178, T13, T127
Hraba, Carolus Joannes H84, S87
In aula regia S178
Knauff, Wilhelm H71
Labaun, Georg L217, T119
Lange, Godefridus Z38
Lochner, Paulus I8
Mattis, Johann L266, M208
Petzold, Antonius M140
Rirschl, Georg Thomas F117
Schilhart, Joseph Anton I8
Schönfeld, Ferdinandus de P198
Schweiger, Jacob P103
Trattner, Johann Thomas L8, L9
Typis seminarii archi-episcop. in Emmaus L266, M208
Typis seminarii Archi-Episcopalis in Aula Regia H71
Typis Universitatis Carolo-Ferdinandeæ B24, K35
Typographia Archi-Episcopalis B491, Z38
Wickhart, Wolffgang B499, P43, S73, S74, S91, W16
• *Quedlinburg*
Calvisius, Theodorus Phil. L204
• *Regensburg*
Lang, Joannes Baptista Z33
Peezius, Johann Conrad P144
Strötter & Fesenmayr S92
Zunkeliana, typographia S62, S63
• *Reims*
Florentain, Reginald D217
Multeau, Barthelemy L62
• *Rennes*
Vatar, Julien S308
Vatar, Julien-Charles S308
• *Reutlingen*
Otmar, Johann P107
• *Riedlingen*
Ulrich, Jacob Christoph S17
• *Rome*
s.n. C193, M318, P150, P151
Basa, Bernardo B48
Bernabò, Giovanni Battista C96, G200
Bernabò, Angelo T79
Bernabò (presso il) S249
Camera Apostolica C191, C197, G199, I5, I7, I10-I12, I14-I16, R28

Deversin, Blasius F101
Junchi, Paolo G32
Komarek, Joannes Jacobus M275
Lazarini, Giuseppe C96, G200
Manelfo, Manelfi M71
Mascardi, Vitalis F101
Monaldini, Venanzio D85, G32, G200, Z3
Pagliarini, Marco T99
Palearini, Nicolo & Marco B132, G88
Palmé, Victor B330
Puccinelli, Ottavio Z3
Rossi, Antonio C37
Remondinianis, sumptibus A80
Rubeis, Filippo & Antonio de C139
Sacra Congregatio de Propaganda Fide O70
Tizzoni, Franceso G1
Typographeo S. Michaelis G32
Typographia Vaticana A50, B48
Viotti, Giovanni Maria M16
Zannetti, Luigi C134
Zannetti, Bartolomeo G7
• *Rotterdam*
Beman, Jan Daniel P147
Beman, Jan Daniel en zn H184
Böhm, Michel G2
Fritsch, Caspar G2
Leers, Reinier B63, B75, F128
Losel, Philippus A81
Mensing en Van Westreenen B95
Næranus, Joannes B432
• *Rouen*
Berthelin, David B296
Berthelin, Jean B296, O66
Besongne, Jacques F121, G212
Besongne, Jean-Baptiste Y4
Dumesnil, wwe Pierre G91
Geuffroy, David R59
Herault, Eustache A67, F121
Imprimerie privilégiée T73
Labbey G91
Lallemant, Nicolas A66
Lallemant, Richard B198, B398, H189
L'Allemant, Richard B290
Le Boucher, Guillaume C93
Le Boucher, Nicolas F121, J25
Le Boucher, Pierre A67, F121, J25
Machuel, Pierre B376, B380, D172
Maille, Pierre G212
Malassis, Clement G212
Maurry, Laurentio E31
Ovyn, Adrien A206
Racine, Jean B380, D172
Vaultier, François F121, G212, M136, S133
Viret, Jean G212
Viret, wwe Eustache C216

• *Rijsel*
s.n. B394, S145
Brovellio, Jean Baptiste D191, N22
Castiaux O6
Costenoble, van H46, L281
Cramé, wwe Charles Maurice W24
Danel, Liévin B395
Fievet, François N17, R88
Fievet, Ignace B395
Henry K22
Le Clercq, Toussaint S47, S48
Lefort, L. A247, B484
Moitemont, Jean-Baptiste de P181
Rache, Nicolas de F53
Rache, Pierre de G20
Vanackere, Nicolas C65
• *Roermond*
Du Pree, Caspar C75
• *Saint-Dié*
Bouchard, Dominicus H231
Charlot, Joseph H231
• *Saint-Hubert*
Monasterium S. Huberti in Ardenna R87
• *Saint-Omer*
Boscard, Charles P68
• *Saint-Malo*
Hovius, H.-L. W13
Hovius, L. R97
• *Salzburg*
Haan, Melchior A17
Katzenberger, Christoph P48
Mayr, Johann Josef B320, E23, K5, S97, S184, S185
Mayr, erven Johann Josef S94
Mayr, Johann Baptist M205
• *Sankt Blasien*
Typis San Blasianis G47-G52
• *Sankt Gallen*
Hærckner, Johann Adam G23
Müller, Jacob S148
Schlegel, Johann Georg T121
Typis monasterij S. Galli G23, T121
Typographia principali S. Galli S148
• *Saumur*
Burelli, Joannes B492
Girardi, Claude B492
Lerpinière, Daniel de B492
• *Senlis*
Tremblay B408
• *Sevilla*
Imprenta de las Siete Revueltas I28
Padrino, Joseph M177, P67
• *Sint-Niklaas*
Rukaert-Van Beesen, A.-L. S165
• *Sint-Truiden*
Horen, J. J. Van F52
Smits, J. B. C5, H174, H240

• *Straatsburg*
S.n.
Albrecht, Johann C209
Crato Mylius (Kraft Müller) B513
Dolhopff, Georg Andreas F70
Doulssecker, Jean Renauld C33, S88, S262
Dulsecker, Jean Daniel C33
Husner, Georg J5
Le Roux, J. F.. B456
Ledertz, Paul B59
Pauschinger, Melchior M59
Pohle, Jean Charles C33 D220
Treuttel und Würtz H161
Zetzner, Johann Eberhard F70
Zetzner, Lazarus B514
• *Sulzbach*
Endter, Wolfgang Moritz G6
Endter, Johann Andreas erven G6
Holst, Johann H61-H63
Lichtenthaler, Abraham B489
Scheurer, Georg B489
• *Trieste*
Trattner, Johann Thomas L9
• *Tielt*
Steven, A. B. D213
• *Toledo*
Rodericus, Petrus M85
• *Tongerlo*
Typis abbatiæ G63
• *Toul*
San Martellus, Simon L286
• *Toulouse*
Bely, G. M93
Boude, Jean L144, R135
Boude, wwe J. Jac. L144
Colomiez, Arnaud M270
Colomyez, Guillaume-Louïs M93
Dupleix & Laporte M136, M137
Fouchac, M. M93
Posuël, J. M93
• *Tours*
Barthe, Jean G57
Duval, Hugues Michel G57
• *Trente*
Battisti, Francesco Michaele R41
• *Trevoux*
Ganeau, Etienne M128, Q16
• *Troyes*
Chevillot, Pierre P92
Chrestien Romein D33
• *Tübingen*
Werlin, Dietrich F56
• *Turijn*
Guibert & Orgeas D212
Typographia regia M80, Z1

• *Turnavia*
Typis Collegii academici Societatis Jesu S54, S56
• *Turnhout*
Dierickx, J. J. T76
• *Ulm*
Gaumianis, sumptibus S263
Schmidt, Matthias K28, K29a
Wohler, Johann Conrad K29a
Zainer, Johann J4
• *Utrecht*
Broedelet, Johannes D206, D208
Broedelet, Willem H229, L225, M168, R43
Doorn, Jan van B96
Eynden, Arnold vanden B476, B477
Eynden, Theodorus vanden B213, C212b
Halma, Franciscus B220, C121, C122, C316, G131, P178
Le Febvre, Cornelius Guillielmus B214
Paddenburg, Abraham van C52
Poolsum, Jacob van B521
Ribbius, Johannes F69
Roman, Egidius B96
Schikhoff, Antonius Z15
Schouten, Anthony S294
s.n. H155, S109
Spruyt, Henricus V39
Strick, Wilhelm H1
Water, Willem van de C121, C122, H180, H182, M168, M295, M297, P63, T3
Weiden, Willem van der B265
• *Valenciennes*
Vervliet, Jan D25
• *Valladolid*
Real Chancilleria C73
Rueda, wwe Joseph de C73
• *Venetië*
Ad signum Spei C64
Albrizzi, Giambattista B330, L356
Albrizzi, Girolamo P7
Baglioni, Paolo L310
Balleoniana, typographia B61, B127, H168, M86, M132, T109
Basilius, Laurentius M6
Bassaglia, Pietro B387
Bencardi, Gasparo P6
Bettinelli, Giuseppe A34, M5
Bettinelli, Tommaso B109, C312, D175
Bindoni, Francesco M314
Blavi, Bartolomeo de' P110
Bonelli, Giovanni Maria G207
Calcedonio, Alessandro T51
Coleti, Sebastiano A34, B330, L356, M5, R138
Comin da Trino G90
Dusinelli, Pietro S269
Farri, Domenico de J14

Fossi, Annibale P110
Giolito de' Ferrari, Gabriele C36
Giunta, Lucantonio M241
Graziosi, Antonio A151
Griffio, Giovanni O81
Javarina, Bartolomeo L320
Luere, Simone da T51
Madi, Francesco de' P108
Milochus C267
Nicolini da Sabio, Pietro C299
Occhi, Simone C235, C236, Z17
Parè, Giovanni P8
Pasquali, Giovanni Battista V34
Pezzana, Francesco A71
Pezzana, Nicolò A71, B529, B530, C59, C77, J10, L330, P123, S183, S283, T12, T109, V13
Pincio, Filippo N28
Pitteri, Francesco H172
Porro, Girolamo P102
Porta, Giovanni Battista à P5
Recurti, Giambattista L293, L294
Remondini/typographia Remondiniana A72, A108, A109, B134, B160, G35, G124, M166, P47, P142, S110
Rossi, Giuseppe S250, S251
Rusconi, Giorgio J7
Saraceno, Marino P110
Savioli, Agostino J88
Scoto, Ottaviano A182
Sessa, gebr. H235
Societatem Minimam, apud S269
Tommasini, Giacomo M11
Turrini, stamperia del M308
Uscio, Francesco S269
Valvasense, Giovanni Francesco B25
Valvasense, Pietro B134
Zaltieri, Bolognino D141, E32
Zatta, Antonio B29, D121, W40
Ziletti, Francesco R136
• *Verdun*
Guillot B456
Muguet, Claude B450
Perrin, Pierre C217
Perrin, Pierre zn B452, B453, B464, B465, C54, H185, M55, M225, M237, O56
S.n. O57
Vigneulle, Claude A144, B451, G128, P220
• *Verona*
Berni, Pietro Antonio H145
Vallarsi, Giacomo H145
Carattoni, Agostino R21
Seminarii Veronensis, typis P46, R21
Tumerman, Giovanni Alberto R137
• *Versailles*

Lebel, J.-A. B535, B539
Lekens, J.A. B538
• *Villefranche-de-Rouergue*
Vedeilhié, Pierre B537
• *Waitzen*
Gottlieb, Anton Z21
• *Warschau*
Koninklijke en Nationale drukkerij K47
• *Wenen*
s.n. P159
Academia Cæsareo Franciscea M108, M109
Heyinger, Joannes Ignatius E45
Kirchberger, Franciscus Andreas E45
Kirchbergerianis, typis E45
Rixin, Maria wwe T9
Schmid, Caspar E45
Trattner, Johann Thomas B197, E45, H14, L8, L9, M316, R16
Trattneriano, ex typographeo K15
• *Wolfenbüttel*
Buno, Conrad C202
• *Wroclaw (Krakau)*
Barthl, Christophorus, & cons. M151
• *Würzburg*
Alma Universitas Julia E5
Engmann, Marcus Antonius R92
Goebhardt, Tobias S96
Heyl, Quirinus Z10
Kleyer, Johann Jacob Kristof B439, F1
Veith, Martin A116, A119, G198, H177, P124
Veith, gebr. A170
• *Yverdon*
s.n. F15
• *Zaragossa*
Lanaja y Lamarca, Pedro N33
• *Zeitz*
Bielcke, Johann C128
• *Zürich*
Bodmeriano, ex typographeo W17
Denzler, Hans Ulrich L202 A Francfort sur le Mein, chez l'auteur, et chez les principaux libraires de l'Allemagne, de la Suisse, etc., 1797
• *Zutphen*
Thieme, H. C. A. B144, F37
• *Zweibrücken*
Typographia Societatis L17
S.l., s.n.
   A47, A73, A142, A160, A187, B90, B145, B231, B309, B354, B392, B420, B532, C13, C124, C196, C219, C231, C243, C250, D52, D53, D58, D60, D83, D115, D133, D188, D223, E16, E18, E34, E36, E59, E86, E89, F25, F72, F129, G41, G113, G189, H18, H36, H151, H171, H239, I4, J12, J81, J84, K37, K42, K43, L36, L40, L127, L182, L192, L212, L214, L226, L264, L288, L354, M8, M105, M145, M160, M223, M240, M278, N15a, N37a, O28-O34, O36, O38-O40, O43, O46-O51, P19, P45, P206, P207, P224, P225, P228, Q13, Q15, Q19-Q24, R26, R29, R44-R46, R49, R51, R142, S119, S161, S201, S228-S231, T33, T101, T117, T120, U1, V44, V46, V67, V92, V93, V99, W1, W46, W48, W90-W93, W95, W105, W106

• *Fictieve adressen*
[Amsterdam], Gedrukt by Mint Vreede en Waarheit. Men vindse te koop tot Amsterdam by Alb. Klumper, [1702?] W26, W27
[Amsterdam] Ghedruckt op Schotlandt buyten Danswijck, by Hermes van Loven, voor den autheur, (1609) *In fine*: Tot London. Voor Emanuel van Meteren/1609 [nota: gedrukt in Nederland] M178
Gedrukt in Brabant, by Jan Baptist Van Werchter R49
Tot Brussel, uyt de nieuwe drukkerye van Hunneprik, scheef over den Wollen-Driesche Toren E17
A Cologne, chez les héritiers de Pierre Marteau A48
A Cologne, chez Pierre Marteau G45, G46
[Holland?], gedrukt by Mint Vreede en Waarheit W28
Irenopoli, s.n. S107, S108
Irenopoli, typis Desiderianis W73
[Kempten] Ravenna und Pentapolis, s.n., 1781 V66
[Leuven], uyt de drukkerye van Ernestus, heer van Keuremenne E21
Liefkenshoek, Joseph Leopold Francis Vyghe [= Brugge, Frans van Hese] V68
Maestricht, by Wauters Dronkers [= Brugge, Frans van Hese] V68
Gedrukt op Parnas, by Trajano Bokkalini M172
A Saint Pourcain, chez Tansin Pas Saint A41
Gedrukt tot Snavelenburgh, by Jan Verkeer-bort, 1672 V14
Tot Trier, by Pluckhaen Van Lier E19
A Troyes, chez Chrestien Romain, à la vraye Foy, près la grande Eglise 1667 [wrschl. Bordeaux, J. Mongiron] D33
Waereghem, Sincerus Vyge [= Brugge, Frans van Hese] V68

Boekentafel
4

1 (cat. U4)
De derde druk in 1685 van *Arboretum biblicum*, het in 1663 verschenen werk over planten uit het Nabije Oosten van de polyhistor Johann Heinrich Ursin (1608-1667), een luthers predikant uit Speyer, gestorven in Regensburg. Hij publiceerde in 1665 ook een *Historia plantarum biblica* in drie delen (*De sacra phytologia*, *Herbarius sacer* en *Hortus aromatica*), in 1699 samen met *Arboretum biblicum* gepubliceerd. Boekhandelaar Johann Daniel Tauber liet het werk bij Christian Sigismund Froscher drukken. Op het titelblad is een vignet met de duif en de olijftak uit het verhaal van Noë. Voor de eerste editie had Tauber een drukkersmerk gebruikt met het devies *Esperando* en een dobberende ark. De ark staat ook op andere werken afgebeeld. Voor *Historiæ plantarum biblica* in 1685 gebruikte hij zijn monogram, gehouden door een engel, op de achtergrond een landschap met kasteel en de tekstband *Deus procurabit – fac et spera*. Op het frontispice de boom van de kennis van goed en kwaad met de slang, "van alle in het wild levende dieren […] het sluwst" (Genesis, 2,16).

2 (cat. U2)
Brem met bremraap, *Genista* & de parasiet *Orobanche rapum-genistæ*. Brem wordt in het Oude Testament drie keer vermeld: "onder een bremstruik" (1 Kon 19:4), "de wortels van de brem zijn hun voedsel" (Job 30:4) en "oorlogspijlen met gloeiende houtskool van brem" (Ps 120:4). Welke planten het precies zijn, is niet geweten, maar alvast niet de soorten die in West-Europa voorkomen. Het Afrikaanse plantengeslacht Ursinia is door de Duitse botanicus Joseph Gaertner genoemd naar Ursin. Het zijn margrietachtige bloemen, die vooral in Zuid-Afrika voorkomen.

3 (cat. M69)
De Parijse druk 1682 van dit volledig gegraveerd boekje van Guillaume Marcel verscheen bij D. Thierry in Parijs. Het werkje kreeg verschillende bijgewerkte edities in Parijs. Het werd in Amsterdam uitgegeven in 1686, 1696, 1700 en 1725 en een Nederlandse vertaling verscheen er bij Schenk in 1706. William Parsons gaf Engelse versies uit vanaf 1689, met een tiende druk in 1740. Er was een Duitse vertaling in Hamburg in 1702, een Latijnse in 1692-1694 in Hamburg en Frankfurt, een Spaanse in 1721 en een Italiaanse in Rome in 1750. De in Leiden geboren Pierre Mortier (1661-1711), lid van de Waalse Gemeente, drukte op de nu verdwenen Vijgendam (bij Dam en Rokin), met als uithangbord de Stad Parijs, *A l'enseigne de la Ville de Paris*. Hij drukte vooral in het Frans, ook kaarten en muziek. Het frontispice toont Europa, gezeten op de stier, met op de voorgrond een gevleugelde Vader Tijd met zeis. Putti houden de wapenschilden van de Europese landen. Van Guillaume Marcel verscheen bij Pierre Mortier een gelijkaardig werkje, insgelijks met heel wat edities en enkele vertalingen, *Tablettes chronologiques contenant avec ordre l'état de l'Eglise en Orient et en Occident, les conciles généraux et particuliers, les auteurs ecclésiastiques, les schismes, hérésies et opinions qui ont été condamnées*.

4 (cat. S88)
Drukkersmerk van de Straatsburger Johann Reinhold Dulssecker (1667-1737) in *Rerum Germanicarum scriptores* van Johann Schilter. Een variant van het drukkersmerk is afgebeeld in *Printer's Marks. A Chapter in the History of Typography* van William R. Roberts.

5 (cat. N38)
Deze Praagse druk van 1676 van Hieronymus Hirnhaim (1637-1679) over Norbertus wordt beschouwd als een omvattende ascese in de geest van de ordestichter. Hirnhaim werd geboren in Opava (Troppau), Tsjechië. Hij trad in 1654 in het klooster van Strahov in waar hij al in 1670 tot abt werd gekozen. Wegens zijn sceptische en fideïstische opvattingen werden enkele van zijn werken op de index geplaatst, in 1680 de *Meditationes pro singulis anni diebus ex Sacra Scriptura, […]* (cat. H149), in 1682 *De typho generis humanæ […]* (cat. H148). De relieken van de heilige Norbertus werden tijdens de Dertigjarige Oorlog overgebracht van Maagdenburg naar Strahov bij Praag. Witheer van Park Jan-Baptist van den Bossche (†Keulen 1640) ijverde voor die overbrenging. Hij was pastoor geweest in Idegem, proost bij de augustinessen van de Berg Sion bij Oudenaarde en hij was actief in Maagdenburg en Lorsch. Het frontispice van de Praagse druk illustreert het leven van Norbertus: studie, onderwijs, predicatie, voorbeeld voor de medebroeders. Op het tafereeltje rechtsonder drijft hij duivels uit, in de woorden van Johannes Chrystostomos van der Sterre, abt van de Antwerpse Sint-Michielsabdij, "uyt het lichaem van eenen Iong-man" en uit "eenen grouwelijcken Beyr" (cat. S215). Maria spreekt de woorden "accipe candidam vestem", "ontvangdit witte kleed". De Bijbelteksten zijn genomen uit Deuteronium 11,18, Ecclesiasticus 3,3,2, Spreuken 3,3, Johannes 10,38 en Jacob 5,10. (cat. N38)

6 (cat. P155)
De houtsnede op het titelblad toont de *Amsteldamsche bibliotheeck*, het uithangbord van Lodewijk Spillebout, 1650-1654 boekverkoper in de Amsterdamse Kalverstraat, die het gebruikte van 1650 tot 1653. Het komt ook voor op werken die door Christoffel Coenraedt (Cunradus) van 1650 tot 1684 op de markt werden gebracht. Deze in 1479 in het Latijn gepubliceerde geschiedenis van de pausen van Bartolomeus Platina (1421-1481), Italiaans humanist en pauselijk bibliothecaris, wordt nog steeds uitgegeven.

7 (cat. M70)
Deze Nederlandse versie van het Onze Vader verscheen in 1805 bij de *Imprimerie impériale* in *Oratio dominica CL linguis versa, et propriis cujusque linguæ characteribus plerumque expressa*, een verzameling in honderdvijftig talen, ontleend aan John Chamberlayne (c. 1668-1723). Chamberlayne gaf zijn *Oratio dominica in diversas omnium fere gentium linguas versa […]* uit in 1715 bij Willem en David Goeree in Amsterdam. Jean-Joseph Marcel (1776-1854), oriëntalist, drukker en ingenieur, was directeur van de *Imprimerie Impériale* van 1803 tot 1815. Hij drukte het boek in aanwezigheid van Pius VII, in Parijs voor de kroning van Napoleon en aan wie het werk werd aangeboden: "Hoc opus polyglotticum coram supremo pontifice impressum est". Om dat te kunnen doen zou het boek wat te haastig zijn gedrukt.

GENISTA Cumraea

Pag. 59

2 (cat.U2)

ARBORETUM BIBLICUM.

1 (cat. foto 95)

1 (cat.U4)

TABLETTES CHRONOLOGIQUES,
Contenant la Suite des Papes,
Empereurs & Roys qui ont
regné depuis la naiss. de J. Chr.
jusqu'à present.
Pour Servir de plan à Ceux
qui lisent l'histoire profane.

PRESENTÉES AU ROY.
De nouveau corrigées et augmentées
Par G. MARCEL avocat au Parlem.

Suivant la Copie imprimée
de Paris,
A AMSTERDAM
Chez PIERRE MORTIER Libraire
Sur le Vygen-dam à l'enseigne de la
Ville de Paris
M. D. C. LXXXX
Avec Preuilege

3 (cat.M69)

4 (cat. S88)

Accessit etiam Præfatio
JO. SCHILTERI

ARGENTORATI,
JOH. REINHOLDUM DULSSECKERUM

S. NORBERTI
ARCHIEPISCOPI
MAGDEBURGENSIS,
CANDIDISSIMÆ RELIGIONIS
CANONICORUM
PRÆMONSTRATENSIUM
FUNDATORIS
PATRIARCHÆ
SERMO
Ad eosdem Præmonstratenses Filios
quondam dictus & scriptus,
recenter verò enucleatus
AB
HIERONYMO HIRNHAIM
EIUSDEM ORDINIS PRÆMONSTRATENSIS ECCLESIÆ B. V.
PRAGÆ IN MONTE SION (vulgò Strahow) ABBATE, PER BOHEMIAM,
AUSTRIAM, MORAVIAM ET SILESIAM VISITATORE, AC VICARIO
GENERALI, SS. THEOLOGIÆ DOCTORE.

AD RELIGIOSORUM, MAXIME PRÆMONSTRATENSIUM,
quorum Instituti obligationem universam complectitur,
utilitatem,
& usus tam privatos quàm concionatorios,
typis vulgatus.

PRAGÆ: Apud Georgium Czernoch, Anno M. DC. LXXVI.

S. NORBERTVS ARCHIEPISCOPVS MAGDEBVRGENSIS
CANONICI PRÆMONSTRATENSIVM ORDINIS FVNDATOR

5 (cat. N38)

7 (cat. M70)

Getrouwelijck uyt de Latijnsche tael overgezet, met de ware Beeltenissen der selviger in koper uytgeprent.

AMSTELDAMSCHE BIBLIOTHEECK.

t'AMSTELDAM,

6 (cat. P155)

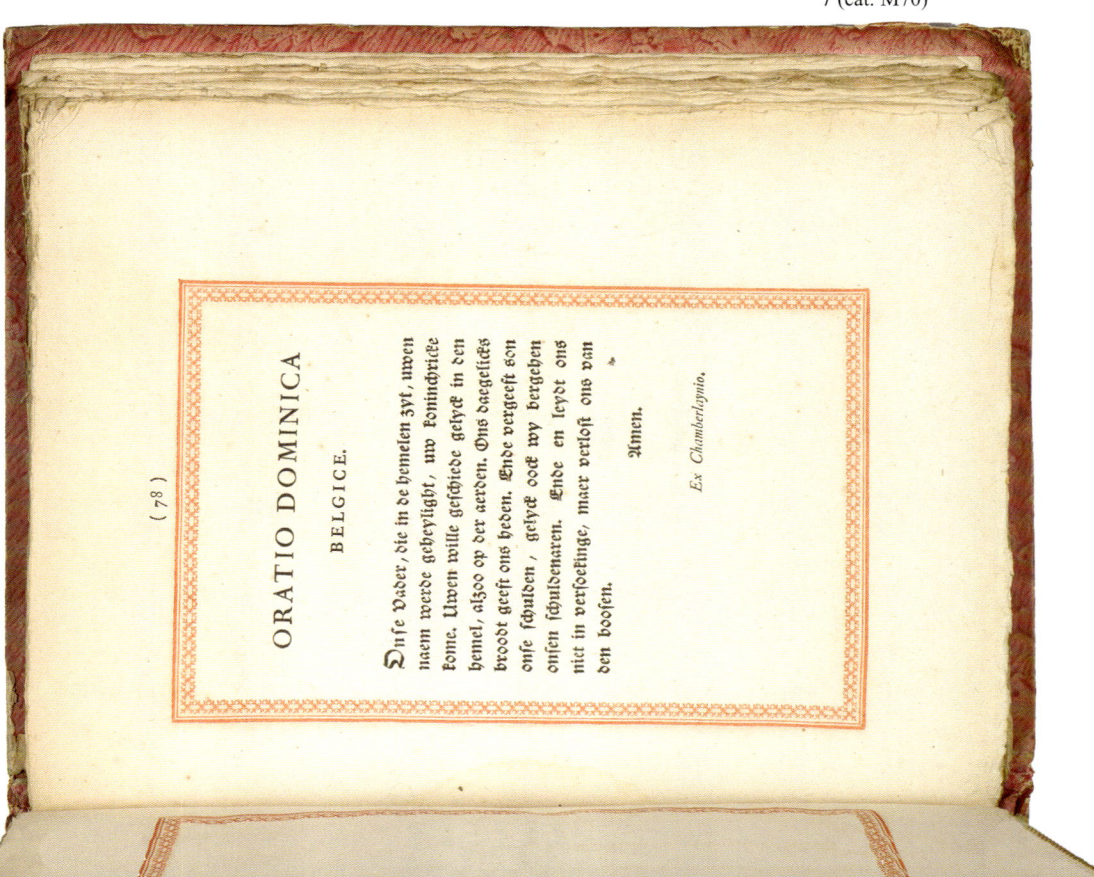

(78)

ORATIO DOMINICA
BELGICE.

Onse Vader, die in de hemelen zyt, uwen naem werde geheylight, uw Coninckrijcke kome, Uwen wille geschiede gelyck in den hemel, alsoo op der aerden. Ons daegelicks broodt geeft ons heden. Ende vergeeft ons onse schulden, gelyck oock wy vergeben onsen schuldenaren. Ende en leydt ons niet in versoekinge, maer verlost ons van den boosen.
Amen.

Ex Chamberlaynio.

Herkomsten

Cijfers tussen haakjes wijzen op de eeuw: 'Park 17' = Abdij van Park 17de eeuw. Binnenheren zijn witheren die in abdij verblijven, buitenheren die een parochie bedienen.
'p. in' = pastoor of vicaris in

Aalst B188; *zie ook* Desmet, J.J.
- college L208
- jezuïeten T37
- karmelietessen B298, P227
Aargau, Kantons Biblioth. C165, G47
Aarschot S51; *zie ook* Aerts, J. B.
Adams, Joannes G125
Adler, Georgius L113
Admont, *zie* Benedictijnen
Adriaens, Anthonius V73
Adriaensens, P. P58
Adriaenssen, G. (*Retie* 1822) A55
Aelbrecht, Norbert (*Park* 18-19) G202, N24
Aerts, Amandus (p. in *Westerlo*, 18) B38
Aerts, Cornelius (*Mechelen*) M62
Aerts, Hubertus fr (*Dielegem, Jette* 18) D4
Aerts, Joannes B. (*Aarschot*) A190, C210, G91, O70, Q1
Aertselaar, Anne Marie van E28
A F - A C 1734 P106
Affligem S47
Agneesens, Adrien David (1824) R69
Ailner, Nicolaus R13
Aire-sur la Lys C233
Alaerts (19) H56
Albert d'Ailly, Michel Ferdinand d' A101
Albertus a s. Josephi, O.P.E. (1711) L3
Albertus, fr (*Park*) O55
Aldenbruck, Augustinus (*Keulen*) S99
Allerheiligen, *zie* Norbertijnen
Ambroos, Johannes Bapt., O.F.M. (*Testelt*) B178
Amiens, Coll. Prov. A141
Amorbach
- benedictijnen B272
- Fürstlich Leiningensche Hofbibliothek S273
Amsterdam C318, P161
Anderlecht B299
Anderlue M13
Angelus, fr. (*Grimbergen*) H232
Antwerpen: A10, A128, B230, B394, D93, D173, F74, F75, H50, J51, L186, L224, P91, P194, Q11; *zie ook* Fr. Verachtert, Fr., J. Jespers, A. Verschuren

- augustijnen, college B524, H101, P69b, L127
- jezuïeten G73, M218, R59, S218
- Koninklijk atheneum D59
- minderbroeders C140
- norbertijnen (*Sint-Michiels*) B102
Archennes V94
Archiginnasio Rom.Calderoni Negusini C266, C267
Arenberg, Karel Marie Raymond van B430, J90
Arenberg, Lodewijk Engelbert & Louise de Brancas- Villars, gravin van Lauraguais B88, L209, T60
Arenberg, bibl. J90
Argoeuves (Somme) N41
Arnhem C52
Arnoldi, A. M178
Arnoldus, fr O55
Arocha A127
Audigier, A. (p. in *Overpelt*) B360
Auglaire, N. J. (Meslin-l'Evêque, 1823) L18
Augustijnen (O.E.S.A.) F92
- Agost. descalc. Domont. Olivet. M267
- Antwerpen, college B524, H101, P69b, L127
- Brugge M39
- Brussel L229
- Diest A211, P20
- Edingen H16, P154
- Hasselt L268
- Herentals C288a
- Maria ad Fontes A17
- Tienen B207
Augustinus, reguliere kanunniken van Sint
- Brugge, Sint Bartholomeus, bibl. Eeckhotana, A227
- Géronsart F78, F79, G114
- Groenendaal B183
- Leuven, Sint Geertrui H181, M179; Sint Maarten D91
- Möllenbeck T48
- Oudergem, Rood Klooster S186
- Sankt Märgen, Cella Sanctæ Mariæ W120
Augustinus, reguliere kanunnikessen van Sint-
- Brugge, Sint Trudo M39
- Zichem, Elzenklooster B392
Aulent, J. F. (1689) M215
Auvray, Aloysius (d.d., *Mondaye* 19) J10
Averbode, *zie* Norbertijnen

B(?)ulens, Philippus (1621) C16
Baader, Albericus (1768) S13
Baguet, Franciscus (*Nijvel* 1819) B147

Baguet, Joannes Josephus (*Nijvel* 1810) M142
Bailly, Jos T98
Balduinus ... juxta pontem D125
Balen P69b
Ballaer, Ed. van (*Turnhout* 1877) M155
Bals, Josephus (1803) B193
Baluzius, Stephanus A140
Barbier, D.(?) L150
Barchman Wuytiers, C.J. E61
Barré, Célestin (*Park* 18-19) P60, P212, R85
Bartels, P. J. (p. in *Gierle*, 1826) M263
Barvaux S133
Bascanis, F. Hieronymus de, O.P. S275
Bastiaens, Petrus Josephus (*Gullegem*, 19) D26
Baudeloo S44
Bauffer, Christinne de (1696) Q11
Bauffremez, dame bonne de B441
Bauffremont-Courtenay, de W21
Bauterlé, Frederik de (*Park* 18) D178
Bauwens, Remigius I14
Bayeux, domus missionis B171
Beauvais Raseau, P. I. B. de (*Leuven*) M165
Beauvau, Renatus Franciscus de, aartsbp van Narbonne R22
Bechthold, Franciscus (d.d.) L271
Beckmans, Petrus P139
Beeckmans, B. E45
Beels, P. F. T92
Beerten, JDB S134
Behaigne, de P97
Behault, Armand de M273
Beissel, Josephus (1775) J11
Belem(?) P136
Bellefroid B80
Bellerus, Franciscus (*Antwerpen* 1576) P91
Bellevaux (*Vaux-Sainte-Marie* 1704) H232
Bellingen, Ant. van (1879) C314
Belliolanus Bernardinus O.F.M. (1752) B472
Belmans, P. J. (*Mol*) Q1
Bemden, JJ Ph. vanden (*Mechelen* 1869) B521
Benedictijnen/Benedictinessen:
- Admont B166, B288, R36, R40
- Affligem F116, S47
- Amorbach B272
- Bologna (?) R137
- Gembloux A113, A140, C6, T111(1750)
- Groot-Bijgaarden G34
- Lambach H148
- Leuven (*Keizersberg*) R125
- Lobbes F78, F79
- Marchiennes P100
- Neustadt am Main G23, R113
- Pfäfers R48, S252
- Regensburg (*S. Emmeram*) A170
- Reims (*St Nicaise*) L167
- Luik (*Saint-Laurent*) T102
- Saint-Hubert M298
- Saint-Martin-de-Boscherville (*Saint-Georges*) L302s
- Sancti Clementis A77
- Scheyern V17
- Weihenstephan (Freising) G116
- Weingarten (1600) Z23
Bene?ov, bibl. (1709) F43, N38
Benjemins, Antje H243
Benthem, van M40
Berchtesgaden (ecclesia ducalis 1643) F8
Berckmans, Franciscus (d.d. 1539) J51
Berg, Fredericus vanden (*Park* 19-20) B256
Bergen (Mons) B389, C39, M13, S169
Bergen, Jean Baptiste van den (*Park* 17-18) P182
Berghe, Pierre de (*Park* 18) S191
Berghe, Robert van den L119
Beringen, college B381
Berlaar C233
Bernabei, Josephus Clemens Maria P124
Bernsavius, Johannes E79
Bertem O4
Bertonville, Paul (*Park* 18) B528
Besseleers, C. A. (1787) C18
Bettendorff D'ellen, Gertrude (1774) B453
Beveren M316
Beygaerden, Basilius van (*Park* 19-20) B308, B366, C289, C291, C294, F28, G109, H45, H92, H230, H232, J11, K18, K29a, L37, L57, L122, L219, R85, S14, S98, S122, S216, S218, T9, T88, V73, W4, W53
Bie, Johannes de B235
Biedel, Phil. Alb. H89
Bierbeek A204
Bildhausen D183, S75
Billiet, J. B. Orat. (d.d.) O9
Binet, domina (d.d.) S268
Biscops, J. (p. in *Wilrijk*) K11, K12
Blaser, Fredericus G36
Bleenen, H. S110
Bleesers, Eg. H. (19) B108, S117, W108
Blieck, fr. Petrus (1642) M220
Block, Henricus vanden (vic. St Michiels & St Goedele, *Brussel*) H140
Block, Josephus Joannes van den (*Dielegem, Jette* 18) R34, W99, W100, W103
Blockx, Charles (*Park* 1765-1840; p. o.a. te *Tervuren*) A53, B186, B325, B326, B437, C132, C298, J59, J60, L273, O36, O45, Q7, T81
Blockx, Theodorus (*Diest* 1769) K11
Bloemarts, Ludovicus (p. in *Bree*) G87
Blommen, Joannes Chrysostomos (*Park* 17) G19, H106, P231
Blondeau, Arnoldus (1785) N3
Bluyssen, Jacobus (*Park* 17) J37
Bochart, M. S71
Bodtmann, Franc. Jos. (*Würzburg* 1779) W60
Boetendaal, zie Minderbroeders
Boeykens, Fr. T6
Bogaerds, H. S. B365
Bogaerts, Edmond (*Luik*) D84
Bogget, F. Joannis van C311
Bollens, zr. Norberta J56
Bollis, zr. Hedwige (18) B448, O23
Bologna D200, P102, R137
Bolot(?), Fr. Guill. Valeoniontis(?) S.T.D. S274
Bomen, Jan N35
Bomen, Marie Elizabeth N35
Bon, Arnold van den (*Park* 18-19) B449
Bon, L. G. van (*Ninove* 18-19) A9, B244, B382, F105, R108, V70
Bon, P. J. van den (18) B19, B244, B262
Bauffremez, baronne de B441
Bonne Espérance, *zie* Norbertijnen
Bonnejonne (*Walcourt*) B186
Boogaers, P. (1820) M100
Boom, J. B. vanden C170, G70, P10
Boonen, D. R37
Borremans (*St-Maartens-Lennik* 1823) A188
Bosch, Louis D50, G131
Boscherville L302
Bosi, Stanislas C312
Bosmans, Franciscus Libertus Egidius C252, S10
Bosmans, Joannes/Augustinus (*Park* 18, p. in *Werchter*) B5, B8, B393, C249, C252
Bosmans, Matthaeus (*Park* 16-17) A207, A209, A217, A225, A230, E77, L234, M16, S201
Bossche, fr. Bernaerde vanden Z9
Bossche, Joannes van D140
Bossche, Raymundus (*Brussel*) B283
Boucherat, Louis H189
Bouille, Philippe (d.d., *Namen* 17) M162, R13
Boulainvilliers, Anne Gabriel Henri B. de L6
Bourbon, fr. Dominicus (18) L57

259

Bourbon-Condé G113
Bourette, J. Jos. B425, M48
Bourgeois M44
Bourguignon D93
Boutersem B179, B209
Boxhoren, Hieronymus (*Park* 17) T77
Boys, Thomas L334, L348, L350
Brabant, hertogdom A88, S49
Brancart, P. J. (1835) A200
Bray, fr. Petrus du W3
Breckerius, Theodorus (*Leeuwarden*) P70
Bree G87
Brée, M. van S132
Brescia L104, L107
Breuls, L. H161
Brewer, Jacobus, Eicks (*Keulen* 1807) S66
Brietselius, D. ac M. Joannes D. D. G145
Brion, P. C104b
Bristom, Joseph Zacharie van (1798) L227
Broe, N. de T91
Broeck, f. Leon van den (*Willebroek* 1823) V34
Broeck, Franck van den (*Antwerpen* 1722) L186
Brouhez, Petrus (1735) J38
Brouwers, Eve M. (geb. Van Gils) C285
Brugge P187, T2, W5
- augustijnen M39
- augustinessen (*Sint-Trudo* 1697) D91
- ongeschoeide karmelieten G79
- Sint-Janshospitaal (1679) S291
Brulius, F. Joachim P20
Brussel H140, M38, V84, M193
- augustijnen L229
- dominicanen B283
- jezuïeten C244, G206, M193
- karmelieten B188, C287
- redemptoristen B312, G96
- Sint-Elizabeth H232
- Sint-Jacob-op-Koudenberg M169b
- stadsarchief C169
Bruyens, Arnoldus (p. in *Morkhoven*) J51
Bruyn, Ed . de (*Turnhout*) B36, M315
Bruyn, M. J. de F94, L50
Bruyn, Paul de (*Park* 17-18) M54
Bruyn, zr. M. C. de (1733) O61
Bruynincx, F. E81
Buck, J. de (1769) C276
Budds, bib. Ven. Can. (?) S300
Buernick, Bernardus F92
Buining, von H116
Buitenveldert N9
Bukenbergs, Radulfus B49
Bulck, van den (1872) U4
Bulens, Hieronymus (*Park* 17-18, p. in *Werchter*) B269, J26
Bullenstrate, Adrianus van (*Park* 17) A239, B174
Bunninger, Joannis (p. in *Meidrux* 1659) E79
Burch, Franciscus vander (aartsbp van *Cambrai*) M60
Burghesius (Borghese), M. A. Princeps M299, M308, S249
Burgund, Joannes à S173
Burie, F. (*Veurne*) M55
Busleijden, Gilbertus van (*Grimbergen*) P92
Buxheim L116

Cabos, Guilielmus (*Antwerpen*) P194
Caemijk, Joannes C135
Caenen, F. C. (1769) L325
Caietanus Quergus M243
Caluwe, L. de R133
Cambier, zr. Monica W52
Cambrai L56, M60, G215
Camerino A50
Campenhout, Norbert van (*Park* 18) D178
Cappe(?), van D131
Cappruijns, Hubertus (1579) B248
Cardeña/Karadigna, monast. San Pedro S180
Carlier, Petrus & Joannes (d.d.) M39
Carniere, F. Em. (1862) B450
Carolus Bologna (1792) B308
Carrasco, B. M85
Carrez, Jean Bt (*Provins* = Proville? bij *Cambrai*, 1830) G215
Casini, kardinaal B36
Caspari L59
Cassinone, Fridericus S. A. M. (*Keulen*) S99
Caudet, l'abbé L95
Caumon, Bernardus de (*Park* 17, p. van *Sint-Joris-Winge*) C272
Caumon, Constantia de (*Gempe* 1677) B3
Cauwenberghe, B. van (p. van Sint-Jacob *Leuven* 1781) P11, P202
Celestijnen:
- Heverlee B543, J18
Chambéry, kapucijnen C228
Chapelein, J. J. B473
Charlier D148
Charlis (*Leuven* 1804) L320
Chaufoureau, Norbertus (*Park* 17) E77
Chederville, J. M. J21, T86
Chipola, Jo. Stephanus, O.Carm. Z5
Christiaens, Pieter Maertens H56
Cirian, Ludovicus a B24
Cisterciënzen:
- Baudelo S44
- Cambron B217, D122, D124, D126
- Osek (Ossegg) T119
- Pontigny M238
- Villers F116
- Vy??i Brod (Hohenfurth) K35
Claes, J. B. (*Mol* 1794) L187
Claes, Jacobus (*Averbode* 1774) S118
Claes, Thrisie L181
Claus L8
Claus, fr. S131
Clavier S7
Cleene, Sophie de L189
Clerck, de (p. in *Veltem*) S42
Clermont Gallerande & Brandas de Villars G2
Clottens, J. F. (*Mechelen*) J34
Cloux, François de (*Park* 17-18) T93
Cobenzl, Karl Johann Philipp, graaf van S256
Cocquille (*Tusschenbeek*) T91
Cocx, Gerard L94
Codde, Petrus (1626) S302
Coenen, F. J. B524
Coenen, F. (1717) B483
Cofferen, Henricus Th. D. C143
Coimbra, bibl. B85, L328
Colbert, Michel, O.Præm. G125
Colen, H. I. (1726) C247
Colen, M. (*Averbode* 18) E27
Colins, C. P22
Coll. Helvetici (1749) P2
Collegio de N. S^{ra} da Estrella S149
Collegium pastoris B249, C16, L56, M314, T40
Collin, Hubert (1808) B318
Colpaert (p. in *Meldert*) B133
Colpin, Jacques-Gery-Joseph L282
Commandant du 4e régiment S265
Commines, Jacobus de L188
Compana de Cerveto, fr. Laurentius S269
Consgen, F. A. B53
Conventus ad S. Crucem K6
Conventus B(?)oviniensis (1619) M269
Cool, Engelbertus (*Groenendaal*) B183
Coomans, Cornelius, O.E.S.A. (*Herentals*) C288a
Coppens, P. J. (*Teralfene* 1826) B195
Coppens, sr Carolina (1762) B463
Coracci, Vincentius (1783) C266, C267
Coriache, de (Mech. 1686) C275
Corguille, fr. Baptista Guilielmus M35
Cornelis, Petrus (1618) F55
Coron, Carolus (p. in *Clavier*) S7
Corsendonk H142
Cortens, G. S.J. E45
Corthals (1753) D153

Corthals, Godefridus (*Park* 19-20) O16
Cortiniana, bibl. C309, C310
Cosandey, C. C28
Coster, sr Thresia de B463
Coupienne, H. Guillelmus (1771) A249
Courtmans, Alexander (*Park* 17) B482, S204
Couthals, Christianus (*Hilvarenbeek*) W54
Crabbe, F. Henricus B344
Crabeels, Guilielmus Carolus (1768) C88, M178
Craene, G. de T90
Crans, Santa Maria in Transpontina (bibl.), *zie* Cremona
R. (1659) L65, L66, L68, L71, L75, L77, L80, L88, L91
Cras, Joannes Rumoldus (*Mechelen* 1805) B398
Cremers, Ferdinandus E72
Cremona
- Santa Maria in Transpontina (bibl.) Z5
Creteur, J. B. (*Frasnes*) T94
Creteux, J. C98
Crevits, J. A. S171
Crijterius, F. J. (O.S.A.) P20
Crill, Jacobus Hroznata (*Tongerlo*) C288a
Crombecq, Josephus (1829) L352, O42
Cruts, monsieur T66
Cruyninghen, Philippus Evrardus van (d.d.) E72
Cruys, August vande (*Park* 18) B448, P65
Cuelen, Norbertus van (*Park* 17) A130, B482
Cuissy-et Geny S206
Culembourg, F. Carolus de (*Septfontaines*) B158
Custis, Carolus Franciscus (*Brugge* 1718) T2
Cuypers, Joannes Franciscus (*Oosthamme*, 1794) L187
Cuypers, M. (p. in *Nedercruchten*) C75
Czenoenka, Wenceslas (d.d., *Ji?in*, Tsjechië) B24

Daems, Remigius L186
DALV in Salem R95
Danckaers, A. Nicolas (*Park* 17-18, p. in *Haacht*) S191
Danes, Petrus Ludovicus (*Ieper*) B18, P188
Danis, Thomas (*Park* 18, p. in *Jezus-Eik*) B449, D178, W47
Danzig, *zie* Gda?sk
Darmoisin, Marcalphus H47
Dassen, J. M. (*Eindhout* 1784) L141

Datsar(?), Ferdinand A86
Dauvilliers B152
Dauw, Willem (*Park* 18) D4, W47
Davon, Othmar O.F.M.) M6
Decamps, Eng. R95
Decheppe, Alexander (1812) P158
Deens, fr. Paulus (*Tongerlo*) B344
Dehez, Felix H191
Dejong, Herman (*Leuven* 20) C105
Dejonghe, Henri (*Park* 18, p. in *Werchter*) A38, B211, B217, B385, D10, D46, J36, L126, S230
Del Borne(?), Joannes (1660) G143
Delacroix, fr. B. T94
Delatte, Matthæus (*Bonæ spei*) T94
Delauney B171
Delbruyère T70
Delforge, Martin Joseph (*Ronse*, 1723) B179
Delfosse (1786) L326, L327
Delille, Jacobus L337
Delsande, Marie T62
Demeuld<er>, H. Th. J. L25
Demoustier, Augustinus (*Park* 19-20) J26
Dendermonde B221
Denis, kanunnikes (d.d.) L3
Dentergem C316
Deprins B373
Derboven, Joseph (*Park* 18; p. in *Wakkerzeel*) A189, M9
Descamps, Ludov. Aug. (vic. in *Grivegnée* 19) S7
Descartes, J. A. (*Brussel*, Sint Goedele) J59, J60
Desmanet F19
Desmet, J. (*Aalst*) D67, D69, D71, D75, D77, D80, D82
Desomme, J. B. A237
Desprez (1782) L6
Dessel R124
Dethioux, J. J. (1878) O21
Deuster, Bernardus S66
Devinchant, sr Jeanne Therese B441
Devos, JB G96
Devroe Z28, Z29
Dewael, Jac. (*Antwerpen* 18) B524
Dewilde, S. B38
D'Hont, Aug. (*Cambron* 1761) B217
Dielegem, Jette, *zie* Norbertijnen
Dierikx, P. J. (1824) P82
Diest B327, C16, C289, E78, K11, S51
- augustijnen (O.E.S.A.) A211, P20
- begijnhof L215, R115, T16, T38
Dietterich, mademoiselle C287
Dijck, van F63
Dijon (*Grand Séminaire*) S268
Dijsendijk, Matthias (*Tongerlo* 1706) M75

Dillen, Augustinus/Joannes M. (*Park* 19; p. in *Nieuwrode*) A38, B125, B373, B468, E26, N15b, S205
Dillingen G121
Dinant, *zie* Kapucijnen
Dirix D111
Dirix, Mattheus (*Park* 18) B7, B10, S143
Ditmarschen P175
Divæus, college P188
Dole, Collège Notre-Dame de Mont Roland E83
Dolhain-Limbourg B150
Dominicanen S275, V13
- Brussel B283
- Ieper M209
- Lyon B346
- Namen C74, D122
- Tienen M221
Domus SS. V. et Anastasij in Trivio(?) B127
Donick, sr Hieronyma van O16
Donnet, Jean-Auguste (p. in Sint-Jacob-op-de-Koudenberg, Brussel) M169b
Doornik A228, B266, D27, F55, L339, R32
Dordrecht J5, G194
Doren, van F116
Dosoigne, Nicolas (p. in *Barvaux*) S133
Dossche, Gregorius/Albericus (*Park* 19-20) H185
Dotermons, Joannes (*Hoegaarden* 1745) P173
Dotrenge, Sophie (*Brussel*) N5
Dox, Joseph (*Park* 18) N17
Driesmans, A. N. can. (*Cambrai*) L56
Drievuldigheidscollege (*Leuven*) B231, J28, R5
Driutius, college van (*Leuven*) B132
Drongen, *zie* Norbertijnen
Druselius, f. Joannis (1608) P70
Drusius, Joannes (d.d., *Park* 17) D178
Dubaut-Bonnette (1823) B328
Du Bois F93, M129, R25
Dubois, fr. Bernard B443
Dubois, Franciscus (*Namen*) F97
Du Buisson, Lambert S280
Duchateau, Rumoldus (*Park* 17-18, p. van *Jezus-Eik*) B103, D42, E29, G42, I4, J17, L273, P199, S189
Ducobu, Wirgerius Josephus (*Bergen*) (1773) C39
Duermael, Joannes Ludovicus (1737) B278
Du Foir (d.d., p. in *Ingelmunster* 1756) B132
Du Hardy (1621) P173

261

Duker, Gisbertus Vesselus (d.d., *Zwolle* 1705) S294
Dupon, P. (1782) C277
Du Pont, fr. (*Dielegem, Jette* 18) D4
Dupont, fr. Joannis (*Zoutleeuw* 1762) H9
Durbach H148
Durfort, Emmanuel Félicité de L11
Durieux, Franciscus (*Park* 19) B252, E71, J24, O4, P40, Q7, S202, T77
Duscay, C. B108
Du Trieu, J. B. T. B537
Dutrieu, Jac. B107
Dutrieu de Terdonck, Servais de V88
Duvivier, F. (*Luik* 1819) S7
Dyst, fr. Arnold (*Tongerlo*) J51

Eckhardt, Jo. Ludov. (1770) S88
Ecole centrale du département de l'Escaut C251
Edingen H16, P154
Eeckhotana, bibl. A227
Eeckhout, Augustinus van (1726) A70
Eeklo B154
Eigenbilzen L282
Elst, D^a V^a v.d. (d.d.) B324
Engels, fr. Ludolphus (1745) L325
Enoch, P. J. A157, L155, R138
Eppegem R34
Ermenghem, Jacobus van (*Haacht*) G15
Ertborn, van W50
Eschenbrender, Johann Engelbert von H66
Eskens, Leopold T38
Ettenhard, Georgius ab B221
Eugenius abbas (*Gembloux* 1750) T111
Even, Ed. van (d.d. 1897) J21
Everaert, Michael (*Diest*) B392
Everaerts, Henricus B391
Everaerts, Libertus B339
Everberg, klooster B407

F C S B H79
F E A B 1738 L206
F. M. B., *zie* Bosmans, Matthæus
F. V. B. S194
F. v. B. V. s. p. (*Park*) G16
Fauvian, Joannes Franciscus F28
Favine, Dominicus C129
Feijgen, Antonius (*Vlissingen* 1783) B369
Ferdinand Ernest Rudolph (1687) L217
Ferrier, fr. Tassonus(?) M269
Fidelis, fr. (*Mechelen* 1780) B474
Fillet, Petrus Albertus de (*Boutersem* 1897) B179
Filzjean de Presles, G. A. A. C185
Fisch, O. G., V. D. M. (1786) L17
Flamang, L. N. L23

Floreffe, *zie* Norbertijnen
Floriani, P. (*Admont*) R36
Fonini, Libr. (*Bologna*) P102
Fonteyn, vente (1925) T54
Foppens, Joannes Franciscus P28, S152
Forget, D. (d.d., 1882) B201
Fosse, Henri D43
Fourmes, Fr. Marcus de (*Antwerpen* 1713) B394
Fragin(?), Maria Justina (1701) H100
Fraiture (p. in *Senenne* 1694) M92
Franciscus, F. (*Park* 17?) L53
François, Michel C178
Fraye, Andreas/Franciscus Guilielmus de (*Park* 17) B385, H247, T84
Fraye, Melchior de (*Park* 17-18) P65
Freiburg im Breisgau (univers. bibl) W120
Freising B89, L26
Fribout, Joannes P69b
Froment, J. A. (p. in *Loupoigne* 18) A221, N22, N39
Fürstenfeld H33
Fuessen (1615) J18

Gachet, N. A54
Gda?sk, karmel F88
Geel G134, H67
Geerters, de S134
Geerts, H. C139
Gelderland H72
Gelens, G. (*Schriek* 1817) S10
Gellekens, Jacobus (*Korbeek-Lo* 19) D96
Gembloux, *zie* Benedictijnen
Gempe, *zie* Norbertijnen
Gendringen (*Gelderland*) H72
Genere, Joannes Franciscus (*Park* 18) B361, B382
Gent A243, C251
- jezuïeten A64, B481, H236
- kartuizers L317
- minderbroeders D155
Georgius, F. S6
Geraardsbergen:
- kartuizers D163, P175, T31 (1663)
- karmelieten L331
Geraldui (?), Georgy C18
Gerardi, Maria H22
Gerinibonciani, Hieronymus J48
Géronsart F78, F79, G114
Gestelines, Andreas (*Baal*) M314
Gevaerts, Casper G59
Gevels, Joannes Cornelius (1813) B398
Geyer, F. Livinus -S.O.C. (*Hohenfurth*) K35
Gherardus Dordracenis, fr. J5
Gheyn, Emmanuel Balthasar van den

H183, S89, S241
Ghieles, Ant. C291
Ghouset, Adrianus (*Park* 1648) C240, T52
Gierle M263
Gilis, Maria Anna N6
Gladbach S126
Gobbelschroy, Guilielmus van (*Park* 17-18) D27
Gobbelschroy, p. van H240
Goclenius, f. Jod. (1604) P174
Goddous, F. R. R100
Goede, Hermannus Josephus de (*Park* 18) C63
Goedenhuyse, Jacobus van den (*Park* 17) S218
Göttingen, Acad. Georg August P108
Goeyers, Josephus (*Park* 17) D42, E77
Goffart, Jacob (*Park* 18) F93
Goirle C285
Gomez de la Cortina, J. C309, C310
Gomez, Maria C284
Gomiécourt, Paul de (*Veurne*) S301
Gompel, Antonius van (*Antwerpen*, 1823) A7
Goor, G. van de O57
Goos, Pierre Henry (*Antwerpen*) L224
Gorp, Henderick van (*Park* 1686) A44
Gosin, Joannes Michael (d.d. *Heylissem* 1765) S241
Gosselain d'Husseignies, Domitien Z18
Gothardus, P. (1775) S13
Gottignies, baron de D181
Gouda V79
Goudry, S.J. (1823) B541
Gouy C283
Govaerts, Adrianus V3
Govers, Adrianus/Joannes Augustinus (*Park* 19) F92, F122, H12, R53, V3, W43
Goyers, Jacobus (1750) H92
Gradts, Severinus C75
Gregorius Hofferus G90
Gregorius, F. (*Tongerlo*) D182
Grenoble, grand séminaire A218
Grimbergen; *zie* Norbertijnen
Grimon, Arnold (*Park* 18) H110
Gringore P152
Grivegnée S7
Groesius, C. J. (1794) R85
Groffier, Dr Charles M222
Gullegem D26
Gybels, H. D. W37

H M F78
Haacht G15, L234, S191
Haarlem A110
Haelen, Gilbert van (*Ninove* 18) B226,

C203, C244, J54, J83, N28, R108, S202, T90, U2, V70
Haenen, J. H. S55, S57, S142
Haijunga, H. T20
Halle C242
Halle (*Duitsland*?) J4
Hallaux, Petrus (1761) J28
Halloint, Gilbert (d.d. *Averbode*) K11
Hamme, Jean Baptiste van (*Park* 18) A212
Hampstead D116
Happart(?) R100
Harbaur, Joannes Nepomucenus Petrus (1774) J4
Harderwijck, Henricus (1644) S135
Hasselt B399
- augustijnen L268
- grauwzusters (*Sint Barbaradal*) G186, P141
Hastière L184
Hastinnes, H. des M222
Hastl, Caspar (1717) M206
Hauchin, Norbertus de (*Bonne Espérance* 1674) C283
Haurech(e), Julianus ab (*Park* 16-17; p. van *Haacht*) J5, L234
Havre, Gustave Charles Antoine Marie van (18) B114, B165, H233, J68, L361, M304, R85, S291, W49, Z6
Hedebeaux, Marie Joseph M92
Heidelberg, univ. H148
Heinsius, Io. Mich. H69
Helias, Benedictus (1762) R85
Hemel, J. B. van (*Mechelen*) J52
Hendrickx, Martinus (*Herentals*) E80
Hendrickx, zr. Carolina F107
Hendriksen, H. F. (p. in *Gendringen* 1824) H72
Hennuyères L29
Hennyn (?) (*Luik*) A39
Henricus, fr. B424
Hense, Maria B. J. (echtg. Guill. Verhoustraeten 1803) N6
Hensmans, Joannes Franciscus (*Leuven* 1790) M35, R65
Herckenrode, Lambertus de (*Park* 17) W47
Herentals A138, A139, E80
Hergotz, Petrus (*Park* 17) S198
Herlaer, J. F. van (1743) G16
Hermann Joseph, fr. (1734) L325
Hermannus, Joannes Theodoricus P154
Hermans, Herman (*Park* 18-19) G214, J19
Hermans, Joannes Petrus (*Kermt* 1788) B381
Hermie(?), Petrus T92

Hertinckx(?), J. J. H56
's-Hertogenbosch H236
Hertogh, Alexander B177
Hesselius, Petrus J54
Heurck, Jean-Charles van D50
Heusdens, Chrysostomus (1749) C247
Heverlee B104, G9
- celestijnen B543, J18
Heyden, Godefridus vander C70
Heylen, P. J. (1758 Pauscollege *Leuven*) H92
Heyliger, Thomas (*Antwerpen* 1783) D93
Heylissem, *zie* Norbertijnen
Heymans, fr. Hieronymus (*Park* na 1830) P104a
Hickner, fr. Corbiniarus B387
Hicquet, Leander Joseph (*Grimbergen* 1750) T91
Hieronymus, frater S278
Hilvarenbeek W54
Hinnigh, Joannes (1639) M162
Hoecke, Bernard/Amatus van (*Park* 19-20) A82, A190, A243, B426, C138, C147, D5, D31, D61, D140, D198, J29, L97, L133, L142, L189, M58, O83, R115, R131, S30, S205, T25, V33, V51, V60, V85
Hoefnagels, Aloysius (*Antwerpen*, 1838) D173
Hoefnagels, Herman (*Park* 19-20) P147, S106, S244
Hoefnagels, Jacobus (d.d. 1890) P147
Hoegaarden E26, H185, P173
Hoei B80
Hoerings, Paulus (*Zegge*) B81
Hörmann, Leenhard, Kaplan H241
Hoesselt H83
Hoffmans, Robertus W47
Hohenfurth (*Altovadum*) K35
Hollands college (*Leuven*) C131
Holman, Fridericus (*Park* 17) J41
Holvoet, Petrus Frans (*Wevelgem* 1784) D26
Horn, Urbanus Ignatius ab (1714) W60
Houte, Carolus vanden (*Park* 18) P176
Houwer, de L37
Houzeau, Leopold (p. in *Anderlues*) M13
Hove, Alexander van (*Park* 18) B503
Hovius, Matthias C321
Hoynck van Papendrecht, C. P. P3
Hoyuck, P H225
Hueber, Lud. B288, P157
Huerne de Puyenbeke, mevr. van, geb. De Schietere de Lophem C189
Huerne Depuijenbeke, van G213
Hullen, Petrus van Z31
Humblé, Joannes (*Park* 18) B5

Hunnæus, Augustus L229
Huybrechts, W. (*Schuerhoven* 19) B235, B427, C106, G203, H19, S234, P77, P81, W39
Huybreghs, G. (p. in *Dessel* 1845) C284, R124
Huybreghs, L. (*Mechelen* 1822) B471
Huyck, Barbara van E28
Huyn van Amstenraedt, Edmund B42, M263

I.D.E.P.S.R.I.P. C.D.L. 1735 B320
Ieper B18, M173, M209, P188
IJperseele, Judocus van (*Park* 17; p. in *Tervuren*) D42
Ingelmunster B132
Ingolstadt R63
Isidorus à Irivilio (1748) P63
Ivertz, Matthæus M243

Jacobs, A. (1815) D110
Jacobs, zr. Catharina (*Leliendaal*) G187
Jacobus abbas (1762 *Gembloux*) A140, C6
Jacquet, Philippe (*Hennuyères*, 1724) L29
Jamin, Pierre T64
Janssens, Joanna (*Hasselt*, Sint-Barbaradal) G186
Janssens, Joannes sacerd. W43
Janssens, S. S. (p. in *Nedercruchten*) V85
Janssens, zr. Clara Maria (*Leliendaal*) G187
Jespers, J. (*Antwerpen* 19) G64, G79, G87, H58, K6, N9
Jette J82
Ji?in (Tsjechië) B24
Jezuïeten E45
- Aalst T37
- Aire-sur-la-Lys C233
- Antwerpen G73, M218, R59, S218
- Bergen (Mons) B389, B425, C39
- Brussel B43, C244, G206, M193
- Dijon S268
- Dillingen G121
- Dole E83
- Doornik A228, D27, H16, R32
- Gent A64, B481, H236
- Halle C242
- 's-Hertogenbosch H236
- Hoei B80
- Ji?in (Tsjechië) B24
- Kortrijk C325
- Keulen (Gymn. Tricoronatum) S99
- Leuven A122, A249, B492, C55, C136, D141, E3, G21, G53, G142, G145, G151-G153, G155-G163, G165, G166, G168, G170, G172, G173, G175, G176, G179-

G181, H31, H32, M301, P50, P160, P228, R5, S3, S72, T103
- Luik A166, T66
- Luxemburg B375, L3
- Luzern F5, S37
- Lyon (1685) S286
- Mechelen G73, P91, S217
- Metz H141, N46
- München M220
- Namen L231
- Ottersweier (1745) S93
- Parijs A169, E37
- Passau (1763) M151
- Reims B286
- Rijsel G57
- Sem. Prov. Belg. R87, V19(1925)
- Turnhout A87
- Würzburg B390, B403
Jezus-Eik/Notre-Dame-au-Bois B449, C109; *zie ook* Duchateau, R.
Joannes Ambrosius Vicecomes H202
Joannes Franciscus (p. van *Weveren* 1712) D43
Joao de S. Joseph M267
Jobst, Leonardus Jacobus (*Dorsten*) M206
Jonghe, Th. de A81, H92, M304
Jonghmans, J. (1842) W53
Joosen, f. Joannes P29
Jordanus, Franciscus (1624) B222
Jordens, Hilaire (*Park/Gempe* 17) C240
Joris, f. Stanislas (*Averbode* 1877) M263
Josephus, fr. (*Affligem?*) F116
Josephus Benedictus, f. à S. Camilla L294
Josephus Carolus M. P65
Josephus, frater (1864) P220
Jost(?), fr. Th. Aq., O.P. V13
Joséphites, bibl. G207

Kagerer M147
Kalkar M32
Kapucijnen
- Chambéry C228
- Dinant H42, M135, S160, V16, V18
- Konstanz F126
- Leuven C156, C159, L341, L352
- Luik A201
- Namen B100, H235, M162, R13, R98, R99, S64, S70, T97
- Saint-Omer L236
Karmelieten J49, J83, M212, V90
- Brugge G79, W5
- Brussel C287
- Cremona Z5
- Danzig F88
- Dendermonde B221

- Doornik F55, L339
- Geraardsbergen L331
- Keulen S34
- Kortrijk R131
- Leuven: Sint-Albertus, Tacet B310, C4, S307; Sint-Jozef, Placet S234
- Madrid F85, L329, V20
- Rijsel L3
- Tienen V19
Karmelietessen
- Aalst B298, P227
Kartuizers
- Brescia L104, L107
- Buxheim L116
- Evora, Scala coeli V80
- Gent L317
- Geraardsbergen D163, P175, T31 (1663)
- Luik G17
- Paradisum B. V. Mariæ C143
- Zelem D104, L64
Keizer, de (*Leuven* 1844) H200
Kempten S76
Kerchove, Petrus vanden (*Park* 17) B343
Kermt A168, B381, S168
Kerselaers, P. (p. in *Oost-Eeklo* 1702) B154
Keulen S32, S34, S66, S99
Keuter, fr. (*Knechtsteden* 1788) S205
Kirchmair, M. Balthasar S208
Knaeps, Josephus (*Mol*) C144
Knechtsteden D37, S205
Knobbaert, Philippe (*Park* 17) S189, S198
Koenigliches Staatseigenthum G121
Konstanz F126
Korbeek-Lo D43, D96
Kortrijk C325, R131
Kortrijk-Dutsel B378, F4, H56
Kreps, Benjamin (*Gent*) C251
Krulls, Johannes (*Regensburg* 1665) M221
Kulm, bisschoppelijk college A133
Kunsening, monasterium S. Georgij L277

La Bausart (1810) P220
La Berchère, Charles le Goux de, aartsbp van Narbonne R22
Ladeziz, J. de F128
Laenen, Guilielmus van (1772) J13
Laet, Paulus de E28
La Ferté, Notre Dame de M250
La Hamaide, Petrus de (d.d., *Lobbes* 1671) F79
La Hamayde, P. de V35
Laken E78
Lamal, L. N36

Lammens, Fréderic (*Drongen* 1787) C206
Lammens, P. P. C. A181, B219, B307, P228, S218
Lammers, Ludolphus (*Park* 19) B503
La Motte, de (*Hoei*) B80
Landen (kerk van de H. Norbertus) M237
Landre(?), G. B. W64, W69, W71
Landshut, Bibl. Acad. K15
Landtmeters, R. D. (p. in *Heverlee*, d.d. 1861) B104, G9
Lanschot, Augustinus van (1664) H92
Lansque, Jacques P91
Lanswert, Franciscus (*Park* 17) B385
Lantain, Joannes Benedictus Josephus (*Leuven* 1826) B525
Lantschoot, Arnold van (*Park* 20) B171, B541, D176, H26, L197, M213, M224b, M311, P175, W17, W21
Lantwijck, sr B. R117
La Place, Carolus (1735) A181
Lareine, J. T84
La Roche, mlle de L303
Latin, Anselmus de (*Tienen* 1781) F41
Laurens, C. D132
Laurentius, F (1791) L325
Laurentius, frater K35
Lauwaert, fr. Syardus B453
Lavins, B. Marianus A50
L C D J75, J76
L'Ecuy, Jean-Baptiste, O.Præm. P158
Leclercqz, Philippe François (1792) L29
Lee, van (*Park* 20) W17
Leefdael, Maximilianus van (abt van *St-Geertrui*) L154, P107
Leenknect, Laurentius E14
Leeuwarden P70
Lefebvre, Max. E70, M48
Legillon, Augustinus (*Brugge* 1809) P187
Leiden B479
Lejeune M215
Leliendaal, *zie* Norbertijnen
Leman V35
Lemmens, Antonius (*Park* 18) A69
Lemmens, Leonardus (*Park* 16-17) D178, T52
Le Roux, E. L. (p. in *Audimont*) M51
Leroy, Martinus (*Park* 18) B86, B466, C321, H90, O16
Lescure, de T56
Lessius, Fred., O.S.A. L268
Leuven A57, B525, C105, C205, C279, F69, H11, H200, L320, M165, P11, P202, R140
- benedictijnen, Keizersberg R125
- Drievuldigheidscollege B231, J28, R5
- Divæus, college P188
- Drieux, college van B132

- Duitse Orde, college van de M263
- Hollands college C131
- jezuïeten A122, A249, B492, C55, C136, D141, E3, G21, G53, G142, G145, G151-G153, G155-G163, G165, G166, G168, G170, G172, G173, G175, G176, G179-G181, H31, H32, M301, P50, P160, P228, R5, S3, S72, T103
- kapucijnen C156, C159, L341
- karmelieten C4, S307
- minderbroeders F74, R13
- oratorianen M32
- Pauscollege H92
- reguliere kanunniken van Sint Augustinus: Sint-Geertrui H181, L154, M179, P107; Sint Maarten D91
- O.L.V. van den Wijngaard F107
Le Verd, fr. (Bibl. Augustinianæ) A12
L'heureux, fr H142
Libotton, de O68
Licht, Godefridus de S202
Lichtaart R53
Lille, *zie* Rijsel
Limborch, Bernardus van (*Park* 18) O55
Lindanus, Damasus F. L228
Lindanus, Wilhelmus L228
Linnemans, Joannes (*Diest*) B249, C16
Linthout, Philippe van A86
Lion, J. H42
Lissabon, da Livraria da Caza da [?] J10
Lobbes F78, F79
Loen, van (*Heylissem* 1699) E62
Lohmer, b. a. de (*Mainz*) S140
Loicx, Antonius (Sint-Trudo *Brugge* 17) D91
Lolieu, sr Isabeau (*Meruy?Méru?* 1590) B226
Lombardts, Anna (begijn in *Diest*) T16
Londen, Museum Britannicum (1881) Q25
Longhehaje, Carolus T54
Loock, Joannes Bapta van, O.F.M. S131
Louis, J. N. (p. in *Fanzel, Erezée*) T66
Louis XIII, koning van Frankrijk S27
Louis de Bourbon, dauphin van Frankrijk O3
Loupoigne A221, N22
Lousley, Job (*Hampstead* 19) D116
Loyers, F. de (d.d., *Park* 18) J28
Lubbeek F2
Lucas à s. Rocho, O.Carm. V90
Lucas, J. J. (Col. Med. Antv. Socii) M144
Lucca, bibl. pubbl. C55
Luchon de Bouffioul, Clere Therese J82
Lugelius, Joannes (p. in *Westerlo* 1622) J51
Luik D84, M222, L61, P158, S7

- benedictijnen *(Saint Laurent)* T102
- collège St-Servais A166
- jezuïeten A166, T66
- kapucijnen A201
- kartuizers G17
Lupus, I. J. G. (*Luik*) C316, P158
Lutzenkirchen, A. (p. in *St Mauritius*) W38
Luxemburg B375, L3
Luymoeye, Petrus (d.d., 1642) D104
Luyten, Jan (d.d., *Tongerlo* 1630) G186
Luyten, Joannes Baptista (*Park* 18-19) B287, G30
Luzern F5, S37, S103
Lyon B346, S286

Madeleine, sr B236
Madrid D103, F85, L329, V20
Maeten(?), Fr. Leo (1894) G78
Maeyer, f. Joannes de (1729) S181
Maeyer, Joannes de (?) (*Park* 17-18) B82
Maingolt, Johannes (*Halle*) J4
Mainz S140
Maison, Hermannus (*Beaurepart*) S216
Malcorps M115, M119, M121
Malfroid (1749) G18
Malherbe, L. (p. van *Mons-Presles* 1890) B425
Malmedy, monsieur (*Goui*) C283
Mangnet, Petrus A. (*Park* 17-18) V86
Manquette, abbé T56
Marchiennes P100
Marchot, E. P64
Marcus, frater J5
Mare, Anna Cathrina (begijn) C284
Mareuil, Ed. T46
Marguerite Brulé de St Augustin, sr B236
Maria Theresia, keizerin B513, C20
Mariot, P. F36
Mariazell W120
Maris Stella A61
Marneffe, Bibl. Coll. B89, H145
Marotte, de T41
Marseille (*Sainte-Marie-Madeleine*) D190
Martin, fr. Leon P220
Mas<?>lynck (*Roosenberg*) P211
Masius, Joannes (*Park* 17) A210
Matheusen, Cicero J. D182
Mauhæus Reimerus P175
Maury, Jean Siffrein, kardinaal T56
Mazarin, Collège T54
Méan, Louise de, geb. de Wurzberg S36
Mechelen B398, B471, B474, B521, G191, J34, M62, W54
- aartsbisschoppel. sem. J53, P115
- jezuïeten G73, P91, S217
Meerbeec, Josephus van (1737) F71

Meeus D66
Meeuwen, Jacobus van (*Dordrecht* 17) G194
Meldert B133
Meldert, G. J. van L230
Melis, Elisabeta B91
Mennens, Augustinus Cornelius J14
Meremans, JB (1790) G188
Merigot le Jeune F113
Merlo, Jac. van J.V.D. G16
Mertens, C. C. B157
Mertens, Franciscus-Josephus, pr. C107
Mertens, Joannes Guilielmus A204
Meslin-l'Evêque L18
Metz, jezuïeten H141, N46
Metternich, Cornelius, S.J. (d.d.) S99
Metternich, fr. Joh. Hermannus (*Knechtsteden*) D37
Meulemans, Carolus Joannes (p. in *Sint-Joris-Weert*) M45
Meulemans, sr. Helena (1774, *Leuven*, O.L.V. van de Wijngaard) F107
Meurs, Petrus van (*Park* 18; p. in *Wakkerzeel*) B43, B84, D193, P59
Meyrargues, markiezin de D190
Meyers, Nicolaas N17
Mierloo, Jacoba van (*Gempe* 17) B3
Mikalowitz, Severianus R41
Minderbroeders B178, B472, C157, M6, N14, S131, W10
- Anderlecht B299
- Antwerpen C140
- Ciney S7
- Conventus Suazensis(?) B37
- Gent D155
- Ingolstadt R63
- Keulen S32
- Leuven F74, R13
- München B387
- Namen A164, C125, L274, L295, P185, P210, S148
- Praag C58, H167, P201, R41
- Sint-Truiden A111
- Überlingen S96
- Ukkel (Boetendaal) F96
- Zoutleeuw H9
Minne, J. B454
Molido, Johannes Antonius de L331
Möllenbeck T48
Moerings, Paulus (*Park* 19) B232, J26, P40
Moeskroen, redemptoristen M293
Mol C144, C210, G91, L187, N15b, O70, Q1
Molen, J. vander, pr. C208
Moll, W. C325
Monasterium Sancti Dionisi juxta montes

265

T84
Mondaye, *zie* Norbertijnen
Mondelaers, sr Agnes (*Hasselt*, Sint-Barbaradal) G186
Monnar, Norbertus (1726) L186
Montandon, Georges C185, C268, E39b, E44, V95
Monte, fr. Joannis de M150
Montgrand, le Comte Godefroy de D190
Montissilicis(?), Conventus Patrum Reformatorum S. Jacobi S284
Montpezat, de C185
Moons, Jacobus, O.Præm. B323
Moreels, Fredericus (*Park* 18-19) B84, D178, L273
Morel, F. G. (*Bonne Espérance*) S216
Moreti, Hermannus Josephus S217
Morkhoven J51
Morren, Norbertus (*Park* 17) B343, C14, D114
Mosselaar, van de P153
Mottaer, Remigius C188
Mullere(?), f. Theod. T102
München L277, M220
Munter, fr. Philippus de E62
Murensis, Henry C165
Mutsaerts W65, W66
Mutsaerts, Nicolaus (d.d. *Tongerlo* 1598) H142
Mynckens(?)(1778) C271

Namèche, Alexandre A42, H192, Q2
Namen F97
- domincanen C74, D122, P210
- jezuïeten L231
- kapucijnen B100, H235, M162, R13, R98, R99, S64, S70, T97
- minderbroeders A164, C125, L274, L295, P185, S148
Nanningh, Joannes (p. in *Buijtenveldert* 1750) N9
Napin, P. F. F99
Nazet, J. (1755) S305
Nederkruchten C75, V85
Neef, Petrus (*Antwerpen* 1772) B230
Neesen, Maria Balduinus H200
Ne quid nimis P170
Nesse, Laurentius van J18
Neukirch R35
Neustadt am Main G23, R113
Neute, F. A. (p. in *Viefville*) B450
Nicolai, Judocus B102
Nicolas … ultra Mosam 1688 D125
Nicolaus Germannus (?) (*Hasselt* 1636) L268
Niemants, H. (*Antwerpen* 1791) F75
Nieuweneynde, Siardus van de (abt *Tongerlo* 18) W55
Nieuwerkerke (parochiekerk Sint Dionysius) P42
Nieuwrode B193
Nijsmans, Melchior (*Park* 18-19) B294, H209, H210, L35, L144, M201, P12, R89
Nijvel B147, M142
Ninove, *zie* Norbertijnen
Nols, Quirinus (*Park* 19-20) A232, F93, J21, M13, T57, T124
Norbertijnen (behalve *Park*)
- Allerheiligen H148
- Antwerpen (*Sint-Michiels*) B102, S202
- Averbode A128, A224, B117, C247, C313, E27, K11, M158 (1813), M263, S39, S118
- Beaurepart, Luik S216
- Bonne Espérance/Bona spes, Estinnes bij Binche B233, C283, D25, M55, M175, S216, T94
- Dielegem, Jette A60, B177, B504, D4, K46, S213; *zie ook* J. J. vanden Block
- Drongen C206
- Floreffe B444, C40, L331, P220
- Grimbergen H232, P92, S204, S285, T91
- Heylissem D132, E62, J7
- Knechsteden D37, S205
- Mondaye J10
- Ninove A93, F105, G207, I25, M307, S202; T90; *zie ook* G. van Haelen, G. van den Bon
- Prémontré P158
- Roggenburg K47
- Roth H14
- Saint-Feuillien du Roeulx P212
- Septfontaines (Fagnon, bij Charleville-Mézières) B158
- Strahov S84
- Tongerlo B49, B344, B363, B487, C288a, D182, G186, H142, H234, J51, L318, M38, M75, W54, W55
- Tusschenbeek, Serskamp T91
- Veurne (*Sint-Niklaas*) B223, M55, S301
- Windberg S62
Norbertinessen:
- Gempe, Sint-Joris-Winge B3, B462, M106
- Herentals, Hortus Conclusus E80
- Leliendaal G187
- Oosterhout (Sint-Catharinadal) C51, D193
Norbertus, fr., O.P. H151
Norbertus, fr. (*Tongerlo*) B487
Nordkirchen P22, R11
Notre-Dame aux Bois, *zie* Jezus-Eik

Notre Dame de Bellevue L304
Noué, Joannis (p. in *Hoesselt* 1619) H83
Noyzez, frère Ian M269

Oedelen, Norbertus van C273
Oeppen, Franc. Henr. (*Gladbach* 1737) S126
Oetting-Wallerstein, vorsten van H231, J18, L205
Oijenbrugghen, Georgius van (*Park* 17-18, p. in *Sint-Joris-Winge*) B8, B12, C181, C196, G20, H247, L177, P22, P182, P214
Ongena, Carolus (1821) W19
Oosterhout, *zie* Norbertinessen
Oosthamme L187
Opitter B438
Oratorianen J10, M32, O9, W54
Ortiz Ayalla, don Ldo Joseph C127
Osek, *zie* Cisterciënzen
O'Sullivan de Terdeck (Joseph Denis?) B479, P161
Otten, Haimo (*Kalkar* 1630) M32
Otten, Nicolaus, O.F.M. (1761) N14, S131
Otterinckx W55
Ottersweier S93
Ottoy, Marcellin (*Aalst* 1831) B188
Ottoy, Petrus (*Park* 18-19) A202, B88, B371, B458, B466, K39, L209, M64, T60, V84, W44
Oudergem (*Rood Klooster*) S186
Ourgues, comte d' (bibl. occulte) P152
Outers, Cornelius L331
Overpelt B360
Overstraeten, Franciscus van (1754) R133

Pagl, Maximilianus (abt *Lambach* 1705-1725) H148
P.A.I.V. 1786 P140
Palavratte, G. J. (p. in *Russeignies* 19) L348
Pallant, Alexander de (*Leuven*) H181, M179
Pape, Hiubertus(?) de (*Leuven* 1608) H11
Pape, Libertus de (*Park* 17) J41, S198, T137
Papin, J. N23
Parent, Balthasar M51
Paridaens (1788) A188
Parijs, jezuïeten A169, E37
Parmentier H123
Parys, Ludovicus-Hieron. van (1823) M317
Paschasius, Joannes (p. in *Winksele*) L168
Passionisten B9
Pastorini, mgr, *zie* C. Walmesley
Pauw, Jules de (*Park* 19-20) A64, A215,

B186, B251, B324, B445, C279, G55, G78, G149, H150, H186, L358, M220, P235, R76, R83, R118, S203, S207, U1, V71, V80
Payen, M. J. R104
Peetermans, Joannes Judocus (*Geel* 1813) G134
Peetermans, Philippus (*Boutersem*) B209
Peeters, Bened. O.Præm. (*Tongerlo* 1800) W54
Peeters, Emerentiana S22
Peeters, H. F. (1796) G82
Peeters, Katerina (1628) S22
Pelplin A133
Peppe, M. S. (1855) P114
Pergens, Fulgentius (O.S.A. 1793) F92
Pernois, fr. Josephus (*Dielegem, Jette* 18) A60
Petit, J. P. R129
Petræus, Laurentius (*Ditmarschen*) P175
Petrij, f. Franciscus S203
Pettenborgius, Wilhelmus C313
Pevenage, Henri (d.d. 1962) R126
Pharasijn, Jan (Gent) A243
Picaert, Benedictus (*Park* 17) A130, E77
Picquet, C.A. avt. (*Bergen*) S169
Pietas homini tutissima virtus F42, S295
Pinnink(?), Maria Magdalena, abdis C270
Placidus & Morales, fr. (*S. Petri Karadignensis*) S180
Plantinus, Christophorus (d.d.) L229
Plasmans, Hermannus/Josephus (*Park* 19) B12, D96, Q2
Platevoet, J. B. O77
Ponsaerts, Jan Otto (1771) J86
Poncella, Bartholomæus R137
Pontigny M238
Poortere, Georgius de (*Geraardsbergen*, 1694) J24
Possano, Joannes Joachim J.C. C129
Potdor, P. (1794) S114
Potter de Zinzerling, de A232, C38
Potvin, F. B. (1767) M13
Powis, J. B. C145, L210, L211
Praag:
- minderbroeders (*Ad nives Marianas*) C58, H167, P201, R41
- norbertijnen (*Strahov*) S84
Praet, H. S202
Prémontré, *zie* Norbertijnen
Preston, le comte de B149, F77
Pret, Maria Catharina de E28
Prevost (d.d.) L53
Proost, Joanes I.C. (*Turnhout*, 17) G59
Provins (Cambrai) G215
Put, Christian van den (*Park* 17) G20
Putte, Anna van den (*Gempe*) B3

Putte, Leonardus (*Park* 17) W47

Quætperts, Adamus (*Averbode* 17-18) C247

Raeymaeker, J. de L118
Raeymaekers A92, Q3, Q7
Ram, B. de (*Berlaar/Leuven* 19) B163, C233
Ranst, sr Cæcilia van, (*Gempe* 1708) B462
Raphael, fr. H107
Raymaekers, Em. (1831) H200
Raymaekers, Evermodus (*Park* 19) B327, B382, D94, R94, W103
Raymund, fra Joann. S253
Redemptoristen
- Brussel B312, G96
- Moeskroen M293
Rega, Henri-Joseph R118
Regensburg M221
- Benedictijnen (Sanct-Emmeram, 1757) A170
Regnard, Petrus B26
Regnier, M. B108
Régnier, Claude-Louis-François C295
Reims B286, L167
Renessiana, bibl. P7
Rennes, Maison du Sacré Cœur L303
Renty, J. F. (1676) N39
Respani, A. S. (1754) F63
Retie A55
Ribauw, Rob. A182
Richebourcq, Jac. de E81
Richiev, Joannis (1652) A181
Ridder, Joannes C313
Riedel, Philippe (*Park* 18) S120, S121
Rietmakers, Jan M304
Rigaud, J. B. (p. in *Argoeuves*) N41
Rijelandt, F. D26
Rijhiner, Iselin T126
Rijsel:
- jezuïeten G57
- Ecole libre S. Joseph H141, N46
Robert, fr. Joannes (*Floreffe* 1601) L331
Robiano, Alois de B504
Robson, J. G143
Robt, fr Joannes (1649) B346
Roey, J. F. van B230
Roggen C304
Roggenburg, *zie* Norbertijnen
Roije, Gérard van (*Park* 18, p. in *Korbeek-Lo*) D43, V39
Rombauts R71
Rombouts, Matthæus (*Park* 18-19) B231
Ronse B179
Roo, B. van P38

Roo, Jacobus Dominicus de (*Wortegem*) R62
Roosenberg (*Waasmunster*) P211
Roost, Joannes van (*Park* 1740) A215
Rooij, de (1741) S258
Rosenmarckeriana, ex hæreditate A17
Rosner, Leo B387
Rossie, August (p. in *Wassenberg*, 1820) S34
Rossignol R25
Roth, *zie* Norbertijnen
Rotthier, Jean, pronatorius apostolicus van Mechelen W43
Rousseau. P. A. D131
Rousselière, M. de la B346
Roy, F. M. Le, *zie* Leroy, Martinus
Ruber, Judocus (1784) B483
Rudder, de M251
Ruddere, B. de G31
Russeignies (*Rozenaken*) L348

S T S277, S278
S A B M P63
Saey, Joseph (*Doornik* 1834) B266
Sagin (p. in *Godinne*) M176
Sainte-Geneviève B. D. J., école B152
Saint-Feuillen du Roeulx, *zie* Norbertijnen
Saint-Omer L236
Salcher, Fr. (*Admont*) R40
Salm, Petrus (d.d., *Keulen*) S99
Salms, Fr. H238
Salzburg
- Collegium Sancti Caroli Borromæi (1733) C195
- Domus S.S. Maximiliani, et Caietani Cler. Reg. G103
Samberghe, F. J. van (*Enghien* 1747) H16
S. Mauritius de Belloloco SS. Vitoni et Hydulphi (1694) H141
Sankt Märgen W119
Sans tasche F77
Sansen, fr Lucas B363
Santa Maria in Transpontina (bibl.), *zie* Cremona
Sappie, Maria Catharina (begijnhof *Diest* 1744) T38
Sartorius, Joannes (Arenspergensis) R63
Savini, Fr. Aurelius H79
Sas, P. J. (1697) H39
Scaille, Henricus (d.d., *Leuven* 1689) C238
Scaillet, Jean (*Waulsort-Hastière* 1610) L184
Schaffen, fr. van G9
Schaijes, Melchior (*Park* 18) Q19
Schalckius, Cornelius (d.d.) G194
Schamelius, M. P144

Schenaerts, Fulgentius (*Park* 17) C240, S213
Scherpenbergh, Joannes van (*Antwerpen*) Q11
Scheyern, monasterium V17
Scheys, Jacobus/Joannes Baptista (*Park* 19) M117
Scheys, Norbert (*Park* 18-19) D3
Schietere de Lophem, Marie-Anne, echtg. Joseph van Huerne de Puyenbeke C189
Schijndel, Adrianus van (*Park* 17-18) T77
Schijndel, Leonardus van (d.d., *Park* 17) O55
Schleck, f. Albertus (*Durbach* 1677) H148
Schlimbach, Nivardus (*Bildhausen*, abt 1786-1803) D183, S75
Schmid, Joseph Erasimus (*Neukirch*) R35
Schmitz, Jac. S95
Schoch, Thaddeus W58
Schools, Edward (*Turnhout*) N31
Schoor, Michael van (1738) A105
Schrevens/Sgrevens, Conrardus (*Park* 17, p. in Lubbeek) C240, D42
Schriek S10
Schruers, Matthias (1642) D104
Schueren, M. vander (p. in *St-Pieters-Woluwe*) G79
Schuerhoven H19, M62
Schuermans, Godefridus (*Tongerlo*) B49
Schuermans, Peter W55
Schuller (1788) H66
Schute (pr., *Lübeck*) T48
Schute, Michael T48
Sebide, f.f. (1723) M13
Segers, P. J., O.F.M. C157
Segerus Pauli C. C. S34
Selissen, Cornelius B194
Selliers de Moranville, Chevalier Albert de B176
Senenne M92
Septfontaines (Fagnon, bij Charleville-Mézières) *zie* Norbertijnen
Serneels, Antonius B104
Serroni, Hyacinthe, bp van Mende R22
Serrure, C. P. (d.d. 1856) B323
Servais, J. F. de V88
Simphoven, Jean Baptiste van (*Park* 18; p. in *Lubbeek*) B109, F2
Simphoven, sr Hermelindis van B260
Sinaai L348
Sinave, J. B116
Sinzendorf, Philip Ludwig, graaf van D120
Sint-Joris-Weert M45
Sint-Joris-Winge N16; *zie ook* G. van Oijenbrugghen

Sint-Maartens-Lennik A188
Sint-Mauritius W38
Sint-Michielsabdij, *zie* Norbertijnen
Sint-Pieters-Woluwe G79, M77
Sint-Truiden A111
Sionensis, Bibliotheca G47
Siraux, Antonius (1768) P212
Sirejacob W65
Slaechs, Petrus (*Park* 17) L234
Slaets, Michael (*Tongerlo* 1712) B363
Sleurs (p. in *Opitter*) B438
Sloaniana, Bibliotheca Q25
Slootmans, Alexander (*Park* 18) A212, B503, L147, T112
Smedt, de B409
Smet, Guillielmus de C269
Smet, sr Norberta de (1731) B463
Smets, Gaspar (*Park* 18-19) C158
Smets?, Hendrik P182
Smeyers, Petrus Donatus (d.d. *Park* 19) H208, Z10
Smits (*Brussel*) V84
Smoldersen, J. G. B96, R144
Snick, Petrus van A228
Snijers, Fr. Eg. B342
Snoeijens, Jac. (1740) J38
Somers, A. (1822) H220
Sor, de (d.d.) H235
Sorbonne, bibl. S77
Soumaigne, M. de A39
Sounius, Simon Jodocus (*Haarlem*) A110
Soupart, J. F. (*Bergen*) M13
Staes D79
Staes, Goesuwinus (*Antwerpen* 18) H50, H52
Staes, Joachim? Thomas? (*Park* 17) P40
Staes, Norbertus/Johannes (*Park* 19) F98
Stalle, sr Regina van (1828) G3
Stanislas, mère (1881) B441
Staprel, Guilielmus (p. in *Sinaai*) L348
Steenbergen, Daniel (1833) C60
Steenkist, Willem (*Brussel* 1760) G30, M193
Stegen, Stephan vander (d.d., *Averbode* 1698) S39
Steinbuechel, Bern. (1870) D214
Stejner, Georg (P. 1650) J54
Sterre, J. C. vander, O.Præm. S202
Sterrebeek B16
Steurs, Ferdinandus Josephus R88, R89
Steven, J. M. C. van D111
Stex, F. Augustinus (1685) L325
Stien, Gille de D185
Stoupy, Edmond-Sebastien-Joseph de C148
Straeten, Joannes Antonius van der (*Park* 18-19) C109, G195, J23, N17, P213

Straetmans, Albertus (*Park* 18-19) B175, B383, M77
Strahov, *zie* Norbertijnen
Stratius, P. (d.d.) G156
Stroobants (*Diest*) B289
Stroobants, Dionysius (*Park* 19) B83
Stroobants, F. S9
St Vaast, P G de (*Dentergem*) C316
Sweerts, Antonius (*Park* 18) O16

Tack, Henri (1869) R66, R67
Talmas, Lambert. (*Dolhain Limbourg* 1815) B150
Tapin, D. Claude (d.d., 1655) M81
Tellen, Henri de T108
Teralfene B195
Tervuren D42, D158, E29; *zie ook* C. Blockx
Testelt B178
Theodorus a Braganca V80
Theodorus ex Ermetton (O.Cap. 1689) C238
Theodulphus, F. (*Vorst* 18) D61
Thiden (*Diest*, begijnhof) R115
Thiebaut, Jozef (*Park* 18-19, p. in *Werchter*) M63
Thiery, Armand (*Leuven*) R140
Thijs, RD (d.d., p. in *Wijnegem*) B38
Thijssen, Henricus (1750) E84-85
Thillo, Guil. van E78
Thysmans, Anne-Marie C289
Tielens, S. D11
Tienen F41
- augustijnen B207
- dominicanen M221
- karmelieten V19
Tilser, Joannes (*Nürnberg*) H62, H63
Timmermans, P. J. C137
Toele, Joannes M150
Tongelen, Hubert van (*Park* 17-18) N16
Tongerlo, *zie* Norbertijnen
Torcy, Arnauld de B75
Torrentius, D Ægidius Livinæus P38
Tossyn, zr. Catharina (1835) P76
Tourneur, F. Matthæus (1701) B444
Tribout, Joannes (*Park* 19) B82, B193, L172, P69b, Q2, R80
Triest, Augustinus (*Park* 18) A189
Tronchiennes, *zie* Drongen
Trouter(?), Johan Wilhelm Maria C139
Tubix, Augustinus (*Park* 18-19) B81, B210, H97, L1
Tübingen, Universiteitsbibliotheek H163
Turnhout B247, B395, C17, G59, M155, M315, N31; *zie ook* G. Versteylen
- jezuïeten A87
Tuycom, Philippus van (*Park* 17) S198

Ueberlingen S96
Ukkel (Boetendaal) *zie* Minderbroeders
Uleys, Dominus C18

V T / B V T H163
Vachez, H.. (1780) C230
Vadder, Adrianus de (*Park* 17, p. in *Kortrijk-Dutsel*) A189, B339, B385, D180, F4, H56, P33, V9
Vadenbevel, J. J. van (p. in *Sterrebeek*) B16
Vaernewyk, van D95, G31, M216
Vaentkens, Livinus, abt van Baudelo S44
Vaes, G. H107
Valckenborgh, fr. Joannes van W10
Valckenborgh, Laurentius van, O.F.M. W10
Valentijn, Gilbert (*Park* 17-18) W47
Vanderheyden, R. E. (18) B351, G135, G144
Vanderkerkhoven Q6
Vanderlinden, G. K16
Vandermalen, J. A79
Vandermolen, F. B492
Vanderschueren, (p. in *Sint-Pieters-Woluwe*) M77
Vanderveken, Libertus (*Leuven* 1824) L275
Vandervoort, fr. Polycarpus W55
Vanderwaeren, H. I11
Vandevelde, F. (1775) J21
Vandewoestijne, Thérèse (1778) B413
Vangansen, Jacob (*Eppegem*) R34
Vanhum, Joannes (*Geel*) H67
Vanpée, Norbert Antoine (*Archennes*) V94
Vantilborch B327
Vasques de Andrada N28
Vaux-Sainte-Marie H232
Vekeman, Godefridis (*Park* 17) L338
Veken, Godefridus vander (*Park* 18, p. in *Werchter*) B5, B12
Veken, Petrus Josephus van der (*Leuven* 18) C279
Velde, Jan Frans van de (*Beveren* 18-19) A36, B219, B255, M316, P164, P228, R138, V87
Veltem S42
Verachter(t), Frederic (*Antwerpen*) C289, H107, H233, J68, L361, R85, S291, Z6
Verbist (begijn 1820) L352
Verbraken, T. (*Tongerlo* 17) M38
Verdussen, Henricus Petrus (*Antwerpen* 1795) F74
Verhaghen, Georges (*Park* 18-19, p. in *Wakkerzeel*) A219, B12, , B294, B419, C252, D47, E74, L125, L173, N17, R81, W47
Verhaghen, P. J. M186
Verhaghen, Petrus (*Leuven* 1771) C205
Verheyden, (Henricus) Martinus (*Diest* 1756) A211
Verhiest, Orat. (1790) O9
Verhoeven, Matthias (*Park* 17) T52
Verhoustraeten, Guill. (1803) N6
Verkerk(?), Joannes Baptista (*Bierbeek* 1844) A204
Verlinden, F. F. (d.d.) A139
Verluyten (d.d., p. in *Laken*) E78
Verpoortenne, J. B. S88
Verreydt, J. G. L. B102
Verschueren, Ægidius (*Antwerpen* 1615) A128
Verschueren, Fr. B145, E30, H245, O36
Verschueren, Godefridus (vic. in *Waalwijk* 1713) M75
Versteylen, Adr. (Park 1840) B495
Versteylen, Alp. (*Leuven*, 1878) T20
Versteylen, François (*Park* 19) B247
Versteylen, Guillaume (*Turnhout* 1832) B247, B395, C17
Versteylen, J. (1836) B495
Versteylen, Joannes Adrianus (*Park* 20) N10, R11, M133a, M221
Verstreken T67
Verstreken, Eustachius (*Diest* 1686) S51
Versturme L119
Verstylen, Begga A138
Verstylen, Guilelmus (*Herentals*) A138, A139
Verstylen, Joannes Baptista (*Herentals*, 1791) A139
Verstylen, Peeter A138, A139
Vervloet, Gaspar (*Park* 18) A44, M74
Verwey, Cornelius (*Park* 17, p. in *Kortrijk-Dutsel*) T77
Verwimp, J. J. B285
Veurne M107; *zie* Norbertijnen
Vial(?), Général (1807) M41-42
Vienne, Fr. Ludov. (*Floreffe* 18) B444
Viefville B450
Villers, abdij F116
Visicomberger(?), H. (1695) S79
Vleeschouwer, J. J. de (*Leuven* 1756) F69
Vleminck, Cattarina de (1792) D18
Vleminckx, Emmanuel (*Park* 18) A52, G202, L149
Vlierbacensis, Jacobus (1798) B284
Vlierden, Franciscus van (*Park* 16) M241
Vlissingen B369
Vocht, de (p. in *Goirle* 1832) C285
Vollenaers, Ludovicus J23
Vollenhovius, Joannes (1659) D151, D164

Vorst D61
Vorst, Jacob van der (*Park* 17) J23
Vossem, Frans van (*Park* 18) M55
Vranckx, Albert (*Park* 18) B343
Vrijsens, Servatius (*Park* 17) C62, S2

Waalwijk M75
Waaser, P. Magnus (1749) B2
Waasmunster (*Roosenberg*) P211
Wachtelaer (d.d.) W54
Wadegotia, circaria, *zie* Wadgassen
Wadelencour, Thérèse de (geb. d'Amprer) C38
Waersegger, Hieronymus de (*Park* 18, d.d.) O61
Waeyenberch, Michael van G66
Wagemaeckers, Siard (*Park* 18) B319, B363
Wakkerzeel A191, M9; *zie ook* G. Verhaghen, p. van Meurs
Walsche, A. de T37
Walters, H. B. (1846) S85
Waltherus, Joannes (*Luxemburg*, 1662) A86
Waltmann, Fr (*Brussel*) M38
Waltrain, J. A. (p. in *Kermt*) A168, S168
Wanderlee, Gerlacus (*Averbode* 1750) A224
Warein(?), P. J. (1732) B9
Wassenberg S34
Watteau, J. (1777) O3
Waulsort s L184, R64, S139
Waulthier L53
Wauters, Adrianus (1802) B399
Wauters, Mimie Arnoldine (*Hasselt* 1832) B399
Weber, Joannes Henricus (*Knechtsteden* 1754) S205
Weerden, van der M62
Weihenstephan, monasterium G116
Weingarten (1600) Z23
Welde, J. J. van A55
Wennen/Wennius, Franciscus (*Park* 1629) T52
Werchter, *zie* A. Bosmans, H. Bulens, H. Dejonghe
Werloschnigg, Joannes Baptista de (1701) H148
Westerlo B38, J51
Westzaandam (1751) H243
Wevelgem D26
Wever, René de (*Jette* 1906) J82
Weveren D43
Weyer, Balthazar van den (*Park* 18) B82
Weytens, Arnold (*Park* 15-16) S201
Wiggers, Cornelius (1640) W68
Wijck, Bernardus Henricus van der

(*Zwolle* 1705) S294
Wijnegem B38
Wilkes, John M273
Willaert (d.d., N. D. de la Chapelle, 1841) T66
Willebeeck, Jacobus (1773) G14
Willebroek V34
Willemaers, Petrus (*Park* 18, p. in *Tervuren*) D158, E29, H86
Willems, J. Fr. B258
Wilrijk K11, K12
Wiltin, bibl. M238
Windberg, *zie* Norbertijnen
Winge, Antonius de (d.d., 1632) B311
Winksele L168
Wit, de L265
Wommelgem Q2
Worarsius(?), Franciscus (1617) J69
Worel, P. Eugenius (*Praag*) T119
Wortegem R62
Wouters, Franciscus (*Balen*) P69b
Wouters, Simon (*Park* 18, d.d.) R65
Würzburg B390, B403, W60

Xabrega, bibl. C126

Ysembar, zr. Vedastine d' O22

Zanger-hey, kapel (*Zangerheide, Eigenbilzen*) L282
Zeebots, Willem (*Park* 17) B4
Zeebroeck, van (1787) B108
Zegers, Guilielmus (*Park* 18) B467, S204
Zegge B81
Zelem D104, L64
Zerres, Christianus (1786) J11
Zichem (*Elzenklooster*) B392
Zobler, Franciscus, O.P. S178
Zoepfl, Auderic (*Windberg*) S62
Zoersel D151
Zondermazure, V. V30
Zoutleeuw H9
Zuccari, Ferdinand (1841) A80
Zuen(en?), C. van (1618) B299
Zütter, Juan de (1601) B206
Zwicklin, Conrad S96
Zwolle S294

Wapenspreuken, deviezen
Agendo et Patiendo M38
Bien faire et ne rien craindre V88
Candide ne quid nimis J25
Christus protector meus J90
Dat Prosper natus 1785 B88, L209, T60
Dieu ayde au premier chrestien - Plus de deuil que de joy W21
E valle vita L154, P106
Ex fructu nascitur arbor C188
Fac mecum signum in bonum S44
Fac tibi arcam de ligno M36
Filia legia romanæ ecclesiæ L61, M222
In hoc cygno vinces A203
In tali numquam lassat venatio sylva D50
Modestia victrix B479, P161
Ne quid nimis P170
Pace et concordia B543
Per aspera ad astra V79
Pietas homini tutissima virtus F42
Presto ma prude L119
Sans tasche F77
Stella duce S44
Veritas vincit M38
Vigilia ne devoreris W43

Supralibros
Amsterdam C318, P161
Arnhem C52
Brabant A88, S49
Brussel B43, M193
Gouda V79
Leiden B479
Mechelen G191

Albert d'Ailly, Michel Ferdinand d' A101
Antwerpen, Athénée royal D59
Antwerpen, college Augustijnen B524, H101, L127, P69b
Antwerpen, Sint-Michiels B102
Arenberg, Karel Marie Raymond van B430, J90, L209
Arenberg, Lodewijk Engelbert & Louise de Brancas-Villars, gravin van Lauraguais B88, L209, T60
Baudeloo S44
Berchère, de, aartsbp. Narbonne R22
Boucherat, Louis H189, M214
Boulainvilliers, A.G.H.B. L6
Bourbon, Louis de O3
Bourbon-Condé G113
Brandas de Villars G2
Burch, Franciscus vander, aartsbp. Cambrai M60
Cobenzl, Karl Johann Philipp, graaf van S256
Colbert, Michel, O.Præm. G125

Colins, C. P22
Drieux, college van B132
Durford, Emmanuel Félicité de L11
Floreffe, prelaat P220
Gomez de la Cortina, J. C309, C310
FE AB L206
Gachet, N. A54
Gomiécourt, Paul de, O.Præm., abt St-Niklaas Veurne S301
H.M. F78
Huyn van Amstenraedt, Edmund B42, M263
Lambach, S. Maria H148
Leefdael, Maximiliaan van L154, P106
Lodewijk XIII S27
Marchiennes, abdij P100
Maria Theresia B513
Marie Gaston (?), sœur S291
Maximilianus, abt Lambach H148
Meyargues, markiezin de D190
Noyzez, Frère Ian M269
P.A.I.V. P140
Park B176, G59, R73
Park, geradeerd C31, C324, D134, D135, D189, E78, F42, F51, F125, I27, J5, J52, L15, M82, M214, S193, V31, V32
Rudder, de M251
Régnier, Claude L.F. C295
Salzburg, college C.S.C.B.S. C195
Segerus, Pauli C. S34
Sinzendorf, Philip Ludwig, graaf van D120
Torrentius, Ægidius Livinæus P38
Vaentkens S44

Ex librissen
Arenberg, hertog van J90
Beauvais Raseau, P.I.B. de M165
Behault, Armand de M273
Bibliotheca Cortiniana C309, C310
Bosch, Lodewijk, Orat. D50, G131

Boekentafel 5

1 (cat. M169b)
Ex libris van Jean-Auguste Donnet (Antwerpen 1807-Brussel 1878) in *Les apologistes involontaires v*an Athanase René Mérault de Bizy (1744-1835), vicaris-generaal in Orléans, die als apologeet argumenten zocht bij de vijanden van het geloof, onder wie Voltaire. Het werk verscheen anoniem in 1806, in 1820 onder zijn naam. Ook van het vervolg in 1821 kwam een Antwerpse herdruk.
Donnet was onderpastoor in Waver en op de Zavel in Brussel. Na in 1849-1853 aalmoezenier te zijn geweest in de Koninklijke Militaire School werd hij tot 1878 pastoor van St-Jacob op Koudenberg.
In 1857 publiceerde hij anoniem bij de katholieke uitgever Henri Goemaere in de Brusselse Bergstraat *Philosophie au cabaret par un bourgeois de Bruxelles*, het jaar daarop de vertaling *Filosofie in de herberg door eenen burger van Brussel*, een apologetisch werkje gepresenteerd als een gesprek onder vijf vrienden en vooral gericht tegen de protestanten.
Bij de viering van zijn vijftigjarig priesterjubileum in 1878 hield de Leuvense professor en latere rector magnificus Constant Pieraerts een feestrede.

2 (cat. G125)
Supralibros van de premonstratenzer Michel Colbert (1633-1702) op *Saint Norbert, l'homme céleste* van zijn ordebroeder Nicolas Gourneau. Het gevierendeeld wapenschild, met mijter en kwasten, draagt de blauwe slang op goud van de familie Colbert en het wapen van Prémontré, gekruiste kromstaven op blauw veld, bezaaid met gouden lelies. Het schild is omringd door twee palmtakken en een bladerkrans waarin vier rozen. In de vier hoeken van het plat zijn de initialen van Michel Colbert aangebracht.
Op een brevier die in 1675 bij Michael Knobbaert in Antwerpen verscheen, is zijn wapenschild afgebeeld op het titelblad, de ets zeer goed gekopieerd naar de gravure op het titelblad van hetzelfde werk en hetzelfde jaar bij Léonard in Parijs uitgegeven (cat. B446 en B447).
Colbert stamde uit een invloedrijke familie. Zijn benoeming in 1666 tot abt-generaal werd gesteund door de bejaarde abt-generaal Augustin Le Scellier. Colbert zorgde voor de restauratie van het college van de norbertijnen in Parijs, waar hij werd begraven in de kapel. In de *Dictionnaire de biographie française* worden hem "weelderige uitgaven" verweten en hij zou de oorzaak zijn geweest van verdeeldheid en gebrek aan discipline in de orde. Ook witheer Léon Goovaerts is in zijn biobibliografisch woordenboek over de norbertijnen erg kritisch: Colbert verspilde de goederen, ondergroef de inkomsten en putte de schatkist van zijn abdij uit. Colbert publiceerde in 1699 en 1700 onder de titel *Lettres d'un abbé à ses religieux* een drietal werken over vroomheid en monnikenleven en abt Claude Honoré Lucas de Muyn liet in 1739 zijn tekst over armoede publiceren. (cat. C217). Van Nicolas Gourneau, in 1671 prior in Valsery, is nog een werkje bekend uit hetzelfde jaar, *Eloges de la Sainte Vierge, selon les SS Pères de l'Eglise. Et quatre discours sur le saint voile, et la profession religieuse.*

3 (cat. P220)
De norbertijnerabdij van Floreffe bij Namen, gesticht in 1121, werd in de Franse tijd opgeheven. Thans is er een bisschoppelijk college gehuisvest.

4/8 (cat. H163)
Ex libris van de universiteit van Tübingen: gekruiste scepters en de letters BVT Bibliotheca Universitatis Tubingensis.

5 (cat. Q2)
Alexandre Namèche (1811-1893), in 1872 rector van de Leuvense universiteit, nam in 1881 ontslag en trok zich terug in de abdij van Park. In de jaren 1887-1890 publiceerde hij in de "Bibliothèque d'histoire nationale" van de Leuvense uitgever Fonteyn een vijftal monografieën over figuren uit het verleden.

6 (cat. C31)
Ex libris van ca. 1760 (niet in band 2 waar het geradeerd is) van de Elzasser Fulgence Eugène Octave Augustin de Rosen Kleinrop, heer van Masevaux en markies van Bollwiller (1737-1775), uit het Baltische geslacht Rosen, in een vierdelig werk over de Bijbel van de benedictijn Augustin Calmet.
Onder een markiezenkroon en op een versierd voetstuk, met windhonden als schildhouders, drie rozen in keel op gouden veld, in een Lodewijk XV-cartouche. Het ex libris werd ca. 1760 geëtst door de Straatsburger Johann Striedbeck (1707-1772). Rosens dochter Sophie-Rose (†1840) trouwde met Charles François de Broglie die in 1794 stierf op het schavot. Hun zoon Achille (1785-1870) trouwde in 1816 met Albertine de Staël-Holstein, dochter van Eric en Anne-Louis-Germaine Necker, Mme de Staël (1766-1816).
Sophie-Rose hertrouwde een jaar na de terechtstelling van haar man met Marc-René de Voyer Paulmy d'Argenson (1771-1842), van 1809 tot 1812 (1813) prefect van het departement der Beide Neten.

7 (cat. H148)
Een van de twee edities van het werk van Hieronymus Hirnhaim (*De typho generis humanae*) was ooit van de norbertijn Albertus Schleck, van 1665 tot 1690 pastoor in Durbach, in het noorden van het Zwarte Woud en honderden jaren lang een parochie van de in de nabijheid gelegen abdij Allerheiligen. Van 1695 tot 1705 was Schleck er abt. Wellicht belandde het boek na de secularisatie in de bibliotheek van Heidelberg. Een ander werk uit een abdij in het Zwarte Woud, de veertiendelige *Nova subsidia diplomatica [...]* van Stephan Würdtwein, (cat.W120) stond ooit in de augustijnerabdij van Sankt Märgen. Het geraakte in Park via de doubletten van de universiteitsbibliotheek in het naburige Freiburg.

9 (cat. J33)
De Mechelse boekhandelaar Auguste de Bruyne (1813-1880) werd geportretteerd door zijn schoonzoon Willem Geets (1839-1919), zijn vader Bernard (1773-1839) door Jean-Baptiste Madou (1796-1877) in 1839, waardoor hij bekend werd als *Un bibliomane*.

1 (cat. M169b)

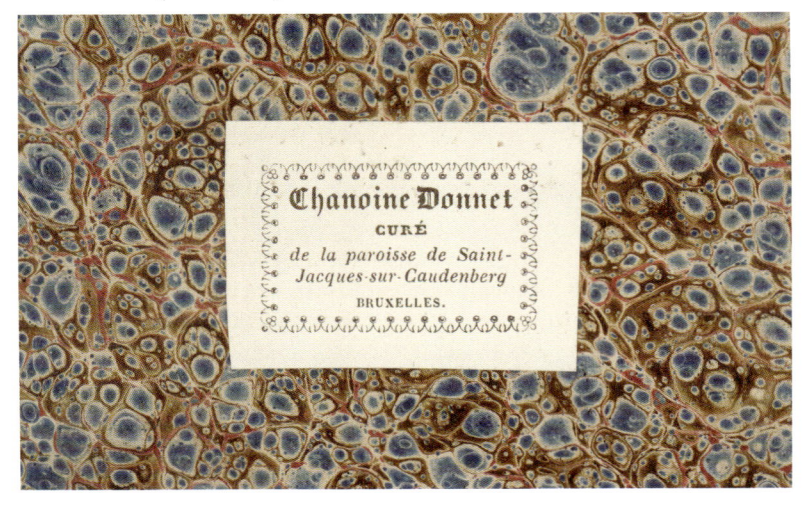

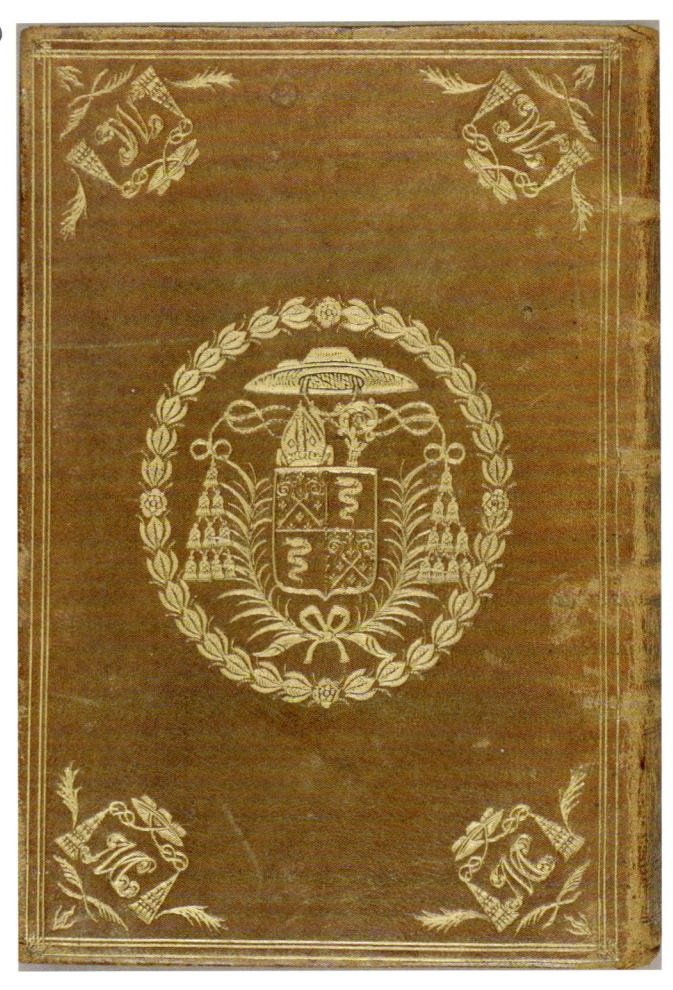

Chanoine Donnet
CURÉ
de la paroisse de Saint-
Jacques-sur-Caudenberg
BRUXELLES.

2 (cat. G125)

3 (cat. P220)

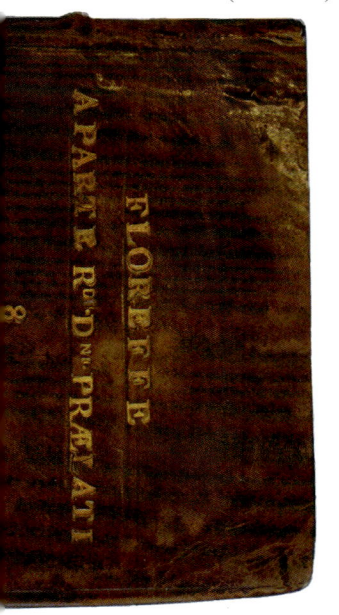

FLOREFFE
A PARTE R.D.D. PRÆLATI

4 (cat. H163)

NOVA
SCRIPTORUM
AC
MONUMENTORUM
PARTIM RARISSIMORUM,
PARTIM INEDITORUM
COLLECTIO
OPUS AD ILLUSTRANDAM HIST. CIVILEM,
ECCLESIASTICAM, LITTERARIAM, NEC NON JURISPRUDENTIAM
PUBLICAM ET PRIVATAM CUM MAXIME
COMPARATUM.

TOMUS I.
PRÆTER ALIA SÆCULI XVI. MONUMENTA
SAM. GUICHENONI
BIBLIOTHECAM SEBUSIANAM
ET
PARIDIS DE CRASSIS
DIARIUM CUR. ROM.
COMPLEXUS.
RECENSUIT
CHRIST. GODOFREDUS HOFFMANNUS,
JCT. REG. BOR. MAJ. CONSIL. INTIMUS ET ORDIN.
JURIDICI IN ACAD. FRANCOF. ORDINARII.

LIPSIÆ,
Sumptibus HÆRED. LANCKISIANORUM.
M DCC XXXI.

5 (cat. Q2)

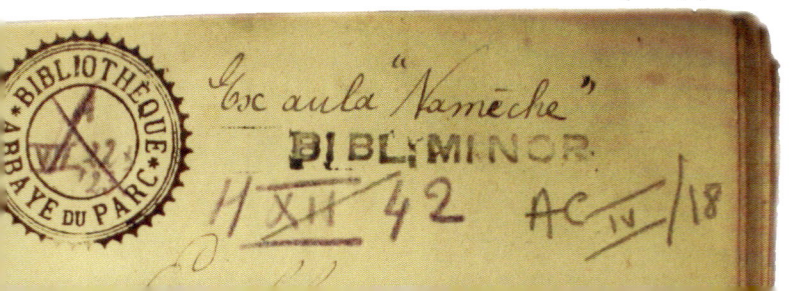

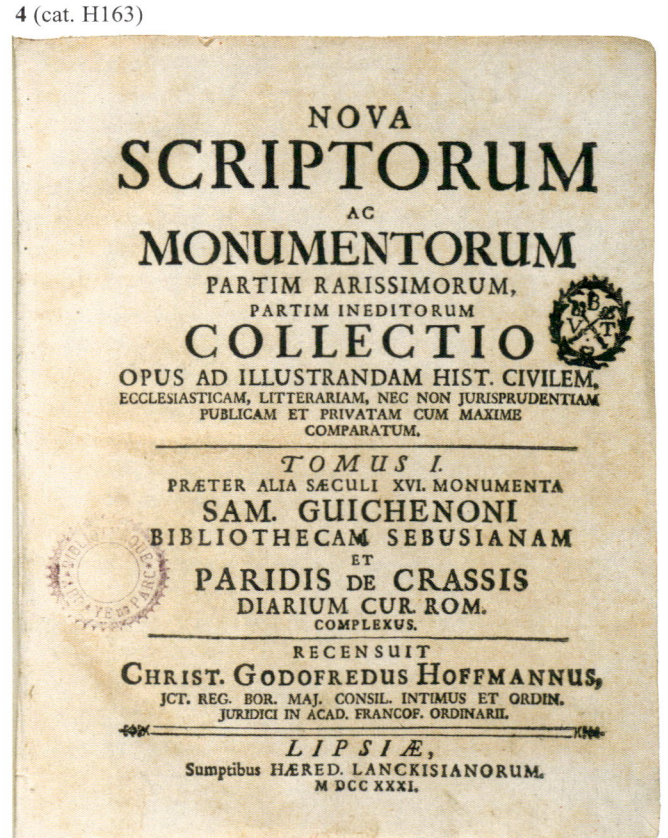

BIBLIOTHÈQUE
ABBAYE DU PARC

"Ex aula Naméche"
BIBL. MINOR.
H XII 42   AC IV/18

6 (cat. C31)

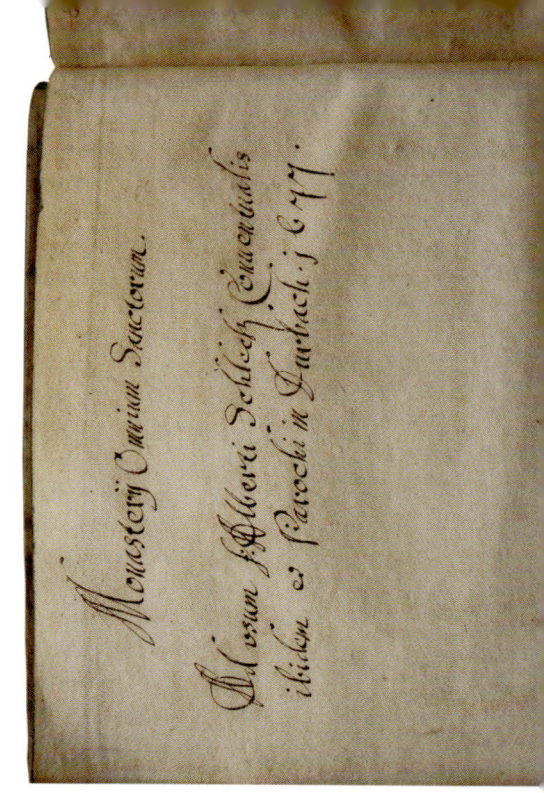

7 (cat. H148)

9 (cat. J33)

8 (cat. H163)

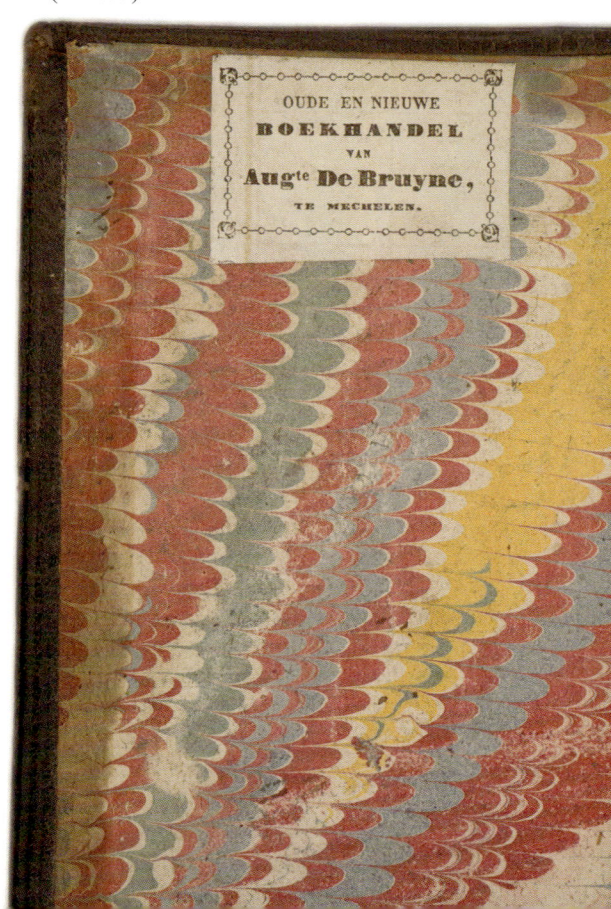

Boekentafel 6

1/2 (cat. S44)
Het supralibros van de cisterciënzerabdij Baudeloo, die gelegen was in Klein Sinaai en in 1796 werd opgeheven, draagt een ster en twee gekruiste kromstaven, met als devies *"Stella duce"*.
Abt Livinus Vaentkens (ca. 1597-1680) koos een sint-andrieskruis met dwarsbalk als wapen en vers 17 uit psalm 86 (85): *"Fac meum signum in bonum"*, Geef mij een teken van uw goedheid, als motto.

3 (cat. H189)
Louis Bouchera (1616-1699) werd *Chancelier de France* en *garde des sceaux* in 1685.
De naar links gekeerde gouden haan op azuur heeft kam, bek, baard en poten in keel.
Bovenop de kroon is de "mortier" of baret in "drap d'or" van de Chancelier de France geplaatst. Achter het schild zijn er gekruiste scepters en onderaan hangt het kruis met een duif van de orde van de Heilige Geest.
De bibliotheek van Boucherat ging over naar zijn schoonzoon Nicolas Auguste de Harlay de Bonneuil (1647-1704), later naar de jezuïeten.

4/5 (cat. P100)
In 1791 moesten de benedictijnen van Marchiennes, aan de Scarpe bij Douai, hun in 630 opgerichte abdij verlaten.
Op het voorplat het wapen van Marchiennes, "d'or à une escarbouche en cœur d'un rubis de gueules", acht zwarte met een lelie gekroonde spaken op goud met centraal een robijn in keel.
Vierdelig wapen van Jean de Joncquoy (ca. 1579-1651), die in 1615 abt werd, met het devies "omnia suaviter": drie zilveren wielen met vijf spaken op keel en twee ruiten in keel op zilver met vier dwarsbalken, afwisselend goud en azuur.
Het wapen van abt de Joncquoy is afgebeeld op een verweerde steen boven het portaal van de Sint-Annakapel in Battignies bij Binche.

6 (cat. M60)
Supralibros van François van der Burch op zijn *Manuale parochorum* van 1622. Burch, in 1567 in Gent geboren, was van 1613 tot 1616 bisschop in zijn geboortestad en werd dan aartsbisschop in Cambrai. Hij stierf in 1644 in het Henegouwse Bergen. De grafelijke familie was afkomstig van Sint-Rijkers bij Alveringem. Het wapenschild is "van hermelijn en drie roskammen van keel, twee in het hoofd, één in de punt". In Cambrai voegde Burch de adelaar toe van het stadswapen aldaar. De vogel draagt aan de hals een barensteel of tornooikraag: "lambel à trois pendants d'or"; in 1510 had Maximiliaan van Oostenrijk aan de aartsbisschop van Cambrai die toevoeging verleend. De hoed is met de tien aartsbisschoppelijke kwasten. Het devies: *Unitas libertatis arx*, De eenheid is de kracht van de vrijheid.
Burch was een bestuurder met pastorale bekommernis, herdacht als "overal een milde vader, een waakzaam herder, en steeds beminnelijk". Zijn traktaat over de mis, *Brevis eludicatio sacrificii missæ* […] van 1639, werd tot in 1863 nog een vijftal keer opnieuw uitgegeven.

7 (cat. H148)
Park bezit twee exemplaren van *De typho generis humanæ* van Hieronymus Hirnhaim (1637-1679), de abt van Strahov. Een exemplaar is afkomstig uit de benedictijnenabdij in Lambach, ten zuiden van Linz in Opper-Oostenrijk. Maximilian Pagl (1668-1725) werd er in 1705 abt. Hij richtte in en buiten de abdij verschillende barokke bouwwerken op. De abdij heeft als wapen Onze-Lieve-Vrouw met kind. Op het schild van abt Pagl een gekroonde adelaar en het schild van Lambach, verwijzend naar de legende van de maagd Flavia. Een plaatselijke Romein had zijn dochter naar Rome gestuurd om te studeren. Toen ze terugkwam was ze christen geworden. Haar vader ketende haar op een bootje en zette ze op de rivier. Ze strandde en werd gered door een herder. Het stadje Lambach koos als wapen een naakte vrouw op een scheepje, met kroon, halsketting en lange wapperende haren. De drie palmtakken en de kraanvogel op het vierdelige schild van Pagl onderaan werden ook als motieven gebruikt op het stucwerk in de kloosterbibliotheek.
Het ontging bibliothecaris Augustinus Dillen niet dat de Hirnhaim op de index stond. Met zijn fijne pen noteerde hij in zijn net handschrift op het titelblad: "Prohibitus" en "Indici insertus Directo s.c.14 Apr. 1682".

8 (cat. D190)
De twee leeuwen en twee Toulouzerkruisen van Valbelle de Rians met de windhond van Valbelle in het hartschild, onder de markiezenkroon. André († 1735) was ook graaf van Meyrargues, een plaats ten noorden van Aix-en-Provence.

1 cat. S44	**2** cat. S44	**3** cat. H189
4 cat. P100	**5** cat. P100	**6** cat. M60
7 cat. H148	**7** cat. H148	**8** cat. D190

FAC MECVM SIGNVM IN BONVM
S. MARIA PATRONA ECCLESIÆ LAMBACENSIS
MAXIMILIANVS D. G. ABBAS LAMBACENSIS S. C. M. CONS

Chronologische lijst

1470?	Pius II, *Bulla retractationu. De curialium miseria* P149	1527	Ambrosius, *Omnia opera* A111
1473?	Thomas van Aquino, *Catena aurea* T48		Münster, S., *Dictionarium Chaldaicum* M307
1478?	Jacobus de Voragine, *Legenda aurea sanctorum* J4	1528	*Psalmi. Proverbia Salomonis. Ecclesiastes* B222
1486	Jacobus de Voragine, *Legenda aurea sanctorum* J5	1530	Angelomus Luxoviensis *Enarrationes in quatuor lib. Regum* A128
	Petrus Lombardus, *Sententiarum libri IV* P108		Thomas van Aquino *Cathena aurea ... in quatuor evangelia* T49
1488	Petrus de Herentals, *Glosa continua* P107		Thomas van Aquino, *Cathena aurea Angelici ... in evangelium Marci* T50
1492	Angelus de Clavasio, *Summa angelica* A129	1531	*Psalterium commune* B223
1503	Augustinus de Leonissa, *Sermones pulcherrimi super dominicam orationem* A203	1532	Athanasius Alexandrinus, *Opera omnia* A201
	Precordiale devotorum P209		Dionysius Carthusianus, *Operum minorum tomus primus (-secundus)* D126
1504	Pelbartus de Themesvar, *Pomerium Sermonum Quadragesimalium* P66		Lactantius, Lucius C. F., *Divinarum institutionum Libri VII* L15
1505	Augustinus, Aurelius, *Quinta pars librorum* A224	1534	Cocles, Bartholomæus, *Physiognomiæ & Chiromantiæ compendium* C209
	Eusebius van Cæsarea, *Hystoria ecclesiastica* E76		Theophylactus de Achrida, *In omnes divi Pauli epistolas enarrationes* T34
	Nicolaus de Lyra, *Lyre preceptorium* N21		Theophylactus de Achrida, *In quatuor evangelia enarrationes* T35
	Statuta ordinis Præmonstratensis S201	1535	Aristoteles & Xenofoon, *Ethica, Politica, & Oeconomica* A183
	Thomas van Aquino, *In Librum beati Job dilucidissima expositio* T51		*Den Bibel. Tgeheele Oude en de Nyeuwe Testament* B206
1506	Jacopo Filippo da Bergamo, *Novissime historiarum omnium repercussiones* J7		Dionysius de Kartuizer, *De his quæ secundum sacras scripturas* D122
1508	Baldus de Ubaldis, e.a. *Tractatus exquisitissimi* B26		Zacharias Chrysopolitanus, *In unum ex quatuor ... libri quatuor* Z5
	Missale Romanum M241	1536	Radulphus Flaviacensis, *In mysticum illum Moysi Leviticum libri XX* R7
1509	Pelbartus de Themesvar, *Pomerium sermonum de tempore. Pars Hyemalis* P65	1537	*Psalmista iuxta consuetudines sancte Romanæ Ecclesiæ* B224
1510	Jacobus de Mediolano *Stimulus divini amoris* J3	1538	Ambrosius, *De helia & ieiunio liber unus* A110
1512?	Perault, Guillaume, *Summa virtutum ac vitiorum* P70		Aristoteles, *Aristotelis operum tomus primus Logicam universam comprehendens* A182
1513	Bernardus van Clairvaux, *Opus preclarum suos complectens sermones de tempore* B149	1539	Ailly, P. d', *Vita beatissimi patris D. Petri Cælestini quinti* A56
1516	Lochmaier, Michael, *Sermones de sanctis* L277		Eusebius van Cæsarea, *Autores historiæ ecclesiasticæ* E78
	Angelus de Clavasio, *Summa angelica* A130		Vio, T. de, *Commentarii illustres planeque insignes in Quinque Mosaicos libros* V80
1517?	Heij, L. van der, *Die Palmsondach* P16	1540	Arboreus, J., *Primus tomus Theosophiæ* A164
	Heij, L. van der, *Hier beghint den spinrocken* H125		*Libri Regum IIII, Libri Paralipoménon II* B234
1518	*Den Wijngaert van Sinte Franciscus* W74		Burchardus Uspergensis, *Chronicum abbatis Urspergensis* B513
	Arcolani, G., *Expositio perutilis in primam Fen* A167	1541	*Biblia iconibus artificiosissimis ... exornata* B173
1519	*Novum Testamentum omne* B245		*Libri Regum IIII, Libri Paralipoménon II* B235
	Thomas van Aquino, *Prima pars secunde partis Summæ theologiæ* T53	1542	Dionysius de Kartuizer, *In quatuor Evangelistas enarrationes* D125
	Mazzolini, S., *Summa summarum, que silvestrina dicitur* M149	1543	Hugo de Sancto Victore, *Super regulam beati Augustini* H237
1520	Bernardus van Clairvaux, *Dit is een boecxken van verduldich lijden* B148	1544	Anselmus van Canterbury, *Luculentissimæ, in omnes ... Pauli ... epistolas ...enarrationes* A138
	Vruchten des lidens ende der passien ons liefs heeren Ihesu Christi V101		Anselmus van Canterbury, *Omnia divi Anselmi*
1521	Calepino, A., *Dictionum latinarum & græcarum interpres* C19		
	Niphus, A., *Epitomata rethorica ludicra* N28		
1522	*Biblia cum summariorum apparatu* B172		
1523	Eusebius van Cæsarea *Autores historiæ ecclesiasticæ* E77		
1524	Mazzolini, S., *Summa summarum que Silvestrina* M150		
1525	*Sanctum Iesu Christi evangelium* B248		
	Curio, Valentin *Lexicon Græcum* C313		
	Joannes Chrysostomus, *Omnia opera* J50		
1526	Calepino, A., *Lexicon* C20		

	Cantuariensis ... Opuscula A139
	Dionysius de Kartuizer, *Epistolarum ac Evangeliorum* D124
	Hanapus, N., *Virtutum vitiorumque exempla* H11
	Witzel, G., *Disputatio christianorum et iudæorum* W96
1545	Carvajal, L., *De restituta theologia liber unus* C70
	Erasmus Roterodamus, D., *Adagiorum epitome* E38
	Lanspergius, J. J., *Epistolarum & Evangeliorum [...] enarrationes* L64
	Titelmans, Fr., *Paraphrastica elucidatio* T98
1546	Joannes Damascenus, *Universa quæ obtineri hac vice potuerunt* J54
	Theophylactus de Achrida, *In quatuor Evangelia enarrationes* T36
1547	Crispolti, T., *In D. N. Iesu Christi Passionem, & mortem* C299
	Flaminius, M. A., *In librum psalmorum brevis explanatio* F55
	Silius Italicus, *De bello punico libri septemdecim* S150
1548	*Den gheheelen bybel* B207
	Dionysius de Kartuizer, *Enarrationes piæ ac eruditæ* D123
1549	Æmilius, G., *Evangelia quæ consueto more dominicis* A46
	Carranza, B., *Summa conciliorum & pontificum* C64
	Cochlæus, J., *Commentaria ... de actis et scriptis Martini Lutheri* C207
	Constitutiones concilii provincialis Moguntini C244
	Jansenius, C., *Concordia evangelica* J17
1550	*La saincte Bible* B201
	Libelli seu decreta a Clodoveo ... L212
	Nannius, P., *Duarum sanctissimarum martyrum Agathæ et Luciæ* N10
1551	*Acta & decreta Synodi diœcesanæ Cameracensis* A39
	S. Augustijns Vierighe meditatien A233
	Aulæus, C., *Præcepta pietatis et morum* A235
	Titelmans, F., *Elucidatio in omnes psalmos* T97
1553	*Den gheheelen Bibel* B208
	Giovio, P., *Historiarum sui temporis* G90
	Liber sanctæ Ecclesiæ Leodiensis L215
	Strada, G. di, *Epitome du thresor des Antiquitez* S257
1554	Arnoldus de Villa Nova, *De conservanda bona valetudine* A194
	Plinius Secundus, C., maior, *Historiæ mundi* P162
1555	Bandinus, *Sententiarum libri quatuor* B32
	Magnus, O., *Historia de gentibus septentrionalibus* M16
1556	*Den Bibel, inhoudende het oude ende nieuwe Testament* B209
	Castro, A. de, *Adversus omnes hæreses* C74
	Holonius, G., *Laurentias* H166
	Theodorus Rhætuensis, *Isagoge in quinque libellos Anast. Anastasi* T32
1557	Horatius Flaccus, Q., *Sermonum, seu satyrarum* H203
1558	Antonius a Konygsteyn, *Postillæ sive enarrationes epistolarum* A158
	Gregorius IX, *Decretales epistolæ summorum pontificum* G143
1559	Camillo, G., *Annotationi di M. Giulio Camillo, sopra le rime del Petrarca* C36
	Josephus Flavius, *Antiquitatum Iudaicarum* J69
	Staphylus, F., *Defensio pro trimembri theologia M. Lutheri* S193
	Trogus Pompeius, I., *Ex Trogi Pompeii Historiis externis* T122
1560	Court, B., *Hortorum libri triginta* C280
	Mussis, P. D. de, *Formularium instrumentorum* M314
	Nogueras, J. G. de, *De Ecclesia Christi* N34
1561	Augustinus, A., *Epistolæ* A210
	Augustinus, A., *Quæstiones in vetus novumque Testamentum* A225
	Fiocco, A. D., *De potestatibus Romanorum* F51
	Ivo Carnotensis, *Decretum beati Ivonis* I27
	Meyerus, J., *Commentarii sive annales rerum Flandricarum* M204
1562	Augustinus, A., *De Trinitate* A207
	Augustinus, A., *Enarrationes in Ioannis Evangelium* A208
	Augustinus, A., *Των πολεμικων pars prima* A222
	Augustinus, A., *Των πολεμικων pars secunda (-tertia)* A223
	Eusebius van Cæsarea, e.a., *Ecclesiasticæ historiæ autores* E79
	Guicciardini, F., *La Historia d'Italia* G207
	Hesselius, J., *Confutatio novitiæ fidei* H111
1563	Augustinus, A., *Omnium operum tomus primus* A217
	Blois, L. de, *Speculum monachorum* B313
	Lactantius, L. C. F., *Opera, quæ quidem extant omnia* L16
	Marcus Eremita *Opuscula quædam Theologica* M82
1564	Augustinus, Aurelius, *Sermonum pars una* A231
	Calepino, A., *Dictionarium* C16
	Cyrillus van Jeruzalem, *Catecheses illuminatorum Hierosolymis* C324
	Dorotheus Gazensis, *Sermones XXI* D141
	Guido de Monte Rocherii, *Enchiridion sacerdotum* G211
	Haldrenius, A., *Locorum communium religionis* H6
	Isidorus van Sevilla, *De officiis ecclesiasticis* I24
	Lindanus, W. D. *Panoplia evangelica* L231
1565	Curtius Rufus, Q., *De rebus gestis Alexandri Magni* C317
	Hieronymus, Sophronius E., *Epistolæ* H142
1566	Canisius, P., *Summa doctrinæ Christianæ* C50
	Innocentius III, *De sacro altaris mysterio* I18
	Isidorus van Sevilla, *Sententiarum de summo bono* I25
	Petri, C., *Een seker bewijs vanden vaghevier* P104b
	Petrus Lombardus, *Sententiarum libri IIII* P109
1567	Horatius Flaccus, Q., *Opera* H202
1568	*Psalterium Davidicum vetus* B225
	Hesselius, J., *In primam B. Ioannis apostoli* H112
	Hesselius, J., *In priorem B. Pauli apostoli ad Timotheum* H113
	Hesselius, J., *Probatio corporalis præsentiæ* H114
	Hesselius, J., *Tractatus pro invocatione sanctorum* H115
	Lindanus, W. D., *Apologeticum ad Germanos* L228
	Nostradamus, M., *Les prophéties de M. Michel Nostradamus* N40

	Nostradamus, M., *Les prophéties de M. Michel Nostradamus* N41	1576	Bernardus van Clairvaux, *Opera omnia* B150
			Fumus, B., *Summa sive aurea armilla* F127
1569	Ambrosius, heilige, *Omnia, quæ magna hactenus* A112	1577	*Sanctum Iesu Christi Evangelium* B249
	Eusebius van Cæsarea, *Historiæ ecclesiasticæ pars prima* E80		*Het Nieuwe Testament* B257
			Callimachus, *Hymni* C21
	Goropius Becanus, J., *Origines Antwerpianæ* G122	1578	Besson, J., *Theatrum instrumentorum* B169
	Lipsius, J., *Variarum lectionum libri IIII* L263		Billy, J., *Locutionum Græcarum* B286
	Sannazaro, J., *Opera omnia* S59		Euclides, *Elementa* E72
	Sozomenos, H., *Historiæ ecclesiasticæ pars tertia* S173		Lensæus, J., *De officio hominis christiani* L157
	Thomas van Aquino, *Summa totius theologiæ* T54		Lensæus, J., *De variis generibus* L159
1570	Augustinus, A., *De civitate Dei* A205		Lensæus, J., *Libelli cuiusdam Antverpiæ* L160
	Biblia ad vetustissima exemplaria B174		*Missale secundum ritum ... ordinis Præmonstratensis* M233
	Filips II, *Edictum De librorum prohibitorum* F46		
	Lindanus, W. D., *Altera pars Apologetici ad Germanos* L229		*Processionale ..cathedralis Ecclesiæ Antverpiensis* P216
		1579	Bacherius, P., *Tabula sacrorum carminum* B4
	Ordonnancien, ende decreten O61		Baius, M., *Ad quæstiones Philippi Marnixij* B23
1571	Arias Montanus, B., *Liber Ieremiæ* A177		Lensæus, J., *De unica religione* L158
	Arias Montanus, B., *Liber Ioseph* A178		Lensæus, J., *Orationes duæ* L161
	Arias Montanus, B., *Phaleg* A179	1581	Alphonsus ab Orosco, *Commentaria* A93
	Arias Montanus, B., *Thubal-cain* A180		Grenier, C., *Den beuckelere des gheloofs* G149
	Augustinus, A., *Enarrationes in psalmos* A209		Molanus, J., *Anni M D LXXXI conclusiones* M255
	Augustinus, A., *Sermones* A230		Molanus, J., *Conferentiarum conclusiones* M256
	Decreta et statuta synodi provincialis Mechliniensis D42		Rugerius, J., *Opuscula theologica* R136
	Jansenius, C. (1510-1576), *Commentariorum in suam concordiam* J13	1583	Junius, H., *Nomenclator* J83
		1584	Froissart, J. & de Commines, P., *Duo Gallicarum rerum scriptores* F115
	Lippomanus, A. *Historiæ Aloysii Lipomani ... de vitis sanctorum* L234		
			Luis de Granada, *Conciones de præcipuis ... festis* L331
	Moor, J. de, *Den nootvrint* M290		Molanus, J., *Libri quinque* M260
	Perionius, J., *De vita rebusque gestis Iesu Christi* P91		Petrus de Sancto Audomaro, *Institutionum monasticarum* P110
1572	Arias Montanus, B., *Aaron, sive, sanctorum vestimentorum* A173		
			Tertullianus, Q. S. F., *Opera* T22, T23
	Arias Montanus, B., *Communes et familiares Hebraicæ* A174	1585	*De trium regum Iaponiorum legatis* D99
			Hall, R., *De proprietate ... monachorum* H7
	Arias Montanus, B., *Daniel, sive, de sæculis* A175		Molanus, J., *Liber, de piis testamentis* M259
	Arias Montanus, B., *Exemplar, sive, de sacris fabricis* A176	1586	Canisius, P., *Opus catechisticum* C48
			Luis de Granada, *Exercitia* L339
	De vijf boeken van de Thora B171		Petrus van Alcantara, *Instructie om wel te mediteeren* P105
	Biblia, ad vetustissima exemplaria B175		
	Novum Testamentum Græcè B246		*Sacrosancti ... concilii Tridentini ... canones* S4
	Thierry de Beauvais, J., *Dictionaire Francoislatin* T40	1587	Jansenius, C., *Commentariorum in suam Concordiam* J14
	Viguerius, J., *Institutiones ad christianam theologiam* V74		
			Molanus, J., *De canonicis* M257
1573	Panvinio, O., *Chronicon ecclesiasticum* P20		Palacios, M. de, *Enarrationes* P5
1574	Alenus, A., *Sacrarum heroidum libri tres* A64		Polancus, J., *Methodus ad eos adiuvandos* P174
	Augustinus, A. e.a., *Sanctorum Patrum regulæ monasticæ* A228	1588	Josephus Flavius, *Opera Iosephi* J70
			Livius, T., *Romanæ historiæ principis* L271
	Catechismus romanus C88		Mexia, P., *De verscheyden lessen* M185
	Ephraem Syrus, *Præclara ac divina ... quatuor doctrina* E32		Petius, L., *Vinea Domini* P102
		1589	Baronius, C., *Annales ecclesiastici* B42
	Fulgentius, C. G., *Opera* F125		Deckers, J., *Exercitium christianæ pietatis* D35
	Missale Romanum M242		*Pastorale, canones* P38
	Ovidius Naso, P., *Metamorphoseon* O81	1590	*Biblia sacra* B176
1575	*Psalterium Davidicum* B226	1591	Azpilcueta, M., *Compendium manualis* A249
	Leo I Magnus, *Epistolæ decretales* L164		Baronius, C., *Annales ecclesiastici* B42
	Leo I Magnus, *Opera* L166		Guevara, A., *Les épistres dorées* G205
	Sasbout, A., *Opera omnia* S64		Luis de Granada, *Conciones totius anni* L337
	Wild, J. e.a., *Examen ordinandorum* W75		Luis de Granada, *Exercitia* L340

	Romanus, A., *Ouranographia* R107
1592	Durantus, J. St., *De ritibus ecclesiæ catholicæ* D216
	Luis de Granada, *Primus tomus concionum de tempore* L344
	Luis de Granada, *Quinque conciones de poenitentia* L347
	Luis de Granada, *Secundus tomus conciomum de tempore* L348
	Mariana, J., *Historiæ de rebus Hispaniæ* M85
	Molanus, J., *Militia sacra* M262
	Stapleton, T., *Promptuarium catholicum* S195
	Tauler, J., *Gheestelycke predicatien* T16
	Ex Trogi Pompei historiis externis T123
1593	*Disputationes Roberti Bellarmini* B105
	Luis de Granada, *Conciones de præcipuis...festis* L332
	Luis de Granada, *Conciones quæ de præcipuis ... festis* L334
	Luis de Granada, *Tertius tomus concionum de tempore* L350
	Molina, L., *Commentaria in primam divi Thomæ partem* M267
	Porta, J. B., *De occultis literarum notis* P197
	Ribera, F. de, *In librum duodecim prophetarum commentarii* R63
	Stapleton, T., *Promptuarium morale* S198
	Vervuust, G., *Sequuntur tres conciones* V69
1594	Diogenes Laertius, *De vitis, dogm. & apophth. clarorum philosophorum Libri X* D119
	Haræus, F., *Vitæ sanctorum* H16
	Hasenmuller, H., *Historia ordinis Iesuitici* H31
	Hasenmuller, H., *Epistola de Historia ordinis Iesuitici* H32
	Luis de Granada, *La guide des pecheurs* L341
1595	Drusius, J., *De quæsitis per epistolam* D177
	Index librorum prohibitorum I4
	Molanus, J., *Medicorum ecclesiasticum diarium* M261
	Stapleton, T., *Antidota evangelica* S194
	Torrentinus, H., *Evangelia et epistolæ* T108
1596	*Evangelicæ historiæ imagines* B268
	Costerus, F., *Het boecxken der broederschap* C270
	Sacrosancti ... concilii Tridentini ... canones S5
1597	Janssonius, J., *In psalterium ... expositio* J39
	Panvinio, O., *Reipublicæ romanæ commentariorum* P21
1598	Baronius, C., *Martyrologium Romanum* B48
	Biblia Sacra B258
	Broustin, E., *De quatuor hominis novissimis* B482
	Gretserus, J., *De cruce Christi* G157
	Luis de Granada, *Conciones quæ de præcipuis sanctorum festis* L335
	Luis de Granada, *Memoriale christianæ vitæ* L343
	Michel, J., *Liber exercitiorum spiritualium* M210
	Peronnet, D., *Manuel general ... des curez* P92
1599	Bellarminus, R., *De indulgentiis* B101
	Bellarminus, R., *Disputationes* B105
	Biblia sacra dat is de gheheele B210
	Bruno, V., *Meditationes* B486
	Frusius, A., *Epigrammata in hæreticos* F124
	Lipsius, J., *Admiranda* L236
	Menochio, G., *De adipiscenda ... possessione* M163
	Menochio, G., *De arbitrariis iudicum quæstionibus* M164
	Stapleton, T., *Verè admiranda, seu, de magnitudine Romanæ Ecclesiæ* S200
	Suarez, F., *Commentariorum...in tertiam partem* S269
	Suarez, F., *Varia opuscula theologica* S287
1600	Aristophanes, *Comœdiæ undecim* A181
	Brodeau, J., *Epigrammatum Græcorum annotationibus* B479
	Costerus, F., *De universa historia Dominicæ Passionis* C272
	Glen, J.-B. (de), *Histoire pontificale* G101
	Gregorius van Nyssa, *Commentarius duplex in psalmorum* G145
	Gretserus, J., *De cruce Christi* G158
	Gretserus, J., *Libri duo, de agendi Iesuitarum* G173
	Hugo de Sancto Charo, *Opera omnia* H235
	Janssonius, J., *Vitta coccinea* J41
	Leo I Magnus, *In dominicam passionem enarratio* L165
	Luis de Granada, *De devotione, excellentia, utilitate* L338
	Platina, B., *Historia B. Platinæ de vitis pontificum* P154
	Sprenger, J., *Tomus secundus malleorum* S186
	Suarez, F., *Metaphysicarum disputationum* S273
	Thomas a Kempis, *Opera omnia* T77
1601	David, J., *Veridicus christianus* D28
	Molina, L., *De Hispanorum primogeniorum origine* M268
	Rapheleng, F., *Heroes Veteris Testamenti* R15
	Richeome, L., *La Saincte Messe déclarée* R71
	Zecchi, L., *De republica ecclesiastica* Z23
1602	Albertus Magnus, *Paradisus animæ* A60
	Bisciola, J. G., *Epitome annalium ecclesiasticorum* B299
	Bochius, J., *Historica narratio profectionis ... Alberti et Isabellæ* B317
	Clemens VIII, *Breve apostolicum confirmatorium* C190
	Gallonio, A., *Vita beati P. Philippi Nerii* G5
	Lindanus, W. D., *Glaphyra in Christi Domini* L230
	Molina, L., *De iustitia et iure tomi duo* M269
1603	Arias, F., *Het goedt ghebruyck vande twee H. Sacramenten* A172
	Barlandus, H. C., *Historica* B41
	Biblia sacra B177
	Cope, A., *Historiæ Evangelicæ unitas* C249
	David, J., *Christeliicken Waersegghher* D26
	Drusius, J., *De Hasidæis* D176
	Estius, G., *Historiæ martyrum Gorcomiensium* E65
	Joannes Damascenus, *Opera* J53
	Lairvelz, A.-S. de, *Optica regularium* L27
	Lucas Brugensis, F., *Romanæ correctionis* L315
	Suarez, F., *Commentariorum ... in tertiam partem divi Thomæ* S270
1604	Buchanan, G., *Psalmorum Davidis paraphrasis* B493
	Chytræus, N., *In Georgii Buchanani paraphrasin* C175
	Costerus, F., *Antwoorde Francisci Costeri* C269
	Gretserus, J., *Exercitationum theologicarum* G166

Janssonius, J., *Liturgica sive de sacrifiis* J40
Lipsius, J., *De amphitheatro liber* L238
Lipsius, J., *Dissertatiuncula apud principes* L245
Liturgiæ S. Basilii Magni L267
Luis de Granada, *Loci communes Philosophiæ* L342
Serarius, N., *Moguntiacarum rerum ab initio* S140
Suarez, F., *Disputationum de censuris* S272

1605 Calepino, A., *Dictionarium undecim linguarum* C17
Cuyckius, H., *Liturgicæ precationes* C321
Gretserus, J., *Bavius et Mævius* G153
Gretserus, J., *De cruce Christi tomus tertius* G159
Lipsius, J., *Poliorceticωn* L260

1606 Acidalius, V., *Epistolarum centuria I* A36
Agelli, A., *Commentarii in psalmos* A50
Anastasius Sinaiticus, Ὁδηγος, *seu Dux viæ* A122
Baronius, C., *Annales ecclesiastici* B42
Cepari, V., *Vita del beato Luigi Gonzaga* C134
Gretserus, J., *De sacris et religiosis peregrinationibus* G162
Lipsius, J., *De cruce libri tres* L241
Lipsius, J., *Diva Sichemiensis* L247
Stapleton, T., *Promptuarium ... super omnia evangelia* S196
Stapleton, T., *Promptuarium ... super evangelia ferialia* S197
Vazquez, G., *Commentariorum ... in primam Secundæ S. Thomæ* V17

1607 Adriani, H., *Catholiicke sermoonen* A44
Gretserus, J., *Considerationum ad theologos Venetos* G155
Guanzelli, G. M. de, *Indicis librorum expurorum* G199
Lipsius, J., *De bibliothecis syntagma* L239
Nadal, G., *Adnotationes et meditationes* N1
Pastorale, ad usum Romanum P39

1608 Busæus, J., Ραναριον, *hoc est, Arca Medica* B524
Decreta et statuta synodi provincialis Mechliniensis D43
Fernandez de Velasco, J., *Hispaniarum vindiciæ tutelares* F38
Gretserus, J., *Virgidemia Volciana* G181
Major, J., *Magnum speculum exemplorum* M35
Pollux, J., Ονομαστικον P175
Ribadeneyra, P. de, *Les fleurs et vies des saincts* R59
Suarez, F., *Commentaria ... in primam partem Divi Thomæ* S267
Vergilius Maro, P., *Bucolica et Georgica* V31
Ydens, S., *Historie van het H. Sacrament* Y1

1609 Balin, J., *De bello Belgico* B27
Bernardus van Clairvaux, *Opera omnia* B151
Psalterium Romanum B227
Burchardus Urspergensis, *Chronicon* B514
Cyrillus van Jeruzalem, *Catecheses* C325
Decreta ... synodi diæcesanæ Mechliniensis D39
Decreta ... synodi provincialis Mechliniensis D44
Gretserus, J., *Agonisticum spirituale* G151
Gretserus, J., *Petrus Cnapheus* G176
Lipsius, J., *De recta pronunciatione Latinæ linguæ* L243
Lipsius, J., *De vesta et vestalibus* L244

Meteren, E. van, *Commentarien ofte Memorien* M178
Sa, E., *Notationes in totam scripturam* S2
Scott, R., *Ondecking van Tovery* S112
Serarius, N., *Iudices et Ruth* S139
Serarius, N., *Commentariorum in librum Josue* S141

1610 Arminius, J., *Cum Batavis super præsenti rerum in Hollandia statu* A184
Baronius, C., *Annales ecclesiastici* B43
Becanus, M., *Opusculorum theologicorum* B86
Busæus, J., *Viridarium christianarum virtutum* B525
Catalogus librorum quos Iacobus Gretserus C78
Costerus, F., *De universa historia dominicæ passionis* C273
David, J., *Duodecim specula Deum* D27
Decreta synodi dioecesanæ Antverpiensis D38
Divæus, P., *Rerum Brabanticarum libri XIX* D131
Gramaye, J. B., *Antiquitates ... ducatus Brabantiæ* G132
Gretserus, J., Βασιλικου δωρου ... *in ... Magnæ Brittanniæ regis Jacobi* G152
Gretserus, J., *Epistola Cnaptica Petri Cnaphei* G165
Gretserus, J., *Hortus S. Crucis* G170
Gretserus, J., *Lixivium pro abluendo male sano capite* G174
Gretserus, J., *Lutherus academicus* G175
La Faye, A. de, *Emblemata et epigrammata* L23
Lessius, L., *De gratia efficaci decretis* L184
Lipsius, J., *Lovanium* L255
Lipsius, J., *Manuductionis ad stoicam philosophiam* L256
Lipsius, J., *Physiologiæ stoicorum* L259
Lipsius, J., *Politicorum sive Civilis doctrinæ* L261
Luis de Granada, *Quinque conciones de poenitentia* L345
Luis de Granada, *Secundus tomus concionum de tempore* L349
Paulus Bernriedensis, *Commentarius* P50
Serarius, N., *In sacros divinorum bibliorum libros* S138
Thomas van Aquino, *Summa totius theologiæ* T55

1611 *Antiphonarium Romanum* A147
Bellarminus, R., *Explanatio in psalmos* B106
Cluverius, P., *Commentarius de tribus Rheni alveis* C200
Erasmus Roterodamus, D., *De novo evangelio* E42
Estienne, Henri, *Lexicon Græcolatinum* E60
Gerhoh von Reichersperg, *Syntagma* G53
Gretserus, J., *De funere christiano* G161
Gretserus, J., *Disputationes matrimoniales* G164
Gretserus, J., *Summula casuum conscientiæ* G179
Havensius, A., *Commentarius rerum a sacris præsulibus* H37
Janssonius, J., *In librum psalmorum* J38
Lipsius, J., *Epistolarum selectarum centuria* L249
Lipsius, J., *Opera omnia quæ ad criticam* L258
Miræus, A., *Notitia patriarchatuum* M218
Morelles, C. & Boxhorn, H., *Relatio colloquii* M292
Raderus, M., *Ad M. Valerii Martialis Epigrammaton* R5

1612 Allott, W., *Thesaurus bibliorum* A86

Catalogus librorum quos Jacobus Gretserus C79
Chapeauville, J., *Qui gesta pontificum Tungrensium* C143
Concordantiæ bibliorum C237
Durandus, G., *Rationale divinorum officiorum* D215
Gretserus, J., *De festis christianorum* G160
Gretserus, J., *Gemina adversus Melchiorem Guldinastum* G168
Gretserus, J., *Gratiæ Danieli Cramero* G169
Guicciardini, L., *Beschrijvinghe van alle de Nederlanden* G208
Lucas Tudensis, *De altera vita* L319
Luis de Granada, *Tertius tomus concionum* L351
Missale Romanum M243
Pascha, J., *Een devote maniere* P36
Puteanus, E., *De purificatione* P230
Puteanus, E., *Epistolarum Apophoreta* P231
Puteanus, E., *Epistolarum bellaria* P232
Puteanus, E., *Epistolarum reliquiæ* P233
Salmeron, A., *Commentaria in Evangelicam Historiam* S34
Suarez, F., *Varia opuscula theologica* S288
Tacitus, P. C., *Batavorum cum Romanis bellum* T4
Thomas van Aquino, *In omnes D. Pauli apostoli* T52
Vazquez, G., *Paraphrasis, et compendiaria* V20
Vergilius Maro, *Priores sex libri Æneidos* V32

1613 Adrichem, C. von, *Theatrum Terræ Sanctæ* A45
Barradius, S., *Commentaria in concordiam ... evangelicam* B49
Catulle, A., *Septuplex gladius* C115
Gregorius III, e.a., *Volumen epistolarum* G142
Gretserus, J., *Prædicans Heautontimorumenus* G177
Gretserus, J., *Relegatio Lutheranorum* G178
Jansenius, C., *Commentariorum in suam Concordiam* J15
Lipsius, J., *Epistolarum selectarum centuria* L251
Iusti Lipsii ... fama postuma L253
Lipsius, J., *Leges regiæ et leges X virales* L254
Lipsius, J., *Monita et exempla politica* L257
Meursius, J., *Illustris Academia Lugd-Batava* M182
Miræus, A., *Notitia episcopatuum* M217
Miræus, A., *Ordinis Præmonstratensis chronicon* M220
Stapleton, T., *Promptuarium morale* S199
Stengelius, C., *Sacrosancti nominis Iesu cultus* S211
Sweertius, F., *Monumenta sepulcralia* S302

1614 *Het nieu testament onses Heeren Iesu Christi* B259
Ebrardus Bethuniensis e.a., *Trias scriptorum* E3
Gazet, G., *L'histoire ecclésiastique du Pays-Bas* G21
Jansenius, C., *Paraphrasis in omnes Psalmos* J18
Jong, J. de, *Malo De Re sive* J63
Lairvelz, A.-S. de, *Optica regularium* L28
Lipsius, J., *Opera omnia* L235
Lipsius, J., *De militia romana* L242
Lipsius, J., *Epistolarum selectarum ... ad Belgas* L248
Lipsius, J., *Epistolarum selectarum ... ad Germanos* L250
Lipsius, J., *Epistolica institutio* L252

Livius, T., *De Romeynsche historien* L270
Luis de Granada, *Conciones de præcipuis ... festis* L333
Luis de Granada, *Conciones quæ de præcipuis ... festis* L336
Luis de Granada, *Quartus tomus concionum* L346
Meteren, E. van, *Historie der Nederlandscher ... oorlogen* M179
Penia, F., *La vie ... de Sainct Charles Borromee* P68
Plessis-Mornay, P. du, *Mysta Salmuriensis* P160
Sallæus, A., *Index amplissimus* S33
Scribani, C., *Philosophus christianus* S114
Spondanus, J., *Annales sacri* S181
Voellus, J., *Index in breviarium romanum* V86

1615 Bellarminus, R., *Conciones habitae Lovanii* B97
Bellarminus, R., *De ascensione mentis in Deum* B100
Estius, G., *In quatuor libros sententiarum commentaria* E67
Gregorius I Magnus, *Opera* G139
Gretserus, J., *Admonitio ad exteros* G150
Gretserus, J., *Libri duo de benedictionibus* G172
Lipsius, J., *De constantia* L240
Raderus, M., *Bavaria sancta* R6
Reihing, J., *Muri Civitatis Sanctæ* R42
Sanchez, G., *In Isaiam prophetam commentarii* S37

1616 Averoult, A. d', *Flores exemplorum* A239
Beyerlinck, L., *Het leven ende mirakelen* B170
Cluverius, P., *Germaniæ antiquæ libri tres* C201
Coninck, A. de, *Commentariorum ... in ... doctrinam D. Thomæ* C239
Emmius, U., *Rerum Frisicarum historia* E22
Gallutius, T., *Carminum libri tres* G7
Guicciardini, L., *Omnium Belgii ... regionum descriptio* G209
Jacobus de Voragine, *Sermones aurei* J6
Lipsius, J., *Diva Virgo Hallensis* L246
Malderus, J., *De virtutibus theologicis* M37
Mexia, P., *De verscheyden lessen* M186
Molanus, J., *Natales sanctorum Belgii* M263
Perault, Guillaume, *Speculum religiosorum* P69b
Possevino, G. B., *Praxis curæ pastoralis* P200
Rodriguez, M., *Nova collectio ... privilegiorum apostolicorum* R98
Rodriguez, M., *Quæstiones regulares* R99
Sacchinus, F., *De vita ... P. Petri Canisii* S3

1617 Athanasius Alexandrinus, *Opera* A202
Augustinus, A., *Meditationes* A213
Bellarminus, R., *De æterna felicitate sanctorum* B98
Bruno, V., *Brevis tractatus* B485
Bruno, V., *Meditationes* B487
Hugo de Sancto Victore, *Opera omnia* H236
Lipsius, J., *Admiranda* L237
Lipsius, J., *Saturnalium sermonum libri duo* L262
Montmorency, N. de, *Fonteyne der liefde* M277
Rio, J. del, *Moralis explicatio psalmi CXVIII* R73
Rituale Romanum R77
Rosweydus, H., *'t Vaders Boeck* R124

1618 Bellarminus, R., *De septem verbis* B104

Biblia sacra B178
Binet, E., *La fleur des pseaumes* B291
Breviarium ... ordinis Præmonstratensis B444
Corpus iuris canonici C263
Gretserus, J., *Contra famosum libellum* G156
Gretserus, J., *Syntagma de S. R. Imperii* G180
Longus a Coriolano, F., *Tractatus de casibus reservatis* L286
Lucas Brugensis, F., *Romanæ correctionis* L316
Serarius, N., *In libros regum* S137

1619 Bellarminus, R., *De officio principis christiani* B102
Biblia sacra B179
Boulenger, J. C., *Historiarum sui temporis* B403
Catechismus Romanus C89
Confetti, G. B., *Collectio privilegiorum* C238
Gazet, A., *Pia hilaria ... carmina* G19
la Rivière, P. de, *Adieu du monde* L95
Lorin, J. de, *Commentarii in Leviticum* L295
Maioragius, M. A., *Orationes et præfationes* M32
Miræus, A., *De statu religionis christianæ* M214
Molina, A. de, *L'instruction des prestres* M266
Origenes, *Opera* O64
Origenes, *Philocalia* O65
Ribadeneyra, P. de, *Generale legende der heylighen* R60
Rosinus, J., *Antiquitatum Romanarum corpus* R120
Salian, J., *Annales ecclesiastici Veteris Testamenti* S32
Sayer, G., *Clavis regia sacerdotum* S69
Scribani, C., *Medicus religiosus* S113
Suarez, F., *Defensio fidei catholicæ* S271
Suarez, F., *Tractatus de legibus* S284
Suidas, Σογιδας S293

1620 Alvarez de Paz, D., *De vita religiose instituenda* A107
Bellarminus, R., *De arte bene moriendi* B99
Chokier, E. de, *Tractatus de iurisdictione* C165
Ferdinand van Beieren, *Statuta consistorialia* F36
Fraxinellus, P., *De sacerdotum obligationibus* F108
Fyne, P. de, *Een trouwhertighe vermaninghe* F129
Giselinus, V., *Hymnorum liturgicωn* G97
Gretserus, J., *Fons olei Walpurgini* G167
Harduyn, J. de, *Goddelicke lof-sanghen* H22
Harduyn, J. de, *Den val ende op-stand* H23
Missale Romanum M244
Paludanus, J., *Vindiciæ theologicæ* P18
Pürstinger, B.?, *Onus ecclesiæ* P228
Rebuffus, P., *Praxis beneficiorum* R25
Ribera, F. de, *Vita B. ... Teresæ de Iesu* R65
Sailly, T., *Een crachtige hulpe* S21
Sailly, T., *Het huys der conscientie* S22
Sayer, G., *Operum theologicorum* S70
Suarez, F., *Pars secunda Summæ theologiæ* S281
Sucquet, A., *Via vitæ æternæ* S289
Sweertius, F., *Rerum Belgicarum annales* S303
Torniellus, A., *Annales sacri* T107
Lettre de Wenselaus Meroschowa W48

1621 Barradius, S., *Itinerarium filiorum Israel* B50
Bor, P. C., *Nederlantsche oorloghen* B355
Bosschaerts, W., *Candidus habitus* B364

Bouchel, L., *La iustice criminelle* B389
Buchanan, G., *Poëmata* B492
Drusius, J., *Exhortatio ad Candidi ordinis* D178
Gretserus, J., *Camarina Lutherana* G154
Gretserus, J., *Disputatio de variis coelis* G163
Jacobs, J., *Compendium cæremoniarum* J2
Landtmeter, L., *Commentarius brevis ad regulam* L55
La Rivière, P. de, *Le mistere sacre* L96
Lessius, L, *De iustitia et iure* L185
Philippe de Harvengt, *Opera omnia* P115
Polancus, J., *Directorium breve* P173
Roberti, J., *Historia S. Huberti* R87
Suarez, Fr., *Opus de triplici virtute* S279
Suarez, Fr., *Partis secundæ summæ theologiæ* S282
Thomas a Kempis, *L'imitation de Iesus Christ* T64
Vazquez, G., *Commentariorum ... in primam* V16
Vazquez, G., *Commentariorum ... in tertiam* V18
Vazquez, G., *Opuscula moralia* V19

1622 Azor, J., *Institutionum moralium* A248
Bosschaerts, W., *Ordo Præmonstratensis* B368
Costuymen der stadt van Loven C279
Joannes a Jesu Maria, *Ars vivendi spiritualiter* J56
Kohel, S., *Het wonder-leven van den H. Hermannus* K34
Manuale parochorum M60
Miræus, A., *Fasti Belgici et Burgundici* M216
Missale præmonstratense M234
Mudzaert, D., *De kerckelycke historie* M303
Petrus, B., *Actus apostolorum* P111
Suarez, F., *Commentariorum ...in primam partem* S268
Sucquet, A., *Den wech des eeuwich levens* S291
Vladeraccus, C., *Polyonyma Ciceroniana* V84
Zaragoza de Heredia, P. J., *Vita beatæ Mariæ Raggiæ* Z19

1623 Baronius, C., *Generale kerckelycke historie* B46
Bourgeois, J., *Leven, lyden ende doodt* B421
Colbe, E. A., *Illustriss. ac generosiss. domino* C215
Crusenius, N., *Monasticon Augustinianum* C306
Marcus Antonius de Dominis D139
Groenenschilt, M., *Lust-hof* G186
Haræus, F., *Annales ducum ... Brabantiæ* H15
Lairvelz, A.-S. de, *Catechismi novitiorum* L26
Malderus, J., *In primam secundæ D. Thomæ* M38
Paludanus, J., *Apologeticus marianus* P17
Ribera, F. de, *In sacram B. Ioannis* R64
Sanchez, G., *In quatuor libros regum* S38s
Sterre, J. C. vander, *Het leven vanden H. Norbertus* S215
Sucquet, A., *Den wech des eeuwich levens* S292
Toletus, F., *Summa casuum conscientiæ* T102
Tursellinus, H., *Historiarum ab origine mundi* T137
Zachmoorter, M., *Sponsus sanguinum* Z6
Zachmoorter, M., *Thalamus sponsi* Z8

1624 *Anthologia epigrammatum Græcorum* A141
Apuleius Madaurensis Platonicus A162
Automne, B., *Commentaire sur les coustumes* A237
Bellarminus, R., *Explanatio in psalmos* B107
Biblia sacra B180

Binet, E., *Consolation et réiouissance* B290
Bonifacius VIII e.a., *Liber sextus decretalium* B351
Bosschaerts, W., *Natura veritatis exposita* B367
Bouille, P., *Den oorspronck ende mirakelen* B402
Buzelin, J., *Annales Gallo-Flandriæ* B543
Coninck, Æ. de, *Commentariorum ac disputationum* C240
Coninck, A. de, *De moralitate, natura* C241
Drexelius, H., *Nicetas* D155
Filips IV, *Ordinantie, statuyt, ende eeuwich gebodt* F47
Gratianus Monachus, *Decretum Gratiani* G135
Hugo, H., *Pia desideria* H233
Jansenius, C., *Commentariorum in suam concordiam* J16
Justinianus, *Corpus iuris civilis* J86
Miræus, A., *Rerum Belgicarum annales* M221
Mudzaert, D., *Generale kerckeliicke historie* M304
Sacrosancti ... concilii Tridentini... canones et decreta S6
Suarez, F., *Opus, de virtute* S280
Sueyro, M., *Anales de Flandes* S295

1625 Angoumois, P. d', *Les triomphes de l'amour* A131
Bodenus, J., *Conciones morales et doctrinales* B319
Coninck, A. de, *Responsio ad dissertationem* C242
Drexelius, H., *Trismegistus christianus* D166
Eulard, P., *Bibliorum sacrorum concordantiæ* E74
Keller, J., *Ad Ludovicum decimum-tertium* K7
Maigretius, G., *Martyrographia Augustiniana* M17
Maigretius, G., *Vita B. Ioannis Sahaguntini* M18
Mysteria politica M320
Reginaldus, V., *Compendiaria praxis* R32
Sterre, J. C. vander, *Natales sanctorum ... ordinis Præmonstratensis* S217
Sucquet, A., *Via vitæ æternæ* S290

1626 Drexelius, H., *Trismegistus christianus* D167
Fuligatti, G., *Vita Roberti Bellarmini* F126
Lessius, L., *Opuscula* L188
Marchantius, J., *Hortus pastorum* M74
Marcus Aurelius A., *De vita sua libri XII* M81
Raisse, A. de, *Ad Natales sanctorum Belgii* R9
Stettler, M., *Annales oder gründliche Beschreibung* S219
Wichmans, A., *Apotheca spiritualium pharmacorum* W53

1627 Becanus, M., *Analogia veteris ac novi testamenti* B80
Bonacina, M., *Opera omnia* B343
Bonilla, J. de, *Een kort tractaet* B352
Coren, J., *Clypeus patientiæ* C255
Covarrubias y Leyva, D. de, *Opera omnia* C281
Ferrari, F. B., *De veterum acclamationibus* F39
Gamaches, P. de, *Summa theologica* G9
Krzistanowic, S. e.a., *Respublica, sive status regni Poloniæ* K50
Mauden, D. van, *Discursus morales* M134
Mertz, M., *Rosa in hieme* M175
Pontificale Romanum P193
Possevino, A., *Le soldat chrestien* P199
Sanderus, A., *De claris Antoniis* S51

Sterre, J. C. vander, *Lilium inter spinas. Vita B. Ioseph* S216

1628 Apuleius Madaurensis Platonicus A163
Augustinus, A., *Regula beati ac magni P. Augustini* A227
Bellinzaga, I. C., *Maniere ... van een gheestelick leven* B114
Biblia sacra B181
Canisius, H., *Summa iuris canonici* C45
Corderius, B., *Catena sexaginta quinque* C252
Eusebius van Cæsarea, *De demonstratione evangelica* E75
Eusebius van Cæsarea, *Præparatio evangelica* E83
Fagundez, S., *Quæstiones, de christianis officiis* F8
Flayder, F. H., *De arte volandi* F56
Den heylighen Norbertus H137
Justinianus, *Corpus iuris civilis* J87
Luzvic, E., *Cor devotum Iesu* L361
Ordinarius sive liber cæremoniarum O55
Raisse, A. de, *Hierogazophylacium Belgicum* R11
Les œuvres du R. Père Louis Richeome R70
Sainte-Marthe, S. de, *Histoire généalogique de la maison de France* S27
Statuta renovata... ordinis Præmonstratensis S202
Suarez, F., *Operis de divina gratia ... pars prima* S274
Suarez, F., *Operis de divina gratia pars tertia* S276
Surius, L., *Den wech der volmaecktheyt* S298
Sweertius, F., *Athenæ Belgicæ* S301
Tufo, O. del, *Commentaria in Ecclesiasticum* T128
Waulde, G., *La vie et miracles de St Ursmer* W29
Wichmans, A., *Sabbatismus Marianus* W55
Zachmoorter, M., *Thalamus sponsi* Z9

1629 Bartholinus, C., *Logicæ peripateticæ præcepta* B59
Biblia sacra B182
Bourgoing, F., *Veritates et sublimes* B424
Brunsemius, P., *Methodica praxis* B488
Burgundius, N., *Historia Belgica* B519
Diez, P., *Conciones quadruplices in Evangelia* D114
Haeften, B. van, *Schola cordis* H4
Heinsius, D., *Laus asini* H68
Hertoghe, C. P. de, *Laudatio funebris ... Matthæi Irsselii* H106
la Croix, F. de, *Petit iardin de Nostre Dame* L13
Miræus, A., *Donationum Belgicarum libri II* M215
Missale romanum M245
Overhuysen, P. van, *Laudatio ... in ... inaugurationem ... Vander Sterre* O79
Scaliger, J. J., *Opus de emendatione temporum* S71
Sterre, J. C. vander, *Echo S. Norberti* S213
Suarez, F., *Tractatus quinque, ad primam secundæ D. Thomæ* S285

1630 Filostratos, F., *Les images ou tableaux de platte peinture* F50
Hertoghe, C. P. de, *Unius libri nomen S. Norbertus* H108
Janssonius, J., *In evangelium S. Ioannis expositio* J37
Laet, J. de, *Belgii confœderati respublica* L19

283

la Serre, J. Puget de, *Le breviere des courtisans* L109
Maximus Tyrius, *Dissertationes* M144
Mudzaert, D., *Het leven ... van den H. Norbertus* M305
Pauli, M., *Bruylofts-Liedt van Iesus en Maria* P49
Russia seu Moscovia R139
Tacitus, P. C., *d'Ovrige werken van Gaius Cornelius Tacitus* T7
Thou, J. A. de, *Kort verhael van het gene ... in Engeland* T87
Zanon, B., *Practique des vertus* Z18

1631 Augustinus, A., Anselmus van Canterbury e.a., *Meditationes, soliloquia et manuale* A214
Burgundia, A. a, *Linguæ vitia et remedia* B518
Bustum Virginis Magdeburgicæ historica et politicâ luce illustratum B532
Chifflet, P.-F., *Praxis quotidiana divini amoris sub forma oblationis suiipsius* C163
Drexelius, H., *Nicetas seu triumphata incontinentia* D156
Drexelius, H., *Orbis Phaëthon hoc est de universis vitiis linguæ* D160
Drexelius, H., *Recta intentio omnium humanarum actionum amussis* D162
Drexelius, H., *Trismegistus christianus, seu Triplex cultus* D168
Faber, M., *Concionum opus tripartitum* F3
Fagundez, S., *Tractatus apologeticus* F9
Hulsius, B., *Emblemata sacra, dat is eenighe geestelicke sinnebeelden* H239
Laymann, P., *Justa defensio sanctissimi romani pontificis* L113
Mauden, D. van, *Speculum aureum vitæ moralis* M135
Ryckel, J. G. van, *Vita S. Beggæ* R144

1632 Blois, L. de, *Opera* B311
Drexelius, H., *Gymnasium patientiæ* D152
Lessius, L., *De iustitia et iure* L186
Marchantius, J., *Hortus pastorum et concionatorum* M75
Mendoça, F. de, *Commentariorum ac discursuum moralium in Regum* M162
Pinelli, L., *Den costelycken spieghel der religieuse volmaectheyt* P141
Ponce de Leo, B., *De sacramento matrimonio tractatus* P185
Ryckel, J. G. van, *Vitæ S. Gertrudis* R145
Statuta candidi et canonici ord. Præmonstratensis S203, S204
Suarez, Fr., *Operis de religione pars secunda* S277
Tirinus, J., *Commentarius in Vetus et Novum Testamentum* T90
Urbanus VIII, *Exhortatio ad virtutem* U3
Waerschouwinghe aen de Staten W1
Wichmans, A., *Brabantia Mariana tripartita* W54

1633 Augustinus, A., *De l'ouvrage des moines* A206
Bonacina, M., *Compendium omnium operum de theologia morali* B342
Costumen, usancien ... der stadt ...van Mechelen C275
Decreta et statuta synodi provincialis Mechliniensi D45

Drexelius, H., *De æternitate considerationes* D148
Drexelius, H., *Heliotropium* D153
Filliucius, V., *Quæstionum moralium de christianis officiis* F49
Kinschot, H. de, *Responsa sive consilia juris* K16
Literæ executoriales trium sententiarum rotalium L264
Livius, T., *Historiarum libri* L268
Lugo, G. de, *Disputationes scholasticæ* L326
Ordonnance et instruction O60
Rampen, H., *Commentarius ... in quatuor Evangelia* R13
Reidanus, E., *Belgarum, aliarumque gentium, Annales* R37
Thomas a Kempis, *De la Imitacion de Christo* T65

1634 Binet, E., *Abregé des vies des principaux fondateurs des religions de l'eglise* B289
Biverus, P., *Sacrum oratorium piarum imaginum immaculatæ Mariæ* B302
Biverus, P., *Sacrum sanctuarium crucis et patientiæ crucifixorum* B303
Calepino, A., *Dictionarium* C18
David, A., *Thresor sacré* D25
Decreta et statuta synodi diœcesanæ Mechliniensis D40, D46
Diana, A., *Resolutiones morales* D104
Drexelius, H., *De æternitate considerationes* D149, D150
Drexelius, H., *Horologium auxiliaris tutelaris angeli* D154
Drexelius, H., *Zodiacus christianus* D169
Giustinelli, P., *Rationale christianorum* G99
Lapide, C. a, *Commentaria in quatuor prophetas maiores* L77
Malderus, J., *In primam partem D. Thomæ commentaria* M39
Martin, M., *Triomphe de la vérité* M103
Moerbeeck, J. A. van, *Scala purpurea, in sex gradus divisa* M253
Puteanus, E., *Idea heroica* P237
Raisse, A. de, *Belgica christiana* R10
Seneca, L. A. & Seneca, M. A., *Opera omnia* S135
Sterre, J. C. van der, *Iter trium dierum in solitudinem* S214
Streithagen, P. von, *De vita, ac instituto canonicorum sæcularium* S258
Suarez, F., *Operis de Religione tomus quartus* S278

1635 Blois, L. de, *Igniarium divini amoris seu precationes piæ* B310
Drexelius, H., *Tribunal Christi* D165
Hauzeur, M., *Equuleus ecclesiasticus* H35
Landtmeter, L., *De vetere clerico, monacho* L56
Lapide, C. a, *Commentaria in omnes divi Pauli epistolas* L71
Livius, T., *Historiarum libri* L269
Marchantius, J., *Hortus pastorum et concionatorum* M76
Miræus, A., *Rerum Belgicarum chronicon* M222
Osorio, J., *De gloria libri V ad Ioannem III Lusitaniæ*

        regem O71
        Plinius Secundus, C., maior, *Historiæ naturalis libri XXXVII* P163
        Thomas a Kempis, *Opera omnia* T78
        Tollenarius, J., *Speculum vanitatis* T103
        Vernulæus, N., *Triumphus Lovaniensium* V50

1636 Drexelius, H., *Cælum beatorum civitas æternitatis pars III* D146
        Puteanus, E., *Historiæ Belgicæ liber ... de obsidione Lovaniensi* P236
        Schwenter, D., *Deliciæ physico-mathematicæ* S111
        Talhamer, W., *Thuribulum aureum* T9
        Vives, Juan Luis, *De disciplinis libri XII* V83

1637 Bidermann, J., *Deliciæ sacræ* B277
        Chapeauville, J, *Tractatus de necessitate ... ministrandi sacramenta* C144
        Curtius, C., *S. Nicolaus Tolentinus* C314
        Divini amoris et contritionis fasciculus D132
        Mantelius, J., *Speculum peccatorum* M57
        Novarini, L., *Adagia ex sanctorum patrum* N46
        Perpinianus, P. J., *Orationes duodeviginti* P93
        Petit, Ph., *Abbregé de la vie du B. Albert le Grand* P100
        Sherlock, P., *Anteloquia cogitationum* S149
        Waghenare, P. de, *Sancti Norberti... vita* W4
        Wendelinus, G., *De tetracty pythagoræ* W46

1638 Baxius, N., *Orationes sacræ in laudem salvatoris nostri* B74
        Candido, V., *Illustriorum disquisitionum moralium, tomi duo* C40
        Cobbaert, P., *Laudatio funebris ... Ioannis David* C203
        Colveneer, G., *Calendarium sacratissimæ Virginis Mariæ* C232
        Drexelius, H., *De conste vande hemelsche wel-sprekentheyt* D147
        Gazet, A., *Pia hilaria* G20
        Gregorius van Nyssa, *Opera* G146
        Lugo, G. de, *Disputationes scholasticæ* L325
        Marolois, S., *Géométrie* M90

1639 Andries, J., *Faustus annus. Mensis. Hebdomas* A125
        Libri Iosue, Iudicum, Ruth, Regum IV, et Paralipomenon II B221
        Novum Testamentum Domini Nostri Jesu Christ B250
        Drexelius, H., *Deliciæ gentis humanæ Christus Iesus nascens* D151
        Gregorius IX, *Decretales* G144
        Groenenschilt, M., *Lust-hof der Godt-vruchtighe meditatien* G187
        Malbrancq, J., *De Morinis et Morinorum rebus* M36
        Marius, L., *Amstelredams eer ende opcomen* M88
        Novati, G. B., *De eminentia Deiparæ Virg. Mariæ* N47
        Pontanus, J. I., *Historiæ Gelricæ* P187
        Puteanus, E., *Auspicia Bibliothecæ publicæ Lovaniensis* P229
        Thomas van Aquino, *Summa totius theologiæ* T79
        Waghenare, P. de, *Sancti Norberti ...vita* W5
        Wree, O. de, *Sigilla comitum Flandriæ* W114

1640 Aresius, P., *De vero sacri Cantici Canticorum* A169
        Augustinus, A., *Regle de nostre pere Saint Augustin* A226
        Bollandus, J., *Af-beeldinghe van d'eerste eeuwe der Societeyt Iesu* B331
        Les constitutions des religieuses de Sainte Ursule C246a
        Des élections et offices D90
        Elenchus librorum ... prohibitorum I5
        Jansenius, C., *Augustinus* J21
        Sacrosancti et œcumenici Concilii Tridentini ... canones et decreta S7
        Scamozzi, V., *L'idea della architettura universale* S72
        Strada, F., *De bello Belgico decas prima* S254
        Sylvius, F., *Resolutiones variæ* S307
        Thomas a Kempis, *De imitatione Christi libri IV* T66
        Wiggers, J., *Commentaria in tertiam partem D. Thom. Aquinatis* W68

1641 Antonius A., *Iuris pontificii veteris epitome* A157
        Bertram, B. C., *De Republica Ebræorum* B161
        Celada, D. de, *De benedictionibus patriarcharum electa sacra* C125
        Censuræ facultatum sacræ theologiæ Lovaniensis C131
        Delaur, A., *Dieu mourant d'amour pour les hommes* D55
        Drexelius, H., *Rhetorica cælestis seu attente precandi scientia* D163
        Du Chesne, A., *Histoire d'Angleterre, d'Escosse et d'Irlande* D185
        Gevaerts, J. G. & Rubens, P. P., *Pompa introitus honori ... Ferdinandi Austriaci* G59
        Ghyse, J., *Origo et historia Belgicorum tumultum* G66
        Jansenius, C., *Pentateuchus sive commentarius in quinque libros Moysis* J23
        Justificatio seu defensio censuræ facultatis S. Theologiæ Academiæ Lovaniensi J85
        Lapide, J. a, *Corn. Iansenii Iprensis episcopi ... Laudatio funebris* L94
        Parochiale, id est, liber in quo plane continentur, ea quæ pastores præstare oportet P32
        Pomreux du Sart, E. de, *θανατοσκεπσις, sive varia consideratio de morte* P184
        Raymundus Jordanus, *Oculus mysticus* R22
        Sanderus, A., *Bibliotheca Belgica manuscripta* S47
        Schellenberg, J. B., *Vita et res gestæ S. Norberti* S84
        Spondanus, H., *Annalium ... Cæs. Baronii continuatio* S180
        Wree, O. de, *Les seaux des comtes de Flandre* W113

1642 Andries, J., *Purgatorium catholicè assertum* A126
        Becanus, M., *Opuscula theologica* B85
        Boeye, A. de, *Levens van de heylighe patriarchen* B324
        Bouckaert, J., *Statuten voor de cloosters van Ste Ursule binnen Loven* B392
        Hooft, P. C., *Neederlandsche historien* H181
        Jousse, M., *Le secret d'architecture* J79
        Lucas Brugensis, F., *Sacrorum bibliorum vulgatæ editionis concordantiæ* L317
        Pomreux du Sart, E., *Σταυροεκκλησιαστης, sive*

tem verba Christi P183
Seneca, L. A., *Flores* S134
Spoelbergh, G., *Concionum moralium pro dominicis* S179
Theodoretus Cyrensis, *Opera omnia* T31
Wree, O. de, *La généalogie des comtes de Flandre* W110

1643 Beka, J. a & Heda, W., *De Episcopis Ultraiectinis* B96
Biblia magna commentariorum literalium B183
Bonacina, M., *Opera omnia recens in tres tomos distributa* B344
Drexelius, H., *Noe architectus arcæ in diluvio nauarchus* D157
Erasmus, D. e.a., *Adagia* E37
Horatius Flaccus, Q., *Poemata* H199
Lapide, C. a, *Commentaria in Ecclesiasticum* L68
Molinier, E., *Le mystere de la croix* M270
Rosweydus, H., *Het leven ende spreucken der vaderen* R125
Sanderus, A., *Bibliothecæ Belgicæ manuscriptæ pars secunda* S48
Sylvius, F. e.a., *Resolutiones ... dominorum Universitatis Duacenæ* S306
Wamesius, J., *Responsorum sive consiliorum de iure pontificio* W20

1644 Augustinus, A., *Sanctus Augustinus per seipsum docens catholicos* A229
Bisselius, J., *Æstas* B300
Brasseur, P., *Panegyricus sanctorum Hannoniæ* B434
Epistelen ende Evangelien E33
H. H. V. O. G., *Cupido triumphans* H1
Jansenius, C., *Analecta in Proverbia* J20
Latomus, J., *Corsendonca* L110
Lugo, G. de, *Disputationes scholasticæ* L327
Privilegia Academiæ sive studio generali Lovaniensi P214
Reygersbergen, J., *Chroniik van Zeelandt* R57
Sanchez, J., *Selectæ & practicæ disputationes* S39
Vossius, G. J., *Grammatica latina* V95

1645 Bosschaerts, W., *Aurelii Augustini ... exegesis* B363
Erasmus Roterodamus, D., *De utraque verborum ac rerum copia lib. II* E43
Franciscus van Sales, *Aen-leydinghe oft onderwys tot een devoot ... leven* F89
Joannes VI Cantacuzenus, *Historiarum libri IV* J47
la Faille, P. de, *Oogen-salve* L21
Landtmeter, L., *Encomium veritatis* L57
Lapide, C. a, *Commentaria in proverbia Salomonis* L75
Lapide, C. a, *Commentarius in Esdram, Nehemiam* L87
Lessius, L., *In D. Thomam De beatitudine* L187
Persius Flaccus, A., *Satyræ sex* P95
Puteanus, E., *Epistolarum selectarum apparatus* P234
Rossi, G. V., *Epistolæ ad Tyrrhenum* R121
Tirinus, J., *In S. Scripturam commentarius* T91
Wennen, F., *Speculum religiosorum* W47

1646 *Biblia Sacra* B212
Bibels Tresoor. Ofte der Zielen Lusthof B270
Bigato, M. A., *Augustinus humiliatus* B279
Brooman, L., *Fasti sacri* B481
Buchler, J., *Thesaurus conscribendarum epistolarum* B494
Buxtorf, J., *Lexicon Hebraicum et Chaldaicum* B541
Gavantus, B., *Thesaurus sacrorum rituum* G17
Janssonius, J., *Novus Atlas, sive theatrum orbis terrarum* J42
Lapide, C. a, *Commentaria in duodecim prophetas minores* L66
Lefort, M., *Les chartes nouvelles du pays et comté de Haynnau* L130
Leonardi, T., *Thesaurus gratiarum SS. Rosarii* L168
Lugo, G. de, *Disputationes scholasticæ* L328

1647 Augustinus, A., *Opuscula insigniora adversus Pelagianos* A220
Auriol, P. d', *Breviarium Bibliorum* A236
Biblia sacra B184
Manassæ oratio, Esdræ lib. III & IV B218
Evangelicæ historiæ imagines B269
Bonaventura, heilige, *Opusculorum tomus primus* B346
Bibliotheca Laurentiana C80
Celada, D. de, *De benedictionibus patriarcharum electa sacra* C126
Cobbaert, P., *Rhythmica consideratio altitudinis consilij divini* C204
Fisen, B., *Flores ecclesiæ Leodiensis* F53
Georgius Cedrenus, *Compendium historiarum* G39
Heyns, M., *Bloemhof der doorluchtige voorbeelden* H139
Hoyerus, M., *Historiæ tragicæ sacræ et profanæ* H219
Lapide, C. a, *Commentaria in Acta Apostolorum* L65
Leutbrewer, C., *Gulde biecht-konste* L207
Marcellin de Pise, *Vita R.P.F. Hieronymi Narniensis* M71
Nicetas Choniates, *Historia* N20
Paul, M., *Verbi Dei incarnati mysterium* P48
Zoesius, H., *Commentarius ad decretales epistolas Gregorii IX* Z30

1648 Anselmo, A. e.a.., *Placcaeten, ordonnantien, landt-charters* A137
Barthius, C., *Adversariorum commentariorum Libri LX* B58
't Schat der zielen B271
Cériziers, R. de, *Les consolations de la philosophie et theologie* C136
Codinus, G., *De officiis magnæ ecclesiæ* C213
Cyrillus Alexandrinus, *Homiliæ XIX. in Ieremiam prophetam* C323
Drexelius, H., *Palæstra christiana* D161
Engelgrave, H., *Lux evangelica* E25
Hoeschelius, D., *Excerpta de legationibus* H162
I. D. V. M., *Den catholijcken aen-wyser gewapent met de H. Schrifture* I1
Labbé, P., *De Byzantinæ historiæ scriptoribus* L2
Lapide, C. a, *Commentaria in Pentateuchum Mosis* L73
Pontanus, J., *Laudatio funebris ... Ioann. Masii* P186
Strada, F., *De bello Belgico decas prima* S255

1649 Anastasius Bibliothecarius, *Historia ecclesiastica* A121

Augustinus, A., e.a., *Meditationes, soliloquia* A215
Boonen, J., *Rationes ob quas ... Archiepisc. Mechlin.* B354
Brandt, G., *Gedichten van Geeraardt Brandt* B432
Castro, J. a, *Regnum Christi* C75
Daniel a Virgine Maria, *Inleydinghe tot christelycke penitentie* D18
Ducas, nepos M. Ducæ, *Historia Byzantina* D184
Elshout, G. van, *Den gheestelycken roos-hof* E14
Elshout, G. van, *Handt-boecxken* E15
Guillemeau, J., *Les Œuvres de chirurgie* G212
Heinsius, D., *Poemata Latina et Græca* H69
Heuter, P., *Opera historica omnia, Burgundica, Austriaca, Belgica* H123
Lapide, C. a, *Commentarii in Ecclesiasten* L80
Lapide, C. a, *Commentarii in Librum sapientiæ* L81
Lapide, C. a, *Commentarius in quatuor evangelia* L91
Noguera, D. de, *Comun provecho de vivos y difuntos* N33
Pastorale rituali Romano accommodatum P40
Triest, A., *Raisons pour lesquelles* T120

1650 Andreas, V., *Fasti academici studii generalis Lovaniensis* A124
Bosschaerts, W., Διατριβαι *de primis veteris Frisiæ apostolis* B365
Breviarium Romanum B469
Chifflet, J., *Aula sacra Principum Belgii* C162
Défense du livre De la fréquente communion D52
Erasmus, D., *Colloquia* E40
Geluwe, A. van, *Belydenisse van Rebecca Broeckaers* G26
Geluwe, A. van, *Dobbel slot* G27
Geluwe, A. van, *Kort verhael van een achthien-jarighe Hollandtsche reyse* G28
Geluwe, A. van, *Het licht op den kandelaer* G29
Hayneufve, J., *Meditations sur la vie de Iesus-Christ* H47
Herdegom, G. van, *Diva virgo candida* H92
Janssonius, J., *Novus Atlas, sive Theatrum orbis terrarum* J43
Lapide, C. a, *Commentarii in Canticum Canticorum* L79
Merkuur ten hove ofte vonnis van Apollo M172
Missale Romanum M246
Platina, B., *'t Leven der Roomsche Pauzen* P155
Puente, L. de la, *Den gheestelycken leydtsman* P227
Remarques sur la bulle qu'on pretend ... contre le livre de... l'evesque d'Ipre R45
Stengel, G., *Liber primus sive Vis et Virtus exemplorum* S208
Stengel, G., *Liber secundus, sive exempla in septem capitalium vitiorum* S209
Stengel, G., *Liber tertius, sive Exempla* S210
Tamburini, A., *De iure abbatum* T10
Wree, O. de, *Historiæ comitum Flandriæ libri pro dromi duo* W111
Ydens, S., *Historie van het H. Sacrament van mirakelen* Y2

1651 Beer, B. de, *Den H. reghel vanden H. Vader Augustinus* B91
Libri Iob B219
Georgius Acropolites, *Historia* G38
Guibertus a Novigento, *Opera omnia* G206
Heuter, P., *Opera historica omnia* H124
Maldonatus, J., *Commentarii in quatuor Evangelistas* M40
Suarez, F., *Operis de divina gratia pars secunda* S275
Wiggers, J., *Commentaria de iure et iustitia* W62

1652 Carpentier, P., *Den droevighen miserere* C61
Celada, D. de, *In Rutham commentarii litterales* C127
Clauberg, J., *Defensio Cartesiana* C184
Cranius, G., *Œconomia moralis clericorum* C283
Crom, A., *Centum quinquaginta psalmi Davidici* C302
Crusius, J. A., *Disquisitio de nocte* C307
Drexelius, H., *Tobias morali doctrina illustratus* D164
Estius, G., *Annotationes in præcipua ... scripturæ loca* E62
Filips IV, *Ordonnantie des Coninghs* F48
Fromondus, L., *Brevis commentarius in Canticum Canticorum* F120
Georgius Monachus Syncellus, *Chronographia* G40
Gheestelycke wandelinghe vande inghekeerde siele G60
Havermans, A., *Kort begriip ... van de historie van Brabant* H38
Labata, F., *Thesaurus moralis* L1
Lugo, G. de, *Disputationum de Iustitia et Iure* L329
Plautus, T. M., *Comœdiæ superstites XX* P158
Sanchez, T., *Disputationum de sancto matrimonii sacramento* S41
Thomas van Aquino, *Summa Theologia* T80
Wiggers, J., *In primam secundæ divi Thomæ Aquinatis commentaria* W70

1653 Arnauld, A., *Historia et concordia evangelica* A188
Bartoli, D., *La vie du révérend père Vincent Carafe* B60
Biblia sacra dat is alle de Heilige Schriften B211
Binsfeldius, P., *La theologie des pasteurs* B296
Boethius, A. M. S., *Troost-medecijne wynckel der zedighe wysheyt* B323
Bosschaerts, W., *Feria sexta, sive eius dignitas* B366
Felleries, A. de, *Sermons sur l'ave Maria* F29
Lapide, C. a, *Commentarius in Iosue, Iudicum* L88
Lobbetius, J., *Quæstiones theologicæ, historicæ* L274
Marchant, P., *Expositio mystico-litteralis* M73
Raynaud, T., *Erotemata de malis ac bonis libris* R23
Sancti Bernardi melliflui doctoris Ecclesiæ S44
Sellan de Lanuza, G. B. de, *Medulla cedri Libani* S131

1654 Bonacina, M., *Opera omnia* B345
Bussières, J. de, *Flosculi historici delibati* B531
Caramuel de Lobkowitz, J., *Præcursor logicus, com plectens Grammaticam* C55
Chassaing, B., *Privilegia regularium* C149
Estius, G., *Orationes theologicæ* E69
Fromondus, L., *Actus apostolorum* F118
Gillot, J., *Instructions et lettres des rois tres-chrestiens* G73

Grisel, J., *Le mystère de l'Homme-Dieu* G185
Index librorum prohibitorum I6
Magnon, J. de, *Les heures du chrestien* M14
Marande, L. de, *L'origine, & les causes du Jansénisme* M66
Marche, L. de, *Apologia pro veritate Constitutionis* M79
Oudenhoven, J. van, *Out-Hollandt, nu Zuyt-Hollandt* O73

1655
Annat, F., *Cavilli Iansenianorum* A134
Bouchier, G., *Belgium romanum ecclesiasticum et civile* B390
Supplementum prioris breviarii ... ordinis Præmonstratensis B461
Cherubini, L., *Magnum bullarium Romanum* C155
Codinus, G., *Excerpta de antiquitatibus Constantinopolitanis* C214
Constantinus Manasses, *Breviaium historicum* C246b
Dodsworth, R. & Dugdale, W., *Monasticon Anglicanum* D134
Drexelius, H., *Antigrapheus* D145
Engelgrave, H., *Lux evangelica* E26
Estius, G., *Historiæ martyrum Gorcomiensium* E66
Gertrudis de Helfta, *Den ghesant der ghedachtenisse van de overvloedigheyt* G55
Groenenschilt, M., *Lust-hof der godt-vruchtighe meditatien* G188
Hannotel, P., *Mundi stultitia compendio demonstrata* H13
Landsheere, W. de, *Deliciæ eucharisticæ* L51
Landsheere, W. de, *Deliciæ piorum sacræ* L52
Landsheere, W. de, *Diarium hominis piè christiani* L53
Landsheere, W. de, *Fasciculus myrrhæ* L54
Martini, M., *Novus atlas Sinensis* M105
Officia sanctorum particularia O13
Suarez, F., *Tractatus theologicus* S286

1656
Barbosa, A., *Pastoralis solicitudinis* B36
Bonifacio, B., *Historia ludicra* B350
Corradus, P., *Praxis beneficiariæ* C266
Costerus, F., *Catholiicke sermoonen op d'epistelen* C271
Decker, J., *Gedichten* D34
Diana, A., *Summa Diana* D105
Franco, L., *Controversiæ inter episcopos et regulares* F101
Lamberti, R., *Diva Virgo de Cortenbosch* L37
Lenfant, D., *Concordantiæ Augustinianæ* L154
Seneca, L. A. & Seneca, M. A., *Tragoediae* S136
Sterre, J. C. vander, *Vita S. Norberti* S218
Tamburinus, T., *De sacrificio missæ expedite celebrando libri tres* T11
Tirinus, J., *In S. Scripturam commentarius* T92
Waghenare, P. de, *Beati Hermanni Ioseph ... vita* W3
Wiggers, J., *Commentaria de virtutibus theologicis* W64
Zoesius, H., *Commentarius ad digestorum* Z31

1657
Barbosa, A., *Collectanea doctorum* B35
Biblia Sacra, dat is de geheele ... Schrifture B212
Faber, M., *Conciones funebres & nuptiales* F2
Grotius, H., *Annales et Historiæ de rebus Belgicis* G194
Inwendighe oeffeningen I21
Martyrologium romanum M106
Rodriguez, A., *Exercitium perfectionis* R94
Scupoli, L., *Pugna spiritualis* S118
Senault, J.-F., *Paraphrase sur Iob* S133
Sutor, B., *Leben desz heyligen Vatters Norberti* S300
Terentius Afer, P., *Comoedia sex* T20
Tertullianus, Q. S. F., *Omniloquium alphabeticum rationale* T21
Walle, J. vande, *Poematum libri novem* W12
Wiggers, J., *In tertiam partem D. Thomæ Aquinatis Commentaria* W71
Wiggers, J., *Commentaria in tertiam partem D. Thom.* W72

1658
Besloten hof, het innigh ghebedt B165
Busenbaum, H., *Medulla theologiæ moralis* B526
Craywinckel, J. L. van, *De triumpherende suyverheyt* C294
Drexelius, H., *Operum tomus primus [-quartus]* D159
Mugnos, F., *Historia della augustissima famiglia Colonna* M308
Quarré, J. H., *De godtvruchtighe onderhoudenissen van de christene ziele* Q9
Tertullianus, Q. S. F., *Omniloquium alphabeticum rationale* T21
Wiggers, J., *In primam partem D. Thom. ... commentaria* W69

1659
Adamus Scotus, *Opera* A43
Axer, J. & Cranenbach, H., *Disputatio theologica* A246
Benedictus Fidelis a Sancto Philippo, *Paradisus eucharisticus* B117
Benedictus Fidelis a Sancto Philippo, *Paradisus concionatorum* B118
Bos, L. van den, *Het konincklyk treurtoonneel* B362
Brachelius, J. A., *Historiarum nostri temporis* B431
Cavallo, B., *Vita beati Nicolai Albergati* C119
Cluverius, P., *Italia antiqua* C202
Deurwerders, F., *Militia angelica divi Thomæ Aquinatis* D100
Dierkens, P., *Exercitia spiritualia decem dierum* D113
Eloi de la Bassée, *Flores totius theologiæ practicæ* E13
Glazemaker, J. H., *Toonneel der werreltsche veranderingen* G100
Jansenius, C., *Tetrateuchus* J26
Lambrecht, J., *Vlaemsche vrede-vreucht* L39
Sanderus, A., *Chorographia sacra Brabantiæ* S49
Thomas a Villanova, *Conciones* T79

1660
Abelly, L., *Medulla theologica* A12
Borre, N. de, *Apologia pro exorcistis* B358
Cadenet, P. de, *Paraphrase dévote* C4
Curtius Rufus, Q., *Historiarum libri* C319
Decreta ... synodi dioecesanæ Namurcensis D50
Drexelius, H., *Opera omnia* D158
Foullon, J.-E., *Commentarii historici et morales* F78
Glycis, M., *Annales* G102
Haræus, F. & Surius, L., *Vitæ sanctorum* H17

	Hazart, C., *Beelden-dienst ende vasten* H48
	Sacrosancti et œcumenici Concilii Tridentini S8
	Vergilius Maro, P., *Wercken* V36
1661	Alagona, P., *Doctoris angelici S. Thomæ Aquinatis Summæ compendium* A57
	Bouchy, P., *Amicus fidelis usque ad mortem* B391
	Buxtorf, J., *Synagoga judaica* B542
	Caillieu, N., *Epistola* C13
	Caillieu, N., *Responsio ad inquisitionem I. Launoii* C14
	Carolinus, G., *Het hedendaagsche heidendom* C60
	Craywinckel, J. L. van, *Lust-hof der godtvruchtighe meditatien* C289
	Craywinckel, J. L. van, *Lust-hof…het tweede deel* C290
	Dodsworth, R. & Dugdale, W., *Monastici Anglicani volumen alterum* D135
	Felleries, A. de, *Les plaintes amoureuses* F28
	Marchantius, J., *Hortus pastorum* M77
	Messel Romain M250
	Palma, L. de, *Bloedighen Calvari-bergh* P15
	Ronghe, A. de, *Dulcedo mellis* R115
	Seghers, B., *Den Pelgrim van Sonien-bosche* S122
	Stanihurstus, G., *Quotidiana Christiani militis tessera* S191
	Vermeesch, H., *Delicium Virginis deiparæ* V45
	Waghenare, P. de, *Vita Sancti Hermanii Ioseph* W6
1662	Augustinus, A., *Opus continens enarrationes in Psalmos* A219
	Augustinus, A., *Opuscula quædam selecta* A221
	Bona, J., *Via compendii ad Deum* B340
	Bouwens, A., *Het leven … vande Heylige Maget … Barbara* B429
	Canisius, P., *Manuel des Catholiques* C47
	Pape, L. de, *Summaria cronologia insignis ecclesiæ Parchensis* P22
	Péréfixe, H. de Beaumont de, *Histoire du roy Henry le Grand* P73
	Pomreux du Sart, E. de, *Godefridiados* P182
	Puteanus, E., *Epistolarum apparatus posthumus* P235
	Vernulæus, N., *Henrick den VIII. Koningh van Engelant* V49
	Zachmoorter, M., *Sponsus sanguinum* Z7
	Zeebots, W., *Den blyden kers-nacht* Z25
	Zeebots, W., *Het leven ende martyrie vanden H. Adrianus* Z27
1663	*Breviarium ad usum … ordinis Præmonstratensis* B445
	Busæus, J., *Enchiridion piarum meditationum* B523
	Cordier, M., *Colloquia scholastica* C253
	Faber, M., *Opus concionum tripartitum* F4
	Franciscus van Sales, *Les œuvres* F96
	Hazart, C., *Collatie* H50
	Hertoghe, C. P. de, *Religio canonicorum ordinis Præmonstratensis* H107
	Luis de Granada, *La vie de Dom Barthelemy des Martyrs* L352
	Maupas du Tour, H., *Vita B. Francisci Salesii* M141
	Mercorus, J., *Basis totius moralis theologiæ* M170
	Missale ad usum canonici Præmonstratensis ordinis M235
	Petrus Damianus, *Opera omnia* P106
	Puteanus, E., *Epistolarum apparatus posthumus* P235
	Thomas van Aquino, *Summa Theologica* T81
	Voetius, G., *Politicæ ecclesiasticæ* V87
	Andueza, D. M. de, *Oraciones evangelicas* A127
	Anselmo, A. e.a., *Placcaeten, ordonnantien, landt-charters* A137
	Bellarminus, R., *Explanatio in psalmos* B108
	Psalterium Romanum B228
	Borromæus, C., *Pastorum instructiones* B360
	Catechismus ad parochos C90
	Craywinckel, J. L. van, *Legende der levens … van de … heylighe* C288a
	Florus, L. A., *Roomsche Historie* F71
	Foullon, J.-E., *Commentarii historici et morales* F79
	Gonet, J. B., *Dissertatio theologica* G115
	Manigart, J.-H., *Praxis pastoralis* M51
	Pontificale Romanum P194
	Reylof, A., *Libri De Anima ad mentem S^{ti} Augustini* R58
1665	*Bullæ, decreta, canones, ordinationes* B508
	Caramuel de Lobkowitz, J., *Theologia regularis* C56
	Claudianus, C., *Cl. Claudiani quæ exstant.* C185
	Craywinckel, J. L. van, *Legende der levens* (dl 2) C288a
	Erasme, D., *Codicille d'or* E39b
	Farvacques, F., *Disquisitio theologica* F10
	Gregorius I Magnus, *Les quarante homilies* G141
	Herodotus, *Negen boeken der historien* H103
	Ribadeneyra, P. de & Rosweyden, H., *Generale legen de der heylighen* R61
	Sinnichius, J. B., *Saul exrex* S160
	Vaernewyck, M. van, *De Historie van Belgis* V2
1666	Augustinus, A., *De Belijdenisse van S. Augustijn* A204
	Bernières-Louvigny, J. de, *Den inwendighen christenen* B157
	Biblia sacra, vulgatæ editioni B185
	Pseaumes de David B241
	Cyprianus, T. C., *Opera* C322
	Du Bois, N., *Ad quadraginta quinque propositiones* D179
	Jansenius, C., *Notarum spongia* J22
	Joseph van de H. Barbara, *Het gheestelijck kaertspel* J68
	Lefort, M., *Les chartes nouvelles du pays et comté de Haynnau* L131
	Peckius, P., *Opera omnia* P64
	Processionale ad usum sacri … Præmonstratensis ordinis P219
	Rorario, G., *Quod animalia bruta* R118
1667	Benedictus van Nursia, *Regula nova, seu regulæ SSmi. Benedicti* B121
	Bernardus van Clairvaux, *Opera omnia* B152, B153
	Dechamps, E., *La secrette politique des Iansenistes* D33

Diana, A., *Coordinatus, seu omnes resolutiones morales* D103
Franciscus a Puero Jesu, *Noodighe onderwijsinghe voor alle christen-gheloovighen* F88
Gillet, S., *Manuale magistri novitiorum, Villariensium moribus accommodatum* G71
Gillet, S., *Prior claustralis* G72
Godeau, A., *Eloges historiques des empereurs* G105
Hazart, C., *Kerckelycke Historie vande gheheele wereldt* H56
le Febvre, J., *Divers sermons* L129
Loyens, Hubert, *Tractatus de concilio Brabantiæ* L306
Parival, J. N. de, *Louvain tres ancienne et capitale ville du Brabant* P28
Placet, F., *La superstition du temps* P152
Silveira, J. da, *Commentariorum in Apocalypsim* S151
Sinnichius, J. B., *Confessionistarum goliathismus profligatus* S159
Willems, G., *Meyers, borgemeesteren, schepenen ... van Loven* W78

1668 Bernardus van Clairvaux, *Opera omnia in sex tomos distributa* (Index) B153
Carranza, B., *Summa conciliorum* C62
Christyn, J.-B., *Jurisprudentia heroica* C170
Engelgrave, H., *Cælum empyreum* E24
Franciscus van Sales, *Instructio pro confessariis* F91
Franciscus van Sales, *Introductio ad vitam devotam* F92
Gallonio, A., *De ss. martyrum cruciatibus liber* G4
Lamen, J. van, *Een likkepotje voor den heessen musicant* L40
Leo Marsicanus, O.S.B., *Chronica sacri monasterii Casinensis* L167
Missale Romanum M247
Origenes, *In Sacras Scripturas commentaria* O66
Pérez de Montalbán, J., *Het wonderlyck leven van den ... H. Patricius* P74
Rivius, J., *Annulus Christianus* R85
Rovenius, P., *Reipublicæ christianæ libri duo* R132
Wree, O. de, *Historiæ Flandriæ christianæ* W112

1669 Biroat, J., *Panégyriques des saints* B298
Centuria casuum conscientiæ C133
Corradus, P., *Praxis dispensationum apostolicarum* C267
Florus, L. A., *Rerum Romanarum editio novissima* F70
Franciscus Bonæ Spei, *Historico-theologicum Carmelii armamentarium* F85
Gavantus, B., *Enchiridion* G16
Hazart, C., *Disput van Martinus Lutherus met den duyvel* H52
Marca, P. de, *Dissertationum de concordantia* M68
Stanihurstus, G., *Dei immortalis in corpore mortali patientis historia* S189
Voetius, G., *Politicæ ecclesiasticæ* V87
Vulson de la Colombière, M. de, *La science héroïque* V103

1670 Albrecht, G., *Biblisches ABC* A62
Appianius, *Romanarum historiarum pars prior* A161

Brouwer, C., & Masen, J., *Antiquitatum... Trevirensium libri XXV* B483
Fabri, H., *Apologeticus doctrinæ moralis* F5
Gambart, A., *Le missionnaire paroissial* G10
Gebel, T., *Cursus theologicus* G23
Hazart, C., *De communie onder eene ghedaente alleen* H51
Henneguier, J., *Vanitas triumphorum* H81
Pallavicino, S., *Vera concilii Tridentini historia* P10
Stroobant, J., *Brusselsche eer-triumphen* S259
Walenburch, A. & P. van, *Tractatus generales de controversiis fidei* W9

1671 Busenbaum, H., *Medulla theologiæ moralis* B527
Gourneau, N., *S. Norbert, l'homme céleste* G125
Haunold, C., *Controversiarum de justitia et jure* H33
Hazart, C., *Dordrechtschen predikant* H53
Hieronymus, S. E., *Epistolæ selectæ* H143
Joannes a Jesu Maria, *Instructio novitiorum* J57
Kircher, A., *Latium* K25
Labbe, P. & Cossart, G., *Sacrosancta concilia* L3
Michaelis, A., *Octaves des morts* M209
Ovidius Naso, P., *Metamorphose?n libri XV* O82
Piélat, B., *Le secretaire incognu* P128
Antonius Augustinus, *Dialogorum libri duo* A156
Arcudius, P., *Libri VII de concordia ecclesiæ* A168
Nieuwe Testament (Het) ons Salichmakers B260
Corvinus, A., *Jus canonicum* C268
Craywinckel, J. L. van, *Lust-hof der godt-vruchtighe meditatien* C291
Eusebius van Cæsarea, *Ecclesiasticæ Historiæ* E81
Knippinga, A., *Facetiarum epigrammaticarum centuriæ sex* K33
Loyens, H., *Brevis et succincta synopsis rerum maxime memorabilium* L305
Plengg, J. B., *Piæ considerationes* P159
Vast-gekuypte Loevesteynsche ton (De) V14
Wagnereck, H., *Commentarius exegeticus SS. Canonum* W7

1673 Bona, J., *Manuductio ad cœlum* B337
Cherubini, L., *Magnum bullarium Romanum* C155
Dodsworth, R. & Dugdale, W., *Monastici Anglicani, volumen tertium* D136
Franciscus van Sales, *Les œuvres* F97
Hazart, C., *Ghemeensaemen sendt-brief* H54
Schard, S., *Schardius redivivus* S79
Singlin, A., *Instructions chrestiennes* S158
Steyaert, M., *Obligatio audiendi verbum Dei* S233
Walton, B., *Biblicus apparatus* W17

1674 Arnauld, A., *De frequenti communione liber* A186
Barclay, J., *Satyricon* B40
Novum Jesu Christi Testamentum B251
Bona, J., *Principia et documenta vitæ christianæ* B339
Bravo de la Serna, M., *Espejo de la iuventud* B440
Dilherr, J. M., *Heilige Sonn- und Festtags-Arbeit* D116
Fierlant, S. de, *Vita Christi metrice descripta* F45
Fronteau, J., *Epistola ad ... Ludovicum de Rechignevoisin* F123

Havermans, M., *Tyrocinium christianæ moralis theologiæ* H44
Hazart, C., *Sommighe twyffelachtigheden* H57
Hesselius, J., *Catechismus* H109
Huygens, G., *Methodus remittendi & retinendi peccata* H247
Leibnitz, J. J., *Inclutæ bibliothecæ Norimbergensis memorabilia* L139
Lupus, C., *Exhibitio sacrorum canonum* L354
Lupus, C., *Exhibitio ss. canonum* L355
Lupus, C., *Oratio panegyrica* L357
L'obligation des fidelles de se confesser à leur curé O1
Steyaert, M., *Obligatio audiendi Verbum Dei* S232
Steyaert, M., *Responsio pro obligatione audiendi verbum Dei* S240
Tassy, H.-F. de & Pardaillan de Gondrin, L.-H., *Litteræ pastorales ... Galliæ episcoporum* T15
Witt, J. de, *Eenvoudige uytdrucksels van godt-vruchtige gedachten* W89
Anselmus van Canterbury, *Opera* A140
Arnauld, A., *Historia et concordia evangelica* A189
Avancinus, N., *Poesis dramatica* A238
Bacci, J., *Heilige ende schoone onderwysingen* B3
Breviarium ad usum ... ordinis Præmonstratensis B446, B447
Caramuel de Lobkowitz, J., *Theologiæ moralis* C57
D. D. P. D. M., *Remarques sur la Jansenie* D1
Havermans, M., *Disquisitio theologica* H40
Havermans, M., *Tyrocinium theologiæ moralis* H45
Herre, D. de, *Het heylich jaer van de predick-heeren* H104
Merlo Horstius, J., *Paradisus animæ christianæ* M174
Neercassel, J. van, *Tractatus de sanctorum* N15
Noris, E., *Vindiciæ Augustinianæ* N39
Steyaert, M., *Deductio juris parochialis* S226
Zypæus, F., *Consultationes canonicæ* Z39
Zypæus, F., *De iurisdictione ecclesiastica* Z40
Zypæus, F., *Hiatus Iacobi Cassani obstructus* Z41
Zypæus, F., *Iudex, magistratus, senator* Z42
Zypæus, F., *Juris pontificii novi analytica enarratio* Z43
Zypæus, F., *Notitia iuris Belgici* Z44
Zypæus, F., *Responsa de iure canonico* Z45

1676 Bona, J., *Via compendii ad Deum* B341
Cenci, L., *Tractatus ... de censibus* C129
Cerda, M. de la, *Camporum eloquentiæ in causis* C135
Focquenbergues, J., *Recueil de plusieurs préparations* F72a
Havermans, M., *Defensio brevis Tyrocinii* H39
Henao, G. de, *Scientia media theologice defensata* H79
Hirnhaim, H., *De typho generis humanæ* H148
Hugo, H., *Pia desideria* H234
Lacman, J., *Pensées chrétiennes* L12
Le Jeune, J., *Le missionnaire de l'Oratoire* L144
Louis, E., *Conférences mystiques* L302
Norbertus, heilige, *Sermo ad ... Præmonstratenses filios* N38

Pomey, F., *Candidatus rhetoricæ* P177
Rituale Præmonstratense R76
Seldsaem-heyligh leven (Het) vanden H. Hermannus Joseph S130
Steinmayr, M., *Verbum abbreviatum* S207
Texier, C., *Sermons pour tous les jours du caresme* T26
Anselmo, A. e.a.., *Placcaeten, ordonnantien, landt-charters* A137
Balbinus, B., *Epitome historica rerum Bohemicarum* B24
Bona, J., *Opera ... omnia* B338
Chacòn, A., *Vitæ, et res gestæ pontificum romanorum* C139
Christyn, J. B., *Basilica Bruxellensis* C168
Franciscus Bonæ Spei, *Historico-theologicum Carmeli armamentarium* F86
Gallucci, A., *De bello Gallico* G6
Havermans, M., *Dissertatio theologica* H42
Pielat, B., *La vie ... du Sr Michel de Ruyter* P129
Tyran, J., *Alphabetum pastorale* T138
Valckenisse, P. de, *Meditationes* V9

1678 Baldi, M., *Giardino fiorito di Maria* B25
Bellarminus, R., *De scriptoribus ecclesiasticis* B103
Biblia sacra vulgatæ editioni B186
Pseaumes de David B242
Burghaber, A., *Theologia polemica* B517
du Cange, C., *Glossarium* D182
Haunold, C., *Theologiæ speculativæ* H34
Havermans, M., *Disquisitio theologica* H41
Hazart, C., *Triomph der pausen van Roomen* H59
Hirnhaim, H., *Meditationes pro singulis anni diebus* H149
Huygens, G., *Conferentiæ theologicæ* H246
Moons, J., *Sedelycke lust-warande* M280
Rounat, C., *Sermons pour l'octave des morts* R127
Scriverius, P., *Beschryvinge van alle de Graven van Holland* S115
Scriverius, P., *Hollandsche, Zeelandsche ende Vriesche chronyck* S116
Alexandre, N. *Selecta historiæ ecclesiasticæ capita* A75
Berghes de Glynes, A., *Epistola pastoralis* B137
Icones biblicæ Veteris et Novi Testamenti B272
Estius, G., *Absolutissima in omnes beati Pauli* E61
Florus, C., *Ignis fatuus extinctus* F68
Godeau, A., *La vie de S. Augustin* G106
Havermans, M., *Examen libelli cui titulus: Pentalogus diaphoricus* H43
Hermannus a Sancto Norberto, *Via media confessariorum* H101
Kircher, A., *Turris Babel* K26
Marchantius, J., *Hortus pastorum* M78
Moons, J., *Applausus gratulatorius* M278
Neesen, L., *Theologia moralis christiana* N16
Parys, A., *Trias patrum* P33
Thiers, J. B., *Traité de l'exposition du St Sacrement* T44
Thomassin, L., *Ancienne et nouvelle discipline de l'Eglise* T84

1680　*Antiphonarium præmonstratense* A143
Cabassutius, J., *Notitia ecclesiastica historiarum, conciliorum* C3
L. Annæus Florus F69
Gabrielis, G., *Les essais de la théologie morale* G1
Graduale Præmonstratense G127
la Loüe, H. de, *Idea pastoralis* L31
Manuale pastorum M61, M62
Martialis, M. V., *Epigrammata* M99
Vossius, G. J., *Latina grammatica* V96
Vossius, G. J., *Latina syntaxis, in usum scholarum Hollandiæ* V97

1681　Carranza, B., *Summa conciliorum* C63
Gobat, G., *Operum moralium tomi I pars I* G103
Gonet, J. B., *Clypeus Theologiæ thomisticæ* G114
Grotius, H., *Nederlandtsche Jaerboeken en Historien* G196
Josephus Flavius, *Histoire des Juifs* J71
Lancelot, C., *Nouvelle méthode pour apprendre* L50
Lang, J., *Florilegii magni* L58
Leenheer, J. de, *Virgo Maria mystica* L127
Le Jeune, J., *Deliciæ pastorum et prædicatorum* L143
Lyftocht, F., *Voor-winckel van patientie* L362
Piedad, F. de la, *Tooneel der Jesuiten* P127
Roye, F. de, *Canonici juris institutionum libri tres* R134
Sanchez, T., *Consilia, seu Opuscula moralia* S40
Silveira, J. da, *Commentariorum in Apocalypsim* S151
Vergilius Maro, P., *Virgile* V35

1682　Bruschius, G., *Chronologia monasteriorum Germaniæ* B489
Cellarius, C., *Horæ Samaritanæ* C128
Christyn, J. B., *Brabandts recht* Antwerpen C172
Desnos, N., *Canonicus secularis et regularis* D91
Enriquez Gomez, A., *El siglo pitagorico* E31
Erasmus, D., *Liber utilissimus de conscribendis epistolis* E44
Josephus Flavius, *Des ... Joodschen Historieschrijvers Boeken* J72
Kellen, L., *Medulla cedri* K6
Le Blanc, T., *Psalmorum Davidicorum analysis* L116
Le Drou, P. L., *Oratio in funere ... Liberti de Pape* L126
Moons, J., *Sedelycken vreughden-bergh* M282
Morinus, J., *Commentarius historicus* M298
Schrevelius, C., *Lexicon Græco-Latinum* S106
Servatius a Sancto Petro, *Methodus quadripartita* S143
Texier, C., *Panégyriques des saints* T24
Texier, C., *Sermons pour tous les dimanches* T25
Texier, C., *Sermons sur les festes de la Sainte Vierge* T27
Thomas Becket, *Epistolæ et vita divi Thomæ* T60
Thomas a Kempis, *De imitatione Christi* T67
Verjuys, J. B., *Pastorale missionariorum* V42

1683　Augustinus, A., *Libri XIII confessionum* A211
Augustinus, A., *Operum tomus primus (-tomus decimus)* A218
Du Bois, N.?, *Responsio historico-theologica* D180
Fierlant, S. de, *R.P. Ægidii Gabrielis Moralis doctrinæ* F44
Hazart, C., *Gront-reghel van ... Cornelius Hazart* H55
Hazart, C., *Triomph vande christelycke leere* H60
Le Maistre de Sacy, I. L., *De Historien des Ouden en Nieuwen Testament.* L148
Littwerich, B., *Quæstiones theologicæ* L266
Manesson-Mallet, A., *Description de l'univers* M43
Merlo Horstius, J., *Paradisus animæ christianæ* M173
Mibes, F., *Quæstiones theologicæ de legibus* M208
Mocket, R. & Zouch, R., *Tractatus de politia Ecclesiæ Anglicanæ* M251
Officia propria congregationis Oratorii Domini Jesu O9
Schneider, C., *Vindiciæ Norbertinæ* S98

1684　Bernier, F., *Abrégé de la philosophie de Gassendi* B156
Bertrand, P., *Tractatus tres de justitia et jure* B162
Le Nouveau Testament B254
Brienen, A. van, *Meditatien in den Advent* B476
Brienen, A. van, *Meditatien vande tegenwoordicheyt Gods* B477
Bulteau, L., *Abrégé de l'histoire de l'ordre de S. Benoist* B510
Catechismus concilii Tridentini C91
Cicero, M. T., *Orationes* C176
Enghien, F. d', *Auctoritas sedis apostolicæ* E29
Le Jeune, J., *Le missionnaire de l'Oratoire* L144
Louis, E., *Conférences mystiques* L303
Lucas Brugensis, F., *Sacrorum bibliorum ... concordantiæ* L318
Mangotius, A., *Monita sacra* M48
Tacitus, P. C., *Jaarboeken en Historien* T6
Wouters, J. B., *Epitome S. Scripturæ* W107

1685　Croonenborch, M., *Troostelyck onderwys voor deught-minnende zielen* C304
Curtius Rufus, Q., *De Rebus Alexandri Magni* C316
Ferrarius, O., *De re vestiaria* F41
Gregorius I Magnus, *De cura pastorali liber* G137
Hazart, C., *Calvyn verslaeghen* H49
Isidorus a Sancto Ægidio, *Corona stellarum* I23
Jansenius, C., *Pentateuchus* J24
Leutbrewer, C., *Gulde biecht-konste* L208
Moons, J., *Sedelyck vreughde-perck oft derden deel* M279
Regelen, Ordonnantien, ende Aflaten R31
Tauler, J., *Gheestelycke sermoonen* T17
Thomas a Villanova, *Tomus primus sacrarum concionum* T80
Ursin, J. H., *Arboretum biblicum* U4
Walkiers, A., *Geestelycken driakel* W10
Werve, F. vanden, *Den spiegel der sondaeren* W49
Zahn, J., *Oculus artificialis teledioptricus* Z10
Ambrosius, heilige, *Opera* A113
Espen, Z. B. van, *Peculia sive particularia religiosorum* E52
Floriot, P., *Morale chrétienne* F66
Huber, U., *Heedendaegse rechts-geleertheyt* H225
Huygens, G., *Christelycke brieven* H244

Joannes a Castro, *De on-ghemaskerde liefde des hemels* J49

Joannes Evangelista van 's-Hertogenbosch, *Het Ryck Godts* J55

la Rue, C. L. de, *Theses theologicæ de tertio præcepto* L101

Loarte, G., *Enchiridium seu instructio confessariorum* L273

Maimbourg, L., *Histoire de l'hérésie des Iconoclastes* M20

Maimbourg, L., *Histoire de l'Arianisme* M21

Maimbourg, L., *Histoire de la décadence de l'Empire aprés Charlemagne* M22

Maimbourg, L., *Histoire de la Ligue* M23

Maimbourg, L., *Histoire des croisades* M24

Maimbourg, L., *Histoire du Calvinisme* M25

Maimbourg, L., *Histoire du Grand Schisme d'Occident* M26

Maimbourg, L., *Histoire du Lutheranisme* M27

Maimbourg, L., *Histoire du pontificat de S. Grégoire le Grand* M28

Maimbourg, L., *Histoire du schisme des Grecs* M30

Maimbourg, L., *Traité historique de ... l'église de Rome* M31

Neercassel, J. van, *Brevis ac compendiosa relatio* N15a

Oudin, C., *Supplementum de scriptoribus* O77

Polman, J., *Breviarium theologicum* P176

Schelkens, P. F., *Theses theologicæ de choreis & tripudiis* S83

Stockmans, P., *Opera ... omnia* S244

1687 *Annales Ordinis Cartusiensis* A133

Bault, C., *Traité touchant l'origine des dixmes* B71

Le Nouveau Testament B255

Bottens, F., *Œconomia sacra* B385

Den roomschen catechismus C92

Cocq, F. de, *De jure, justitia et annexis* C210

Contenson, V., *Theologia mentis et cordis* C247

Joannes Chrysostomus, *Opera omnia* J51

Liebscher, A. B., *Quæstiones theologicæ de contractibus* L217

Maimbourg, L., *Histoire du pontificat de Saint Léon le Grand* M29

Mège, J., *Commentaire sur la règle de S. Benoist* M156

Palazzi, G., *Gesta pontificum Romanorum* P8

Phædrus, *Phædri fabularum æsopiarum libri quinque* P114

Wase, C., *Senarius* W23

Zeebots, W., *Het droevigh lyden* Z26

1688 Beda Venerabilis, *Opera theologica* B89

Dapper, O., *Naukeurige beschryving der eilanden* D21

Dapper, O., *Naukeurige beschryving van Morea* D22

Hazart, C., *Theologi discursus morales* H58

Huber, U., *Disputationes juris fundamentales* H223

Jansenius, C., *Tetrateuchus* J27

Meibom, H. S^r & J^r, *Rerum Germanicarum Tomi III* M157

Natalis, D., *Source miraculeuse ... des graces* N11

Theresia van Avila, *Les œuvres de sainte Thérèse* T37

Thiers, J. B., *Dissertations ecclésiastiques* T43

Tirinus, J., *In S. Scripturam commentarius* T93

1689 Benedictus van Nursia, *La régle de Saint Benoist* B119

Cocq, Florent de, *Principia totius theologiæ* C212a

Commirius, J., *Carmina* C233

Coret, J., *L'ange gardien protecteur* C260

Doctrinæ Augustinianorum theologorum D133

Gracht, H. van der, *Vita S. Ioseph* G126

Hellboch, T. L., *Quæstiones theologicæ de censuris* H71

Moons, J., *Sedelycken vermaeck-spieghel* M281

Pomey, F., *Indiculus universalis* P178

Rossius, S. & Dosquet, P., *Concordia theologica sanctorum* R122

Rossius, S., *Theologia speculativa* R123

Ruben, G., *Discours sur la vie et la mort du R. Père Jean Le Jeune* R135

Vrankryk als een tweede Neroo V100

Wiggers, J., *Commentaria de jure et justitia* W63

Wiggers, J., *Commentaria de virtutibus theologicis* W65

Wiggers, J., *Commentaria in primam partem divi Thomæ* W66

1690 Ambrosius, heilige, *Opera* (dl 2) A113

Arnaud, C., *Thesauri sacrorum rituum, epitome* A185

Bernardus van Clairvaux, *Genuina sancti doctoris opera* B154

Novum Jesu Christi Testamentum B252

Bottens, F., *Œconomia sacra* B385

Cardenas, J. de, *Crisis theologica* C58

Catechismus ad parochos C93

Decretum Feria V die VII Decembris 1690 D51

Hoffreumont, S., *Thesis apologetica de sacerdote lapso* H165

Imagines XLI virorum celebriorum I2

Kleynen atlas oft curieuse beschrijvinghe van gheheel de wereldt K29b

Lambotte, F., *Theses theologicæ de usu & abusu* L38

Le Tellier, C.-M., *Entretien entre Monseigneur l'archevêque de Reims* L190

Louis, E., *Conférences mystiques* L304

Marcel, G., *Tablettes chronologiques* M69

Le miroir des portraits des premiers réformateurs M224a

Navar, T., *Manuductio ad praxim* N13

Sanchez, T., *De sancto matrimonii sacramento disputationum* S42

Thomas a Villanova, *Tomus secundus sacrarum concionum* T81

Trithemius, J., *Tomus I (-II) Annalium Hirsaugiensium* T121

XIX Imagines quorundam clarissimorum theologorum X1

XLVIII Portraits de plusieurs comtes, barons, chevaliers X2

XXV Portraits des hommes célèbres X3

XX Icones clarissimorum medicorum philosophorum X4

1691 Abraham a Sancta Clara, *Grammatica religiosa* A17
Biblia sacra B187
Daniel B236
Machabées (Les) B238
Bidloo, G., *Komste van zyne Majesteit Willem III* B278
Dissertatio theologica de lectione et usu S. Scripturæ D129
Erasmus, D., *Colloquia familiaria* E41
Fleury, C., *Histoire ecclésiastique* F61
Heffner, F., *Concionator extemporalis* H61
Hesselius, J., *Catechismus* H110
Mars, S., *Les mystères du royaume de Dieu* M92
Steyaert, M., *Dissertatio epistolaris* S227
Tournely, H., *Secrets du parti de Mr. Arnauld* T117

1692 Alciati, A., *Emblemata* A63
Articuli oblati eximiis dominis Harney et Steyaert A197
Jonas illustratus B220
Curtius Rufus, Q., *De la vie ... d'Alexandre le Grand* C315
Fromentières, J. L. de, *Sermons* F116
Jansenius, C., *Paraphrases in omnes psalmos* J19
Joannes van Leiden, *Chronicon Egmundanum* J58
Lapide, C. a, *Commentaria in omnes divi Pauli epistolas* L72
Mezger, J., *Historia Salisburgensis* M205
Pluimer, J., *Gedichten* P167
Quesnel, P., *Découverte des calomnies de Louys Benoist* Q14
Schuur, A. van der, *Epistola Christiani Philereni* S107
Steyaert, M., *Epistola ... ad ... G. Huygens et J. L. Hennebel* S229
Wesel, A. van, *Opera omnia* W50

1693 Archdekin, R., *Theologia tripartita universa* A165
Baluze, E., *Vitæ paparum Avenionensium* B31
Bertet, T., *Sermons* B158
Boudewijn van Avesnes, *Chronicon* B396
Engelgrave, H., *Meditatiën* E27
Groot, J. de, *De sermoenen* G190
Harney, M., *De S. Scriptura linguis vulgaribus legenda* H27
Heffner, F., *Concionator extemporalis* H62
Heffner, F., *Concionator extemporalis, oder eilfertiger Prediger* H63
Heinlein, H., *Documenta moralia* H67
Hieronymus, S. E., *Divina bibliotheca* H140, H141
Hilarius van Poitiers, *Opera* H144
Huygens, G., *Breves observationes* H245
Joly, C., *Prones* J59
Lapide, C. a, *Commentarius in Esdram, Nehemiam* L93
Neesen, L., *Universa theologia* N17
Nieuhof, J., *Het gezandtschap der Neêrlandtsche Oost-Indische Compagnie* N25
Pomey, F., *Les particules reformées* P181
Quesnel, P., *Abbrégé de la morale de l'Evangile* Q11
Steyaert, M., *Regulæ legendi ... Scripturam sacram* S237
Trautmansdorff, F. W. de, *Assertiones ex universa philosophia* T119
Vianen, F. van & Lupus, C., *Relatio doctorum Francisci van Viane* V72

1694 Alexandre, N., *Theologia dogmatica et moralis* A76
Augustinus, A., *Vierighe meditatien ofte aendachten* A234
Boudart, J., *Manuale theologicum* B394
Gonzalez de Santalla, T., *Fundamentum theologiæ moralis* G116
Grævius, J. G., *Thesaurus antiquitatum Romanarum* G131
Huber, U., *De Jure Civitatis libri tres* H222
Huet, P. D., *Demonstratio evangelica* H228
Joly, C., *Prônes de messire Claude Joli* J60
Lapide, C. a, *Commentarius in Canticum Canticorum* L84
Lapide, C. a, *Commentarius in Ecclesiasten* L85
Lapide, C. a, *Commentarius in Librum Sapientiæ* L90
Marsollier, J., *Histoire du ministere du cardinal Ximenez* M93
Piconné, I., *Le Christianisme éclaircy, pour affermir la foi* P125
Sacrosancti et œcumenici concilii Tridentini ... canones et decreta S9

1695 Arnhem, J. van, *Jesus Christus in het bloed synes cruices* A193
Bourgeois, J., *Relation de M. Bourgeois ... vers le S. Siege* B420
Gerberon, G., *Quæstio juris. 1. An Caroli V ... 2. An virgines Binchianæ* G44
Lapide, C. a., *Commentarius in quatuor evangelia* L92
Le Gendre, L., *Eloge de messire François de Harlay* L135
Martin, F., *Trutina qua expenditur* M101
Mezger, P., *Theologia scholastica* M206
Missæ defunctorum, juxta usum Ecclesiæ Romanæ M227
Modersohn, J., *Conciones in psalmos pœnitentiales* M252
Pirhing, E., *Synopsis Pirhingiana* P143
Quesnel, P., *Tres-humble remontrance a messire Humbert de Precipiano* Q24
Silvius, F., *Commentarii in totam primam partem S. Thomæ Aquinatis* S152
Stockmans, P., *Opera quotquot hactenus separatim edita fuere omnia* S245
Stoz, J., *Succincta relatio historica de gestis ... Concilio Tridentino* S252

1696 Becmann, J. C., *Syntagma dignitatum illustrium* B88
Bukentop, H. de, *Centum canones ... pro intelligentia S. Scripturæ* B502
Bukentop, H. de, *Dictionarium in quo voces omnes difficilioris ... explicantur* B503
Bukentop, H. de, *Pædagogus ad sancta sanctorum* B505
Estius, G., *In quatuor libros Sententiarum commentaria* E68

Fisen, B., *Sancta legia Romanæ ecclesiæ filia* F54
Gerberon, G., *Adumbratæ Ecclesiæ Romanæ ... defensio* G41
Horatius Flaccus, Q., *Carmina* H189
Houdry, V., *Sermons sur tous les sujets de la morale chrétienne* H214
Juvenel, H. de, *Edouard. Histoire d'Angleterre* J90
Palazzi, G., *Fasti ducales ab Anafesto I ad Silvestrum Valerium* P7
Papebrochius, D., *Responsio Danielis Papebrochii* P24
Robertus Cameracensis, *Aurifodina universalis scientiarum divinarum* R88
Santeul, J. (de), *Santolius pœnitens* S60
Schuur, A. van der, *Epistola Christiani Philireni ad Janum Palæologum* S108
Walkiers, A., *Geestelycken driakel* W11

1697
Alting, M., *Descriptio, secundum antiquos agri Batavi & Frisii* A101
Bouvet, J., *Portrait historique de l'empereur de la Chine* B428
Colbert, J.-N., *Lettre pastorale de ... l'archevêque de Rouen* C216
Damen, H., *Doctrina et praxis S. Caroli Borromæi de pœnitentia* D6
Gerberon, G., *Disquisitiones duæ de gratuita prædistinatione* G43
Hoogstraten, D. van, *D. Van Hoogstratens gedichten* H183
Lapide, C. a, *Commentaria in Pentateuchum Mosis* L74
Lapide, C. a, *Commentaria in proverbia Salomonis* L76
Luca, G. B. de, *Commentaria ad constitutionem Innocentii XI* L307
Luca, G. B. de, *Discorso dello stile legale* L308
Luca, G. B. de, *Theatrum veritatis et justitiæ* L311
Luca, G. B. de, *Tractatus de officiis venalibus vacabilibus romanæ curiæ* L312
Missale ad usum canonici Præmonstratensis ordinis M236
Opstraet, J., *Theologus Christianu* O52
Ruth d'Ans, E., *Lettre au père Cyprien capucin* R141
Ruth d'Ans, E., *Lettre d'un docteur catholique au père Cyprien capucin apostat* R142
Ruth d'Ans, E., *Réponse à l'examen d'une lettre écrite à un capucin* R143
Sève de Rochechouart, G., de, *Censure faite par ... l' ... évêque d'Arras* S146
Steyaert, M., *Censura vicarii apostolici Silvæducensis* S223
Steyaert, M., *Censura seu judicium de libello cui titulus* S224
Steyaert, M., *Declamatio in versionem Belgicam novissimam Novi Testamenti* S225
Steyaert, M., *Epistola encyclica rever.^{mi} Vicarii Silvæducensis* S228
Theresia van Avila, *Wercken vande H. Moeder Theresia van Jesus* T38
Thomas a Kempis, *De imitatione Christi libri IV* T68

Witte, A. de, *Capistrum ab Embricensi interprete* W91

1698
A. R. & Is. M., *Cort begryp van het godtvruchtigh ... leven van Sr Anna van Schrieck* A1
Aerts, N., *Mémoire touchant le progrez du Jansenisme en Hollande* A48
Albericus de Tribus Fontibus, *Chronicon* A59
Bona, J., *Horologium asceticum indicans modum rite* B336
Breviarium ad usum sacri ac canonici ordinis Præmonstratensis B448
Breviarium Præmonstratense B449
Bukentop, H. de, *Synopsis singulorum librorum Sacræ Scripturæ* B507
Cave, W., *Apostolische mannen, of het leven, bedryf ... van de vaderen* C121
Cave, W., *Apostolische oudheden, of het leven, de daden ... der heylige apostelen* C122
Heffner, F., *Concionator extemporalis continuatus* H64, H65
Herlet, J. G., *Solitudo Norbertina, sive exercitia spiritualia* H99
Histoire du procés gagné depuis peu par Mr l'archeveque de Reims H155
Lapide, C. a, *Commentarius in Acta Apostolorum* L82
Lapide, C. a, *Commentarius in Apocalypsin S. Johannis* L83
Lapide, C. a, *Commentarius in Epistolas Canonicas* L86
le Tellier, C.-M., *Ordonnance de Monseigneur l'archev. duc de Reims* L191
le Tellier, C.-M., *Requeste presentée au Parlement par ... l'archeveque duc de Reims* L192
Libellus supplex quo sacerdotes diœcesisensis ... L214
Officia sanctorum particularia in ecclesia Parchensi celebrandi O15
Papebrochius, D., *Elucidatio historica actorum in controversia super originnei* P23
Pearson, J., *Critici sacri, sive annotata doctissimorum virorum* P63
Petri, C., *Conciones Thomisticæ* P104a
Pontas, J., *Sacra Scriptura ubique sibi constans* P192
Rayé, N., *Examen juridico-theologicum præambulorum* R19
Roost, G. van, *Geestelycke zede-punten* R117
Stockmans, P., *Opera omnia* S246
Synopsis Veteris Testamenti historica, legalis & prophetica S310
Verleeghten, J., *Geestelycken raedts-brief op het verbied en van de vertalinge* V44
Wansleben, J. M., *Nouvelle relation en forme de Journal, d'un voyage fait en Egypte* W21
Wilt, W., *Tractatus theologicus de actuum humanorum fine, regula et principio* W80
Witte, A de, *Epistola apologetica ad amicum Lovaniensem* W93

1699
Abraham a Sancta Clara, *Grammatica religiosa* A18
Augustinus, A., *Libri XIII confessionum* A212
Buchler, J., *Thesaurus conscribendarum epistolarum*

B495
Crusius, T. T., *Analecta philologico-critico-historica* C308
Crusius, T. T., *Museum philologicum et historicum* C309
Dilemmata theologica Molinistis ac Jansenistis D115
Ducos, J.-C., *Le pasteur apostolique enseignant aux fidèles* D186
Estius, G., *Annotationes in præcipua ac difficiliora sacræ scripturæ loca* E63
Gautruche, P., *Historia poetica* G14
Gerberon, G.?, Duguet, J.?, *Solution de divers problemes très-importans* G46
Gervaise, N., *La vie de Saint Martin evêque de Tours* G57
Gregorius van Tours, *Opera omnia* G147
Herlet, J. G., *Speculum psychicum ad vitæ spiritualis perfectionem* H100
Houdry, V., *Sermons sur tous les sujets de la morale chrétienne* H215
Huygens, G., *Monitum occasione scripti cui titulu* H248
Korte stellingen raakende het lezen der H. Schriftuur in de gemeene taele K44
Lamy, B., *Commentarius in harmoniam, sive Concordiam* L48
Lamy, B., *Apparatus chronologicus et geographicus ad commentariorum in harmoniam* L49
Lightfoot, J., *Opera omnia* L225
Luca, G. B. de, *S. Rotæ Romanæ decisiones* L309
Moors, B., *Catholyke wederlegginge der ... geloofsbelydenisse van Michael Loeffius* M291
Oultreman, P. d', *Het I stuck van den christelycken onderwyser* O78
Percin de Montgaillard, P.-J.-F., *Mandement de monseigneur l'évêque de Saint Pons* P71
Petrus, F., *Suevia ecclesiastica* P112
Rosweydus, H., *Het leven ende spreucken der Vaderen* R126
Segneri, P., *Institutio parochi liber* S125
Segneri, P., *Manna animæ* S126
Theocritus, *Theocriti quæ extant* T30
Valerius, C., *Rhetorica Cornelii Valerii* V10
Wijck, A. van, *Depulsio calumniæ* W73
Witte, A. de, *Diatriba critica ad F. Henricum Bukentopium* W92

1700 Arnauld, A., *Deux lettres de Messire Antoine Arnauld* A187
Afbeeldingen der voornaamste historien, soo van het Oude B273
Beek, J. A. van, *Verklaering van drie ... mannen ... over den naem van Jansenist* B90
Borromæus, C., *Canones pænitentiales* B359
Boudart, J., *Catechismus theologicus* B393
Supplementum pro breviario ... ordinis Præmonstratensis B462
Cardenas, J. de, *Crisis theologica* C59
Censura et declaratio conventus generalis cleri Gallicani C130

Champion de Cice, L., *Lettre de Louis de Cicé* C142
Copie d'une lettre escritte à Monsieur de ... sur l'Excommunication C250
Croonenborch, M., *De twee geestelyke kolomnen van de Heylige Kerke* C305
Crusius, T. T., *Museum philologicum et historicum II* C310
Dupuy, P., *Traitez concernant l'histoire de France* D211
Epistola theologi Lovaniensis ad amicum E35
Eximii domini M. Steyaert ... morbus et remedia E86
Gerberon, G., *Le catechisme du Jubilé* G42
Gerberon, G., *Remontrance charitable à M. Louis de Cicé* G45
Goeree, W., *Mosaïze historie der Hebreeuwse kerke* G108
Herlet, J. G., *Catechismus prædicatus* H96
Horæ diurnæ breviarii Romani H187
Huber, U., *Eunomia Romana* H224
Huber, U., *Prælectionum juris civilis tomi tres* H226
Huet, P. D., *Poemata* H229
Hugo, C.-L., *Critique de l'histoire des chanoines* H230
Jus asyli læsum J84
Lapide, C. a, *Commentaria in duodecim prophetas minores* L67
Lapide, C. a, *Commentarius in Josue, Judicum, Ruth* L89
Leibniz, G. W., *Accessiones historicæ quibus ... continentur* L140
Lettre d'un théologien à un de ses amis L200
Loriot, J., *Sermons des fêtes des saints* L296
Loriot, J., *Sermons pour l'octave du Saint Sacrement* L297
Loriot, J., *Sermons sur les mysteres de la Sainte Vierge* L298
Loriot, J., *Sermons sur les mystères de Notre Seigneur* L300
Montfaucon, B. de, *Défense de l'édition des œuvres de S. Augustin* M275
Oratio doctoris Steyaert habita die XVII Augusti MDCC confutata O54
Perduyn, G., *Godvruchtige bemerckingen op de twaelf artikelen des geloofs* P72
Petau, D., *Opus de theologicis dogmatibus* P98
Precipiano, H.-G. de, *Motivum juris* P207
Quesnel, P., *La Foy et l'innocence du clergé de Hollande* Q17
Remarques d'un docteur en theologie sur la protestation des Jesuites R44
Robertus Cameracensis, *Aurifodina scientiarum divinarum* R89
Weigel, C., *Ethica naturalis* W37
Weyer, J., *De godtminnende ziele ...* W52
Witte, A. de, *Mendax judicium* W95
Yvan, A., *La trompete du ciel qui réveille les pécheurs* Y4

1701 Alting, M., *Descriptio Frisiæ* A100
Amici hiberni ad amicum doctorem Martin hibernum A114, A115

Baillet, A., *Les Vies des Saints* B20
Liber psalmorum B229
Boccaccio, G., *Droom van Bocatius* B315
Boccalini, T., *Kundschappen van Parnas* B316
Borromæus, C., *Pastorum instructiones* B361
Castro, R. a, *Medicina spiritualis deducta ex medicina corporali* C76
Claes, G. M., *Oratio funebris in exequiis regis catholici Caroli Secundi* C181
du Pin, L. E., *Histoire de l'Eglise et des auteurs ecclésiastiques du XVIe siècle* D207
Franciscus van Sales, *Introductio ad vitam devotam* F93
Furetière, A., *Dictionnaire universel* F128
Hennebel, J. L., *Declaratio circa articulos doctrinæ in Belgio controversæ* H80
Lapide, C. a, *Commentaria in Eccle-siasticum* L69
Le Nain de Tillemont, L. S., *Mémoires pour servir à l'histoire ecclésiastique* L153
Leo a Sancto Laurentio, *Conciones quadragesimales* L163
Loriot, J., *Sermons sur les mysteres de la Sainte Vierge* L299
Loriot, J., *Sermons sur les mysteres de notre seigneur* L301
Mansi, G., *Locupletissima bibliotheca moralis prædicabilis* M54
Menthen, G., *Thesaurus theologico-philologicus* M168
Opstraet, J.? Arnauld, A.?, *Justa defensio adversus bellum injustum* O41
Quesnel, P.? Petitpied, N.?, *L'etat present de la faculté de theologie de Louvain* Q16
Spongia scholiorum in Gomorrhæanum M. Steyart S182a
Steyaert, M., *Oratio pacifica de S. Thoma, habita in festo ejus* S236
Steyaert, M., *Responsio pacifica ad declarationem ... Joannis Liberti Hennebel* S239
Wiggers, J., *Commentaria in primam secundæ divi Thomæ Aquinatis* W67
Witte, A. de, *Animadversiones in næniam funebrem Martini Steyartii* W90

1702 Archdekin, R., *Theologia tripartita* A166
Berigt over de gewigtige veranderingen gemaakt in ... oude catechismus B145
Nieuwe (Het) Testament van Onsen Heere Jesus Christus B261
Handel (Den) der apostelen. De brieven van den H. Paulus ... B267
Cicero, M. T., *X reedenvoeringen van M. T. Cicero* C180
Félibien, J. F., *Description sommaire de Versailles* F14
Grondige kennis van d'eerw. P. P. Jesuiten G189
Herincx, G., *Summæ theologicæ scholasticæ et moralis* H95
Le Jeune, J., *Sermons sur les plus importantes matières de la morale chrétienne* L145
Mangotius, M., *Noodig vertoog aan alle regtsinnige catholyken* M49
Nicole, P., *Instructions théologiques et morales, sur les sacremens* N23
Oeyenbrugghen, G., *Oratio funebris in exiquiis ... D. Philippi van Tuycom* O2
Pouget, F. A., *Instructions générales en forme de Catechisme* P203
S. Facultatis Theologicæ Lovaniensis de Casu Conscientiæ S1
Schilter, J., *Scriptores rerum Germanicarum* S88
Sfondrati, C., *Gallia vindicata* S148
Stanley, T. & Kennet, B., *Historische beschrijving der Grieksche ... wijsgeeren* S192
Thomas van Aquino, *Summa Theologica S. Thomæ Aquinatis* T82
Thomassin, L., *Ancienne et nouvelle discipline de l'Eglise touchant les bénéfices* T85
Tulden, T. van, *Commentarius in Digesta sive Pandectas* T130
Tulden, T. van, *De causis corruptorum judiciorum et remediis libri IV* T131
Tulden, T. van, *De civili regimine libri octo* T132
Tulden, T. van, *De jurisprudentia extemporali libri tres* T133
Tulden, T. van, *De principiis jurisprudentiæ libri quatuor* T134
Tulden, T. van, *In IV libros Institutionum juris civilis commentarius* T135
Tulden, T. van, *Initiamenta jurisprudentiæ tredecim orationibus* T136
Watelaar, J., *Antwoord op eenige boekjens der tegenparty van ... Petrus Codde* W26
Watelaar, J., *Beknopte wederlegging van 't scheinheilig boekje Pietas Romana* W27
Watelaar, J., *De valsche betichters van den hoogwaerdigste heer Petrus Codde* W28

1703 Alexandre, N., *Expositio litteralis et moralis sancti evangelii* A69
Alexandre, N., *Theologia dogmatica et moralis* A77
Arrest de la cour de Parlement, qui reçoit ... le Procureur ... du Roi A195
Appendix augustiniana A218
Baillet, A., *Les Vies des Saints* (dl 4) B20
Bretagne, C. de, *Meditations sur les principaux devoirs de la vie religieuse* B441
Byvoegsel van eenige autenthyque stukken ... B544
Dadin de Hauteserre, A, *Ecclesiasticæ jurisdictionis vindiciæ adversus Caroli Fevreti* D2
Du Vau, L.-F., *Dissertation sur le pécule des religieux curez* D219
Gaspar a S. Maria Magdalena de Pazzis, *Bona praxis confessariorum* G11
Gutberleth, T., *Historie van Friesland* G213
Hooft, P. C., *Nederlandsche Historien* H182
Instellinge en regels van het alder-christelykste artzbroederschap I20
Jornandes, *Histoire generale des Goths* J66

Josephus Flavius, *Histoire de la guerre des juifs contre les Romains* J73

Lapide, C. a., *Commentaria in Ezechielem prophetam* L70

Lapide, C. a, *Commentaria in quatuor prophetas maiores* L78

Libri prohibiti a sacra congregatione cardinalium L216

M. G. F., *Het opgesmukte boekje Pietas Romana* M1

Meyere, L. de, *Poematum libri sex* M195

Palazzi, G., *Fasti cardinalium omnium sanctæ Romanæ ecclesiæ* P6

R. L., *Elenchus historicus, of Geschichtkundig kortbegrip der Molynisten* R1

Rodriguez, A., *Exercitium perfectionis juxta evangelicam Christi doctrinam* R95

Steyaert, M., *Opuscula* S234

Suetonius Tranquillus, C., *C. Suetonius Tranquillus* S294

Thou, J. A. de, *Kort verhael van het gene ... in Engeland ...* T87

1704 Æsopus, *Fabularum selectarum pars prima* A49

Arnauld, A., *La perpétuité de la foy de l'Eglise catholique* A192

Begerus, L., *Numismatum modernorum cimeliarchii regio-electoralis Brandenburgici* B93

Psalterium B230

Bossuet, J.-B., *Explication de la prophétie d'Isaie* B374

Bourgoin de Villefore, J.-F., *La vie de St Bernard* B423

La clef du cabinet des princes de l'Europe C189

Dénonciation de la théologie du réverend père Jaques Platelle D60

Deseine, F.-J., *Beschryving van oud en niew Rome* D89

Hooft, P. C., *Mengelwerken* H180

Hugo, C.-L., *La vie de S. Norbert* H232

Index librorum prohibitorum Innoc. XI ... iussu I7

Jansenius, C., *Pentateuchus* J25

Kennet, B., *De aaloudheden van Rome* K9

Lettre d'un catholique romain, à un de ses amis en Italie L198

Lettre d'un curé à un abbé sur un libelle L199

Leurenius, P., *Forum beneficiale* L205

Ligny, P. de?, *Les auteurs du libelle intitulé 'Le venin des Ecrits ...* L226

Maghe, E., *Chronicon ecclesiæ Beatæ Virginis Bonæ-Spei* M13

Panegyris sacerdotiana P19

Platel, J., *Synopsis cursus theologici* P153

Precipiano, H.-G. de, *Decretum illustrissimi ... D. Humberti Guilielmi* P206

Réflexions succintes sur la Lettre d'un catholique romain R29

Sassenus, A. D., *Breves animadversiones in Pharmacopæam Bruxellensem* S65

Seconde dénonciation de la théologie du R.P. Jacques Platel S119

Tachard, G., *Lexicon latino-belgicum novum* T2

Tacitus, P. C., *Alle de werken van C. Corn. Tacitus* T3

Witte, A. de, *Imago pontificiæ dignitatis* W94

Wrevelige aert der Vaderen Jesuiten W115

1705 Bayle, P., *Continuation des pensées diverses, écrites à un Docteur de Sorbonne* B75

Becanus, M., *Analogia veteris ac novi testamenti* B81

Biblia sacra, vulgatæ editionis B188, B189

Clemens XI, *Breve apostolicum ad Theoligicam Facultatem Lovaniensem* C192

Clemens XI, *Confirmatio et Innovatio Constitutionum Innocentii Papæ X* C194

Denys, H., *Reverende admodum Domine, De formula subscribenda ...* D83

Fleury, C., *Catechismus historicus* F59

Gregorius I de Grote, *Opera omnia* G140

Le Nain de Tillemont, L. S., *Lettre de M. Lenain-de-Tillemont* L152

Loo, A. van, *De levens der heylige van Nederlant* L287

Mortier, P., *Atlas antiquus, sacer, ecclesiasticus* M300

Officia propria sanctorum ad usum fratrum minorum ... O11

Opstraet, J., *Pastor bonus, seu idea, officium ...* O42

Petau, D., *Opus de doctrina temporum* P97

Quesnel, P., *Confession juridique de M. Humbert Guillaume de Precipian* Q13

Saintebeuve, J. de, *Résolutions de plusieurs cas de conscience* S23

Thomassin, L., *Vetus et nova ecclesiæ disciplina circa beneficia* T86

Toewensinge van een salig nieuw-jaer aen pater Franciscus van Susteren T101

't Verklaar-schrift van ... Theodorus De Cock verklaard V43

Wiestner, J., *Institutiones canonicæ* W60

1706 Aicher, O., *Epitome chronologica historiæ sacræ, & profanæ* A55

Anckelmann, T., *Inscriptiones antiquissimæ ... urbis patriæ Hamburgensis* A123

Basnage de Beauval, J., *L'histoire et la religion des juifs* B63

Bukentop, H. de, *Canones seu regulæ pro intelligentia S. Scripturæ* B501

Bukentop, H. de, *Pædagogus ad sancta sanctorum* B506

Crasset, J., *La douce et la sainte mort* C286

Engelgrave, H., *Meditatiën ofte Soete bemerckinghen op het bitter lyden Christi* E28

Epistola theologi Parisiensis ad quemdam theologiæ baccalaureum E36

Gerson, J. C. de, *Opera omnia* G54

Henno, F., *Theologia dogmatica ac scholastica* H85

Heures (Les) chrétiennes, contenant les prières du matin, et du soir H119

Lambeck, P., *Origines Hamburgenses* L34

Lindenbrog, E., *Scriptores rerum Germanicarum septentrionalium* L232

Maes, B., *Vocabularium Psalterii Davidici* M9

Manni, J. B., *Vier gront-reghels der christelycke wysh*

eydt M53

Opstraet, J., *Brevis dissertatio pro innocentia oppressa* O35

Schuur, A. van der, *Fluctus in simpulo, levi opera sedatus* S109

1707 Codde, P., *Déclaration apologétique* C212b

Defensio epistolæ Leodiensis confutata D53

Gormaz, J.-B., *Cursus theologicus* G121

Heineccius, J. M. & Leuckfeld, J. G., *Scriptores rerum Germanicarum* H66

Laselve, Z., *Annus apostolicus, continens conciones* L103

Le Drou, P. L., *De contritione et attritione dissertationes quatuor* L125

Luca, G. B. de, *S. Rotæ Romanæ decisiones* L310

Matthæus, A., *Anonymi, sed veteris et fidi chronicon ducum Brabantiæ* M133a

Roy, L. van, *Theologiæ moralis pars prima (- quinta)* R133

Tacquet, A., *Opera mathematica* T8

Thomas a Kempis, *De l'imitation de Jésus-Christ* T69

1708 Alvarez, E., *Syntaxis sive institutionum linguæ Latinæ liber tertius* A105

Baillet, A., *De kloeckmoedigheyt der heylige martelaren* B17, B18

Historiæ celebriores Novi Testamenti B274

Gramaye, J. B., *Antiquitates Belgicæ emendatiores* G133

Hildebertus Cenomanensis, *Opera tam edita quam inedita* H146

Hinnisdael, G. B. de, *Decretum serenissimi principis & episcopi Leodiensis* H147

Hoyerus, M., *Flammulæ amoris S. P. Augustini* H218

Laselve, Z., *Annus apostolicus* L105, L107

Opstraet, J., *Assertio opusculi quod inscribitur: De quæstione facti Janseniani* O34

Opstraet, J., *De quæstione facti Jansenii variæ quæstiones* O36

Quesnel, P., *Divers abus et nullités du décret de Rome du 4 octobre 1707* Q15

Remarques sur le bref de N.S.P. le Pape Clément XI R46

Schindler, P., *Selectæ quæstiones canonico-theologicæ* S91

Walthamm, L., & Hermann, M. A., *Selectæ quæstiones canonico-theologicæ ...* W16

1709 Backx, R., *Sermoonen van ... Rumoldus Backx ... op ieder sondagh* B8, B9

Calmet, A., *Commentaire litteral sur tous les livres de l'Ancien* C24

Coret, J., *Le second Adam soufrant pour le premier Adam* C261

Durand, B., *Fides vindicata* D214

Espen, Z. B. van, *Tractatus de jure parochorum* E56

Franciscus a Jesu Maria, *Collegii Salmanticensis FF. Discalceatorum* F87

Fromondus, L., *Commentaria in Sacram Scripturam* F121

Guynaud, B., *La concordance des prophéties de Nostradamus* G215

Henricus a Sancto Ignatio, *Ethica amoris* H86

Laselve, Z., *Annus apostolicus* L106

Leuckfeld, J. G., *Antiquitates Ilfeldenses* L204

Maximilianus ab Eynatten, *Manuale exorcismorum* M143

Muratori, L. A., *Anecdota græca* M311

Nicole, P., *De l'unité de l'église* N22

Pascal, B., *Pensees de Pascal sur la religion* P34

Patek, H. A. & Hermann, M. A., *Selectæ quæstiones canonico-theologicæ* P43

Rogissart, sieur de, *Les délices de l'Italie* R100

Thomas a Kempis, *De imitatione Christi* T70

Verheyen, P., *Guérison miraculeuse d'une hémorragie surprenante* V37

1710 Alexandre, N., *Commentarius litteralis et moralis in omnes epistolas Sancti Pauli* A67

Alvarez, E., *De constructione grammatica* A102

Alvarez, E. *De grammatica institutione* A103

Apologia pro Huberto Gautio A160

Backx, R., *Sermoonen van ... Rumoldus Backx ... op de feest-daghen* B7

Boudart, J., *Manuale theologicum* B395

Breviarium ad usum ... ordinis Præmonstratensis B450

Bukentop, H. de, *Lux de luce libri tres* B504

Cheminais de Montaigu, T., *Sermons du R. Père Cheminais* C154

Du Jardin, T., *De officio sacerdotis* D193

Du Jardin, T., *Geloof-geschillen* D197

Eyben, A., *Ethica amoris* E89

Gretserus, J., *Institutionum linguæ græcæ* G171

Imhof, J. W., *Genealogiæ viginti illustrium in Italia familiarum* I3

Lallemant, J. P., *Le sens propre et littéral des pseaumes de David* L29

Laselve, Z., *Annus apostolicus* L104

Mauduit, M., *Analyse de l'evangile* M136

Officium parvum beatæ Mariæ Virginis O23

Opstraet, J.? Petitpied, N.?, *Le pere Desirant, ou Histoire de la fourberie de Louvain* O43

Opstraet, J., *Praxis rite administrandi sacramenta* O45

Ovidius Naso, P., *De ponto* O80

Poirters, A., *Het duyfken in de steen-rotse* P170

Rayé, N., *Epistola familiaris ad ... dominum Hubertum Gautium* R18

Responsio pro eruditissimo viro*** R51

Velleius Paterculus, C., *Histoire de C. Velleius Paterculus* V29

1711 Backx, R., *CXXV sermoonen van ... Rumoldus Backx ... op de thien geboden* B5

Baillet, A., *De penitentie der heylige moniken, eremyten* B19

Caton de Court, C., *La campagne de l'Ille* C113

Catullus, Tibullus e.a., *Selectorum carminum ... pars tertia* C116

Cicero, M. T., *Epistolarum gravissimarum ... pars tertia*

C177
Clemens XI, *Epistolæ et Brevia selectiora* C193
Dienst (Den) van de Goede ende Paesch-weke D108
Dyck, B. van den, *Epistola familiaris ad Joannem Christianum Erckelium* D221
Espen, Z. B. van, *Tractatus historico-canonicus de cen suris ecclesiasticis* E59
Hardevuyst, L. J., *Paraphrases odarum ... e Q. Horatii Flacci libro primo* H19
Harts, H., *Responsio brevis et præevia contra Augustinum Iprensem* H29
Hirnhaim, H., *Meditationum pro singulis diebus* H151
Huylenbroucq, A., *Vindicationes adversus famosos Libellos ...* H250
Kerkherdere, J. G., *Prodromus Danielicus* K12
Klee, J. M., *Breviariolum actuum sanctorum* K28
Massillon, J. B., *Sermons sur les évangiles de carême* M128
Pignatelli, G., *Novissimæ consultationes canonicæ* P136
Raye, N., *Altera epistola familiaris ad ... Hubertum Gautium* R17
Rayé, N., *Tertia epistola familiaris ad ... Hubertum Gautium* R20
Ribadeneyra, P. de & Rosweyden, H., *Generale legende der Heylighen* R62
Smids, L., *Schatkamer der Nederlandsse oudheden* S166
Sporer, P., *Theologiæ moralis sacramen talis* S184

1712 Backx, R., *Vervolgh der sermoonen van ... Rumoldus Backx ... op de sondaeghen* B12
Besse, P. de, *Conceptuum prædicabilium nucleus aureus* B168
Historie van het Out Testament B243
Coriache, A. I. de, *Herderlycken sendt-brief van ... den Vicaris Generael* C262
Enghien, F. d', *Vindiciæ adversus avitum academicum* E30
Gacon, F., *Anti-Rousseau* G2
Grostee, M., *De waerheyt van het catholyk geloove* G193
Homerus, *L'Iliade d'Homere* H170
Klee, J. M., *Breviariolum actuum sanctorum* K29a
Lucas Brugensis, F., *Commentarius in ... quatuor Iesu Christi Evangelia* L314
Missæ novæ in missali Romano M230
Potestas, F., *Examen ecclesiasticum* P201
Tombeur, N. de, *Praxis rite administrandi* T105
Tulden, T. van, *Commentarius ad Codicem Justinianeum* T129
Verslype, J., *Historie en over-een-kominge der vier Evangelien* V55
Verslype, J., *Verklaeringe van het h. sacrificie der misse* V59
Wynantz, H. J. de, *Korte uytlegginghe van alle de cere monien van de misse* W122

1713 Backx, R., *Sermoonen van ... Rumoldus Backx ... over de bekeeringh* B10
Büttner, D., *Theses theologicæ, de fide, spe, et charitate* B499
Busenbaum, H., & Lacroix, C., *Theologia moralis* B528
Cæremoniale episcoporum C6
Consilium delectorum cardinalium C243
Creyters, J., *Sanctus Augustinus prædicans* C298
Dyck, B. van den, *Epistola altera ad Joannem Christianum Erkelium* D222
Hondert en een leerpunten gedoemt door de pauselyke bulle Unigenitus H171
Horatius Flaccus, Q., *Q. Horatius Flaccus* H201
Janssen, A., *Het leven van den eerweerdighen vaeder mynheer Nicolaus Van Esch* J33
Juenin, G., *Théorie et pratique des sacremens* J82
Kipping, H., *Antiquitatum Romanarum libri quatuor* K17
Quesnel, P., *Mémoires pour servir à l'examen de la Constitution du Pape* Q19
Seur, J. de, *La Flandre illustrée par l'institution de la Chambre du Roi à Lille* S145

1714 *Biblia sacra vulgatæ editionis* B190
Boileau, C., *Homélies et sermons prononcez devant le r oi* B325
Cordemoy, J. L. de, *Nouveau traité de toute l'architec ture* C251
Craywinckel, J. L. van, *Lust-hof der godtvruchtighe meditatien* C292
Dez, J., *La foy des chrétiens et des catholiques justifiée contre les Déistes* D102
Harbin, G., *Histoire succincte de la succession à la cou ronne de la Grande-Bretagne* H18
Index ou catalogue des principaux livres condamnés I9
Orléans, P. J. d', *Histoire des révolutions d'Angleterre* O68
Quesnel, P., *Second memoire pour servir à l'examen de la Constitution du Pape* Q20
Quesnel, P., *Troisiéme memoire pour servir à l'examen de la Constitution du Pape* Q21
Quesnel, P., *Quatriéme memoire pour servir à l'examen de la Constitution du Pape* Q22
Stanihurstus, G., *Historie van den lydende Christus* S190
Verslype, J., *Verklaeringe van het h. sacrificie der misse* V60

1715 Alvarez de Colmenar, J., *Les délices de l'Espagne & du Portugal* A106
Baillet, A., *De godts-dienstigheyt der heylige Belyders* B16
Ettori, C., *Solitudo sacra* E71
Gondi, C. de, *Semelion, histoire véritable* G113
Gonzalez Tellez, E., *Commentaria perpetua in singulos textus ... Gregorii IX* G118
Houdry, V., *La bibliothèque des prédicateurs* H209, H210

Maria a Jesu de Agreda, *La cité mistique de Dieu* M84
Meyere, L. de, *Historiæ controversiarum de divinæ gratiæ auxiliis* M193
Meyere, L., *Meditatien op de principaelste mysterien van het leven van Jesus* M200
Meyere, L., *Meditatien op het geheel lyden, ende doodt van Christus* M201
Pauwels, N., *Theologiæ practicæ* P60
Saintebeuve, J., *Résolutions de plusieurs cas de conscience* S24
Vaubert, L., *La dévotion a nostre Seigneur Jésus-Christ* V15
Vitringa, C., *Commentarius in Librum prophetiarum Jesaiæ* V81

1716 Backx, R., *XXII Meditatien op het lyden van onsen s alighmaecker* B13
Breves notæ historicæ & criticæ in Novum Jesu-Christi Testamentum B253
Bossche, P. vanden, *Den catholyken pedagoge* B369
Buonanni, F. e.a., *Histoire du clergé régulier et séculier* B511
Catechismus ofte Christelijcke Leeringhe C99
Clemens XI, *Damnatio quamplurium propositionum excerptarum ex libro Gallico* ... C196
Dionisi, R., *L'eroismo ponderato nella vita di Alessandro il Grande* D120
Dugdale, W., *The History of St Paul's Cathedral in London* D189
Fabricius, J. A., *Bibliotheca Cræca* F6
Moreri, L., *Supplément aux anciennes ... de Mre. Louis Moreri* M297
Pascal, B., *Les provinciales* P35
Quesnel, P., *Septieme memoire pour servir à l'examen de la Constitution Unigenitus* Q23
Sacy, L. S. de, *Traité de la gloire* S11

1717 Abraham a Sancta Clara, *Judas den aarts-schelm* (dl 3) A20
Abraham a Sancta Clara, *'sWaerelds mooi- en leelykheid* A29
Geheele (De) H. Schriftuur B213
Novum Testamentum B247
Nieuwe (Het) Testament B262
Nieuwe (Het) Testament B266
Boudon, H. M., *Godt alleen liefde van Jesus* B397
Breviaire de l'ordre de Cisteaux B443
Eusebius van Cæsarea, *Kanaän en d'omleggende landen* E82
Foppens, J. F., *Historia episcopatus Antverpiensis* F75
Joannes Chrysostomus, *Opera omnia quæ extant* J52
Luyken, J., *Vonken der liefde Jezus* L360
Mantelius, J., *Historiæ Lossensis libri decem* M56
Martène, E. & D., Ursin, *Thesaurus novus anecdotorum* M95
Martene, E. & Durand, U., *Voyage littéraire de deux religieux bénédictins* M97
Mattens, N., *Onse L. Vrouwe van Duffel* M131
Opstraet, J., *Antiquæ facultatis theologicæ Lovaniensis ... discipuli* O33
Oudin, C., *Trias dissertationum* O76
Pagi, F, *Breviarium historico-chronologico-criticum* P3
Pallavicino, S., *Vera œcumenici concilii Tridentini ... contra exurgentes Lutheri* P11
Perry, J., *Etat présent de la Grande Russie* P94
Relandus, H., *Antiquitates sacræ veterum Hebræorum* ÂR43
Spener, J. K., *Notitia Germaniæ antiquæ* S176
Spoor, T. e.a., *Verhandelinge over de ongehoorzaamheid van ... quade priesters* S182b
Struvius, B. G., *Rerum Germanicarum scriptores aliquot insignes* S262

1718 Abraham a Sancta Clara, *De gekheydt der wereldt* A14
Abraham a Sancta Clara, *Nuttelyk Mengelmoes* A25
Acta appellationum ad concilium generale A37
Acta universitatis studii Parisiensis ... A40
Alsace et de Boussu, T. P. d', *Epistola pastoralis* A96-A98
Antiphonarium præmonstratense A144
Babenstuber, L., *Ethica supernaturalis Salisburgensis* B1
Banduri, A., *Numismata imperatorum Romanorum* B33
Barcia y Zambrana, J. de, *Christ-eyfriger Seelen-Wecker* B37
Becanus, M., *Analogia veteris ac novi testamenti* B82
Bossuyt, J. van, *Theologia moralis* B381
Bourgeois du Chastenet, *Nouvelle histoire du Concile de Constance* B422
Bruyn, C. de, *Voyages de Corneille le Brun par la Moscovie* B490
Clemens XI, *Literæ ad universos Christi-fideles* C197
Colloquium familiare inter Martapan & Echo C231
Duguet, J.-J., *Traité des scrupules, de leurs causes* D191
Eudes de l'Arche, N., *L'Homme d'un livre* E73
Gautruche, P., *Historia poetica* G15
Graduale Præmonstratense G128
Herlet, J. G., *Catechismus prædicatus* H97
Houdry, V., *La bibliothèque des prédicateurs* H211
Iterata declaratio facultatis theologicæ Lovaniensis circa ... I26
le Pelletier, C., *Refutation du memoire publié en faveur* ... L177
Le Rouge, G.-L., *Les curiositez de Paris, de Versailles* L183
Limiers, H.-P. de, *Histoire du règne de Louis XIV* L227
Longueval, J., *Traité du schisme* L285
Ludewig, J. P. von, *Scriptores rerum Episcopatus Bambergensis* L322
Lugo, G. de, *Opera omnia* L330
Noot, F.-E. vander, *Epistola pastoralis* N37b
Parmentier, A., *Statera rationum quibus aliqui ex facultate artium* P29, P30
Pauwels, N., *Theologiæ practicæ* P60
Stevart, J., *Een stuck van seker sermoon gedaen tot Mechelen* S221

Susteren, H. J. van, *Epistola pastoralis* S299
Theophilus, A. F. T. L. D., *Het noodeloos tegen-venyn van een stuck sermoons* T33
Usuardus, *Usuardi San Germanensis monachi Martyrorologium sincerum* U5
Wavre, P. van, *Dissertatio de præsenti hæresi* W31

1719 Abraham a Sancta Clara, *Iets voor allen* (dl 2) A19
Acta et decreta capituli provincialis Circariæ Brabantiæ A38
Alexandre, N., *Lettre du R.P. Alexandre* A73
Berge, C. van den, *Catholycke Catechismus* B136
Bernardus van Clairvaux, *Genuina sancti doctoris opera* B155
Binnart, M., *Dictionarium Teutonico-Latinum novum* B294
Cabassutius, J., *Juris canonici theoria et praxis* C1
Castillion, J.-B.-L. de, *Sacra Belgii chronologia* C72
Causa dispar inter oppositionem S. Cypriani C117
Declaratio universitatis studii Parisiensis ... D36
Epistola ad autorem scripti cui titulus: Statera Antonii Parmentier E34
Fénélon, *Gli avvenimenti di Telemaco* F32a
Fleury, C., *De zeden der christenen* F65
Giry, F., *Les vies des saints* G96
Habert, L., *Theologia dogmatica* H3
Huylenbroucq, A., *Scriptum cui titulus Quæstiones de constitutione Unigenitus* H249
Jacobi, J., *De mente et sententia Adriani Florentii* J1
Jonghe, J. F. de, *Belgium dominicanum* J64
Josef Clemens, *Epistola pastoralis* J67
Kempis, A., *Theses theologicæ de sacramentis in genere* K8
Knippenbergh, J. van, *Historia ecclesiastica ducatus Geldriæ* K32
Languet de Gergy, J.-J., *Instruction de Monseigneur l'évêque de Soissons* L62
la Rue, C. de, *Sermons du Père de la Ruë* L100
Le Maistre de Sacy, I. L., *L'Histoire du Vieux et du Nouveau Testament* L149
Mailly, F. de, *Decretum ... archi-episcopi ducis Remensis* M19
Menochius, J. S., *Commentarii totius S. Scripturæ* M165
Meyere, L. de, *Aurea sententia S. Augustini Româ res cripta venerunt* M187
Meyere, L. de, *Causam liberii et concilii ariminensis non favere* M188
Meyere, L. de, *Causam S. Cypriani non favere* M189
Meyere, L. de, *Circa verba S. Augustini Romà rescripta venerunt* M190
Meyere, L. de, *Dogma triplex à paucis Lovanii protes tantibus assertum* M191
Meyere, L. de, *Patronus protestantium in causa Liberii et concilii Ariminensis* M194
Meyere, L. de, *Refutatio responsionis ad stateram protestantium* M197
Meyere, L. de, *Statera protestantium* M198
Meyere, L. de, *Ultimus conatus patroni protestantium* M199
Montfaucon, B. de, *L'Antiquité expliquée et représentée en figures* M273
Noailles, L.-A. de, *Premiere instruction pastorale* N29
Opstraet, J., *Ad reverendos D.D. pastores aliosque ...* O27
Opstraet, J., *Advocatus Antonii Parmentier e logico rhetor in causa ...* O28
Opstraet, J., *Advocatus Antonii Parmentier non ita pri dem ...* O29
Opstraet, J., *Advocatus Antonii Parmentier quia in exhibenda causa S. Cypriani* O30
Opstraet, J., *Advocatus Antonii Parmentier rhetorice in causa S. Cypriani* O31
Opstraet, J., *Animadversiones in causam disparem, seu Causa episcoporum* O32
Opstraet, J., *Dissertatio qua examinatur an constitutio nem* O37
Opstraet, J., *Fraus septuplex libelli seditiosi ...* O40
Opstraet, J., *Quæstiones de constitutione Unigenitus* O47
Opstraet, J., *Responsio ad stateram protestantium expensam* O49
Opstraet, J., *Statera Antonii Parmentier* O50
Opstraet, J., *Statera secunda Antonii Parmentier* O51
Parmentier, A., *Statera secunda in qua appenduntur rationes ...* P31
Pauwens, F., *Oratio in exequiis ... Pauli De Bruyn ...* P62
Pien, I., *Dialogus primus, quo ostenditur constitutionem Unigenitus* P130
Pien, I., *Dialogus secundus, quo ostenditur ...* P131
Quesnel, P., *Brief van Paschier Quesnel aen ... Clemens XI* Q12
Quetif, J., *Scriptores Ordinis Prædicatorum* Q25
Raisons qui empêchent les religieux de l'ordre de Saint François R8
Réflexions sur la première instruction pastorale de son Em. le cardinal de Noailles R30
Stevart, J., *Bescherminge van de Pausen van Roomen* S220
Stevart, J., *Verhandelinge van de HH. algemeyne conci lien* S222
Sturm, L. C., *Durch einen grossen Theil von Teutschland* S264
Stusche, T., *Theses theologiæ de sacramentis in genere* S266
Thielens, P., *Auctoritas ecclesiastica vindicata* T39
Vichet, R., *Den edelen ridder en H. Martelaer Sebastianus* V73
Wavre, P. van, *Apologia contra impugnatores constitu tionis Unigenitus* W30
Wavre, P. van, *Dissertatio tripartita in qua S. Augustinus docet* W32
Wavre, P. van, *Peremptoria S. Augustini sententia* W33
Wavre, P. van, *Privilegium S. Petri ac successorum ejus Romanorum Pontificum* W34

Wavre, P. van, *S. Augustini sensus de appellationibus à papa ad concilium* W35

Wavre, P. van, *S. Augustinus docens quam sit dolosa statera* W36

Zwarte, C. de, *Avis salutaire a messieurs les protestans et deliberans de Louvain* Z34

Zwarte, C. de, *Second avis salutaire a messieurs les protestans* Z35

Zwarte, C. de, *Troisieme avis salutaire a messieurs les protestans* Z36

Zwarte, C. de, *Quatrième avis salutaire a Messieurs, &c. ...* Z37

1720 *Nieuw (Het) Testament onzes Heere* B263

Boileau, C., *Panégyriques choisis de feu Monsieur l'Abbé Boileau* B326

Bossuet, J.-B., *Exposition de la doctrine de l'Eglise catholique* B375

Supplementum Breviarii sacri ac canonici ordinis Præmonstratensis B463

Cafmeyer, P. de, *Hooghweirdighe historie van het ... sacrament van mirakel* C7, C8

Cafmeyer, P. de, *Venerable histoire du très-saint sacrement de miracle* C9, C10

Catechismus concilii Tridentini Pii V ... jussu promulgatus C94

Clemens XI, *Constitutio unigenitus theologice propugnata* C195

Damen, H., *Oratio de tentatione hæresum* D9

Decreta et statuta omnium synodorum diœcesanarum Namurcensium D49

Dumont, J. & Huchtenburg, J., *Batailles gagnées par le ... prince Fr. Savoye* D201

Erkel, J. C. van, *S. T. Baccalaureus, e philosopho præmaturè factus advocatus ...* E46

Gibert, J.-P., *Institutions ecclesiastiques et beneficiales* G70

Grotius, H., *Hugonis Grotii De jure belli ac pacis libri tres* G195

Kort-begryp van het leven ende dood van Paschasius Quesnel K37

Le Gendre, L., *De vita Francisci De Harlai* L134

Le Nain de Tillemont, L. S., *Histoire des empereurs, et des autres princes* L151

Ludewig, J. P. von, *Reliquæ manuscriptorum omnis ævi* L321

Marin, J., *Theologiæ speculativæ et moralis* M86

Officia particularium festorum ecclesiæ Grimbergensis O8

Opstraet, J., *Epistola adversus scriptiunculam nuperam ...* O38

Opstraet, J., *Examen dialectico-theologico-historicum* O39

Opstraet, J., *Petrus Malleus, tundere nuper ausus Commonitorium* O44

Opstraet, J., *Quæsitum nuper an oratio de tentatione hæresum* O46

Opstraet, J., *Responsionis, quæ sub nomine pii cujusdam theologi ...* O48

Pomey, F., *Novus candidatus rhetoricæ, altero se candidior* P180

Propositionis inter 101 tertiæ per SS. Patres & Scripturam P224

Rio, M. A. (del), *Disquisitionum magicarum libri sex* R74

Rousset de Missy, J., *Histoire du cardinal Alberoni* R129

Sollerius, J. B., *Acta S. Godelevæ ... patronæ Ghistellensium* S171

Spaur, M. von e.a., *Naturalis theologiæ nucleus* S174

1721 Alexandre, N., *Expositio litteralis et moralis sancti evangelii* A70

Basilius de Grote, *Opera omnia* B62

Nieuw (Het) Testament van onzen Heere B264

Castro Palao, F. de, *Operis moralis pars prima (-septima)* C77

Catechismus ad ordinandos C111

Damen, H., *Oratio de cathedra Petri ut est regula fidei ...* D7

Espen, Z. B. van, *Opera ... omnia* E50

Foppens, J. F., *Historia episcopatus Silvæducensis* F76

Geestelyck (Het) paradys der godtvruchtige zielen G24

Helyot, P., *Histoire des ordres monastiques, religieux et militaires* H77

Houdry, V., *La bibliothèque des prédicateurs. Tome seizième* H213

Leuckfeld, J. G., *Antiquitates Præmonstratenses* L203

Musa Adrianæa M313

Ruteau, A., *L'arche d'alliance du Nouveau Testament* R140

Schaffgotsch, E. W., *Cœlum philosophicum ad contemplandum philosopho* S74

Schoonaerts, G., *Examen confessariorum per universam theologiam moralem* S102

Suikers, G. & Verburg, I., *Algemene kerkelyke en wereldlyke geschiedenissen* S296

Thiers, J. B., *Traitez des cloches, et de la sainteté de l'offrande du pain* T46

Verschuren, F., *Quæstiones quodlibeticæ* V54

1722 Arnauld, A., *Historia et concordia evangelica* A190

Calmet, A., *Dictionnaire historique, critique, chronologique* C28

Colins, G., *Het leven ende mirakelen van de H. Wivina* C220

Decreta capituli provincialis circariarum Wesphaliæ D37

Decreta et statuta synodi diœcesanæ Mechliniensis D41

Histoire ecclésiastique d'Allemagne H156

Innocentius XIII, *Brefs de notre Saint Père le pape Innocent XIII* I19

Josephus Flavius, *Alle de werken van Flavius Josephus* J74

Lopez de Ezquerra, J., *Lucerna mystica pro directoribus animarum* L293

Quesnel, P., *Mémoire pour l'Eglise et le clergé*

303

d'Utrecht Q18
Schädl, S., *Quæstiones selectiores de actibus humanis* S73
Sporer, P., *Theologiæ moralis super decalogum* S185
Zaunslifer, P., *Tafereel van overdeftige zinnebeelden* Z22

1723 Achery, L. d', *Spicilegium sive collectio veterum aliquot scriptorum* A35
Bibliotheca Dalmanniana, distrahenda per Abr. de Hondt C81
Damen, H., *Oratio de obedientia Romano Pontifici* D8
Eckhart, J. G. von, *Corpus historicum medii ævi* E6
Houdry, V., *La bibliothèque des prédicateurs. Quatrième partie* H212
Karel VI, *Lettre de sa majesté impériale et catholique* K2
Laymann, P., *Theologia moralis* L114
Le Clerc, J., *Histoire des Provinces-Unies des Pays Bas* L120
Le Long, J., *Bibliotheca sacra in binos syllabos distincta* L147
Miræus, A., *Opera diplomatica et historica* M219
Pasquier, E., *Les Œuvres d'Estienne Pasquier* P37
Patrum Benedictinorum e Congregatione S. Mauri ...supplex epistola P45
Pluimer, J., *Gedichten* P168
Sanchez, T., *Opus morale in præcepta Decalogi* S43
Schannat, J. F., *Vindemiæ literariæ* S78
ten Kate, L., *Aenleiding tot de kennisse ... der Nederduitsche sprake* T18

1724 Agolla, M., *Zedelycke sermoonen op de feest-dagen* A52
Babenstuber, L., *Philosophia thomistica Salisburgensis* B2
Blaeu, J., *Novum Italiæ theatrum* B304
Butkens, C., *Trophées tant sacrés que profanes du duché de Brabant* B533
Censuræ facultatum sacræ theologiæ Lovaniensis ... C132
Covarrubias y Leyva, D., *Opera omnia* C282
Curtius Rufus, Q., *De rebus gestis Alexandri Magni* C318
Decreta et statuta synodi provincialis Mechliniensis D47, D48
Du Plessis d'Argentré, C., *Collectio judiciorum de novis erroribus* D210
Fer, N. de, *Les frontieres de France et des Pais Bas* F35
Hennet, B., *Quæstionum theologicarum de virtutibus, vitijs ...* H84
Histoire ecclésiastique d'Allemagne H157
Kazenberger, K., *Supplementum Theologiæ moralis sacramentalis* K5
Létins, C., *Theologia concionatoria docens et movens* L196
Lieutaud, J., *Connoissance des temps pour l'année bis sextile 1724* L224
Lupus, C., *Opera omnia* L356
Mabillon, J. & Germain, M., *Museum Italicum* M4

Martène, E. & Durand, U., *Veterum scriptorum ... historicorum ... collectio* M96
Martene, E. & Durand, U., *Voyage littéraire de deux religieux bénédictins* M98
Montfaucon, B. de, *Supplément au livre de L'Antiquité expliquée* M274
Moreri, L., *Le grand dictionaire historique* M295
Orléans, P. J. d', *Histoire des révolutions d'Espagne* O69
Petau, D., *Rationarium temporum* P99
Precipiano, H.-G. de, *Altera epistola pastoralis* P205
Precipiano, H.-G. de, *Epistola pastoralis* P208
Schannat, J. F., *Corpus traditionum Fuldensium* S76

1725 Alsace et de Boussu, T. P. d', *Altera epistola pastoralis ...* A94, A95
Psalmen (De) van David B244
Boullenois, J.-B., *Second mémoire pour l'Eglise et le clergé d'Utrecht* B404
Boussu, G.-J. de, *Histoire de la ville de Mons* B425
Brandt, G., *Poëzy* B433
Breviarium ad usum ... ordinis Præmonstratensis B451
Calmet, A., *Het algemeen groot historisch, oordeelkundig ... woorden-boek ...* C22
Calmet, A., *Histoire de l'Ancien et du Nouveau Testament* C30
Canisius, H., *Thesaurus monumentorum ecclesiasticorum* C46
Catechismus ofte christelycke leeringhe C100
Colbert de Croissy, C. J., *Lettre circulaire de M. l'Evêque de Montpellier* C219
Coret, J., *L'ange conducteur dans la dévotion chrétienne* C256, C257
Espen, Z. B. van, *Tractatus de jure parochorum* E57
Espen, Z. B. van, *Tractatus de recursu ad principem ...* E58
Examen catholicum ordinandorum E84-85
Gestel, C. van, *Historia sacra et profana archiepiscopatus Mechliniensis* G58
Hoynck van Papendrecht, C. P., *Historia ecclesiæ Ultrajectinæ* H220
Hugo, C.-L., *Sacræ antiquitatis monumenta historica* H231
Jansen, L., *Theologia moralis universa* J9
Korte onderwysinge om de jonckheyt te bereyden tot d'eerste communie K42
Languet de Gergy, J.-J., *Deuxiéme recueil des ouvrages de ... l'évêque de Soissons* L61
Leuve, R. van, *Doorlugte voorbeelden der Ouden, Leerzame Zinne-beelden ...* L209
Lünig, J. C., *Codex Italiæ diplomaticus* L324
Maes van Avenrode, P. van der, *Verhandeling van de grootdadige namen ...* M10
Mishnayôt. Séder Quodashim M224b
Nicolle, V., *Synopsis variarum resolutionum in historiam sacram* N24
Petitdidier, M., *Dissertation historique et theologique* P101

Ritus ac preces in sepultura et exequiis canonicorum Præmonstratensium R79
Romero, M. A., *El vicio disfrazado, y engaño descubierto* R109
Schiffner, J. F., *Zodiacus philosophicus* S87
Servatius a Sancto Petro, *Methodus tripartita* S144
Statuta candidi et canonici ordinis Præmonstratensis renovata S205
Struvius, B. G., *Bibliotheca iuris selecta* S260
Tournely, H., *Prælectiones theologicæ* T112
Verslype, J., *De stadt Jericho ofte de heerschappye der sonde* V57
Vrancx, A. E., *Déduction pour frère Albert Eugène Vrancx* V99

1726 Agrippa ab Nettesheim, H. C., *Sur la noblesse, & excellence du sexe feminin* A54
Alvarez, E., *Rudimenta sive institutionum linguæ Latinæ liber primus* A104
Benedictus XIII, *Concilium Romanum in ... Lateranensi basilica celebratum* B122
Blaeu, J., *Novum theatrum Pedemontii et Sabaudiæ* B305
Butkens, C., *Supplement aux trophées tant sacrés que profanes* B534
Caylus, C. D. G., comte de, *Ordonnance ... pastorale de ... l'évêque d'Auxerre* C124
Colbert de Croissy, C. J., *Brief van den ... Bisschop van Montpellier* C218
Ginther, A., *Mater amoris et doloris* G78
Index librorum prohibitorum I8
Magenis, G. M., *Nuova ... storia dell'ammirabile ... vita di S. Gaetano Tiene* M11
Pistorius, J., *Rerum Germanicarum scriptores aliquot insignes* P144
Pontas, J., *Dictionaire de cas de conscience* P188
Sanderus, A., *Chorographia sacra Brabantiæ* S50
Schim, H., *Bybel- en Zededichten* S89
Schmalzgrueber, F., *Jus ecclesiasticum universum* S93
Timotheus a Præsentatione, *Brandende lampen voor het ... sacrament des autaers* T89
Vertot, R. A. de, *Histoire des Chevaliers Hospitaliers de S. Jean* V63
Waersegghere, H. de, *Chronicon contractum insignis ecclesiæ Parchensis* W2

1727 Beeverell, J., *Les délices de la Grand'Bretagne & de l'Irlande* B92
Burman, C., *Hadrianus VI* B521
Cheyne, G., *Règles sur la santé, et sur les moyens de prolonger la vie* C161
Choisy, F.-T. de, *Mémoires pour servir à l'histoire de Louis XIV* C164
Crasset, J., *Double préparation à la mort* C285
Despars, N., *Chronyke van Vlaenderen* D92
Gemelli Careri, G. F., *Voyage du tour du monde* G31
Hansiz, M., *Germaniæ sacræ tomus I (-III)* H14
Horatius Flaccus, Q., *Œuvres d'Horace en Latin et en François* H195
Joly, C., *Prônes de messire Claude Joli* J61
Kerkherdere, J. G., *Monarchia Romæ paganæ secundum concordiam ...* K11
Kunst mit leichter Mühe und geringen Kosten Gold zu machen K52
Magnum bullarium Romanum M15
Martin, G., *Salomon pœnitens* M102
Meyere, L. de, *Poematum libri duodecim* M196
Pagi, A., *Critica historico-chronologica in universos Annales ecclesiasticos* P2
Pauwels, N., *Theologiæ practicæ* P61
Processionale ad usum sacri et canonici ordinis præ monstratensis P220
Schindler, D. A., *Divus Norbertus unanimi totius Boëmiæ voto desideratus ...* S90
Tombeur, N. de, *Provincia Belgica ord. FF. Eremitarum S. P. N.* T106

1728 Agolla, M., *Den lydenden Jesus* A51
Figures de la Bible B275
Boddaert, P., *Stichtelyke gedichten van Pieter Boddaert* B318
Boubereel, C., *Den kristelyken vader breekende het geestelyk brood* B386
Boutauld, M., *Les conseils de la sagesse* B426
Calmet, A., *Histoire ecclésiastique et civile de Lorraine* C32
Chalippe, C., *La vie de Saint François* C140
Dechamps, E., *De hæresi janseniana, ab Apostolica Sede ...* D32
Du Jardin, T., *De officio sacerdotis ...* D194
Horatius Flaccus, Q., *Hekeldichten en brieven* H193
Le Clerc, J., *Histoire des Provinces-Unies des Pays Bas* L120
Le Gentil de la Barbinais, *Nouveau voyage autour du monde* L136
Marracci, I., *Polyanthea Mariana* M91
Mencke, J. B., *Scriptores rerum Germanicarum* M161
Officium immaculatæ conceptionis beatissimæ virginis Mariæ O20
Reiffenstuel, A., *Jus canonicum universum* R38
Roderique, J. I., *Disceptationes de abbatibus, origine ...* R92
Stichtige exempelen van deughden getrokken uyt de ... levens der heyligen S242
Thomas a Kempis, *De naervolginge van Christus* T71
Tostado Ribera, A., *Opera omnia* T109

1729 *Accessus altaris, sive dispositio ad missam* A33
Agolla, M., *Zedelycke sermoonen op de sondagen van het jaer* A53
Alkemade, K. van, *Beschryving van de stad Briele, en den Lande van Voorn* A81
Biblia sacra B191
Broedersen, N., *Tractatus Historicus I de Capitulo ... ecclesiæ ... Ultrajectinæ* B480
Calmet, A., *Prolegomena, et dissertationes in ... S. Scripturæ libros* C34
Castillo, D. del, *Stromas politicos, y morales* C73

305

Clemens XI, *Opera omnia* C198
Dumont, J. & Rousset de Missy, J., *Histoire militaire du prince Eugène de Savoye* D202
Eckhart, J. G. von, *Commentarii de rebus Franciæ orientalis* E5
Espen, Z. B van, *Supplementum in Corpus juris canonici* E55
Fiedler, A. W., *Selectarum quæstionum epitome* F43
Honoré de Sainte-Marie, *Observations sur l'histoire ecclésiastique de ... Fleury* H173
Kerkherdere, J. G., *De situ paradisi terrestris* K10
la Loüe, H. de, *Idea pastoralis* L32
Le Grand, A., *Historia hæresiarcharum* L137
Magermans, G., *Oratio panegyrica in laudem ... abbatiæ Parchensis* M12
Manuale pastorum ... juxta praxim usitatam in Belgio M63
Manuale pastorum ... per totam provinciam Mechliniensem M64
Martinez van Waucquier, M., *Novum dictionarium tetraglotton* M104
Noiret, G., *Abrégé de la vie et des vertus du bienheureux Vincent de Paul* N35
Officium divinum sive commemoratio ... de ... Eucharistiæ sacramento ... O17
Sanderus, A., *Le grand théâtre sacré du duché de Brabant* S53
Schmier, F., *Jurisprudentia canonico-civilis* S97
Stiebner, M., *Selectarum quæstionum epitome* S243
Vonnissen en motiven van het vrij Beenhouwers Ambacht tot Loven V93
Wit, M., *Tribunal confessariorum et ordinandorum* W61
Zoubec, J. N., *Selectarum quæstionum paratitla ...* Z32

1730 Alsace et de Boussu, T. P. d', *Erectio confraternitatis SS. Sacramenti* A99
Calmet, A., *Dictionnaire historique, critique ... de la Bible* C29
Crasset, J., *Christelyke bemerkingen voor alle de daegen van 'tjaer* C284
Doucet, J. P., *Selectarum quæstionum analysis* D142
Dumesnil, L., *Doctrina et disciplina Ecclesiæ* D200
du Pin, L. E., *Nouvelle bibliothèque des auteurs ecclésiastiques* D208
Fléchier, V.-E., *Sermons de morale, préchez devant le roy* F58
Goldast, M., *Rerum Alamannicarum scriptores aliquot vetusti* G111
Hilarius van Poitiers, *Opera* H145
Hirnhaim, H., *Meditationes pro singulis anni diebus* H150
Houbakker, J., *Predikatien over verscheide texten der H. Schriftuur* H205
la Boissière, L. de la Fontaine de, *Les sermons* L6
Le Clerc, J., *Geschiedenissen der Vereenigde Nederlanden* L119
Lokeren, J. B. van, *De cleyne christelycke academie* L280
Longueval, J., *Histoire de l'Eglise Gallicane* L284
Luca a Sancto Benedicto, *Sanctus Norbertus ...* L313
Manuale pastorum ... per totam provinciam Mechliniensem M65
Officia sanctorum particularia in ecclesia B. Mariæ de Tongerlo O14
Officia sanctorum seu beatorum ... ordinis Præmonstratensis O16
Piette, A., *Elucidationis difficiliorum theologiæ quæstionum* P134
Piganiol de La Force, J.-A., *Nouvelle description des chateaux et parcs de Versailles* P135
Struvius, B. G., *Corpus historiæ Germanicæ* S261
Surada, J., *Selectarum quæstionum paraphrasis* S297
Sweerts, I., *Oratio funebris in exequiis ... Hieronymi de Waersegghere* S304
Tansus, N., *Selectæ quæstiones theologicæ* T13
Willemaers, P.-T., *Vita sanctissimi confessoris et pontificis Huberti* W77

1731 Boniver, N. & Collet, G., *Theses theologicæ, de actibus humanis* B353
Calmet, A. *Byvoegzel tot het ... woorden-boek, van den gantschen H. Bybel* C23
Delort de Lavaur, G., *Histoire de la fable conferée avec l'Histoire Sainte* D57
du Pin, L. E., *Dissertation préliminaire ou Prolegomenes sur la Bible* D206
Du Plessis, Toussaints, *Histoire de l'église de Meaux* D209
Ginther, A., *Speculum amoris et doloris* G82
Hariri al Basri, *Eloquentiæ Arabicæ principis tres priores consessus* H26
Hoffmann, C. G., *Nova scriptorum ac monumentorum partim rarissimorum ... collectio* H163
Homann, J. B., *Grosser Atlas über die gantze Welt* H169
Hugo, C.-L., *Sacræ antiquitatis monumenta* H231
Janssens, H., *Prodromus sacer rectam præparans semitam* J36
Kleiner, S., *Résidences memorables de l'incomparable heros de nôtre siècle* K30
Launoy, J. de, *Opera omnia* L111
Moheldt, C., *Selectarum quæstionum syntagma* M254
Pontas, J., *Dictionarium casuum conscientiæ* P189
Ranst, F. van, *Opusculum historico-theologicum de indulgentiis* R14
Rippel, G., *Mysteria beatissimæ Mariæ virginis* R75
Roderique, J. I., *De abbatibus monasteriorum Malmundariensis* R91
Ruinart, T., *Acta martyrum* R137
Salvaing de Boissieu, D. de, *De l'usage des fiefs et autres droits seigneuriaux* S35
Tournely, H., *Prælectiones theologicæ de Deo ac divinis attributis* T113
Tournely, H., *Prælectiones theologicæ de septem ecclesiæ sacramentis* T115
Tschischwitz, F., *Theses theologicæ de virtutibus*

1732 Bartetschko, A., *Sanctum sæculare Marianum* B54
Biblia sacra, dat is, de H. Schriftuer B214
Calmet, A., *Prolegomena, et dissertationes* C35
Cavazzi, G. A., *Relation historique de l'Ethiopie occidentale* C120
Chomel, N., *Dictionnaire œconomique* C166
Detnhammer, F., *Selectarum quæstionum Encycliæ probleem* D98 ArEIV/5
Dumbar, G., *Het kerkelyk en wereltlyk Deventer* D199
Espen, Z. B. van, *Operum ... pars prima (-sexta)* E51
Fleury, C., *Les mœurs des chrétiens* F63
Franciscus van Sales, *Onderwys oft aenleydinge tot een godtvruchtigh leven* F99
Franciscus van Sales, *Summarium exhortationum familiarium* F100
Fritsch, A., *Quæstiones theologicæ morales de sacramento baptismi* F114
Hase, T. & Iken, C., *Thesaurus novus theologico-philologicus* H30
Houbakker, J., *Twintig weldoorwrochte predikatien* H206
Kayser, L., *Athenæum, sive Universitas Mariana* K4
Keyll, J. B., *Exercitia norbertina* K14
Loon, G. van, *Hedendaagsche penningkunde* L290
Loon, G. van, *Histoire métallique des XVII provinces* L292
Lünig, J. C., *Codex Germaniæ diplomaticus* L323
Mayr, A., *Theologia scholastica tractatus omnes* M147
Meerman, W., *Comœdia vetus, of bootsmans-praetje* M155
Mieris, F. van, *Histori der Nederlandsche vorsten* M211
Renson, G., & Bouchat, P., *Theses theologicæ, de fide, spe, et charitate* R47
Thomas a Jesu, *Les souffrances de notre seigneur Jésus-Christ* T61

1733 Achery, Lucas d', *Acta sanctorum ordinis S. Benedicti* A34
Anna a San Bartholomæo, *Het wonderbaer leven van ... Anna* ... A132
Bouchat, P. & Thomas, A., *Theses theologicæ, de jure et justitia* B388
Brassinne, A., *Elucidatio dubiorum in celebratione missarum* B435
Ginther, A., *Unus pro omnibus, hoc est: Christus Jesus Dei Filius* G87
Guerard, R., *Abrégé de la Sainte Bible* G202
Hardouin, J., *Opera varia* H21
Heussen, H. F. van, *Historia episcopatuum Fœderati Belgii* H122
Hoffmann, J. N., *Selectarum quæstionum diptycha* H164
Housta, B. de, *La mauvaise foi de monsieur l'abbé Fleury* H216
Joannes Cassianus, *Opera omnia* J48
Lamet, A.-A. de & Fromageau, G., *Le dictionaire des cas de conscience* L44

Pineda, J. de, *Commentariorum in Job libri tredecim* P140
Scharschmidt, J. J., *Selectarum quæstionum exegesis* S80
Suarez, F., *Theologiæ R.P. Francisci Suarez ... Summa* S283
Tournely, H., *Continuatio prælectionum theologicarum* T116
Willemaers, P.-T., *Compendium concionatorium* W76

1734 Abraham a Sancta Clara, *De geleerde nar* A16
Abraham a Sancta Clara, *'s Werelds mooi- en lelykheit* A30
Besondere devotie tot den H. Bisschop ende Belyder Hubertus B167
Bollandus, J. e.a., *Acta sanctorum quotquot toto urbe coluntur* B330
Bossuyt, J., *Theologia moralis* B382
Breviarium Romanum B470
Busenbaum, H., & Lacroix, C. *Theologia moralis* B529
Calmet, A., *Commentaire littéral... sur la règle de Saint Benoît* C25
Calmet, A., *Commentarium litterale in omnes ... Testamenti libros* ... C26
Collet, G., *Theses theologicæ, de sacramentis* C222
Constitutiones ... summorum pontificum ... ad propositiones Jansenii C245
Danes, P. L., *Constitutiones et decreta ... spectantia ad propositiones Janseni* D10
Duguet, J.-J., *Explication de cinq chapitres du Deuteronome* D190
Ginther, Antonius, *Mater amoris et doloris* G79
Grancolas, J., *Commentarius historicus in romanum Breviarium* G134
Hartmann, C., *Selectarum quæstionum theologicarum compendium* H28
Kort begryp van verscheyde placaerten ende ordonnantien ... van Brabant K39-K41
Leti, G., *La vie de Philippe II, roi d'Espagne* L195
Loon, G. van, *Aloude Hollandsche Histori* L289
Loon, G. van, *Hedendaagsche penningkunde* L291
Lucino, L. M., *Romani pontificis privilegia adversus novissimos osores* L320
Ordonnantie der heeren wethouderen op het taxaet der drogen ... O62
Schannat, J. F., *Historia episcopatus Wormatiensis* S77
Steyaert, M., *Fragmenta Steyaertiana nondum collecta* S230
Tirinus, J., *Commentarius in Sacram Scripturam* T94
Tournely, H., *Cursus theologicus scholastico-dogmaticus* T111

1735 Amort, E., *De origine, progressu, valore, ac fructu indulgentiarum* A117
Psalterium, cantica et ordo missæ B231
Böcken, P., *Commentarius in jus canonicum universum* B320
Bona, J., *Divinum profluvium orationum et aspirationum* B334

Boutauld, M., *Les conseils de la sagesse* B427
Cafmeyer, P. de, *Suite de la vénérable histoire du très-saint Sacrement* C11
Calmet, A., *Histoire universelle, sacrée et profane* C33
Claus, J. I., *Spicilegium concionatorum* C187
Corpus juris canonici C264
Coustumen, usancien ... der Stadt ... Mechelen C276
Daelman, C. G., *Theologia seu observationes theologicæ* D3
Danes, P. L., *Orationes XIII et homiliæ XII* D13
Danes, P. L., *Tractatus de fide, spe, et charitate* D14
Foullon, J.-E., *Historia Leodiensis* F80
Houbakker, J., *Feestpredikatien* H204
Leti, G., *Het leven van Keizer Karel, den vyfden* L193
Missæ defunctorum M225
Pontificale romanum P195
Sanderus, A., *Flandria illustrata* S52
Schönfus, L., *Dubia non nulla de sacrificio missæ passive sumpto* S101
Serry, J.-H., *Animadversiones anticriticæ in Historiam Sacræ Familiæ* S142
Thomas, A. & Monnom, P., *Theses theologicæ* T82

1736 Abraham a Sancta Clara, *Iets voor allen (dl 1)* A19
Baubel, H., *Selectarum quæstionum theologicarum collecta* B68
Blanchard, A., *Essai d'exhortations pour les états différens des malades* B306
Blanpain, J., *Jugement des écrits de M. Hugo, évêque de Ptolémaïde* B309
Boucat, A., *Theologia patrum dogmatica* B387
Calmet, A., *Dictionarium historicum, criticum, chronologicum* C27
Dusault, J.-P., *Entretiens avec Jesus-Christ* D218
Habert, L., *Compendium theologiæ dogmaticæ et moralis* H2
Herlet, J. G., *Catechismus prædicatus* H98
Jean Chrysosthome de Bethune, *Paraphrases sur le pseaume cent dix-huit* J44
Martène, E., *De antiquis Ecclesiæ ritibus libri* M94
Massuet, P., *Histoire de la dernière guerre* M129
Meditationes pro exercitiis spiritualibus M152
Missale ad usum canonici Præmonstratensis ordinis M237
Platina, G. M., *Prælectiones theologicæ* P156
Roncaglia, C., *Universa moralis theologia* R113
Taberna, J. B., *Synopsis theologiæ practicæ* T1
Vergilius Maro, P., *Opera* V34

1737 Abraham a Sancta Clara, *Narrinnen-Spiegel* A24
Anselmo, A. e.a., *Placcaeten, ordonnantien, landt-charters* A137
Baglivi, G., *Opera omnia medico-practica, et anatomica* B15
Becanus, M., *Analogia veteris ac novi testamenti* B83
Calmet, A., *Histoire de l'Ancien et du Nouveau Testament* C31
Campailla, T., *L'Adamo ovvero il mondo creato* C37
Camus, J.-P., *L'esprit de Saint François de Sales* C38

Catechismus oft Christelijcke Leeringe gedeylt in vyf deelen C101
Elbel, B., *Conferentiæ theologico-morales* E10
Elbel, B., *Theologia moralis decalogalis* E11
Elbel, B., *Theologia moralis sacramentalis* E12
Franciscus van Sales, *Onder-wys, oft aenleydinge tot het godtvruchtigh leven* F98
Horatius Flaccus, Q., *Hekeldichten, brieven en dichtkunst* H194
Leurenius, P., *Forum ecclesiasticum* L206
Martialis, M. V., *Epigrammata* M100
Pitiscus, S., *Lexicon antiquitatum Romanarum* P145
Vertot, R. A. de, *Origine de la grandeur de la cour de Rome* V65
Zeeus, J., *Gedichten van Jacob Zeeus* Z28
Zeeus, J., *Overgebleve gedichten van Jakob Zeeus* Z29

1738 Baronius, C., *Annales ecclesiastici* B44
Bingham, J., *Quatuor dissertationes* B293
Breviarium Romanum B471
Brzezyna, C., *Selectarum quæstionum ...decalogus* B491
Capitulum generale ordinis præmonstratensis Præmonstrati C54
Cicero, M. T., *Orationes* C176b
Danes, P. L., *Tractatus de peccato originali, legibus, & gratia* D15
Gayot de Pitaval, F., *Causes célbres et intéressantes* G18
Gervaise, F.-A., *L'Histoire et la vie de St Epiphane* G56
Hooft, P. C., *Brieven van P. C. Hooft* H179
Izquierdo, S., *Medios necessarios para la salvacion* I28
Josephus Flavius, *Histoire de la guerre des juifs contre les Romains* J75
Josephus Flavius, *Histoire des Juifs* J76
Lami, G., *De eruditione apostolorum liber singularis* L45
La Mothe (dit de la Hode), *Histoire des révolutions de France* L47
Leti, G., *Het leven van Keizer Karel, den vyfden* L194
Matthæus, A., *Veteris ævi analecta* M133
Pitiscus, S., *Lexicon latino-belgicum novum* P146
Plinius Cæcilius Secundus, C., *Panegyricus* P161
Pontas, J., *Geestelyke aenspraken om de zieken te onderwyzen* P191
Roos, J., *Alle de werken van ... Adriaan van Woelwyk* R116
Segneri, P., *La manne céleste de l'âme* S127
Spitzar, F., *Selectarum quæstionum analecta* S178
Storace, B., *Istoria della famiglia Acquaviva reale d'Aragona* S249
Vryer, A. de, *Histori van Joan Churchill* V102
Walbertus a Sancta Aldegunde, *Theologia moralis* W8

1739 Aler, P., Chastillon, *Gradus ad Parnassum* A65
Psalterium Davidis B232
Bona, J., *De sacrificio missæ tractatus asceticus* B332
Bossche, P. vanden, *Den catholyken pedagoge* B370
Novum supplementum ad usum breviarii ordinis Præmonstratensis B464, B465
Colbert, M., *Mandatum ... de observando paupertatis*

voto C217

Crasset, J., *La douce et sainte mort* C287

Danes, P. L., *Tractatus de virtutibus cardinalibus* D16

Foppens, J. F., *Bibliotheca Belgica* F74

Ginther, A., *Currus Israel, et auriga ejus* G76

Krafft, J.-L., *Den schat der fabelen* K46

Mabillon, J., *Annales ordinis S. Benedicti* M2

Mangeart, T., *Octave des sermons pour les morts* M45

Ordinarius ... ad usum canonici ordinis Præmonstratensis O56, O57

Richelet, P., *Le grand dictionnaire françois et flamand* R66

Richelet, P., *Het groot woordboek der Nederlandsche en Fransche taele* R67

Sandini, A., *Vitæ pontificum romanorum* S58

1740 Abraham a Sancta Clara, *Sterven en erven* A28

Baronius, C., *Annalium ecclesiasticorum Cæsaris Baronii ... Apparatus* B45

Biblia sacra vulgatæ editionis B192, B193

Bourdaloue, L., *Retraite spirituelle à l'usage des communautés religieuses* B410

Continuatio supplementi de anno 1730 B467

Cicero, M. T., *Opera* C178

Craywinckel, J. L. van, *Een lelie onder de doornen* C288b

Dictionnaire universel françois et latin D106

Fagnani, P., *Commentaria in primum (-quintum) librum Decretalium* F7

Hagerer, C., *Tractatus in tertiam partem rubricarum missalis Romani* H5

Hariri al Basri, *Consessus Haririi quartus, quintus et sextus* H25

Huygen, P., *De beginselen van Gods koninkryk in den mensch* H243

Kolbe, F., *Universa theologia speculativa* K35

Languet de Gergy, J.-J., *Traité de la confiance en la miséricorde de Dieu* L63

la Rue, C. de, *Oraisons funèbres* L98

la Rue, C. de, *Panégyrique des Saints* L99

Luyken, J., *Tafereelen der eerste christenen* L359

Mabillon, J., *Præfationes in Acta Sanctorum Ordinis Sancti Benedicti* M5

Merati, G. M., *Novæ observationes ... ad ... Bartholomæi Gavanti ... commentaria* M169a

Miguel de San José, *Bibliographia critica, sacra et prophana* M212

Officium parvum beatæ Mariæ virginis, ad usum ordinis cisterciensis O22

Orsi, G. A., *De Romani Pontificis in synodos œcumenicas* O70

Piera, G., *Epistola encyclica* P133

Schmalzgrueber, F., *Consilia seu responsa juris* S92

Schnorrenberg, A., *Institutiones canonicæ cum commentariis* S99

Schnorrenberg, A., *Regulæ Juris Canonici per varias uæstiones* S100

Simon, H. R., *Le grand dictionnaire de la Bible* S153

Sixta, I., *Selectarum quæstionum theologico-polemicarum* S162

Sturm, L. C., *Freundlicher Wett-Streit der Französischen ... Krieges-Bau-Kunst* S265

1741 Abraham a Sancta Clara, *De kapelle der dooden* A21

Avrillon, J. B. E., *Pensées sur differens sujets de morale* A243

Bechinie, B., *Norma vivendi clericis ... præscripta* B87

Biblia sacra vulgatæ editionis B194

Blois, L. de, *Preculæ admodum piæ* B312

Bourdaloue, L., *Geestelyk vertrek tot het gebruyk der religieuse gemeynten* B407

Breviarium Præmonstratense B452, B453

Cave, W., *Scriptorum ecclesiasticorum historia literaria* C123

Cocq, F. de, *De jure, justitia et annexis, tractatus quatuor* C211

Danes, P. L., *Generalis temporum notio brevissime* D11

Dyck, M. van, *Oratio funebris in exequiis ... Alexandri Adriaenssens* D223

Fléchier, V.-E., *Panégyriques et autres sermons* F57

Ginther, A., *Mater amoris et doloris* G80

Hardouin, J., *Commentarius in Novum Testamentum* H20

Pontas, J., *Dictionnaire de cas de conscience* P190

Rabus, P., *Gedichten van Pieter Rabus* R2

Rentz, P., *Theologia ad mentem angelici doctoris divi Thomæ Aquinatis* R48

Rollin, C., *De la manière d'enseigner et d'étudier les belles lettres* R101

Sacrosancti et œcumenici concilii Tridentini ... canones et decreta S10

Steyaert, M., *Regulæ legendi et intelligendi Scripturam Sacram ...* S238

Thiers, J. B., *Traité des superstitions qui regardent les sacremens* T45

Verhulst, P. L., *De drie hoofdgeschillen tusschen de Rooms-Catholyken* V39

Weisslinger, J. N., *Vreet vogel ofte sterf* W39

Wolff, C., *Jus naturæ methodo scientifica pertractatum* W104

Zanetti, A. M., *Latina et italica D. Marci Bibliotheca codicum manu scriptorum* Z17

1742 Abraham a Sancta Clara, *Redenvoeringen over verscheide stoffen* A27

Abraham a Sancta Clara, *De welvoorziene wynkelder* A31

Benedictus XIV, *Declaratio ... super matrimoniis Hollandiæ et Fœderati Belgii ...* B129

Catalogue des livres de la bibliothèque du Baron Adam de Sotelet C82

Dolmans, P., *Alteræ observationes ... pro episcopatu Trajectensi ad Mosam* D137

Ferreras, J. de, *Histoire générale d'Espagne* F42

Giannone, P., *Histoire civile du royaume de Naples* G68

Giorgi, D., *Vita Nicolai Quinti* G88

Le Bourg de Monmorel, C., *Homélies sur les Evangiles*

de tous les dimanches L117
Manuale canonicorum præmonstratensium M59
Mayr, C., *Trismegistus juris pontificii universi* M148
Müller, A., *Vervolg van 't verwerd Europa* M306
Steyaert, M., *Opuscula* S235
Valckenier, P., *'t Verwerd Europa* V8
Velde, S. J. van de, *Oudheden, en Gestichten van de ... stadt ... van 's Hertogen-bosch* V28
Vence, H.-F. de, *Analyses et dissertations sur les livres de l'Ancien Testament* V30
Zunggo, G. A., *Historiæ generalis ... de ordine ... S. Augustini prodromus* Z33

1743 Abraham a Sancta Clara, *De gekheyt der wereldt* A15
Adam, abbé, *L'avocat du diable ou Mémoires ... sur la vie ... du Pape Grégoire VII* A41
Backx, R., *CXXV sermoonen van ... op de thien geboden* B6
Backx, R., *Sermoonen ... over de bekeeringh van den sondaer* B11
Backx, R., *XXII Meditatien op het lyden van onsen salighmaecker* B14
Biblia sacra vulgatæ editionis B195, B196
Bretonneau, F., *Sermons* B442
Christyn, J.-B., *Basilica Bruxellensis* C169
Christyn, J. B., *Histoire générale des Pais-Bas* C173
du Perray, M., *Questions sur le Concordat fait entre Léon X et François Premier* D205
Eiselin, W., *Aureum thuribulum simplicis devotionis* E9
Ginther, A., *Speculum amoris et doloris* G83
Ginther, A., *Unus pro omnibus* G85
Gudenus, V. F. von, *Codex diplomaticus exhibens Anectoda* (sic) *... Moguntiaca* G201
Holzmann, A., *Theologia moralis usitato in scholis ordine* H168
Hoynck van Papendrecht, C. P., *Vita Viglii ab Aytta Zuichemi* H221
Kort formulier ten gebruyke van het Aerts-broederschap ... K41
Office (L') de la Semaine Sainte, à l'usage de la maison du roy O3
Oracle (L') de ce siècle consulté par les souverains de l a terre O53
Steyaert, M., *Fragmenta Steyaertiana nondum collecta* S231
Steyaert, M., *Theologiæ practicæ aphorismi* S241
Stryk, S. & Stryk, J. S., *Opera omnia* S263
Verhulst, P. L., *Vervolg der vaste gronden van het cathol yk geloove* V41
Vermeren, M. F., *Den theater des bedroghs* V48
Vetter, I., *Speculum vitæ verè religiosæ sive vita ... Wilhelmi* [Eiselin] V71

1744 Amort, E., *De revelationibus, visionibus et apparitionibus* A118
Barcia y Zambrana, J. de, *Christianus animarum excitator* B38
Sainte (La) Bible, qui contient le Vieux et le Nouveau Testament B202

Biblia sacra vulgatæ editionis B217
Burch, H. F. vander, *Brevis elucidatio sacrificii missæ* B512
Catechismus concilii Tridentini Pii V ... jussu promulgatus C95
Desarme, P. & de Winter, R., *Commentaria in ... Evangelia dominicalia* D87
Gother, J., *Instructions for Confession, Communion, and Confirmation* G123
Index librorum prohibitorum I10
Joyeuse (La) ... entrée de leurs altesses roiales Marie Anne ...et ... Charles Alexandre J81
Juvenalis, D. I. & Persius Flaccus, A., *Satyræ* J89
Krafft, J.-L., *Histoire générale de l'auguste maison d'Autriche* K45
Lambert, Abbé de, *Sermons sur le Carême* L35
Le Jay, G. F., *Bibliotheca rhetorum* L142
Pallu, M., *Sermons du père Pallu ... Carême* P13
Pallu, M., *Sermons du père Pallu ... Mystères* P14
Perez de Arta y Loyola, J., *Hortulus carminum selectorum* P75
Pluche, N. A., *Histoire du ciel* P164
Preingue, J., *Theologia speculativa et moralis* P210
Raymundus de Pennafort, *Summa* R21
Reboulet, S., *Histoire du règne de Louis XIV* R24
Sandini, A., *Historia apostolica* S55
Simon de la Vierge, *Actions chrétiennes* S155, S156
Wynants, G. A., comte de, *Supremæ curiæ Brabantiæ decisiones recentiores* W121

1745 Abraham a Sancta Clara, *Judas den aarts-schelm* A20
Abraham a Sancta Clara, *Iets voor allen* A19
Antoine, P. G., *Theologia moralis universa* A149
Brauns, H. C., *Majestas hierarchiæ ecclesiasticæ* B439
Chardon, C.-M., *Histoire des sacremens* C146
Christelycke ende religieuse oeffeningen C167
Croiset, J., *Exercices de piété pour tous les dimanches* C300
Didacus à S. Antonio, *Enchiridion scripturisticum tripartitum* D107
Gaetano Maria da Bergamo, *Den religieus in de eenigheydt* G3
Heislinger, A., *Semicenturia variarum resolutionum moralium* H70
Heumann von Teutschenbrunn, J., *Commentarii de re diplomatica* H116
Hubert, M., *Sermons du père* [Mathieu] *Hubert* H227
Langendyk, P., *De graaven van Holland* L59
Lopez de Ezquerra, J., *Lucerna mystica pro directoribus animarum* L294
Merenda, A., *Controversiarum juris libri XXIV* M171
Pro, A. J., *Divus Paulus conversus* P215
Reiffenstuel, A., *Theologia moralis* R39
Sandini, A., *Historia familiæ sacræ* S57
Simon de la Vierge, *Actions chrétiennes* S154, S157
Thilmans, C., *Het leven van den H. Gerlacus* T47
Vermeren, M. F., *De listige onstantvastigheyt des weirelts* V47

	Zwigott, A., *Norma vivendi clericis* Z38
1746	Billuart, C.-R., *Summa S. Thomæ ... sive cursus theologiæ* B283
	Castelli, B., *Lexicon medicum Græco-Latinum* C71
	Daelman, C. G., *Theologia* D4
	Faber, J., *Majestas hierarchiæ ecclesiasticæ* F1
	Gheestelycken dagh-wyser G61
	Gregorius XV & Benedictus XIV, *Constitutiones* G148
	Mansuy, N., *Ordo perpetuus & generalis divini officii* M55
	Martyrologium romanum M107
	Mezler, B., *Consultatio theologico-moralis de modo procedendi curatorum ...* M207
	Verhulst, P. L., *De vaste gronden van het Catholyk Geloove* V40
1747	Abeele, K. van den, *Introduction à l'amour égal envers les trois personnes divines* A3
	Benedictus XIV, *Opera in duodecim tomos distributa* B132
	Boehmer, J. H., *Ius ecclesiasticum Protestantium* B321
	Diercxsens, J. C., *Antverpia Christo nascens et crescens* D110
	Drelincourt, L., *Sonnets chrétiens sur divers sujets* D143
	Giovanni Giuseppe di Santa Teresa, *De teere liefde van Jesus* G89
	Grueber, R., *De privilegiis religiosorum* G198
	Iselin, J. C., *Neu vermehrtes historisch* [sic] *... allgemeines Lexicon* I22
	Justinus Martyr, *Opera quæ exstant omnia* J88
	Kulenkamp, G., *Eerste beginselen van het voorbeeld der gezonde woorden* K51
	Leu, H. J., *Allgemeines Helvetisches, Eydgenössisches ... Lexicon* L202
	Officium hebdomadæ sanctæ, secundum missale ... Romanum O18
	Pichler, V., *Theologia polemica* P124
	Preingue, J., *Theologiæ moralis repetitio* P211
	Reiffenstuel, A., *Theologia moralis* R40
	Rinaldo, O., *Annales ecclesiastici* R72
1748	Barre, J., *Histoire générale d'Allemagne* B51
	Sainte (La) Bible en Latin et en François B203
	Breviarium Romanum .... Pars verna B472
	Gonzalez Mateo, D., *Mystica Civitas Dei* G117
	Hericourt, L. de, *Les lois ecclésiastiques de France1* H93
	Marechal, B., *Concordance des Saints Pères de l'Eglise grecs et latins* M83
	Meteren, E. van, *Historie van de oorlogen en geschiedenissen der Nederlanderen* M180
	Patuzzi, J. V., *De futuro impiorum statu libri tres* P46
	Pontificalis romani pars perutilis P196
1749	Amort, E., *Controversia de revelationibus Agredanis* A116
	Supplementum breviarii ordinis Præmonstratensis B466, B468
	Concina, D., *Theologia christiana dogmatico-moralis* C236

Crébillon, C. P. J. de, *Les Œuvres de monsieur de Crébillon* C295
Crevier, J. B. L., *Histoire des empereurs romains* C296
Henry, P.-J., *Explications, ou Notes courtes et faciles sur le catéchisme* H88
Heumann von Teutschenbrunn, J., *Commentarii de re diplomatica imperatricum* H117
Houdry, V., *Bibliotheca concionatoria* H208
Khell von Khellburg, J., *Autoritas utriusque libri Maccab. canonico-historica adserta* K15
Korte onderwysinge om de jonckheyt te bereyden tot d'eerste communie K43
Luyken, J. & Luyken, C., *Spiegel van het menselyk bedryf* L358
Missæ novæ in missali romano M231
Nanning, J., *Jezus te Bethanien gezalfd* N8
Officia propria in ecclesia Parchensi O10
Officium hebdomadæ sanctæ secundum missale ... Romanum O19
Oxenstierna, J. T., *Pensées de monsieur le conte d'Oxenstirn* O85
Pluche, N. A., *Le spectacle de la nature* P166
Rousset de Missy, J., *Nieuwe astronomische geografische ... atlas* R130
Swieten, G. van, *Commentaria in Hermanni Boerhaave Aphorismos* S305
Vermeren, M. F., *De erlevende Belgica onder ... Maria Theresia ende Franciscus den I* V46
Ballet, F., *Traité de la dévotion à la Sainte Vierge* B28
Historiæ Biblicæ Veteris et Novi Testamenti B276
Bolingbroke, H. S. J., *Lettres sur l'esprit de patriotisme* B329
Bona, J., *De sacrificio missæ tractatus asceticus* B333
Borght, J. van der, *Cort verhael van de geboorte ... van den heylighen Antonius* B356
Braunman, R.-S., *Tractatus theologicii* B437, B438
Catalogus omnium primorum in ... philosophiæ ... pro motione C87
Kleynen (Den) catechismus ofte christelycke leeringe C102
Cock, A. de, *Vervolgh van de sermoenen ... op de feestdagen* C208
Eckhart, J. G. von, *De origine Germanorum* E7
Erasmus Roterodamus, D., *Brief van Desiderius Erasmus* E39a
Ey, S. van, *Synopsis Scripturæ Sacræ* E88
Fassin, C., *Epitome chronologo-theologo-geographica historiæ sacræ* F11
Fraats, M. A., *De lydende, en stervende Jesus* F83
Heumen, J. van, *De sterffelyke Adam* H118
Hontheim, J. N. von, *Historia Trevirensis diplomatica et pragmatica* H177
Jansen, L., *Theologia moralis universa* J10
Lions (Les) de Pais-Bas au regards des guerres L233
Supplementum missarum ... pro ecclesia Parchensi M240
Nanning, J., *Twee predikatiën* N9

	Neef, S. de, *Theologia moralis divisa in tres partes* N14
	Officia particularium festorum ecclesiæ Beatæ Mariæ Bonæ-Spei O7
	Pauwels, J., *Tractatus theologicus de casibus reservatis* P59
	Poirters, A., *Ydelheyd des werelds* P172
	Reuter, J., *Neo-confessarius practice instructus* R52, R53
	Wise, F., *Nummorum antiquorum scriniis Bodleianis reconditorum catalogus* W82
1751	Amort, E, *Nova demonstratio de falsitate revelationum Agredanarum* A119
	Benedictus XIV, *Institutiones ecclesiasticæ* B130
	Bingham, J., *Operum quæ extant volumen primum [-decimum]* B292
	Bossuyt, J. van, *Theologia moralis* B383
	Cartaud de la Vilate, F., *Essai historique et philosophique sur le goût* C67
	Catechismus oft christelycke leeringhe C103
	Concina, Daniel, *Ad Theologiam christianam dogmati co-moralem apparatus* C235
	Guarnacci, M., *Vitæ, et res gestæ Pontificum Romanorum* G200
	Lenglet du Fresnoy, N., *Recueil de dissertations … sur les apparitions* L155
	Meerman, G., *Novus thesaurus juris civilis et canonici* M153
	Missale Romanum M248
	Musson, abbé, *Ordres monastiques, histoire* M315
	Quæstio monastico-theologica de carnium esu Q1
	Sailer, S., *Lob- und Ehren-Rede dess Heiligen Blutzeugen Vincentii* S15
	Strada, F., *De Bello Gallico decas prima (- secunda)* S256
	Thiers, J. B., *Dissertation sur la Sainte Larme de Vendôme* T42
	Walter, R., *Voyage autour du monde … par Georges Anson* W15
	Wielens, J., *Devotie van negen dagen* W57
1752	Aler, P., ? Chastillon?, *Gradus ad Parnassum* A66
	Chevigny, de & Limiers, H.-P. de, *La science des personnes de cour* C160
	Ginther, A., *Currus Israel et auriga ejus* G77
	Ginther, A., *Mater amoris et doloris* G81
	Ginther, A., *Speculum amoris et doloris* G84
	Ginther, A., *Unus pro omnibus* G86
	Horæ diurnæ breviarii Præmonstratensis H185
	Index librorum prohibitorum I11
	Jansen, L., *Theologia moralis universa* J11
	Kraszewski, A. J. D., *Zycie Swiętych y w nádziei Swiątobliwości* K47
	La Beaumelle, L. A. de, *Mes pensées* L4
	Segaud, G. de, *Panégyriques du Père de Segaud* S120
	Segaud, G. de, *Sermons du Pere de Segaud … Avent, Careme, Mystères* S121
	Seghers, B., *Den pelgrim van Sonien-bosche* S123
	Symon, G., *Prônes de Mr Symon* S308
1753	Abraham a Sancta Clara, *Judas den aarts-schelm* (dl 2) A20
	Avrillon, J. B. E., *Retraite de dix jours* A245
	du Roujoux, P.-V., *Tractatus de religione in genere et in specie considerata* D217
	Espen, Z. B. van, *Jus ecclesiasticum universum* E48
	Espen, Z. B. van, *Scripta omnia, quatuor tomis comprehensa* E53
	Fraats, M. A., *De gestorve, en begraavene Jesus* F81
	Fraats, M. A., *De verreeze en verheerlykte Jesus* F84
	Franciscus van Sales, *Introduction à la vie dévote* F94
	Giannone, P. & Vernet, J., *Anecdotes ecclésiastiques* G67
	Henry, P.-J., *Instructions familières, dogmatiques et morales* H89
	Houbraken, A., *De groote schouburgh der Nederlantsche konstschilders* H207
	La Beaumelle, L. A. de, *Supplement à mes pensées* L5
	Le Ridant, P., *Examen de deux questions importantes sur le mariage* L182
	Mosheim, J. L. von, *De rebus christianorum ante Constantinum Magnum commentarii* M301
	Pacatus Drepanius, L., *Panegyricus* P1
	Snakenburg, H., *Poëzy van Hendrik Snakenburg* S167
	Vogt, J., *Catalogus historico-criticus librorum rariorum* V88
	Wouters, M., *Dilucidationis selectarum S. Scripturæ quæstionum …* W108
1754	Avrillon, J. B. E., *Réflexions théologiques … sur les attributs de Dieu* A244
	Becanus, M., *Analogia veteris ac novi testamenti* B84
	Psalterium Davidis, una cum hymnis ecclesiasticis B233
	Biner, J., *Apparatus eruditionis ad jurisprudentiam præsertim ecclesiasticam* B288
	Bonaventura van Ostende, *Maniere om christelyck te leven* B347
	Burlamaqui, J. J., *Juris naturalis elementa* B520
	Christyn, J. B., *Septem tribus patriciæ Lovanienses* C171
	Du Moulin, L., *Pratique des ceremonies de la S. Messe* D203
	Estius, G. & Lapide, C. a, *Epitome commentariorum … in omnes … Pauli epistolas* E64
	Muszka, N., *De sacramentis novæ legis dissertationum theologicarum libri octo* M316
	Nepos, C., *De vita excellentium imperatorum* N19
	Piales, J.-J., *Traités des collations et provisions des bénéfices* P121
	Pitiscus, S., *Lexicon latino-belgicum novum* P147
	Rodriguez, A., *Pratique de la perfection chrétienne* R96
1755	Annat, P., *Apparatus ad positivam theologiam methodicus* A135
	Beaurain, J. de, *Histoire militaire de Flandre* B78
	Biblia sacra B197
	Boyer d'Argens, J. B. de, *Lettres chinoises* B430
	Catalogus librorum … quos reliquit … Henr. Jos. Rega C83

Catalogus librorum ... quos reliquit Guilielm Ant. van Dieven C84

Claus, J. I., *Spicilegium catechetico-concionatorum* C186

Daniel, G., *Histoire de France* D17

Dionysios de Aeropagiet, *Opera omnia quæ extant* D121

Du Jardin, T., *De officio sacerdotis* D195

Jansenius, C., *Tetrateuchus* J28

Janssens, H., *Explanatio rubricarum missalis romani* J34

Ladvocat, J.-B., *Dictionnaire historique-portatif* L18

Patouillet, L. & de Colonia, D., *Dictionnaire des livres jansénistes* P44

Proeve van zedepoëzy (Concordia et Labore) P223

Segrais, J. R. de, *Œuvres de Monsieur de Segrais* S128

Sporer, P., *Theologia moralis super decalogum* S183

Tamburinus, T., *Theologia moralis* T12

Vinnius, A., *In quatuor libros Institutionum imperialium commentarius* V79

York, J. R., *Theses theologicæ de jure et justitia* Y3

Zaccaria, F. A., *Anecdotorum medii ævii* Z1

1756 Argonne, N. d', *De optima methodo legendorum ecclesiæ Patrum* A170

Bonaventura van Oostende, *Oeffeninge en bestier van een geestelyck leven ...* B348

Bréviaire romain B473

Christelyke onderwyzing C104a, C104b

Formey, J. H. S., *Conseils pour former une bibliothèque* F77

Fraats, M. A., *Gewyde mengelstoffen* F82

Gautier, J., *Prodromus ad theologiam dogmatico-scholasticam* G13

Josephus Flavius, *Histoire des juifs* J77

Lienhardt, G., *B. V. Mariæ originaria immunitas* L219

Maugis, J., *Oratio funebris in exequiis ... Alexandri Slootmans* M138

Mazzotta, N., *Theologia moralis* M151

Peñaranda y Velasco, J. N. de, *Distribucion, y orden ... por los ... siervos de Maria* P67

Piales, J.-J., *Traité des provisions de cour de Rome* P119

Reuter, J., *Theologia moralis quadripartita* R55

Stoz, M., *Tribunal pœnitentiæ* S253

1757 Baronius, C., *Index universalis rerum omnium, quæ in Baronii* B47

Cartier, G., *Theologia universalis* C69

Colins, G., *La vie et les miracles de sainte Wivine* C221

Divæus, P., *Opera varia* D130

Hontheim, J. N. von, *Prodromus historiæ Trevirensis diplomaticæ* H178

Janssens, H., *Explanatio rubricarum missalis romani* J35

Kips, J. B., *Formulæ quædam litterarum* K20

la Caille, N.-L. de, *Lectiones elementares astronomiæ* L8

Mangin, (abbé) de, *Annonces du symbole, et des fêtes patronales* M46

Mangin, (abbé) de, *Science des confesseurs, ou décisions théologiques* M47

Massuet, P., *Suite de la science des personnes de cour* M130

Piales, J.-J., *Traité de l'expectative des gradués* P116

Piales, J.-J., *Traité de la dévolution du dévolut* P117

Vertot, R. A. de, *Histoire des chevaliers hospitaliers de Saint Jean* V64

Viva, D., *Opera omnia theologico-moralia* V82

1758 Amort, E., *Theologia moralis* A120

Cordonnier, H., *Le chef-d'œuvre d'un inconnu* C254

Dens, P., *Supplementum theologiæ rev. adm. D. Laur. Neesen* D62

Dornn, F. X., *Litaniæ Lauretanæ ad beatæ virginis ... honorem* D140

Gerbert, M., *Principia theologiæ canonicæ* G51

Menochius, J. S., *Commentarii totius Sacræ Scripturæ* M166

Morra, I. di, *Cronologia della famiglia de' signori Caraccioli del Sole* M299

Officium parvum B. Mariæ Virginis, juxta ritum ... ordinis præmonstratensis O24

Piales, J.-J., *Traité des commandes et des réserves* P118

Pichler, V. *Jus canonicum* P123

Rollin, C., *Histoire ancienne des Egyptiens, des Carthaginois* R103

Rollin, C., *Histoire romaine depuis la fondation de Rome* R104

Rondet, L.-E., *Table générale des matières ... de l'Histoire Ecclésiastique de M. Fleury* R114

Scheffmacher, J. J., *Het klaer licht der Rooms-Catholyken* S81

Stammetz, J. L., *Groot en volledig woordenboek der wiskunde, sterrekunde ...* S188

1759 *Annus præsentis sæculi quinquagesimus-nonus ...* A136

Avrillon, J. B. E., *Conduite pour passer saintement le temps de l'avent* A241

Bellarminus, R., *Explanatio in psalmos* B109

Bona, J., *Epistolæ una cum aliis eruditorum virorum ad eumdem* B335

Burmannus, P., *Orationes, antea sparsim editæ* B522

Chevassu, J., *Missionnaire paroissial ou prônes pour les dimanches* C158

Collet, P., *Traité des devoirs d'un pasteur qui veut se sauver* C226

Croiset, J., *Exercices de piété pour tous les jours de l'année* C301

Daelman, C. G., *Theologia* D5

Helvétius, C. A., *De l'esprit* H74

Missæ propriæ sanctorum trium ordinum Fratrum Minorum M232

Moreri, L., *Le grand dictionnaire historique* M296

Pallu, M., *Sermons du Père Pallu ... Avent* P12

Perussault, S., *Sermons choisis, du R.P.P**** P96

Pinamonti, G. P., *Geestelyke lessen voor ider dag* P138

Pinamonti, G. P., *De religieuse in de eenzaemheid*

onderwesen P139
Pirhing, E., *Jus canonicum in V libros decretalium distributum* P142
Sailer, S., *Lob- und Sittenrede sur Ehre des Heiligen ... Tiberius* S17
Schannat, J. F. & Hartzheim, J., *Concilia Germaniæ* S75
Voltaire, *Histoire de l'Empire de Russie* V92

1760
Alfonso Maria de Liguori, *Theologia moralis* A80
Boehmer, J. H., *Ius Parochiale* B322
Compaignon de Marcheville, M., *Abrégé de la vie de S. Ermelinde* C234
Duhamel du Monceau, H. L., *Des semis et plantations des arbres* D192
Franciscus van Sales, *Introduction à la vie dévote* F95
Grozelier, N., *Fables nouvelles* G197
Horatius Flaccus, Q., *Les poësies d'Horace* H200
Hunolt, F., *Christliche Sitten-Lehr über die Evangelische Wahrheiten* H241
Lienhardt, G., *Dissertatio historico-canonica* L220
Matteucci, A., *Officialis curiæ ecclesiasticæ* M132
Officium in Epiphania Domini, et per totam octavam O21
Reichard, D., *Animadversiones theologicæ ... contra ... Franciscum Neumayr* R36
Schwarz, I., *Institutiones juris publici universalis* S110
Thomas a Kempis, *De imitatione Christi libri quatuor* T72
Walvis, I., *Christelyke onderwysinge ende gebeden* W18
Weitenauer, I., *Lexicon Biblicum* W40

1761
Amat de Graveson, I. H., *Epistolæ ad amicum* A108
Amat de Graveson, I. H., *Tractatus de vita, mysteriis ... Jesu Christi* A109
Avrillon, J. B. E., *Méditations et sentimens sur la s^{te} communion* A242
Baluze, E., *Miscellanea* B30
Benedictus XIV, *Commentarius de D.N. Jesu Christi Matrisque ejus festis* B125
Besombes, J., *Moralis christiana ex Scriptura sacra* B166
Bossuyt, J. van, *Theologia moralis* B384
Busenbaum, H., & Lacroix, C., *Theologia moralis* B530
Catechismus ex decreto concilli Tridentini ad parochos C96
Catechismus ad ordinandos C112
Charvet, C., *Histoire de la sainte église de Vienne* C148
Coret, J., *L'ange conducteur dans les priéres* C259
Directorium ad ritè legendas horas canonicas D127
Etat ecclésiastique du diocese de Cambrai E70
Generé, F., *Oraison funebre ... aux exeques de ... d'Ennetieres* G34
Gerbert, M., *De legitima ecclesiastica potestate* G47
Hayer, H., *La règle de foi vengée des calomnies des protestans* H46
Le Comte, F., *Het konst-cabinet der bouw- schilder- beeldhouw- en graveerkunde* L121
Lombez, Ambroise de, *Traité de la paix intérieure* L282
Supplementum missalis ... in ecclesia S. Michaëlis Antverpiæ M239
Morenas, F., *Dictionnaire portatif des cas de conscience* M293
Office (L') de la Semaine Sainte O4
Péras, J., *Fables nouvelles* P69a
Ritus sacri a sacerdotibus aliisque altaris ministris servandi R80, R81
Sanadon, N., *Prières et instructions chrétiennes* S36
Scheffmacher, J. J., *Het klaer licht der rooms-catholyken* S82
Voit, E., *Theologia moralis* V89
Wastelain, C., *Description de la Gaule-Belgique* W24

1762
Bence, J., *Commentaria in omnes beati Pauli ... epistolas* B115
Benedictus XIV, *Commentarius de sacrosancto missæ sacrificio* B126
Benedictus XIV, *Institutiones ecclesiasticæ* B131
Canus, M., *Opera* C53
du Cange, C. du Fresne, *Glossarium ad scriptores mediæ et infimæ Latinitatis* D183
Fromm, A., *Wiederkehrung zur Catholischen Kirchen* F117
Gerbert, M., *De radiis divinitatis in operibus naturæ ...* G48
Hellynckx, F., *De onlichamelykheyt ende onsterfelykheyt der redelyke ziele* H73
Holzmann, A., *Jus canonicum* H167
la Caille, N.-L. de, *Ad lectiones elementares astronomiæ physicæ ...* L9
Langendyk, P., *Willem de Eerste, Prins van Oranje* L60
Lobeck, T., *Atlas geographicus portatilis* L275
Lobeck, T., *Kurzgefasste Geographie* L276
Maugis, J., *Oratio funebris in exequiis ... Ferdinandi de Loyers* M139
Petrasch, A., *Enchiridion humanæ malitiæ* P103
Valcke, C., S.J. & Kyndt, S., *Commentarii ... in Matthæum et Marcum ...* V3, V4

1763
Abraham a Sancta Clara, *Abrahams Loof-Hutt* A13
Abraham a Sancta Clara, *Mercurialis of winter-groen* A23
Bence, J., *Commentaria in omnes beati Pauli ... epistolas* B116
Benedictus XIV, *De synodo diœcesana libri tredecim* B128
Billuart, C.-R., *Summa summæ S. Thomæ* B285
Butler, A., *Vies des Pères, des martyrs* B537
Cerutti, J.-A.-J., *Apologie de l'institut des jésuites* C137
Debure, G.-F., *Bibliographie instructive* D29
Fleury, C., *Discours sur l'histoire ecclésiastique* F60
Gotti, V. L., *Theologia scholastico-dogmatica* G124
Loo, G. van, *Advertissement omme den ... Prelaet der Abdye van Dronghen* L288
Mangeart, T., *Introduction à la science des médailles* M44
Masculus, J. B., *Encomia cœlituum* M108, M109
Mensaert, G. P., *Le peintre amateur et curieux* M167
Mulder, J. de, *Elucidatio brevis ad sensum literalem*

libri psalmorum ... M310
Orlandi, P. A., *Abecedario pittorico* O67
Paquot, J.-N., *Mémoires pour servir à l'histoire littéraire des dix-sept provinces* P26
Pastorale diœcesis Ruræmundensis ... P42
Patuzzi, J V, *De sede inferni in terris quærenda dissertatio* P47
Prickartz, J., *Theologia moralis universa* P212
Sailer, S., *Feyerliche Dankrede* S12
Titi, F., *Descrizione delle pitture, sculture e architetture* T99
Zallwein, G., *Principia juris ecclesiastici universalis* Z16

1764 Abeele, K. van den, *Seventhien geestelyke werkjes* A6
Abeele, K. van den, *Uitmuntentheit van Maria* A9
Abraham a Sancta Clara, *De kapelle der dooden* A22
Nouveau (Le) Testament B256
Bossuet, J.-B., *Opuscules* B378
Cangiamila, F. E., *Sacra embryologia* C42
Catéchisme du diocèse de Meaux C98
Cavalieri, G. M., *Opera omnia liturgica* C118
Chevassu, J., *Sermoenen voor alle de sondagen des jaers* C159
Genovesi, A., *Disciplinarum metaphysicarum elementa* G35
la Faille, Petrus de, *Bekeeringe Petri de la Faille* L20
le Dieu, I. & Vermeiren, T., *Commentarii historico-critici in Lucam* ... L124
Leonardus a Sancto Martino, *Examina scripturistica in quatuor evangelia* L173
Leonardus a Sancto Martino, *Examina scripturistica in quatuordecim epistolas* L174
Lienhardt, G., *Ephemerides hagiologicæ ordinis Præmonstratensis* L221
Moons, J., *Sedelyk vermaek-troost in alle lyden* M283
Moons, J., *Sedelyken vermaek-spiegel* M285
Moons, J., *Sedelyken vreugden-berg* M286
Moons, J., *Zedelyk vermaek tonneel* M287
Moons, J., *Zedelyk vermaek-veld* M288
Moons, J., *Zedelyke lust-warande* M289
Richelet, P., *Het groot woordenboek der Nederlandsche en Fransche taelen* R68
Rupprecht, T. M., *Notæ historicæ in universum jus canonicum* R138
Sailer, S., *Marianisches Orakel* S18
Stoop, A. de, *Epistola* S248
Weitenauer, I., *Subsidia eloquentiæ sacræ* W41
Ziele-spys ofte christelyke leeringe C106

1765 Abeele, K. van den, *Seventien geestelyke werkjes* A7
Barcia y Zambrana, J. de, *Christianus animarum excitator* B39
Buecken, M. G. van der, *Uytlegginge van de H. Vruchten der aflaeten* B496
Ziele-spys ofte christelyke leeringe C107
Custis, C.-F., *Jaer-boecken der stadt Brugge* C320
Gohard, P., *Traité des bénéfices ecclésiastiques* G110
Goldhagen, H., *Introductio in Sacram Scripturam* G112
Hontheim, J. N. von, *De statu Ecclesiæ* H176
Jacops, A. & Geerts, C., *Commentarii historico-critici ad Actus apostolorum* J8
Le Jay, G. F., *Ars rhetorica ad Tullianam rationem exacta* L141
Leonardus a Sancto Martino, *Examina scripturistica proœmialia* L176
Massemin, P., *Meditatien op het bitter lyden van Christus* M110
Massemin, P., *Sermoenen ... op de feestdagen* M111
Massemin, P., *Sermoenen ... op de Mysterien* M112
Massemin, P., *Sermoenen ... op verscheide materien* M113
Massemin, P., *Sermoenen ... op de sondagen* M114
Meyere, L., *Sermoonen van den alderh. naem Jesus* M203
Mirakelen ende Litanie van den H. Hermannus Joseph M223
Missale Romanum M249
Paquot, J.-N., *Mémoires pour servir à l'histoire littéraire ... des Pays-Bas* P27
Pauly, A., *Epitome itinerarii filii Dei* P51
Peri, F., *Regel van het Derde Orden* P76
Reiffenstuel, A., *Theologia moralis* s
Richelet, P., *Le grand dictionnaire françois et flamand* R69
Sailer, S., *Lob- und Sittenrede auf das hohe Fest des heiligen ... Bernardus* S16
Sandini, A., *Historia apostolica ex antiquis monumentis collecta* S56
Vilsteren, S. van, *Volkomen wederlegginge der XXII brieven van P. H. Vlaming* V78

1766 Abeele, K. van den, *Kinderlyke liefde ende vreese Gods* A4
Bauwen, C. & Hobus, J., *Theses prolegomenæ in sacram scripturam* B72
Bossuet, J.-B., *Œuvres* B377
Chevassu, J., *Lof-spraeken of sermoenen op de besonderste feestdagen der heylige* C157
Claus, J. I., *Spicilegium concionatorum* C188
Griffet, H., *Sermons pour l'avent, le carême* G183
Guerard, R., *Kort begryp van de heylige schriftuer* G203
Hoogvliet, A., *Abraham, de aartsvader* H184
Hove, F. van, O.F.M. & Sengers, A., *Theses theologicæ de Deo uno et trino* H217
la Faille, P. de, *Oogen-zalve der Calvinisten* L22
Lami, G., *De eruditione apostolorum liber singularis* L46
Leonardus a Sancto Martino, *Examina scripturistica in Exodum, Leviticum* L169
Nakatenus, W., *Le palmier céleste* N5
Platner, J., *Dissertationes historico-criticæ* P157
Sailer, S., *Geistliche Reden* S13
Voit, E., *Theologia moralis* V90
Würdtwein, S. A., *Notitiæ historico diplomaticæ de Abbatia Ilbenstadt* W118

315

Zech, F. X., *Præcognita juris canonici* Z24

1767 Abeele, K. van den, *D'hoop der kinderen Gods steunende op 't geloof* A2
Abrégé de l'histoire de Notre Dame de Lorette A32
Alletz, P.-A., *Dictionnaire théologique* A83, A84
Benedictus XIV, *De festis Domini nostri Jesu Christi* B127
Bossche, P. vanden, *Den katholyken pedagoge* B371
Canisius, P., *Volstandigen catechismus* C51
Chaudon, L.-M., *Dictionnaire historique des auteurs ecclésiastiques* C151
Collet, P., *Institutiones theologicæ* C223
Description du jubilé de sept cens ans de S. Macaire D88
Erber, A., *Theologiæ speculativæ tractatus I (-VIII)* E45
Gener, J. B., *Theologia dogmatico-scholastica* G32
Kauffmans, J. G., *Pro statu Ecclesiæ catholicæ* K3
Leonardus a Sancto Martino, *Examina scripturistica in Josue, Judicum* L170
Lienhardt, G., *Auctarium ephemeridum hagiologicarum ordinis Præmonstratensis* L218
Lombez, A. de, *Lettres spirituelles sur la paix intérieure* L281
Meerman, G., *Uitvinding der boekdrukkunst* M154
Mesia Bedoya, A., *Devocion a las tres horas de la agonia de Christo* M177
Nonnotte, C. F., *Les erreurs de Voltaire* N36
Paleotimus, L., *Antiquitatum sive originum ecclesiasticarum summa* P9
Sandellius, D., *De Danielis Concinæ vita et scriptis commentarius* S45
Sandini, A., *Disputationes historicæ Antonii Sandini* S54
Sappel, L., *Liber singularis ad formandum genuinum conceptum de statu ecclesiæ* S61
Sels, W. H., *Het verbond der genade, in III boeken* S132
Sterf-dicht oft waerschouwinge des levens tot bereydsel des doodts S212
Valsecchi, A., *De fundamentis religionis et de fontibus impietatis* V13
Verslype, J., *Historie ende over-een-kominge der vier Evangelien* V56
Verslype, J., *Verklaering van het h. sacrificie der misse* V61

1768 Abeele, K. van den, *Vast betrouwen van de kinderen Gods* A10
Abraham a Sancta Clara, *Pater Abrahams vaarwel* A26
Alexandre, N., *Commentarius ... in omnes epistolas Sancti Pauli* A68
Alexandre, N., *Præceptæ et regulæ ad prædicatores* A74
Nieuw (Het) Testament onzes Heeren B265
Boudot, J., *Dictionarium universale Latino-Gallicum* B398
Breviarium ad usum canonicorum regularium ordinis Præmonstratensis B454, B455
Chevassu, J., *Behandelingen op het geloofs-begryp, op d'HH. Sacramenten* C156
Coret, J., *L'ange conducteur dans la dévotion chrétienne* C258
Danes, P. L., *Institutiones doctrinæ christianæ* D12
Dinouart, J. A. T., *Manuel des pasteurs* D118
Dreux du Radier, J.-F., *Récréations historiques, critiques, morales* D144
Engel, L., *Collegium universi juris canonici* E23
Honoré de Sainte-Marie, *Animadversiones in regulas* H172
Kips, J. B., *Formulæ quædam litterarum ...* K21, K22
Leland, J., *Nouvelle démonstration évangélique* L146
Le Merre, P. & Le Merre, P., fils, *Recueil des actes ... concernant les affaires du clergé* L150
Leonardus a Sancto Martino, *Examina scripturistica in libros Esdræ, Tobiæ ...* L171
Ossinger, J. F., *Bibliotheca Augustiniana historica* O72
Sailer, S., *Kempensis Marianus* S14

1769 Abeele, K. van den, *Toeleiding tot de gelukkige volherding* A8
Antoine, P. G., *Theologia moralis universa* A150
Biblia sacra B198
Billuart, C.-R., *Summa S. Thomæ* B284
Cochin, C.-N., *Voyage d'Italie* C205
Costumen, wetten ende statuten der stede ende poorterye van Ipre C277
Espen, Z. B. van, *Supplementum ad varias collectiones operum* E54
Gobinet, C., *Instruction de la jeunesse en la pieté chrétienne* G104
Kremer, C. J., *Akademische Beiträge zur Gülch- und Bergischen Geschichte* K49
Leonardus a Sancto Martino, *Examina scripturistica in psalterium Davidicum* L172
Leprince de Beaumont, M., *Le magasin des pauvres, artisans ...* L181
Marin, M.-A., *Virginie, ou la vierge chrétienne* M87
Massillon, J. B., *Conférences et discours synodaux* M115
Massillon, J. B., *Sentimens d'une âme touchée de Dieu* M119
Massillon, J. B., *Sermons de M. Massillon* M121
Mayer, A. U., *Beweis das die Ordensgeistlichen und Mönche ...* M145
Mayer, A. U., *Bona clericorum causa* M146
Meunier de Querlon, A.-G., *Les Grâces* M184
Pomey, F., *Novum dictionarium Belgico-Latinum* P179
Ritus sacri a sacerdotibus ... servandi in missa privata, et solemni R82
Sailer, S., *Marianisches Orakel* S19
Verslype, J., *De stad Jericho* V58
Verslype, J., *Tafel ofte toe-eygeninge van de sermoenen* V62
Wetten, costumen ... van de zale ende casselrye van Ipre W51
Würdtwein, S. A., *Diœcesis Moguntina in archidiaconatus distincta* W116

1770 Abeele, K. van den, *Noodzakelykheit ende kracht des gebeds* A5
Benedictus van Nursia, *Regula S. Patris Benedicti abbatis* B120
Bentivoglio, G., *Histoire des guerres de Flandre* B133
Blanck, M., *Theologia patrum positiva* B308
Bossche, P. vanden, *Den catholieken pedagoge* B372
Bourdaloue, L., *Sermons of Leerredenen* B416, B417
Breviarium Præmonstratense B456, B457
Camus, J.-P., *L'esprit de Saint François de Sales* C39
Christelyke onderwyzing C105
Clemens X, *Constitutio in qua Regularium privilegia ...* C191
Dantine, M.-F. e.a., *L'art de vérifier les dates* D19
De monachorum cura pastorali D58
Eynde, R. van den & Cuypers d'Alsingen, J. F., *Provincie, stad ... van Mechelen* E90
Griffet, H., *Histoire des hosties miraculeuses* G182
Heynen, J. & Van Horen, L., *Prolegomena in Scripturam Sacram* H138
Hontheim, J. N. von, *De statu Ecclesiæ* H176
Horæ diurnæ breviarii ad usum ... ordinis Præmonstratensis H186
Index librorum prohibitorum I12
Leonardus a Sancto Martino, *Examina scripturistica in quinque Salomonis libros* L175
Mabillon, J., *Tractatus de studiis monasticis* M6
Maniere om godvruchtiglyk ... te lezen den heyligen Roozenkrans M50
Muis, S. M. de, *Commentarius literalis ... in omnes Psalmos Davidis* M309
Sardagna, C., *Theologia dogmatico-polemica* S63
Sohet, D. F. de, *Instituts de droit pour les pays de Liege ...* S170
Tronson, L., *Forma cleri secundum exemplar* T125

1771 Abeele, K. van den, *De volmaekte maagd ende waere bruid Gods* A11
Bergier, N.-S., *Apologie de la religion chrétienne* B138
Bergier, N.-S., *Le Déisme réfuté par lui-même* B140
Bergier, N.-S., *Examen du matérialisme* B142
Bourdaloue, L., *Sermons of Leerredenen, op de feestdagen* B418
Breviarium ad usum ... ordinis Præmonstratensis B458
Breviarium Romanum B474
Canisius, P., *Roomsch-Catholyke Catechismus* C49
Costumen van de twee steden ende lande van Aelst C274
Graduale ad usum ... ordinis Præmonstratensis G129
Hannot, S., *Nederduitsch en Latynsch woordenboek* H12
Henry, P.-J., *Tractatus de doctrina sacra* H90
Hericourt, L. de, *Les loix ecclésiastiques de France* H94
Lienhardt, G., *Spiritus literarius Norbertinus ... vindicatus* L223
A manual of devout prayers M58
Molanus, J., *De historia SS. imaginum et picturarum* M258
Officia propria sanctorum ad usum ... Capucinorum O12
Pluche, N. A., *Histoire du ciel* P165
Prickartz, J., *Tractatus de sacramento matrimonii* P213
Rollin, C., *Opuscules de feu M. Rollin* R106

1772 *Antiphonarium ad usum canonicorum ... ordinis Præmonstratensis* A145
Argus apostolicus ... in ... Govardo Geraldo Van Eersel ... A171
Baluze, E., *Capitularia regum Francorum* B29
Bincken, H., *Cyffer-boek* B287
Champion, P., *Vie du vénérable dom Jean de Palafox* C141
Chaudon, L.-M. e.a., *Nouveau dictionnaire historique* C152
Dantoine, J. B., *Les regles du droit canon* D20
Drouin, R. H., *De re sacramentaria contra perduelles hæreticos* D175
Eeden van de Officianten binnen der stadt Loven E8
Hennequin, A., *Sermoenen voor d'Eerste communicanten* H83
Jordaan, J., *De lydende en verheerlykte Heiland* J65
Lenssens, F., *Commentaria ad libros duos posteriores regum* L162
Mauduit, M., *L'évangile analysé* M137
Moons, J., *Sedelyk vreugde-perk* M284
Natuurkundige verhandelingen N12
Reuter, J., *Neo-confessarius practice instructus ...* R54
Sardagna, C., *Indiculus patrum ac veterum scriptorum ecclesiasticorum* S62
Schets, G., *Commentarius ineditus de rebus, quæ inter Joannem Austriacum ...* S86
Schmetterer, M., *Introductio in universum ius canonicum* S94
Schmidt, P. A., *Thesaurus iuris ecclesiastici* S96
Würdtwein, S. A., *Subsidia diplomatica* W120

1773 Beaucourt de Noortvelde, P. A. de, *Description ... de l'église* B77
Bergier, N.-S., *La certitude des preuves du christianisme*
Bouhours, D., *La journée du chrétien* B399
Bourdaloue, L., *Exhortations et instructions chrétiennes* B406
Bourdaloue, L., *Sermons ... pour l'avent* B411
Bourdaloue, L., *Sermons ... pour le carême* B412
Bourdaloue, L., *Sermons ... pour les dimanches* B413
Bourdaloue, L., *Sermons ... pour les fêtes des saints* B414
Bourdaloue, L., *Sermons ... sur les mystères* B415
Carte générale et alphabétique, des villes, bourgs ... du duché de Brabant C68
Collet, P., *Institutiones theologiæ moralis* C224
Collet, P., *Institutiones theologiæ scholasticæ* C225
Diercxsens, J. C., *Antverpia Christo nascens et crescens* D111
Du Buat Nançay, L.-G., *Eléments de la politique* D181
Fraula, F.-J. de, *Geestelyke samen-spraeke* F107

Griffet, H., *Sermons pour l'avent, le carême* G184
Helvétius, C. A., *De l'homme, de ses facultés intellectuelles* H76
Historia universa veteris, ac novi testamenti H158
Missæ defunctorum cum ritibus ... ad usum ... ordinis Præmonstratensis M226
Proeve van poëtische mengelstoffen P222
Robyn, L., *Historie van den oorsprong ... der ketterye binnen ... Audenaerde* R90
Spiegel zonder vlekke ofte Christus Jesus tot navolginge voorgestelt ... S177
Statuta sacri et canonici Præmonstratensis ordinis S206
Wekelyks nieuws uyt Loven W42
Wicken, J., *Harmonia evangelica ex quatuor evangelistis* W56

1774 Cangiamila, F. E. (vert. Dinouart, J. A. T.), *Abrégé de l'embryologie sacrée* D117
Du Jardin, T., *De officio sacerdotis* D196
Girard, N., *Sermoenen op de feest-dagen* G92
La Croix, J.-F. de, *Dictionnaire historique des cultes religieux* L14
Perin, J.-F., *Tractatus de actibus humanis* P77
Perin, J.-F., *Tractatus de peccatis* P81
Pouget, F. A., *Institutiones catholicæ in modum catecheseos* P202
Réguis, F.-L., *Die Stimme des Hirten* R35
Sanden, J. vander, *De bloyende konsten of lauwerkrans van Apelles* S46
Schmidt, P. A., *Institutiones juris ecclesiastici* S95
Schram, D., *Institutiones juris ecclesiastici publici et privati ...* S104
Thomassen, A., *Pithecologia* T83
Voshem, F. van, *Beknopte levens-beschryving van den H. ... Hubertus* V94

1775 Bailly, L., *Tractatus de vera religione* B22
Benedictus XIV, *Casus conscientiæ* B124
Billot, J., *Prônes réduits en pratiques* B280
Born, W., *Historie van de weerdige moeder S. Anna* B357
Cangiamila, F. E., *Sacra embryologia* C43
Collin, N., *Traité du signe de la croix* C230
Girard, N., *Sermoenen op de zondagen* G93
Marchisio, M., *De divina voluntate, de prædestinatione* M80
Pauwels, J. A. F., *Elogia beatissimæ virgini-matri Mariæ* P55
Pauwels, J., *Anthologia Mariana* P58
Perin, J.-F., *Tractatus de virtutibus in genere* P89
Prael-treyn verrykt door ry-benden, prael-wagens P204
Sailer, S., *Triduum sacrum* S20
Salamo, S. & Gelabert, M., *Regula cleri ex sacris litteris* S30
Tscharner, V. B., *Dictionnaire géographique ... de la Suisse* T126
Urbanus a Sancta Elisabetha, *Examen theologo-scripturisticum* U2
Vilain XIIII, J.-J.-P., *Mémoire sur les moyens de corriger les malfaiteurs* V76

1776 Alexandre, N., *Historia ecclesiastica Veteris Novique Testamenti* A71
Almanach de Milan pour l'année bissextile MDCCLXXVI A88
Berti, J. L., *Opus de theologicis disciplinis* B160
Cabassutius, J., *Notitia conciliorum Sanctæ Ecclesiæ* C2
Collin, N., *Traité de l'eau bénite* C228
Des Roches, J., *Nieuw Nederduytsch en Fransch woordenboek* D95
Dissertatio theologica de baptizandis abortivis D128
Gerbert, M., *Vetus liturgia Alemannica* G52
Helvétius, C. A., *De l'esprit* H75
Herbelot de Molainville, B. d', *Bibliothèque orientale* H91
Jansenius, C., *Tetrateuchus* J29
Leerse, J. C., *Spiritus dogmaticus et moralis Evangelii* L128
Massillon, J. B., *Conférences et discours synodaux* M116
Massillon, J. B., *Pensées sur différents sujets de morale et de piété* M118
Massillon, J. B., *Sentiments d'une âme touchée de Dieu* M120
Massillon, J. B., *Sermons de M. Massillon ... Avent* M122
Massillon, J. B., *Sermons de M. Massillon ... Carême* M123
Massillon, J. B., *Sermons de M. Massillon ... Mystères* M124
Massillon, J. B., *Sermons de M. Massillon ... Oraisons funèbres* M125
Massillon, J. B., *Sermons de M. Massillon ... Panégyriques* M126
Massillon, J. B., *Sermons de M. Massillon ... Petit Carême* M127
Morenas, F., *Dictionnaire portatif des cas de conscience* M294
Onderwysingen om wel te verdienen den Jubilé ... O26
Pauwels, J. A. F., *De fackel van het waer geloof* P56
Perin, J.-F., *Tractatus de sacramentis in genere* P83
Perin, J.-F., *Tractatus de sacramento pœnitentiæ* P87
Perin, J.-F., *Tractatus selectus de matrimonio* P90
Piens, F.-M., *Invallende gedagten* P132
Quæstiones annui concursus Mechliniensis, ab anno 1745 ad 1776 Q2
Rouville, A.-J. de, *Imitation de la très-sainte Vierge* R131
Saulnier, C., *Statuta candidi ... ordinis Præmonstratensis renovata* S67
Wellens, J. T. J., *Exhortationes familiares* W43
Witasse, C., *Tractatus de augustissimo Eucharistiæ sacramento* W83
Witasse, C., *Tractatus de verbi divini incarnatione* W88
Zaccaria, F. A., S.J., *Bibliotheca ritualis* Z3

1777 *Almanach voor het jaer ... 1778* A91
Augustinus, A., *Meditationes, Soliloquia et Manuale* A216
Berardi, C. S., *Gratiani canones, genuini ab Apocryphis discreti* B134
Cantel, P. J., *De romana republica* C52
Clemens XIV, *Lettres intéressantes du pape Clément XIV* C199
Costumen, wetten ende statuten, der stede ... van Rousselaere C278
Dens, P., *Tractatus theologici de Verbi divini incarnatione* D76
Dens, P., *Tractatus theologicus de sacramento pœnitentiæ* D79
Dens, P., *Tractatus theologicus de virtute religionis* D81
François, J., *Bibliothèque générale des écrivains de l'Ordre de Saint Benoit* F102
Frey de Neuville, C., *Sermons* F113
Gerbert, M., *Monumenta veteris liturgiæ Alemannicæ* G50
Guérard, R., *Kort begryp van de Heylige Schriftuer* G204
Kips, J. B., *Het verdedigt alderheyligste sacrament* K24
Kluit, A., *Historia critica Comitatus Hollandiæ et Zeelandiæ* K31
Le Brun, P., *Explication littérale, historique ... des priè res ... de la messe* L118
Lodewijk XVI, *Lettres-patentes du roi* L278
Meyere, L., *Meditatien, op het geheel lyden ... van Christus* M202
Pauwels, J. A. F., *De gelukzalige fondateurs der religieuze ordens* P57
Perin, J.-F., *Tractatus de sacramento baptismi* P84
Perin, , J.-F., *Tractatus de sacramento eucharistiæ* P85
Perin, , J.-F., *Tractatus de sacramento extremæ unctionis* P86
Supplementum ad collectionem quæstionum theologicarum Q5
Rautenstrauch, F. J.?, *Synopsis juris ecclesiastici publici et privati* R16
Réguis, F.-L., *De stemme des Herders* R34
Rollin, C., *De la manière d'enseigner et d'étudier les belles-lettres* R102
Rombaut, J.-A., *Bruxelles illustrée* R108
Schram, D., *Institutiones theologiæ mysticæ* S105
Synodicon ecclesiæ Parisiensis S309
Tournely, H., *Prælectiones theologicæ de sacrificio missæ* T114

1778 Alexandre, N., *Ad R. P. Natalisi ... Historiam Ecclesiasticam supplementum* A72
Antoine, P. G., *Theologia moralis universa* A151
Berault-Bercastel, A.-H. de, *Histoire de l'Eglise* B135
Bertrant, J., *Gratia Christi versibus heroicis exposita* B164
Le catéchisme du concile de Trente C97
Craywinckel, J. L. van, *Lust-hof der godvruchtige meditatiën* C293

Cuer, M., *Theologia dogmatica, et moralis* C311
Dens, P., *Tractatus de Deo trino & uno* D66
Dens, P., *Tractatus de jure et justitia* D68
Dens, P., *Tractatus selectus de censuris* D73
Dens, P., *Tractatus theologici de sacramento extremæ unctionis* D74
Dens, P., *Tractatus theologicus de quatuor novissimis* D78
Eachard, L., *Dictionnaire géographique-portatif* E1
Espen, Z. B. van, *Jus ecclesiasticum universum* E49
Genovesi, A., *Universæ christianæ theologiæ elementa* G36
Lambert, B., *Apologie de l'état religieux* L36
Lienhardt, G., *Iter trium dierum in solitudine* L222
Meyere, L. de, *De gramschap in dry boeken verdeelt* M192
Perin, J.-F., *Tractatus de virtutibus cardinalibus* P88
Plutarchus Chæronensis, *Les vies des hommes illustres* P169
Quæstiones annui concursus Mechliniensis, ab anno 1745 Q3
Saintebeuve, J. de, *Tractatus de sacramento confirmationis* S25
Saintebeuve, J. de, *Tractatus de sacramento unctionis* S26
Veen, O. van, *Vita D. Thomæ Aquinatis Othonis* V21
Witasse, C., *Tractatus de sacramento pœnitentiæ* W86
Wolf, J. de, *Astræa, de waerheyd-zoekende dienst-maegd* W99
Wolf, J. de, *Den godelyken philosoph* W100
Wolf, J. de, *Den vreugd en vrucht-wekkenden theater van Apollo* W103
Wouters, Martinus, *Dilucidationes selectarum S. Scripturæ quæstionum* W109

1779 Albertus van 's Hertogenbosch, *Het goddelyk kamerken met syne toe-behoorten* A61
Antoine, P. G., *Theologia moralis universa* A152
Brizard, G., *Histoire généalogique de la Maison de Beaumont* B478
Collin, N., *Traité des processions de l'église catholique* C229
Corpus juris canonici Gregorii XIII C265
Dens, P., *Tractatus de virtutibus, legibus et gratia* D70
Felice, F. B. de, *Tableau philosophique de la religion chrétienne* F15
Ghenne, T. L., *Oratio funebris in exequiis ... Francisci Generé* G62
Guide (Le) de Flandre et de Hollande G210
Histoire de l'abolition de l'ordre des Templiers H154
Horatius Flaccus, Q., *Carmina selecta* H191
Kips, J. B., *Compendiosum S.Scripturæ dictionarium* K18
Le Plat, J., *Canones, et decreta ... Concilii Tridentini* L178
Muratori, L. A., *De ingeniorum moderatione in religionis negotio* M312
Officium passionis Jesu Christi O25

Reverendissimo ... viro domino domino Simoni Wouters ... R56

Wolf, J. de, *Het ontsteken vuer des oorlogs* W101

1780 Bossuet, J.-B., *Discours sur l'histoire universelle* B373

Bourdaloue, L., *Uytmuntende sermoonen* B419

Cangiamila, F. E., *Kort begryp van de embryologia sacra* C41

Dens, P., *Manuale theologicum* D61

Depositi e medaglie d'alcuni sommi pontefici D85

Fleury, C., *Opuscules de M. l'Abbé Fleury* F64

Florisoone, P., *Nieuwe Vlaemsche sermoenen* F67

Fromondus, L., *Actus apostolorum* F119

Hallet, J. & Van Eeckhout, J., *Theologia dogmatico-moralis* H9

Laborde, J.-B. de & Zurlauben, B. F., *Tableaux topographiques ... de la Suisse* L7

La Chau, abbé de, e.a., *Description des principales pierres gravées* L11

Le Beau, C., *Histoire du Bas-Empire* L115

Le Plat, J., *Vindiciæ assertorum in præfatione Codici concilii Tridentini* L180

Muyart de Vouglans, P. F., *Les loix criminelles de France* M317

Nakatenus, W., *Hemels palm-hof* N2

Sasserath, R., *Cursus theologiæ moralis* S66

Schram, D., *Analysis operum S.S. Patrum* S103

Urbann, A., *Positiones ex universa theologia* U1

Wolf, J. de, *Invallende gedagten op verscheyde voorwerpen* W102

Wolson, T., *De metselaar ontmomd* W106

1781 Bertholet, J., *Histoire de l'institution de la Fête-Dieu* B159

Dens, P., *Tractatus de Deo trino et uno, de angelis* D67

Dens, P., *Tractatus de jure et justitia* D69

Dens, P., *Tractatus de virtutibus, legibus et gratia* D71

Dens, P., *Tractatus theologici de sacramento extremæ-unctionis* D75

Dens, P., *Tractatus theologici de Verbi divini incarnatione* D77

Dens, P., *Tractatus theologicus de sacramento pœnitentiæ* D80

Dens, P., *Tractatus theologicus de virtute religionis* D82

Ferraris, L., *Prompta bibliotheca canonica* F41

Galopin, G., *Historiæ Flandricæ synopsis* G8

Epitome gradualis Romani G130

Guyaux, J. J., *Commentarius in Apocalypsim* G214

Hontheim, J. N. von, *Commentarius in suam retractationem ...* H175

L'Ecuy, J.-B., *Oratio habita in aula capitulari abbatiæ præmonstratensis* L123

Le Plat, J., *Monumentorum ad historiam concilii Tridentini ... collectio* L179

Ordo dicendi officii divini O58

Ovidius Naso, P., *Tristium libri quinque* O84

Perin, J.-F., *Tractatus de Deo uno et trino* P78

Protiva, J., *Positiones criticæ ex universa historia ecclesiastica* P225

Saint-Non, J.-C. R., *Voyage pittoresque ... de Naples et de Sicile* S29

Vertot, R. A. de, *Ursprung der weltlichen Macht der Päbste* V66

Würdtwein, S. A., *Nova subsidia diplomatica ad selecta ... capita* W119

Zaccaria, F. A., *De rebus ad historiam ... ecclesiæ pertinentibus* Z4

1782 *Epitome antiphonarii Romani* A148

Bossuet, J.-B., *Histoire des variations des églises protestantes* B376

Dérival de Gomicourt, *Le voyageur dans les Pays-Bas Autrichiens* D86

Des Roches, J., *Epitome historiæ belgicæ* D93

Hellinx, T., *Meditatien op het lyden van Jezus-Christus* H72

Libellus libellorum, continens preces ante et post missam L213

Pius VI, Jozef II, *Lettres de notre Saint Père le pape et de sa majesté l'empereur* P150

Quæstiones concursus pastoralis Mechliniensis anni 1783 (-1793) Q4

Recueil des actes concernant le voyage de ... Pie VI, à Vienne R28

Rollin, C., *Histoire romaine* R105

1783 Alletz, P.-A., *L'art de toucher le cœur* A82

Baudrais, J. & Leprince, N.-T., *Petite bibliothèque des théâtres* B69

Catalogue des livres ... de feu M. le duc de la Vallière C85

Eachard, L., *Dictionnaire géographique-portatif* E2

Ghesquière, J., *Acta sanctorum Belgii selecta* G63

Girard, G., *Synonymes françois* G91

Index librorum prohibitorum I13

Lumper, G., *Historia theologico-critica de vita ... sanctorum patrum* L353

Nova collectio synodorum Mechliniensium N45

Stockmans, P., *Opera omnia* S247

Wellens, J. T. J., *Exhortationes familiares de vocatione sacrorum ministrorum* W44

Witasse, C., *Tractatus de Deo ipsiusque proprietatibus* W84

Witasse, C., *Tractatus de sacramento ordinis* W85

1784 Gislebertus Montensis, *Chronica Hannoniæ* G98

Vaddere, J.-B. de, *Traité de l'origine des ducs et du duché de Brabant* V1

Valcke, P.-F., *Sermoenen op de sondagen en feest-dagen* V5

Wellens, J. T. J., *Generalis collectionis, omnium operum ... pars prima (- secunda)* W45

Witasse, C., *Tractatus de sanctissima trinitate* W87

1785 Antonissen, P. J., *Den lydenden en stervenden Jesus* A155

Baudrand, B., *L'âme élevée à Dieu* B70

Bergier, N.-S., *Traité historique et dogmatique de la vraie religion* B143

Bernard, abbé de & Bonnefoy de Bonyon, F.-L., *De l'état religieux* B146

Pseaumes (Les) B239
Billot, J., *Prônes réduits en pratique* B281
Christyn, J. B., *Het Schouwburg der Nederlanden* C174
Croonenborch, M., *Geestelycken leydts-man* C303
Ducreux, G.-M., *Les siècles chrétiens* D187
Grooten (Den) Brugschen comptoir-almanach G191
Huleu, J. F. G., *Conferentiæ ecclesiasticæ de officio boni pastoris* H238
Lens, A., *Le costume des peuples de l'antiquité* L156
Mann, T. A., *Abrégé de l'histoire ecclésiastique ... de Bruxelles* M52
Mingarelli, G. L., *Ægyptiorum codicum reliquiæ* M213
Nakatenus, W., *Hemelsch palm-hof oft groot getyde-boek* N3
Nakatenus, W., *Le palmier céleste ou heures de l'église* N6
Weissenbach, J. A., *Nova forma theologiæ biblicæ* W38

1786   Alletz, P.-A., *Tableau de la doctrine des Pères ... de l'Eglise* A85
Antiphonarium ad usum ordinis Præmonstratensis A146
Bossuet, J.-B., *Recueil des oraisons funèbres* B380
Breviarium ad usum ... ordinis Præmonstratensis B459
Breviarium canonicorum regularium ordinis Præmonstratensis B460
Calendrier de la Cour de ... Marie-Christine ... de Hongrie ... C15
Dens, P., *Tractatus de virtutibus, legibus et gratia* D72
Frankenberg, J. H. von, *Versameling der uytmuntende sermoonen* F106
Ghesquière, J., *Mémoire sur ... l'histoire monétaire des Pays-Bas* G65
Index librorum prohibitorum I14
Krazer, A. A., *De apostolicis ... ecclesiæ occidentalis liturgiis* K48
Lactantius, L. C. F., *Opera omnia* L17
Marant, J., *Discussio historica an de fide sit, aut saltem* M67
Neny, P. F. de, *Mémoires historiques ... sur les Pays-Bas autrichiens* N18
Thenhaven, B., *Examen ordinandorum et approbandorum* T29
Wolson, T., *De allerverborgenste geheimen van de hoofdgraden der Metzelary* W105

1787   Bavière, G.J. van den, *Reflexiones in librum cui tutulis: P. J. Marant ...* B73
Historie van het Oud en Nieuw Testament B215
Bezonderste ... hoofd-stukken der christelyke leering C108
Cochin, J.-D., *Prônes* C206
Des Roches, J., *Histoire ancienne des Pays-Bas autri chiens* D94
Driesch, I., van den, *Discussio discussionis historicæ P. J. Marant ...* D171
Drouas de Boussey, C., *Instructions sur les fonctions du ministère pastoral* D172
Feller, F.-X. de, *Catéchisme philosophique* F16
Feller, F.-X. de, *Recueil des représentations, protestations ...* F27
Fleury, C., *Kort-begryp der kerkelyke historie* F62
Gazzaniga, P. M., O.P. & Bertieri, G., *Theologiæ dogmatica* G22
Heylen, A., *Antwoord van den Eerw. Heer A. Heylen ...* H126
Missale ad usum ordinis Præmonstratensis M238
Monsperger, J. J., *Institutiones Hermeneuticæ V. T.* M271
Noot, H. C .N., *Mémoire sur les droits du peuple Brabançon* N37a
Pius II, *Bulla Pii II* P148
Poirters, A., *Het duyfken in de steen-rotse* P171
Processionale ad usum ordinis Præmonstratensis P221
Sire, nous demandons humblement S161
Sobrino, F., *Dialogues nouveaux en Espagnol et François* S169
Stadelhofer, B., *Historia imperialis et exemti collegii Rothensis* S187
Valcke, P.-F., *Sermoenen op de sondagen en feest-dagen* V6
Verrepæus, S., *Latinæ grammatices syntaxis* V51
Verzaemeling der vertooningen, protestatien en eys schen V70

1788   *Biblia sacra vulgatæ editionis* B199
Isaïe B237
Pseaumes (Les) B240
Blanchard, J.-B., *L'école des mœurs* B307
Bouhours, D., *La vie de S. François Xavier* B400
Développement du petit Catéchisme C110
Duvivier, H.-J., *Apologie du mariage chrétien* D220
Elsken, J. J. vanden, *Brief van Sincerus Tout-Droit* E16
Elsken, J. J. vanden, *Staat vam het Seminarie Generael van Weenen* E18
Elsken, J. J. vanden, *Versamelinge der brieven van den heere Keuremenne* E19
Feller, F.-X. de, *Lettres de monsieur l'abbé de Feller* F25
Havelange, Jean-J., *Ecclesiæ infallibilitas* H36
Huydecoper, B., *Gedichten* H242
Janson, C.-H., *Explication succinte des devoirs propres à chaque état* J32
Klauber, J. S. & Klauber, J. B., *La quarantaine sacrée aux souffrances de J. C.* K27
Molière, *Œuvres* M264
Nakatenus, W., *Hemelsch palm-hof met de groote gety den* N4
Pey, J., *De l'autorité des deux puissances* P113
Piales, J.-J., *Traité des réparations et reconstructions des églises* P120
Quæstiones scripturisticæ in communem utilitatem Q7
Thomas a Kempis, *L'imitation de Jésus-Christ* T73
Vloo, I. A. de, *Sermoenen* V85
Wastelain, C., *Description de la Gaule-Belgique* W25
Wiest, S., *Præcognita in theologiam revelatam* W59
Würdtwein, S. A., *Diplomataria Maguntina pagos Rheni, Mogani ...* W117

1789 Bailly, L., *Theologia dogmatica* B21
Bergier, N.-S., *Dictionnaire de théologie* B141
Sainte (La) Bible B204
Chaudon, L.-M. e.a., *Nouveau dictionnaire historique* C153
Cuniliati, F., *Universæ theologiæ moralis* C312
Elsken, J. J. vanden, *Copye van eenen brief uyt Loven* E17
Elsken, J. J. vanden, *Zevensten brief van Ernestus de Keuremenne* E21
Gerbert, M., *Ecclesia militans regnum Christi in terris* G49
Gorkom, M.-L. van, *Beschryvinge der stad en vryheyd van Turnhout* G120
Jeune, C.-M., *Histoire critique ... de l'ordre des Chevaliers du Temple* J46
Mabillon, J., *De re diplomatica libri VI* M3
Pius VI, *Responsio ad metropolitanos Moguntinum, Trevirensem ...* P151
Recht (Het) van den natuer, van de volkeren, van de H. Roomsche Kerk R26
Recueil de planches de l'encyclopédie R27
Requeste met ses stukken annex door die Heeren ... van s'Heeren-Perck R50
Translat de la requête présentée au Souverain Conseil de Brabant T118

1790 *Appendix in quo recensentur Libri proscripti ab anno MDCCLXXXVI* I114
Begin der Belgische vryheyd ... B94
Caenen, J. J., *Historie ... van Onze Lieve Vrouw tot Cortenbosch* C5
Cats, J., *Alle de werken* C114
Elsken, J. J. van den, *Versamelinge van verscheyde stukken* E20
Feller, F.-X. de, *Dictionnaire historique* F19
Firmus van Sint-Truiden, *Wapenhuis der geloovigen* F52
Frankenberg, J. H. von, *Decretum ... archiepiscopi Mechliniensis* F104
Frankenberg, J. H. von, *Verklaering van zyne eminentie den cardinael* F105
Gemaekte rekeningen, ofte getrouwe aenwyser... G30
Hermans, G., *Godefridus door Godts genaede Abt van Tongerloo ...* H102
Heylen, A., *Historische verhandelinge nopende de slaevernye* H128
Heylen, A., *Historische verhandelinge over de mildheyd ...* H129
Heylen, A., *Historische verhandelinge over de slaevernye ...* H130
Heylen, A., *Historische verhandelinge over den yver ...* H132
Historie van de voorspoedige staets-omwenteling... H160
Appendix in quo recensentur Libri proscripti ab anno MDCCLXXXVI I15
Office (L') de la Semaine Sainte ou de la quinzaine de Pâques O5
Rodriguez, A., *Pratique de la perfection chrétienne* R97
Spectateur (Den) Universeél oft Algemeyn Nieuws-blad S175

1791 *Aen het volk van Brabant* A47
Arnauld, A., *Historia et concordia evangelica* A191
Butler, A., *De levens der HH. Vaders, der Martelaren ...* B536
Cailleau, A.-C., Duclos, R., *Dictionnaire bibliographique* C12
Des Roches, J., *Nouveau dictionnaire françois-flamand* D96
Dienst (Den) van de Goede-weke en van de Paesch-weke D109
Duquesne, A.-B. d'Icard, *L'année apostolique* D212
Feller, F.-X. de, *Dictionnaire géographique* F18
Heylen, A., *Historische verhandelinge nopende de ketterye der Bloemardine* H127
Heylen, A., *Historische verhandelinge vertoonende de tyd-stippen...* H133
Heylen, A., *Historische verhandelinge vertoonende verscheyde wyzen ...* H134
Hontheim, J. N. von, *Breviculus modernarum controversiarum* H174
Jansenius, C., *Tetrateuchus* J30
Lafitau, P.-F., *Histoire de la constitution Unigenitus* L24
Perin, J.-F., *Tractatus de legibus* P79, P80
Pinamonti, G. P., *Considérations chrétiennes sur les souffrances* P137
Romsée, T.-J., *Sensus litteralis, moralis ac historicus rituum ... missæ* R111
Valmont de Bomare, J.-C., *Dictionnaire raisonné universel d'histoire naturelle* V11
Vervisch, P. F. D., *Wonderbaer ... leven van den ex-pater Auxilius* V68
Vilain XIIII, C.-J.-F., *Mémoires militaires sur la campagne de l'armée Belgique* V75
Voyage de Sainte Dymphne à Bruxelles V98
Wiest, S., *Institutiones theologiæ dogmaticæ* W58
Zallinger, J., *Institutionum juris ecclesiastici ... liber subsidiarius* Z13, Z14

1792 Antonissen, P. J., *Lof-spraeken ofte sermoonen* A153
Baruffaldi, G., *Ad rituale romanum commentaria* B61
Butler, A., *Vies des pères, des martyrs* B538
Collier, *Observationes adversus reflexiunculas* C227
Duquesne, A.-B. d'Icard, *De verheventheden van Maria of Meditatien* D213
Hélyot, P., *Histoire des ordres religieux et militaires* H78
Hennequin, A., *Lyk-sermoonen behelzende verscheyde waerheden* H82
Heylen, A., *Historische verhandelinge over de voornaemste opkomste* H131
Paine, T., *Théorie et pratique des droits de l'homme* P4
Ryk van Christus eeuwig duerzaem R146
Thys, J.-F., *Memorie of vertoog door Isfridus Thys* T88
Zallinger, J., *Institutiones juris ecclesiastici* Z12

1793 Feller, F.-X. de, *Dictionnaire géographique* F18
Fénelon, F. de Salignac de la Mothe, *Les aventures de*

Télémaque F31

Frankenberg, J. H. von, *A tous les Religieux ... des cou vens supprimés* F103

Heylen, A., *Verlichtinge der Brabandsche ... oudheden* H136

Humbert, P.-H., *Onderwyzingen op de voornaemste waerheden van de religie* H240

Schenkl, M. von, *Institutiones juris ecclesiastici* S85

Soardi, V. A., *De suprema romani pontificis authoritate* S168

Winckel, J. van de, *Oratio funebris habita in exequiis ... Simonis Wouters ...* W81

1794 Dens, P., *Theologia ad usum seminariorum* D63

Mably, G. Bonnot de, *Collection complète des œuvres de l'abbé de Mably* M7

Pauw, C., de, *Œuvres philosophiques* P52

Storchenau, S. von, *Institutiones logicæ* S250

Storchenau, S. von, *Institutiones metaphysicæ* S251

Vervisch, P. F. D., *Generale biecht van ... Pater Auxilius* V67

1795 Heylen, A., *Verhandelinge over de gesteltenisse ...* H135

Mémoire sur l'enlèvement des argenteries de la cathédrale de Tournay M160

Processionale pro ecclesiis ruralibus P217

Verron, N.-M., *Neuvaines en l'honneur des saints de la Compagnie de Jésus* V52

1796 Drexelius, H., *De zonne-bloem* D170

Herrenschwand, J. D. C., *De l'économie politique et morale* H105

Appendix in quo recensentur Libri proscripti ab anno MDCCXC I16

Pastorale rituali Romano accomodatum P41

Zasio, A.-M., *Hermeneutica* Z20

1797 Arvisenet, C., *Memoriale vitæ sacerdotalis* A198

Feller, F.-X. de, *Dictionnaire historique* F20, F21

Levaillant, F., *Voyage de F. Le Vaillant, dans l'intérieur de l'Afrique* L210

Maulbertsch, A., *Historico-philosophica descriptio picturæ novæ bibliothecæ* M140

Meidinger, J. V., *Nouveau dictionnaire portatif François-Allemand* M158

Wocher, R., *Der praktische Volksprediger* W97

1798 Barruel, A., *Mémoires pour servir à l'histoire du Jacobinisme* B53

Fauchet, C, e.a., *Collection complète des Tableaux ... de la Révolution française* F12

Wocher, R., *Der praktische Volksprediger* W98

1799 Oudiette, C., *Description géographique ... du département de la Dyle* O74

1800 *Antidotum, seu medicus spiritualis* A142

Fontenay, L.-A. de Bonafous, abbé de, *Du rétablissement des Jésuites* F73

Histoire abrégée de la bienheureuse Marguerite de Louvain H152

Horatius Flaccus, Q., *Opera* H196

Pauwels, J. A. F., *De dry vreezelykste geessels van het menschdom* P54

Valmont de Bomare, J.-C., *Dictionnaire raisonné universel* V12

1801 Arvisenet, C., *Memoriale vitæ sacerdotalis* A199

Bellecius, A., *Medulla asceseos seu exercitia ... Ignatii de Loyola* B110

Bellecius, A., *Triduum sacrum* B111

Bertrand de Molleville, A.-F., *Histoire de la révolution de France* B163

Billot, J., *Prônes réduits en pratique* B282

la Hogue, L. G. de, *S. Cyprien consolant les fidèles* L25

Rosenmüller, J. G., *Scholia in Novum Testamentum* R119

Zasio, A.-M., *Hermeneutica* Z21

1802 *Almanach ecclésiastique de France pour l'an XI* A90

Eckartshausen, C. von, *Gott ist die reinste Liebe* E4

Fauchet, C. e.a., *Collection complète des Tableaux ... de la Révolution française* F13

Jansenismus philosophico-politicus delarvatus J12

Valcke, P.-F., *Sermoenen op de zondagen en feest-dagen* V7

1803 Avrillon, J. B. E., *Conduite pour passer saintement le carême* A240

Drouas de Boussey, C., *Onderwyzingen over de pligten* D174

Frederik II, *Œuvres posthumes de Fréderic II, roi de Prusse* F111

Frederik II, *Œuvres primitives de Fréderic II* F112

Giraudeau, B., *Evangile médité* G94

Goffine, L., *Christkatholisches ... Unterrichtungs-buch* G109

Levaillant, F., *Second voyage de F. Le Vaillant* L211

Mallet, P.-H., *Histoire des Suisses ou Helvétien* M41-42

1804 Alfonso Maria de Liguori, *Homo apostolicus* A78

Bernardin de Saint-Pierre, J.-H. de, *Etudes de la nature* B147

Demosthenes & Æschines, *Œuvres complètes de Démosthène et d'Eschine* D59

Domairon, L., *Rhétorique française* D138

Grooten (Den) decimaelen tarief, of evaluatien van oude geld-specien ... G192

Historie ende mirakelen van de alderheyligste hostie H159

Oudiette, C., *Dictionnaire géographique et topographique des treize départemens* O75

1805 Claes, J., *De boere-theologie* C182

Feller, F.-X., *Catéchisme philosophique* F17

Henry, P.-J., *Onderwyzingen over de christelyke leering* H87

Kort begryp van het leven... van ... Margareta van Loven K38

Laserna Santander, C. A., *Dictionnaire bibliographique choisi du quinzième siècle* L108

Marcel, J. J., *Oratio dominica CL linguis versa* M70

Molière, *Œuvres* M265

Nouveau calendrier pour l'an 1806 N43

1806 *Almanach de Gotha* A87

Ernst, S. P., *Tableau historique ... des suffragans ... de Liége* E47

Grave, C.-J. de, *République des Champs Elysées* G136
Horatius Flaccus, Q., *De arte poetica liber* H192
Positiones ex universo systemate theologico P198
Tarif décimal, ou réduction de la livre tournois de France T14

1807 Horatius Flaccus, Q., *Carmina expurgata* H190
Muzzarelli, A., *Inquisition* M318
Racine, J., *Œuvres* R3
Tourbe, J., *Meditatiën op het lyden en sterven van Jesus* T110
Voiture, V. & Balzac, H. de, *Lettres choisies de Voiture et Balzac* V91
Walmesley, C., *Histoire générale de l'Eglise chrétienne*

1808 Bast, M.-J. de, *Recueil d'antiquités romaines et gauloises* B65
Gordon, J. B., *Histoire d'Irlande* G119
Heures impériales et royales à l'usage de la cour H120
Montmignon, J.-B., *Choix des lettres édifiantes* M276
Proyart, L.-B., *Louis XVI et ses vertus* P226
Racine, J., *Œuvres de Jean Racine* R4
Smet, C., *Heylige en roemweerdige persoonen* S163
Vergilius Maro, P, *Bucolica, Georgica, et Æneis* V33

1809 Bast, M.-J. de, *Premier supplément au recueil d'antiquités romaines* B66
Heures nouvelles ou prières choisies H121
Horatius Flaccus, Q., *Carmina* H188
Smet, C., *Heylige en roemweerdige persoonen* S164

1810 *Catechismus of christelyke leering* C109
Claes, J., *De boere-theologie, oft den godvrugtigen kluysenaer* C183
Drouas de Boussey, C., *Onderwyzingen op de voornaemste waerheden* D173
Histoire admirable du Juif errant H153
Josephus Flavius & Rollin, C., *Elémens de l'histoire ancienne des juifs* J78
Kort begryp van het apostolyk leven ... Franciscus de Hieronymo K36
Maury, J.-S., *Essai sur l'éloquence de la chaire* M142
Montesquieu, *Considérations sur les causes de la grandeur des Romains* M272
Nieuwe reductie der geld-specien in decimaele munte N26
Nieuwen tarief der goude en zilvere geld-stukken N27
Seghers, B., *Den pelgrim van Sonien-Bosch* S124
Thomas a Kempis, *De imitatione Christi libri quatuor* T74

1811 Butler, A., *Fêtes mobiles, jeûnes, et autres observances annuelles* B535
Chardin, J., *Voyage du chevalier Chardin, en Perse* C145
Tronson, L., *Examens particuliers sur divers sujets* T124

1812 *Art (L') de plaire* A196
Barruel, A., *Les Helviennes* B52
Boiste, P.-C.-V., *Dictionnaire universel de la langue françoise* B328

1813 Bast, M.-J. de, *Second supplément au recueil d'antiquités romaines et gauloises* B67
Braun, P., *Geschichte der Bischöfe van Augsburg* B436
Machiavelli, N., *Il principe* M8
Paquet-Syphorien, *Voyage historique et pittoresque* P25

1814 Beauchamp, A. de, *Histoire des malheurs et de la captivité de Pie VII* B76
Diericx, C.-L., *Mémoires sur la ville de* D112
Jouvency, J. de, *Appendix de diis et heroibus poeticis* J80
Meulen, J.-B. van der, *Napoleon, of de opkomste en veldtogten* M181
Nouvelle (La) église gallicane convaincue d'erreur N44

1815 Barthélemy, J.-J., *Voyage du jeune Anacharchis en Grèce* B55
Geestelyke onderwyzing om van God allerhande gratiën te bekomen G25
Muzzarelli, A., *De auctoritate Rom. pontificis* M319
Picot, M.-J.-P., *Mémoires pour servir à l'histoire ecclésiastique* P126

1816 Blondel, J.-B. & Lusson, A.-L., *Plan, coupe, ... du nouveau Marché St-Germain* B314
De la promulgation des bulles doctrinales du St. Siège D54
Dewez, L. D. J., *Histoire particulière des Provinces Belgiques* D101
Du droit de la primauté du souverain pontife D188
Gils, A. van, *Analysis epistolarum canonicarums* G74
Lefranc, F., *Conjuration contre la religion catholique* L132
Lefranc, F., *Le voile levé pour les curieux* L133

1817 *Historie van het Oud en Nieuw Testament* B216
Carron, G.-T.-J., *Le beau soir de la vie* C65
Delille, J., *Œuvres complètes* D56
Franciscus van Sales, *Conduite pour la confession et la communion* F90
Georgel, J.-F., *Mémoires pour servir à l'histoire des évenemens* G37
Perin, J.-F., *Tractatus de peccatis* P82
Représentations respectueuses des Evêques de R49
Romsée, T.-J., *Praxis divini officii* R110
Villenfagne d'Ingihoul, H. N., de, *Recherches sur ... la ... principauté de Liège* V77
Walvis, I. e.a., *Christelyke onderwyzingen en gebeden* W19
Wardt, L. J. M. vande, *Harmonia evangelica* W22

1818 Butler, A., *Vies des Pères, des martyrs* B539
Crevier, J. B. L., *Histoire des empereurs romains* C297
Marmontel, J.-F., *Bélisaire* M89
Office divin à l'usage de Rome O6
Orfila, P., *Traité des poisons tirés des règnes minéral* O63
Romsée, T.-J., *Sensus litteralis, moralis ... rituum ... missæ* R112

1819 Barbié du Bocage, J. D., *Recueil de cartes géographiques* B34
Bast, M.-J. de, *L'institution des communes dans la Belgique* B64
Dens, P., *Theologia ad usum seminariorum* D64
Feller, F.-X. de, *Supplément au Dictionnaire historique* F22

Fromondus, L., *Commentarius in Acta apostolorum* F122

Gibbon, E., *Histoire de la décadence et de la chute de l'Empire Romain* G69

Gils, A. van, *Katholyk Meyerysch memorieboek* G75

Keverberg de Kessel, C.-L.-G.-J., baron de, *Essai sur l'indigence dans la Flandre* K13

La Lomia, F., *Le mois consacré à Marie* L30

Maistre, J. de, *Du Pape* M34

Processionale pro ecclesiis ruralibus P218

Tacitus, P. C., *Caius Cornelius Tacitus* T5

Tissot, P.-F., *Trophées des armées françaises depuis 1792* T96

1820 Bitaubé, P.-J., *Joseph* B301

Carron, G.-T.-J., *Les confesseurs de la foi dans l'église gallicane* C66

Feller, F.-X. de, *Itinéraire, ou Voyages de Mr. l'abbé de Feller* F24

General-Karte von dem Preussischen Staate G33

Godvrugtigen (Den) lands-man ofte gebede-boek G107

Kalendarium anni bissextilis 1820 K1

Kips, J. B., *Formulæ quædam litterarum* K23

Lavater, J. K., *L'art de connaître les hommes par la physionomie* L112

Verron, N.-M., *Neuvaines en l'honneur des saints de la Compagnie de Jésus* V53

1821 *Almanach des muses ou choix de poésies fugitives pour l'année 1821* A89

Antwoord by form van aenmerkingen op het Sermoon ... door ... F.-G. Verheylewegen A159

Bondigen oogslag op den zegeprael van het kruys van Jesus-Christus B349

Boulogne, É.-T. de, *Instruction pastorale de ... l'évêque de Troyes* B405

Buelens, J.-B., *Saemen-spraeken waar in de geloofs-stukken* B497

Buelens, J.-B., *Vierde samenspraek waer in de geloofs-stukken* B498

Chateaubriand, F. A. R., vicomte de, *Les martyrs* C150

Foere, Leo de, *Examen du triomphe de la croix* F72b

Haller, C.-L. de, *Lettre de M. Charles-Louis De Haller* H8

Hanapus, N., *Exempla biblica in materias morales distributa* H10

Lamennais, F. R. de, *Doctrine et morale chrétiennes* L41

Maistre, J. de, *De l'Eglise Gallicane* M33

Nakatenus, W., *Le palmier céleste* N7

Quæstiones scripturisticæ in communem utilitatem Q8

Thomas a Jesu, *Souffrances de notre-seigneur Jésus-Christ* T62

Toets of genoodzaekte wederlegging van eenige onge gronde opwerpingen T100

Velde, J. F. van de, *Synopsis monumentorum* V27

Verheylewegen, F. G., *Den zegeprael van het kruys van Jesus-Christus* V38

1822 Barthelemy, J. J., *Voyage du jeune Anacharsis en Grèce* B56

Bergman, J. T., *Handwoordenboek der Grieksche taal* B144

Binterim, A. J., *Propempticum ad problema criticum sacra Scriptura* B297

Bouhours, D., *Vie de S. François Xavie* B401

Buret de Longchamps, P.-N., *Les fastes universels* B515

Cérutti, J.-A.-J., *Apologie de l'institut des jésuites* C138

Contzen, A., *Prælectiones logicæ et metaphysicæ* C248

du Marsais, C. C., *Des tropes* D198

Feller, F.-X. de, *Mélanges de politique, de morale et de littérature* F26

Fénelon, F. de Salignac de la Mothe, *Œuvres spirituelles* F34

Gassier, J.-M., *Les héros chrétiens ou les martyrs du sacerdoce* G12

Legris-Duval, R.-M., *Sermons* L138

Litta, L., *Vingt-neuf lettres sur les quatre articles dits du clergé de France* L265

Livius, T., *Titus Livius Patavinus* L272

Massillon, J. B., *Œuvres complètes* M117

Mérault de Bizy, A.-R., *Les apologistes involontaires ...* M169b

Merz, P. P., *Thesaurus biblicus* M176

Pauw, C. de, *Recherches sur les Grecs* P53

Robelot, chanoine, *De l'influence de la Réformation de Luther* R86

1823 Augustinus, A., *Les soliloques, le manuel et les meditations* A232

Bourdaloue, L., *Pensées ... sur divers sujets de religion et de morale* B409

Breviarium Romanum B475

Buret de Longchamps, P.-N., *Les fastes universels* B516

Cicero, M. T., *Œuvres complètes* C179

Fénelon, F. de Salignac de la Mothe, *Abrégé de la vie des ... philosophes de l'antiquité* F30

Fénelon, F. de Salignac de la Mothe, *De l'éducation des filles* F32b

la Rochejaquelein, M.-L.-V., marquise de, *Mémoires* L97

Las Cases, E.-A., comte de, *Atlas historique, généalogique* L102

Letronne, A.-J., *Recherches pour servir à l'histoire de l'Egypte* L197

Missæ defunctorum M228

Ritus sacri a sacerdotibus aliisque altaris ministris servandi R83

Rodriguez, A., *Abrégé de la pratique de la perfection chrétienne* R93

Saint-Lambert, J.-F. de, *Les saisons* S28

Savary, A.-J.-M.-R., duc de Rovigo, *Extrait des mémoires* S68

Zallinger, J., *De usu et systematica deductione juris naturalis* Z11

Zallinger, J., *Institutionum juris naturalis et ecclesiastici publici libri V* Z15

1824 Arvisenet, C., *Memoriale vitæ sacerdotalis* A200

Bourdaloue, L., *Œuvres complètes* B408

Butler, C., *Vies des pères, des martyrs* B540

Denzinger, I., *Institutiones logicæ* D84
Expositio terminorum philosophicorum E87
Fénelon, F. de Salignac de la Mothe, *Lettre ... à M. l'évêque d'Arras* F33
Ghesquière, J., *David propheta, doctor, hymnographus* G64
Harel, M. M., *L'esprit du sacerdoce* H24
Horatius Flaccus, Q., *Opera omnia* H197
Noël, F. J. M., *Nouveau dictionnaire Français-Latin* N31
Notitia necrologica ... D. Joannis Baptistæ Roberti ... XIV N42
Ovidius Naso, P., *Selectæ fabulæ ex libris metamorphoseon* O83
Regnard, J.-F., *Œuvres* R33
Ségur, L.-P., comte de, *Œuvres complètes* S129
Terentius Afer, P., *Andria* T19
Veith, L. F. X., *De primatu et infallibilitate Romani Pontificis* V23
Veith, L. F. X., *Scriptura Sacra contra incredulos pro pugnata* V25

1825 Alber, J. N., *Institutiones historiæ ecclesiasticæ* A58
Alfonso Maria de Liguori, *Préparation à la mort* A79
Biblia sacra vulgatæ editionis B200
Nieuwe Testament (Het) B266
Cangiamila, F. E., *Sacra embryologia* C44
Dun, P. J. C. van, *Leerredenen op de zondagen van het jaer* D204
Feller, F.-X. de, *Supplément à la cinquième édition du Dictionnaire historique* F23
Frayssinous, D. de, *Défense du christianisme* F109
Frayssinous, D. de, *Verdediging van het christendom* F110
Jansenius, C., *Tetrateuchus* J31
Kips, J. B., *Compendiosum S.Scripturæ dictionarium* K19
Marchangy, L.-A.-F. de, *Tristan le voyageur, ou la France au XIVe siècle* M72
Noël, F. J. M., *Dictionarium Latino-Gallicum* N30
Noël, F. J. M., *Nouveau dictionnaire Français-Latin* N32
Picard, L.-B., *L'honnête homme ... histoire de Georges Dercy* P122
Qu'est-ce que le collège philosophique? Q10
Scupoli, L., *Le combat spirituel* S117
Thomas a Kempis, *L'imitation de Jésus-Christ* T76
Veith, L. F. X., *Edmundi Richerii ... systema de ecclesiastica et politica potestate* V24

1826 Adam, A., *Antiquités romaines* A42
Benedictus XIV, *Bullarium* B123
Bullet, J.-B., *Réponses critiques à plusieurs difficultés ... des Livres Saints* B509
Byzondere devotie tot de H. Maegd en Martelaresse Lucia B545
Daru, P. A. N. B., *Histoire de Bretagne* D23-24
Destutt de Tracy, A. L. C., *Elémens d'idéologie* D97
Nederduitsche woordenlijst

© 2014 De Vrienden van de Abdij van Park
en Peeters Publishers nv
Alle rechten voorbehouden. Niets uit deze uitgave mag
worden verveelvoudigd, opgeslagen in een geautomatiseerd gegevensbestand, of openbaar gemaakt, in enige vorm of op enige wijze, hetzij elektronisch, mecanisch, door fotokopieën, opnamen, of op enig andere manier, zonder voorafgaande toestemming van de rechthebbende(n).
De uitgever heeft ernaar gestreefd de rechten van de illustraties volgens wettelijke bepalingen te regelen. Degenen die desondanks menen zekere rechten te kunnen doen gelden, kunnen zich alsnog tot de uitgevers wenden.

Druk: Peeters, Bondgenotenlaan 153, B-3000 Leuven
Vormgeving: Wim Platteborze
ISBN 978-90-429-3167-1
D/2014/0602/75